国家社科基金
后期资助项目

错案成因与制度修补

Causes of Miscarriage of Justice and Remediation of Judicial System

张建伟 著

图书在版编目(CIP)数据

错案成因与制度修补/张建伟著. —北京:北京大学出版社,2024.1
国家社科基金后期资助项目
ISBN 978-7-301-33705-9

Ⅰ.①错… Ⅱ.①张… Ⅲ.①刑事诉讼—冤案—研究—中国 Ⅳ.①D925.284

中国国家版本馆 CIP 数据核字(2023)第 021686 号

书　　　名	错案成因与制度修补 CUOAN CHENGYIN YU ZHIDU XIUBU
著作责任者	张建伟　著
责 任 编 辑	李　倩　孙嘉阳
标 准 书 号	ISBN 978-7-301-33705-9
出 版 发 行	北京大学出版社
地　　　址	北京市海淀区成府路 205 号　100871
网　　　址	http://www.pup.cn
新 浪 微 博	@北京大学出版社　@北大出版社法律图书
电 子 邮 箱	编辑部 law@pup.cn　总编室 zpup@pup.cn
电　　　话	邮购部 010-62752015　发行部 010-62750672 编辑部 010-62752027
印 刷 者	北京圣夫亚美印刷有限公司
经 销 者	新华书店
	730 毫米×1020 毫米　16 开本　27.5 印张　493 千字 2024 年 1 月第 1 版　2024 年 1 月第 1 次印刷
定　　　价	119.00 元

未经许可,不得以任何方式复制或抄袭本书之部分或全部内容。
版权所有,侵权必究
举报电话:010-62752024　电子邮箱:fd@pup.cn
图书如有印装质量问题,请与出版部联系,电话:010-62756370

国家社科基金后期资助项目
出版说明

　　后期资助项目是国家社科基金设立的一类重要项目,旨在鼓励广大社科研究者潜心治学,支持基础研究多出优秀成果。它是经过严格评审,从接近完成的科研成果中遴选立项的。为扩大后期资助项目的影响,更好地推动学术发展,促进成果转化,全国哲学社会科学工作办公室按照"统一设计、统一标识、统一版式、形成系列"的总体要求,组织出版国家社科基金后期资助项目成果。

全国哲学社会科学工作办公室

《箴言》清清楚楚地对信徒保证:"你们可以确信一事:恶人必遭天谴,善人则将无恙。"可是谁要是能看,能听,能想,就不敢这么笃定,因为大家每天都看到相反的情况一而再、再而三地发生。①

—— 亚兰·德修兹②

在维涅兹共和国圣诞节时判决并处死了一个面包师,在把他处死之后才证实他是无罪的。从那时起,直至维涅兹共和国灭亡,在每次审判之前都有一名宣读执行官对法官说:"不要忘记面包师之死!"③

—— А. П. 拉夫林著:《面对死亡》

---

① 〔美〕亚兰·德修兹著:《法律的创世记:从圣经故事寻找法律的起源》,林为正译,先觉出版股份有限公司2001年版,第236页。
② 中国大陆译为"艾伦·德肖维茨"。
③ 〔俄罗斯〕А. П. 拉夫林著:《面对死亡》,成都科技翻译研究会译,内蒙古人民出版社1997年版,第259—260页。

内 容 简 介

本书试图针对错案的生成规律进行研究。

作者就"错案"之判断标准作出厘清,在此基础上探讨错案的成因。

错案的本质因素是司法错误,致错原因通常不是裁判者或者案件处理者故意造成的,错案结果通常也不为他们所乐见。研究发现,错案有一定规律可循。许多冤错案件有如一个模子里出来,几乎按照特定公式而产生;即使是明显不同的冤错案件,也有相同或者近似的错案因素,如果不警惕造成错案的原因,错案就会在具备一定因素时"自我复制"。

本书分别对外国实际案件和我国媒体披露的错案逐一探讨造成错案的各种因素,从中摸索规律,并进一步探讨通过修补制度或者建立新的制度来防止、减少错案的发生。本书还对中国古代冤案的规律进行了探讨,并从不同于国内既有研究成果的角度对错案进行分析,使错案的讨论有了一定的历史纵深。

本书结构,除导论和结语外,分为三编二十五章,各编分别是:域外个案观察:病理探究;中国式错案:病因分析;错案之对策。

全书视野开阔,论证深入,注重实例,并从法文化角度对许多深层问题进行了剖析。

序　言

　　错案,是司法的伤口,绽开,愈合,又绽开。

　　错案,皆有其成因。把许多错案放在一起观察,可以发现那些原因早为人们熟知,它们在不同案件中只是排列组合不同而已。

　　进一步观察,还可以发现,错案往往集中暴露了司法制度的缺陷,只在追究个人责任上下功夫,或者止步于表层原因的检讨,不下决心弥补这些缺陷,未必取得满意的防错效果。如果仅把错案当作个别、偶发事件而不在制度层面作出检讨、有所革新,错案的真正价值就没有得到利用,发现错案,就只有一时的震动,时过境迁,冤错案件还会规律式一再发生。因此,有学者指出:"刑事司法制度应当积极、努力地直接解决事实准确性问题,特别是错误定罪的风险。刑事司法制度那些相互冲突的价值目标——公众对判决的接受、政府权威的维护和社会价值的表达——在不把错误判决风险降至最低可行性水平的情况下,不可能实实在在地实现。"[①]

　　制度供给不足是造成错案的重要原因,例如嫌疑人、被告人的辩护权利不充分,刑事诉讼过程中不能形成有效辩护,一些错案本来可以避免,事后发现当初案件处理过程中辩护一方已经提出过中肯意见,但这些意见根本不被采纳;暴力、胁迫、利诱、欺骗等非法取证方式具有普遍性,但法律遏制这些非法取证行为的制度设计并不严密,办案人员多把这些手段看作查实案情和推进诉讼进程的终南捷径,进而造成错案发生。显然,没有制度上的周到设计,不足以防止办案人员滥行不轨;不在制度上下功夫,即使对具体司法责任人惩罚得再严厉,还是不能防止错案依同一模式再度发生。

　　许多制度上的原因为冤错案件埋下引信,例如制度不良会造成权力与责任的脱节,高度行政化的司法体制使具体承办案件的人员没有独立处理分配给自己的司法事务的权力,在指令—服从体制下,只能听命于上级长官,其责任心乃至工作的自豪感都会流失,也不利于培养司法人员应有的健全人格,反而逐渐形成司法官僚状态。这种集体操作的司法模式,使得高素质与低素

[①] 〔美〕丹·西蒙著:《半信半疑——刑事司法中的心理学》,刘方权、陈晓云译,上海交通大学出版社 2017 年版,第 362 页。

质的司法人员没有什么差别,都泯然于众,不能形成促进司法人员提高自身素质的内在动力,整体司法水平就难以提高。

显然,错案原因的回溯、个人责任的追究与修补制度的篱笆,须得并行方可。我国司法制度还存在不少改善的空间,错案一再提醒我们要检讨错案的成因,并对司法制度的缺陷加以改良,对于这样的提醒若不加以注意并付诸实现,错案就会像影片《异形》里的怪兽一样,一而再地孕育而成。

我国错案资源丰富;由于媒体的广泛报道,收集这些案例不过唾手之力。纸面上的案件都是静静的,这些由文字组成的事件梗概,难以承载冤错案件受害人经历过的煎熬和苦痛。这些案件中的被害人,大多有着同样的不幸,也大多有着相同的幸运——他们曾经是司法错误的牺牲品(个别的还存疑),但在嫌疑得到洗刷时,他们大都还活着,亲眼看见自己得到洗冤的一天。

冤错案件一经披露,在有的国家朝野震动,也许我们的民族遭遇的苦难太多了,人们不愿长时间面对流血的伤口,人们习惯于回避和遗忘。我们看到的是,为冤错案件的被害人平反,给予他们赔偿,对这个案件的关注很快就消弭了,恰如清风徐来、水波不兴,人们愿意用遗忘来拯救自己。

阿道斯·赫胥黎曾谓:"事实并不因为被人们忽略就不存在。"同样,司法错误不因我们不去注意就不存在,无辜者的冤屈不因我们不去正视就不存在,发生司法错误的原因不消除,造成无辜者冤屈的根源不消除,错误与罪恶还会一次又一次卷土重来。

错案发生后,我们应当追问:为什么无辜者被羁押、起诉和定罪,哪些原因造成了冤错案件?为什么中国式错案常有刑讯?为什么一些冤错案件屡经披露而刑讯仍在发生?谁应当为刑事误判负责,应当承担什么责任?应当如何避免或者减少司法误判?如何重拾民众对司法的信心?

只要这样做了,人们就会从过去的错误中学到许多。正如弗兰西斯·培根所言:"从错误中比从混乱中容易发现真理。"

面对冤错案件,法学者们应当做的,就是从司法错误中寻找可能的真理。他们不必自负地认为自己发现并垄断了这些真理,但他们可以宣称他们做的,正是发现真理的人类努力的一部分。

这种宣告,因面对冤狱被害人的巨大痛苦和难以抚平的创伤而变得谦卑。

基于上述原因,本书对冤错案件的成因和刑事司法的不足,进行一次全面的诊断。

目 录

导 论 ··· 1

第一编 域外观察：病理探究

第一章 从具体案件查找错案的一般规律 ·· 13

第二章 公正的司法程序无法确保正确的结论 ······································ 18
 第一节 程序公正有助于减少但不能消除错案 ································ 18
 第二节 个案分析：萨尔斯贝里勋爵案 ··· 18
 第三节 个案观察：本特里案件 ··· 20
 第四节 个案观察：蒂姆·伊文斯案件 ·· 25
 第五节 对三起错案的进一步分析 ·· 28

第三章 许多因素会骗过最审慎的法官 ·· 31
 第一节 法国错案产生的原因 ·· 31
 第二节 个案观察：德雷福斯冤案 ··· 44
 第三节 国家权力作为错案的因素 ·· 51

第四章 错案原因有规律可循 ··· 53
 第一节 错案见得多了就能发现规律 ··· 53
 第二节 个案观察：几起相似错案 ··· 54
 第三节 美国学者对错案原因的研究 ··· 61

第五章 冤错与否不能全盘确定 ··· 80
 第一节 冤错案件，德国也有 ··· 80
 第二节 个案观察：卡尔·豪案件 ·· 81
 第三节 个案观察：哈里·沃尔茨案件 ·· 82
 第四节 好像结尾缺失的"侦探小说" ··· 85

附录:信任与真相 ··· 87

第六章　纠错机制为何失灵 ·· 102
　　第一节　植根于社会机制的一种不幸 ···························· 102
　　第二节　个案观察:松尾政夫冤案 ································ 103
　　第三节　个案观察:菅家利和冤案 ································ 115
　　第四节　日本冤狱的病灶 ·· 118

第二编　中国式错案:病因分析

第一章　中国式错案的公式 ·· 125
　　第一节　错案的"自我复制" ···································· 125
　　第二节　个案观察:杜培武案件 ·································· 126

第二章　错案的客观因素:疑似与巧合 ······························ 137
　　第一节　疑似 ·· 137
　　第二节　巧合 ·· 138

第三章　错案的主观因素:人性弱点 ································ 145
　　第一节　诬告 ·· 145
　　第二节　粗疏 ·· 147
　　第三节　臆断 ·· 151
　　第四节　陷害 ·· 152
　　第五节　畏惧 ·· 159
　　第六节　偏见 ·· 165
　　第七节　含糊 ·· 167

第四章　错案的主观因素:迷信 ···································· 169
　　第一节　古时司法多迷信 ·· 169
　　第二节　西方司法史上的猎巫行动 ································ 171
　　第三节　我国古代的巫蛊之狱 ···································· 178
　　第四节　对"科学证据"的迷信 ·································· 181

第五章　政治因素:传统中国冤案的一般规律 …… 191
第一节　政治冤案源于专制权力 …… 191
第二节　模式之一:骨肉相残式 …… 192
第三节　模式之二:斩草除根式 …… 195
第四节　模式之三:兔死狗烹式 …… 198
第五节　模式之四:猜忌诛杀式 …… 200
第六节　模式之五:自毁长城式 …… 203
第七节　模式之六:扼杀异见式 …… 205
第八节　模式之七:诬陷谋反式 …… 210
第九节　模式之八:报复迫害式 …… 215
第十节　再谈专制权力与政治冤案的关系 …… 216

第六章　司法惯性:口供主义与刑讯 …… 218
第一节　个案观察:"不讲清楚就打死" …… 218
第二节　刑讯手法:硬性与软性 …… 221
第三节　刑讯成因:浅层与深层 …… 225
第四节　个案观察:赵作海案件 …… 228

第七章　司法形态:错案的温床 …… 233
第一节　密闭侦查 …… 233
第二节　形式审判 …… 237

第八章　社会压力:错案的外部环境 …… 241
第一节　犯罪的严峻形势 …… 241
第二节　来自公众的压力 …… 243
第三节　民意左右的司法 …… 244

第三编　防治:错案之药方

第一章　如何防止误判 …… 249
第一节　错案的伤口随时绽破 …… 249
第二节　从误判的教训中获得智慧 …… 250
第三节　个案观察:日本恢复陪审制度应对错案 …… 253

第二章　实质真实发现主义与冤错案件 … 260
第一节　务期发现案件之实质真实 … 261
第二节　实质真实发现主义促成冤错案件？ … 265
第三节　实质真实发现主义：从积极到消极的转变 … 267

第三章　存在疑问时作有利于被告的处理 … 272
第一节　个案观察：没有证实，等于不存在 … 272
第二节　无罪推定与疑罪从无 … 278

第四章　口供依赖之消减 … 282
第一节　个案观察：呼格吉勒图案件 … 282
第二节　不被强迫自证其罪的特权规则 … 285
第三节　自白以任意性为采纳条件 … 288

第五章　侦查权之司法控制 … 303
第一节　权力行使型构造 … 303
第二节　侦查中心主义 … 305
第三节　公权力之抑制 … 306
第四节　权力抑制型的诉讼构造 … 310

第六章　实质而公平的审判 … 313
第一节　审判之实质性 … 313
第二节　审判之公平性与公开性 … 314
第三节　真实审判与对质诘问权 … 317
第四节　司法救济权之保障 … 321

第七章　辩护力量的增长 … 324
第一节　没有辩护，审判归于无效 … 324
第二节　为什么辩护常常是无效的 … 327
第三节　辩护人可以对权力干预说不 … 331
第四节　个案分析：李建功案件 … 334

第八章　死刑的限缩 … 336
第一节　司法实践观察：误杀与枉杀 … 336

第二节　死刑及刑事审判程序的固有缺陷 …………………… 338
　　第三节　限缩死刑适用:立法、司法解释与程序安排 ………… 342

第九章　平反:错案之纠正 ………………………………………… 352
　　第一节　司法官的精察 …………………………………………… 352
　　第二节　DNA 与错案之平反 …………………………………… 355
　　第三节　当事人及其亲属的申诉 ………………………………… 360
　　第四节　真凶浮现和亡者归来 …………………………………… 363
　　第五节　平反冤案的社会支援力量 ……………………………… 378
　　第六节　舆论漩涡中的错案 ……………………………………… 383
　　第七节　谁来调查可能的错案 …………………………………… 390
　　第八节　案件的时间黑洞 ………………………………………… 392

第十章　错案与一事不再理 ………………………………………… 396
　　第一节　一事不再理与禁止双重危险 …………………………… 396
　　第二节　我国刑事司法中的"有错必纠" ………………………… 399

第十一章　错案责任 ………………………………………………… 401
　　第一节　错案责任的泛化及其弊端 ……………………………… 401
　　第二节　错案责任追究中的扭曲 ………………………………… 406
　　第三节　刑事赔偿:全民为错案买单 …………………………… 413

结　　语 ……………………………………………………………… 421

导　　论

一、何谓错案

（一）习见习闻"冤假错案"

人们对于习见习闻的事物，常常忽略而不加深究。本来以为清楚明白的词语，一旦较起真来，很容易产生困惑。"冤假错案"一词就是如此，这个词为国人所熟悉，一般人都大体明白它的含义，但这个词源于哪里，包含的是同一类案件（既冤也假且错之案），还是三类近似但不完全相同的案件（分别为冤案、假案和错案），就很少有人追问。

很显然，这个词可以拆分为"冤案""假案"和"错案"。"冤案""假案"和"错案"用字不同，各自有所侧重，含义不完全相同；但毕竟词义接近，相互之间也存在关联。

"冤案"中的"冤"，《说文解字》解释为"屈也"。段玉裁注曰："屈。不伸也。古亦假宛为冤。"①从这个字的构成看，"兔在冂下，不得走，益屈折也"。因此，"枉曲之意，取此"。《广韵》解释"冤"为"枉曲也"，也就是委屈的意思。冤案，意味着被害者受冤屈，一般指"受到不公平的待遇；被加上不应有的罪名"②，如兔在冂下之所感。不过，人们在使用"冤案"这个词的时候，除被追诉者成为司法错误的受害者外，犯罪行为的受害者的冤抑也不得伸张，如《红楼梦》中冯渊被薛蟠打死而肇事者逍遥法外，对于死者冯渊来说，此司法案件也为冤案，"冯渊"本来就隐含"逢冤"之义。

"假案"中的"假"，意思是不真实，《说文解字》解释"假"为"非真也"。假案，乃是不真实的甚至是无中生有的（伪造的）案件，一般指人为因素故意造成的。假案有可能但不一定与裁判或者案件处理上的违误联系在一起，有的假案并没有酿成错案，如有人"报假案"，意图侵吞他人财物或者陷害他人使之遭受刑罚，但启动诉讼程序前或者在诉讼程序中被及时发现的，就没有由

---

① 许慎撰，段玉裁注：《说文解字注》，浙江古籍出版社 1998 年版，第 472 页。
② 教育部语言文字应用研究所、中华书局编辑部编：《中华字典》，中华书局 1999 年版，第 587 页。

假案而铸成错案。有些案件,既是假案,也是错案,既有人为故意造成、也有案件裁判或处理者错误判断或处理的混合成分在里面。

"错案"中的"错",《集韵》解释为"乖也",《增韵》则解释为"舛也,误也"。《说文解字》解释为"金涂也",这大概是"错"字最初的含义。后来转义为乖、舛、误的意思。因此《康熙字典》云:"借义,喻误惧也。"错案,意思是不对、与事实不符的,一般指裁判违误的案件,特别指裁判出现重大违误的案件,如出入人罪这种重大违误就属于错案。

冤案、假案、错案,合称"冤假错案"。我们平素所言"冤假错案",泛指一切冤错案件。冤案、假案、错案是从不同角度对一种案件状态的描述,冤案是从当事人的主观心理状态描述一种案件状态。假案是从案件事实的真伪的角度来指称一种案件状态。错案是从处理或者裁判违误的角度对案件作出评价的。冤案、假案、错案可能互有交叉,有的案件既是假案,也是错案和冤案。

"冤假错案"一词在"文化大革命"结束后一段时期使用频率很高,它与大规模的冤错案件的认定和对这些冤错案件的平反联系在一起,而且大规模的冤错案件中绝大多数都是因政治原因造成的。李锐曾言:"粉碎'四人帮'后,中国当代历史要揭开新的一页,仍有两大难题待解决,即'两个凡是'和如山冤案。"[①]随着对冤错案件的复查和平反工作的展开,"冤假错案"一词在全国流行开来,直到现在,这个词还在使用,尤其在一些历史著作和回忆文章中,这个词习见习闻。如今法律界人士使用更多的是"错案"一词,"冤假错案"作为司法的一个历史名词,并非严格的法律术语。

(二)何谓"错案"

我们所谈的"错案",一般是指案件事实及其法律性质之认定违背真相及其实际性质,或者案件处理(如法律适用)失当的案件。在审判阶段,"错案"通常指实体裁判违误,特别是实体裁判发生重大违误的案件。这里提到的"裁判违误"(wrongly conviction)简称为"误判",许多错案是和误判案件划等号的,在刑事诉讼以外的诉讼中,"错案"就是误判的案件,但刑事案件有不少尚未进入审判阶段,也一概称为"错案",因此刑事诉讼中的"错案"范围宽于误判案件。

"错案"的本质因素是错误,致错的原因通常不是裁判者或者案件处理者故意造成的,造成错案这一结果通常也不为他们乐于见到,如果预知自己的

[①] 戴煌著:《胡耀邦与平反冤假错案》,新华出版社/中国文联出版公司1998年版,第1页。

裁判或者处理将铸成错案,错案就可以避免。

不过,故意进行错误裁判或对案件作出错误处理,以及虽然预见到却放任错案的发生,这类案件也常常归入"错案"一类。按照古代中国司法中的说法,错案包括入罪和出罪两种情况:入罪就是错将无罪判成有罪、罪轻判为罪重,出罪就是错将有罪判为无罪、罪重判为罪轻。无论出罪还是入罪,都可以分为故意与过失两种,包括故出人罪、失出人罪、故入人罪、失入人罪四种情况。笼统地说,无论故意还是过失,出入人罪都称为"错案"。

"错案"既与实体有关,也与程序有关。误认案件事实,包括实体法事实的误认,也包括程序法事实、证据法事实的误认。误认案件性质,同样包括对实体法事实性质的误认,也包括程序法事实性质、证据法事实性质的误认,至于案件处理,既包括案件的实体处理,也包括程序处理(如应当起诉而不起诉)。

有论者仅将"错案"的识别标准局限于程序,认为程序合法、证据规则得到恰当遵守,即使案件事实及其法律性质的认定违背事实真相及其实际性质,也不成立"错案";反过来,程序不合法或者证据规则没有得到恰当遵守,即使案件事实及其法律性质的认定是正确的,案件实体处理不存在偏差,该案件仍然要被归类于"错案"。① 这种观点将错案看作程序法概念,将"错案"与"程序违法案件"混为一谈。实际上,程序违法可能造成错案,但错案不等于程序违法,许多案件是错误判断的结果,并不是程序违法的结果。

错案会导致法律的错误适用,但错案不等于违法案件。尽管不少错案产生的原因包含有违法情形,但也有不少案件办案过程和实体法的适用严格遵守了法律规定,也就是说,依法裁判也有可能得出与案件真实情况不符的结论。张卫平教授曾言:"在法律上,对于一个案件裁判的否定性评价比较准确的概念应当是'违法裁判',即裁判违反了实体法和程序法。而'错案'却相当含混,错误的裁判既包括了违法裁判的情形,也包括了虽然裁判没有违法,但裁判结论与案件事实不符的情形,甚至也包括了下级法院与上级法院在法律适用和事实认定方面的不一致。所谓'错案'即'错误裁判',既可能是实体上、也可能是程序上,其含义比之违法裁判要广得多。"② 这里所谓"错案"即"错误裁判"当然也不能涵括所有的刑事错案。

最近又听到一个妙论:开始错了,纠正过来就不算错案(或冤案)。依此观察杨乃武案,岂不是可以得出一个结论:杨乃武案就不是一个冤案?有学者介绍:"2004—2005 年,浙江大学法理与制度研究所承担了一项地方课

---

① 参见刘品新主编:《刑事错案的原因与对策》,法制出版社 2009 年版,第 4—5 页。
② 张卫平:《"错案":一个应当慎用的概念》,载《清华大学法律对策研究通讯》2004 年第 7 期,第 1 页。

题——晚清冤案研究,课题组就近取材,以浙江余杭的杨乃武案作为主要研究对象。喜欢猜想与求证的学者们试图从不同路径接近古代事实,他们同时也从法学角度生发出许多'情理之中而又意料之外'的问题,'杨乃武案是否属于冤案'便是其中之一。"①这一说法,十分诱人,后面还有:

  在计划召开的课题研讨会上,"冤与不冤"的问题本不在讨论之列,毫无疑问,既然课题名称就叫"晚清冤案研究",选择杨毕案加以研究,就是因为在学者们眼里此案乃是一件具有典型性和代表性的冤案。就杨毕案的定性问题作讨论,其初衷显然并不在于给古人翻案,问题的提出与研究思路有关。讨论伊始,多数学者将自己的视点定位在现代社会中的法律,站在今人立场看古人,研究思路会相对明确,一些问题似乎就可迎刃而解了,有大量现成的研究成果可资后来者演绎、引申。近代以来,中国学者以西方法治文明为参照系对中国古代司法制度体系给予了深刻的批判。但是,沿着这一思路得出的研究成果虽然看起来颇为理直气壮,充其量只能称作"冤案的现代反思"。对此,有学者就提出,如果都以现代西方人的眼光来打量杨毕案的话,其未必就是一个冤案——起码需要再作审视与推敲,因为杨乃武与小白菜经过一连串的审判之后,终于平反昭雪,正义最终还是得到了伸张。至此,紧张和对峙是出来了,然而究竟应该怎样看待这一问题?甚或,它根本就是个伪问题呢?②

原来在有些专家学者眼中,"终于平反昭雪,正义最终还是得到了伸张"的案件就不算冤案,以此观之,当代杜培武案件、佘祥林案件、赵作海案件、呼格吉勒图案件等就不算冤案,它们都是经过几番审判,"终于平反昭雪,正义最终还是得到了伸张"的案件。

进一步思考:冤案是否仅仅取决于最终结果的冤,过程的冤,算不算冤?

(三)"错案"之判断标准

错案是一个事实,这是常识性的基本观念。"错案"中的"错",是对一种事实状态的描述,并不是伦理道德评价。

案件错与不错,是依据一定标准对一种事实状况的描述。这个标准有二:事实标准和法律标准。就事实标准而言,凡事实认定与事实真相违背者,为错案。就法律标准,分为两种情况:一是凡对案件法律性质之判断与案件实际性质不相符合,为错案;二是适用法律(如依刑法量刑)严重失当者,为错

---

① 徐显明主编:《法治与社会公平》,山东人民出版社2007年版,第386页。
② 同上。

案。这些标准均为客观标准,亦即以外在于人的主观意图、意愿的客观事实状态为标准,至于错案之形成究竟源于办案者故意还是过失以及有无故意或过失,均在所不问。

有论者谓:错案不仅仅以案件客观事实为判断标准,还应以办案人员主观过错为标准,只有符合办案人员有故意或者过失同时造成案件的处理结果不符合客观事实两个条件时,才能认定为错案。这种观点将"错案"与"应当追究办案人员责任的错案"混为一谈,不足为训。须予责任追究之错案、须予国家赔偿之错案,须予纠正之错案,皆责任追究、国家赔偿或者应予纠正之案件范围,并非错案自身范围。①

有学者提出慎用"错案"概念,并不是否认错案的存在,而是针对将错案与无节制的责任追究制勾连在一起而发出的呼吁。张卫平指出:"错案是人们经常使用的一个概念,从字面上理解,大体上应当是:错误裁判的案件。在司法实践中,'错案'也成为人们对某一案件裁判的消极或否定性评价的标准,从而进一步成为对司法审判工作的消极评价指标,直接关联到司法人员个体的评价,尤其是上级法院撤销原判或改判时,人们更是逻辑地与错案联系起来。"②

有论者认为"错案"是模糊概念。这个概念之所以模糊,主要原因是判断错案的标准模糊,人们使用这个概念较为随意,明确判断标准,可以明确"错案"的内涵外延,使"错案"的概念变得明晰起来。

(四)错案不必等于冤案

聂树斌案件经最高人民法院再审改判无罪,绝大多数人立即将其定位为"冤案平反",无视最高人民法院就此案的改判是基于疑罪从无原则——亦即此案聂树斌是否真凶,属于一个悬疑问题。经过河北省政法系统、山东省高级人民法院和最高人民法院复查,长达数年时间仍然无法就聂树斌是否无辜给出一个确定的答案。无论法界人士还是行外人士,或者不了解,或者有意无意忽视了刑事诉讼法规定之无罪判决并不都对应着无辜,无罪判决一为确

---

① 参见刘品新主编:《刑事错案的原因与对策》,法制出版社2009年版,第4—5页。最高人民法院在1998年公布的《人民法院审判人员违法审判责任追究办法(试行)》第2条中规定,人民法院审判人员在审判、执行工作中,故意违反与审判工作有关的法律、法规,或者因过失违反与审判工作有关的法律、法规造成严重后果,应当承担违法审判责任。这些都是关于"追究责任的错案"范围的规定,不能看作所有"错案"的规定。
② 张卫平:《"错案":一个应当慎用的概念》,载《清华大学法律对策研究通讯》2004年第7期,第1页。

定无辜的判决,如佘祥林案件、赵作海案件等案件属于这一类;二是证据不足、指控犯罪不能成立的无罪判决,这是对于疑罪案件做出的无罪判决。后者与前者一致的,在法律上均为无罪。不同的是,对于后者来说,当事人是否实质上无辜尚难断定;对于前者来说,却可以明确认定为实质上无辜。

我们可以对错案分开观察:一是实体意义上的错案,即确属无辜的人被判有罪或者确实有罪的人被判无罪,以及罪重错判为罪轻、罪轻错判为罪重。二是程序或者证据意义上的错案,即由于办案人员违反法律程序或者存在程序失范现象造成错案,或者证据采择判断的失误造成错误,例如本应按照疑罪从无原则将证据不足的案件判为无罪却违反这一原则判为有罪,或者应当排除非法取得的证据以及真实性存在的疑问的证据却没有排除,从而造成错误的裁判——从程序或者证据的角度来评判,法院的判决存在错误,至于实体上法院的判决是否正确,令人茫然。

聂树斌案件的无罪判决,是基于无法确定聂树斌为真凶、但也无法排除其为真凶即案件处于悬疑状态下做出的无罪判决,与之对应的,是无法确定自称为"真凶"的王书金为真凶。最高人民法院的再审无罪判决无关乎河北两级法院的颜面,只是对于该案确实存在的悬疑状态的一种判决确认。至于社会上许多人认为聂树斌是冤案的受害人,这种判断是一种愿望的折射,未必与现有的证据、事实及其应有的适正判断相一致。

二、错案可以避免吗

(一) 不唯中国有,外国也有

谈到错案,想起一句来自司法机关的议论:错案不可避免,错案不但中国有,外国也有。

平心而论,这话是不错的,考察世界各国司法,得不出这样一个结论,即某一种司法制度已经完全避免了错案的发生。实际上,错案的确不唯中国有,外国也有。但用"外国也有"来回应佘祥林案件的舆论压力,却显得不合时宜。这种"外国也有论"正是在佘祥林冤案经媒体披露引起社会震惊、舆论大哗之时发出的,当此际总结错案教训、向冤案受害人乃至社会大众诚挚道歉,在司法体制和诉讼制度中寻找铸成错案的根源并提出立法和司法改革方案才是重心所在,"外国也有论"难免给人文过饰非之感,推脱责任之嫌。

这种凡遇坏事情就持"外国也有"的论调,与凡遇好事情就持中国"古已有之"的论调,都是自我麻痹或自我陶醉之论。很容易让人想起爱国的"臭虫论"。鲁迅有一篇文章《外国也有》,讲的是"凡中国所有的,外国也都有"的论调:"外国人说中国多臭虫,但西洋也有臭虫;日本人笑中国人好弄文字,但日本人也一样弄文字。不抵抗的有甘地;禁打外人的有希特拉;狄昆希吸鸦片;陀思妥夫斯基赌得发昏。斯惠夫德带枷,马克斯反动。林白大佐的儿子,就给绑匪绑去了。而裹脚和高跟鞋,相差也不见得有多么远。"①在另一篇文章中,鲁迅谈道:"不幸中国偏只多这一种自大:古人所作所说的事,没一件不好,遵行还怕不及,怎敢说到改革?这种爱国的自大的意见,虽各派略有不同,根底总是一致。"②计算起来,可分作完全自负、部分自负、古已有之、消极反抗、丑恶骄人五种流派,其中消极的抵抗派就是这种格调:外国也有叫花子,(或云)也有草舍、娼妓、臭虫。

不过,对于刑事司法来说,无论如何,还是得承认这句话是不错的:错案,中国有,外国也有。

(二)错案不可避免

罗伯特·巴丹戴尔指出:"人的审判是有限的 是一定会犯错的。"③虽说只有上帝才能正当而毫无争议地行使对人进行审判的权力,毕竟上帝不能"我身化作身千亿",在各个法庭现身,于是只好由上帝在人间的代理人——法官代行审判(自然法在法官心中的崇高地位也便由此而来)。虽说法官坐的是上帝的位置,但法官毕竟不是上帝,法官肉眼凡胎,不会时时刻刻、桩桩件件明察秋毫,做出错误判断当然不可避免。

罗尔斯在《正义论》一书中谈到程序正义时,指出误判之不可避免,这正是刑事审判应归类于不完善(全)的程序正义的原因:

> 不完全的程序正义的例子是刑事审判。这方面的合意结果是,只有在被告犯过他被指控的罪行时,才可以宣判他有罪。制定审判程序是为了调查和确定这方面的犯罪事实,但是,要设计出永远产生正确结果的法律程序,似乎是不可能的。审判理论要研究的是,哪种程序和取证规则等等是经过充分考虑因而能够促进与其他法律目标相一致的审判的。可以理所当然地指望在不同的情况下对审理案件有不同的安排,以便即使并非一贯的但也至少在大部分时间里产生正确的结果。所以说,审判是不完全的程序正义的一个例子。即使是小心谨慎地依法办事,公

---

① 鲁迅著:《鲁迅全集》,甘肃民族出版社2000年版,第858页。
② 同上书,第858页。
③ 叶知秋:《与法国参议员谈死刑废除:你见过死亡的颜色吗?》,原载《南方人物周刊》,见http://www.wansongpu.cn/bbs/read.2.39213.5.html,2006-12-20。

平而恰当地进行诉讼活动,也可能得出错误结果。这类情况就是我们所说的误判:出现这种不正义的情况,并不是由于人的过错,而是由于使法律规则无法实现其目标的偶然情况的凑合。不完全的程序正义的特征就是:虽然对于正义的结果有着一种独立的标准,但却没有肯定产生正确结果的切实可行的程序。①

古人早就认识到这一点,袁枚诗云:"狱岂得情宁结早,判防多误每刑轻。"说的正是这个意思,其为官经验:刑事案件发现真相并非都很容易,与其迁延淹滞使案件迟迟得不到解决,不如早些结案,让百姓早一点摆脱讼累;判决很容易发生错误,为了减低错误裁判的损害,在给被告人量刑的时候,就要做到轻缓一点。对此陈其元曾借一起案件评价说:"袁简斋先生有句云:'狱岂得情宁结早,判防多误每刑轻。'余常服膺,以为仁人之言。由今思之,一误且不可,况多误再加之刑乎! 甚矣,为地方官者之难也!"②

到目前为止,还没有哪一种司法制度可以这样断言:这一制度已经圆满地解决了人在司法中可能犯错的问题。也没有哪一个法官敢于打包票说,他在司法中不会受到虚假证据和提供虚假陈述的证人的欺罔,完全做到"明镜高悬""明察秋毫"。等到他退休的那一天,他不无自矜地总结说,吾一生司法无大过。这就已经难能可贵了。在法官任上,对于未来,没有哪一个法官敢于这样说,他的法槌之下,绝对不会有裁判失误。他知道,上帝的位置由他坐,但他——不是上帝。

(三)错案可以避免

就整个刑事司法言之,错案无可避免;然而就个案来说,错案又是可以避免的。

凡错案,必有致错原因。观察各类错案,可以得出如下结论:其一,错案必有原因;其二,错案各有原因;其三,错案一般都是综合原因促成的。尽管错案林林总总,无非两方面原因,一是主观原因,二是客观原因。就主观言之,判断者判断能力不足,或者刚愎自用,怠惰轻忽,甚至贪赃枉法,挟私报复,都会导致冤错案件发生。就客观言之,有些错案是因法庭技术未臻完善所致,如 DNA 技术应用于刑事侦查、司法审判之前,个人识别技术精确性不足,裁判者不能及时甄别冤枉,乃至铸成错案,在这种情况下,即使裁判者小心谨慎,缺乏准确的法庭技术支持,仍然有可能发生错案。

错案一经发现,除了受到冤抑的人要被释放、赔偿外,人们最关心的,是

---

① 〔美〕约翰·罗尔斯著:《正义论》,何怀弘等译,中国社会科学出版社 1988 年版,第 81 页。
② 参见陈其元著:《庸闲斋笔记》。

何以发生和发现错案。许多事后发现的错案,一经检讨,可以得出这样的结论:如果当初在可能知错的环节采取了不同的做法,错案就有可能避免。例如佘祥林案件中,对于无名女尸的身份要是多下点功夫进行核实,就有可能避免将其误认为张在玉而铸成大错;同样,杜培武案件的侦查中要是能够避免测谎结论错误和刑讯逼供,法庭审判中要是法官能够耐心倾听辩护律师的意见,就不会造成杜培武的冤枉,法庭也就不必等到杨天勇劫车杀人团伙被查获才一洗其冤枉。有太多的"如果……就有可能避免错案",可以在追溯错案原因时被意识到,只可惜,当初这些"如果"都没有成为现实。

错案之后进行事后诸葛亮式的研判,找出致错原因,有什么意义?这样做的意义就在于,人们通过错案,可以汲取教训,增长司法智慧,避免重蹈覆辙,进而在以后的司法活动中减少错案。正如《战国策》所谓:"见兔而顾犬,未为晚也;亡羊而补牢,未为迟也。"

三、错案:改良司法的契机

错案,本可以成为司法改革的动力和资源。多年来的司法改革,常常忽视这个动力和资源。其结果是造成冤错案件的病灶仍在,冤错案件也便规律式地一再发生。

错案一经媒体披露,都会引起社会关注,办案机关更是受到震动。一时也有检讨错案原因,追究办案人员责任之举。不过,错案的价值并没有真正实现,这一价值就是,人们可以循错案的轨迹查找错案规律,积累经验教训为日后司法之鉴,并且借此推动司法改革。发现错案,只有一时的震动,时过境迁,造成错案的制度原因并没有得到重视,暴露出来的制度漏洞没有及时得到修补,司法运作的状况也没有得到明显改善。例如,刑讯已经成为中国式错案的关键因素,业经媒体披露的冤错案件无不含有残酷的刑讯,引起社会广泛关注的冤错案件的确促成了从制度上遏制刑讯的措施出台,但这些措施仍有不足,某些有助于遏制刑讯的措施仍然遭到冷藏,刑讯也就不可能消失无踪。

司法改革,目的在于弥补司法制度的罅漏,革除司法活动的弊端。这些罅漏和弊端固然可以通过检视现有制度和比较域外制度并借助法学理论加以发现和弥补,或者通过观察司法运作状况加以分析和总结并提出治理方案,但司法制度的缺陷以及司法状况的颓坏,没有比冤错案件更能鲜明、集中地展现出来;冤错案件给人们带来的震撼,比任何纸上议论和会议言说都来得更加强而有力,因而也就更能激起人们改革的愿望。

当我们将一起错案中颠覆的正义再颠覆过来,我们是否只满足于发现并纠正这起案件,而不从错案中获得更多?

如果答案是肯定的,那么,更多的错案就不可避免。

第一编
域外观察:病理探究

  一个无辜者如何被定罪？是什么导致一个无辜的人承认犯罪？那个细致周到地为犯罪嫌疑人和被告人提供权利保护的刑事司法制度，那个曾经产生了鲍威尔案（Powell，1932）、马普案（Mapp，1961）、吉迪恩案（Gideon，1963）和米兰达案（Miranda，1966）的刑事司法制度究竟出了什么问题？

——C. Ronald Huff, Arye Rattner and Edward Sagarin

第一章　从具体案件查找错案的一般规律

错案原因五花八门,初看起来眼花缭乱,定睛细瞧,会发现错案有一定规律可循。许多冤错案件如同一个模子里出来的,几乎按照特定公式产生;即使有明显不同的冤错案件,也有相同或者近似的错案因素。对于冤错案件的成因,可以作出如下断言:

　　错案通常各有原因。
　　每一起错案都是综合原因促成的。
　　在错案的各种原因中,有些原因是重复出现的。

毫无疑问,没有无来由的冤错案件,错案不过是一些原因发挥作用的结果。从已经确定的冤错案件看,案件各有各的致错原因,尤其从细节上观察,没有完全相同的错案。冤错案件往往由许多原因造成,从已知的冤错案件看,多种原因共同作用最终导致冤错案件的发生。有许多致错原因在不少案件中都有发现,例如我国近年来披露的冤错案件都有一个共同原因,就是刑讯;又如美国发现的一些冤错案件含有共同致错原因:被害人或者证人的指认错误。

正因为如此,人们可以归纳总结出冤错案件的原因,从中摸索规律,通过修补制度或者建立新制度来防止、减少错案的发生。这种归纳、总结是否准确、能不能切中肯綮,取决于足够多的信息、缜密的观察、理性的思考等诸多因素以及对于历史、政治以及人的认识能力局限性的超越。

我国多年以前就对冤错案件的成因进行过部分总结、归纳,例如在20世纪50年代对错案原因有过检讨,1953年2月25日《中南区司法改革运动总结报告》这样总结错案原因:"错判的案件直接使当事人遭受了危害。它是一切旧法思想、旧法观点和旧法作风的集中表现;也是法院工作中一切官僚主义、命令主义和违法乱纪行为的集中表现。只要彻底地复查这些案件,就可以揭发出错误的真相。"①很明显，这是从政治层面来总结错案的成因，将错案的原因归结为旧法思想、观点和作风以及法院工作中的官僚主义、命令主义和违法乱纪行为，服务于当时司法改革的目标。1953年4月25日《第二届全国司法会议决议》花了不少篇幅谈到错捕、错押、错判案件的纠正，但就错案原因没有进行系统的揭示和分析，只提到错捕、错押、错判案件与下述四类情况（和人员）有关："有意制造假案陷害好人的"（反革命分子），"因贪赃枉法、有意陷害好人或有意包庇坏分子而实行错捕、错押、错判的"（分子），"由于工作上的严重恶劣的官僚主义、不负责任、草率从事以致造成严重恶果"（者），"由于政策水平低、经验不足、思想片面或由于案件过多、工作繁忙、处理又急以致错判案件"（者），第一类人员直接表明是政治上的敌人，第二类也是在政治上给予完全否定评价的"分子"。另外，"许多冤狱，都涉及诬告问题。平反时，原则上应把错误的责任，首先由主管的干部和执法机关担负起来，然后再处理诬告问题。在处理诬告问题时，必须区别'诬告'与'误告'，区别原告发者是蓄意陷害好人的坏分子，或挟嫌报复并给了被告以重大损害的诬告分子，还是仅仅由于把怀疑当作事实发生了误告行为"②。1950年陈绍禹③在第一届全国司法会议所做报告时，就6月16日《长江日报》登载的河南许昌专区处理郏县李文景、王太虚一案总结教训，提到县公安局在审问李文景时"边打、边骂、边诱、边迫"造成虚假口供并牵连另一无辜者王太虚，对王太虚的审问也是"一面威胁，一面诱骗，迫令完全承认，遂认为无讹"，最后造成冤错案件。④ 这些对于错案的零星检讨，并没能提高人们的普遍警觉，以后的政治斗争和司法审判中冤错案件仍然层出不穷，直到中国走向改革开放，这一势头才得到遏制。法制的破坏必然导致这样的结果，司法中的弊端也促成了具体案件的冤错化。近年来随着一系列冤错案件成为社会广泛关注和讨论的对象，错案研究一时大热，国内学者对于冤错案件的成因进行了深入研究，形成对于我国错案原因的规律性认识，如中国人民大学何家弘教授著有《亡者归来——刑事司法的十大误区》一书，在书中将冤错案件原因归纳为十大成因：

1. 由供到证的侦查模式；

---

① 《中南区司法改革运动总结报告》，原载《司法改革与司法建设参考文件》，引自《中华人民共和国法院组织、诉讼程序参考资料》[第三辑]，中国人民大学刑法、民法教研室1953年版，第61页。
② 《第二届全国司法会议决议》，载《中华人民共和国法院组织、诉讼程序参考资料》[第三辑]，中国人民大学刑法、民法教研室1953年版，第152—153页。
③ 时任中央人民政府政务院政治法律委员会副主任兼中央人民政府法制委员会主任委员。
④ 《关于目前司法工作的几个问题》，载《中华人民共和国法院组织、诉讼程序参考资料》[第三辑]，中国人民大学刑法、民法教研室1953年版，第152—153页。

2. 违背规律的限期破案；
3. 先入为主地片面取证；
4. 科学证据的不当解读；
5. 屡禁不止的刑讯逼供；
6. 放弃原则地遵从民意；
7. 徒有虚名的相互制约；
8. 形同虚设的法庭审判；
9. 骑虎难下的超期羁押；
10. 证据不足的疑罪从轻。[①]

错案属于公害。其他一些国家也有学者、法律实务人员或者记者对冤错案件进行成因分析，如法国著名律师勒内·弗洛里奥就曾将法国的错案总结为如下几种类型：

1. 证据确凿，推理错误；
2. 从错误的根据出发，得出合乎逻辑的结论；
3. 法庭被被告人欺骗；
4. 法庭被文件资料欺骗；
5. 法庭被证人欺骗；
6. 鉴定方面的错误。

美国人C.罗纳德·霍夫等人也对发生在美国的误判进行研究，确认错案是由以下原因促成的：

1. 目击证人的错误；
2. 检察官与警察的不当行为和错误；
3. 辩诉交易；
4. 定罪的社会压力；
5. 辩护不充分；
6. 有罪的人反诬无辜者；
7. 犯罪记录（前科）；
8. 种族因素。

美国伊利诺伊大学法学院史蒂文·贝克特将误判（Wrongful Conviction）原因概括为：

1. 目击证人指认错误；
2. 虚假的自白或者陈述；

[①] 何家弘著：《亡者归来——刑事司法的十大误区》，北京大学出版社2014年版。

3. 垃圾科学；
4. 坏警察与坏检察官；
5. 糟糕的辩护律师；
6. 其他导致错案的因素。①

加拿大对于错案也进行了研究，"在过去十年中，除了由各省对有争议的重大错案进行的听证调查所发表的报告、媒体的报道、学者的论文和非政府组织发表的报告以外，加拿大政府还设立了一个由联邦政府和各省两级政府的司法行政部门的代表组成的联合委员会，开展对错案的政策性研究"。2005年，加拿大司法部发表了该委员会②在前一年完成的一份报告——长达165页的《预防司法不公报告》，2011年该委员会又发表了另一份报告——长达233页的《走向正义：预防错误定罪》。这两份报告总结了加拿大错案产生的原因并提出了一系列预防错案的对策，这些原因包括：

1. 控诉方片面追求定罪的结果而失去客观公正的立场；
2. 目击者的指认错误；
3. 被告人的不实认罪；
4. 不可靠的科学证据（科学鉴定技术上的差错）；
5. 专家证据的错误（有污点或者歪曲性的专家证据）；
6. 对于警察、检察官甚至法官的培训不足；
7. 其他原因，如控诉方没有向辩护人披露证据等。③

错案就像疾病，研究者寻找导致疾病的各种原因，进而寻求解决之道。许多错案的病因是相同的，不同病因的不同排列组合方式——以不同群集的方式出现，某一病因在致病过程中占据不同的地位——使得错案的形成原因产生差异性。每一种导致错案的原因都可以单独研究，研究者也可以将其置于多种原因共同发生作用的关系中去研究，它们在致错方面的各自作用与化合作用都值得观察与分析。

对于错案的研究，通常由具体个案激发，一起错案曝光了，社会予以高度关注，先是媒体报道错案原因，接着研究者加以分析。从个案入手进行分析、归纳和总结，发现每一起案件发生错误的具体原因；当个案数量积累到一定程度，便可以从中总结出错案的一般规律，从而为避免错案的重复发生而修

---

① J. Steven Beckett, Round Up the Usual Suspects Propensity Evidence and Wrongful Conviction, 长春错案国际研讨会论文集《预防刑事错案国际研讨会会议发言材料》，2012年会议主办方自印本，第269页。
② 原先称为"联邦/省/地区检察部门负责人委员会预防错误定罪工作组"。
③ 杨诚：《加拿大错案研究：值得汲取的教训》，长春错案国际研讨会论文集《预防刑事错案国际研讨会会议发言材料》，2012年会议主办方自印本。

补、建立相关制度。专门研究错案的学者将一定数量的错案收集在一起,进行比较、总结、提炼,形成一个国家、一个地区、一定时期的错案形成规律。这种研究成果,还可以列举更多。

总之,对于域外发生的案件,可以从一些具体的错案入手进行观察,再将镜头拉远,看看相关国家或者地区错案形成的主要因素,从中发现错案发生的规律。毋庸赘述,这些案件虽然发生在域外,其形成机理对于我国防止错案都是有借鉴意义的。

第二章 公正的司法程序无法确保正确的结论

第一节 程序公正有助于减少但不能消除错案

错案,一般就实体而言,属于实体不公正、不正义。有罪者罚,无辜不罚,是实体正义的体现。错案往往错罚无辜,违背实体正义。

程序公正虽有保障实体公正之功能,但两者不能混为一谈,或者相互替代。只重视实体公正而轻视程序公正固然不可取,只重视程序公正而忽视实体公正也不见得高明。理想的司法状态始终是:在程序公正得到实现的同时,也能够实现实体公正。

有人谓:实体公正看不见、摸不着,诉讼中真正值得追求的,只有程序公正。这话恐怕没经过大脑。对于裁判者来说,实体公正也许看不见、摸不着,甚至也不关心,但对于被刑事追诉的人,实体公正绝对不是看不见、摸不着和不必关心的;不仅如此,对于被害者来说,实体公正有没有得到伸张,如鱼在水,冷暖自知。

实体正义的实现,离不开程序法的运用。程序法规定允当,可以有效遏制公权力的滥用,为人权提供有力的保障。这就是程序正义与实体正义的关系。许多侵犯人权的做法,既违背程序公正,也损害实体公正,刑讯就是如此——刑讯不仅侵犯人权,而且由刑讯获得的口供,有可能虚假,当刑讯应用于无辜者时更是如此。因此,程序公正对于人权就有保障功能,对于发现真实也具有积极意义。

但要是以为程序公正能够确保实体公正,就未免过于天真了。本章选择的三个案例,在程序上都没有明显瑕疵,但都属于错案,说明程序公正在遏制错案方面只能收到部分功效,要防止错案,不能仅以实现程序公正为满足,还需要研究造成错案的其他原因,对症下药,才能奏效。

第二节 个案分析:萨尔斯贝里勋爵案

与一般人长相近似,可能对生活毫无影响。但与名人长相近似,就不同了。当年希特勒留着一瓣小胡子亮相政坛,就是因为这个形象与红遍欧美的卓别林的银幕形象相似,在选举中给人印象深刻,容易讨巧,吸引选票。这意外方便了卓别林在第二次世界大战期间拍摄一部讽刺希特勒的喜剧影片《大独裁者》。现在流行多年的电视模仿秀节目,利用的都是与名人外貌相似的优势。不幸的是,如果与某个罪犯有明显相似的特征和近似的外貌,也许就要倒霉。

在英国,有一个自称"萨尔斯贝里勋爵"、长着白发白须的50岁左右的男人,诈骗多名单身女士后逃匿。"萨尔斯贝里勋爵"的作案手法是:伪称"萨尔斯贝里勋爵""威尔顿勋爵"之类名门望族身份;风度优雅,设法结识单身女人,骗取对方财宝;得手以后,立即溜之大吉。在1894年之后的一年多,他以这种方式作案达22人次。

1896年12月16日,一名受害妇女在街头拦住了阿道夫·贝克,向警方指控他诈骗。阿道夫·贝克是个小企业主,长着白发白须。随后在"苏格兰场"(英国刑警总局)进行列队辨认,从大街上请来的十几个男人与阿道夫·贝克并排站在一些受害妇女面前,由她们辨认,辨认的结果是,几乎所有妇女都肯定贝克就是那个骗子。阿道夫·贝克的自我辩解和举证,变得毫无效果,警方认定贝克就是自称"萨尔斯贝里勋爵"的诈骗犯,后来他被判7年监禁。阿道夫·贝克多次上诉,直到1901年7月,他才获得保释。1904年4月,阿道夫·贝克在街上被一个少妇扭送到了警局,声称他骗取了她的财物,随后又有4名妇女闻讯而来指控贝克,贝克再次被关押。

审判之前,警察偶然抓获一个名叫威廉·托马斯的销赃者——一个同样白发白须的人,外貌与贝克极为相似。警局再次让受害妇女辨认,这些受害妇女张皇失措地意识到:这才是真正的"萨尔斯贝里勋爵"!她们尴尬承认上次辨认错误。她们还从威廉·托马斯身上发现了一度忽视的诈骗犯的特征:耳下有一个疤痕,行过"割礼"。

真正的罪犯抓到之后,阿道夫·贝克的冤屈终于昭雪,但这已经是铸成大错7年以后的事情。该案一经披露,轰动全国,英国政府为此特别任命了一个委员会进行调查。"苏格兰场"因此案一时声誉急降,灰头土脸。

有些错误总是重复来、重复去,由目击者错误指认造成的冤案比比皆是。在美国和英国,导致错误有罪判决的最主要的原因是目击证人的错误辨认——这样的错误往往并非出于恶意。有美国学者指出,除了研究者的资料库的数据能够证明这一点外,在回收的调查问卷当中,有八成的被调查者勾选了目击证人错误这个选项(主要是目击证人的错误辨识),认为它是导致错误的有罪判决的最常见的因素。其他一些研究也强调目击证人的错误起到的关键作用。有学者估算,美国每年 7500 起重罪的误判中,大约有 4500 起是由误认造成的,这还是保守的估计。阿道夫·贝克冤案就是这样一起案件。

在其他国家,辨认错误也是错案发生的经常原因。法国著名律师弗洛里奥警告说:"诚然,某些人有十分敏锐的观察力,他们能在较长一段时间之后,提供出使人惊讶的某些细节。……还有这样的情况,一个人能辨认出乍看起来面目模糊的人。……无论如何,我想,像这种不受错觉影响、有天赋的人,只是一种例外。"实际上,"我们大家都有过在大街上从背后认不出某个人的经历吧?轮廓的相似是不能证明什么的。电影艺术家常常在影片的惊险镜头中,利用风度、举止都很相似的替身来代替那个电影明星,而任何观众也看不出这种'欺骗'。在司法活动中,要特别当心,有的证人在相隔几个月甚至几年之后,又轻易地'认'出了他们实际上只见过一面的人"①。

如果你与别人长得像,究竟是好运还是霉运,没遇到幸运机会或者摊上倒霉事情之前,有谁说得清楚呢?

第三节　个案观察:本特里案件

美国加州大学法学教授保罗·伯格曼和迈克尔·艾斯默称本特里案件是"一场由于司法不公所造成的人间悲剧,尽管这种不公正在任何一种司法制度下都难以避免"②。

要审视本特里案件的致错原因,首先应当了解该案所处的时代背景。在当时,第二次世界大战刚结束不久,一些国家百废待兴,又迎来了犯罪的高发期。有论者指出:"不断提高的犯罪率,看起来就像是战后一种不可避免的反应。在战后的英国,随着配给制的始终有效,从事黑市交易的人非常普遍。伪造的配给票很有市场,破门而入的盗贼很常见,装载配给货物的卡车经常被拦路抢劫。伦敦市许多组织成为残忍的小型团伙的聚集地。在街上持枪伤人被认为是当代的一种时尚。"这个时期,伦敦经历了一场使用火力武器的前所未有的潮流。③

人们可以合理地认为,正是这样的背景导致了本特里错案的发生。当时,人们需要一起案件杀一儆百,本特里案件撞到了枪口上。在叙述这个案

---

① 〔法〕勒内·弗洛里奥著:《错案》,赵淑美译,法律出版社 1984 年版,第 133 页。
② 〔美〕保罗·伯格曼和迈克尔·艾斯默著:《影像中的正义:从电影故事看美国法律文化》,朱靖江译,海南出版社 2003 年版,第 51 页。
③ 〔英〕保罗·贝格、马丁·费多著:《二十世纪西方大案纪实》,李亦坚译,群众出版社 1998 年版,第 131 页。

件时,英国学者保罗·贝格、马丁·费多指出:"许多人都相信当局是因为不断升高的少年犯罪率而把德里克·本特里当作了一个典型。"①"今天,人们广泛支持德里克·本特里成了一个审判案的牺牲品,用一句黑话来说,他被警察给'缝'了。甚至最近的一本书中也评论道本特里是被一个只想通过判决别人死刑以发泄性欲的法官来定罪的。所有类似的声音都是出于对德里克·本特里被处以绞刑的怀疑。"②保罗·伯格曼和迈克尔·艾斯默也认为:对于本特里案件之类,"一般而言,此类问题大都不是出自法律条文本身,譬如在本案当中,英国法律其实足以为本特里提供因其智力缺陷而减免刑责的法律依据。但站在第二次世界大战的废墟上,英国的法官和政客们为了对付充满反叛精神的失业青年,感到有必要'乱世用重典',以严刑峻法弹压挑战。"③

本特里案件的案情是这样的:1952年11月2日晚上9点25分,两名可疑男子翻过位于克罗伊顿的塔姆沃斯顿路的高墙进入巴娄和帕克的货栈的院子,克罗伊顿警察局接到报警后派出警察,十分钟后两辆警车到达现场。侦探费尔费克斯检查了地板、门、窗,没有发现入室痕迹,便告诉同来的哈里森、佩因和比砌姆—布里奇登散开,把守住货栈的各个入口。警察迈尔斯和麦克唐纳得知可疑男子登上了货栈的屋顶,立即把这一消息告诉了费尔费克斯。这两名可疑男子,后来知道,一个叫克里斯托弗·克雷格,另一个叫德里克·本特里。费尔费克斯来到屋顶,试图靠近他们,在距离六英尺的地方,他喊话:"我是警察,快从垛后出来!"说罢,他慢慢靠近,抓住了德里克·本特里。

费尔费克斯后来在叙述这件事时说,德里克·本特里推开他,并大声喊:"给他点苦头尝尝,克雷格!"随后传来一声枪响,伤着了费尔费克斯的肩膀(幸好伤得不算重,经过治疗得以康复)。在屋顶灯后,他再次抓住本特里,本特里手里拿着一把匕首并戴着指节钢套。本特里没有企图逃走,他说:"我有的就这些——我没枪。"

这个情节是确实的:本特里跟警察走了,并没有反抗,他甚至允许受伤的警察拿他作盾牌。本来,本特里可以跟克雷格联手拒捕,但他没有这么做;相反,他向警察提供协助,告诉警察说克雷格的枪是45型的,里面有足够的子弹。他还说:"我告诉过这个傻瓜——不要用它。"

---

① 〔英〕保罗·贝格、马丁·费多著:《二十世纪西方大案纪实》,李亦坚译,群众出版社1998年版,第131页。
② 同上。
③ 〔美〕保罗·伯格曼和迈克尔·艾斯默著:《影像中的正义:从电影故事看美国法律文化》,朱靖江译,海南出版社2003年版,第51页。

警察麦克唐纳和哈里森先后来到屋顶。克雷格朝哈里森开枪,将他逼退。更多的警察来到现场,有人拿到房门钥匙打开房门,沿楼梯走上屋顶。第一个到达屋顶的是悉尼·迈尔斯,他推开通向屋顶的门走了出去,就在这时,悲剧发生了:枪响了,迈尔斯头部中弹,倒地身亡——是克雷格开的枪。

费尔费克斯以本特里做掩护,试着转到楼梯上,本特里为了不让克雷格开枪,向克雷格大喊:"当心,克雷格,他们会放开我!"克雷格没有开枪,费尔费克斯来到楼梯,随后放开了本特里,并拿到一把枪。费尔费克斯转身回屋顶,朝克雷格开了几枪。克雷格的枪里已经没有子弹了,为了不让警察抓住他,他惊人一跳,从屋顶上跳了下去,但他没有摔死,脊背严重摔伤。

克雷格和本特里被捕后,被指控犯有谋杀罪,他们被起诉至法庭受审,直到法院作出判决并交付执行。① 这个案件的处理结果是:19 岁的本特里被判处绞刑,1953 年 1 月在万德斯沃斯监狱执行绞刑。开枪射杀迈尔斯的克雷格才 16 岁,不够判处绞刑,被判处监禁而送进监狱服刑,10 年后他被释放。这一判决,在两人间形成鲜明对比,引起很大非议——有人认为,本特里成了社会对犯罪反应的牺牲品。

从法律适用看,该案建立在这样的法律观点之上:若两个人合伙犯罪,其中任何一人将对全部行为负责。也就是说,"任何协助或者鼓励其他人杀人的人,本身也是杀人犯"②。保罗·伯格曼和迈克尔·艾斯默就此分析道:"一种可能的法理依据是基于'重罪谋杀法则',它规定在一次重罪的实施过程中所造成的任何死亡都被视为谋杀,而参与犯罪的所有人员都将为此承担罪责。与美国大多数州情况不同的是,英国不存在'重罪谋杀法则',但英国法律也允许控方以'本特里和克雷格合谋策划了暴力犯罪计划'为由,指控他犯下谋杀罪名。然而没有证据支持这一理论,本特里在作案当日并没有带枪,而且本特里和克雷格都作证说,本特里事先并不知道克雷格是携枪前往的。"当然,本特里和克雷格都带着武器,克雷格带着枪,本特里带着匕首和钢指套,他们去客栈显然图谋不轨。按照法律,携带武器并进行犯罪是要被拘捕的。不过,"他们也并非想在光天化日之下抢劫一个挤满了人的银行,顾忌到可能有人出面制止,这两个年轻人最初的目标,只是打算在夜深人静的时候钻进一个废弃的仓库偷点东西而已。此外,控方也没有证据表明他们曾就'逃跑时可以杀人'达成过一致意见。因此本特里根本没有办法预料会有枪

---

① 〔英〕保罗·贝格、马丁·费多著:《二十世纪西方大案纪实》,李亦坚译,群众出版社 1998 年版,第 135—138 页。

② 〔美〕保罗·伯格曼和迈克尔·艾斯默著:《影像中的正义:从电影故事看美国法律文化》,朱靖江译,海南出版社 2003 年版,第 52 页。

杀警察之类事情的发生,他也就不应该以'合谋策划暴力犯罪'为依据被判谋杀罪名成立"①。

根据指控,德里克·本特里面临一个极大风险——他要为克雷格枪杀警察承担法律责任。在诉讼过程中,本特里是否喊过"给他点苦头尝尝,克雷格!"以及是否在他喊这话以后克雷格开枪,成为诉讼中的争点。本特里否认喊过这句话,克雷格也称他没有听见这句话。不幸的是,本特里还否认了他不该否认的其他事实,比如他说他不知道克雷格带着枪,但警方有充足的证据证明他知道克雷格有枪,并且知道枪是 45 型的,他还警告过克雷格不要开枪。因此,他否认喊过这句话没有被相信。更吊诡的是,本特里还否认迈尔斯被枪杀时他已经被警察控制。

"给他点苦头尝尝,克雷格!"这句话的英文是"Let him have it",Let him have it 有两个截然相反的含义:一是"给他点苦头尝尝",二是"把他要的给他"(意思是"按他说的办"——把枪交给警察),意思不同,本特里的法律命运也大为不同。但本特里反复宣称他没喊过这句话,深究这句话的实际含义变得没有意义。

本特里的律师提出,如果本特里用言语或行动制止克雷格的行为,他就不应该为克雷格的行为负责。假如迈尔斯被枪杀是在本特里被押下屋顶以后,他就不应该承担谋杀的罪责;假如当时克雷格从屋顶逃脱,1 个月后杀了警察,本特里也不应为这起谋杀承担责任。事实上,从警方所称本特里向克雷格喊"给他点苦头尝尝,克雷格!"到迈尔斯被枪杀,中间足足相隔 15 分钟。根据无可争议的证据(控诉方也表示认同),迈尔斯被枪杀时本特里已经在警察监押之下,他没有任何反抗行为,也没有怂恿克雷格抵抗。他向警察提供关于克雷格的信息,并冒险充当盾牌掩护费尔费克斯。如果认为"给他点苦头尝尝,克雷格!"这句话刺激了克雷格枪杀迈尔斯,说服力不足。何况克雷格声称他没有听见这句话,如果这是真的,他当然也不会被这句话所刺激,那么本特里也就不应当对克雷格的行为负责。

本特里是冤枉的,这个判断被克雷格后来的说法所强化。克雷格在接受《关于克雷格和本特里一案》的作者大卫·约罗朴采访时说:"对我来说,最可怕的事情就是本特里在那一刻背叛了我,并开始帮助警察来抓我。他们让他走近我并劝我投降。本特里走向我并朝我喊:'看在基督的份上,克雷格,你能得到什么?'我意识到他正在走近我,我告诉他快停下,不然的话他也会吃枪子。本特里停了一会儿,然后又开始向我走来,不是直线地,而是像是打算

---

① 〔美〕保罗·伯格曼和迈克尔·艾斯默著:《影像中的正义:从电影故事看美国法律文化》,朱靖江译,海南出版社 2003 年版,第 51—52 页。

从我背后过来。我告诉他我知道他过来干什么,他从我背后过来不过是想拿走我的枪。"①1991 年,克雷格在一次电视节目中再次否认本特里向克雷格喊过"给他点苦头尝尝,克雷格!"一如当年法庭审判中一样。不仅如此,克雷格为此接受了测谎检验,并且通过了测谎。

  令人遗憾的是,辩护律师的辩护存在重大失误:本特里在 1941 年德国空军轰炸伦敦时头部受过重伤,这使他智力发育存在问题,智商只相当于 11 岁儿童,而且经常因癫痫病发作而痛苦不堪。他本来过着与世隔绝的生活,他的姐姐有一天把他骗出家门去买一张凯·斯塔尔的唱片,这使他的父母大为震惊。在第二次出门时,本特里遇见了小混混克雷格,从此与他混迹街头,噩运由此展开。② 本特里的智力缺陷本来是一个请求轻判的难得理由,尽管他不符合法律上对于判定精神病设定的条件,但他智力低下的证据清楚无误,辩护律师却没有及时收集和提供相关的证据。这也许还要归咎于检察官急于结案以便杀一儆百,使案件很快开庭审判,律师不能成功延后审判时间。可以想见,如果陪审团了解到本特里存在精神疾病,情况会大不一样。尽管如此,陪审团并不了解本特里的精神状况,但还是建议法官从轻发落。实际上,"一旦上诉法院注意到这类证据的存在,就有可能把由于辩护律师的无能所造成的悲剧性判决推翻重审"③。

  本案另一令人扼腕之处在于法官高德④爵士在办理这一案件中有严重过错:

  1. 允许警方证人提出意见证据。费尔费克斯在向陪审团作证时使用了"本特里叫克雷格射杀警官"这样的语句。实际上,他只需陈述事实经过,不应当阐述由事实经过得出的结论。"给他点苦头尝尝,克雷格!"这句话究竟是什么含义,应当交由陪审团作出裁判而不应当由证人越俎代庖。⑤

  2. 偏袒一方。在向陪审团进行最后的总结提示时,他的总结提示是偏颇的。在对陪审团"重述"本案的证据要点时,他显然无意帮助陪审团公平注意控辩双方提供的所有证据,而是赞颂警察与持枪歹徒英勇献身的无畏精神;更严重的是,对于辩护律师指摘警察在作证时撒谎,他竟称这一指摘是对国家、社会的背叛。显然,这样的总结提示无助于司法公正,起到的就是摧毁

---

① 〔英〕保罗·贝格、马丁·费多著:《二十世纪西方大案纪实》,李亦坚译,群众出版社 1998 年版,第 139 页。
② 〔美〕保罗·伯格曼和迈克尔·艾斯默著:《影像中的正义:从电影故事看美国法律文化》,朱靖江译,海南出版社 2003 年版,第 52 页。
③ 同上书,第 53 页。
④ 一译"郭达德"。
⑤ 一译"菲尔法克斯"。

辩护方辩护效果的作用,促使陪审团站在控诉方一边。"英国的辩护律师界认为,像这样一边倒的法官重述在审判中非常普遍,他们正在致力于限制这种诉讼程序免遭滥用。在美国,法官理论上同样拥有这种重述证据的权力(如果不把它看作自命不凡的特权的话),但是他们极少运用它,尤其是像郭达德法官那样明目张胆地袒护一方,显然会遭到判决被撤销的不光彩下场。"

3. 陪审团请求轻判的意见被忽视。陪审团裁决本特里和克雷格犯有谋杀罪,但同时建议法官"有所体恤,从轻量刑"。尽管陪审团建议法官宽恕,但高德法官仍然毫不犹豫地判处了本特里死刑。据后来解密的政府文件披露:内政部的高级官员曾经敦促当时的内政部长戴维·马克斯威尔—费弗爵士暂缓本特里的死刑,高德法官竟然知会戴维:"本案不存在任何可以减刑的因素。"终于让本特里在 1953 年走上黄泉路。

本特里被处死后,余波未平。本特里的姐姐伊丽恩用几十年的时光为她弟弟得到死后赦免而奔走。本特里被绞死的时候,她只有 21 岁。她的努力最终取得成效:1993 年 7 月 30 日,英国内政部长迈克尔·霍华德为本特里发布"部分免罪状"①,即维持对其罪名的认定,但承认法庭量刑失当。1995 年 5 月,惊人的内幕由警方的文件揭开,公开的这份文件表明当年一些警察为了使本特里受到严惩而联手制造冤案,"给他点苦头尝尝,克雷格"这句话是警方编造的!②

第四节 个案观察:蒂姆·伊文斯案件

1950 年,蒂姆·伊文斯案件同样激起人们对司法的不满,人们借此推动对死刑的废除。

蒂姆·伊文斯同本特里一样,是个心智有缺陷的人,他比本特里更加冤枉,因为蒂姆·伊文斯全然无辜。

像本特里案件一样,英国也将蒂姆·伊文斯案件改编成电影《雷灵顿 10 号》,在 1971 年发行放映。影片根据真实案件改编,情节是:医生约翰·克里斯蒂是系列杀人案的凶手,表面看起来温和、亲切,乐于为那些陷入困境的女子排忧解难。他将一些女人骗进他位于雷灵顿 10 号的公寓,在房间里用毒气杀死她们,再与尸体交媾,最后在花园里将尸骸焚毁。他的房客蒂姆·伊

---

① 部分免罪的法律依据来自 1993 年 7 月英国高等法院后座法庭的判例:免罪状的发布不仅可以基于错误定罪,也可以适用于不当量刑。(参见〔美〕保罗·伯格曼和迈克尔·艾斯默著:《影像中的正义:从电影故事看美国法律文化》,朱靖江译,海南出版社 2003 年版,第 55 页。)

② 同上。

文斯及其妻波伊尔带着婴儿杰拉尔丁住在公寓楼上两间破烂的房间。蒂姆·伊文斯是个文盲,心智存在缺陷。他们的生活很困窘,波伊尔又怀孕了,这使得他们的境况更加窘迫——既没钱做人工流产,堕胎药也不起作用。约翰·克里斯蒂告诉波伊尔,他可以免费为她做人工流产。在蒂姆上班后,约翰·克里斯蒂杀死了波伊尔。蒂姆回家后,约翰·克里斯蒂要他逃走并威胁说蒂姆拒绝的话就要告发他杀死了波伊尔。头脑昏乱的蒂姆居然远遁威尔士。蒂姆离开后,约翰·克里斯蒂又杀死了杰拉尔丁。蒂姆被捕后,听说自己的小女儿也死于非命,在警察面前,鬼使神差地承认自己是杀死妻子和女儿的凶手。蒂姆被法庭判处死刑,并被绞死。1953 年,约翰·克里斯蒂的罪行败露:他在蒂姆死后继续杀人,甚至包括自己的妻子。约翰·克里斯蒂在审判后被绞死。人们至此知道蒂姆·伊文斯是无辜的。1966 年,蒂姆·伊文斯案件得到平反昭雪。①

　　蒂姆·伊文斯案件是一起非常吊诡、也令人感到"恐怖的"冤案,保罗·伯格曼和迈克尔·艾斯默评价说:"对于任何一名律师来说,蒂姆的案件都无异于一场最恐怖的噩梦——一堂貌似公正的审判却将一位无辜的人定成死罪,送上绞刑架。而另一场可怕的噩梦则在于审判进程的稀释,其他所有的正义②要素都一应俱全,但律师所起到的功效却衰减过半。"③

　　蒂姆·伊文斯案件之所以铸成大错,原因在于:

　　1. 自诬有罪。按照一个理性人的假设,一个人不会在没有外在压力或引诱之下承认自己没有犯过的罪,特别是明知道这会导致定罪量刑的危险。但蒂姆·伊文斯打破了这一规律,他向警方违心承认自己杀人,令人震惊的是,没有任何非法取证行为迫使或者诱使他这样做。即使后来在法庭审判过程中,人们也无法找出他如此自诬的动机,只能归因于他的精神状况。在法庭审判中,他无法说清楚自己为什么要揽下别人犯的罪,也不能解释清楚约翰·克里斯蒂为何杀人。保罗·伯格曼和迈克尔·艾斯默预测:"与影片所叙述的不同,蒂姆的口供很有可能是遭警方刑讯所获。警察们将他逾期隔离,整夜盘问不休。蒂姆已经被杰拉尔丁遇害的消息弄得心力交瘁,更为波伊尔母女之死自责不已。他自供状上的遣词用句都法理精严,而这种法言法语似乎只能出自警方之手,绝非蒂姆所能随口道出。他在口供笔录上签下自己的名字,很可能是由于彻底的精神崩溃,以及唯恐遭到警察毒打的内心恐

---

① 〔美〕保罗·伯格曼和迈克尔·艾斯默著:《影像中的正义:从电影故事看美国法律文化》,朱靖江译,海南出版社 2003 年版,第 79—80 页。
② 原译"司法",从文义看,翻译成"正义"更贴切。
③ 〔美〕保罗·伯格曼和迈克尔·艾斯默著:《影像中的正义:从电影故事看美国法律文化》,朱靖江译,海南出版社 2003 年版,第 81 页。

惧。有关蒂姆口供方面的可疑情况在审判期间没有引起各方足够的重视。"①

2. 证人提供伪证。在法庭审判中,蒂姆陈述了事实真相,但约翰·克里斯蒂否认自己与此案有任何牵连。他在法庭上的表现赢得了陪审团的信任,陪审团相信他的伪证。

3. 辩护不力。辩护律师本应向法庭指出,蒂姆·伊文斯的有罪供述不过是警方臆造的产物,而且蒂姆·伊文斯在作出有罪供述时承受着来自警方巨大的心理压力。他还应当传召一位专家证人,用来证明蒂姆·伊文斯经历过的一切对心智有问题的蒂姆·伊文斯意味着什么。尽管审判在程序上并无明显瑕疵,但律师的辩护却苍白无力。在审判中,辩护律师试图拿几起早年间约翰·克里斯蒂犯下的盗窃和暴力案件对他作为证人的信誉进行弹劾,但是,不幸的是,这些案件离审判时最近的也有 17 年之久了。更重要的是,这些品格证据完全没有办法对约翰·克里斯蒂的杀人罪行作出证明。保罗·伯格曼和迈克尔·艾斯默就此特别指出:"公正的司法程序无法确保得出完全正确的结论,但我们应当从过往的谬误中汲取教训。……对于司法正义而言,全面而坚定有力的辩护同其他构成一场公正审判的要素一样,都是须臾不可或缺。"②

4. 错误鉴定。对于蒂姆·伊文斯的精神状况,医学鉴定委员会证明蒂姆·伊文斯心智正常,合乎处刑要求。这一鉴定虽然比本特里案件在程序公正上优胜一些,但是,这却是错误的鉴定。实际上,他的智商只有 68,大约相当于 10 岁儿童的智力水平,仅就这一点而言,蒂姆·伊文斯死得冤枉。③

本特里案件和蒂姆·伊文斯案件以外,另一起推动死刑废除的案件是 1955 年的露思·爱丽丝案件。这一年,露思·爱丽丝在好乐威监狱被处以绞刑,她在一个小酒店门外开枪打死了自己的情人,她的罪行不容置疑,她的冤情在于,曾经被自己的情人猛击腹部造成流产,这个事实在审判中没有人提及。这引起社会众说纷纭,人们对露思·爱丽丝表示同情。露思·爱丽丝成了英国最后一个被处以绞刑的妇女。这起案件也许容易让人联想起托马斯·哈代的小说《苔丝》,苔丝杀了自己的丈夫,她被判处死刑同样令人同情。1962 年詹姆士·汉罗蒂因强奸杀人罪被处以绞刑,尽管他请来证人证明他

---

① 〔美〕保罗·伯格曼和迈克尔·艾斯默著:《影像中的正义:从电影故事看美国法律文化》,朱靖江译,海南出版社 2003 年版,第 82—83 页。
② 同上书,第 81 页。
③ 同上书,第 83 页。

不在犯罪现场。这起案件再次引起人们对死刑的思索,最终英联邦下决心于 1966 年废除了死刑。①

第五节 对三起错案的进一步分析

　　这三起案件,就诉讼程序而言,谓之表面上是公正的不算为过。即使是较为挑剔的观察者,也不得不承认,这三起案件中,我们看不到非法搜查与扣押,看不到以利诱、威胁和欺骗的方式取供,看不到刑求迫供——这些在我们的社会并不鲜见的违法情况,在这三起案件中通通都看不到。但是,令人深感遗憾的是,程序公正表面并无重大瑕疵的这三起案件,都在实体公正方面折戟沉沙。

　　导致司法错误的原因已经很清楚了,尽管在发生错误的时候,这些原因被掩盖,没有人意识到它们的存在。

　　萨尔斯贝里勋爵案的主要致错原因是指认错误。从本书后续的内容中可以见到,错误指认是许多国家——无论是否法治成熟的社会——铸成错案的常见原因。如属于英联邦国家的加拿大,研究者指出:铸成错案的原因之一就是目击者的指认错误——"目击证人的指认在定案时十分重要,但即使是最诚实的证人也可能错误指认犯罪人,或提供错误的证言"。不仅如此,"除了证人自身的原因以外,指认错误也与警方或者控方在安排指认时采取的方法不当有关,甚至可能是因为法官当庭给予证人的指示有所偏颇"②。知情人虽有善意并智力正常,也容易发生指认错误,这是由人的生物局限性带来的令人无可奈何的事情。事实反复证明,由错误指认开启的错误指控、错误裁判,屡有发生,教训多多,不可不加以警惕。如萨尔斯贝里勋爵案,造成错案的原因是样貌、衣着有相似之处而发生被害人的误认,这种误认与人的认识、记忆和辨别能力有关。人类的这些能力都先天不足,对此若无警觉,如稻草狗守门,错案很容易溜进来。

　　德里克·本特里案件和蒂姆·伊文斯案件都是智力发育有欠缺者蒙冤受屈的案件。智力发育缺陷本来就是个人的不幸,更不幸的是,这种缺陷本应该被裁判者注意到从而避免冤抑,令人痛惜的是,事实并非如此。德里克·本特里的智力发育缺陷可以为其挽回一条性命,但律师的疏忽和法官的武断最终将本特里送上不归路。本特里不能说无罪,但死刑对于他来说却是

---

① 〔英〕保罗·贝格、马丁·费多著:《二十世纪西方大案纪实》,李亦坚译,群众出版社 1998 年版,第 139 页。
② 杨诚:《加拿大错案研究:值得汲取的教训》,长春错案国际会议论文。

极大冤枉。蒂姆·伊文斯案件也是如此,被告人的智力缺陷没有引起侦查人员、起诉官员和法官的警觉。蒂姆·伊文斯糊里糊涂认罪,有其智力和情感等混合而成的特别原因,这一陈述看似自愿,实则不符合事实真相,他的认罪导致他命丧行刑台。这个不幸的人,他的结局是其一生中最大的不幸。他的智力缺陷本来应当得到充分注意,他的口供的真实性也应当受到质疑,然而应该发生的并没有发生,不该发生的却如期而至发生了。

不仅如此,错案发生的因素还有案件以外的原因:德里克·本特里案件涉及政治形势、犯罪形势与刑事司法、刑罚的关系。我们审视这一案件,可以清楚看到本特里案件并不是没有时代背景陪衬的偶然案件,恰是战后居高不下的犯罪率为本特里案件提供了特定背景,使得法官对于该案的重判倾向变得滞重黏着。笼罩在案件之上的看不见的重浊之气变成了德里克·本特里的梦魇,冤抑就这样形成了。

我们从本特里案件中看到政治形势、犯罪形势对于刑事司法具有的影响,在犯罪形势严峻、社会秩序恶化的情况下,一个国家或者地区在对付犯罪时有可能出现过激反应,处于阵发性歇斯底里状态。在许多人的心目中,严刑峻法成为剿灭犯罪、拉下高飙的犯罪率的简单、实用而有效之策,在这种心态驱使下,对于人权的关照和错案的警惕也就在国家失掉理性和社会处于癫狂状态时候被弃置了。

在遏制犯罪形势恶化的动力驱使下,嫌疑人、被告人有可能成为实现刑事政策的工具,冤情就生长起来。人的工具化现象突出体现在刑事司法中"杀一儆百"这个现成的说法上。一个犯罪人被处决,不完全取决于他的犯罪行为,还取决于政府以之儆人的政治意图。这就使得被追诉人成为实现政治意图的工具。这种司法不顾及罪刑相适应的原则,它的极端表现就是在犯罪形势严峻的情况下为平息民怨或者弹压社会中人犯罪的冲动而寻找替罪羊,以处决被诬指为罪犯的平民来达到儆人的目的。在刑事司法活动中,至今还有着将人工具化的表现,如以召开群众大会公开逮捕("公捕")、公开宣判("公判")的方式"教育群众",把被追诉人当作工具、手段来使用。

在近现代,对于人之价值的工具性认识(外在价值观)为"人本身就是目的"的内在价值观所取代,人不再被视为工具,而被视为目的。这是对人的价值的重新发现,它对刑事司法的文明化具有推动作用。A. J. M. 米尔恩指出:"把人仅仅当作工具来对待,也就是根本否认了他应得的任何东西。如果他不只被当作工具,而且也当作自身具有内在价值的人来对待,他就必须享有权利。"①

刑事诉讼中,诉讼主体理论具有塑造现代刑事司法品格的重要作用。诉讼主体理论改变了被追诉人长期的诉讼客体地位,使之从被讯问、被刑讯的对象一跃而为诉讼权利的拥有者。

承认被追诉人的诉讼主体地位,赋予并保障其诉讼权利,使被追诉人不再被动接受国家惩罚而成为实现国家某一政治意图的工具,他能够借助法律赋予的和平手段与国家进行诉讼对抗,由此开启了刑事诉讼的新局面。

认识到这一司法变革的价值,保障刑事司法中的嫌疑人、被告人不成为政治考量、刑事政策的牺牲品,德里克·本特里案件之类悲剧发生的可能性才能降低。

---

① 〔英〕A.J.M.米尔恩著:《人权哲学》,王先恒等译,东方出版社1991年版,第235页。

第三章　许多因素会骗过最审慎的法官

第一节　法国错案产生的原因

法国著名律师勒内·弗洛里奥著有《错案》一书，在这本书中，弗洛里奥具体分析了错案发生的原因，基于司法教训提出了许多警告，也提出如何防止错案发生的建议。

对于法国发生的司法错案，弗洛里奥逐一分析了错案原因：

其一，证据确凿，推理错误。

有些案件，有着确凿的证据，但是依据这些证据作出的推理判断是错误的，如此一来，案件就弄错了。

某些案件，究竟是正当防卫，还是故意杀人抑或是过失杀人，容易形成误判。尸体或者受伤的人摆在这里，致人死亡或者伤害的凶器也摆在这里，究竟属于正当防卫还是杀人，需要掌握进一步的证据。如果一见到尸体或者受伤的人，就遽然断定发生了杀人罪案，就可能冤枉了正当防卫的人。

在窝赃案件中，究竟赃物属于犯罪所得还是因轻信而取得，容易发生误判。弗洛里奥指出："所谓窝赃，大家知道，就是占有那些通过杀人或其他违法手段得来的钱财的行为。"如果一个人占有那些通过杀人或其他违法手段得来的钱财，很容易让人联想到他杀了人或者进行了特定违法活动，这种建立在赃物基础之上的推论不是没有道理，但不是唯一可能性，"通常情况下，被告辩白说自己并不知道窝赃之物是非法所得。他的表白看起来是诚心诚意的。但是，他到底是个头脑简单的人，还是个狡猾奸诈的人呢？要决定这一点，审判官应当认真判断一下当事人的智力状况，了解他可能具备的生活经验，再进而估计一下他是否果真或多或少地在那些事情上表现了轻信。"[①]进一步了解案情，掌握更多情况，避免将事物简单归因，有可能防止这种类型的错案。

刑事审判面临这类问题，要比民事审判遇到类似情况简单多了，因为现代刑法是由两大原则决定的：一是罪刑法定主义，没有明文规定的刑法就不

[①]〔法〕勒内·弗洛里奥著：《错案》，赵淑美、张洪竹译，法律出版社1984年版，第30页。

能给人定罪,就是说,在刑事责任方面,一切没有被刑法禁止的事就是许可的;二是存疑有利被告原则,若有怀疑应做有利于被告的解释和处理。"如果某一段刑法条文十分难懂,或者模棱两可,不能明确对于已起诉的案件是否适用,在这种情况下,法官应宣告被告无罪。这样做才是不折不扣地履行了我们那条金科玉律般的原则:怀疑应对被告有利。"①与此相关的是,"在刑事审判中是禁止类推的。所有公民的人身保证就在于严格执行刑法典"②。

其二,死因判断错误。

弗洛里奥特别指出,无辜者被误判并非罕见。他认为:法庭会给一个无辜者判刑,致错原因之一,是死因判断错误,"有些人本来是因为患病或年老而正常死亡的,或者是自杀而死的,却被司法机关认为是凶杀案的'受害者',于是就要找出一个'罪犯',并且将他判刑"。正常死亡中会有暴死的情况,遇到暴死,人们容易疑窦丛生,以为有罪案发生,而且罪犯还逍遥法外,按这个思路追踪下去,有的无辜者背上倒霉的黑锅。值得警惕的是"暴死的原因往往很难一下子弄清楚:是自杀呢,还是他杀?如果司法机关选定了后一种假设,它就恨不得立即捉住所谓的罪犯,而被害者可能是自杀的。"③

其三,法庭被被告欺骗。

弗洛里奥指出:"经验证明,各种人都有可能有意无意地欺骗法庭。"在各种人中,"首先是被告。罪犯为了逃避公正的制裁,常常想方设法把法庭引入歧途,法官们对这一点都是有所警惕的。罪犯为了达到自己的目的,他们在法庭辩论时会毫不犹豫地提供一些伪造的证据材料,法官们对这一点也是十分清楚的"。令人感到惊讶的是"也会发生这样一种事情。即:无辜的人向法庭'承认'了他并没有犯过的罪行"④。

在司法审判中,翻供司空见惯,不足为奇。"法官们都知道,某些罪犯因为没有料到自己突然被捕,因而对要负的罪责有些不知所措。在这种情况下,他们往往先承认自己有罪,以后又迅速恢复镇静;而当他们想到了'千万别坦白'那句老话时,就又要否定事实了。"⑤由于翻供颇为常见,法官心中会形成刻板印象,"在法官看来,被告的翻供总是可疑的"。法官容易忽视这样的情况——"在事实上,的确有些无辜者承认了他们并未犯过的罪行,充当了假罪犯"。这些假罪犯有三类:

一是"自动招供的怪人。这是想引人注目、想通过廉价的广告而扬名的

---

① 〔法〕勒内·弗洛里奥著:《错案》,赵淑美译,法律出版社1984年版,第58页。
② 同上书,第59页。
③ 同上书,第12页。
④ 同上书,第63页。
⑤ 同上书,第64页。

人,他们是些低能者。我们常发现,特别是在一些性关系的案件中,他们总希望成为一个可怜的主角"①。从动机上看,简直不可思议,"这些可怜的人,他们出于某种神秘的理由,想成为社会新闻的主角"②。因此,"当报界大量报道和评论一个案件的时候,有时候会有某些人主动来到警察局承认自己有罪"③。为了防止由假罪犯引发司法错误:"有经验的警察对此总是怀疑的。一方面,因为他们知道,一个懂得如此举动的后果的罪犯,很少会亲自来揭发自己的罪行。当然,警察也不轻易把这些不寻常的来访者打发走,而是希望他能够提供只有罪犯自己才了解的某些细节并核实其真实性。假如在自首人指定的地点找到了被害人的公文包,那么,这样的自首就不被怀疑了。但如果他不能提供细节,或者他可谈的只是从报纸上看到的那些情况,他们的口供就被认为是可疑的。"不过,有时警察在压力之下不那么谨慎了,假罪犯的不实口供就转变为造成的错案的因素。"另一方面,某些罪行存在一些令人困惑不解的问题,弄清这些问题有时需要几个月的时间。在这种情况下,一些没有什么根据的、使人难以理解的'供词',也就是那些胡言乱语,就很容易导致判断错误。因为,警察为了终结讯问,很可能愿意记下一个傻瓜的自发的'供词',而不再去严格审查核实。一个引起人们感情激动的罪行,往往可以使调查员更容易接受'犯人'自发的'供词'。"④

二是意志薄弱的人,即"胆小鬼。这种人在调查员稍微大声询问下,就会惊慌失措。他们只想按照指控的'事实'来承认,以便及早离开警察局"⑤。

三是警察非法行为侵害的人。这种情况并非罕见,在前法治时期,也就是"在法官面前还可以正式实施酷刑的那个时代,著名作家和伦理学家拉布吕耶尔说过:'酷刑是个绝妙的手段,它完全可以贻误气质虚弱的无辜人,而搭救体格健壮的罪犯'"⑥。那些"受害于警察粗暴言行的人。他们在警察的棍棒下承认了他们从未犯过的罪"⑦。不过,当这些人在法庭审判中提到这种情况,往往得不到积极回应,"在被告控诉说警察在虐待了他的时候,庭长总是这样反驳:'你说你是在被警察打了之后招供的,我们暂时承认这一点。可是,预审官没有打你,你在他面前为什么又一次肯定了以前的供词呢?'这种问话看起来很有力,实际上也是脆弱的。因为大部分被告并不懂得刑事诉

---

① 〔法〕勒内·弗洛里奥著:《错案》,赵淑美译,法律出版社1984年版,第64—65页。
② 同上书,第65页。
③ 同上。
④ 同上书,第66页。
⑤ 同上书,第64—65页。
⑥ 同上书,第80—81页。
⑦ 同上书,第65页。

讼法,他们还以为审判官审讯之后自己还会重新落到警察手里;所以,即使他们先前被打了,也不敢在法官那里翻供,他们害怕再受虐待"①。

在法治成熟的社会,警察权受到制约,暴力取证的方式已经不太多见,弗洛里奥指出:"我始终认为,只是极少数搞调查的人使用暴力,而且现在比过去更少见了。当然这种事还没有杜绝,经过查实,在某些案件中的确实施了暴力,这是无可争议的。"②深究警察行使暴力手段的原因,可以知道:其一,"他们相信自己的行为是在维护社会的利益,所以索性使用起暴力手段"。此外,还有其他一些原因,如警察使用耳目,给案件的查证核实带来困难。警察对耳目提供的情况和材料信以为真,随之传讯"嫌疑人",在"嫌疑人"否认的情况下,为逼取口供很容易诉诸暴力。"由于在威胁下区别不出无辜与罪犯,裁判的错误往往发源于警察局。""其实,警察很清楚,告密者也可能捏造材料,因为作为耳目,他的生活境遇是随着提供材料的情况而变化的。"③

非法取证的方式不限于暴力,还包括威胁、引诱和欺骗等方式。就诱供而言,"即使不用暴力,也能以许诺很快释放的办法,从某些嫌疑犯那里获得口供。道理很简单:警察说:'如果你承认这并不严重的事实,我们就让你走;反过来,你不承认的话,我们就要进行核实。那么,为了避免你干扰对质,我们就不得不把你拘留,直到把事情弄明白。'采取这种办法的警察,一般都相信他可以让罪犯认罪,而无辜者会坚决否认。可是,经验证明,情况恰恰相反。当警察用假释来引诱那些人时,他们为了避免遭到监禁和继之而来的公众议论与耻辱,不是许多人不论什么情况都准备承认吗?他们坚信,不久之后他还能发表意见为自己辩白,而且可以接受别人的辩护来证明自己无罪。他们眼前的目的就是避免被捕"④。对于某些被拘禁的人来说,释放的许诺值得用虚假的认罪来兑现。"一个无辜的人这时是会招供的。因为他想马上离开这个对他来说如同地狱一样的拘留所。一个人突然被逮捕入狱,把他和那些惯犯、流氓关在一起,这对他来说是最大的精神痛苦,这种痛苦是人们难以想象的。可能,只有辩护人由于他与委托人的直接接触,才可能真正理解这种苦恼。"⑤

人们有时会发现"低能者并不是唯一提供假供的人。害怕丢丑,在警察局里的恐惧,便衣警察的恫吓与暴力,以及担心被捕入狱等等,都是导致一个智力健全的人错误地认罪的原因。"不仅如此,"有时,还有好人为使自己的孩

---

① 〔法〕勒内·弗洛里奥著:《错案》,赵淑美译,法律出版社1984年版,第78页。
② 同上。
③ 同上书,第80页。
④ 同上书,第80—81页。
⑤ 同上书,第81页。

子、妻子或者情妇避免监禁和丢脸,而承认自己犯了罪。"①因此,弗洛里奥警告说:"对一个嫌疑犯的供词完全相信,就常常容易酿成裁判的错误。"②

其四,虚假的书证。

书证存在的问题是"法庭很可能首先被彻头彻尾伪造的书证引入歧途。这就是:伪造者模仿了别人的笔迹和签名"。其中"滥用签过名的空白证书,是最难以识破的。例如:一个人借了一笔钱,债主要求他在准备好的收据上签名。事后,债主在这个单据上又添了一些内容,从而加重了借债人的债务。如果那单据是手写的,就很难提出证据来说明这些附加的内容是后来添上的。在许多年间,我们曾经相信,如果文本上那些后添的东西是在最初签字以后很久再补上的,那么这种欺骗是可以被识破的。③在法国司法中,"不诚实的原告人用伪造文件、滥用空白文书和制作特技照片等办法欺骗审判官。"④还有一种情况,"有些文书资料虽非伪造,但人们却极力说它的来源和成因可疑,从而欺骗法官。"⑤

其五,诬告。

诬告在任何国家都存在,没有必要再为这样一个广为人知的概念下定义。分辨诬告与否,未必十分容易,一如发现被精心掩盖的案件真相那样。侦查经验和司法经验有助于良好的判断,这种经验需要与足够的警惕性结合在一起。

如果不加警惕,诬告会发生误导司法的作用,"一个虚构出来的'受害者'去控告无辜者,司法部门往往把无辜者错判"⑥。在与性有关的控告中,诬告发生的比例较高。弗洛里奥曾言:"一个未成年的男孩或女孩,常常说自己是那些要受到法律制裁的伤风败俗的罪行的受害者。"对于这一点,富于经验的人指出过,例如,一个上诉法院的院长在他的著作中写道:"说孩童嘴里吐真言,是说他们能当众揭露一些父母不爱讲的生活琐事。但是要知道,孩子们

---

① 〔法〕勒内·弗洛里奥著:《错案》,赵淑美译,法律出版社1984年版,第83页。
② 同上。
③ 同上书,第102页。书中指出:"那时人们认为可以通过测定墨水落纸的时间,把可疑的内容从其他字迹中区别出来。这是因为,学者们确认,墨水里含有一种氯化物,这种氯化物在墨水落纸之后,几乎立即就开始挥发,并在此后八个月内挥发净尽。如果观察到一些字迹中氯化物已经挥发净尽,而另一部分字迹中的氯化物还在挥发,那么,就可以撤销这种以滥用已签字的空白证书来冒充的证据。可惜,法庭鉴定主任赛卡尔第教授经过最近的工作,证明了某些因素,特别是目前纸张的性质,已明显地改变了原来的结果,这种方法应予以抛弃了。另外,不管怎样,这种方法不能适用于圆珠笔写的字迹。"
④ 同上书,第109页。
⑤ 同上书,第110页。
⑥ 同上书,第10页。

撒谎也像喘气儿一样自然。"①人们常常对儿童的证言失去警惕,错案的危险就隐伏在这里,"审判如果是在不可靠的基础上进行的,就很可能会出现可怕的错误。谁也不知道,孩子们的所谓天真纯洁,曾使得多少无辜者被判了刑"②。对于审判人员来说,有一点必须自我提醒,这可以说是一个规律——对于未成年人的陈述要特别警惕,"法官、医生和教育工作者都曾对这一问题发生兴趣。许多已经发表的著作,在有一点上是一致的,即:认定儿童或少年的证明要十分谨慎,特别是在有关性的问题上"③。弗洛里奥强调:"在这方面,有一条规律是应当遵循的,这就是:审判官和预审官应非常慎重地核查年轻姑娘们的声明,如果发现这些原告人的态度是可疑的,就应毫不犹豫地宣布对被告人免予起诉。"④

值得注意的是,某些特定职业人员容易成为性幻想的对象,当想入非非的女人出于特定目的或者因某些原因(如她发现或者认为自己怀孕)而提出控告时,这些有特定身份的人员的麻烦就来了。经验表明:"律师、牧师、政府官员、教师、警察以及其他象征着性压抑的职业者,常常被诬告强奸。"⑤多种多样的原因会导致诬告,"诬告惯常且普遍源于恐惧怀孕、害怕被父母或者配偶发现、害怕被抛弃和社会谴责、试图敲诈钱财或者谋取职位,甚至纯因幻想"⑥。强奸往往会留下痕迹,如皮肤上的印记、淤青等,毫无这类物证佐证的控告,就有可能是诬告。在性行为发生后隔了较长时间才告诉给父母、朋友或者警察有可能意味着是诬告。⑦笔者在北京市顺义区公安局刑警队实习时,就曾遇到一起控告强奸的案例,被害人在性行为发生后相隔多日才声言被强奸,刑警队办理此案的分队长的第一反应是认为不构成强奸,果然,经过多日调查,最终结果是难以认定有强奸事实发生。

其六,伪证或者错证。

假的证言和错误的证言可能会欺骗法官,使之作出错误裁判。在法国,"假证是大多数裁判错误的起因"⑧。弗洛里奥指出:"欺骗法庭的另一种人是证人。其中有些证人故意提供不确切的证明;而另一些人,虽然是诚恳的,

---

① 〔法〕勒内·弗洛里奥著:《错案》,赵淑美译,法律出版社1984年版,第12页。
② 同上。
③ 同上。
④ 同上书,第29页。
⑤ Marshall Houts, From Evidence to Proof, Charles C Thomas Publisher, 1956, p. 61.
⑥ Id., p. 62.
⑦ Ibid.
⑧ 〔法〕勒内·弗洛里奥著:《错案》,赵淑美译,法律出版社1984年版,第112页。

但实际上却歪曲了事实真相。"①有一些证人为接受某种报酬而欺骗法庭。②"然而,也有些假证人未必是被收买的,他们很可能出于某种报复心,而作了不顾事实真相的假证明。"③有些闲人基于出风头的动机而帮倒忙,"当一个案件激起公众舆论时,许多闲人表现出他们对协助司法工作的兴趣。……一些向法庭出证的人常常是在虚构故事。看起来他们讲的好像是些小事情。但不幸的是,一些不严肃的控告,有时导致了一些好人坐牢,或者使那些被宣布不予起诉的人,在公众的眼里仍然是嫌疑犯"。那些富有想象力的"证人"们会给无罪的人造成伤害。④还有一些人"为了给朋友帮忙,他们也在假证面前不后退,而且不从中捞取半点好处"⑤。当然,"所有出于害怕、自私、不诚实或者报复而歪曲事实作假证或者拒绝作证的人,对于司法部门来说都是危险的。而一些诚实的人好心地提供诚恳的证词","可能是更加令人担心的"。诚实的人作证,也有可能提供不真实的证言,"有那么一些人,对他们不能有任何指责,但他们的作证确是造成裁判错误的起因。因为,他们只是目击了事实的一部分,而他们又自以为如实地讲述了另一部分。其实这另一部分只不过是根据他们自己的想象去解释的"⑥。值得警惕的是,"一个人在作证时,只介绍他所见到的事情,而不加评论,这种证明可能是客观的,但是也可能成为裁判错误的起因"⑦。

对于伪证和错证,法官有责任保持警惕,但是"有些法官常常坚信某些证人是十分诚实的,认为他的证言不会有错,在法庭上支持他。当辩护人'为难'证人时,法官们会积极地来为证人开脱"⑧。弗洛里奥认为:"应该允许被告方面提必要的问题,以便证实证人的证言是否确实无误。在这方面,英美法系的法律比我们的法律有着无可非议的优越性。英美法系的法律允许人们随意地提供质询,以证实那些自以为有可靠的记忆力和健全的判断力的证人是不是真正诚实。"⑨"在似乎无可争议的证词中,证据要是非常明显的错误,质询就特别必要。人们经常在法庭上目睹到这样的情况:证人们几乎从来不承认自己有错,只是说别人有错。"⑩

---

① 〔法〕勒内·弗洛里奥著:《错案》,赵淑美译,法律出版社1984年版,第63页。
② 同上书,第112页。
③ 同上书,第113页。
④ 同上书,第117页。
⑤ 同上。
⑥ 同上书,第124页。
⑦ 同上书,第125页。
⑧ 同上。
⑨ 同上书,第125—126页。
⑩ 同上书,第126页。

审讯实践表明:孩子和低能者"的证词可能是很严肃的,所讲的细节可能是极其详尽的,但是,给人留下的印象却是一些不确切的事实。各国的医生们对这种人的证明能力进行过多次研究,他们的结论是不能轻信这种人的证明。尤其是一个低能者或癔病患者,那些缺陷在初次检查时可能没有表现出来。许多证人的陈述只需要几分钟,那么,在这样短的时间内,很难判断出一个人的心理状态"[①]。生理存在一定缺陷者可能因其生理缺陷而提供错误证言,"聋人的证词是经常被误解的。由于胆怯或者是爱面子,他们不让别人向他们重复提出问题。可是,他们的回答却说明他们并没有把问题弄明白"[②]。对于外国人的证言也要警惕,"如果涉及外国人,因为说不好我们的语言,就应该更加小心谨慎"。良好的翻译可以准确传达证人的陈述,不过[③],"即使在法庭上,一些正式的翻译也常常出错"[④]。

其七,错误地辨认或者指认。

辨认错误是造成错案的重要原因,在法国也不例外。例如,"共和四年雾月八号,一位无辜者死在断头台上,其原因是,作证的好心人被相像的相貌欺骗了。"[⑤]弗朗索瓦—戈尔夫先生在他的书中曾经指出:'观察方面的错误难以计算,一本书也不足以揭露所有的问题,而只能是一小部分。'不能忽视,一项不确切的观察几乎总要导致裁判错误。"[⑥]

辨认错误发生的原因之一是"图像的重叠"。"例如,一个持械抢劫案发生不久,抓到了一个人,这个人的照片被刊登在报纸上。曾经在现场见过歹徒的证人们,对这个照片进行了长时间的辨认,后来把被抓的人带来让他们看。实际上,他们对作案分子的回忆,与在报纸上发表的照片给他们留下的记忆重叠了。他们认出的人,往往只不过是那张照片上的人,而不是他们真正见过的那个人。""越到后来,情况越严重。在警察局里证人们还有些犹豫不决,他们不能证明他们面前的人就是罪犯,那种相似但又难以确认的情况使他们不安。可是,在预审官那里,当证人们又看到一些新的证据时,他们就变得很自信了。等到了重罪法庭开庭的时候,坚信就慢慢代替了怀疑,一切踌躇都消除了。他十分肯定地声明:被告席上的那个人就是凶手。他很高兴自己揭露了凶手,从而为社会尽了力。"[⑦]还有一种受公民责任感支配下的错

---

① 〔法〕勒内·弗洛里奥著:《错案》,赵淑美译,法律出版社1984年版,第128—129页。
② 同上书,第263页。
③ 同上书,第128—129页。
④ 同上。
⑤ 同上书,第176页。
⑥ 同上书,第131页。
⑦ 同上书,第131—132页。

误指认,"这方面还有一种错误:证人对嫌疑犯被指控的罪责印象很深,以为他面前的人就是罪犯,于是毫不犹豫地做了辨认证明"①。弗洛里奥警告说:"要特别当心,有的证人在相隔几个月甚至几年之后,又轻易地'认'出了他们实际上只见过一面的人。"②

还有一个规律是,"如果证人们回忆不出他们所看到的情形,他们也就更难记得住他们所听到的情形"③。

其八,错误的鉴定。

司法鉴定在案件性质判断方面发挥着关键作用,正确的鉴定有助于使案件真相大白,甚至鉴定本身就可以使案件真相大白,同样,错误的鉴定"将带来严重后果"④。存在这样的因果关系,"鉴定错了,裁判就会发生错误,这是肯定无疑的"⑤。

在法国,"鉴定人的忠实正直是毋庸置疑的,但他们也可能在自己的工作中发生司法鉴定的错误"⑥。

对于可能存在错误的鉴定,当事人有权要求复核,"这个要求如果被法庭拒绝,他还可以自己去请其他有能力的专家,采取一些有效的办法,对正式鉴定报告结论提出异议"⑦。但是"申诉人自己选择的某些专家,如果想认真负责地作出鉴定,那困难是很多的,审判官对他的信任也总是微不足道的"⑧。其中一个困难,是"得不到被鉴定物,他的任务很难完成"⑨例如,"在一次笔迹鉴定中,被当事人一方所选中的一位笔迹专家,只不过得到了那可疑资料的照相复制件。但是,人人都知道,只有得到原件,才能进行严谨的研究,而他始终没有得到这个原件。"更糟的是,尽管一方委托的专家是在很困难的条件下工作的,"审判官们在听取他们的意见时,也常常心不在焉"⑩。

在法国,"为了避免在鉴定席上发生冲突,内部曾有过规定,特别是在巴黎,禁止法庭或法庭指定的鉴定人对他的同行的报告提出批评。"⑪法官对于鉴定意见不能一视同仁,"法官总是采纳法庭指定的鉴定人的意见,所以,鉴

---

① 〔法〕勒内·弗洛里奥著:《错案》,赵淑美译,法律出版社1984年版,第133页。
② 同上书,第176页。
③ 同上书,第129页。
④ 同上书,第177页。
⑤ 同上。
⑥ 同上书,第63页。
⑦ 同上书,第177页。
⑧ 同上。
⑨ 同上。
⑩ 同上书,第178页。
⑪ 同上。

定人的错误将导致法庭的错误。"①

司法鉴定容易发生错误的原因在于:

第一,人是可能犯错误的,即使是最有名的学者,也可能犯错误。那些"不谨慎的鉴定人",发生错误的可能性就更高了。有的时候,鉴定人接受的任务是他所不能胜任的。②

第二,一些鉴定人员经验不足。"不称职的鉴定人却总是倾向于表现得特别肯定。由于害怕不明确的结论可能被看成无能的表现,那突如其来的、一般说来是缺乏判断力的答辩,促使他表现得毫不含糊。而那些经验丰富的年纪较大的鉴定人则明白,如果老老实实地承认自己不能回答某些问题的话,反而会提高自己的威信。因此说,总是那些有资格的人表现得更谨慎、更持重。"不仅如此,"这些有经验的专家不会像某些新手常常表现的那样,明确表示自己同意被告或者同意被害人的观点。他们只是指出刀剑或发射物所走的方向,而拒绝做深入的阐述;至多,他们只愿意说明被告的观点与鉴定的意见相符合或不相符合。""长期的实践经验告诉他,一些结论乍看去似乎无可非议,却很可能被后来发现的一些情节所推翻。"③"研究死因常常是非常困难的,只能由有经验的鉴定专家去搞,长期的经验会防止匆忙形成假设和过于简单的推断。"④值得警惕的是,"最常见的困难是确定遭难者是自杀还是他杀"⑤。这个方面的教训,实在是太多了。

太多的司法鉴定错误引发改革方案的提出和推行。法国"司法部部长曾担心鉴定人的错误结论会使法官和陪审员们匆忙做出结论,因此指派人们为他拟出了有关的草案。这些草案提出一个共同问题,即一切司法鉴定将集中由对地方有指导作用的法医学院的法医教授来做"。这样做的原因,如里昂的一位教授在《法医学报》和1966年9月《医学毒理学》杂志所写:"法医教授最有资格评价他的合作者中哪一位在精细工作中最有能力;教授还可以监督在他的学院里进行的鉴定,检查他们的成果。"当时"人们甚至还考虑建立法医协会,由教授主持,负责参与所有的司法鉴定工作。只有它有权宣布鉴定结果有效或对鉴定结果进行修改。"弗洛里奥评价说:"这种核实鉴定的方法

---

① 〔法〕勒内·弗洛里奥著:《错案》,赵淑美译,法律出版社1984年版,第178页。
② 例如,"在一些城市里,常常有这样的情况:预审官不仅委托医生对被害人进行尸体检验,还要求他做出一项弹道学的鉴定。在某些特殊情况下,人们可能会发现鉴定人很有能力,他能以一种令人满意的姿态从事交给他的所有工作。但是,事实也必将表明,这些多职能的鉴定人,在完成一个又一个任务时往往很容易出错。"〔法〕勒内·弗洛里奥著:《错案》,赵淑美译,法律出版社1984年版,第178—179页。
③ 〔法〕勒内·弗洛里奥著:《错案》,赵淑美译,法律出版社1984年版,第180页。
④ 同上书,第193页。
⑤ 同上。

带来一个问题,即,今后不必要求那些具体的鉴定人到轻罪法庭或重罪法庭去说明他们的推论了。"弗洛里奥认为:"在我们看来,这种改革是站不住脚的。不错,他们希望预审官能去请教法医学院的校长,了解哪位专家最能解决一些棘手的问题。预审官将从院长所推荐的名单中进行挑选,但是又不能太挑剔。法医协会可能十分赞扬教授的工作,并认为教授所指定的人是绝对可靠的,通常不经过检查就盲目地相信其业务能力。实际上这将侵犯被告的权益。"①另外,面对有疑问的司法鉴定,预审官可以安排复核鉴定,"发生这种情况时,复核工作将委托从其他地区挑选出来的学者来完成"②。鉴定人员出庭接受质证对于防止错误是有帮助的,"参加鉴定工作的医生们按道理是必须出庭以回答可能向他们提出的一切问题的。有许多鉴定人的错误,只是在辩论时才发现。医生们越是在报告中忽视提供法官们要了解的那些细节,他们出庭就越是必要。"③

第三,鉴定人可能草率对待鉴定事项。"鉴定人只根据一个大胆的假设,就做出最后的论断",毫无疑问,"这同样是危险的。"④"某些国家很严肃,但却不够谨慎。他们总是停留在一种推测上。在他们看来,这种推测与他们收集到的物证相符合,但他们意识到,企图的假设或推测也同样有价值,因为根据相同的验证,这些其他的假设和推测也同样有价值。"⑤将某些材料预先提供给鉴定人,可能使鉴定人先入为主,造成错误判定。弗洛里奥认为"预审案卷不能给鉴定人看"⑥。这是因为"鉴定人应在他自己所发现的材料影响下工作,这才是最客观的。"⑦最糟糕的是,鉴定人基于侦查人员的委托,提供了迎合性鉴定意见。

第四,当事人及其家属可能会欺骗鉴定人员。"法医经常搞司法鉴定,他们了解,受害人家属为了得到大笔的损害赔偿金,常常企图欺骗鉴定人。他们可能向鉴定人隐瞒死者生前的疾病,或者不真实地描绘死者生前的行为举止。因此,法医们有理由断言某些声明不能作为绝对可靠的根据。"⑧

第五,某些司法鉴定领域本身就存在鉴定困难,例如精神病鉴定是很容易发生错误的领域,"探索人的心理与灵魂比解剖一具尸体更为困难。"如果了解实际情况的话,不难获知,"事实证明,精神病医生们在处理同一病例时,

---

① 〔法〕勒内·弗洛里奥著:《错案》,赵淑美译,法律出版社1984年版,第195—196页。
② 同上书,第196页。
③ 同上书,第195—196页。
④ 同上书,第189页。
⑤ 同上书,第190页。
⑥ 同上书,第192页。
⑦ 同上。
⑧ 同上书,第201页。

常常达不成一致意见。这样,他们之中势必至少有一人搞错了……"①耐人寻味的是,"医生们是高明的,对于他们的能力和经验,谁也不想提出争议。但是,他们对于同一种情况也往往发表十分矛盾的意见。这使我们联想到:如果说精神病学是人们需要的一门科学,而它又是一门多么靠不住的科学啊!"②另外,外在的精神压力可能会导致错误的结论,"在罪行十分可怕并引起公众舆论的案件中,首先要注意,在作案人显然是个疯子时,精神病医生是否愿意承认这一点。"③由此得出的结论是:"从事精神病科学是困难的,它常常是不可靠的。"④另一个不可靠的领域是笔迹学鉴定,"在笔迹学方面,情况有所不同。这方面没有感情上的什么影响,人们只能相信专家。而且应该说,在大多数情况下,他们的结论是正确的。那些粗糙的字迹模仿欺骗不了他们。但也有相反的情况,包括最有学问的鉴定人,比如像巴黎文献学院最博学的毕业生,他也可能搞错"⑤。技术设备的革新有利于提高鉴定的可靠性,"识破伪造文件的方法在今天已经大为改进,鉴定专用灯的光线极强,效果也特别好"。不过,弗洛里奥认为,"对于伪造者巧妙地模仿他人笔迹的事情,仍然很难被优秀的专家们揭露。专家们承认,揭露这种作假人的困难与21世纪初是同样大的。"⑥其他鉴定,如指纹鉴定、毒物鉴定等,也都有存在错误的可能,各个需要警惕。

其九,法官的疏忽。法院以裁判为根本职能,判断是司法权的本质特征。各种外界干扰因素会造成法官误判,造成这种误判的有各种客观原因。不过,法官主观方面的原因也会造成误判,对于这种误判情形,法官自身难辞其咎。弗洛里奥总结说:"法庭本身也往往对错误负有责任。当法庭由于疏忽使用曾被人们推荐过的某些原始资料时,它对事实的判断就可能发生错误。"这种疏忽表现为"法庭把一个案件看得很简单,它就会把法庭调查压缩到最低限度。然而,如果深入进行调查的话,那么,结论将是不同的。"⑦法官有时会忽视他们认为不重要的细节,殊不知核实这一细节会使案件峰回路转,"可能发生这样的事:由于在辩论中发现了新材料,而使案件出现完全意外的情

---

① 〔法〕勒内·弗洛里奥著:《错案》,赵淑美译,法律出版社 1984 年版,第 101—202 页。
② 原注:"新闻界经常告诉我们:早几天从精神病医院出来的人又杀了几个人,而护理过他们的医生却认为他们已经痊愈。"〔法〕勒内·弗洛里奥著:《错案》,赵淑美译,法律出版社 1984 年版,第 203 页。
③ 同上书,第 201—202 页。
④ 同上书,第 206 页。
⑤ 同上书,第 209 页。
⑥ 同上书,第 234 页。
⑦ 同上书,第 250 页。

况;到这时,那曾经被忽视了的情节则显示出它本来所具有的重要性"①。还有就是,要想证实证人在法庭上的陈述是虚假的,往往很困难。但是"在核实表面看来无关紧要的一些细节时,则有可能揭露这种假证人。被核实的细节如果不确切,即说明证人在说谎。""很可惜,法庭并不太关心这些细节上的矛盾之处,他们往往低估了它的重要性。"②法官有时因过于自信或者过分相信控诉方而懈怠,他们口头承认"一个人不可能什么事都懂得"③,但在司法实践中经常会忘记这一点。

法官应当有意识地帮助被告人自清,甚至侦查人员也应承担起这个职责,即使被告人不配合,司法官员也不可推卸自己查明真相的责任,④"千万不可忘记,某些嫌疑犯不善于为自己辩解。要知道,一个人第一次来到警察局或预审室是十分害怕的,这种场面可能使被审问人的智能大大地丧失。"对于这一现象可以有两种解释:"这或许是因为他们作为罪犯,很担心被发现;或许很简单,一个无辜的人由于他有被怀疑的危险而十分惊惶。"⑤司法人员放弃自己调查案件事实的义务,就可能导致误判的发生。

其十,被告人前科。前科资料、被告人的不良品格证据容易造成对被告人的偏见,从而造成误判。"被告案卷中出现的被告经历或其他对被告不利的材料所发生的影响"是不应忽视的,"在重罪法庭或轻罪法庭被提起公诉的人,如果由于类似的犯罪行为,已经一次或几次被判刑,那么,审判长就很容易满足于一些不大可靠的证据,而只是对那些能以历史清白而自夸的人才依靠真凭实据。某些惯犯以一种颇为风趣的口吻说明过这个道理:'我是因为有犯这个罪的可能而被判刑的。'"这一造成错案的原因,可以减缩为这样一个告诫:"以一个人的犯罪记录为根据来判决他,是特别容易发生错误的。也许只是因为这个记录,那最初的怀疑才落到他头上。"弗洛里奥赞赏一些国家不让陪审员了解被告在违犯法律方面有过哪些经历而避免参考上述的经历来量刑的做法,不过他也认为这种方法存有弊病,"它可能使某些诚实的人受损失。因为,那些日常生活中十分检点的人在法庭上申明无罪,总会使审判官留下深刻印象。这样,尽管他在本案中可能有可疑的材料,而审判官还是愿意对照考虑他那无可指责的过去,从而做出正确判断。"⑥

---

① 〔法〕勒内·弗洛里奥著:《错案》,赵淑美译,法律出版社1984年版,第254—255页。
② 同上书,第113页。
③ 同上书,第251页。
④ 同上书,第260页。
⑤ 同上书,第259页。
⑥ 同上书,第268页。

第二节 个案观察：德雷福斯冤案

德雷福斯案件是法国历史上的著名冤案，在法国可谓家喻户晓，其知名程度，与杨乃武案在中国的知名程度相当。

这两起案件都发生在19世纪：杨乃武案发生在1873年（同治十二年），结案于1875年（光绪元年）；德雷福斯案件发生在1894年，晚于杨乃武案二十余年。

同为错案，两者平反的过程都非同凡响，富于戏剧性。德雷福斯案件更为复杂和艰难，激起社会冲突的广度和深度，非杨乃武案可比。事实上，德雷福斯案件也是世界上数得着的著名冤案。20世纪初一段时间内，德雷福斯几乎成为继拿破仑死后最出名的法国人。

一、德雷福斯冤案及其成因

美国影片《左拉传》再现了一个真实的历史场景：1895年1月5日，在法国军事学院的操场上，一名毕业于这所学院的犹太军官，在众目睽睽之下被褫夺军职，他的肩章、帽徽、绶带、勋章全部被扯下，他的军刀也被撅为两段，掷在地下。有羞辱意味的仪式过后，这名军官被押去服刑。近年来由罗曼·波兰斯基导演的法国、意大利合拍新片《我控诉》同样以这一情景开场。

该军官叫德雷福斯（Alfred Dreyfus，1859—1935年），出身于法国阿尔萨斯省一个富裕的犹太人家庭，1892年从军事学校毕业后，他成为见习上尉军官，到法国陆军参谋部任职。

自普法战争以来，法国情报部门加强了对德情报工作，法国总参谋部成立了一个反间谍机构，即战略情报部，从属于总参谋部第二处，第二处又从属于国防部。① 1894年9月，在德国驻巴黎使馆，德国武官施瓦茨·考本将一封匿名信丢到纸篓里，他的这一坏习惯方便了法国情报部门收集情报。为他打扫房间的女佣人巴斯蒂安夫人——一位巴伐利亚妇女——是法国安插在德国使馆中的间谍。她将这封信辗转交到法国陆军总参谋部情报局反间谍处。信的内容是有关法国炮兵及其他情况的秘密军事情报，这些情报显然是从法军参谋部泄露出去的。1894年10月15日，德雷福斯因被怀疑出卖国家军事机密而被逮捕。军事法庭在12月才秘密开庭审讯。到场的除法官外，只有被告德雷福斯及其辩护律师以及警察署长和陆军部队的观察员皮卡尔

---

① 〔法〕阿尔芒·拉努著：《左拉》，马中林译，黄河文艺出版社1985年版，第406页。

中校等四人。在法庭上，德雷福斯提出充分理由为自己辩护，证明他对信上的情报毫不知情，根本没有条件作案。辩护律师也列举大量根据，来证明德雷福斯无罪。法官看到没有什么结果，便宣布休庭。择日再审。1895年1月5日，德雷福斯最终被判决有罪，除去军职，流放到自然条件险恶的、法属圭亚那沿岸的"魔鬼岛"上去服刑。

这起冤案的成因，约有如下数端：

（一）反犹主义

一百年过去了，这起案件不断被人提起。如今人们愈加相信，这个案件，弥漫着法国的反犹主义情绪，保皇主义者、教权主义者以及民族沙文主义者参加的反犹太运动为德雷福斯冤案提供了背景。对于欧洲历史上可耻的反犹主义，高尔基曾经说过："当然我晓得一切种族的人民都不断地互施以丑恶的手段，发挥他们的才智来展现每一种难以想象的卑劣，但在这类全部的敌意之中，反犹太人主义是最令人厌忌的。"① 他进一步指出：

> 我曾从头到尾用心地读过许多论证反犹太主义的书籍。读着这种书是艰难的，甚至是厌忌的，这种书的写作怀有一种确然丑恶而不道德的计划：污蔑一个国家，一个整个的国家。这的确是一件太难的工作！在那些书里我能发现就只有：一种道德的漠视，一种愤怒的叫嚣，一种野兽的吼声，一种怀恨的嫉妒的磨牙切齿。若把这些一起装备起来，也就难免叫人认为，斯拉夫人、芬兰人以及其他各国的人民，都同样是堕落得不可救药了。②

麦可尔·博恩斯著有《法国与德雷福斯事件》一书（经郑约宜翻译后，由江苏教育出版社于2006年出版了中译本），这本书探讨的是德雷福斯冤案所处的反犹主义背景。当时，连著名作家阿尔方斯·都德26岁的儿子都是反犹主义者，在谈起德雷福斯案件时，他竟然说："在他那个种族里，人们是不知道什么叫耻辱的……"③

桑德尔上校对犹太人德雷福斯早有成见，当初德雷福斯刚进总参谋部时，他正式表示抗议，认为让一个犹太人进入总参谋部，无疑是在危害国家安全。现在，果然不出所料，有机密被泄露，他武断地认为德雷福斯就是泄密之人。很快，桑德尔就把这件事报告给陆军部长。部长正为普法战争中惨败而

---

① 〔苏〕高尔基著：《俄罗斯人剪影》，侍桁译，国际文化服务社1949年版，第271页。
② 同上。
③ 〔法〕阿尔芒·拉努著：《左拉》，马中林译，黄河文艺出版社1985年版，第394页。

恼火,当即下令,以间谍罪和叛国罪逮捕德雷福斯。当时,德雷福斯是总参谋部唯一一位犹太人,"总参谋部的人都读《自由言论》。在《自由言论》上,每天都有这样一类的话:'在犹太人当中',人们知道谁是靠剥削借债的军官而发财的高利贷者,谁是从士兵嘴里捞大钱的商人,谁是出卖国防机密的无耻间谍"①。整天浸淫在这种反犹主义宣传里的人,骨子里深埋下反犹主义的种子。这就是德雷福斯案件的时代背景和社会氛围。

(二) 各派政治势力错综复杂的矛盾冲突

阿尔芒·拉努认为这起案件是一次综合危机。间谍案只是导火线,多年来各派政治势力之间错综复杂的矛盾冲突是它的根本原因;其中有些矛盾已有长达百年的历史。这里还不包括诸如秩序与自由一类社会内部长期辩论不休的问题。主张维护秩序的人们要求政府宁肯错抓一百个无辜者,也不放过一个罪犯;主张维护自由的人们希望政府宁肯放走一百个罪犯,也不要去伤害一个无辜者。秩序与自由是矛盾的,在一个社会里,很难找到使这两种势力都满意的均衡点。德雷福斯的悲剧是这些激浪中的一个浪花而已。②

(三) 嫁祸陷害

出卖军事情报的信转交到法国陆军总参谋部情报局反间谍处处长桑德尔上校手里。桑德尔上校正为最近一段时间内,法国一系列机密文件泄密而焦虑,一见到这封信,马上命令副官通知两位副处长来。嫁祸陷害的事情随后发生了:亨利少校和边帕苇少校先后来到。亨利接过信一看,认出上面是他的老朋友艾斯特拉齐少校的字迹。艾斯特拉齐是情报局的德语翻译,与亨利私交甚厚,他向施瓦茨·考本泄露的军事秘密,与亨利本人也有关系。亨利担心此人牵连自己,不敢说出真相。为了转移视线,亨利故意提出:"这件事有可能是犹太军官德雷福斯上尉。"说完,又列举了很多德雷福斯具备提供这份情报的条件。

法军情报处将德雷福斯逮捕,指控他出卖军事情报。德雷福斯矢口否认犯罪。在军事法庭上,德雷福斯提出充分理由为自己辩护,证明他对信上的情报毫不知情,根本没有条件作案。辩护律师也列举大量根据来证明德雷福斯无罪。情报局反间谍处副处长亨利少校得知消息后,亲自上法庭以军官的名誉宣誓并提供伪证。

---

① 〔法〕阿尔芒·拉努著:《左拉》,马中林译,黄河文艺出版社 1985 年版,第 407 页。
② 同上书,第 389 页。

(四)笔迹鉴定错误

最简单、快捷地查出"鼹鼠"的方法是核对笔迹。一种说法是,1894年10月,法军情报处请来的笔迹鉴定专家除一人得出否定结论外,都认为信上的笔迹是德雷福斯的。不过,另一种说法是,开庭审判以前,军方特地请几名笔迹鉴定专家鉴定字迹。但专家们最后的结论,认为特征不足,不像是德雷福斯的笔迹。这时军方已骑虎难下,由于逮捕决定是陆军部长亲自作出的,为了维护军方威信,只好将错就错。可耻的是,在认定艾斯特拉齐的笔迹与告密信的字迹完全相同时,鉴定专家拜尔第荣还说:"那么说,犹太人是模仿这种字体而且达到了以假乱真的程度喽!"①

(五)伪证

陆军部长派去的观察员皮卡尔中校②是个正直的军官,他如实向部长汇报,同时指出,此案很难成立。亨利少校为了定实德雷福斯的罪名,除了出庭作伪证以外,还不惜伪造书证。亨利少校将伪造的信件塞进"密档",他甚至伪造德雷福斯致德皇的信件和德皇致德雷福斯的复信,以此证实德雷福斯就是德国间谍。陆军部长为维护自己的尊严,故意编造一份"密档",把过去几起未破获的窃密事件,统统加在德雷福斯头上,还塞进一份篡改编造的"罪证"材料。就这样,法庭认定德雷福斯有罪。

二、德雷福斯案件的平反

德雷福斯冤案的昭雪过程一波三折,充满戏剧张力。事实上,德雷福斯被流放到"魔鬼岛"以后,为掩盖这一冤情,炮制伪证的事情仍在发生,阻挠行动和阴谋一直伴随着平反过程。对于德雷福斯及其支持者来说,希望与梦魇交织,一会儿此占上风,一会儿彼占上风,如坐过山车般跌宕起伏。

(一)阻挠冤案平反的行动

1. 要求纠正错案的皮卡尔被调离

皮卡尔一再要求纠正错案。因此之故,他于1896年11月被远调到法国殖民地突尼斯南部作战。不过,皮卡尔离任前,还是把这件事告诉了一位当律师的朋友。此时,伯纳德·拉查尔代表德雷福斯兄弟出版了一本小册子

---

① 〔法〕阿尔芒·拉努著:《左拉》,马中林译,黄河文艺出版社1985年版,第415页。
② 1895年7月就任法国参谋总部情报局长一职。

《一个司法错误:德雷福斯事件真相》。1897年6月,皮卡尔将德雷福斯案件真相和审判细节告诉了参议院副议长修雷尔·凯斯纳。① 有关德雷福斯案件存在错误的消息掩盖不住,终于传扬出去。为此,皮卡尔被控告将秘密档案中的材料泄露给非军事人员,随之被捕,关押在瓦雷里昂山监狱。② 直到德雷福斯案件平反,皮卡尔中校才有机会晋升为准将,后来出任陆军部长。

2. 亨利阻挠真相发现

为了进一步核实,皮卡尔决定向法国在德国的双重身份的谍报人员居埃尔斯验证,他派亨利前往瑞士的城市巴勒与居埃尔斯会见。亨利到巴勒后极力阻止居埃尔斯披露德国间谍机关根本不知德雷福斯其人的事实。③

为了掩盖谎言,往往需要另外一个谎言。"亨利还搞了一份新档案,其中包括伪造的德雷福斯给意大利吉约姆二世的几封信的照片,伪造的德国国王的一封信以及亨利这个魔鬼作了批注的假材料的照片。"④这种制造伪证陷害无辜的举动,令人十分厌恶。

3. 军方要求艾斯特拉齐配合

1897年10月23日,克朗侯爵充当总参谋部与艾斯特拉齐的中间人,化妆后在蒙苏里公园秘密会见艾斯特拉齐,告诉艾斯特拉齐说总参谋部将保护他,条件是他必须听从调遣,并建议他到国防部部长那里喊冤。⑤ 艾斯特拉齐点头答应并照办了。

4. 法庭裁决艾斯特拉齐无罪

1897年12月17日,陆军部长宣布对德雷福斯的判决"公正无误",内阁总理也同时宣布:"德雷福斯案件没有问题。"1898年1月10日,艾斯特拉齐上校在军事法庭出庭受审;军方唯恐此事败露,派亨利等人为他代拟了审讯时的辩护词,声称是叛徒模仿了艾斯特拉齐的字体。次日,军事法庭裁决艾斯特拉齐无罪。

5. 收买、诋毁并起诉左拉

左拉以极大影响力介入德雷福斯案件。亨利·吉耶曼想要收买左拉使他收声,允诺保证左拉在文学界万事亨通、左右逢源、名利双收。左拉予以严词拒绝。亨利一计不成,又生一计,他散布德雷福斯的支持者参加了犹太银行家资助的秘密团体,造谣说左拉被犹太人的金钱收买,具体数额是200万。

---

① 〔美〕汉娜·阿伦特著:《极权主义的起源》,林骧华译,生活·读书·新知三联书店2015年版,第140页。
② 〔法〕阿尔芒·拉努著:《左拉》,马中林译,黄河文艺出版社1985年版,第426页。
③ 同上书,第415页。
④ 同上书,第418页。
⑤ 同上。

这种抹黑的做法在政治领域(尤其是在选举中)司空见惯,在司法领域并不多见。不仅如此,一方面,陆军部长鼓动反动分子攻击左拉;另一方面,以诽谤罪对左拉进行起诉,并于 1898 年 2 月 21 日,指示法庭判处左拉 1 年徒刑并罚款 3000 法郎。

(二) 冤案平反的转机

不过,德雷福斯的亲属和朋友,一直没有停止对此案的控诉。他们写信给德皇威廉二世,请求他证明德国没有收到德雷福斯提供的任何情报和书信。德国对法国因此案闹出的混乱暗自高兴,当然不会为德雷福斯作证。但事情还是出现了转机:

1. 发现新证据

1896 年 3 月初,当德雷福斯在魔鬼岛服刑之时,法国情报部门从德国大使馆收集到的材料中,发现了德国大使给法国军官艾斯特拉齐少校的一封信的草稿。继任反间谍处处长的皮卡尔中校着手对艾斯特拉齐进行调查。在调查中,他发现艾斯特拉齐的笔迹和那封被认为是德雷福斯写的告密信的字迹完全相同。艾斯特拉齐抛妻弃子,与一个当过妓女的人姘居,他本人好赌贪色,正在情报局工作。① 皮卡尔将这一重大发现向副总参谋长作了汇报,并请求重新审理此案。但是,副总参谋长以维护军队荣誉为名,拒不逮捕艾斯特拉齐。

2. 有人认出艾斯特拉齐的笔迹

即使法国情报部门没有弄到德国大使给法国军官艾斯特拉齐少校的那封信的草稿,艾斯特拉齐也会浮出水面。这是因为出卖情报给德国人的那封信上了报纸,德雷福斯的亲属也复制了大量告密信的照片,四处张贴在街头,指望有人能认出真正的作案者。银行家加思特洛认出这是他的一个主顾艾斯特拉齐的笔迹。加思特洛披露了他的这一发现。

3. 德雷福斯亲属向法庭控告艾斯特拉齐

艾斯特拉齐的笔迹被认出后,德雷福斯一家抓住这根稻草向法庭控告艾斯特拉齐。

4. 左拉公开发表《我控诉》

在军方高级将领操纵下,艾斯特拉齐被军事法庭裁决无罪,正义人士愤慨了。就在艾斯特拉齐被宣告无罪后两天,举世闻名的作家爱米尔·左拉仗义执言,在《震旦报》上发表了致共和国总统费里克斯·佛尔的一封公开信,

---

① 〔法〕阿尔芒·拉努著:《左拉》,马中林译,黄河文艺出版社 1985 年版,第 415 页。

这封信标题为:《我控诉!》点名道姓控告陆军最高领导以及总参谋部的主要官员存心不良,有意诬告无辜者,开脱真正罪犯。

5. 亨利伪造证据的罪行暴露,艾斯特拉齐出逃

法官贝尔蒂吕得到一个证据,证明亨利出示的伪造材料当中的一件出自妓女巴依之手。贝尔蒂吕通知共和国检察长弗尤雷依,准备签发艾斯特拉齐和巴依的逮捕令,弗尤雷依加以反对,但司法部部长批准了对艾斯特拉齐的搜查。搜查中得到了一份重要证据。① 在公众舆论的影响下,陆军部只得下令对此案进行进一步审理和核实。法官贝尔蒂吕阅读亨利与间谍居埃尔斯会面的材料,发现亨利为了使居埃尔斯不说出德国间谍机关根本不知道德雷福斯这一事实,处心积虑要求去巴勒,并且亨利一开始就熟悉艾斯特拉齐,却一直欺瞒上级并一直利用他。② 受命重新核实此案的军官基内上尉从未插手此事,他很快发现了亨利伪造的痕迹:亨利伪造的两封信纸的格线是用两种不同的油墨印制的,亨利把两封信拼凑成伪造的材料时没有注意到这个细微之处。③ 1898年8月30日,亨利被传唤到国防部,在几位将军面前,亨利无法抵赖,被迫承认伪造证据的事实,当场被捕,被押送到瓦雷里昂山陆军监狱,第二天就用刮脸刀片自杀身亡。艾斯特拉齐闻讯后,立即动身,经过布鲁塞尔逃到伦敦避难去了。9月25日,《观察家》发表了艾斯特拉齐的声明,供认他才是那份提供给德国人的清单的书写者。④ 按照汉娜·阿伦特的说法:"1898年8月,艾斯特拉齐由于侵吞钱财而不光彩地退役。他立即告诉一名英国新闻记者说,那份'清单'的作者是他,而不是德雷富斯⑤,那封信是他根据他的上司、前任反情报局长桑代尔上校的命令模仿德雷富斯的笔迹而写的。"⑥

形势急转直下,陆军部长狼狈辞职,军事法庭只好于1899年8月重新开庭审理此案。人们普遍认为,这次已真相大白,法庭定会宣布德雷福斯无罪。不料,法庭仍认定德雷福斯有罪,只是改判为10年苦役。

这下引起了全世界的强烈反响和愤慨,出现了许多反法游行。以杰出的社会活动家、法国社会党的领导人让·若雷斯为首的,许多著名学者、作家和社会活动家参加的"人权联盟"成立,他们仗义执言,为德雷福斯平反昭雪进

---

① 〔法〕阿尔芒·拉努著:《左拉》,马中林译,黄河文艺出版社1985年版,第476页。
② 同上书,第493页。
③ 同上。
④ 同上书,第500页。
⑤ 即德雷福斯,下同。
⑥ 〔美〕汉娜·阿伦特著:《极权主义的起源》,林骧华译,生活·读书·新知三联书店2015年版,第141页。

行了积极斗争。

在声势浩大的民主力量面前,新任总理提出一个折中解决办法,在维持判决的原则下,以总统名义宣布特赦德雷福斯。

德雷福斯虽然被释放,但特赦不等于认定无罪,德雷福斯冤案没有得到彻底昭雪,他仍需要为自己的名誉而努力奋斗。

此后7年,德雷福斯在各界人士的支持下,继续努力平反冤案。1903年,德雷福斯要求再次重审此案。① 1906年6月,一贯坚持重审的激进派领袖克列孟梭出任总理,德雷福斯案件最终获得解决。这年7月最高法院宣布德雷福斯无罪,蒙冤受屈达12年之久的德雷福斯终于恢复了名誉。

德雷福斯被恢复军籍,在军事院校的操场上,重新授予他荣誉勋章,在第一次世界大战中他晋升为中校。

1930年,武官施瓦茨·考本的记事手册公布于世,从另一方面证实德雷福斯的清白。同年6月,施瓦茨·考本的妻子将这本记事手册寄给德雷福斯,并附上她丈夫临死之前用法文写的"德雷福斯无罪"的字样。

5年以后,德雷福斯在巴黎去世。

第三节　国家权力作为错案的因素

国家、政府、军队高层以及与之联系的权力,都可能成为错案的因素,这些因素在铸成错案中发挥关键作用也无足为奇。当国家权力或者政府权力有意炮制冤错案件或者刻意掩盖已经铸成的冤错案件的时候,也会消除或者削减自身在社会形成的虚幻的神圣色彩。

德雷福斯案件之铸成,出于错误的判断,除了有人作伪证而落井下石以外,这个案件成为冤错案件,包括那些负有责任的高级军官在内,并非都有意为之。诚实承认铸成大错,其罪愆尚可宽恕。在新的证据和事实逐渐显露该案件可能是冤错案件的时候,大权在握的人刻意去掩盖这起冤错案件的可怕事实,就不再是可容忍的了。

人们应该放下天真,去认识这样一个问题:构成政府、权力上层的人,说穿了也是有着七情六欲,可以为善也可以为恶的人。既然如此,就应当像约束凡夫俗子一样去约束他们,那些握有大权的权贵很容易被圣化,说穿了,他们与我们一样,都是人而不是神。从德雷福斯之类案件,可以获得一个基本认识,国家、政府这些抽象而神圣的名词掩盖了组成国家、政府的那些人和其

---

① 〔美〕汉娜·阿伦特著:《极权主义的起源》,林骧华译,生活·读书·新知三联书店2015年版,第141页。

他人一样都是凡夫俗子而不是天使神明。

可悲的是,即使从德雷福斯案件认识到这一点,人们也可能不愿意为这些带有抽象和神圣色彩的概念抹去虚幻的光环。事实上,将某些抽象而貌似神圣的概念还原为人,就会发现其神圣性禁不起解剖和推敲。正如托尔斯泰所言:"人们觉得,对他们提出这些要求的不是人,而是某种特殊的生命,他们把它称作上司、政府、国家。不过一旦他们问自己,这个上司、政府、国家是谁,就会明白,这些人不过是像大家一样的普通人而已,那迫使他人执行他们全部命令的不是别人,而正是与身受暴力的那些人同等的人。"①

如果构成政府的人是一群政治流氓、无赖,如果政府权力被恣意滥用,其神圣性就更被黑烟笼罩。托尔斯泰曾以严厉口吻谈到政府权力的滥用:"只要仔细考虑一下政府利用它的权力所作所为的实质,就会明白,那统治人民的人必然都是些残忍的、寡廉鲜耻的人,其道德水平低于同时代、同社会一般的人。别说道德完美的人,就是没有完全到寡廉鲜耻地步的人,也不能爬到宝座上去,或者成为大臣,成为决定全体人民命运的立法者。既是有完美道德的人,又是治理国家的人,这种说法有一个内在的矛盾,就如同一个妓女保持着童贞、一个醉鬼清醒、一个强盗性情温顺一样。"②

---

① 〔俄〕托尔斯泰著:《生活之路》,王志耕译,中国人民大学出版社 2009 年版,第 253 页。
② 同上。

第四章 错案原因有规律可循

第一节 错案见得多了就能发现规律

无辜者被定罪的现实产生"被定罪的无辜者"的概念。对这一概念的一般理解是:"那些事实上无辜的人因为刑事指控被逮捕后答辩有罪或者被判决有罪,被指控的罪行包括但是不限于抢劫、强奸或者谋杀。"这些人中包括"那些在刑事司法程序中做出明确的无罪声明的人。他们的声明有可能表示他们从未犯过罪,更多的情况中,他们声明称自己不是实施被指控罪行的人。许多被定罪的无辜者都曾经犯有其他罪行,但是他们的确在某个特定的被指控并定罪的案件中是清白的"①。

不过,有学者指出,错案的蒙冤者不限于上述范围,"从司法不正义的角度来说,最重要的群体是那些在接受审判前被羁押了相当长的期间的犯罪嫌疑人。这些嫌疑人可能被关押了几个月甚至几年,在起诉前侦查机关或者检察机关承认其无罪,或者是被证明显然无罪"②。这些人虽然不是定罪意义上的错案之受害者,被羁押的事实还是使他们成为地道的、实质意义的错案之受害者。

不过,错案是就案件的实质来说的,法律上无罪不一定事实上真的无辜,"那些在第二审或者上诉程序中,重要的证据由于收集过程涉及非法的搜查、扣押或其他侵犯当事人权利的行为被排除,因而被宣告无罪的被告人。这些人曾经被定罪过,而现在,他们在法律上是无罪的。但是,在我们的法律体系中,'法律上无罪'和'全然无罪'有着明显的差异。上诉审撤销原审的有罪判决或者改判被告人无罪很多时候并不能推导出被告人是无辜的"③。

一旦发现错案,人们会关心这样一个问题,究竟有多少无辜的人被定罪?"很明显,我们没有办法用精确、科学的方法统计出有多少无辜的人被定罪,或者有多少已经被定罪的人是无辜的。当我们考虑到那些在认罪答辩中认

---

① C. Ronald Huff, Arye Rattner, and Edward Sagarin, Convicted But Innocent: Wrongful Conviction, "Order Under Law": Readings in Criminal Justice. Waveland Press, Inc. 1997, p. 254.
② Ibid.
③ Ibid.

罪的无辜者,这一问题就显得更为复杂:很少会有无辜者去承认那些严重的或者能够导致较重刑罚的罪行,因此这样的错误很少吸引大量媒体的注意。"①

对美国错案的揭示和研究,主要集中于谋杀和强奸两种案件类型。在美国,"人们关注的,并不是有罪的人被宣告无罪,而是无辜者受到了法律的惩罚——给他们定罪的具体罪名却无人关注,尽管他们经常是谋杀或者是强奸"②。

第二节 个案观察:几起相似错案

《清白的罪犯》(Actual Innocence③)是三名美国人编著的书,他们是巴里·谢克、彼得·诺伊菲尔德和吉姆·德怀尔。该书讲述了10名错案受害者的遭遇,对美国司法制度和错案的原因进行了检讨。在书的开始,作者这样说:"数以千计的二流影片中的一个噩梦:你的邻居家中发生了恐怖犯罪,警察敲开你的家门。一名证人发誓你是凶手。你没有不在现场的证据,没人相信你是无辜者。你被定罪,在法律允许的范围内判处最高刑期或者死刑,在死牢里你等着致命的注射。"如果以为这只是电影里才会发生的事,那你就错了,"这不是电影镜头里的场景,而是数以百计的美国公民的可怕现状"④。

《清白的罪犯》一书记述了十件错案,耐心的读者可以读一读这本书的详细描述,在这些案件中,有多起案件的致错原因是辨认错误。

一、玛利恩·科克利案件

1985年10月13日晚上,百货商店保安盖布里埃尔·瓦加斯带着女友厄玛·洛佩泽驾车来到布朗克公园汽车旅馆,在那里,他们的心情因突然闯入的男子而骤然紧张起来。在那人的胁迫之下,厄玛·洛佩泽两度被强奸,他们随身带的钱和金项链也被抢走。那人将捆绑好的盖布里埃尔·瓦加斯丢在汽车旅馆房间,押着厄玛·洛佩泽驾车回家取钱。厄玛·洛佩泽试图看清那人的容貌:在那人闯进来时,在19寸彩电屏幕的光线下,只能看出那人

---

① C. Ronald Huff, Arye Rattner, and Edward Sagarin, Convicted But Innocent: Wrongful Conviction, "Order Under Law": Readings in Criminal Justice. Waveland Press, Inc. 1997, p. 254.
② Ibid.
③ 本意是:实属无辜。翻译成"清白的罪犯"不知何意,起码"罪犯"一词应当打上引号。
④ 〔美〕巴里·谢克、彼得·诺伊菲尔德、吉姆·德怀尔著:《清白的罪犯》,黄维智译,中国检察出版社2005年版,第1页。

紧张不安；第一次强奸时，通过黑暗房间的镜子看到那人的脸；在回家取钱的路上，偷窥到那人的长相：短胡子，非洲式发型，宽而平的鼻子。那人大约有5英尺8英寸高，牙买加或非洲口音。

到达目的地取钱时，她的妹夫乔斯·赖斯看见了那人，但那人立即逃走了。在法庭作证时，乔斯·赖斯说他与那人对视了二三分钟，这种说法显然是夸大了。

盖布里埃尔·瓦加斯和乔斯·赖斯到警察局，警察将资料室里的照片拿给他们辨认，他们从照片中选出一张。几个小时后，从医院来到警察局的厄玛·洛佩泽也从12张照片中选出同一张照片。照片上的人是玛利恩·科克利。

玛利恩·科克利被捕了。

(一)错案的成因

玛利恩·科克利案件是因照片辨认错误而铸成大错的案件，除此之外还有其他致错原因：

1. 列队辨认

本案在照片辨认后，进行了列队辨认。盖布里埃尔·瓦加斯、乔斯·赖斯和厄玛·洛佩泽都指认玛利恩·科克利是罪犯。在后来的法庭审判中，他们也都一致指认了玛利恩·科克利。

2. 前科

错案往往不是一个因素促成的。玛利恩·科克利的照片之所以在警察局的资料室，是因为他在另一起强奸案中被指控，指控他的人是一名有卖淫记录的女人，过夜后第二天向他要钱，他拒绝了。女人离开后便报警。警察很快弄清事实。不过，照片却留了下来，在这里叙述的抢劫、强奸案中派上用场。

3. 有利于嫌疑人的证据被忽视

像许多错案一样，有利于嫌疑人的证据被忽视了。这些证据包括：玛利恩·科克利坚持辩称自己是清白的；玛利恩·科克利接受并通过了测谎；赫尔普林研究所的精液检测好像也可以排除是他的精液；玛利恩·科克利有案发时不在犯罪现场的证据——当时他在比克曼街他妹妹家参加圣经研讨会，牧师和七八个人见过他并愿意为他出庭作证(不过证人记不清研讨会是从几点开始的了，他们发誓玛利恩·科克利一直在那儿)。另外，人们不能在玛利恩·科克利话音里听出有牙买加口音。

这个案件本来有可观的物证，但由于案件发生不久房间又被租出去，警察没有对现场进行勘验;在罪犯用手调整过的汽车后视镜上,警察提取了掌纹。指纹中心已经发现掌纹与玛利恩·科克利的不相符合。地区助理检察官用这样的说法把这个有利于玛利恩·科克利的事实遮掩过去,她告诉陪审团:镜子上的痕迹"可能被污染",指纹专家"不能确信它是什么。本案是没有条件进行或可能进行任何掌纹比对,因此绝对没有有关掌纹的证据"①。

玛利恩·科克利被陪审团裁决有罪。法官判处他15年监禁,5年内不得假释。

(二)平反

实际发生的这起强奸案,罪犯是黑人,身高与玛利恩·科克利相近;另外,真正罪犯的血型是B型或O型,或者精斑不能被显微镜区分的那一种(血型不能在体液中被发现的,被称为"非分泌型")。实验结果显示,科克利属于分泌型。1984年5月3日,谢尔经过检验,在检验报告中写道:"科克利不是56/84案内裤上的精斑提供人。"检察官曾因此打算放弃指控,但厄玛和盖布里埃尔确信科克利就是罪犯,希望把官司继续打下去。对精液血型的检验继续进行,对科克利13次排出的精液的检验,每次排出的精液均是A型血。1987年7月9日,谢尔在他宣誓的结论中写道:"我现在有充足的理由得出一个科学结论:玛利恩·科克利不是在厄玛·洛佩泽内裤上发现的精液的提供者。"1987年8月27日有利于玛利恩·科克利的新证据提交给法庭。9月底,布朗克地区检察官办公室同意释放他。有了检察官同意,上诉法院决定在案件重新审理前假释科克利。玛利恩·科克利最终被认定是错误指控和裁判的受害者。②

二、沃尔特·桑德案件

35岁的费伊·特雷塞被人强奸和鸡奸,她居住在弗吉尼亚州的亚力山卓一座楼房底层的一室一厅的公寓内。一日大约晚上九点半,她上床休息,窗户微开以便通风。接近凌晨两点,突然灯亮了,几秒钟后,一名年轻黑人关上灯爬上她的床,用一块软布罩上她的脸。那人身上有烟、酒的酸臭味,她凭触觉判断对方有双软而光滑的手。当那人让她翻身准备再次性攻击时,她假装心脏病发作,那人迅速穿上红短裤和网球鞋,从窗户离开。费伊看到一个短发健壮的男子的轮廓。报警后,警察在5分钟后到达现场,他们把费伊带

---

① 〔美〕巴里·谢克、彼得·诺伊菲尔德、吉姆·德怀尔著:《清白的罪犯》,黄维智译,中国检察出版社2005年版,第13—21页。
② 同上书,第26—28页。

往医院并对她作了妇科检查,收集了可能是强奸犯留下的精液。

第二天早上,警方在费伊的邻居中调查。有人举报说,在犯罪发生当晚九十点钟看到沃尔特·泰罗·桑德在街上喝啤酒,他就住在费伊家对面。警方对19岁的沃尔特·泰罗·桑德展开调查,调查的结果使沃尔特·泰罗·桑德上升为嫌疑人。

(一) 错案的成因

沃尔特·泰罗·桑德案件致错的主要原因是辨认错误,"在计划对无辜者通过DNA洗去罪责的研究中,84%的错误定罪,至少是这个比例,因为目击者或受害人的辨认造成。这个结论是戏剧性的,他们仅仅证明了一项一个世纪的社会科学研究和司法事实发现的成果。理查德教授在1932年的教科书《无辜者被定罪》中研究了65例被错误定罪的案例,理查德在书中写道:'或许悲剧性错误的主要原因是受犯罪侵犯的受害人辨认造成的。在65例案例中有29例的错误由此造成。'"①

此案致错的原因,可以归纳为以下几项:

1. 犯罪记录

警察局档案显示桑德曾被指控非法侵入罪,没有更多犯罪记录。

2. 红短裤

桑德同意到警察局照相和压指纹,他对警察承认自己有一套红短裤,那是他在亚力山卓拳击俱乐部打比赛的行头。侦探带着搜查令到桑德居住的地下室进行搜查,将两套红色拳击短裤和两双白色网球鞋带回警察局。

3. 辨认

警察安排费伊对7张照片进行辨认,最上面那张是当天早上桑德的快照。费伊注视他的面部,随后将照片丢到照片档案里,桑德的照片没有引起她的注意。她挑出四张较像的照片,但觉得没有哪一张与罪犯非常接近。她不经意地拣起已经淘汰掉的第一张照片,她说眉毛有点像,但她没有认定罪犯就是他,也不打算控告他。

费伊坐在自己家的客厅里,她看到街上一名男子正在洗他的红色大众牌汽车,她认出那人就是第一张照片上那人。

案发3个月后,桑德到警察局想要回自己被警察搜走的东西,警察将费伊叫到警察局对他进行辨认。她看到坐在第一排椅子上那个男子正是第一张照片上那个人和街上洗汽车那个人,她立即肯定地说:"这人就是对我实施

---

① 〔美〕巴里·谢克、彼得·诺伊菲尔德、吉姆·德怀尔著:《清白的罪犯》,黄维智译,中国检察出版社2005年版,第36—56页。

攻击的人。"她对警察说:"我100％肯定。"

显然,"费伊·特雷塞残缺的记忆是通过一段时间对沃尔特·泰罗·桑德的外貌重塑恢复"。她辨认的与其说是罪犯,不如说是熟悉的脸。

4. 血型

实验室技术人员说沃尔特·泰罗·桑德的血型与强奸犯的吻合——与32％的人口一样。

5. 警犬追踪

一名警察在法庭上作证说他带着警犬从费伊家的后窗开始追踪,但在离她公寓不远处就失去了线索。

6. 证词

费伊在最初见到警察时说强奸犯有"强烈的体味和呼吸中带有酒味",第二天她对警察说那是"一种很特别的味道……他有一种麝香味夹杂着甜味、酒味,可能还有烟味"。7个月后,检察官在法庭上问到这个问题时,费伊说那是"雪茄或香烟的味道,还有酒味和一种体味"。当检察官要求她详细描述时,她说"这种香味是一种油味和地下室气味结合的香味"。耐人寻味的是,"以前她从未用油味和地下室描述攻击者的体味,或许这些话她认为在罪犯当晚或第二天陈述中说到过。更有可能是什么人告诉他桑德在哪儿住或在什么地方工作。这是关于桑德的两个基本情况——他居住在地下室,他的工作是燃油锅炉修理工——变成了费伊·特雷塞记忆中回忆气味的一部分。

费伊还对法庭出示的桑德的红短裤肯定地说,她在此前见过,能够很容易认出它们,在10月28日见到被告穿着同样的拳击短裤。其实,桑德的短裤并不是全红,在衣缘和裤口有一英寸的白边和字母A、B、C的白色装饰以及单词"永远"的白色字。

经过两个小时的评议,沃尔特·泰罗·桑德被陪审团一致认为有罪,法官判处他45年有期徒刑。

(二) 平反

服刑6年半,桑德在一本《新周刊》杂志上看到英国科学家亚历克·杰弗里斯撰写的关于DNA检测技术的文章,他把这一消息告诉了前来探监的母亲。1987年5月12日桑德写信给他的律师,申请DNA检测。当时DNA技术刚刚应用于刑事司法。经过几番波折,1992年10月27日和1993年2月18日进行了两次DNA检测,结果表明桑德是无辜的。

三、蒂姆·达拉姆案件

1991年5月31日早晨,11岁的女孩莫里独自在家。10点30分左右,一名自称来做庭院工作的男子从后门进来攻击了她。攻击者是红头发、脸上有痘疤的男孩,他把莫里扛到地下室强奸了她。11点10分,莫里报警。

大约十周后,警方得到线索:个子不高、红头发的蒂姆·达拉姆与攻击莫里的罪犯的特征相合。蒂姆·达拉姆有吸毒和酗酒的历史,还有其他一些不太严重的犯罪记录,目前正在缓刑期间。

(一)错案的成因

1. 辨认

莫里对蒂姆·达拉姆的照片进行辨认,但不能确定。换了个时间,警察再次安排莫里对蒂姆·达拉姆的照片进行辨认,这一次莫里说:看起来像他。莫里在蒂姆·达拉姆照片的背面签上自己的名字的开头字母。在法庭上,已经13岁的小莫里指着蒂姆·达拉姆说:1991年袭击他的那个男子就是他。她说这番话时态度诚恳,足以使人们信任。

2. "科学"证据

对现场收集的毛发与蒂姆·达拉姆的毛发进行了对比检验。毛发检验专家出庭作证,声称对"已知毛发"即蒂姆·达拉姆的毛发样本与"未知毛发"即犯罪现场收集的毛发进行了比对,不过,在她的证词中并没有将毛发样本的25个特征做比对。她使用了一些障眼法来得出结论,她的结论是:如此多的科学证据表明蒂姆·达拉姆在犯罪现场奸污了莫里。尽管她的说法被法庭接受,但是毛发检验是不够科学的,比对标准不确定,没有像指纹那样建立毛发档案库,而且同一人身体的毛发就可能不一样,"毛发是唯一的一门基础不可靠的法医学",其不正确性可以用这样的比方来形容:"抛硬币与让毛发专家提供可靠结论之间的差别是微小的。"①

(二)平反

1996年12月,蒂姆·达拉姆被释放,他坐了5年冤狱。

他能够被改判无罪,是因为法医科学联合会实验室的爱德华·布赖克博士对蒂姆·达拉姆的DNA进行重新检验,实验结果表明蒂姆·达拉姆不是对莫里实施攻击的人。

四、卡尔文·约翰森案件

1983年3月9日凌晨,居住在公寓里的妇女路易斯·刘易斯在睡梦中

---

① 〔美〕巴里·谢克、彼得·诺伊菲尔德、吉姆·德怀尔著:《清白的罪犯》,黄维智译,中国检察出版社2005年版,第36—56页。

惊醒。一名男子坐在她背上，用一根带子勒住她颈部直到她昏迷，然后用一块毛巾罩住她的头。那男人随后用洗手液作润滑剂，对她进行鸡奸和强奸，两次射精。他离开前将灯打开，那是一名中等身材的黑人男子，双眼外凸。此人穿一身卡其布军队式样的服装。他用枕头遮住她的头，从她钱包里取走一些钱然后离开。

（一）错案的成因

1. 辨认

两周后，警察拿出6张照片让路易斯·刘易斯辨认。她辨认出卡尔文·约翰森就是强奸她的罪犯，但在列队辨认中，她却指认另一名男子是罪犯。尽管如此，卡尔文·约翰森仍被当作强奸罪犯而遭起诉。审判中，路易斯·刘易斯辨认的准确性成为争议问题。

在法庭上，路易斯·刘易斯坚持说强奸她的就是约翰森，她解释列队辨认时为什么指认另一个人是因为"不愿意让自己完全看清站在列队中的约翰森"："我拒绝让自己再看他，以致我辨认了另一名男子。"她说在法庭上看到约翰森，确定他就是罪犯："我知道，我知道是他。我在这个问题上是对的。我可能曾错过，但我知道我是正确的，我知道就是他。"①她说得十分肯定。

另外，居住在同一公寓里的另一个白人妇女作证说：强奸案发生前一名黑人男子试图进入邻居的公寓。与路易斯·刘易斯一样，在对照片辨认时，她指认卡尔文·约翰森，但在列队辨认时，她指认的是另一位男子。她的一名白人邻居也看到一名神秘的黑人男子，当她淋浴后发现那男子在她房间，然后很快逃跑了。

另一名被害人正好相反，在照片辨认时没有指认卡尔文·约翰森，在列队辨认时却指认他。这位白人妇女在刘易斯被侵害的两天前被一名男子用带子勒住脖子后鸡奸，同样使用洗手液和用枕头罩头。由于作案手法特殊，这起案件自然被判断为同一人作案。两起案件发生相隔仅几公里。在法庭上，这名妇女也一口咬定就是卡尔文·约翰森干的。

2. 辩护证据没有被接受

卡尔文·约翰森留胡须已经多年，受害人和证人却描述说那名罪犯是没有胡须的，他工作牌上的ID卡照片上也是留有胡子的。尽管有证人证明这一点，也有证人证明案发之时卡尔文·约翰森在凯拉·隆奈伊家中，没有作案时间，凯拉的母亲和约翰森的母亲也证明这一事实，但是"她可能是约翰森

---

① 〔美〕巴里·谢克、彼得·诺伊菲尔德、吉姆·德怀尔著：《清白的罪犯》，黄维智译，中国检察出版社2005年版，第145—146页。

的未婚妻,她的母亲和他的母亲几人串通一气来撒谎,制造一个不在现场的假象来包庇他"的观点却占据了上风。

在刘易斯家的床单上发现一根毛发,州刑事犯罪实验室确认这是一根"黑人的阴毛",并称它与约翰森的头皮、眼眶、胸部和会阴部的毛发不同。

这些辩护证据都被忽略了,法官判决卡尔文·约翰森终身监禁。

(二)平反

在约翰森请求下,1995 年地区检察官同意进行 DNA 检测。当年 10 月强奸物证被送到实验室。但迟至 1999 年 6 月 11 日,DNA 检测才有了最终结果:毛发与精液细胞的 DNA 吻合;毛发和精液均来自强奸犯,而且没有哪一样来自约翰森。①

表 1-4-1　科克利案等基本情况

案件	错案因素	错案因素	错案因素	错案因素	错案因素	错案因素	错案因素	平反原因
玛利恩·科克利案件	辨认错误	前科记录	有利于嫌疑人的证据被忽视					精液血型检验
沃尔特·桑德案件		犯罪记录		相似物证(红短裤)	错误的证言	血型吻合	警犬追踪	DNA 检测
蒂姆·达拉姆案件	辨认错误					错误的"科学"证据		DNA 检测
卡尔文·约翰森案件	辨认错误		辩护证据没有被接受					DNA 检测

第三节　美国学者对错案原因的研究

美国学者对错案展开研究,产生不少研究成果。

早在 1932 年,埃德温·波查德就曾经对错案进行研究,写成《给无辜者定罪》(Convicting the Innocent)一书。后来又有学者陆续对错案进行研究,如雨果·贝托在 1964 年发表关于美国死刑案件中误判的论文,论文附录资料记载了自 1893 年至 1962 年发生的 74 起误判案件。1982 年雨果·贝托还发表了一篇关于死刑误判辨识问题的论文。迈克尔·拉德烈特在 1983 年针对死刑误判问题进行了全面和详尽的研究。雨果·贝托和迈克尔·拉德烈

---

① 〔美〕巴里·谢克、彼得·诺伊菲尔德、吉姆·德怀尔著:《清白的罪犯》,黄维智译,中国检察出版社 2005 年版,第 143—154 页。

特在 1987 年 11 月《斯坦福法律评论》杂志发表论文,论文对 1900 年至 1981 年间他们相信是误判死刑的 350 个案件进行了甄别和论述。① 1983 年萨缪尔·R. 格罗斯等人所著《美国错案报告》以及 C. 罗纳德·霍夫(C. Ronald Huff, Arye Rattner, and Edward Sagarin)等人的《无辜者被定罪——错误的有罪判决和公共政策》等文章:以实际存在的案例为材料,实证性探讨了在美国发生的错案的原因。近年来我国翻译了多本美国人研究错案的著作,包括布莱恩·福斯特的《司法错误论——性质、来源和救济》等。美国学者指出:"无辜的人——即使有——也很少被定罪和监禁,更不会被处决,这是美国人怀有的信念,但是 20 世纪 80 年代末 90 年代初,一系列的案件却震撼了他们的心灵。一时间,那些正义没有得到伸张的案件成了报纸头版报道和电视关注的焦点,也成为大家街头巷尾经常讨论的话题。"②

美国人在问:"为什么类似的错案会发生? 司法体制中这些错误的根源究竟是什么?"对这个问题,可以得出这样一个结论:"从对收集的数据进行分析以及对最近发生案件进行分析中,我们可以获得大量资料。我们不难发现有几个因素同时发生作用。事实上,这些相互作用是如此重要以至于我们遗漏其中任何一个将无法找到症结所在。在那些案件中,刑事司法系统的失灵可能是多个因素共同作用的结果。"③不仅如此,"越来越明显的是,这些因素都令人痛苦地相似……警察与检察机关的过分热心、目击证人的错误(常常是过失)与伪证这三个因素的相互作用是导致司法制度发生错误而使无辜者获罪的最主要原因。"④

一、目击证人错误

在美国和英国,导致错误的有罪判决的最主要的原因是目击证人的错误辨认。

埃德温·波查德在 1932 年的研究中指出这一点。美国学者布莱恩·福斯特在《司法错误论——性质、来源和救济》一书中坦言:"不难发现,导致错误定罪情形发生的最为常见的原因就是错误的证人辨认结论。"⑤美国 1998

---

① 〔美〕迈克尔·拉德烈特、雨果·贝托、康斯坦丝·普特曼著:《虽然他们是无辜的》,勾承益译,四川文艺出版社 2002 年版,第 1 页。
② C. Ronald Huff, Arye Rattner, and Edward Sagarin, Convicted But Innocent: Wrongful Conviction, "Order Under Law": Readings in Criminal Justice. Waveland Press, Inc. 1997, p. 260.
③ Ibid.
④ Ibid.
⑤ 〔美〕布莱恩·福斯特著:《司法错误论——性质、来源和救济》,刘静坤译,中国人民公安大学出版社 2007 年版,第 95 页。

年出版的《法律和人类行为》第 6 期发表《目击证人的辨认程序：关于列队辨认和照片辨认的建议》一文，指出："越来越多证据表明，目击证人的错误辨认是无辜的人被定罪的首要原因。"① C. 罗纳德·霍夫等人得出同样结论："目击证人错误是导致错误的有罪判决的最常见的因素，在错案成因中起到关键作用。"② 萨缪尔·R. 格罗斯等人在所著《美国错案报告》中也指出：对于强奸案和谋杀案来说，"此类案件错误定罪的最普遍原因是目击证人的错误指认。"③ 迈克尔·拉德烈特、雨果·贝托等人的结论也是如此，在《虽然他们是无辜的》一书中，作者指出："至于产生错误的原因，我们的研究显示出两种最常见的因素是：检方证人作伪证和目击证人的错误指认。"④

证人指认错误有其成因：事实表明，"一个证人可能仅仅瞥过罪犯一眼，或者看到罪犯时的条件很差。如果警察仅仅向证人出示与他所看到的人大体相似的某个人的照片，或者向证人出示几个人的照片而其中某个人的照片重复出现过或被以某种方式加以突出，那么错误指认的危险就会增大。如果警察向证人暗示他们已经掌握了某个人犯罪的其他证据，那么错误指认发生的机会就会增大"⑤。不仅如此，"证人的错误往往和他们能够获得的利益相关。当一个证人能够从指认被告人中获得酬劳，或者使他可以在辩诉交易中

---

① 〔美〕加理·L. 韦尔斯等著：《目击证人的辨认程序：关于列队辨认和照片辨认的建议》，张靖、张琛华译，载甄贞等编译：《法律能还你清白吗——美国刑事司法实证研究》，法律出版社 2006 年版，第 55 页。
② 例如，"在 1982 年，一个叫 Howard Mostley of Galveston 的罪犯因杀人罪被判处终身监禁而被收押在得克萨斯监狱，直到几年之后有证据表明另外一个罪犯犯有该罪并且后者还承认自己杀死了另外 10 人后，他才得到无罪释放。另外一个著名的案件是俄亥俄州的案件。在该案件中，强奸罪受害者的证言成为定罪的关键性证据，于是杰克逊·威廉（Jackson William）为了这个莫须有的罪名而遭受了长达 5 年的牢狱之灾。当另外一个俄亥俄州人（与他同名的 Jackson）因为 36 次强奸行为和 40 次严重入室抢劫而被判刑时，人们才发现之前的那个杰克逊做了无辜的替罪羊。"值得一提的是，"杰克逊案件中，无辜者和罪犯都是黑人，被几个白人目击证人对这个无辜者进行辨认，这表明公正客观的跨种族辨认实际上有着特殊的困难。何况，两个杰克逊存在着不少相似之处：他们身高极为相似，都有着相似的非洲式发型、脸型和胡子。可供对照的是，在得克萨斯案件中，Mosley 比那个叫作 Watt 的罪犯高了整整一个头，这个显著的差别却被目击证人混淆而陪审团竟然也没有对这一点产生'合理的怀疑'。"（C. Ronald Huff, Arye Rattner, and Edward Sagarin, Convicted But Innocent: Wrongful Conviction, "Order Under Law": Readings in Criminal Justice. Waveland Press, Inc. 1997, p. 262.）
　　　Brdau & Radelet, 1987, p61; Radelet & Bedau, 1992.
③ 〔美〕萨缪尔·R. 格罗斯等著：《美国错案报告》，甄贞、孟军、孙瑜译，载甄贞等编译：《法律能还你清白吗——美国刑事司法实证研究》，法律出版社 2006 年版，第 26 页。
④ 〔美〕迈克尔·拉德烈特、雨果·贝托、康斯坦丝·普特曼著：《虽然他们是无辜的》，勾承益译，四川文艺出版社 2002 年版，第 24 页。
⑤ 〔美〕加理·L. 韦尔斯等著：《目击证人的辨认程序：关于列队辨认和照片辨认的建议》，甄贞、孟军、孙瑜译，载甄贞等编译：《法律能还你清白吗——美国刑事司法实证研究》，法律出版社 2006 年版，第 59 页。

获得更多的筹码,他是否更愿意积极地指认出现在他面前的被告人呢?有一些地区已经开始调查案件中告密者究竟在发挥什么样的作用,尤其是针对那些监狱中的卧底和麻醉品案件的线人,因为他们的证言经常和错误的有罪判决挂钩。种族因素无疑在目击证人辨认中扮演了重要角色,而相对无偏见的证人也与充满偏见的证人一样是真实存在着的"①。

辨认中不规范做法很容易导致错误的辨认结果,特别是暗示性因素必然导致降低辨认的准确度。马歇尔·霍茨(Marshall Houts)著有《从证据到证明》一书,书中提到他的亲身经历:"若干年前,在东海岸,我曾出席一桩谋杀案的列队辨认。侦查该案的一名警探告诉两名证人说:'留意一下右边第二个人。'两个证人都指认了那个人。我不知道他有罪与否,其结果是他被定罪了。"②霍茨指出:仅仅了解被害人或者证人辨认出谁是远远不够的,有必要确切了解列队辨认到底是怎样进行的。需要警觉的是:"不能仅凭藉目击证人的辨认而将人定罪,除非该证人与被告人以前就认识。"③

正确的辨认方法是,辨认队列中所有的人应当尽可能年龄相同、肤色和外貌与嫌疑人相似才行。应当规定警察将所有出现在辨认队列的人的名字记录下来,并且应当拍下队列照片。美国纽约大学法学院亚美研究所执行主任柏恩敬指出:"目击证人的辨认错误是个大问题,一方面跟排列程序有关系,在美国,排列方式一般有三种,人的排列、照片的排列、一对一的排列,而这种排列程序的关键是排除任何影响和建议性。另一方面,一些侦查人员破案的动机非常强烈,如果刑警对某一个人产生怀疑。难免会不自觉地暗示目击证人。"④

迈克尔·拉德烈特等人指出:"事实上,目击证词并非永远可信。早在20世纪初期,哈佛大学的实验心理学胡戈·穆斯特堡的研究就已经引起了公众的关注。这位教授曾在教室里设计了一场'枪击'试验,借此向学生证明,同样的事件却可以得出不同的目击证词。从此以后,无数的调查,雄辩地证明这类证词常常不可靠。"⑤目击证人错误的辨认能够直接导致无辜者被定罪,越来越多的学者和法官开始赞同法官伦巴德(Lumbard)的观点:"几个世纪的刑事司法实践表明,让一个素未谋面的目击证人的证言来决定犯罪嫌

---

① C. Ronald Huff, Arye Rattner, and Edward Sagarin, Convicted But Innocent: Wrongful Conviction, "Order Under Law": Readings in Criminal Justice. Waveland Press, Inc. 1997, p. 261.
② Marshall Houts, From Evidence to Proof, Charles C Thomas Publisher, 1956, p. 26.
③ Ibid.
④ 〔美〕柏恩敬:《美国冤错案件的预防与纠正》,载《人民检察》2017年第2期,第61页。
⑤ 〔美〕迈克尔·拉德烈特、雨果·贝托、康斯坦丝·普特曼著:《虽然他们是无辜的》,勾承益译,四川文艺出版社2002年版,第27页。

疑人定罪与否的做法是值得质疑的。在众多证据中,当它与其他证据之间出现不一致的时候,这种证据是最不可信的。"①

尽管"目击证人的辨认证据是可信度最小的证据种类之一,但是对于陪审团来说却颇具说服力"②。在美国,"目击证人的错误辨认所导致的错误定罪案件要多于其他所有原因加起来导致的错误定罪案件"③。人们可能还没有完全意识到:"在证据完全依赖于单一目击证人的证言的领域,各种各样潜在的错误不计其数。"④

在各种辨认中,声音辨认结果的证明力非常低,"除非该人以前十分熟悉要辨认的声音,否则辨认结果应以没有证据能力为由加以排除"⑤。在诸如此类的辨认方面,教训实在太多了。

二、侦检机关不正当行为及错误

这里提到的"不正当行为"包括逼取口供、拒绝律师介入、非法搜查和扣押、超期侦查中的非法羁押以及彻头彻尾的野蛮残暴。⑥ 有学者指出:"尽管侦查机关和检察机关的有些不适当的行为是针对真正的罪犯而言的,但是这并不能够为这样的行为披上合法的或者正确的外衣。"⑦

逼取口供是一种常见的不当行为,容易造成错误自白并最终导致错案发生,"错误自白的成本并不便宜。他们经常是长时间、高强度讯问的结果,讯问最终往往是通过威胁或欺骗或中断嫌疑人的自由意志从而使其承认其并没有实施的一个极坏的犯罪行为。其中一些讯问长达数日并由数名警官轮流讯问。毫无疑问,这一代价昂贵的程序一般只用于最严重的并且没有其他证据可利用的犯罪案件中——经常是指没有幸存的目击证人的谋杀案

---

① C. Ronald Huff, Arye Rattner, and Edward Sagarin, Convicted But Innocent:Wrongful Conviction,"Order Under Law":Readings in Criminal Justice. Waveland Press, Inc. 1997, p. 261.
② 〔美〕加理·L. 韦尔斯等著:《目击证人的辨认程序:关于列队辨认和照片辨认的建议》,张靖、张琛等译,载甄贞等编译:《法律能还你清白吗——美国刑事司法实证研究》,法律出版社 2006 年版,第 59 页。
③ 同上书,第 58 页。
④ 同上书,第 66 页。
⑤ Marshall Houts, From Evidence to Proof, Charles C Thomas Publisher, 1956, p. 23.
⑥ William j brennan,权利法案与各州, 1961.(C. Ronald Huff, Arye Rattner, and Edward Sagarin, Convicted But Innocent:Wrongful Conviction,"Order Under Law":Readings in Criminal Justice. Waveland Press, Inc. 1997, p. 261.)
⑦ C. Ronald Huff, Arye Rattner, and Edward Sagarin, Convicted But Innocent:Wrongful Conviction,"Order Under Law":Readings in Criminal Justice. Waveland Press, Inc. 1997, p. 261.

件"①。

美国学者指出:"如果我们只在体制内做孤立的分析,我们很可能用'警察和检察机关的过分热心'来解释:对解决案件的热衷,他们面对哪怕是轻微到甚至可以忽略的证据也相信犯人已经捉拿归案了。这种信念导致司法人员确信被关押的人就是罪犯,然后动用不适当、不道德甚至违法的手段去获取他的认罪。"②

在掌握充足证据之前便判定嫌疑人有罪,是导致侦讯权滥用的原因,"公权力不正当行使的理由应当与其发生的类型区分对待。一般认为,不适当行为的根源是犯罪嫌疑人必定有罪这样一种错误的确信,即使存在曲解法律、削弱权威、遏制相关证据或是引发其他错误行为的危险,作为公共利益的代表,也一定要将犯罪嫌疑人送进监狱,甚至送上绞刑台。"③

除警察行为外,检察官的不当行为也是错案原因,有美国学者指出:"在上诉法院推翻的死刑案件裁决之中,有 16%~19% 的案件涉及检察官的不当行为。"④检察官的"不当行为"包括隐藏有利于被告人的无罪证据、过于狂热地追求胜诉、与辩护方进行辩诉交易(这会导致一部分无辜者被错误定罪)等。⑤ 有学者指出:

"过分热心"(Overzealousness)这个词语常用来指代侦查和控诉行为……"过分热心"并不像人们常说的那样出于冠冕堂皇的动机,它很可能基于政绩的诱惑,也可能是检察官面对迫近的选举时对声望的迫切追求,或者是基于警察们追求升官而对侦破重大疑难案件的竭心竭力。"过分热心"也可能成为遮掩偏执、种族歧视甚至贪婪的遮羞布。……要是把视野放宽一点就会看到,除了上述原因外,"过分热心"另外可能的原因是侦查机关无能、不愿或者缺乏资金支持或者缺乏适当人手来查清案件或者进行适宜的调查。对嫌疑人有罪有重大怀疑的时候结案,总是比做出细致的调查、收集足够的证据,然后在法庭上证明他们有罪要简单得多。案件的压力和需要及时结案以便转入下一个目标是一个重要

---

① 〔美〕萨缪尔·R.格罗斯等著:《美国错案报告》,甄贞、孟军、张瑜译,载甄贞等编译:《法律能还你清白吗——美国刑事司法实证研究》,法律出版社 2006 年版,第 29—30 页。
② C. Ronald Huff, Arye Rattner, and Edward Sagarin, Convicted But Innocent: Wrongful Conviction, "Order Under Law": Readings in Criminal Justice. Waveland Press, Inc. 1997, p. 261.
③ Ibid.
④ 〔美〕布莱恩·福斯特著:《司法错误论——性质、来源和救济》,刘静坤译,中国人民公安大学出版社 2007 年版,第 157 页。
⑤ 同上书,第 159—160 页。

的原因,许多执法人员私下(有时则是公开地)承认了这一点。①

美国学者安吉娜·J.戴维斯在《专横的正义——美国检察官的权力》一书中提到:"检察官是刑事司法制度中权力最大的官员。他们例行公事的日常决定,控制了刑事案件的方向和结局。比其他刑事司法官员的决定有更大的影响和更严重的后果。"②"在每个案件中,检察官的决定都对被告人的生活影响至深。"③他指出检察官的不当行为包括不向法庭移交无罪证据,有些行为对于辩护方来说是报复性的,对于不同的嫌疑人,他们办理案件的谨慎度也随着嫌疑人阶级与种族不同而存在差异。④ 事实上,"警察和检察机关不当行为的形式也是多种多样的:在列队指认的时候指挥证人,却在庭审宣誓的时候矢口否认这个事实;采用暴力胁迫等残酷手段获得被告的供认,却刻意向法庭隐瞒这个事实;无中生有地制造例如毒品和枪支之类会对被告人的定罪产生重要影响的证据;对被告人的证人进行威胁恐吓或用酬劳或者赦免为诱饵进行诱供;甚至在证据开示动议提出之后仍然想方设法去压下证明被告人无罪的证据"⑤。

另外,警察的不当行为还包括粗略地污损或者丢失关键证据,包括那些犯罪实验室也是如此。《美国新闻与世界报道》在一篇由 O·J.辛普森案件引起话题的文章里指出:"苦恼不堪的警官们总是粗心地污损关键证据。那些从酒精测试到 DNA 分析无所不包的犯罪实验室也存在这一问题,对技术人员的培训颇为贫乏,国家现有的 358 座实验室中没有多少处于质量控制之下。不过,质量一直在提高,新的技术也在不断拓展。自动指纹识别系统在 80 多个警察机构中帮助警察将现场发现的指纹与国家资料库中的指纹进行比对。该系统所登录的指纹的'碰合'(hits)率为 10% 以上。质量存在问题的系统是验尸和医疗检验系统。原因之一在于只有很少几个地区雇佣经过培训的医生来调查非正常死亡。"⑥粗略地污损或者丢失关键证据导致两个

---

① C. Ronald Huff, Arye Rattner, and Edward Sagarin, Convicted But Innocent: Wrongful Conviction, "Order Under Law": Readings in Criminal Justice. Waveland Press, Inc. 1997, p. 261.
② 〔美〕安吉娜·J.戴维斯著:《专横的正义——美国检察官的权力》,李昌林、陈川陵译,中国法制出版社 2012 年版,第 3 页。
③ 同上书,第 2 页。
④ 同上。
⑤ C. Ronald Huff, Arye Rattner, and Edward Sagarin, Convicted But Innocent: Wrongful Conviction, "Order Under Law": Readings in Criminal Justice. Waveland Press, Inc. 1997, p. 261.
⑥ 《美国司法制度的现存问题》,张建伟译,原载《美国新闻与世界报道》,译文载《国外法制信息》1998 年第 3 期,第 23 页。

可能的结果,一是导致罪犯无法被定罪、得不到应有的惩罚,二是导致误判事实,无辜的人被错误定罪。

可以对照观察的是,加拿大产生错案的原因之一是指控方在查办案件中的不当行为,加拿大的"指控方、主要是检察官在办案时片面追求定罪的结果,忽略了检察官履行职务必须做到客观公正的要求",那么,什么原因导致这一现象?某些检察官对警方或证人的立场和观点缺乏独立见解,以及来自舆论和特定利益群体的压力。因此,必须清晰区别警察的侦查职能和检察官的检控职能,否则,难以确保公正司法。①

三、无辜者自认有罪和辩诉交易

无可否认,自白在认定案件事实,尤其是心理活动等主观方面事实方面具有重要性,有论者指出:"在那些没有铁证的审判中,自白就是审判之锚。"②

如果自白是真实的,据以认定的事实就可能是真实的;不幸的是,无辜的人承认自己犯罪,不是罕见的现象。美国检察官柏恩敬指出:"对陪审团来说,口供的说服力有时难以抵抗,因为从常识来判断一个无辜的人不太可能作有罪的供述,但是经过这么多冤错案件的平反,发现确实有一部分人作有罪的供述。"③据统计,20世纪90年代末进行的错误裁判研究结果揭示,22%的误判是根据虚假自白作出的。④ 有论者指出:究其原因,通常,"嫌疑人认罪只不过是逃避调查的压力。较为少见的情况是,嫌疑人逐渐相信他确实犯有存在疑问的犯罪,尽管他对此一点都不记得"⑤。糟糕的是,讯问中的某些技巧会导致虚假的供述,"通过一些诱导或误导性的讯问技巧,并不难让一个无辜的人作出有罪的供述,特别是对弱势的犯罪嫌疑人、有精神问题或辨别是非有困难的人,更容易施加误导"⑥。

在美国,无辜者自认有罪,为错案的原因之一,虚假的自白"作为美国杀人案件错误定罪的仅次于伪证和目击证人错误的第三大原因"。有三位学者对美国400多件无辜者被错误定为死罪的案件进行了研究,在1992年出版的书中,他们提到,尽管被告人是无辜的,错误的定罪有14%是虚假的自白

---

① 杨诚:《加拿大错案研究:值得汲取的教训》,2012年长春错案国际会议论文。
② John J. Sullivan & Joseph L. Victor, Criminal Justice, Dushkin Publishing Group/Browm & Benchmark Publishers,1996, p. 25.
③ 〔美〕柏恩敬:《美国冤错案件的预防与纠正》,载《人民检察》2017年第2期,第61页。
④ Tina Kafka,DNA on Trial,Thomson Corporation,2005, p. 40.
⑤ John J. Sullivan & Joseph L. Victor, Criminal Justice, Dushkin Publishing Group/Browm & Benchmark Publishers,1996, p. 24.
⑥ 〔美〕柏恩敬:《美国冤错案件的预防与纠正》,载《人民检察》2017年第2期,第61页。

引起的。①

耐人寻味的是，美国开国元勋托马斯·杰斐逊曾将陪审团审判比喻为锚并认为陪审团审判是人们构想出的唯一的锚，有了它，人们才能防止政府与其宪法原则背道而驰。杰斐逊毕竟无法预见，如今的美国司法，辩诉交易取代陪审团审判成为解决刑事案件的主流，"在大多数其他国家，由于辩诉交易使有罪的被告人得以逃避部分法律制裁，它被视为'魔鬼的契约'，因此从未真正成为主流实践。但在美国，辩诉交易成为家常便饭"②。

在美国，辩诉交易过多过滥是不争的事实。《美国新闻与世界报道》曾批评说："9/10 的案件规避了正式审判，被告人接受辩诉交易作出有罪答辩，从而使他们被控的内容得以调整。批评者抨击说，公诉人太热衷于将案件推进一步，以致随时准备放弃可能导致更重刑罚的指控。尽管指控事先已被升级。如司空见惯的那样，将若干是否能够证实尚存疑问的内容纳入指控以便对被告人施加压力。"③最近的统计数据是，"2013 年（要么因为存在事实或法律错误，要么因为被告决定合作），8％的联邦刑事指控被撤销，剩余指控中超过 97％是通过辩诉交易解决的，真正上庭受审的不到 3％。辩诉交易基本上决定了最终宣判的罪名"。检察官主导了辩诉交易，"所有权力都掌握在检察官手里"④。更糟的是，许多无辜的人都是在作出有罪答辩后被判罪的。⑤ 事实表明："在检方的支配下，辩诉交易制度给辩方施加了太大的压力，迫使其接受辩诉交易，导致部分被告虽未犯下某罪行也只能接受罪名，造成冤假错案。'清白专案'及相关律师已证实，约有三百余名无辜者被错误地判有强奸或谋杀罪，其中至少有 30 人，即 10％，承认有罪。"⑥多项研究结果证实确实如此，"例如，密歇根大学法学院和西北大学法学院的合作项目'国家免罪资

---

① John J. Sullivan & Joseph L. Victor, Criminal Justice, Dushkin Publishing Group/Browm & Benchmark Publishers, 1996, p. 25.
② 〔美〕杰德·拉科夫:《为什么无辜者承认有罪》，杨晗轶译，原文载《纽约书评》2014 年 11 月 20 日。
③ 《美国司法制度的现存问题》，张建伟译，原载《美国新闻与世界报道》，译文载《国外法制信息》1998 年第 3 期，第 24 页。
④ 〔美〕杰德·拉科夫:《为什么无辜者承认有罪》，杨晗轶译，原文载《纽约书评》2014 年 11 月 20 日。
⑤ 这一类的错判的动力是媒体报道最少的。媒体较少报道的原因之一，是大部分案件——尽管不是全部——在"辩诉交易"后被告人被立即释放、缓期宣判或者判处缓刑，从而就没有了后续发展、侦查或者获得平反。撤回有罪答辩仅在有限的条件下才被允许，例如，当法庭拒绝采用被告通过辩护律师与检察官之间达成的辩诉交易的时候。通常而言，辩诉交易起到了终止该案件的作用(C. Ronald Huff, Arye Rattner, and Edward Sagarin, Convicted But Innocent: Wrongful Conviction, "Order Under Law": Readings in Criminal Justice. Waveland Press, Inc. 1997, p.)
⑥ 〔美〕杰德·拉科夫:《为什么无辜者承认有罪》，杨晗轶译，原文载《纽约书评》2014 年 11 月 20 日。

料库'记录了1989年至今的1428桩得到法律承认的免罪案件,在这些案件中被告人都曾被指控犯下各种重罪,其中151起(约10%)为控辩交易造成的冤假错案"①。

对于大多数人来说,这是无辜者被判罪案件中最不可思议的——认罪答辩必然导致被定罪,为什么一个无辜的人还会作出这样的答辩呢?

美国学者揭示这一奥秘:"无辜者选择认罪求情协议可能有着充足的理由。格里高利(Gergory)、莫文(Mowen)和林德(Linder)在1978年进行了一项'角色扮演'心理学实验,他们在实验中发现,扮演着被告人角色的无辜者面临多项指控或者可能被判处重刑的时候,他们基于恐惧而接受认罪答辩协议的可能性很大。这类实验可能与美国重新开始执行死刑而且在佛罗里达州和得克萨斯州死刑较为多见这种地域状况有特别的联系。因为生命不再由自己主宰,当无辜者因为错误的辨认、伪证、伪造的文件等原因被起诉而辩护律师的辩护又不那么有力的时候,他们极有可能接受认罪协议。虽然等待他们的极有可能是长期的牢狱之灾,但是他们得以怀抱沉冤一朝得雪的希望活着。"②还有学者指出:"仔细想想,不难理解为什么会发生这样的情况。毕竟,遭到犯罪指控的嫌疑人一般都有前科,且没有太多资源可以动用。因此,他们意识到,即使自己是无辜的,在法庭上为自己有效辩护的机会微乎其微。如果律师能搞定控辩交易,减少被告在狱中服刑的时间,他们或许会将认罪看作是一种'理性'的选择。"③令人惊讶的是,"基于某种'理性'或悲观的成本—效益分析,无辜的被告可能决定认罪;然而事实上,有证据显示,有时被告不仅是无辜的,而且也能够证明自己的清白,但形势带来压力可能迫使其错误估计自己被无罪释放的可能性,因而作出非理性的决定认罪。研究表明,年轻、无知、害怕风险的被告往往因无法挺过严峻的审讯,而提供虚假的认罪声明"④。

---

① 〔美〕杰德·拉科夫:《为什么无辜者承认有罪》,杨晗轶译,原文载《纽约书评》2014年11月20日。

② 这正是弗吉尼亚州Richmond的Harry Siegler面对的局面,整个审判过程中他都声称自己是无辜的,坐在法庭上只能眼睁睁看着对他展开的强有力的起诉。Siegler被指控一级谋杀,弗吉尼亚州是死刑法律得到美国联邦最高法院肯定的州之一,因此他对陪审团裁决他有罪并判处他死刑的可能性十分忧虑。在等待陪审团作出裁决的时候,绝望中的被告人改为作有罪答辩,接受认罪协议,尽管这将导致他要被判处终身监禁。几分钟之后,陪审团回到法庭宣布他们的判决:无罪!我们援引这个案件并不是因为我们确信Siegler是无辜的(我们并不确信),只是该案揭示了诸如处决这类严厉的刑罚在诱使被告人——其中一部分人可能是无辜的——做有罪答辩的潜在重要性(Bedau & Radelet,1987,p.63)。

③ 〔美〕杰德·拉科夫:《为什么无辜者承认有罪》,杨晗轶译,原文载《纽约书评》2014年11月20日。

④ 同上。

在一些指控相对较轻的案件中,当被告无力支付保证金的时候,只要他同意认罪,便能换取自由,代价不过是刑事犯罪记录上一个微不足道的污点,现在社会上这样的记录并不会得到很高的关注,因而被告人难以抗拒这样的诱惑。即使被告人清楚他自己是无罪的,案件一旦起诉到法院,可不能保证他一定会得到无罪判决。因此,"虽然辩诉交易必须通过被告在法庭公开认罪后进行,然而这一象征性形式既不是辩诉交易准确性的保证,也不是其诚实性的保证。我们还知道,一些辩诉交易主要是诉讼策略的考虑,其围绕着将案件提交到陪审团后预期的结果而进行,而不管控告的真实性如何"①。

对于那些被刑事司法制度缠上而且收入达不到从公设辩护律师或者法律援助组织获得帮助的低要求的被告人来说,法律费用实在是过于高昂了。尤其是当他们被起诉的原因仅仅是扰乱秩序的行为、单纯的攻击或者抗拒逮捕(清白无辜的人在盛怒之下往往会抗拒逮捕),他们更愿意作有罪答辩然后走出法院,而不是将自己陷入无休止的繁琐程序和昂贵的律师费用之中。那些相信终有一天会证明自身清白的人,幻想能够时来运转,通过民事诉讼使他们的痛苦和屈辱获得赔偿和补偿,他们中除了少数例外,都是在白日做梦。

有罪答辩通常伴随着法官和被告人之间仪式性的谈话。法官可能会莫名其妙地迫使被告承认他或她犯了罪。在认罪协商的情况下,法官不愿意给人们留下这样一个疑虑,即无辜者是在被强迫的情况下才认罪的。人们经常忽略一个有趣的区分点:无罪答辩与其说是对罪行的否定,还不如说是被告对真相浮出水面的愿望和法庭判决其无罪的祈祷;与之相反,有罪答辩总是被看作是坦白自己犯下的罪行。或许,这就是被告是否真正有罪并没有引起足够重视的原因之一。

美国圣路易斯大学法学院教授史蒂芬·沙曼认为,由于辩护交易程序及严厉的刑罚实践,美国的刑事司法制度在实践中已经被扭曲。被告人惧怕行使其权利,因为如果他们不接受辩诉交易的要求而认罪,不接受检察官为换取这种认罪而提供的大幅折扣,检察官就会以极端的惩罚加以威胁,被告人不得放弃其上诉权,或者其他针对辩诉交易内容发起的挑战。②

四、鉴识错误

2010年2月,美国西雅图召开的美国鉴识科学年会公布一份调查结果,

---

① 〔美〕丹·西蒙著:《半信半疑——刑事司法中的心理学》,刘方权、陈晓云译,上海交通大学出版社2017年版,第350页。
② 唐亚南:《刑事证据:打击犯罪和保障人权的通行证——刑事证据法国际研讨会综述》,载《人民法院报》2012年12月19日第6版。

显示美国70％鉴识科学家相信无辜的人可能因为错误的指纹鉴识结果而入狱，甚至成为死因。与2007年对比，那时只有56％持有这一看法。

有一起案件颇具典型意义：2004年3月11日上午7点38分前后，西班牙马德里有四列通勤火车同时发生爆炸。爆炸现场附近，西班牙警方在找到的物证中采集了一枚指纹，美国联邦调查局鉴识人员认为那枚指纹与美国律师梅菲德(Brandon Mayfield)的指纹"百分之百吻合"。5月6日，梅菲德被联邦调查局逮捕羁押。联邦调查局有理由认为自己的判断是正确的：梅菲德的妻子是埃及移民；婚后梅菲德皈依回教，相当虔诚，他常到清真寺礼拜；在律师执业生涯中，他接办低收入户的案子；他的政治立场是可疑的，甚至为支持阿富汗神学士政权的美国穆斯林辩护。因此，联邦调查局充满信心，认为不会抓错人。不过，他们的西班牙同行不这么认为，根据其他线索，西班牙调查人员不认为有美国人涉案。5月19日，让美国联邦调查局尴尬的是，西班牙警方宣布找到了那枚指纹的正主儿：一位阿尔及利亚人。消息见报，梅菲德立即被释放，重获自由。2006年11月29日，美国政府向梅菲德及其家人正式道歉，并同意支付两百万美元和解。一个鉴识错误，总算没有让错案走得太远。

为了提高对鉴识错误的警觉和探讨对策，2005年11月下旬，美国国会通过预算案，要求司法部拨款，请国家科学院①负责检讨美国鉴识科学的现状，并提出改善的建议。

令人惊异的是，人们很少对鉴定结果抱有怀疑，但是鉴定依据的某些科学原理却未必靠得住。对此柏恩敬提醒说：

> 经过这些年对冤错案件的分析，我们发现，之前被认为是可靠的一些法医学分析，并没有科学的依据。比如，美国联邦政府组织了相关领域较权威的一些科学家，对法医学措施做了详细的分析，结果发现，之前被认为是可靠的法医学措施都没有应有的科学依据，有一些法医学措施已经被否认是可靠的。比如，着火点的判断，以前有专家声称可以根据火灾现场的情况推定起火的来源。通过科学的研究发现，以上判断没有客观科学的依据。又如，头发的辨认，研究分析，很多人有相同的头发，

---

① 国家科学院成立于1863年，是美国政府在科学与科技事务上的顾问机构。它提出的报告，能引发舆论、改变态度、促成行动，固然是因为言之有物，然而若非本身形象先声夺人，未必能造靡然向风之势。它的宗旨是：促进科学与科技，以增进人民福祉。浏览美国国家学院出版社的网站，就会发现，这绝不是一纸空文。国家科学院一直面向民众，为美国的科技政策建言、评估、解说、辩护。它的众多出版品，是尽本分的实践，是塑造形象的资本，更是历史的见证。

对头发的辨认可以用来排除相关人员但不能仅根据头发给一个人定罪。①

这种发现,让人联想起我国《洗冤录》中滴血认亲之法,在现代法医学引入我国之前曾经实行多年,不知酿成了多少冤错案件。科学与不科学,最终依靠科学进步提供的新的答案,鉴定错误造成错案的事实不能不引起司法界和科学界足够的警惕。

五、社群压力

美国学者布莱恩·福斯特指出:"对于引起公众高度关注的未能侦破的案件而言,警方面临着寻找犯罪嫌疑人的压力。"②警察和司法人员在处理某些案件时,会真实感受到定罪的公众压力。事实表明,在社会压力之下,警方怀有强烈愿望要将罪犯绳之以法,针对的案件"一般是由于案件性质比较严重,或者警方已经就指控特定的罪犯立下了军令状"③。这就为错案埋下了隐患。

研究表明:在犯罪率高居不下并且对罪犯群情激愤的时期,即使在法庭之内也很容易感受到群体的压力,审判的结果显示,定罪率比其他任何时期都要来得高。这种压力不仅直接来自公众,而且在一些国家的政治领域和司法领域,还存在着各种压力集团。这些压力集团通常是那些有影响力的集团的组合,他们的影响力可以延伸到世界的各个角落,对警察机构、检察机关和法院也不例外。有着这类影响力的团体形形色色,诸如涉及信仰、种族、女权主义的团体,同性恋团体和反同性恋团体,还有其他许多团体。司法中存在这种压力的例子并不难找,著名的案件如美国马萨诸塞州新贝德福德(New Bedford)发生的一起强奸案。该案中被害人和被告人都是葡萄牙人后裔,美国葡萄牙人协会在整个庭审前、庭审中和庭审后都企图施加压力,而女权主义协会及其同盟从另一方面施加影响。从20世纪70年代早期起,强奸案件的错误监禁率不断攀升,其中一个因素就是来自对强奸案件作有罪判决的压力。与之形成鲜明对比的是,20世纪早期绝大多数强奸案的指控几乎都将矛头指向了黑人,这是存在种族主义集团压力的明证。

有研究者指出:"针对一个被告人个体的来自社群和团体的压力和偏见很大时,为防止暴民的暴力威胁④或者在原定地点找不到一个无偏见的

---

① 〔美〕柏恩敬:《美国冤错案件的预防与纠正》,载《人民检察》2017年第2期,第61页。
② 〔美〕布莱恩·福斯特著:《司法错误论——性质、来源和救济》,刘静坤译,中国人民公安大学出版社2007年版,第95页。
③ 同上书,第120页。
④ Blevin v. State 1963.

陪审团①时,应辩护方的要求而改变审判地点有时成为解决问题的一个办法。② 法院必须综合考虑所有的相关因素,包括公开的范围和原因,犯罪的性质和程度,社区规模和被告人的个人情况,有罪判决的受关注程度,被害人受欢迎的程度和有多杰出,因改变审判地点而导致的检察机关难度增加和对刑事司法正义的影响等。"③ 不过,有一起发生在20世纪30年代的案件,当时为了避开压力,将审判地点由斯科茨伯勒(Scottsboro)改到了另一个亚拉巴马州的小镇迪凯特(Decatur),但人们发现仍然无法避免对被告人的偏见,这一案件表明那时为了避免集团压力导致错判所作的努力徒劳无功。也就是说,"有时,即使审判地点的改变得到批准了,使审判从压力中解脱出来的结果却不一定总能实现"。

六、辩护不充分

尽管获得律师帮助的权利在美国早就确立起来了(除了明确规定这一权利的权利法案以外,一些州通过几个里程碑式的案件确立了这一权利④),但显然不是所有的人都有辛普森那样的财力去为自己建立一个强有力的辩护人团队,"辛普森倾注了百万美元组织了'梦幻之队'辩护团。对于大多数犯罪嫌疑人来说,现实是他们能幸运地得到那些工作过度繁忙的公设辩护人或者依法指定律师的充分注意。这种辩护人中大多数精明强干:他们与那些收费高昂的律师一样取得了骄人的辩护效果。困难在于案件太多而时间又太少"⑤。在无辜者被判有罪的案件中,造成错判的一个重要的因素并不是因为被告人被剥夺了得到律师帮助的权利,而是辩护不充分。

一些人被定罪,明显是因为他们的律师缺乏经验,办案负担过重,而且没有预留足够的资金去进行很好的调查工作。⑥

辩护律师容易犯的错误有:没有提出开示证据的动议并咬住不放;在是否让被告人作证问题上判断失误;同意被告进行测谎测试,特别是在律师不在场的情况进行这样的测试;对指控意见没有进行强有力的反驳等。⑦

---

① People v. Harries,1981.
② State v. Engel 1980.
③ Ibid.
④ 代表性的案件有:鲍威尔诉亚拉巴马州(powell v Alabama,1932)、gldeon v. wainwright(1963)、argersinger v. Hamlin(1972)。
⑤ 《美国司法制度的现存问题》,张建伟译,原载《美国新闻与世界报道》,译文载《国外法制信息》1998年第3期,第25页。
⑥ 在布雷迪·考科斯(Bradley Cox)一案中,考科斯被判定犯有强奸罪,其实真正的罪犯是约翰·西蒙尼斯(John Simonies)。虽然考科斯的律师辩护很努力,但他确是烦恼的公设辩护人,确实同意了在律师不在场的情况下对考科斯进行了测谎试验,从而导致考科斯至少失去一次提起无效审判抗辩的主要机会,而在对侦探就警方取得的错误自白进行的交叉询问中又软弱无力。
⑦ finer,1973.

很少有案件因为辩护不充分或者律师不适任而被推翻,以此理由提起的上诉中,很少获得免罪判决,只能依靠其他情况的进展。事实表明,无论原审辩护律师出于什么理由而不充分维护其当事人的利益,要以此为理由上诉很难获得胜诉。

法律职业间的同事关系,尽管他们作为对手彼此相斗,却一般在提高攻击同事弄糟案件的意识方面裹足不前,正如医生不会热心去作证揭发其他医生、警察不会热心去作证揭发其他警察一样,这就是行内潜规则之一的"沉默法则"(Code of Silence)。被换上的新律师,或者在上诉中的律师,不会热心去追踪这个线索以获得改判,他们宁愿以"新"证据为名把原来忽略的情况提交上法庭。

七、诬 告

真正的罪犯指出特定的无辜者是罪犯,他的话被信以为真,于是他指控的无辜者就倒霉了。① 萨缪尔·R.格罗斯等人指出:"相对于强奸案件,一个谋杀案件的真正的犯罪者——特别是他有可能被判处死刑——更愿意冒险,也更有动力去设计陷害一个无辜的人来转移警方的注意。如果共同被告人、帮凶、监狱告密者以及其他的警方线人,在一个谋杀案件中(特别是在警方迫切需要线索的案件中)提供关键证据——即使是虚假证据,都有希望获得实质性回报。"②

还有另外一种情形,并没有他所控告的犯罪,指控者把自己打扮成被害人,那个使他受害的犯罪实际上子虚乌有。③ 并未发生犯罪却提出控告的例

---

① 卡特(Nathaniel Carter)因为涉嫌刀捅 Clarice Herndon 致死而被以谋杀罪名逮捕。卡特的主要控告者就是与他不和的妻子,她提供证言说她无助地目睹了卡特用刀攻击她的养母,造成23处刀伤。尽管卡特矢口否认并且提供了不在场证明,而且他无瑕的人生记录也没有起任何作用,他仍因为这个唯一目击证人的一面之词被判处25年有期徒刑。直到他服刑2年之后,他的前妻才在得到完全赦免的情况下承认是她自己杀害了自己的养母。该案的警察解释说当时以为他妻子手上的刀伤也是由卡特攻击所致。她成了一个完美的证人,也就难怪警方没有完美的侦查了。
② 〔美〕萨缪尔·R.格罗斯等著:《美国错案报告》,甄贞、孟军、张瑜译,载甄贞等编译:《法律能还你清白吗——美国刑事司法实证研究》,法律出版社2006年版,第27页。
③ 罗伯特·丹尼尔斯(Robert Daniels)案就是一个典型的案件。丹尼尔斯是一个住在男女混住公寓的学生。当他和一名女学生在走廊上聊天的时候,靠近走廊房间的一扇门打开了,该房的住户要求他们轻声些。那名女生邀请丹尼尔斯去她的房间,他们到那个房间继续谈话,后来上了床。几小时后,丹尼尔斯起床并穿好衣服,回到自己的房间睡了一会儿,然后去上课,那名女生也同样去上课了,只不过他们并不在同一个地方。但是,那个女生却在上完课之后跑到警察局控诉自己被强奸,于是丹尼尔斯被逮捕了。所谓的被害人的证言成为给他定罪的唯一依据,但是基于丹尼尔斯有犯罪前科而被害人看上又是如此正直得体,法庭判处丹尼尔斯有罪并处以监禁。直到那名女子因纵火被捕并声称自己这样做是因强奸而精神上受到了损伤,起了疑心的检察官详细盘查了她的记录,发现这名女生患有精神病并且在接受精神科医生治疗,无辜的丹尼尔斯才被释放。精神科医生这时候承认他知道指控丹尼尔斯并判他入监是错误的,但是基于医患关系的守信义务,他选择了沉默。

子不限于强奸、猥亵儿童等性骚扰案件中。有人曾因不存在的谋杀案件而遭受牢狱之灾。那些想象的被害人只不过是失踪了,对于某些特定的人会因他们的"谋杀"而长期坐牢,他们知道得很清楚。一些人背负着谋杀罪名在坐牢很长时间后,才等到"被害人"最终现身。这些"被害人"活着,完好无损。

八、犯罪前科

无辜者被错判,一个重要原因是他们有犯罪前科。一个人的犯罪前科可能左右人们对他有罪的判断。犯罪前科使无辜者更容易受到怀疑,当出现其他不利因素后,这种怀疑会升级,在前科和不利因素的共同作用下,他们最终有可能成为误判的受害者。这一切都是顺理成章的。有学者指出:

> 犯罪记录使一个人更容易在警方调查中处于不利地位和作出虚假供述。有犯罪前科的无辜的被告人更不可能站在证人席上提供有利于自己的证言,因为一旦他们这么做,实际上是同意他们的犯罪前科被作为证据在交叉询问中使用。如果无辜者不作证,他或她又将失去一份证明自己没有卷入犯罪的重要证词。即使法官在对陪审团作出指导时说得相反,大多数陪审团都将被告人不为自己作证作为有罪的一种表现。最后,被告人一旦作证,犯罪前科往往使得他(同时也是证人)受到怀疑。陪审团不仅不愿意去相信他们的证言,甚至认为无论在这个案件中有罪与否,将这个有犯罪前科的家伙送进监狱都是一件为民除害的好事。①

九、狱中线民

线民(informer, informant)又称"线人""眼线""耳目",在我国,有一个官方称谓是"特情"或"特情人员"。狱中线人,通常是关押在羁押场所的嫌疑人、被告人甚至服刑人员,他们向侦查、控诉等机关提供被关押在一起的嫌疑人、被告人向其透露的有关自己犯罪或者相关证据的情况,侦查、控诉等机关借其收集侦控中的嫌疑人、被告人犯罪事实和相关证据。这些线人以提供情资来换取好处,在这个过程中,有可能为满足一己之私而提供不可靠证据,冤错案件也便孕育其中。

美国学者英格·查勒(Inger Chanler)指出:"狱中线民简单来说就是告密者,虽然在监狱中当告密者会有不好的名声以及可能生活会过得不好,但

---

① C. Ronald Huf, Arye Ratner, and Edward Sagarin, Convicted ButInnocent: Wrongful Conviction, "Order Under Law": Readingsin CriminalJustice. Waveland Press, Inc. 1997, p. 263.

他们可以跟检察官交易,拿到减刑或撤回起诉等等,请陪审团斟酌,不过大部分仍然相信告密者所说。依统计有超过45%的死刑平反案件涉及不诚实的线民,所以因告密者带来的种种问题,目前此议题受到全美国的关注并有许多关于改革的讨论。"①

羁押中的"线民"提供虚假情报导致无辜者被错判有罪的案例,在我国也有出现,如浙江杭州的张氏叔侄案就是如此。近年来社会高度关注的汤兰兰案,也涉及羁押中的"线民"提供情报的情况,不过,此案是否冤案,社会存有疑虑,官方否定那些被判刑人无辜的说法。

十、种　　族

探析种族这一错案因素,首先会注意到被定罪的无辜者的数量,事实表明:尽管"许多被定罪的无辜者是白人,有的甚至是中产阶级,但是与黑人和拉丁裔人的数量相比却变得微不足道"②。

在各种错案类型中,强奸案件错误定罪的种族因素尤其突出,下面一组对比数字可以说明这一点:"2002年因强奸罪服刑的犯人中,有一半以上是白人,约占58%;只有29%的黑人和13%的拉美裔人。但是在强奸错案中这一比例却翻过来了:几乎2/3的被告人是黑人,占65%;只有27%的白人和8%的拉美裔人。"③个中缘由,也许就是种族因素在起作用,"在烦扰美国刑事司法系统的所有问题中,没有什么像种族和强奸案之间的关系那么具有煽动性。没人对此感到吃惊,即偏见和种族歧视继续在强奸案件起诉中发挥着作用。尽管如此,对这种种族的不一致性最明显的解释也可能是最有力的解释:交叉种族之间指认的危险性。事实上,在我们的资料中的所有跨种族的强奸案定罪都是依据、至少是部分依据目击证人的错误指认,而且,通过对证人证据形式的系统研究得到的最有力的发现是,白人证人相对于其他指认他同种族的人,更可能认错一名黑人"④。

布莱恩·福斯特指出:"通过严格的分析得出的可靠证据表明,在警方行使自由裁量权的过程中,警方针对少数民族存在着严重的歧视。涉及警方在交通拦截、针对行人的现场讯问以及其他行使裁量权的过程中所存在的种族

---

① 社团法人台湾地区冤狱平反协会编:《一方有冤 八方来援》,社团法人台湾地区冤狱平反协会2017年印制,第24页。
② C. Ronald Huff, Arye Rattner, and Edward Sagarin, Convicted But Innocent: Wrongful Conviction, "Order Under Law": Readings in Criminal Justice. Waveland Press, Inc. 1997, p.
③ 〔美〕萨缪尔·R.格罗斯等著:《美国错案报告》甄贞、孟军、张瑜译,载甄贞等编译:《法律能还你清白吗——美国刑事司法实证研究》,法律出版社2006年版,第32—33页。
④ 同上书,第34页。

歧视问题,警察机构面临着市民所提起的大量指控。……在恐怖主义时代,这些问题被提高到一个新的层面。"这种倾向性容易提升发生错误的可能性,由此带来的社会成本远远高于一般情况下的社会成本。①

通常情况下,种族因素不是唯一铸成错案的原因,它与其他一些因素结合起来共同导致对无辜者错判有罪。这些因素包括:法院的错误、偏见或者玩忽职守;侦查机关、法医以及其他科学鉴定专家无意的、有时甚至是有意的错误;被告人自身没有能力为自己辩护,以及仅仅是巧合。上述这些因素相互交织重合共同发生作用。

十一、年　　龄

在错案形成中,除了种族因素外,年龄因素也会有一定作用,两者有结合在一起的现象。调查者发现,白人青少年很少成为错案受害者,但黑人青少年有所不同,"强奸案件中的黑人青少年被告人,就像所有的强奸案件黑人被告人一样,面临着跨种族指认的特殊风险。在许多青少年谋杀错案中(以及一些强奸案件中)对被告人的最初不利证据都是错误的自白。85%做出错误自白的最终被免责的青少年被告人是非洲裔美国人。这可能是因为相对于白人少年,警察更可能对黑人青少年实施刑讯逼供——这将对在错误自白的无辜青少年中黑人少年极高的比例作出解释——但是,并不能从这些资料中直接得出这一结论"。萨缪尔·R.格罗斯等人痛陈:"在这个国家拥有一套双重的青少年司法系统:一套适用于白人少年,一套专门适用于黑人少年。在这些被错误定罪的青少年被告人的错案中显现的强烈的种族差异正是这一司法系统种族划分的一个表现。"②

在美国错案研究中,刑讯没有被列入当代错案的原因,但在历史上,刑讯曾经一直存续至20世纪30年代。存在刑讯的年代,情况相当糟糕:

博查德在1932年出版的书中阐述了无辜者被定罪的问题,时常认罪建立在过度的威胁、折磨、拷打,常用工具为有柄小棍、曲棍球棒、橡胶水管、电话本、拳头。另外一些改革者也开始揭露实践中阴暗面。"只配称为流氓",1930年伊曼纽尔·拉文揭露道,"除建筑物的地基以外每样东西都是打人的工具。"由前美国司法部部长指挥的威克夏姆委员会报道

---

① 〔美〕布莱恩·福斯特著:《司法错误论——性质、来源和救济》,刘静坤译,中国人民公安大学出版社2007年版,第95页。
② 〔美〕萨缪尔·R.格罗斯等著:《美国错案报告》甄贞、孟军、张瑜译,载甄贞等编译:《法律能还你清白吗——美国刑事司法实证研究》,法律出版社2006年版,第37页。

说"严刑逼供"在整个美国蔓延。嫌疑犯被吊在窗外、施予麻醉剂、剥夺食物和睡眠,连续讯问数日。或长时间在"审讯室"——一个小的黑房子变成了小地狱,里面有一个用有害的煤、臭骨头、橡胶和垃圾的混合物作为燃料的高温火炉、连续把嫌疑犯的头放入抽水马桶直到几乎被呛死。①

令人欣慰的是,刑讯——这项古老的罪恶,随着刑事诉讼制度的进步,如今在美国已经不再作为导致无辜者被定罪的原因进入研究者和公众的视野。

---

① 〔美〕巴里·谢克、彼得·诺伊菲尔德、吉姆·德怀尔著:《清白的罪犯》,黄维智译,中国检察出版社 2005 年版,第 66 页。

第五章　冤错与否不能全盘确定

第一节　冤错案件,德国也有

德意志民族的明显特征是认真,但即使世界上最认真的德意志民族,司法中的错案仍难以避免。

2011年5月30日,德国《明镜》周刊封面赫然写着《司法能多正确?》(Wie gerecht Justiz sein?),这篇报道披露一起惊人的错案。案件发生在2009年3月,在德国巴伐利亚邦多瑙河畔的小镇,一辆奔驰车落入河中。警方赶到现场,发现驾车人已经死亡。离奇的是,经过DNA检测发现,死者竟是7年前失踪的鲁道夫·鲁普(Rudole Rupp)。这件事令人大感惊讶,因为2005年巴伐利亚州邦英格尔斯塔特(Ingolstadt)法院认定鲁道夫·鲁普为其家人所杀。法院认定的案情是:在2001年10月的一天,鲁道夫·鲁普的太太、两个女儿和大女儿的男友将其用木头砸死,肢解了尸体。此案启动侦查,是因为检察机关着手调查之时,鲁普的两个女儿在调查庭向检察官称父亲已经死亡。检察机关认为鲁普大女儿的男友有重大嫌疑,就向法院申请羁押并获得批准。由于该男友不堪忍受羁押,胡乱"坦白"说鲁普酒醉回家,与家人激烈争吵,他用锤子将鲁普打死,随后其他人合力将鲁普肢解。检察机关相信了他的陈述,随后检察机关和法院根据他的陈述又收集了其他"证据"。法院以这一口供为主要依据,将鲁道夫·鲁普的太太、两个女儿和大女儿的男友一一定罪。此案经过一审、二审以及终审,有罪判决定谳。直到2009年在河中发现鲁道夫·鲁普的尸体,这些无辜的人已经被错关1882天。[1]

这一案件,经过一番难熬的折磨,案件总算弄清楚了。事实真相呈现出来,已经毫无疑问,成语"水落石出",此之谓也。但也有许多案件,结局并不那么清晰,有些案件一直都是疑案。

疑案,属于尚未侦破的悬疑案件;有的案件,虽然警方宣称破了案,经过起诉和审判乃至定罪,但在明眼人心里,案件仍旧悬疑。在这些案件中,嫌疑人或者被告人到底是不是冤枉的,依据现有的证据不那么容易确定。有人

---

[1] 邱显智:《司法能多正确?》,载台北《司法改革》(第85期)2011年8月31日,第53—54页。

拿"侦探小说"打一个比方,疑案就像结尾缺失的"侦探小说"。

对于疑罪案件,存在两种截然相反的态度,一是疑罪从有,既然存在对被告人不利的若干证据,就应该按照有罪推定原则裁决案件,将被告人定为有罪;二是疑罪从无,即使存在若干对于被告人不利的证据,只要达不到确定被告人有罪的法定标准,就只能按照无罪推定原则裁决案件,将被告人定为无罪。在现代法治社会的刑事诉讼中,无罪推定原则如此深入人心,人们已经难以认同疑罪从有的案件处理方式。

对于疑案,没有比疑罪从无更无奈、但也不失为可以接受的方法了。

第二节 个案观察:卡尔·豪案件

有些案件能够查清楚,得以确认是一起冤错案件;有的案件却不那么容易确定。卡尔·豪案件就是如此。

1905年10月某日傍晚,德国南部城市巴登—巴登发生一起命案。在李希腾塔尔林荫大道附近,一位上了年纪的妇女遭到枪击死亡。子弹来自一把左轮手枪,凶手从近处射击。死者是莫利托医生的遗孀,有两个女儿,都二十岁出头。出事当晚,小女儿陪同死者去了邮局,在回家途中遇害。目击者看见一个留有胡子的男人慌张离开现场。她的女儿受到怀疑,但没有证据表明她涉案;她身上并没有武器,警方也没有找到扔掉的武器。死者的大女儿已经同26岁的律师卡尔·豪博士结婚;小女儿未婚,同母亲住在一起。案发48小时后,卡尔·豪因杀人嫌疑被捕。

卡尔·豪是一名律师,据说才智超群、颇有名望,他是约翰·洛克菲勒和美孚石油公司的法律顾问,收入颇丰。对他不利的是,他是一名色鬼和赌徒。由于经常沉湎于赌博和渔色,挥霍无度,又兼与洛克菲勒和美孚石油公司发生争执而被解聘,他的财务状况陷入窘境,不得不携妻女返回德国。为了转运,他曾请求岳母施以援手,但遭到拒绝。谋杀那天,他独自住在法兰克福一家旅馆里。警方经过调查了解到,那天早晨,他曾去过巴登—巴登,不过没有去他岳母家,乘夜车回到法兰克福,几个小时后却又乘车去德国北部。警方在案发第二天半路截住他,将其逮捕。卡尔·豪坚称自己无罪,他没有胡子,身上也没有武器。但是,警察调查得知的情况对他不利,48小时前,卡尔·豪曾经让理发师给他装过假胡子,他无法给出合理解释。在后来的法庭审判中,卡尔·豪多次宣称他猜到凶手是谁,但不肯说出这人的名字。

1906年,巴登—巴登的法院对卡尔·豪进行了审判,刑事陪审法庭宣判他有罪,卡尔·豪被判死刑。上级法院将死刑改判为无期徒刑。1924年,在狱中服刑的卡尔·豪获释。

卡尔·豪获释的原因,是对他的审判不符合法定程序,律师的辩护意见也没有得到认真考虑。不幸的是,卡尔·豪的妻子在审判开始前已经自杀,女儿被家庭女教师带往美国。茕茕子立的卡尔·豪获释不久也自杀身亡。

这是一起轰动德国的著名案件,卡尔·豪是否无辜,至今还在悬疑状态。德国小说家雅各布·瓦塞曼在1925年秋天以这个真实案件为原型创作了长篇小说《莫里齐冤案》,将掺入虚构成分的"莫里齐冤案"描述成一起冤错案件,揭示造成错案的原因是:重推理、不重事实、轻信伪证和糊涂定案的司法以及虚构的人物瓦雷默教授作伪证。①

对于卡尔·豪案件,人们意识到被告人可能是冤枉的,但这只是一种可能性,案件的真相一直没有得到清楚呈现,直到今天,还是不能确定卡尔·豪是否真的冤枉。人们聊以自慰的是,卡尔·豪虽然曾被定罪,但因程序上的重大瑕疵而改判无罪。卡尔·豪若是冤枉,还不至于冤沉海底。

第三节　个案观察:哈里·沃尔茨案件②

卡尔·豪案件去今已远,但疑案并没有随时间的流逝而罄尽,它们随不断流淌的时间漂流过来。人们意识到漂流过来的案件中的疑案,需要良好的判断力。哈里·沃尔茨(Harry Wörz)案件③是近年来德国一起疑似冤错的案件。

哈里·沃尔茨因被认定试图杀死他的妻子而被判处11年监禁刑。他提出上诉,德国联邦上诉法院予以驳回。后来的民事诉讼中法官认为证明哈里·沃尔茨有罪的证据不足,判决其民事诉讼胜诉。哈里·沃尔茨被关押四年零七个月后被释放,这次刑事法庭的法官也意识到他可能是无辜的。

案情是这样的:1997年4月29日,一名女警官差点被勒死。这位女警官名字叫安德莉亚·查赫(Andrea Zacher),住在比尔肯菲尔德她的预制房屋里。午夜2点34分,他的父亲、住在下面一层的沃夫冈·查赫(Wolfgang Zacher)听到响声,跑上楼梯,发现女儿躺在地上,不省人事。这一劫难中,安德莉亚·查赫窒息长达3~5分钟,大脑这么长时间没有氧气供应,导致严重的后果:她瘫坐在轮椅上或者躺在床上,不能说话,生活完全不能自理。尽管

---

① 见该书序言,载〔德〕雅各布·瓦塞曼著:《莫里齐冤案》,张载扬、黄敬甫、李柳明译,上海译文出版社1992年版,第1—5页。
② 本案资料来源:www.justizskandal.de,2020年4月20日访问。
③ 同上。

她看见了罪犯,却不能指认凶手。

那天夜里,一个邻居从开着的窗户听见有人冲着安德莉亚喊道:"我打死你,我不允许你这样对我!"

沃夫冈·查赫也是位警察,从警已近三十年。案件发生后,沃夫冈·查赫已不能工作,现在他和妻子一同照顾女儿。警方接报到达现场后,没发现破门而入的痕迹,又因为沃夫冈·查赫的陈述自相矛盾,所以这位父亲被列入嫌疑人范围。

安德莉亚·查赫有个情人,也是警察。这个情人在案发后的清早被拘捕,他的妻子证明他不在犯罪现场。

哈里·沃尔茨是安德莉亚·查赫的丈夫,他们有一个两岁的儿子凯。哈里·沃尔茨住在普福尔茨海姆(Pforzheim)附近的格莱芬豪(Gräfenhausen),他妻子同他分居,住在四公里外的比尔肯菲尔德(Birkenfeld)。哈里·沃尔茨是这个案件中唯一没有警察身份的人,他是安装工人。他因涉嫌杀害他的妻子安德莉亚·查赫在案发当日清晨被拘捕。1998年1月16日,他被判处11年监禁。律师胡伯特·高尔卡向卡尔斯鲁厄的法官递交了含有十多条内容说明沃尔茨无罪的辩护意见。地方法院第八法庭长达71页的判决书揭示警察在侦查过程中的马虎以及证明沃尔茨犯罪的证据不足。

哈里·沃尔茨认为他遭受冤屈的原因,是警察不相信他的辩解,拒绝倾听他的申辩。哈里·沃尔茨忘不了侦讯中警察不断向他说的一句话:"沃尔茨,我们不想听这个,我们想听的是别的。"在审讯室里,警察不停地向他说着这句话。德国媒体这样报道:"这位瘦小的35岁的男人现在坐在一家啤酒馆,为可以重新享受花香和雨淋而欣慰。但他又时不时地轻声念着这句话,好像就是这句话宣布了他自此失去了自由。"哈里·沃尔茨坚信,自己坐牢,是因为侦查人员不停地说"沃尔茨,我们不想听这个",因为他们需要他这个犯人。① 哈里·沃尔茨说:"他们欺骗了我。"这种情景容易让人联想起迪伦马特的德语小说《诺言》中小贩受审问的情景。

事情很悖谬:使沃尔茨重新获得自由的是一起民事诉讼。认为他是凶手的沃夫冈·查赫夫妇(他原来的岳父母)代表女儿提起民事诉讼,向哈里·沃尔茨索要153 000欧元的精神赔偿。民事起诉,使哈里·沃尔茨的案件得到被法院再次审查的机会。民事法官认为"没有令人信服的证据证明被告人犯罪",因此拒绝精神赔偿。民事法庭首席法官沃尔夫—律蒂格尔·维特克(Wörz unschuldig)说:"哈里·沃尔茨是否无罪,我不知道,但我知道,不能证

---

① 村里的新教牧师彼得·可诺普(Peter Knop)认为:"他们找到了一个愚蠢的人,可以嫁祸于他。"

明他有罪。"沃尔茨的民事判决认定警察有过错,"普福尔茨海姆警察局的错误是令人震惊的。有人因为如此的侦查而坐牢,是十分可悲的。"判决指出:警方对于案发当晚的车辆没有取证,以确定引擎是否热的,收集证据存在疏忽,而且诸多疑点都没有进一步调查。①

普福尔茨海姆警察局受到责备。当初警察局只需看一下沃尔茨的汽车,如果发动机在夜里3点还是热的,就可以反驳他所说的在作案时间内他躺在床上的陈述。相反,一个冷却的发动机可以使他摆脱罪责。可是,案发半小时后就赶到沃尔茨住处的警察没有查汽车。

普福尔茨海姆警察局没有公开回应。人们私下议论纷纷。一位刑警说,或许已经查过发动机并发现它是凉的,但是被隐瞒了,因为他们需要沃尔茨是个作案人。不过,也没有证据证明警察有意做单方面侦查,存在的问题有可能是出于马虎。维特克法官称他从未经历过在一个案件中同时有这么多的过错,所有的过错都对沃尔茨不利。正如律师高尔卡所言:"其中肯定有意图。"

警察局没有告诉刑事陪审法庭,被害者记日记,并且其中的几本日记被发现,一些日记内容至今缺失。高尔卡律师说:"被害者的父亲拒绝交出来",负责侦查的警官随便地从证据文件中拿出去两页,据说是为了不使文件太厚。DNA检测做得也不彻底,有些东西为了省钱就没有做。而且警察显然忘记了查封住所。在提取证据之前,被害者的父亲和情人都进了房间。高尔卡说:"垃圾桶被倒空了,记事簿上最新的几页被撕掉了。"

即便是对沃尔茨不利的证据,也不是很明确。比如在作案现场发现的一次性手套上有沃尔茨的DNA,这有可能存在好多年了。因为沃尔茨在一次摩托车事故后,有两个手指断了,所以在干活时,总是戴这种手套。刑事诉讼时的鉴定人员认为,手套是沃尔茨的,民事诉讼中的鉴定人说,属于被害者的父亲和情人也不是没有可能。

有些踪迹,警察局根本就没查。比如一个塑料袋是从哪来的,里边有两个香烟盒,其中一个上面有圆珠笔打了叉。盒里有七小袋毒品,各1克重。毒品部门没有介入,也没测试过被害者的头发。刑侦人员那时断言,塑料袋是作案人的,即沃尔茨的,虽然沃尔茨不承认。在烟盒上只发现一个指纹,是受害人父亲的。他说,案发那天夜里,他想看看袋子里是什么。这塑料袋其实是关键的。因为,如果被害人吸毒,那她就会与贩毒者有联络。那么嫌疑人的范围就要扩大,那么法院所说的"没有任何迹象表明还有其他男性犯案

---

① 邱显智:《司法能多正确?》,载台北《司法改革》(第85期)2011年8月31日,第54页。

人"就不正确了。"我已经同警察局说过,安德莉亚吸毒",沃尔茨回忆道。但警察显然不愿听别人这么说自己的同事。

还有一个问题是,即便是1998年判决沃尔茨有罪的法官也说不出沃尔茨谋杀妻子的动机。沃尔茨的朋友们猜测,或许整个事情背后掩藏着其他什么东西。高尔卡律师收到了一封匿名信,信上说,普福尔茨海姆警察局卷入了毒品生意。沃尔茨的一个朋友说:"这好像是一部侦探小说,而最后的五页缺失。"这真是一句妙语。

沃尔茨的律师以法院民事判决作为依据,向曼海姆地方法院刑事法庭申请再审,法院裁定驳回。提起抗告后,卡尔斯鲁厄高级地方法院作出由曼海姆中级法院重新审理的决定,后者于2005年作出判决,认定指控沃尔茨的证据不足并改判无罪。① 曼海姆检察机关和受害人亲属向联邦上诉法院提出上诉。联邦上诉法院认为无罪判决存在法律错误,将案件发回曼海姆中级法院重新审判。2009年曼海姆中级法院再次作出无罪判决。② 曼海姆检察机关和受害人亲属再次上诉,2010年11月30日上级法院判决沃尔茨无罪。经过13年内12次审判,沃尔茨终于走出监狱。③ 牧师可诺普用敲钟的方式庆祝了案件被重新审理的决定。这一决定,在德国法律史上实属罕见。

第四节　好像结尾缺失的"侦探小说"

在德语中,与错案有关的词,常见的有两个:一个是Justizirrtum,意思是错判、误判,指某人受到了法律的不公正惩罚(或许之后得到了平反)。另一个是Rechtsbeugung,意思是枉法,指某人(比如法官)凭借他的职权有意错误运用法律。前者相当于中国古代所谓"误入人罪",后者相当于"故入人罪"。当然,司法实践中的冤错案件往往属于"误入人罪"。

能够确认违误案件再好不过,不过,不是所有的冤错案件都能得到确认,正像有些案件的被告人疑似罪犯一样,有些案件的被告人疑似无辜者。这些案件的特征是存在一些不利于被告人的证据,也存在对于被告人有利的证据或者控方证据存在瑕疵。这些案件被恰当地称为疑罪案件——不能证实被告人有罪,也不能排除被告人有罪的案件。卡尔·豪案件和哈里·沃尔茨案

---

① 周遵文:《德国是如何纠正错判的?——以沃尔茨案为例:证据与判决》,载何家弘主编:《证据学论坛》,法律出版社2011年版,第243页。
② 同上书,第263页。
③ 邱显智:《司法能多正确?》,载台北《司法改革》(第85期)2011年8月31日,第54页。

件都属于这类案件。

即使仅仅是疑似冤错的案件,读这些案件的报道之时,人们对于案件的当事人也会产生同情,对于卡尔·豪和哈里·沃尔茨就是如此,毕竟,他们有可能是冤枉的。如果对人的自由、生命和尊严有足够的尊重,对于这类案件,办案人员不仅应事后产生同情之心,更应在办案过程中就保持怵惕警醒之心。能够意识到嫌疑人或者被告人有可能是冤枉的,就是无辜者不被冤枉的最初福音。

话虽如此,疑罪从无在司法实践中的落实并不如想象中那么容易。面对一桩具体案件,要判断它是否疑罪案件,需要一定智慧,判断能力不足者容易忽视案件中那些本应引起怀疑的情况,从而对案件作出错误认定,有些案件,是因为发现了新事实、新证据,或者过去被忽略了的事实、证据重新引起注意,才会意识到是疑罪案件。

作为判断者,判断智慧很容易被各种干扰因素所遮蔽,使疑罪案件的悬疑性质被模糊了,例如明明控诉证据不足,办案人员可能仍然对嫌疑人有罪坚信不疑——有的是因为顽固的司法惰性,有的是因为司法专业人员常有的偏见。长期的司法工作,面对的大多数嫌疑人、被告人是真正的罪犯,很难不产生一种司法惯性和惰性,认为现在面对的嫌疑人、被告人也是有罪的,尽管控诉证据并不真的充足。在这种司法惯性和惰性之下,很有可能错勘贤愚、误认善恶。许多冤错案件铸成之时,都能看到操持司法权的人员自信满满的表情,这种带有偏见的自信是冤错案件的最初肇因。

我们是人生各种题材小说的读者,侦查、检察和审判人员更是"侦探小说"的读者,当最后五页缺失,是过分自信地将这个陷入迷乱的故事胡乱续写一个结局,还是老老实实承认自己无法判断案件真相,将可能的无辜者释放,或者在意识到自己可能弄错的时候,诚实承认自己的疏失,需要的不仅是智慧,还有勇气。

德国《明镜》周刊引用法官格尔克(Gehrke)的话:"我总是很庆幸,德国没有死刑,这是令人安心的,纵使在任何最糟糕的案件(指终身监禁)所犯的错误都可能被改正。"①

在尚未废除死刑的国家和社会,究竟有多少人会为可能的错案受冤枉人感到忧虑不安?

---

① 邱显智:《司法能多正确?》,载台北《司法改革》(第85期)2011年8月31日,第54页。

附录：信任与真相[①]

2009年3月，拜恩州位于多瑙河的贝格海姆（Bergheim）水坝边打捞出一具汽车残骸。警方用起重机将这辆梅赛德斯牌汽车从水中吊起。汽车的挡风玻璃已经破碎，车内注满积水与污泥——还有一具尸体。

通过DNA鉴定很快确定死者身份：车内尸体为七年前多瑙河沿岸诺伊堡（Neuburg）附近村庄的失踪农民鲁道夫·鲁普（Rudolf Rupp）。死因已经无法查明。

汽车残骸的发现给公众对司法公正的信任带来沉重打击。四年之前，英格尔施塔特（Ingolstadt）地方法院已就这名从多瑙河中捞出的男子的死亡作出判决。法官们坚信，这名男子的妻子、两个女儿与大女儿的男友用锤子将他击毙，接着肢解尸体并将其中一些部分喂狗，剩余部分喂猪。

听起来够不够毛骨悚然？法官们还耸人听闻地补充："在此存在一种可能性，"2005年的判决中如此表达，"那些猪甚至被这一家人自己吃掉了。"

长达1882天，几名主要被告无辜地饱尝铁窗风味，直到载有死者的汽车被发现。这是司法权领域的"特大高危事故"（Super-GAU）。

这个小村庄的故事以法庭宣布被告无罪而结束，仅在几周之前。但现在它已成为大学的教学材料与法学家和司法官员的话题：怎么可能会发生整个机构的运转失灵？检察院、两级法院和复审法院怎么可能将一个故意杀人罪的判决建立在纯属虚构的恐怖故事之上？

尽管听起来有些荒谬，但是，在那些无法控制自己想象力的法官面前，凭借其无限权力能够毁灭人并长年剥夺其自由，能够给人们贴上"嫌疑"或者"主观想象的真相"的标签，谁来保护公民？

真相如此突然地逼近司法机构，如同它在拜恩州多瑙河畔的降临一般，这样的情况并不是个例。偶然的发现、犯罪侦查学上的科技进步、事后暴露的严重的侦查错误不断证明，德国法庭每天上千次被认定具有法律效力的真相是如此脆弱——并且，对所涉及的人而言何其危险。

大多数情况下，需要经历令人痛苦的漫长诉讼，刑事辩护律师才得以在最后揭露不恰当的判决（Fehlurteil），使监禁已久的当事人走出监狱。每年有大约2000件案件被德国司法机构认定需要重审——因为，那些被数级法院确定为具有法律效力的板上钉钉的"事实"，看起来不那么靠得住。

[①] 本文为王逸、李慧译自德国《明镜》周刊，2011年5月30日出版，封面题目为《司法能多正确？》。

即使只是大概估算，也没有人能说清，德国每年有多少人被无辜地囚禁在铁窗之后。汉堡刑事辩护律师格哈德·史特哈特（Gerhard Strate）估计，追寻真相过程中的受害者数量"相当之多"。他已为好几名当事人争取到了再审。

在追寻真相过程中，在法庭上成为无助的受害者的人，其数量同样是无法估计的——甚至是在判决产生之前：无辜的嫌疑人、惊慌失措的证人、失望的受害人。在争夺真相的过程中，有许多法庭上的失败者。

由此产生了对司法权可靠性的诸多疑问。如关于刑事司法权的界限。这些界限是自然存在的吗？还是更多地与人类犯错的可能性、无能或傲慢相关？

司法机构究竟有多公正，毫无疑问，这个问题将从2010年2月9日开始重新得到讨论。同样可以肯定的是，当曼海姆（Mannheim）地方法院的审判长（der vorsitzende Richter）对约尔格·卡赫尔曼（Jörg·Kachelmann）一案进行宣判时，人们将能够听到"不恰当的判决"这个词。

这位天气预报员到底有没有强奸他的前女友？周二九点，2010年2月9日晚发生的事件将真相大白。数月以来，人们在啤酒桌上、脱口秀节目里和街头小报中对此进行争论，最激烈的莫过于法学家。

审判长米夏埃尔·塞德林（Michael Seidling）宣布的判决应当终结这场争辩。然而，不管结果是无罪释放还是牢狱之灾：他的判决将——一如既往——成为司法机构的"真相之时"。因为，司法权很少有机会在公众面前如此富有戏剧性地展示自己，以至于公众对此了解得不能再透彻了。

被苛求的法官、轻率的怀疑、被取消的逮捕令、撒谎的证人、互相反驳的鉴定人：就算没有无辜的人被囚于铁窗之后，司法机构致力于查明真相的工作也可以摧毁人们对公正的信任。

"人们可以对所有的证据进行不同的评判。但是举证过程的本质是，一切取决于总体立场。"检察官拉斯·托本·欧特罗格（Lars Torben Oltrogge）如此打趣他对于判决卡赫尔曼四年监禁的要求。

司法公正可以如此任意吗？如果在司法机构中，真相成了看法问题，这样的司法机构还有什么用？如果——欧特罗格的暗示包含了这样的意思——人们根据同样的证据可以判决被告有罪，也可以将其无罪释放？

正如鲁普案一样，卡赫尔曼一案以极其拙劣的方式摧毁了人们对司法机构的信任。

在此过程中，越来越高超的侦查方法，如最新的DNA测试与侦查人员的监视科技，律师以及公众都助长了对彻查真相的期望。警方和检察院的侦查热情也相应高涨,其果敢行动不仅给上司和公众留下印象,也可能预先影响到法官对真相的判断。置身于一堆科学鉴定之后,法官肩负着过于沉重的责任:要独自判断什么是真相、什么是谎言,什么是错误、什么是可以科学验证的。然而科学鉴定质量却无人审核。

关于卡赫尔曼的判决是否在某个时候也会被算作一系列轰动一时的不恰当判决之一,这一问题尚未得到考虑。但是,已经可以确定的是,这一案件将会作为严重侦查错误的苦涩实例而为人们提供经验教训。

这就像曾经导致多瑙河畔"特大高危事故"的错误一样,在法兰克福刑事陪审法庭担任多年庭长的海因里希·格尔克(Heinrich Gehrke)"几乎不能相信会发生这样的事"。

这样的事是指:拜恩州警方将村中信口闲谈的恐怖故事写入卷宗。侦查人员"设法"将谣言"灌输进证人的脑袋中",柏林刑法学教授克劳斯·马尔科森(Klaus·Marxen)认为,"甚至诱导被告招供"。

所谓的客观,经证实不过是虚构。偌大的司法机构中,没有一个人认为供述人的智力明显低于平均水平这件事是可疑的。他们甚至,正如重审的复核中显示的那样,对所有问题都答以"是"和"阿门"——这是侦查人员向他们建议的。检察官果敢地提出控告,言词如此令人信服,以至于没有法官敢将它当作愚蠢的废话对待。这是常事。曾担任地方法院法官的马尔科森表示:"在检察院中,果敢这一特征始终有助于职业生涯的飞黄腾达。"

从第一天开始就在卡赫尔曼一案的真相调查中占据主导地位的,是属于调查人员的同样的勇敢果断。他们在2010年3月开始行动,当这名天气预报员从温哥华回国,便在法兰克福机场被捕并被立即送往拘留所。卡赫尔曼否认强奸的指控,但没人相信他的话。

相反,他前女友之一含糊不清、充满漏洞的强奸指控则被施维茨(Schwetzing)刑事警察科的两名女官员认为真实可信。此外,据曼海姆检察院的一名果敢的鉴定人员鉴定,所谓的强奸过程中产生的几处损伤在"保留异常之处的情况下"与该女子对事实的描述一致。

一个人如此迅速地置身于司法权力的巨大磨盘之下。卡赫尔曼就像弗兰茨·卡夫卡小说《审判》中的主人公K先生一样,对他来说,一切毫无希望。

并且,事情的发展就像拙劣侦探小说所描述的一样。现场侦查十分潦草。尤其是该女子,一名电台主持人的笔记本电脑,未受到任何人的重视。在卡赫尔曼当时的辩护律师赖因哈德·比尔肯施托克(Reinhard·Birkenstock)的再三要求之下,这台电脑才在四月中旬受到调查——结果,该女子的部分陈述内容被揭露为谎言。

早在三月,一次重要的鉴定尚未结束之时,检察院就已对卡赫尔曼提出了控告,指控其带有严重身体伤害行为的极其严重的强奸。对此起决定作用的是所谓的刀具的使用——尽管检察院在当时就已经清楚,这一点无法得到证实。

侦讯过程中的泄密引发了公众对一个天气预报员性生活的关注,然而,公众要求得更多:真相。

真相?即使是最有经验的职业运动员也不能说,他自己不是种种欺骗、错误与操控的受害者。"我总是庆幸,在德国我们没有死刑。"前法官格尔克说,"在最严重的情况下也还是可以改正错误,这稍稍使人放心。"

然而,对于这个错误的受害者来说,这不过是个微弱的安慰。在近代司法史上没有一个案子中,有人曾像普福尔茨海姆(Pforzheim)的安装工人哈里·沃尔茨(Harry·Wörz)一样,在追寻真相的过程中有过如此可怕的经历。

1997年4月29日5:00,是沃尔茨享有自由的最后一刻——此后相当漫长的一段时间内,他不再是一个自由的人。刷牙之后,他在电话答录机中发现一条来自警方的留言:他的妻子安德莉亚(Andrea)出了点事,需要他尽快回复。沃尔茨打了回去,一名警察要他到街上去。

然而,当他走出家门,突然被好几名警察袭击并推进一辆巡逻车。

那天凌晨,哈里·沃尔茨的当时已分居的妻子——差点被人勒死了。据推断是用他们两岁儿子的一条围巾。这位年轻的母亲——警察,因遭受不可修复的大脑损伤,自此瘫痪并无法清楚地表达自己。

她的父亲也是名警察,发现了自己的女儿丧失知觉。他向他的同事报警并迅速指出两名嫌疑人:警官托马斯·H和受害人曾经的情人——以及现在的丈夫沃尔茨。

只有沃尔茨不是警察。"沃尔茨,我们不想听这个,我们想听点别的。"在凶杀案侦查委员会的审讯室中,这句话反反复复敲进他的脑海。几天之后,沃尔茨结结巴巴进行了某种供述,但却没什么大用。和他一同关押的人建议他招供,这样也许能得到安宁。

沃尔茨被起诉。在案发现场有他的DNA痕迹,在来自乙烯手套的两块碎片上以及据推测所使用的凶器上,还有两人共同的儿子的围巾上。这些痕迹也有可能是在其他情况下遗留的,但对于卡尔斯鲁厄(Karlsruhe)地方法院而言,它们却是决定性的证据。

1998年1月,在案件审理4天之后,沃尔茨因涉嫌谋杀被州地方法院判处 11 年的监禁。1998 年 8 月,联邦法院驳回了沃尔茨的上诉,宣布继续维持原判。

但是受害人沃尔茨和司法机构的纠葛却还没结束。一年之后,安德莉亚·查赫的父亲起诉沃尔茨,要求他为自己及严重残疾的女儿交付赔偿金 300 000 马克。卡尔斯鲁厄地方法院作为民事法院断然拒绝了该起诉。真实的事情也不一定在所有人看来都永远是真实的。民事法官作出如下判决:虽然已经对沃尔茨做出了判决,但是并没有足够的证据能证明他的罪行。

但是这一消息对沃尔茨并没有起到什么作用。法律的既定效力已经产生——他依然被监禁。

民事法官向刑事同事出具了一个让其颜面扫地的鉴定,他们批评说,警察所进行的调查非常马虎,他们根本没有检查沃尔茨以及第二嫌疑人托马斯·H 的汽车机盖是否依然发热。而且,也没有对其他很多证据进行进一步的分析研究。比如说在犯罪现场发现的一个装有毒品的烟盒——这个实际上表明女警察和毒品交易有私人关系。

沃尔茨的律师在该判决的基础上重新上诉,一共列举出能影响判决的 15 个关键点。曼海姆地方法院拒绝了该上诉,但是卡尔斯鲁厄州高级法院接受了这一请求。

尽管事实真相还不明确,但曼海姆地方法院必须重新审理并释放沃尔茨。检察官乌瓦·西格里斯特和附带诉讼员提出上诉,联邦法院撤销了对沃尔茨无罪释放的裁决。

在这场荒唐的司法马拉松中,曼海姆地方法院的另一个法庭也参与进来。主审法官里希特批评说"他们简直就是一群大象",陪审法官佩特拉·贝克也表示,警察局踩在作案现场,却把目击者对沃尔茨有利的证词"埋进"了隐藏文件夹当中。

更有甚者:法官把受害人安德莉亚·查赫的情人,即警察托马斯·H 作为证人进行审讯。H 的陈述漏洞百出。法庭释放沃尔茨,同时判定托马斯·H 为"犯罪嫌疑人",虽然他一直强调自己有不在场证明。

检察院的成效并不大,于是它又针对沃尔茨提出上诉。但是这次联邦法院通过了无罪释放的决议。法院对这个案例一共研究了 12 次。被监禁了 13 年多的安装工人沃尔茨终于在 44 岁真正自由地离开了最高刑事法庭,但是却身心疲惫面目全非。

谁还会相信这种寻求真相的方法呢?

我们需要关注在美国这个有死刑的国度人们是怎样发现司法错误的。从 1992 年开始,纽约无辜者计划就释放了包括 17 名死囚在内的 271 名囚犯。把监禁时间合计起来,释放的囚犯被误判长达3500年。

为了反证司法的真实性,纽约引入了DNA检测。对犯罪现场进行的事后研究经常会导致其他人卷入犯罪行为,或者另一个地方的线索使受审者获得不在场证据。

事后对真相的调查在德国司法界碰到了棘手的情况。律师对DNA的检测经常有始无终。在德国没有法律规定需要对已作出判决的犯罪行为的相关证物继续保管。

在一起由于性谋杀被判处终身监禁的案件中,律师斯特拉特一直在研究一张沾上精子的纸巾,这张纸巾是14年前从犯罪现场发现的。当时的研究方法还不够成熟,不能对污迹做完整有效的分析,但是现在这张纸巾再也找不到了。斯特拉特说,也许"有人根本就不想把它找出来"。

很有可能出现这样的情况。刑法教授马克森说:"司法不愿意进行自我批评与改正。"而且他们认识到自己的错误也需要很长一段时间。经常出现的情况是不仅判决本身,而且整个审理程序都是一个极大的错误——卡赫曼的案例就是这样,这样的错判情况给相关人士带来了极大的压力和负担。在美因茨,从1994年开始,司法机构就一直在调查德国历史上最大的猥亵儿童丑闻。25名被告被控告以组织或个人形式用各种惨无人道的方式奸污了16名儿童。

直到1997年止,美因茨组织了三场诉讼调查真相。检察官收集了好几千页的调查材料,被告被拘留了多年,与家人分离。但是,结果却证明他们无罪而将其释放。法官汉斯·劳伦斯最后总结说:"沃尔姆斯的大型猥亵儿童事件没有发生过。"

这个错误对司法界来说真是史无前例的,劳伦斯后来向诉讼的受害者道歉说:"破裂的家庭、摧毁的生活、物质的困乏"所有这些都是以公正之名产生的。

他认为这一系列控告都是由不具备资格的专家和儿童保护协会的员工所带来的,他们对儿童进行了诱导性询问。劳伦斯承认了自己的责任和失误,虽然所有人都"相信自己会做正确的事情","但是有时候总是适得其反"。

司法及其相关人员自以为是的态度是个问题。"根本就没有试着努力研究自己的错误",洪堡教授马克森说道。他认为对司法错误缺乏一个系统的补救措施。"公司会研究每个错误产品出现的原因,以使得这种错误永不再犯。"

但是司法作为一个大公司,它并不只是把权力分配给下属的16个联邦州,让其在各自能力范围内进行自治。法官具有独立性,他们拒绝改正错误,认为这是对自己的管束,这一行为实际上把对司法错误进行修正的可能性扼杀在了萌芽状态。前刑事法官吉尔克说地方法院法庭经常"就像小王国一样,各自为政",他们不会与其他法院的同事讨论法律观点,只是说"我们这儿一直都是这样做的"。

参与促成无罪释放沃尔姆斯案件中嫌疑人的慕尼黑刑事辩护人维尔纳·莱特纳曾经说,司法是有不同标准的:"如果需要对私人企业进行判决,法院会比较关注企业内部的监管不力,认为这才是问题所在。但是在司法界谁又会注意这些呢?"

即使法官本身想改正错误,这种行为也是受限的。原则上来说,刑事诉讼虽然可以在上诉阶段一直重新进行探讨,但是只适用于在地方法院开始的诉讼程序。在州法院或在州高级法院审理的重大案件都没有上诉,而只是复审——这些复审只是打算对司法和程序错误,或证明过程中出现的错误进行检查。

法院所确定的事实才是最重要的。"上诉法院的检查是有限的。"联邦法院法官托马斯·菲舍尔说道。在上诉过程中是不会提供新的证明文件的。

很多情况下,只是没有曝光调查人员的疏忽。卡尔·海因茨在2004年5月被汉诺威地方法院判处5年的监禁,他在联邦法院的上诉也以失败而告终。他当时15岁的女儿珍妮弗在2001年也指控他,说他对自己进行了性侵犯。

在上诉过程还未结束时,海因茨的女儿又向检察官提出新的材料。多年以来,她一直在汉诺威红灯区被性侵。她提到的具体细节详细到事情发生时的人物、街道和建筑物。有一次摄像机还拍到一个因强奸而出生的孩子被一次次地扔到墙上,直到最后死去。

但是由于既没有她所描述的房子,也没有提到的人物,调查者开始对其产生怀疑。之后不久女孩给"Bravo"做了一个两页的访谈,还提供了很多照片,她不再想继续为刑事执法人员所用。

这一事件不但没有敲响警钟,检察机关反而拒绝对女孩进行新的审查——她的父亲依然被关在监狱。在他被释放之后,这些隐藏的文件在另一个诉讼过程中出现,这个可怜的人才在一次再审诉讼中恢复了名誉。

一般来说,再审很少发生,释放犯人的要求也很高。如果出现新的证明材料撼动了旧判决的正确性,法律会允许对案件进行新的调查研究,甚至打破之前的法律既定效力。

到底是什么撼动了司法呢?

如今已退休的法官吉尔克在自己审理的案件中得出经验,怎样在找帽子的游戏中找出真相。在 20 世纪 90 年代,莫妮卡·维尔玛的案件引起的关注不亚于卡赫曼。直到现在,这个案子都能让他久久不能平静:"公众从来没有像那次一样分裂过。"由于涉嫌谋杀两个孩子,维尔玛在 1988 年被富尔达地方法院判处终身监禁。服刑 9 年之后,她得以重新上诉。

1997 年,维尔玛的案子又出现了一次大转机:吉森地方法院因为不能证明她谋杀孩子而将其无罪释放。

检察院提出上诉,联邦法院认为新的判处结果有误。在第三轮诉讼中,维尔玛得到了最终的判处结果:依然有罪。

这次事件在当时产生了极强烈的反应。直到今天,维尔玛的案子都没有得出真正的结论。

吉尔克不大同意此观点。他所在的法院对维尔玛作出了最后有罪的判决。而且他认为自己是对的:"证明材料很明显。有超过 50 个证明材料能证明她确实犯罪了。"

那么吉森地方法院怎么又会对她做出一个完全相反的判决呢?吉尔克解释说,律师成功地把吉森刑事陪审法庭的陪审员都拉到了自己战线:"这个女士通过哀悼孩子很有说服力地扮演了一个司法受害者。"

判处决定不能违反双方陪审员的判断。吉尔克说:"一般情况下大家都对陪审员要求很严格。"只有专业人员才能"判断什么是他相信的,什么是他能证明的"。

那专业人员又是怎样做到的呢?

刑法的神秘之处就在于能把人所相信的事情转变为现实。不仅是法庭上出现的人会考虑这个问题,成百上千坐着认真观看电视司法秀的电视观众也一样。

法官喜欢提到刑事诉讼法中"自由评价证据"这一原则,并且强调:没有其他办法。

只有自由评价证据的最重要前提——自由——出现时,这一神秘之处才会真正发生作用——而且是可信的。但是很多法官承认,他们在作出决定时并不一直都是自由的,经常处于某些压力之下。

这是一种来自内在和外在的压力。

司法系统对法官施加的压力只是时间和成效上的压力。冗长的诉讼,繁杂的证据调查过程能使最独立的法官都屈服:只要被告的拘留时间过长,即使案件还在审理当中,也必须将其无罪释放。"如果不行的话那就是不行",为了真正坚持这个简单的原则,有时候吉尔克也需要勇气,"但是这种勇气不是每个法官都拥有的"。

刑事辩护人斯特拉特声称："每一个法庭在诉讼过程中都会存在偏见。"这种说法是很有说服力的。法律迫使法庭在对第一个证人进行传讯前就推测被告是否能打赢官司。只有在"可能"进行判处时，法庭才能在所谓的中期审查中将被告当作主要案件进行审理。若像沃尔斯姆强奸案一样，在诉讼过程中证实被告根本是无罪的，那么法官也将颜面无存。

和卡赫曼案件一样，若法庭在诉讼开始前就将被告进行拘留，那么判处有罪的压力会更大。只有对被告判处监禁的可能性非常高时，才能认为他们"具有重大犯罪嫌疑"。和卡赫曼案件一样，如果下一个法院认为法庭做出的拘留决定有误，并将被告释放，可以说这种判处根本就是完全的自以为是。司法机构再想证明自己的判处决定依然正确，是要承担很大压力的。

法官之前的判断对真相调查没有影响。基本上来说，作出的决定还是要依靠记录情况。检察院向法庭呈送的文件决定他们能否成功地在法庭赢得该控告；按照刑事诉讼法负责调查事实真相的当局——对于有过刑事法官经历的马克森来说是"一个严格的审判和一次巨大的成功"。

"我已经把我的顾客当成特权阶级"，检察官说的这句俏皮话也揭示了他对于过多审讯的态度。依法审讯是检察官，事实上也是刑警最为看重的一点。

在警察那也没什么不同。马克森说："如果证词能够指证一个嫌犯，那么对于警察来说，案子就结束了。"然后就进入庭审判刑阶段。警察在调查真相的同时，也受到来自公众对于尽快公布案情的压力。刑法专家担心，这也许会导致他们在具体行动上出现"系统性歪曲"。

警察与法律，追捕逃犯与寻找真相，很难达到和谐统一。在法庭上追寻真相的规则，涉及相关涉案人员的公平与尊严，"有时候对于罪犯来说，很奇怪"，来自多特蒙德的检察官海克·艾特卡帕尔这样说道。寻找真相的基础是记录在案卷里的调查结果，而这些记录在开庭之前通常也是不可信的。许多专家要求在审讯室里进行审问的时候录音或者录像，通常情况下只能在电视剧里实现。

证人在警察的审讯下被逼着准确回忆一些事情，虽然他也许会说出具有推测性的证词，但在他的视角下说出的证词并不是完整的真相。这就为法官出了一个难题："当法官询问证人的时候，他并没有准备好——那么我们就要想一下，他到底记起来什么了"，这是格克（Gerke）的看法。

但是这种做法也有局限。"当证人是一个不可信任的人的时候"，联邦法院陪审团的阿明·纳克（Armin Nack）写道，在卡尔曼诉讼案的再审中，就遇到这样一个例子。

通常在"秘密证据规则中"法官会回避那些有问题的证人证言——法兰克福高等法院的法官古多·基希霍夫（Guido Kirchhoff）这样总结："通常情况下，由于错误的线索而相信了证人的证言。"

当原告证人说怀疑真相的时候，对于审讯者来说是有利的，对于被告来说，当怀疑涉及利益关系的时候就变得拿不准了。例如在卡尔曼诉讼案中，有问题的教条仍然起着重要的作用。原告起诉人奥尔特罗格（Oltrogge）在辩论阶段发表的总结陈词，就包含对证人证言的可信性持怀疑态度。

联邦法院在复审决议中对于下一级同行的判决再也不会那么简单对待。联邦法院提高了对于证人证言准确性的要求，而且还要复查证人证言。

约翰·施魏恩（Johann Schwenn）律师为卡武姆·俞尔格·卡赫尔曼（Kawumm Jörg Kachelmann）做了很多辩护，他也早已与那些影响寻找真相的外界压力进行了很多斗争。卡尔曼案件是最新的一例，如果一个潜在的受害者成为案子的重点，那么就会产生这种问题。

"错误理解的证人保护"，施魏恩这么说，在寻找真相的过程中，法官脑子里就已经开始歪曲：正好是"清楚地证明有关指控的非真实性"，在法庭上这种歪曲就被"忽视和忽略"。施魏恩特别强调在性犯罪案中的提供在场或不在场证明的地点："越是信奉天主教的地区，检察官就越固执，对于妇女运动联盟的行动就越感到意外。"

在卡尔曼诉讼案中反对阿莉塞·施瓦策尔（Alice Schwarzer）粗暴干涉案件的信息能看出，是有一个实质核心的。事实上，是需要遵守政策与基本法律，还是支持受害者对罪犯的报复行动，这让法官感到判决的压力。在沃尔姆斯（Wormser）猥亵儿童案中，那些社会工作者和儿童保护专家就起到了正面作用。

刑事诉讼必须给予受害者安慰和补偿的理念在法律政策中已经被大力宣扬，如果被告参与了"作案人—受害人—平等协商"并且积极赔偿受害人的话，那么，在某些案子中，那些被告就能够被宣告免予惩罚。

但是这种看法很危险。因为不考虑可预见的意外情况，刑事诉讼法中并不支持受害者对罪犯进行报复。慕尼黑刑法律师莱特纳（Leitner）警告说，"法庭将要变成疗养院了"。

这听起来如此不公平：判刑对于受害者没什么用处，而是为了捍卫法律的可信赖性。这听起来也很无情，法官们对于犯罪的判罚是为了保护所追求的公正。判刑也是为了顾及受害者及其家属对于罪犯的报复的需要。

没有什么比在强奸案中宣告罪犯无罪而令受害人和法官更难过的了。"作为法官，我曾亲眼看到过，一位女士哭昏过去，当她听到法官宣布犯强奸罪的前男友被宣告无罪释放的时候,"马尔克森(Marxen)说道,"我们怎么能在这种情况下告诉那位女士,不是因为我们不相信她,而是因为缺乏足够的证据,只能宣判她前男友无罪。"

坦白地说,我们尝试改变寻找真相的努力失败了,要是案子都是这么复杂的话,就被法学专家称之为"卡尔曼式案子":受害者是唯一的原告证人——和附带起诉人有利益冲突。在法庭上证言与证言相左,一会是朋友,一会是死敌。那么法官该怎样找到真相呢?

寻找真相确实是个大问题,这也是曼海姆法院考虑的问题:缺少鉴定人。只能用科学来帮助解决,谁说了谎,谁又说出了真相。

京特·克肯(Günter Köhken),62岁,如果有一份证词需要鉴定的时候,他会提供咨询服务。这个提供鉴定的机构位于基尔大学心理学系的顶楼。

"寻找真相的最大阻碍,他说,是自我感觉,人们根据自我感觉来推测结论。"在这种情况下,就只能用科学分析方法来鉴定了。

对于证词是建立在事实上还是虚构上的判断,依据法律专家所谓的"零假设",就是怀疑证人在说谎:"基本上,假设证人所说的话总被别的因素所影响",克肯解释说。

他们有意识地避免撒谎和假象。"在鉴定中我们经常会遇到无意识的错误证言和谎话。"这种说法还是与真实所发生的事情有偏差,尽管证人努力想说出正确的证词。

为了证明基本假设即"不正确的证言"或者反驳这种假设,证言心理学家如克肯一样提出了许多二级假设。例如,举三个例子:证言是假的。证言被诱供。证词是在有心理疾病如心理崩溃的情况下完成的。

克肯检验了这些二级假设,医生报告和审讯记录。他必须要否定他的论题,就是在证词不变的条件下,这些假设问题还是对的。"我们还做了一个证词质量的评估,如果证人只考虑对自己有利,并且知道这个事实的话,那么把这些证词做一下对比,就能间接证明,这些证词是以事实为依据的。"但是这种方法对于知识分子以及善于言辞的那些证人不适用。

因此,克肯以事实特征为准则。这些有内容的高质量的证言,就是在证言中很少注意到的那些东西,例如在描述一件疑难复杂的事物之时的停顿和不连贯的说法等。还有在思考的时候按时间顺序描述的那些证词。

克肯(Köhnken)在1989年就和他柏林的同事马克斯·施特勒(Max Steller)一起制定出来了19条规定。这本厚实的册子就是证言心理学家的教科书。"有时候三条现实特征对于判断证言就足够了,有时就需要五到六条"他说。

最后的证言并不是真相,而是最接近真相的证言。这些证言就足够判案了。

辩护人斯特拉特(Strate)说,有许多没有资格的鉴定人,克肯知道在具体应用的时候会产生严重问题。"并不是所有重要的假设都不会再次复查。"

联邦法院最终在 1999 年颁布了关于可信度评估的最低标准。在法官看来,仅借助符合解剖学标准的人体模型去了解强奸案件的始末并不合适。

法庭上,专家鉴定为公正判决提供了强有力的支撑。但是,其意见或建议是否确凿且具有实效,必须由法官自己定夺。格尔克,一位极富经验的刑事陪审法庭成员认为,除儿童和心理障碍人士的案件外,其他案件中"可信度评估"毫无意义。法官需要依照法律规范和自身经验阅历判断证据是否确凿可信。当然,如果他判断不出来,他的职业生涯也不会受到任何影响。在联邦法院法官费舍尔看来,现今已泛滥的可信度评估是一种"业已失控的不良现象",一种"不负责任的行为"。

正如法官重视专家鉴定中的所谓客观事实证明一样,法官在审判过程中也愈发看重物证的作用,这些物证被调查员当成一种特殊武器。DNA 测试在法庭审判中的重要性日渐上升。一些检察官及法官已提议,在法律修正案中保留所有犯罪分子的 DNA 样本。但是,截至目前,DNA 样本数据的收集仅限于重罪案犯、性侵案犯和系列犯罪案的案犯。

美国的 DNA 联合索引系统,即 Codis,为我们提供了很好的借鉴。每周一上午九点,都是真相与司法交织的时刻。一周当中从各地收集的现场痕迹和新的样本会被拿来与以前的存本进行比对。这种"真相机"每每揭露出以前无法查明的案件的真相。其副产品便是,此前已被判刑的犯人会获得无罪证据。到目前为止,至少 250 起案件被改判,根据 Codis 数据库提供的证据,一些被判刑者被释放。

近十年来,德国刑法专家也愈发信赖 DNA 比对技术。1998 年对杀害来自下萨克森州斯图克灵根地区的 11 岁女孩克里斯蒂娜·舒布的侦缉工作推动了 DNA 比对技术的推广。在这起案件中,16500 人先后进行了唾液测试,其中编号为 3889 的 30 岁男性罗尼·西肯在审讯过程中被发现与两起谋杀案有关。

同年,联邦议院通过了关于 DNA 比对测试的法律。自此,位于威斯巴登的联邦刑事犯罪调查局(BKA)建立起了 DNA 中央数据库。除了收集犯罪嫌疑人 DNA 样本,调查局的工作人员也收集犯罪现场的痕迹,但并不按顺序排放,如入室抢劫案中的血迹、性侵案中的精液等。2011 年第一季度,调查局共收集了 907789 条证据,其中 720074 条 DNA 数据和 187715 条现场痕迹。

何为事实？自 DNA 分析应用在犯罪领域以来，DNA 鉴定日趋完善。在此同时，联邦刑事犯罪调查局（BKA）甚至还提取动物和植物的 DNA 样本，从而更好地为案件侦破工作服务。2007 年，专家曾根据一枚橡树叶片样本侦破了一起尘封近十年的凶杀案。在这一案件中，一位非洲籍女性尸体被发现在距芬洛不远的一片树林中，其丈夫矢口否认曾去过那片树林，但是在他的车里，警方发现了与弃尸现场比对一致的橡树叶片。

但是，利用这一特殊武器去找寻真相也有弊端。早在 2005 年，联邦司法部的法律专家就曾在内部文件中对这种盲目相信基因科学的行为提出了警告。犯罪手法多种多样，如果采集了错误的现场数据，会使"无罪推定置于危险当中"。那么根据 DNA 被判定为嫌疑犯的人，将会陷入不得不证明自己清白的处境当中。

多年来对"海尔布隆幻影"的追踪表明，即便是调查人员也无法完全根据 DNA 判断案件真相。在南德、奥地利以及法国等的众多犯罪现场，警方都收集到了同样的一个 DNA 样本。根据实验分析，这些样本与一位自 1993 年就四处作案的女性案犯的样本比对一致。但是实际上，这些案件与那位女杀手毫无瓜葛。警方认为，很可能是他们用来提取现场遗留的嫌犯 DNA 证据的棉签受到了污染。这些棉签上的证据很可能出自某位制造药棉或者棉签的女性雇员之手。

虽然遭遇过失败，但是科学的诱惑依旧有增无减。如果人们能够妥善利用基因信息，那么不仅可以证明嫌犯的身份信息，不明嫌犯某些由基因决定的身体特征也可以被知晓。

德国的犯罪专家目前还不赞成关于基因密码问题的研究，但是，在其他一些国家，如美国，科学家们已经在这条路上走了很远。

法学专家强调责任意识。"按照发展趋势而言，对于绝对事实的追求是极端的。"联邦法院法官费舍尔这样说道。那些对犯人施以水刑的人，"只是极想了解事实真相"。施刑万不可取。这种粗暴找寻真相的方法，将会使强硬派受到鼓动，对全体公民进行监听、查询数据存储、进行暗访，以实现所谓"公正"。

这种所谓对真相强烈的追求会给司法造成阻碍。特别是在性犯罪案件中，司法会强烈侵犯到受害者，甚至是犯罪嫌疑人的隐私。根据基本法，隐私权是公民享有的最优先权利。

这也会给被侵犯的孩子及孩子家长留下难以愈合的伤口，时长两年多的沃尔姆斯审讯就是一个典型案例。美国法庭对 IMF 前任总裁卡恩近乎无情的审讯为其带来了巨大灾难。无论卡恩有没有强迫酒店女服务员与其发生性关系,真相已经不那么重要了。对于约尔格·卡赫曼来说也是如此。无论他是否被无罪释放,长时间内他都难以脱掉"浪荡之徒"的帽子。

著名犯罪辩护律师及作家费迪南德·冯·席拉德将法官在审判过程中进退两难的处境与物理学家做了对比。20 世纪,科学家做过一个错误的论断,即模拟难以还原真实。因为在模拟过程中,事实真相已发生变化。在法学家看来,著名的"测不准原理",亦适用于司法审判。

并非所有案件都能获悉确凿、肯定的真相,那么,如此一来,司法还有存在的意义吗?前宪法法院法官温弗里德·哈赛默认为,即便证据不足,真实也是正义必不可少的条件。在刑事诉讼过程中,如果没能查明事实真相,那么法官在法庭上很难作出正确的判决。

搜寻真相和查明真相是两种概念。刑事诉讼是查明真相的必经之路。但其目的是判决,而非查明真相。

凭借刑事诉讼去探寻真相只是一种假设,法学家席拉德这样认为。"如果所有证人都证明一辆车的颜色是蓝色,那么即使它事实上是绿色,法官也会按它是蓝色来裁决。"

是不是有些骇人听闻?但是,事实就是这样。法官不明事实真相照样可以进行审判。如果一位法官有意识去查明真相,那么,他便可以被看作是一位称职的法官。哈赛默也认为,法院有违追求实质真实的原则。在还原历史事实的过程当中,司法工作的"选择性"太大。

犯罪辩护律师席拉德尖锐地指出,在法庭上,真相的意义可以忽略不计。刑事诉讼程序只能提供我们一种形式上的真实。"像在诗句中一样":通过某种形式了解到真相,但是这种真相却不是事实的写照。尽管如此,刑事诉讼及其繁琐的程序却是"判定一个人有罪的最佳方法"。

"法官必须了解最可靠的、第一手的资料,压力愈来愈大",慕尼黑一位叫作莱特纳的法官这样说道。在他看来,有问题的不只是案件侦破和司法公正的政治主张,司法本身也应负有责任。对于联邦法院鼓励法官"对真实作出解释"的举动,莱特纳提出了批评。

用通过法律诉讼得出的所谓事实真相对抗实质真相,这种尝试格外危险。法官无权自行探究事实真相。这种行为不仅伤害到了法庭外的个人,更是对司法威望的一种挑衅。

举一个发生在萨尔布吕肯州的例子。一个名叫帕斯卡的少年自 2001 年起失踪至今。2004 年起,萨尔布吕肯地方法院开始以强奸和谋杀罪对 13 名嫌疑犯提起了诉讼。在三年的时间里,萨尔布吕肯地方法院的法官试图从位于布尔巴赫名声极差的土佐·克劳斯酒吧中查出真相,然而,所谓真相并未被发现。取而代之的是后来被证实属于捏造的供状和检察官对5名被告处以终身监禁的辩护词。这一审判最终以被告全部无罪释放收场。

但是对于被告们来说,事情还没有结束。乌尔里希·丘托巴认为,正如原告断言的那样,这一罪行极有可能发生了,13名被告将帕斯卡强暴并杀害的可能性极大。

仅靠掌握的可靠性极大的事实,就将原本品行端正的人的生活与名声毁于一旦,那么这个法官就已跨过原本的界定,成了怪物。一个法官,如果他想了解到事实真相,那他也许应该去做密探。

经验老到的法学家格尔克认为,法官拥有极大的权力。那么,人们应该如何去界定权力的界限,法学专家和政治家们给出了许多建议。有着三十多年法律经验,经办过上千起刑事诉讼的格尔克相信只有一个词:慎重。

第六章 纠错机制为何失灵

第一节 植根于社会机制的一种不幸

日本有学者言:"世界上有所谓的冤案。冤案不是遥远的过去的事情,而是我们现在正生活着的这个世界里的事情。而且,它不是几年里才发生一例的偶发事件。这种不幸应该说是植根于社会机制的一种不幸。"①事实上,但凡案件处理得不公正,就产生受害者的冤情,但能够引起社会关注的,往往是重大案件,日常性的冤枉被人们忽视。日本战后出现了多起被判重刑后来再审改判无罪的案件,其中有四起原判判处死刑后来改判无罪,这四起案件基本情况如下:

免田案发生在 1948 年 12 月 29 日深夜,日本熊本县人吉市一对夫妇被人杀害,其 2 个女儿也受重伤。免田荣受到怀疑并遭到逮捕,被关押在该市警察署一个临时厅舍内。警察连续 4 天不准他睡觉,对他严厉审问。在逼迫下,免田荣按警察意思在自白书上按捺了手印。1950 年,免田荣被一审判处死刑。1951 年最高法院驳回免田荣的上告,死刑判决得到确认。免田荣 6 次提出再审请求,由于案发时被告人不在现场得到证明,1983 年免田荣终于获得无罪判决。②

财田案发生在 1950 年 2 月 28 日,日本香川县财田川村发生一起杀害黑市米经纪人案件。谷口繁义因其他轻微强盗、盗窃犯罪被逮捕,在警察局下辖的留置场关押了 4 个月,被迫供认杀害了那位黑市米经纪人。1952 年谷口繁义被一审法院判处死刑。1957 年最高法院驳回谷口繁义的上告,死刑判决由此定谳。1984 年,谷口繁义的有罪供述被再审法院确认是虚假的,他终于等来了无罪判决。③

松山案发生在 1950 年 10 月 18 日,日本宫城县松山町一家 4 口被人杀害并被纵火,斋藤幸夫被逮捕,在连日持续审讯中,斋藤幸夫身心俱疲,被迫招供有罪。1957 年斋藤幸夫被一审法院判处死刑。1960 年上告

---

① 〔日〕浜田寿美男著:《自白的心理学》,片成男译,中国轻工业出版社 2006 年版,第 1 页。
② 龚刃韧著:《现代日本司法透视》,世界知识出版社 1993 年版,第 128—129 页。
③ 同上。

被最高法院驳回,死刑判决得到确认。1984年7月14日,斋藤幸夫获得无罪判决。①

岛田案件发生在1950年3月10日,日本静冈县岛田市发生一起强奸杀人案,一名幼女遇害。赤堀政夫被逮捕,警察对他连日审讯,并施以利诱,在这种情况下,赤堀政夫作了有罪供述。1958年赤堀政夫被一审法院判处死刑。1960年上告被最高法院驳回,死刑判决得到确认。4次提出再审请求后,1989年赤堀政夫获得无罪判决,他原来的自白可信性被否定。②

这些案件有共同特点:被疑者一般长时间关押在警察局下辖的留置场("代用监狱"),委托辩护权得不到保障,警察为获得口供进行长时间秘密审讯,一些被疑人在审讯中绝望,或者身心俱疲,他们难以忍受苛酷的审讯而被迫供认有罪,有的为减轻罪责甚至攀诬他人。在审判中,法官依赖并信任警察做成的各种调查书,使侦查中发生的错误被审判继承。

日本的错案引起司法改革的呼声,北京大学龚刃韧教授介绍说:"由于日本连续发生一些平反冤案的再审案件,原来曾被判处死刑或其他重刑的人又被重新判决无罪。在这种情形下,出现了为消除或减少误判而重新考虑和改革日本刑事司法的动向。"③

司法有病,需查找病源,找到之后需对症下药,以期司法从疾病中康复过来。发生误判之后,日本的法律人正是这样做的。"日本大多数法学者和律师都认为,日本刑事司法存在着严重问题,主要表现在:嫌疑犯委托律师等基本人权得不到保障,警察和检察官有逼供信行为,法官在审理案件中过分依赖检察官的侦查和调查结果,口头辩论只是走过场,法院的判决只不过是对检察官调查结果的追认形式,正是从这个意义上讲,日本的刑事司法是'检察官司法',而这种结构的刑事司法被认为是法院产生误判和冤案的温床。"④

社会关心的冤案,是那些能够进入公共视野的重大案件。公众注意力的聚焦掩盖了日常发生的许许多多冤案。司法冤案比人们想到和知道得更多也更严重,关心司法公正者,不可不注意那些容易被我们忽视的不公正,应当努力使更多的不公正摊在阳光之下,让受害者获得拯救。

第二节　个案观察:松尾政夫冤案

冤案的受害者,很少谈他们经历过的精神上的巨大痛苦。

---

① 龚刃韧著:《现代日本司法透视》,世界知识出版社1993年版,第128—129页。
② 同上。
③ 同上书,第26页。
④ 同上书,第51页。

崛田宗路在《还你清白》一书中记载：1977年4月的一天，日本名律师相马达雄第一次见到松尾政夫①——一个34年前冤案的受害人。他看见的是这样一个老人：

> 穿着土黄色的工作服，脚上穿着木屐，手中拎着在小零售商店购物时给的白色塑料方便袋。后来才知道，那袋子里面装的是牛奶和面包。花白的头发，剪成小光头，前额部分已变得稀疏了。身高约1.58米，白皙而消瘦，衣服显得肥大不合体。

这个老人经一个地方报社的社长甲斐乡介绍来到相马律师所在的事务所，在此之前，他去过很多报社。甲斐乡将这个老人引荐给相马律师时说："他说到我们报社来之前，也去过各处的大报社。不过，好像到哪也没有人理睬。这也难怪，这个人究竟在说些什么也搞不太清楚。"这个古怪的老人一见到相马律师，就开始毫无条理地说起来："先生，我什么都没干呀。大家都知道是谁干的，就连警察、连法院都该知道的嘛，是那女孩子在撒谎。"翻来覆去重复着这些话，"令人感到惊异的是，他讲话的声音并没有像在诉说一身清白时所应有的那种坚实、强烈的振荡。既不是高声大嗓，却也不是低声叽咕。就像他行动时慢慢悠悠一样，老人说话的声音也有点慢慢吞吞，从容不迫"。甚至当相马律师为赶到法院开庭而不等他说完就打断他的絮叨、匆匆告别之时，"老人并没有显露出似乎特别遗憾的表情，而是笑眯眯地在目送着相马，那简直是一张孩子般无忧无虑的笑脸"。令相马律师没有想到的是，这个老人从早上一直等到傍晚，为了等来相马律师听他的陈述。当相马律师接受他的委托，开始办理这桩陈年旧案之后，他才逐渐发现，这个样子比实际年龄看起来大10岁的六旬老人是一桩冤错案件的受害者，30年前他被以强奸罪名判处3年有期徒刑。

1989年1月31日，熊本地方法院法庭裁判长松永昭次郎宣布发生在1954年的那起强奸案的主角松尾政夫无罪。一个经过了34年获得的无罪判决值得庆幸，但并没有减弱这个案件的悲剧色彩，因为无罪判决作出之前，松尾政夫已经去世了……

在那张孩子般无忧无虑的笑脸后面，只有富于洞察力的人才能体会到冤狱被害人所有的痛苦、凄怆、隐忍、绝望与期望交织的复杂情感。只有真正有责任感的人才会去动手为他们解除精神和肉体上的炼狱，消灭产生他们悲剧的根源。

---

① 1916年（大正5年）5月14日出生于福冈县直方市郊外。

一、悲剧的肇始

案件发生在 1954 年(昭和 29 年)8 月 13 日,事实经过是这样的:

松尾政夫独自一个人去小川街的和平电影院看电影,晚上 9 点半左右,看完电影,他先到电影院西边的饭店吃了些刨冰,发现脚上木屐的带子快要断了,为避免把木屐弄坏,他走砂川河防波堤的路回家。

9 点 40 分左右,松尾政夫由东向西走在路上,路宽约 2 米,路北侧是一人高的灌木丛和杂草,沿路没有路灯,虽有满月,一路上十分黑暗。除了距国道很近的地方有一户农家之外,其余地方都是成片的水田。

10 点左右,松尾政夫听到前方南侧的河滩上有女人惊呼"救命"。过了两分钟,松尾政夫听到背后灌木丛中有咔嚓咔嚓的声音,回头一看,在距离五六米处的灌木丛中,有一个二十一二岁的男子拖出一辆自行车,以平常速度骑经松尾政夫,向前驶去。松尾政夫虽然诧异,却觉得没有理由怀疑他,就继续加快步伐走自己的路。

路过砂川桥边一家卖粗点心的镰田商店时,突然店里跑出一个年轻女子,她拉住松尾政夫的衣服,喊道:"喂!喂!请你等一下。"商店门口还有一个 20 岁左右的女子蹲着哭泣,旁边聚拢了五六个年轻人。松尾政夫以为这里的青年男女发生争吵,要拉着自己来仲裁。在拉他的女子的催促下,他走进食品店。在店里,他受到老板娘的严厉盘问,原来蹲在门口哭的姑娘(名叫村田美佐子)刚才在防波堤上被人强奸了,她说路过这里的松尾政夫非常像那个罪犯。案发当时她与一个女同伴顺着防波堤的路走到坟地岔道口的地方,发现一个男人蹲在路边,她俩战战兢兢走过那个男人时,那个人突然扑上来,她俩撒腿就跑,美佐子被抓住,反抗不成,被那男人强奸。了解这些情况后,松尾政夫恍然大悟,原来他被当作嫌疑犯拦截下来了,尽管他申辩自己什么都没干,但围拢在食品店那里的人哪里肯信?

有人跑到食品店不远处的派出所报案,过了一会儿,警察到来,将松尾政夫带到派出所。

在派出所,巡警福田大声盘问:"喂,是你干的吧,女孩子可是这么说的哟。""干了吧?如果干了,那就快点儿承认吧!"对于松尾政夫的否认,福田呵斥:"胡说!姑娘说是你干的,还是痛痛快快地讲实话吧!"松尾政夫解释说:"这是误会,我什么也没干,只是从那条路走过。你们好好调查就会明白的,另有真正的犯人啊!我看见了一个形迹可疑的骑车的男人。"福田说:"撒谎!"福田还检查了松尾政夫的阴茎。

过了十分钟,两个刑警坐吉普车从警察署来到派出所,其中之一是刑警处小队长吉川。他们到了不久,就拿出一些棉花、手纸之类东西给松尾政夫看,说:"这上面有从被害人阴部取来的化验样品,你看,黏着你的精液哟!"这两个刑警同福田一样,认定松尾政夫犯了强奸罪。不过,这些棉花、手纸之类东西并没有作为证据在法庭上提出来。

两个刑警将松尾政夫带到 8 公里外的松桥警察署。到警察署已是半夜零点左右,吉川在二楼的审讯调查室对松尾政夫进行刑事审讯。吉川开门见山,问道:"是你干的吧!""那个女子说是你干的!"对于松尾政夫的辩解,吉川根本听不进去,厉声说:"你少给我撒谎,要是不说实话,非关你几年大牢不可!"这种呵斥、辩解反复进行了多个来回。大约 1 个小时以后,又有三个刑警大步走进审讯室,在松尾政夫身后围了一圈,戳着松尾政夫的后背逼着他认罪,说:"主任可不是好惹的,还是快点讲真话吧!交代出来,不就没事了吗?"在三个刑警走进审讯室的时候,吉川离开审讯室,过了一会儿,他又回来,眼睛红红的,那张脸变得更加可怕。吉川一边梆梆梆敲着桌子,一边喊道:"松尾!你还想撒谎吗?我又去问过了两个姑娘,她们说就是你!没有错。这不是铁证如山吗?"松尾政夫徒劳辩解着,吉川对松尾政夫怒目而视,好像立即要扑打过来似的,他吼道:"你别胡扯了!"站在松尾政夫身后的三名刑警频频捅着松尾。松尾感到极度恐慌,用力否认:"我没干!"本来身体就很虚弱,这时松尾的精神和肉体都达到了支撑的极限,他很担心妻子久惠,她一定焦急惦念着看电影而未归的松尾。

这时已经凌晨三点,严厉的审问还没有结束的迹象。一个警察似乎察觉了松尾的心思,温和地问:"松尾,你有老婆吧?她一定在家里等得很着急呀。如果坦白了,马上放你回去。你不想得到自由吗?"松尾问:"你是说,要是我说了,就让我回家吗?"警察肯定地说:"当然啦!"松尾又问:"不是在骗我吗?"警察说:"警察怎么能骗人呢!"吉川许下诺言,其他刑警随声附和。这时松尾政夫已经累得支撑不住了,他动了心,心想:不如姑且做一个虚假坦白,躲过这一关再说,以后再说出真实情况。此时他最大的愿望就是尽早回家让久惠放心。接下来,松尾政夫开始了虚假坦白,在这个过程中,具体犯罪情节事实都是吉川诱导的,松尾只是回答"对,是的"就够了。

早晨 5 点左右,审讯结束,调查笔录已经整理好了。松尾在那份记录上摁下手印。

没过多久,松尾发现自己被警察骗了。他期望的坦白后就可以回家并没有实现,相反,他被关押进审讯调查室下层的拘留所中。

14 日早晨 6 点,松尾被带到出事现场——砂川河的防波堤附近,刑警下车询问松尾"昨天是从哪里来,经过什么地方了",还要求松尾"还是像昨晚说的那样再解释一下",松尾意识到一旦承认,后果将不堪设想,他立即申辩:"说实话,我什么都没干,昨晚说的那些都不是真的,没有那回事啊!"即便松尾坚决否认,警察还是想象出一个又一个犯罪情景,并任意作了记录,归纳成现场调查报告交了差。

14 日上午 8 点,松桥警察署刑警处处长岛村再次审讯松尾,松尾述说:"昨天夜里调查时我说的话都不是真的,是他们骗我说只要招认了便可以放我回家,我才做了虚假的坦白。"岛村虽然不太愿意,但还是写了一份松尾否认犯罪的简短调查记录。

第二天上午 11 点,熊本地方检察厅检察官大堀诚一对松尾调查审讯,松尾始终否认犯罪。然而,大堀诚一非常重视被害人的陈述,他与松尾只简单重复着"你干了""我没干"这样的对话。此后,在法院,法官再次进行调查,批准了检察官提出的拘留申请。在拘留期间,大堀检察官每周一次进行调查审讯,一共进行了两次。

在这些审讯调查中,除吉川那次欺骗手段获得的口供以外,松尾一直否认犯罪。即便如此,大约过了 20 天,他还是被起诉到熊本地方法院,罪名是强奸致伤。

法院为松尾指定了一名律师——野尻昌治。非常不幸的是,野尻律师缺乏为松尾辩护的热情,他到拘留所与松尾会面,对于松尾申辩自己无罪,他根本听不进去。听完松尾的话,他竟说:"那两个姑娘可说是你干的呀!"

熊本地方法院在昭和 29 年(1954 年)10 月中旬第一次开庭审判,从案件发生到判决用了 1 年 4 个月时间,诉讼如此旷日持久,皆因松尾否认犯罪。昭和 30 年(1955 年)12 月 23 日,法院宣判:"判处被告人有期徒刑 3 年。所有诉讼费用①都由被告人承担。"

松尾马上提出上诉。二审的律师仍由法院指定,辩护律师为猿渡修藏。松尾提出上诉后,法院只进行了一次开庭审判。昭和 31 年(1956 年)4 月 13 日,法院驳回松尾的上诉。

精疲力竭的松尾放弃了继续上诉的打算。在二审上诉中,他被免除支付诉讼费用。

昭和 33 年(1958 年)1 月 26 日,松尾刑满释放。那一年,他 41 岁。

二、铸成错案的原因

崛田宗路谈到松尾政夫时说:"不喝酒,不玩女人,对赌博也不感兴趣,如

---

① 诉讼费用指审理过程中证人的往返交通费、物品鉴定费、律师的报酬等。

果说嗜好,至多不过是周末在城边简陋的电影院里看场电影而已。像松尾这样质朴的老实人,本来对人生就没有什么奢望,也没有必要为自己贫穷而感到羞耻。但有一点令松尾不能容忍,那就是谁也不相信他是受了不白之冤。"①一个无辜的人,最愤怒和无奈的,是没有人相信他无辜。这种情况不但在侦查、审判、执行过程中如此,在服刑后的漫长岁月里,也是如此。

1. 指认错误

案发现场砂川防波堤一盏路灯也没有,晚上 10 点左右,正常视力下,即使两人相对,两米远也看不清楚对方的五官长相。实际上,受害人并没有看清罪犯的面孔,但她们却指认松尾是强暴她们的罪犯。

2. 诱供

日本宝来正芳指出:"抓捕犯人,嫌疑犯或令其到案时,侦查员必须通过审讯把问题搞清楚,做成'审讯书',这是法律规定的。"②

崛田宗路评价说:"松尾的坦白似乎有些轻率。可是,设身处地地想一想,在那种情况下,有多少人能够否认到底呢?这些刑警在取供方面都是行家,即便不直接动手施加暴力手段,也可以使被审讯的人感到无限的不安和恐惧,并使其不明不白地招供,这并不是很难做得到的。摆弄像松尾这种老实纯朴的人,肯定更是轻而易举的了。"③

由于已经取得松尾政夫招认的口供,刑警做事不容分说了。④ 面对松尾的否认,他们再也听不进去。

宝来正芳分析:"侦查工作的审讯,主要目的在于查明案子真相,侦查员即审讯员,侦查员必须在这方面有最大的特长,而且应该慎重严密。"⑤宝来正芳在介绍审讯技巧时说:"审问工作要冷静而不焦躁,要稳重而不暴烈,细密地进行,为着查明事实真相,绝对不能把犯罪内容顺口对犯人说出,要设法使他自然地诚实坦白出来,这是审问的要诀。"容易造成错误的做法:"不熟练的侦查员往往很森严,乱用难解的语句,大施虎威,把犯罪事实的内容泄露,有的人在审问之初就把唯一证据拿出来,强迫其承认坦白,这是最笨拙的方法,因此时常冤屈了别人,强迫他做虚假的口供,反而把重大犯人放在外面自

---

① 〔日〕崛田宗路著:《还你清白》,张爱平、冯峰译,法律出版社 1997 年版,第 44 页。
② 〔日〕宝来正芳著:《犯罪检查技术概论》,华北军区政治部保卫部译,中国人民志愿军后方勤务政治部保卫部 1952 年版,第 96 页。
③ 〔日〕崛田宗路著:《还你清白》,张爱平、冯峰译,法律出版社 1997 年版,第 36 页。
④ 同上书,第 37 页。
⑤ 〔日〕宝来正芳著:《犯罪检查技术概论》,华北军区政治部保卫部译,中国人民志愿军后方勤务政治部保卫部 1952 年版,第 96 页。

由活动。"①

3. 偏见

警察、检察官和法官先后进行调查,环节虽多,审讯办案人的偏见却都是一样的。岛村与吉川不同,没有表现出居高临下的姿态,记了一份松尾否认犯罪的简短调查记录,还有那么一点不太愿意。

二审法院判决书记载:"即使对案件记录进行调查,亦难以发现被告人于昭和 29 年(1954 年)8 月 14 日向司法警察所作的供述记录中的坦白供述记录值得怀疑之理由。"②

4. 公设辩护人的草率

日本实行强制辩护制度,"刑事案件若是没有律师,就不能进行公开审判"③。公设律师缺乏为被告人辩护的热情,并不是偶然的。开庭审判之前,野尻律师只来见过松尾两次,每一次会见也仅仅五六分钟而已。从案件发生到判决用了 1 年多时间,野尻律师竟未见过松尾一次。更有甚者,在日本,有的案件中公设律师会见,唯有在开庭前匆匆一面,10 分钟左右而已。

5. 对有利于被告人证据的漠视和曲解

松尾案件存在许多疑点。例如:松尾若是罪犯,为什么向被害人逃去的方向走呢?在与犯罪人厮打过程中,被害人衣服上沾满泥土、草汁等,松尾的衣服上却没有沾上这些东西。

最大的疑点是血型问题。根据下田鉴定,松尾内裤上发现 A 型血的精液,受害人内裤也检查出 A 型血的精液,松尾的血型却是 O 型。北条的再鉴定证实松尾内裤上没有精液,受害人美佐子内裤却检查出 B 型血的精液。

崛田宗路指出:"在强奸案中,受害人的内衣上粘有的精液是非常重要的证据。如果其精液能被证明是被告人之物,那么这就成了铁证。可是,在松尾这件案件中,却拿不出可以证明这项重要的证据就是松尾之物的证据来。"④

关于鉴定之不同结果,在一审判决的证据一栏有:熊本县警察总部部长所作题为"鉴定结果"的鉴定材料及技术警察下田亮一的鉴定书。下田亮一调查了在内衣裤上附着的精液的血型,下田的鉴定结论为松尾和受害者的内衣上分别黏附的精液血型均为 A 型,与松尾的 O 型血型完全不同,也就是

---

① 〔日〕宝来正芳著:《犯罪检查技术概论》,华北军区政治部保卫部译,中国人民志愿军后方勤务政治部保卫部 1952 年版,第 99 页。
② 〔日〕崛田宗路著:《还你清白》,张爱平、冯峰译,法律出版社 1997 年版,第 73 页。
③ 同上书,第 40 页。
④ 同上书,第 82 页。

说,存在松尾的血型与被害人内裤遗留精液血型不一致的情况。①

下田鉴定之外还应有其他关于血型的鉴定书,且鉴定结果不一致,如九州大学医学部教授北条春光所做鉴定显示在被害者的内衣裤上发现的精液为 B 型,而在被告人的内裤上并未发现精子的存在,北条的鉴定比下田的鉴定对控诉方更加不利,正因为如此,北条的鉴定"甚至连一小部分"都未被法院采用。也就是说,法院把下田鉴定中证明双方内裤沾有同一血型的精液这一有利于判决的部分抽取出来当作证据,并将有关血型的检验部分做了删减,舍弃了与法院意见不一致的北条鉴定。崛田宗路就此解释说:"要认定其有罪,法院不必将所有的材料都拿出来作为证据。这是因为如果采用了与他们得出的结论相违的材料作为证据,从逻辑上与判决的结论就会自相矛盾。所以,就舍弃了那些不利的材料。"②崛田宗路批评说:"法院在采用检验结果时采取了掐头去尾的策略,这种做法本身就已暴露出其决断过程中存在着逻辑上的矛盾。一方面承认双方内裤上附着的精液均属同一血型,另一方面又因这 A 型精液与松尾的血型不一致而企图逃避这一事实,这种做法真可谓是一叶障目,自欺欺人。"③

松尾政夫辩护人猿渡律师在《上诉宗旨书》中质疑:"如将在本案中出现的有关人士所做的血型检查结果加以比较,可以看到各自不同的检查结果。"其中,据熊本县警察总部部长所做的"关于鉴定结果"(下田亮一所做鉴定)所记:连衣裙(证据 22 的白色便服)附着的血迹为 A 型;女式内裤上有精液附着,其血型为 B 型;男式内裤上有精液附着,其血型为 B 型。另一名鉴定人北条的鉴定结果是:连衣裙(证据 22 的白色便服)附着的血迹为 B 型;女式内裤上有精液附着,其血型为 A 型;男式内裤上无精液附着。另外,被害人与被告人的血型均为 O 型,与前述鉴定结果所提到的血型也不一致。"像上面这种各自不同的鉴定结果,是不能提供为给被告人定罪的证据资料的。"④

然而二审法院判决书论证说:"诚然,鉴定人所作的血型鉴定结果互不一致,不过对血型的鉴定由于被检物质的新旧度不同,或有对象物质的混入等,往往会产生不同的检测结果。所以只能说不能仅仅因为检查血型的结果出现不一致就推翻原判决的认定。"⑤然而,虽然有的细菌能够释放分解血型的酵素,这种细菌混入,血型可能会发生改变,但在长时间处于土中等极少见的情况下才会发生。在松尾案件中,案发后立即将作为物证的内衣和外衣放进

---

① 〔日〕崛田宗路著:《还你清白》,张爱平、冯峰译,法律出版社 1997 年版,第 73—74 页。
② 同上书,第 82 页。
③ 同上书,第 91 页。
④ 同上。
⑤ 同上书,第 73 页。

塑料袋并交给下田去做鉴定了,血型不应发生改变。①

后来相马达雄律师从一位大学讲师送来的上野正吉著《犯罪搜查专用法医学》和富田功一著《法医学家专用法医学》复印件上弄清楚了:阴道液或者精液,如果是分泌型的,两者相混,就容易做出错误判断。松尾案件中就是如此。松尾内裤上的精液应是前一天夜里与久惠子做爱留下的。

三、错案是怎样平反的

松尾在出狱后,开始为洗刷自己的罪名而展开孤绝的奋战。他没有文化,不知道该从何处入手为自己恢复名誉。他孤军奋战,为自己的清白奔走时,对他精神上的伤害在继续。

他回到熊本的小川街后,立即到司法代书人事务所②诉说冤情,又在代书人的指点下,一次又一次到熊本法务局的人权保护委员会反映情况。人权保护委员会的人告诉他,被害人出具一份说明此事与松尾无关的证明书来才行,"请你拿来证明你清白无辜的新证据"。

松尾多次去熊本地方法院和地方检察院,要求重新调查和裁判,都被拒绝,理由是不履行正规手续就无法受理。松尾三四次到松桥警察署鸣冤叫屈,但没有人认真对待他的诉说和请求。吉川和逮捕过松尾的福田已经转任其他警察署,对于松尾的求见,吉川拒绝见面;福田虽然见了面,但态度生硬冷漠,颇不耐烦,说:"当初是你自己招认的吧,有什么不满到法院说去好啦。"

松尾走访熊本市内的律师,律师只是让松尾拿出新的证据,否则爱莫能助。

松尾几次找过被害人美佐子和野村良子。美佐子只是说:"我当时也记不清犯人的面孔了,而且我又没有说一定是你。是良子跑到派出所去的。"野村良子当初作证说在案发现场看到过犯人面孔,如今对松尾说:"犯人也许不是你,我也并不是很清楚。"她们没有人愿意证明松尾无辜。

松尾在出狱后的3年多,住在熊本,向熊本地方法院五六次申请复审。松尾连申请书怎么写都不知道。绝大多数申请书都被退了回来,退回的理由是"资料不完整"。昭和34年(1959年),熊本地方法院虽然受理了他的复审申请,但3个月后(12月24日)以"理由不充分"为由驳回复审请求。移居到大阪后,松尾仍然不停地向熊本地方法院呈递申请复审书。究竟提出多少次申请,连松尾也说不清楚。相马达雄律师后来了解到被法院受理的就多达12次,在日本审判史上罕见。法院受理后往往以"理由不充分""违反法定的

---

① 〔日〕崛田宗路著:《还你清白》,张爱平、冯峰译,法律出版社1997年版,第93—94页。
② 司法代书人指代书人书写向法院、检察机关和法务局提交的文字材料的人。

起诉方式""违反法定的起诉方式且理由不充分"为由驳回他的请求。在这个过程中,最大的不足在于没有新证据表明松尾无罪,只声言"我无罪"于事无补。

昭和40年代(公元20世纪60年代),日本蒙冤的人请求复审的情况有了转机,当时的白鸟事件、弘前事件、加藤事件、米谷事件、财田事件、免田事件、松山事件等汇聚成了要求复审的潮流,律师团体、法学家、法医学者、作家、记者、社会救援活动家共同组成的声援团体展开了声势浩大的要求开庭复审的运动。昭和50年(1975年)日本最高法院决定开庭复审百鸟案件,打开了复审之门。崛田宗路指出:"在那以后,一个个冤案得到平反。蒙冤之人相继被宣告无罪。"①

不过,松尾仍然茕茕孑立,独立为自己的清白作战,完全被社会抛弃了。他多次找律师事务所,希望得到帮助,但都被冷淡拒绝了。他也去过侦探事务所,因为付不起数目可观的费用而被礼貌地回绝。他还去找过报社的法律咨询处、大阪地方检察院的两个分部以及大阪地方法院的一个分院,向众多的律师谈过他的冤案,但都徒劳往返,毫无结果,直到昭和52年(1977年)见到相马达雄律师。

相马达雄律师在调查中意外得知,熊本地方检察院昭和37年(1962年)9月19日将审判松尾一案的记录——包括起诉书、公审记录、被提供的证据文字资料以及审判案件的其他全部文字资料——废弃销毁了②,只留下一审判决书、二审判决书及上诉宗旨书。相马到熊本地方法院查阅,没有发现其他有关资料。没有当初的原始资料,就无法判断是怎样作出的判决,要抓住作为判决基础的情况存在的破绽以便推翻原来的判决,就希望渺茫了。另外,申请复审最重要的条件是"发现新的确凿证据",原来的审判资料销毁后,提出的证明材料是否为新的证据,要判断就十分困难了。

天无绝人之路。"案发现场依旧保持着24年前的样子,这对请求复审的准备工作有着意想不到的意义。"③昭和53年(1978年),相马律师偕同松尾到熊本的案发现场去看。尽管小川街发生了巨大变化,但事件现场砂川防波堤依然如故,特别重要的是,一盏路灯也没有,和从前一样。晚上10点左右,相马和松尾再次来到案发现场。相马律师发现,正常视力下,即使两人相对

---

① 〔日〕崛田宗路著:《还你清白》,张爱平、冯峰译,法律出版社1997年版,第50页。
② 检察院销毁这些资料,根据的是《长崎中级法院检察司管辖区民刑诉讼记录保存规定》第2条规定,这是检察机关的内部规定。审判松尾一案的一些记录废弃销毁前,松尾曾得到检察院的通知。不过,1962年7月和12月松尾还两次提出复审申请,但资料还是被不管不顾地销毁了。见〔日〕崛田宗路著:《还你清白》,张爱平、冯峰译,第57—58页。
③ 〔日〕崛田宗路著:《还你清白》,张爱平、冯峰译,法律出版社1997年版,第66页。

两米也看不清楚对方的五官长相。即使是满月天气,犯罪行为发生在连一盏灯都没有的黑暗地方。受害人怎么能够认出犯罪人就是松尾呢?这真是一个疑问。可想而知,受害人并没有看清罪犯的面孔。

除此之外,本案还存在如下疑问:案件发生时骑自行车超过松尾走掉的男青年是谁,警方是否追查过;美佐子与野村良子是否在证词中明确说罪犯就是松尾,证词是否存在问题;警察仅凭肉眼看一眼阴茎就判断存在精液残留是否可信;真正罪犯一般在作案后会向受害人离去的相反方向逃逸,松尾若是罪犯,怎会向受害人离去相同方向行走;松尾为人朴实忠厚,若非无辜,怎会坚持二十多年不断鸣冤叫屈?这些疑问,有的已经无法核实了。

相马律师不断奔赴熊本县进行调查,但从案发以来毕竟过去了24年,一审判决书提到的一些证人如粗糙点心店的女儿等都已经故去。为被害人进行诊断检查的矶田医生、鉴定精液的技术警察下田、鉴定人北条春光以及为松尾辩护的指定律师也都已经辞世,二审辩护人猿渡律师也称记不得当时的情形并拒绝与相马律师会面。

被害人美佐子和野村良子还活着。昭和53年(1978年)10月,松尾按照相马律师的建议拜访了野村良子,野村良子仍然对松尾说"你究竟是不是犯人,我也不太清楚",但松尾请求她写成书面材料时,良子的态度却变了,松尾被良子的丈夫赶出来,从此拒绝再与松尾和相马律师见面。美佐子干脆推说什么都不记得了。后来,相马律师与受害人关系恶化,对方发现是相马律师打来的电话,立即挂断。

对于相马律师来说,只有追究在案发现场受害人的辨别能力这一条路可走了。松尾案件发生在昭和29年(1954年)8月13日夜里,当时月龄为14.2,接近满月(满月为15),天气晴好。在这种天气条件下,没有一盏路灯,受害人是否能够辨明犯罪人的面孔?

松尾和相马律师在类似的日子、同样的天气里多次来到案发现场实地考察。在案发现场,距离一米,便看不清面孔,多次验证的结果都是如此。相马律师了解到,当初法院只是白天来过案发现场,晚上可能没有进行过现场验证,相马律师想到申请法院进行夜间验证。

昭和56年(1981年)4月,相马律师委托第三方大阪信用兴信所到案发现场进行实地调查并判断在晴朗夜晚的识别能力,调查报告显示:"可以认为是不大可能识别出对方的长相的。"昭和56年(1981年)8月16日,月圆之夜,相马律师带着松尾和事务所工作人员以及四名勤工俭学的学生实地进行实验,结果是"看不清楚"。以后又改变角色多次进行实验,结果还是看不清楚。

昭和 58 年（1983 年）2 月，相马律师完成复审申请书，3 月，正式向熊本地方法院提出复审申请。

5 月 9 日，熊本地方检察厅伊藤铁男检察官向法院提交了一份意见书，附带着对美佐子和良子再次进行调查的记录资料，意见书提出从松尾的复审请求书里看不到要求复审的任何理由，法院应予驳回。另外，根据案件记录保存的有关规定，案发当时的事件记录已经于昭和 37 年（1962 年）废弃，不复存在，不能轻率评价原审法院的判断。

相马律师随后展开反击，他委托京都府立医科大学法医学专业的吉村节男教授就血型做了鉴定，得出如下结论："在强奸案中，嫌疑犯 O 型的精液不会在 O 型被害人的内衣上以 A 型出现。这种现象除非是将受害人的内衣长期置于土中等极特殊的条件下才能发生。"7 月 12 日，相马律师向法院提交该鉴定书，并解释在松尾内衣上发现 A 型精液的原因。

8 月 18 日，相马律师正式委托京都府立医科大学法医学专业法医学研究室的讲师伊藤直进行识别能力鉴定。8 月 23 日进行了实验，但实验当天的气象条件与案发时不一样，实验以失败告终。11 月 1 日，在人工照明条件下再次进行实验，结论是"不能够识别"，并且推断"在有意识地想记住对方特征的前提下，在 120 厘米以内的距离，注视目标 4～5 秒以上才有可能"。12 月 5 日，伊藤直写的鉴定书被提交给熊本地方法院。该鉴定自然又遭到熊本地方检察厅的否定，认为毫无意义。

昭和 59 年（1984 年），相马律师多次向熊本地方法院提出夜间验证申请。

昭和 59 年岁末，相马律师接到熊本地方法院的电话，被认为逸失了的北条的鉴定书在九州大学找到。

昭和 60 年（1985 年），相马律师向熊本地方法院提出群马大学医学部法医学教授古川研做的鉴定。

昭和 62 年（1987 年），熊本地方法院委托久留米大学法医学专家原三郎做了鉴定。

昭和 60 年（1985 年），复审法院着手准备夜间验证。熊本地方法院原审首席法官木下证明：原审法院当初没有进行夜间验证。

7 月 31 日晚 9 点到 8 月 1 日零点，近乎圆月，熊本地方检察院到现场进行调查，报告称"相距二米也可识别对方面孔，身着服装不仅可以看出深色或浅色，而且几乎可以准确判断其颜色"。

9 月 29 日，月圆之夜，法院进行夜间验证。验证从晚上 10 点 30 分开始到次日凌晨 2 点左右结束，法院得出结论：不能识别出罪犯。

8月23日,法院对美佐子进行询问,她说将松尾认作罪犯是因为警察是这么说的。同一天,良子也接受调查,她说:"其他的情况已经记不得了,只有罪犯的那张脸还记得很清楚。"

昭和63年(1988年)3月28日,熊本地方法院决定复审并向相马律师交付复审决定书。

平成元年(1989年)1月31日下午1点15分,熊本地方法院在复审后宣判:松尾无罪。

不过,此时松尾已经无法亲聆他期待已久的无罪判决了。昭和63年(1988年)5月5日午夜2点,松尾因食道静脉瘤破裂死于医院,享年71岁。

同一天,静冈县地方法院召开复审公判会,庄严宣判:岛田事件被告人赤堀正夫无罪。

岛田事件发生在昭和29年(1954年)3月,静冈县岛田市的一名6岁女童被诱拐并遭受强奸、杀害,25岁的赤堀正夫因其他犯罪被捕后招认过这起案件,听到死刑的判决结果后又翻供,一直喊冤叫屈,并一再要求复审。

引起世人关注的冤错案件通常都是重大案件,松尾这样的冤错案件很难成为新闻媒体竞相报道的对象。但是,对于一个无辜者来说,无辜而被判有罪,其冤情不因案件大小而有区别。

第三节 个案观察:菅家利和冤案

《讯问の罠——足利事件の真相》(台湾中译本为《冤罪——一个冤案被告对警察、检察官和法官的控诉》)是一部纪实作品。该书以第一人称记述了"足利事件"冤案被害人菅家利和的司法遭遇——从1991年被逮捕到2009年最终获得无罪判决,他在狱中被羁押了17年半。这部书的另一作者佐藤博史是早稻田大学客座教授,自二审开始就担任菅家利和的辩护人。这起案件是第一件因错误DNA检测被判有罪、后因正确的DNA检测改判无罪的案件,佐藤律师作为二审辩护人直到案件审判结束。

案情是这样的:1991年5月12日,日本足利市一名4岁女童失踪,女童叫松田真实。警察动用警犬进行搜索,在柏青哥店附近渡良瀬川堤防旁芦苇丛中发现失踪女童,警方在女童的衣服上检出凶手的阴毛和精液,认定这起案件与1979年至1984年附近发生的两起案件相似,警方研判三起案件均为一人所为。

为了找到凶手,警方发动足利市成年男性自愿提供唾液。当时DNA鉴定技术在日本应用不久,日本科学警察研究所提供的鉴定报告表明准确率为 1.2‰。

死者所在的幼儿园司机、43 岁未婚的菅家利和被怀疑为凶手,警方到他家里对他进行盘问并进行搜查,在他租屋搜查,发现有 100 多 A 片和充气娃娃。警方研判:他是一个欲求得不到正常满足的男子,估计是喜欢小女孩的。但是,没有发现有价值的线索或证据。1991 年 6 月 23 日,警察在菅家利和丢弃的卫生纸上发现精液,鉴定显示与凶手的一致(MCT118 型:16-26 一致)。

1 年后的 1991 年 12 月 1 日警察第二次出现在他家里,他否认涉案,遭到警察一记肘击。警方为了避开辩护律师介入,以"参考人"身份将菅家利和押送到警察局"强制到案说明",以恐吓、疲劳轰炸方式进行审讯,并假称已经取得充足证据,威胁他说"你绝对逃不掉的",如果不自白必受死刑判决。警方认为菅家利和年逾不惑却还单身,性功能必有障碍,或有恋童癖,因此有杀人动机。在夜晚,菅家利和在恐惧和无助的情况下承认三起案件皆他所为,警方在获取口供之后宣布破案。

菅家利和的智商实际上在正常与否的边缘,不幸的是,该案主要依靠菅家利和的自白认定。菅家利和案件的起诉是 1991 年 12 月 21 日,菅家利和曾给家人写信喊冤(共写了 14 份)。律师在法庭上询问何意,菅家利和称无罪。律师的一句话,让菅家利和听后哭了:"你想让审判再来一次?"第二天,律师到羁押场所会见菅家利和核实情况,为了照顾律师情绪,菅家利和向法官再度承认杀人。检察官要求判处无期徒刑。此后菅家利和再次对律师称无罪,但是无济于事。

尽管菅家利和在法庭上改称自己无罪,法院依据其自白和检方提供的 DNA 鉴定报告,经过长达一年半的审理后判决其有罪,并处以无期徒刑。菅家利和提出上诉,2000 年 7 月 17 日,日本最高法院驳回上诉,判决定谳。

这起案件终获平反,得益于日本律师界的救援行动。该案一审时已经引起社会质疑,人们对警方侦查产生怀疑。

2008 年 12 月 24 日,东京高等法院同意再次鉴定,鉴定结果表明菅家利和是清白的。2009 年 6 月 4 日,东京高等法院根据新的 DNA 检测结果将菅家利和释放。此案经过再审,在 2012 年 3 月 26 日最后辩论中,检察官当庭声称被告人无罪并向菅家利和道歉,法院也确认其清白并代表司法机关向菅家利和道歉。

菅家利和得到期盼已久的无罪判决,但是自逮捕到服刑中得到释放,他永远失去了 17 年半的自由时光。菅家利和及其辩护律师佐藤博史著成《冤罪》一书,将此案诉讼过程原原本本加以重现,为这起冤案留下记录。①

佐藤博史律师在台北举行的冤狱平反协会年会上介绍此案时,指出在侦查、起诉和审判过程中,该案存在的疑点被忽视了:

(1) 18公斤的小孩子多大年龄可以坐脚踏车后座。大家没有养小孩的经验,没有发现菅家利和自白有不自然的部分。

(2) 警察进行了十分细致的侦查模拟工作,并拍下系列照片。实际上,菅家利和只不过把自己与充气娃娃自慰的过程重演而已。但在DNA确认无辜之前,没有人注意到这个过程显示的菅家利和对于案件作案手法的无知。

(3) 菅家利和将死者衣服丢到河里的过程存在疑问,却没有引起警觉。

(4) 侦查讯问存在一定问题。足利事件的十五卷侦讯录音带(25个小时)。其中1992年12月7日检察官问:"希望你今天能够用自由的心情,放轻松说,没有做的就没有做,没关系。"这问话本来是对的,但是接下来是不停地追问:"嗯,然后呢?然后呢?""现在问的是,实情到底如何呢?"在反复追问之下,菅家利和哭着自白,随后又否认,接下来又承认,颠来倒去有几次。自白与人的想象创造力的关系值得注意。无辜者的有罪供述,事后发现细节、事实情节都很逼真,实际上却是假的。这是在司法审判中判断者最难避开的陷阱。菅家利和案件带来的启发是:其一,侦查人员的确信制造虚伪自白;其二,侦查人员应当与嫌疑人建立信赖关系,采取开放式提问(如检察官开始的讯问),不要用封闭式问法。

(5) 在侦查中,有利于被告人的事实被忽视了。没有迹象表明菅家利和有恋童癖,他存有的100多个A片,都是成年人性爱光碟,警察对他进行了长达1年的跟踪监视,没有发现他与小女孩接触,若要认定菅家利和有恋童行为,实属证据不足,但DNA检测结果让人们忽略了这一点。

经过17年,足利案等来了无罪的再审判决。这个案件致错原因之一是DNA检测结果,最终也借助更加精确的DNA检测揭示这个案件在认定基本事实上的错误。DNA被誉为"让(被告人)否认(犯罪)崩溃的科学力量"。佐藤博史律师指出:日本也曾存有DNA神话,后来一些失败的案例让这一神话崩坏了。

---

① 〔日〕菅家利和、佐藤博史著:《冤罪——一个冤案被告对警察、检察官和法官的控诉》,王信仁等译,台湾国际角川书店股份有限公司2013年版,第11—13页。

第四节　日本冤狱的病灶

日本律师森炎感叹:"毫无疑问,冤罪是一种绝对的不正义。"①

多种因素造成冤错案件发生,许多因素非蒙冤者可以左右。浜田寿美男指出:

> 也许你会说我绝不会去做触犯法律的事情。即使如此,你也不能根据自己的意愿就能够避免自己成为犯罪嫌疑人。同样,冤案也不是仅靠个人的决心就可以躲避的。也有人会说,我不做那些有可能被人冤枉的暧昧的事情,或者即使被人冤枉也会坚决抵抗。可是现实生活中的冤案并不那么简单。因为造成冤案的原因大半不在于我们自己身上,而在于我们周围的环境。②

在东亚诸国中,令人最感兴趣的是日本。日本人是认真的民族,有太多的实例可以印证日本国民的这个特点。即使如此,在日本也存在冤错案件。日本究竟存在多少这样的案件,显然是难以精确统计的。浜田寿美男认为:"推测这些冤案数目极其困难,只能说其大概。以'因无辜的罪名而受苦'为冤案,我试想冤案的发生一年不下数百件。当然,根据如何定义冤案,其数目浮动较大。"③他认为:"日本在一年里做出确定判决的刑事案件数,包括建议起诉的轻微案件在内,最近达到110万件。其中,确定无罪的案件每年有50余件,所占比率是0.005%。从统计学上来说,这是可以忽略的极小数目。但是,对于包括在这一极小概率里的人来说,这是一件左右自己人生的重大事件,叫他们忽略这些事件是无法做到的。除这些确定无罪的人以外,放弃公诉以及免诉的案件,一年有500例左右,这些案件中也包括实质上等于无罪的众多案件。"④追问这些冤错案件发生的原因,不难发现,这些原因与刑事司法中存在的各种问题相关。

日本刑事司法中存在的问题,与中国很像。可以说,日本是中国的一面镜子,在这面镜子里,我们可以照见自己。有些司法问题,两国都存在,有的只是程度的不同。日本司法一些深层原因容易促成冤错案件的发生,这些问题在中国同样值得重视:

---

① 〔日〕森炎著:《冤罪论》,洪维德等译,商周出版公司2015年版,第15页。
② 〔日〕浜田寿美男著:《自白的心理学》,片成男译,中国轻工业出版社2006年版,第2页。
③ 同上书,第6页。
④ 同上书,第6—7页。

一、司法官僚制的弊害

在日本,存在司法官僚制的弊害,日本学者有不少研究和批判。日本通过"大津案"牢牢确立了司法独立观念,但这种独立性排除了对司法的外部干预,并没有祛除内部统制——日本最高法院掌握着下级法院的人事权及其他司法行政权,下级法院法官的独立常常受到来自司法机构内部的干涉。"最高法院的事务总局事实上掌握着下级法院法官的人事权及其他司法行政权,这样就形成了一个以最高法院为首的封闭式的司法官僚化的体系。在这个体系中,由上级法院特别是最高法院事务总局通过行使人事权来干预或侵害下级法院法官独立的问题便不可避免地产生了。"[1]"从1956年开始在法院系统内部建立了对法官的职务评定制度。这种评定的好坏自然会影响到法官本人将来的迁升,对法官的职务评定与行政机关的公务员的职务评定相似,上司法官尤其是法院院长起很大作用。这些对法官评定材料还要全部汇总到最高法院人事局。这样,日本法院的法官实际生活在一种'官僚的升迁机构'之中。"[2]

日本司法体制中存在官僚制问题,还有一个原因:"在法官和律师之间的相互关联方面,各国存在着一元制和二元制两种制度。在英美等普通法系国家,法院的法官一般都从律师中选任。这种制度被称为法官任用一元制。而在德国、法国以及意大利等欧洲大陆法系国家中,法官是直接培养的,一般不从律师中选任。后一种制度则被称为法官任用二元制。法官任用二元制也被称为'生涯制',或称'官僚法官制'。"[3]两相比较,"按照日本律师界的见解,'官僚法官制'有很多弊端,如从司法修习生直接被任命为法官的人通常没有什么社会经验,与一般的国民特别是下层的人民缺少密切的接触,而且由于长期生活在官僚化的司法系统内,还会逐渐养成为了个人的升迁而迎合上司、人权意识逐渐淡薄等思想倾向"[4]。

二、精密司法(检察官司法)

在日本,可以与中国进行对比的还有精密司法(检察官司法)现象。精密司法意味着无罪判决率极低(例如,在日本无罪判决率大约0.005%)。对于这种无罪率极低的司法现象,日本学者松尾浩也教授称为"精密司法"现象。

---

[1] 龚刃韧著:《现代日本司法透视》,世界知识出版社1993年版,第33页。
[2] 同上书,第36页。
[3] 同上书,第45—46页。
[4] 同上书,第47页。

司法之所以如此,是因为"与强调当事人主义及以法庭审判为中心的美国相反,日本的刑事程序的重点是在侦查阶段,而不是在法庭的审判阶段。"①表现是,"在日本,警察和检察官一般要对嫌疑犯进行彻底的调查,只有在检察官认为证据十分充足并确信能够获得有罪判决时才提起公诉。在审判阶段中,法院还常常以被告人同意、证人丧失记忆或者供述有矛盾等为理由,频繁地将检察官在侦查阶段做成的供述调查书作为证据来使用。在这种基础上,日本刑事司法实践中出现了一个非常令人惊奇的现象,即由日本检察官提起的公诉经法院审判确认无罪的百分比相当低,而确认有罪的百分比相当高。"这一现象,有不同学术标签,"对于日本刑事司法的这种特色,日本刑诉法学者松尾浩也教授用'精密司法'这一概念来表示"。也有学者用更为直白的概念来称呼这一现象:"另一刑诉法学者田宫裕教授则认为表面上日本是效率高的追求真实性的诉讼,有精密司法的特点,但实际上精密司法只不过是'检察官司法'的别名而已。"②

精密司法与冤错案件的关系在于,这种司法状态意味着无罪辩护要获得成功异常艰难,"最近十年的统计表明,最终确定有罪的案件超过99.9%,这一异常高的有罪率反而会使人提心吊胆。因为我们无法确保这里面不包括无辜的人"③。司法官却会因为这样高的有罪判决率而失去对于误判可能性的警觉,长此以往形成被告人几乎都是有罪的刻板印象,影响裁判的公正性。

三、调查书审判

与中国一样,日本公审程序的特色是偏重书面调查,称为"调查书审判"。"调查书审判"即审判过程中偏重调查司法警察或检察官做成的各种调查书。对于调查书中心主义,日本教授平野龙一认为,日本法院的公审往往是走形式而已,法官主要在办公室或者自己的住宅中根据这些调查来进行判断。他认为,除非采用陪审制或参审制,日本的"刑事审判是相当绝望的"④。

龚刃韧教授介绍说:"在日本法院,除一部分案件外,一般多依存书证。在没有争议的案件中,又常以供述不可能或供述不一致为理由,大量使用侦查机关做成的各种书面证据。"⑤他分析道:"造成'调查书审判'现象的原因主要有:首先,在侦查阶段已准备了充足的证据,而且侦查机关又很详细地做成各种笔录。其次,日本法官和其他司法关系者并不把法庭当作搞清事实

---

① 龚刃韧著:《现代日本司法透视》,世界知识出版社1993年版,第48页。
② 同上书,第48—49页。
③ 〔日〕浜田寿美男著:《自白的心理学》,片成男译,中国轻工业出版社2006年版,第9页。
④ 龚刃韧著:《现代日本司法透视》,世界知识出版社1993年版,第51页。
⑤ 同上书,第126页。

真相的适当场所,而宁愿在法庭之外的别处通过安安静静地阅读调查书来取得心证或作出判断。这样,日本的法庭只不过是举行仪式的地方。"①这种做法使法律规定的传闻法则遭遇过多的例外适用而不能得到应用,审判变得空洞化。我国刑事司法没有建立传闻法则,与日本相比,更有所不及。

四、无罪推定徒有虚名

无罪推定是现代刑事诉讼的基本原则,在日本这种法治成熟的社会,早已是法律界乃至社会的共识。话虽如此,无罪推定原则是知易行难的,即使在日本,"从法律的适用状况以及社会现实来看,无罪推定是徒有虚名的,有罪推定才更符合实际情况。"②法官和检察官以及警察内心存在的被告人、嫌疑人有罪的预断使无罪推定原则成为一种伪善。不被信任,使辩护一方防御的努力付之东流;偏见,使有利于被告人、嫌疑人的证据被视而不见。法官对"被告人是有罪"的信念异常强固,"对于审判员来说,坐在眼前的被告席上的人大部分都是有罪的。基于这一期望值,审判员倾向于有罪推定的危险性实际上非常大。"③

五、刑事错案的其他原因

日本的冤错案件还有许多具体原因,"若干原因错综复杂地交织在一起,要解开这些原因是一件不容易的事情"④。许多国家冤错案件的常见原因,在日本同样存在,例如:被害人的指认错误是经常发生的;鉴定错误也屡见不鲜,浜田寿美男指出"冤案经常伴随着鉴定问题。但是,在很多情况下,问题并不在于纯粹的科学鉴定本身,而在于侦查与鉴定成为一体,科学鉴定被卷进用语言编造出来的故事的旋涡之中。如果鉴定机构不与侦查机关独立,鉴定不与已抱有特定嫌疑的侦查分开进行,那么就无法避免事先把所希望的结论考虑在内的'权宜主义'鉴定的危险性。"⑤有些冤错案件与被告人自身原因有关;特别需要注意的是,有的嫌疑人被迫承认犯罪之后,在法庭审判期间竟不推翻自己的不实供词,日本渡部保夫教授根据自己长期担任法官的实际经验以及研究,得出结论:通常高龄者、智能低下者、意志薄弱者、具有强烈劣等感者、语言障碍者、容易自暴自弃者、自罚感较强者,侦查中意志长期被压抑而供认有罪者,在审判中如果提示他若干证据表明其有罪,还会莫名其妙

---

① 龚刃韧著:《现代日本司法透视》,世界知识出版社 1993 年版,第 126 页。
② 〔日〕浜田寿美男著:《自白的心理学》,片成男译,中国轻工业出版社 2006 年版,第 7 页。
③ 同上书,第 10—11 页。
④ 同上书,第 13 页。
⑤ 同上书,第 158—159 页。

地坚持原来不实陈述。① 后藤昌次郎在《冤罪》一书中介绍了清水局事件、青梅事件和弘前事件等三起冤错案件,指出冤错案件成因是带有偏见的侦查、捏造证据、隐灭证据和提供伪证,法官存在预断与偏见。② 这些从实际案例获得的认识和得出的结论,相当扎实。

对于刑事司法中存在的各种问题,日本法学界有不少讨论,一些学者提出了一些司法改革建议,以减少冤案和改善人权状况,例如:

(1) 废除代用监狱制度;
(2) 禁止别件逮捕;
(3) 建立值班律师制度;
(4) 无法删改的特殊录音装置。
(5) 建立中立的鉴定机构;
(6) 建立陪审制或参审制。
(7) 改变调查书审判的状况,强化公审中心主义和口头辩论主义,严格判断自白任意性和信用性,严格适用传闻法则。③

日本最高法院也对建立陪审制或参审制颇感兴趣,派出法官去考察外国有关制度,后来日本终于采行属于国民参与司法的裁判员制度。不过,团藤重光评论说:"社会上也有人认为采用陪审制度便可以防止事实误认,我想那是太乐观的想法了(假如要在日本采用陪审制度,大概只有可能采用法官以外的陪审员一起做事实认定也做法律辩论的参审制度,不过那样也不可能完全防止误判的)。"他举美国影片《十二怒汉》为例:"电影的内容是,亨利·方达所扮演的一位陪审员,单独一个人以非常强劲的信念,为彻底坚持正确的审判而坚持到底,如果没有他在,不知后果会如何。犹如该影片所象征的,陪审裁判也容易发生那样的事情。按照影片里的故事,在十二个陪审员之中幸好有一位富于正义感并且头脑明晰,善于展开具说服力的辩论的人存在,不然大抵的陪审员碰到那样的状况,又不是自己的事,恐怕都会放弃吧。"④

这些建议对于我国法律界人士思考减少冤错案件发生颇为有益。我们将目光投向日本,除了注意其法制先进和司法优良的地方以外,多留意其制度和司法中的不足,也大有价值。从域外法制缺陷和司法中存在的问题,以及对于这些缺陷与不足的检讨中,我们可以学到很多东西,可以作为我们改良法制与司法之资。

---

① 龚刃韧著:《现代日本司法透视》,世界知识出版社1993年版,第131页。
② 〔日〕后藤昌次郎著:《冤罪》,日本岩波书店1979年版,第216—230页。
③ 龚刃韧著:《现代日本司法透视》,世界知识出版社1993年版,第130—132页。
④ 〔日〕团藤重光著:《死刑废止论》,林辰彦译,商鼎文化出版社1997年版,76页。

第二编

中国式错案:病因分析

讼狱乃居官之首务,培阴骘,灭天理,皆在于此,不可不慎也。躁急污暴,固乖天和;淹滞因循,亦伤民命。一人兴讼,则数农违时;一案既成,则十家荡产;岂故之细哉!余尝谓为官者,不滥受词讼,即是盛德。且非重大之情,不必羁候;若无疑难之事,何用徘徊?即或邻里愚民,山村豪气,偶因鹅鸭之争,致起雀角之忿,此不过借官宰之一言,以为平定而已,无用全人,只须两造,笞杖立加,葛藤悉断。所谓神明之宰非耶?

　　每见今之听讼者矣:一票既出,若故忘之。摄牒者入手未盈,不令消见官之票;承刑者润笔不饱,不肯悬听审之牌。曚蔽因循,动经岁月,不及登长吏之庭,而皮骨已将尽矣!而俨然而民上也者,偃息在床,漠若无事。宁知水火狱中,有无数冤魂,伸颈延息,以望拔救耶!然在奸民之凶顽,固无足惜;而在良民株累,亦复何堪?况且无辜之干连,往往奸民少而良民多;而良民之受害,且更倍于奸民。何以故?奸民难虐,而良民易欺也。……

——蒲松龄:《冤狱》

第一章　中国式错案的公式

错案犹如一个模子刻出来的。将若干错案放在一起观察，发现共性不少，将其中铸成错案的原因抽离出来，发现它们之间存在联系，如同冤错案件存在公式一般。一旦条件符合，错案就会"自我复制"，再度发生。

第一节　错案的"自我复制"

西方人曾言："每个人都是名人，只是出名范围大小不同而已。"

草根阶层的人成名方式之一，是成为错案的被害人。一个名叫赵作海的人本来名不见经传，一夜之间成为新闻人物。他出名，全因错案悲剧。

事情的起因是：1997年10月，河南省商丘市柘城县老王集乡赵楼村村民赵作海和赵振裳因故产生仇隙，赵振裳失踪。1999年5月，赵楼村村民在淘井时发现一具无头、无四肢男尸，误认为是赵振裳。警方将赵作海列为重大嫌疑人，展开侦查。2002年11月，商丘市人民检察院提起公诉。同年12月，商丘市中级人民法院经过审理，以故意杀人罪判处赵作海死缓（后改判有期徒刑）。

2010年4月30日，赵振裳回到赵楼村。据他说，当年打架后，他以为用刀把赵作海砍死了，就一直在外流浪。因去年患偏瘫，无钱医治，才回到村里。他一回来，赵作海冤情曝光。2010年5月9日，赵作海被无罪释放。此案一经报道，舆论大哗，错案再次被放大，在舆论面前受到严格审视，这起冤案，立即让人们联想起湖北佘祥林案件，两者都是标准的错案。

在我国，近年来披露的冤错案件似有规律可循，几乎都是按照同一模式而铸就的。一桩标准的错案是循着这样的公式展开的：

合理的怀疑＋刑讯逼供＝错案＋发现真凶/"亡者"归来＝发现错案

冤错案件，除非故意铸成，其发生，起初都有某些不利于被冤枉者的情况或者证据。人们对被冤枉者犯了罪的怀疑有一定合理性，但仅仅是怀疑而已，要证明其有罪，需要进一步收集证据。许多悲剧就在这个环节开始了：刑讯被认为是突破办案瓶颈、迅速推进诉讼进程的不二法宝。自古及今,三木之下,何求而不得,再硬的汉子,胁以严刑,五毒备施,不怕他不招。问题是,被合理怀疑犯了罪的人,有的是无辜者,严刑逼供的结果是使这些无辜者违心承认自己没有犯过的罪。当无辜者最终被送上法庭定了罪,人们都还认为执法司法机关又为民除了一害,正所谓"虽咎繇听之,犹以为死有余辜"①。直到真正的罪犯落网,被冤枉者(有的已经成为冤魂)的清白才得以重见天日。

在错案的公式中,刑讯起到的是关键作用,意大利法学家切萨雷·贝卡利亚在《论犯罪与刑罚》(1764年)中曾言:"痛苦的影响可以增加到这种地步:它占据了人的整个感觉,给受折磨者留下的唯一自由只是选择眼前摆脱惩罚最短的捷径,这时候,犯人的这种回答是必然的,就像在火与水的考验中所出现的情况一样。有感性的无辜者以为认了罪就可以不再受折磨,因而称自己为罪犯。罪犯与无辜者间的任何差别,都被意图查明差别的同一方式消灭了。"②

这一公式虽然简单,但许许多多冤错案件,含冤受屈的人各异,但他们经历的悲剧却都循着同一公式展开。远的如宋元话本中错斩崔宁,近的如云南昆明杜培武案件,莫不如此。

第二节 个案观察:杜培武案件

1998年4月20日19时左右,昆明市公安局通讯处警员王晓湘和石林县公安局副局长王俊波被人双双枪杀在一辆白色、牌照号为云OA0455的昌河微型警车上,尸体随车被人移动并弃置于昆明市圆通北路40号一公司门外人行道上。昆明市公安局刑侦支队组成专案组受命侦破此案,负责侦查此案的是刑侦支队副政委秦伯联、刑侦三大队大队长宁兴华。经过排查,王晓湘的丈夫、昆明市公安局戒毒所民警杜培武有重大杀人嫌疑。在侦查过程中,公安机关对现场一系列物证进行了鉴定,对杜培武进行了测谎,并获得杜培武的有罪供述。1998年7月2日,杜培武被刑事拘留。8月3日,昆明市人民检察院批准逮捕。③

1998年10月20日,昆明市人民检察院向昆明市中级人民法院提起公

---

① 路温舒:《尚德缓刑书》,载《古文观止》,崇文书局2010年版,第243页。
② 〔意〕切萨雷·贝卡里亚著:《论犯罪与刑罚》,黄风译,方正出版社2004年版,第37页。
③ 殷红:《杜培武冤案反思:警察对警察的刑讯逼供》,载http://news.enorth.com.cn/system/2001/07/20/000096950.shtml,最后访问时间:2022年8月15日。

诉，认定杜培武构成"故意杀人罪"。起诉书称：被告人杜培武因怀疑其妻王晓湘与王俊波有不正当两性关系，对二人怀恨在心，1998年4月20日晚18时许，被告人杜培武与王晓湘、王俊波相约见面后，杜培武骗得王俊波随身携带的"七·七"式手枪，用此枪先后将王俊波、王晓湘枪杀于王俊波从路南（现为石林彝族自治县）驾驶到昆明的云OA0455昌河微型车中排座位上。作案后，杜培武将微型车及两被害人尸体抛置于本市园通北路四十号一公司门外人行道上，并将作案时使用手枪及二人随身携带的移动电话、传呼机等物品丢弃。以上犯罪事实，有现场勘验笔录、尸检报告、枪弹痕迹检验鉴定书、查获的杜培武所穿长袖警服衬衣及衬衣袖口射击残留物和附着泥土、作案车上泥土的鉴定和分析报告、有关的技术鉴定结论和证人证言等证据为证，被告人亦有供述在卷。

1998年11月18日杜培武收到《起诉书》，12月12日向昆明市中级人民法院提交《陈述书》。在《陈述书》中，杜培武指出"公安人员违法办案"，对他刑讯逼供，公诉书"指控证据不足"，并着重就"射击残留物"及"附着泥土"作出说明，称衣袖上的"射击残留物"是他年前参加打靶时留下的，打靶后衣服没有洗过。杜培武还质疑说，如果真是他作案，起诉书称作案后将"手枪及二人随身携带的移动电话、传呼机等物品丢弃"，那么，为何不把衣服一起丢弃？杜培武认为他衣服上的泥土与本案没有内在联系，只有表面近似的联系，不能充分肯定本案中的泥土就是他衣服上的泥土，如果泥土只是"类同"是不能作为作案证据的。

1998年12月17日，昆明市中级人民法院开庭审理"杜培武故意杀人案"。法庭上，辩护律师对指控提出质疑，公诉人要求补充取证，第一次庭审宣布休庭。1999年1月15日再次开庭审理。1999年2月5日，杜培武被昆明市中级人民法院以故意杀人罪一审判处死刑，剥夺政治权利终身。

杜培武对判决不服，向云南省高级人民法院提出上诉，声称他是被刑讯才违心承认杀人。1999年10月20日，云南省高级人民法院认为案情存在疑点，改判杜培武死刑、缓期2年执行，剥夺政治权利终身。11月12日，杜培武被押送云南省第一监狱服刑。

以昆明市铁路公安处东站派出所在职民警杨天勇为首的重大杀人劫车、盗车系列案告破，1998年杀害王俊波、王晓湘才得以真相大白，杜培武案件才得以昭雪。2000年7月6日，杜培武被云南省高级人民法院再审改判无罪，予以当庭释放。云南省高级人民法院《刑事判决书》确认："被害人……被枪杀……的事实，已有由公安机关提供并经本院查证属实的新的证据证明非杜培武所为。原审判决认定杜培武犯罪的证据已不能成立。"7月11日昆明市公安局以昆公监发〔2000〕12号文件恢复杜培武的公职,同时恢复其党籍及工资福利待遇。

2000年11月17日,昆明市政法机关在昆明市体育场举行杨天勇特大杀人劫车团伙案公判大会,7名主犯被押赴刑场,执行枪决。

一、杜培武案件的侦查:刑讯与外围取证

1998年4月22日14时左右,杜培武被抓到昆明市公安局刑事侦查支队四楼的一间大办公室。17时,专案组将其押走审讯。从专案组审问中,杜培武得知其妻子与另一位警察王俊波一同遇害。

被害人王晓湘、王俊波被杀后,公安机关在发案现场提取了留在面包车内的泥土、烟蒂、血迹及其他物证,随即展开进一步收集证据的工作。

1. "狗鉴定"。警方安排10只警犬(其中三只为全国功勋犬)对杜培武进行了43次气味鉴别,41次认定杜的气味与"昌河"车上的气味同一,证明杜培武在案发前后驾驶过该车;通过昆明警犬基地、昆明市公安局、玉溪公安局、曲靖公安局和南京市公安局的近11头警犬43次对面包车内痕迹气味与从杜培武身上提取的嗅源及其他无关嗅源进行鉴别比对,除一头两次无反应外,其余41头次对杜的气味均反应强烈,证明"二王"被害现场有杜的气味。

2. 拉曼光谱测试。云南省公安厅刑事技术研究所、云南工业大学利用显微拉曼光谱对杜培武所穿衣服进行分析,在衬衣袖口检出射击残留物。地质矿产部云南省中心实验室通过扫描电镜检验,云南工业大学通过拉曼光谱测试,认定杜培武衬衣上的泥土、衬衣内人民币上面的泥土与被害现场面包车内的泥土物质成分相同,与发案当晚杜培武所在场所的泥土不同。

3. 测谎。获得上述结论并了解到杜培武在案发当晚有一段时间无人能证明其去向,警方认为其作案嫌疑上升。6月30日上午,鉴于杜培武不承认自己杀过人,办案人员将杜培武从羁押地——戒毒所带到昆明市中级人民法院进行CPS心理测试,昆明市中级人民法院一男一女两名工作人员对杜培武进行了测试。测试进行了一整天,他们列出若干组题目要杜培武回答,内容和案件有密切联系的是:"4月20日晚你有没有离开戒毒所?""是不是你上车开枪把他们杀死的?""是不是你用王俊波的枪把他俩杀死的?"杜培武据实作了回答。测谎仪在一些问题上认为杜培武所说均为谎言,经两次心理测试,结论显示杜说不知道本案之说谎可能在90%以上(即杜培武已知道"二王"被杀害,但他在测谎时说自己不知道。在本案侦查中,专案组要求严格控制案情的扩散范围,严格保密,推测若杜培武没作案就不可能知道案情。事实上,杜培武是从办案民警审讯中知道了本案的一些情况),否认自己开枪的

说谎可能有30%（按照测谎理论，这样的数字不能认定杜培武开了枪）。对杜培武进行的测谎得出结论：杜培武应当知情或者参与作案。

4. 刑讯。警方人员将杜培武带到专案组并反复讯问，追问其4月20日的活动情况，接连3天3夜不让他睡觉以逼取口供。在掌握"客观证据"后，侦查人员加强了对杜培武的审讯，其手法是长期戴手铐、脚镣，长时间不让其睡觉，刑讯逼供。6月30日晚到7月19日，刑讯升级，审讯人员用高压电警棍逐一电击他的脚趾和手指。审讯人员跟杜培武同为警察，用刑时先对杜培武说一声："对不起了！"下手仍旧狠毒。据杜培武陈述，他遭受办案者野蛮残暴的刑讯，超出人体生理极限和心理忍耐极限，只能被迫承认自己实施犯罪。他违心根据审讯人员的指供，对"犯罪情节"逐步作了供述，供述了对"二王"私情关系怀恨在心以及如何骗枪杀人、怎样抛尸、如何选择第一现场……7月19日，杜培武被送到昆明市第一看守所关押，在向在押犯了解看守所民警不会打人的情况后，杜培武于7月28日分别向驻所检察官和昆明市人民检察院提出《刑讯逼供控告书》，并向驻所检察官展示他手上、脚上、膝盖上受刑被打后留下的伤情，次日（7月29日），该检察官当着两名管教干部及上百名在押犯的面为杜培武验伤、拍照。昆明医学院法医技术鉴定中心鉴定结论是，刑讯逼供导致杜培武双手腕外伤、双额叶轻度脑萎缩，已构成轻伤。

5. 专家判断。专案组从北京请来的"刑侦专家"认为杜培武的作案嫌疑不能排除。

6. 非法拘禁。从4月22日下午到5月2日，连续10天，杜培武被留置讯问。他多次向办案民警索要留置手续，对方只给他一张《传唤证》。杜培武说，一张《传唤证》最多只能留置12个小时，怎么可以关他10个昼夜？办案人员说："想扣你，就扣你，要什么法律手续？"①

7. 可疑证据。公安人员涉嫌虚构现场"刹车踏板""油门踏板"上有足迹附着的泥土的证据。辩护律师指出，《现场勘查笔录》及《现场照片》仅记载离合器踏板上附着有足迹遗留泥土，没有"刹车踏板"及"油门踏板"也附着足迹遗留泥土的记载，由警犬用杜培武鞋袜气味和"刹车踏板""油门踏板"上附着的足迹遗留泥土作气味鉴定，结果是"警犬反应一致"就存在疑问。②

8. 监督缺位。检察机关一开始就介入侦查，指认现场等侦查活动有检察官在场，受害人向检察机关申诉过警方有刑讯行为，驻监所检察官曾为此拍过照片和取证，但这些细节都未引起重视。当纠错希望和机会转到法院

---

① 《昆明杨天勇案7主犯伏法 民警杜培武冤案昭雪》，载新华网 http://news.sina.com.cn/c/147037.html，2000年11月17日访问。

② 同上。

后,杜培武当庭申诉遭到刑讯逼供,未受到注意。杜培武曾把血衣带到法庭,以证明刑讯逼供的存在;其辩护人要求控方出示杜培武伤情照片,检察机关不予回应。①

有利于杜培武的事实被忽视:一是杜培武没有作案时间,1998年4月20日上午7时20分,杜培武乘戒毒所的车去戒毒所上班(戒毒所距杜培武居住的市公安局宿舍约20多公里)。8时30分,杜培武到达戒毒所。当时杜培武正准备报考中央党校法律本科,全天都在办公室复习。下班后他到食堂吃饭,当时有本单位的同事在场。饭后还和同事高玉才在办公楼下的石凳上聊天。19时许,他又到办公室复习,因当晚办公室要放录像,杜培武怕影响复习就从办公室拿了学习资料回宿舍复习,他出办公室所在地强戒部的门口时(约19时40分)还碰见另一名同事李颖,回到宿舍约20时,一直在宿舍直到21时多才从宿舍出来,拿着杯子到食堂取牛奶,又碰到同事黄建忠,和黄建忠聊了一会儿,之后到戒毒所大门口打电话回家,问保姆其妻王晓湘回家没有,保姆说没有,杜又打两个传呼找王晓湘,也没有回音。此后杜培武回到宿舍,又用手机打了几个传呼给王晓湘,仍无回音。二是杜培武被捕之前一直在寻找王晓湘,21日杜培武上午一上班又打电话到王晓湘单位(昆明市公安局通讯处)问王晓湘下落。杜培武担心妻子出事,便开始寻找,同时把情况向戒毒所领导作了汇报。他担心妻子出车祸或者碰到意外事故,为此打电话到所有交警队查询有无交通事故,还通过市局情报资料处查询全市是否出现过不明尸体的情况。当天下午通讯处王晓湘领导、戒毒所杜培武领导都来到杜家,帮助他寻找,但依然没有消息。随后杜培武向"110"报案。② 三是经辽宁省刑事科学技术研究所对遗留在现场面包车内烟蒂进行DNA鉴定,未发现杜培武的细胞,证明这些烟蒂不是杜培武所留。

二、杜培武案件的审判:枉然辩护

1998年12月17日,昆明市中级人民法院开庭审理"杜培武故意杀人案"。开庭不久,杜培武就向法庭展示他手腕、膝盖及脚上被办案人员殴打留下的伤痕,当庭控告办案人员对其刑讯逼供,并要求公诉人出示驻所检察官7月29日在看守所为他拍下的可证明其遭受刑讯逼供的伤情照片,但未得到理睬。杜培武的辩护律师为他作无罪辩护,两位律师提出以下辩护意见:

---

① 殷红:《杜培武冤案反思:警察对警察的刑讯逼供》,载 http://news.enorth.com.cn/system/2001/07/20/000096950.shtml,最后访问时间:2022年8月15日。
② 《昆明杨天勇案7主犯伏法 民警杜培武冤案昭雪》,载新华网 http://news.sina.com.cn/c/147037.html,2000年11月17日访问。

第一,指控被告人杜培武犯有故意杀人罪的取证程序严重违法。包括:刑讯逼供后果严重,警方有伪造证据之嫌。

第二,本案没有证据证明杜培武具备故意杀人的主观动机。辩护律师通过一些人证实:杜培武与王晓湘关系尚好,并不知道"二王"之间有何特殊关系。因此,杜培武"预谋杀人"的可能性极小。可以断言:认为杜培武犯故意杀人罪缺乏主观要件,不能成立。

第三,在客观方面。没有能够证明杜培武实施了故意杀人行为的证据。包括:(1)杜培武没有作案时间。(2)公诉机关无法说明发案地点,指控杜培武在车内杀人不成立。(3)即使气味鉴定取证程序合法,由于嗅源没有与王晓湘的气味进行鉴别,加上市公安局两条警犬一条肯定、一条否定的"鉴定结论",无法说明杜培武到过车上,更何况在车上杀人。(4)杀人凶器——王俊波自带手枪至今去向不明。这有两种可能,一是杜培武不如实交代,二是杜培武根本不知道枪的去向。公诉机关既然当庭说杜培武过去的交代是老实的,那么,只有后一种可能:杜培武没有作案,因而不知枪的去向。

第四,本案需要证据证明的一些情况,却没有任何证据予以支持,可见本案基本事实不清。

此外,辩护律师还指出,公诉机关出示的杜培武有罪供述笔录,是多达几十次供述中的三四次,其他笔录中杜培武没有作有罪供述,为什么不全部出示?另外,这些有罪供述是在7月5日至7月10日这一时段作出的,在长达8个月的关押时间里,只有在这一周内作了有罪供述,杜培武在此期间到底是处于何种精神状态,是否有刑讯逼供、引诱、威胁等情况存在,不能不让人质疑。此外,在四份有罪供述中,杜培武表述同一犯罪事实互相矛盾,如杀人过程、弃物地点、杀人手段、杀人时间、杀人地点均不一致,这样的供述岂能采信?此外,公诉机关出示的认为能证明杜培武犯罪的鉴定,如泥土、射击残留物、气味鉴定不仅均存在取材时间、取材地点不具备法定条件的问题,而且与勘验报告等材料描述的情况也不相符,不能作为证据使用,不能据此认定被告人有罪和处以刑罚。另外,在本案的勘验、鉴定中,没有见到证人的签名或盖章,也没有看到犯罪嫌疑人得知鉴定结论的说明。辩护律师认为本案取证程序违法,现有的证据不能作为定罪量刑的依据。

1999年1月15日再次开庭审理前,杜培武悄悄将他遭受刑讯逼供时打烂的衣服藏在腰部,利用冬季穿衣较多的有利条件,外罩一件风衣将这一证据带进法庭。开庭不久,他再次提出刑讯逼供问题,要求公诉人出示照片。杜培武当着包括法官、公诉人、律师及几百名旁听者的面扯出被打烂的衣服证明他曾经遭到刑讯逼供,证明他过去的有罪供述均是被迫的,依据法律是无效的,但他做的这一切被法庭漠视。

这次开庭,律师又针对公诉人的补充证据及说明为杜培武作了辩护,指出:"控方所进行的补充和说明,不仅没有解决说明其取证的合法,反而更进一步证明了取证违法的事实存在,其所举证据系违法所得,依法不能采信,而且应依法追究违法取证的法律责任。"

昆明市中级人民法院的法官认为律师的辩护是"纯属主观、片面认识的推论,无充分证据予以支持,该辩护意见本院不予采纳"。对杜培武在法庭上没有杀人的申辩,则认为"纯属狡辩,应予驳斥"。①

1999年2月5日,昆明市中级人民法院一审以杜培武犯故意杀人罪判处死刑,剥夺政治权利终身。

杜培武于1999年3月8日向云南省高级人民法院提出上诉,以"杀人动机无证据证实;刑讯逼供违法办案;本案证据不足,疑点重重"为由希望云南省高级人民法院认真审查,不要草菅人命。4月6日,辩护律师刘胡乐、杨松向云南省高级人民法院提出《二审辩护词》针对一审法院作出的判决针锋相对予以辩驳,再次提出:一审以故意杀人罪判处上诉人杜培武死刑,纯属事实不清、证据不足、定性不准、适用法律不当、诉讼程序严重违法。

1999年10月20日云南省高级人民法院作出终审判决。判定:"……的辩解和辩护是不能成立的,本案基本犯罪事实清楚,证据确实合法有效,应予确认……上诉意见和辩护请求本院不予采纳",同时"根据本案的具体情节和辩护人所提其他辩护意见有采纳之处,本院认为在量刑时应予注意"。因此,改判杜培武为死刑缓期二年执行,剥夺政治权利终身。1999年12月8日,杜培武被送到关押重刑犯的云南省第一监狱服刑。

三、对杜培武案件控诉证据的分析

从表面看,本案有充分证据并且这些证据大都是"客观证据""科学证据"。但是,通过对这些证据进行深入分析,可以看出,它们还没有形成一个完整的"证据链";根据这些证据,不能得出杜培武作案的结论具有唯一性,排除其他可能性。

在侦查、起诉和审判阶段,杜都作过无罪辩解,但办案人员一直认为他在狡辩和推脱罪责。这种有罪推定意识影响着他们对证据的收集和审查判断,导致先入为主,最终酿成错案。

对定案证据进行分析可以见到,办案人员强调对土壤成分、射击残留物

---

① 《昆明杨天勇案7主犯伏法 民警杜培武冤案昭雪》,载新华网 http://news.sina.com.cn/c/147037.html,2000年11月17日访问。

进行鉴定得出鉴定结论,这些鉴定结论都是一些"客观证据""科学证据",但事实上,这些证据只是一些种类认定和间接证据,不是特定认定,也不是认定杜培武作案的直接证据。通过对杜培武衣服及口袋内人民币上面的泥土进行分析,认定其成分与作案现场面包车内的泥土相同,是否有这种可能:即面包车所到地方或被害人所去之处恰好杜培武也去了这一地点,并且,该实验没有、也不可能做了完全的排除实验,即作案现场的土壤成分与其他地方的土壤成分均不可能相同。所以,杜培武衣服及口袋内人民币上面的泥土成分与作案现场相同,并不能证明杜培武就一定到了作案现场,更不能进而推断就是杜培武作案。

另外一个使办案人员认定杜培武作案的证据是在杜培武的衣袖上检出了射击残留物,被害人"二王"恰是被手枪打死的。办案人员对杜培武的单位近来是否组织过打靶进行了调查且得出否定结论,不承认杜培武称自己最近打过枪的辩解。根据杜培武的职业特点及接触关系范围,他接触枪支并且打枪是比较容易的事情。在有罪推定的传统侦查思维定式及其他"有罪"证据影响下,杜培武的辩解被简单认定为狡辩。

测谎结论在造成错案中起到推波助澜的作用。在本案中,对测谎器的使用和对测谎结论的评判都存在着一定问题,测谎器的操作者没有特定的主体资格,对测谎结论的评判不科学。在测谎中,杜培武说不知道发案现场,其说谎可能性在 90% 以上;说自己没有开过枪,其说谎可能性只有 30%。从这些测谎结论能够推断,杜培武知道杀人现场,但是没有开枪。但办案人员据此推测,杜培武说了谎。

测谎器又称人体心理生理测试仪,集心理学、生物学、医学、电子技术等多种学科于一身,近年来又将计算机技术结合起来,成为研究人体认知行为和生理心理等反应的仪器。在测试技术比较健全的美国,法律对测谎实验规定了一整套严格的操作程序,例如测谎主体需经过正规测谎学校的学习和训练,获得资格方有权进行测谎实验。只有获得资格的测谎主体作出的测谎结论才有说服力,并有可能被法庭接受。向测谎对象提出的问题即准绳问题、相关问题和无关问题及其编排顺序,需要有一定的科学性,要将其说谎和不说谎的对比反应在测谎曲线上科学地反映出来。从回答者在呼吸、脉搏、血压、皮肤电阻、声带的肌肉震颤等方面的反应,可以测出受试者是否在说谎。所以,测谎结论具有一定科学性,但对测谎结论的证据价值,应当作客观评价,应认识到它的局限性。测谎器靠人来操作,这使得测谎结论不可避免要受到一些人为因素的影响。接受测谎者的心理素质、测谎人员的测谎编题能力以及对测谎图谱的分析水平,测谎器的灵敏度,都可能影响测谎结论的正确性。

在我国司法实践中,已开始使用测谎器,但是,测谎主体、测谎客体、测谎对象、测谎的评分方法及标准、测谎程序及条件、测谎结论的证据价值等理论和实践方面都有明显不足,直接影响着测谎器在司法实践中的运用和发展,也直接影响诉讼质量。因此,在我国,测谎结果没有纳入证据范畴,只是作为侦查辅助手段使用,对诉讼中测谎器的使用亟待规范。

三、平反原因:真凶抓获

2000年4月23日,王春所与一辆汽车同时失踪。

2000年6月14日,一个名叫柴国利的青年人到五华星星典当行去典当一部手机,这是个东北人。他想不到的是,这个典当行是公安机关设置的"特情点"。因怀疑手机来路不明,公安人员将柴国利及其女友张卫华扣留。在讯问中,柴国利答非所问,避重就轻,态度还相当恶劣,扬言要在云南省公安厅厅长接待日控告昆明市公安局。柴国利过分夸张的表现让审讯人员进一步起了疑心,他们认为,若只是一部手机问题,没有必要这样。公安人员加紧搜查、走访被害人家属,同时加紧审讯张卫华。审讯人员抓住柴国利的心理,适时抛漏通过其他途径获得的证据,虚实结合,迷惑对方,经过近三天的审讯,柴国利终于吐实,全面供述了杨天勇团伙杀人劫车犯罪的犯罪事实。办案人员了解到,该团伙持有手枪、手榴弹、军用电雷管、TNT炸药等武器弹药,还喂养了若干只狼狗,他们深知自己一旦被捕,必死无疑,一定会殊死反抗。

6月17日17时5分,通过技术侦查定位,在昆明某茶室以抓赌为名将团伙成员左曙光、腾典东抓获。

18日11时,抓捕组化装成猪贩子,以收猪为名将已经潜回云南楚雄老家的杨明才抓获。

18时20分,以买狼犬为名将肖林引出养狗场(背靠大山,地理位置复杂),加以秘密抓捕。

19日上午,杨天勇外出游玩归来进昆明最后一道卡点被截获。

20日凌晨1时,在昆明开往北京的列车上,乘警得到通报,将察觉到警方行动临时逃跑的肖力抓获。

20日14时,通过手机定位,将主要销赃人员周亭酉抓获。

至此,昆明公安机关破获杨天勇等抢劫杀人团伙案,并缴获王俊波被抢七七式手枪(枪号1605 825)一把。

杨天勇系列杀人劫车、盗车案是1949年以来昆明发生的性质最为严重、手段最为残忍、社会危害性最大的系列刑事案件。1997年4月至2000年5月,该犯罪团伙在长达3年的时间里作案25起,其中杀人劫车9起,盗窃机动车 1 起,共杀死 19 人(包括民警 3 人、现役军人 1 人、保卫干部 1 人、联防队员 2 人①、女性 2 人),杀伤 1 人。获得机动车 21 辆②,其中 V6 三菱车 6 辆、奔驰 S320 轿车 1 辆、尼桑公爵王轿车 1 辆、桑塔纳 2000 轿车 1 辆、微型面包车 7 辆、北京吉普车 5 辆。被害三名警察,其中有王俊波和王晓湘。

四、追责刑讯逼供行为

2001 年 6 月 21 日和 27 日,昆明市五华区人民法院开庭审理两名警官涉嫌对杜培武进行刑讯逼供一案。检察官在起诉书中说,昆明市公安局戒毒所警员杜培武被拘留后,在刑侦三大队办公室,被告人秦伯联、宁兴华采用不准睡觉连续审讯、拳打脚踢或者指使、纵容办案人员对杜滥施拳脚,用手铐把杜吊挂在防盗门上,反复抽垫凳子或拉拽拴在杜培武脚上的绳子,致使杜双脚悬空、全身重量落在被铐的双手上。杜培武难以忍受,喊叫时被用毛巾堵住嘴巴,还被罚跪、遭电警棍击打,直至杜培武屈打成招,承认"杀人"犯罪"事实",指认了"作案现场"。③

法庭审理中,年已 50 岁的秦伯联否认检察官的指控,辩护律师为他进行无罪辩护。秦伯联的辩护律师提出,公诉机关指控的事实不清、证据不足、适用法律不当,秦伯联担任刑侦支队的政委,领导 11 个部门和 200 多名警察,不可能进行具体的审讯工作;秦伯联与被害的"二王"没有任何关系,与杜培武也没有利害关系,因此,在主观上,秦伯联不具备刑讯逼供的直接故意;在客观上,秦伯联及其辩护人承认杜培武遭受过刑讯逼供,但不是秦伯联所为,而是具体办案人员干的,公诉机关企图把这些行为加在秦伯联身上,违背罪责自负原则。秦伯联的辩护人还提出,在杜培武案件审讯过程中,秦伯联没有纠正和预防违法行为,负有一定领导责任,但不构成犯罪。不过,有 3 名警察指认秦伯联叫他们将杜培武吊起来。只是 3 名民警的证词与杜培武的陈述存在出入,杜培武说他先被警察吊起来,呼救后秦伯联才出来。另外,几个参与审讯的警察的证词也相互矛盾,显然他们在互相推诿,都不愿意承认自己吊审过杜培武。

另一名被告人宁兴华的辩护律师提出,公诉机关的指控有部分事实与真实情况不符。没有证据表明宁兴华实施过抽垫凳子、拉绳子和使用电警棍等行为。但是,控方证据能够证明宁兴华有过连续审讯、打耳光、叫人将杜培武

---

① 一说 3 人。
② 一说 20 辆。
③ 殷红:《杜培武冤案反思:警察对警察的刑讯逼供》,载 http://news.enorth.com.cn/system/2001/07/20/000096950.shtml,最后访问时间:2022 年 8 月 15 日。

"升起来"等行为,并存在滥用戒具问题。宁兴华的辩护人认为,这些行为虽然构成刑讯逼供,但与检察官的指控存在差异,其他恶劣行为应该由行为人各自负责。①

最高人民检察院于 2001 年 1 月 2 日颁发《关于严禁将刑讯逼供获取的犯罪嫌疑人供述作为定案依据的通知》(高检发诉字〔2001〕2 号)。该通知的第一段以简练的文字通报了杜培武案件:

> 近一时期以来,一些地方陆续发生了严重的侦查人员刑讯逼供案件。个别地方检察机关在审查批捕、审查起诉过程中没有严格履行法律监督的职责,错误地将刑讯逼供获取的犯罪嫌疑人、被告人供述作为指控犯罪的证据加以使用,最终酿成冤案,造成了极其恶劣的社会影响。特别是云南省昆明市杜培武案,尤为典型。1998 年 4 月,昆明市公安局戒毒所民警杜培武因被怀疑杀害两名警察而受到昆明市公安局侦查人员的刑讯逼供,被迫编造了所谓的杀人事实。昆明市检察院办案人员对杜培武的申诉没有予以充分的重视,便将其批捕、起诉。1999 年 2 月,昆明市中级人民法院一审判处杜培武死刑。同年 10 月,云南省高级人民法院改判为死刑,缓期二年执行。后因抓获真凶,杜培武才被无罪释放。各级人民检察院一定要认真吸取教训,采取有力措施,坚决杜绝刑讯逼供现象的发生,彻底排除刑讯取得的证据,确保办案质量,保护当事人的合法权益,维护司法公正。

2001 年 8 月 3 日,因刑讯逼供而获判有罪的昆明市刑警支队原政委秦伯联、队长宁兴华分别被判处有期徒刑 1 年缓刑 1 年,1 年零 6 个月缓刑 2 年的刑罚。

杜培武获得的国家赔偿不足 3 万元。②

---

① 殷红:《杜培武冤案反思:警察对警察的刑讯逼供》,载 http://news.enorth.com.cn/system/2001/07/20/000096950.shtml,最后访问时间:2022 年 8 月 15 日。
② 《杜培武案》见 http://blog.sina.com.cn/u/489c273c010003bw,2021 年 3 月 28 日访问。

第二章　错案的客观因素：疑似与巧合

第一节　疑　　似

错案多因疑似，鲁鱼亥虎，倘不细查，常铸大错。马锡五曾提到当年陕甘宁边区发生的一起错案：

> 苏发云兄弟三人因曲子县司法处的错误认定谋财杀人一案，将人押了一年之久，没有解决。原来该县司法处发现苏发云家炕上、地下及斧头上都有血迹，便认为苏发云等杀人是事实。经我们多次深入当地调查后，首先，证明苏发云家离杀人现场有二十多里远，如果是在苏家杀死的，以时间计算不可能移送到现场这样远；其次，苏发云与被害人孙某同行及以后分路都有人证明；此外，并查明苏家炕上的血是产妇生孩子的血，地下的血是苏家有人害伤寒时流出的鼻血，斧头上的血是杀羊时糊的血；而孙某的被害，查明是一个拐骗犯杜老五所进行的。①

此案属于疑似案件。疑似者，相似、类似、近似之谓也。疑似可能真的为是，也有可能似是实非，起初办案人员迷惑不解终于信而不疑。苏发云一家受到怀疑，原因有二：一是被害人孙某遇害前曾与苏发云同行；二是苏家地上、炕上有几处血迹。② 苏家卫生状况不可以当代都市人家的标准来衡量，其多处检出的血迹颇为惊人，初看让人疑惑，但一一甄别，却发现均与杀人案件无关。如果不仔细甄别或者甄别不出真相，就会被表面的相似所迷惑，此疑似之过也。

事有相似之处，容易导致误判，清朝嘉庆年间曾发生一起案件，浙江某县，有一乡下人娶媳妇，就在拜堂那天晚上，新郎自洞房出去上厕所，到了半夜，家人都因疲倦而躺下，才听见新郎返回房中。天明时候，家人起床，看见洞房门已打开，询问之后得知新郎早已出门，也没发现有何异常。等到好几天没见新郎归家，家人才觉得奇怪，寻踪觅迹到厕所里，积薪之下，忽然发现

---

① 《中国法制史参考资料汇编》（第三辑），西南政法学院法制史教研室1982年编印，第540页。
② 张希坡著：《马锡五审判方式》，法律出版社1983年版，第33页。

一具尸体，大家一看，正是新郎。众人大为惊骇，诘问新娘，回答说："洞房花烛之夜，新郎进房后，不一会儿就出外上厕所，半夜才进房就寝。天快亮的时候，详细问我金银首饰共有若干，藏在哪里，我一五一十告知他。他说：'我习惯早起。'嘱咐我继续睡，过一会儿听见他已经出去。现在检视首饰，发现都不见了。"家人问那人长什么样，新娘回答："半夜灯影模糊，看不清楚。只看见其右手是六指。"原来，新郎正上厕所时，恰好有贼藏在厕所，本想等夜深出来行窃，既然被新郎发现，担心他喊叫并抓住他，立即上前扼其脖子杀死他。还趁机穿了新郎的衣服，进入洞房，次日早上将财物席卷而去。这时村中有一个六指人，平素品德不良，大家都鄙夷他。家人听新娘一番话，以为一定是这个人作案，于是向官府鸣冤，将六指人逮捕并加以刑讯，六指人挨不过，就违心承认自己杀了人。刑事案件已经审理完成，按照法律论处。新娘因新郎已死，自己又遭侮辱，就自缢死了。新郎的母亲只有这一个儿子，见儿子、媳妇都死亡，也便轻生。过了几年，同郡有人在福建经商，在旅馆遇见一人，一问，正是同乡。那人忽然问他："我们乡有一个新郎被杀的案子，凶手可曾抓到？"那个同郡的人说："案子早就确定了，凶手已经伏法。"那人面露喜色，正要盥沐，不觉自己露出右手。骤然一看，是六指。郡人觉得这事蹊跷，拼命追问他，并告诉他已经有人做了替死鬼，现在就是告诉自己真相也无坏处。那人详细讲出真相，原来那贼与新郎相隔一村，自从杀死新郎后，远远跑到福建去。既然遇到同乡，想要打探消息。郡人答应他不泄露消息给他人，暗中却派人报告本地衙门抓贼，抓到后一问就承认了。福建督抚为之具奏，将案件移送到浙江核办，按照法律处决了罪犯。原审知县以失入人罪而抵罪，自巡抚至知府照例议处，受到处分。① 此案犯罪人生有骈枝，是异乎寻常的体貌特征，找到六指人是破案的关键。不过，此六指人是否彼六指人，却不可不细致甄别。本案有罪者为六指人，早就溜之乎也；受冤者亦六指人，竟被无端怀疑，终于蒙冤丧生。究其原因，除了体貌特征相同外，蒙冤人平日品德不良，也是招致他人怀疑的祸根。

第二节 巧 合

一、天下事，多巧合

　　天下巧合之事多矣，有的巧合令人惊叹，例如 2002 年 4 月 16 日上午，中

---

① 瞿兑之著：《杶庐所闻录　故都闻见录》，山西古籍出版社 1995 年版，第 41—42 页。瞿兑之云："此事见于明人小说《近事丛残》及《万历野获编》，《野获编》载略有出人。"

国国际航空公司的一架飞机在韩国釜山金海机场附近失事。往前推3年，1999年4月16日下午，韩国大韩航空公司的一架大型货机从上海虹桥国际机场起飞3分钟后在闵行区莘庄一个建筑工地坠地爆炸。一个是中国飞机在韩国坠毁，一个是韩国飞机在中国坠毁，虽然事故发生不同年，却都发生在4月16日，不可谓非巧合。

"巧"的意思是"恰合"；合就是"符合"，事之彼此一致，谓之合。我们一生中大概都有过巧合经历，有的巧中生喜，有的巧中生悲，这就成为小说、传奇的好素材。

陈其元《庸闲斋笔记》中有一则题为"童子证明悍匪"的故事，记载的是一件巧事："同治癸亥正月，我军攻绍兴，诸将屡奏捷，每俘贼至，辄发善后局委员讯之，果属老贼，即行正法；如实系被胁被掳者，多给照令回籍。杀者不知凡几，释者亦不知凡几矣。一日者讯一贼，其人喋喋自陈确系被掳，涕泗交下，情景逼真。问官恻然，已欲生之矣。忽食肆中童子送汤圆入署，见之骤呼曰：'此贼是杀我一家者！'官惊问之，则童子之父向设肆于绍城中，亦卖汤圆。城破时，此贼杀其父兄，而系童子去，为之服役，贼中所谓'小把戏'者也。童子乘间逃出，乞食至甯，遇父之同业收留之。今则适遇之耳。相质之下，贼俯首无词，当即驱出斩首。向使童子是日不入署，则此贼遂幸逃显戮，而一家数命，沉冤莫雪矣。"这是一起巧合之事，恰巧审案之时，被害一家的幸存者送汤圆进来，否则残杀无辜的"悍匪"就逃脱法网矣。这一"悍匪"恰因巧合，得到应有的惩罚。陈其元不禁叹道："天网恢恢，疏而不漏，斯言信然！"

不幸的是，因巧合而铸成冤错案件者，亦有时有之。

二、因巧合而生的冤案

古人笔记中由巧合引致的冤案还真不少，读书之时常有发现，这里不妨随手摘取几例：

《虞初广志》有一则故事云："某岁元旦，盗入介休夫人王氏之室，杀其母于庭，脱金臂环一双去。"杀人案发生后，"王氏子具言：姻家某贷环于其母，勿得，某氏子怒詈曰：'若旦夕死，我必折若臂取若环。'数日而母见杀"。这就是巧合了，再加上"旧时佣工某尝窃双环以逃，久不得；邻人某左右之，疑皆与某氏子通。县乃捕三人者，榜掠之，皆诬服。责问环所在，则不可得"。实际情况是："某年月日，佣工与王氏子之子适市观赛社，子携一环实失之。佣工愿人也，惧而逃。子泣于市，邻人某送之归。"佣工是无辜的。某氏子祸从口出，实在是因为所言与随后实际发生之事发生巧合。县官不能明察，用刑逼供，终于酿成错案，论其责任，当然脱不了干系。

类似的例子还有。袁枚《子不语》中有一则"真龙图变假龙图",说的是:

> 嘉兴宋某,为仙游令,平素峭洁,以"包老"自命。某村有王监生者,奸佃户之妻,两情相得,嫌其本夫在家,乃贿算命者告其夫以"在家流年不利,必远游他方,才免于难",本夫信之。告王监生,王遂借本钱,令贸易四川。三年不归,村人相传:某佃户被王监生谋死矣。宋素闻此事,欲雪其冤。一日,过某村,有旋风起于轿前。迹之,风从井中出。差人撩井,得男子腐尸,信为某佃,遂拘王监生与佃妻,严刑拷讯。俱自认谋害本夫,置之于法。邑人称为"宋龙图",演成戏本,沿村弹唱。又一年,其夫从四川归。甫入城,见戏台上演王监生事,就观之,方知己妻业已冤死。登时大恸,号控于省城。臬司某为之审理,宋令以故勘平人致死抵罪。仙游人为之歌曰:"瞎说奸夫害本夫,真龙图变假龙图。寄言人世司民者,莫恃官清胆气粗。"

古语云:"奸近杀。"王监生不好德而好色,与佃户之妻通奸,两人情投意合,本夫自然就成了碍眼的了,然而奸夫淫妇没有谋杀之,只是贿买算命的把那佃户骗离自己的家,一走就是三年不归,本来算得上是一桩巧计,岂料通奸之事瞒不过众人,弄得丑闻四播。那妇人的本夫出门在外久久不归,众人自然猜测纷纷。猜测也就罢了,没想到又恰巧发现男子腐尸,真是黄泥巴落在裤裆里——不是屎也是屎了,于是有死无活,二人因此丧命。自然,刑讯这一传统法宝又忠实扮演了一番送命符的作用。

《聊斋志异》卷七中的名篇"冤狱"也是类似巧合造成的错案。

> 朱生,阳谷人。少年佻达,喜诙谑。因丧偶,往求媒媪。遇其邻人之妻,睨之美。戏谓媪曰:"适睹尊邻,雅少丽,若为我求凰,渠可也。"媪亦戏曰:"请杀其男子,我为若图之。"朱笑曰:"诺。"
>
> 更月余,邻人出讨负,被杀于野。邑令拘邻保,血肤取实,究无端绪;惟媒媪述相谑之词,以此疑朱。捕至,百口不承。令又疑邻妇与私,榜掠之,五毒参至。妇不能堪,诬伏。又讯朱,朱曰:"细嫩不任苦刑,所言皆妄。即使冤死,而又加以不守节之名,纵鬼神无知,予心何忍乎?我实供之可矣;欲杀夫而娶其妇,皆我为之,妇实不知之也。"问:"何凭?"答言,"血衣可证。"及使人搜诸其家,竟不可得。又掠之,死而复苏者再。朱乃云:"此母不忍出证据死我耳,待自取之。"因押归告母曰:"予我衣,死也;即不予,亦死也。均之死,故迟也不如其速也。"母泣,入室移时,取衣出付之。令审其迹确,拟斩。再驳再审,无异词。经年余,决有日矣。
>
> 令方虑囚,忽一人直上公堂,怒目视令而大骂曰:"如此愦愦,何足临

民!"隶役数十辈,将共执之。其人振臂一挥,颓然并仆。令惧,欲逃。其人大言曰:"我关帝前周将军也!昏官若动,即便诛却!"令战惧耸听。其人曰:"杀人者乃官标也,于朱某何与?"言已,倒地,气若绝。少顷而醒,面无人色。及问其人,则官标也。搒之,尽服其罪。

盖官素不逞,知其讨负而归,意腰囊必富,及杀之,竟无所得。闻朱诬服,窃自幸。是日身入公门,殊不自知。令问朱血衣所自来,朱亦不知之。唤其母鞠之,则割臂所染。验其左臂刀痕,犹未平也。令亦愕然。后以此被参揭免官,罚赎羁留而死。年馀,邻母欲嫁其妇;妇感朱义,遂嫁之。

这一番祸事,由巧合引起,造化捉弄人,令人浩叹。

这些巧事,巧得仿佛天意。崇佛信道的人,不免会有一番神明巧安排的臆说,就是不信鬼神的人,也免不了咄咄称奇!

三、"十五贯"故事

因巧合造成错案,最有名的要算"十五贯"的故事。这个故事的版本很多,宋元话本中《错斩崔宁》就是这一故事的较早版本。冯梦龙《三言》中《十五贯戏言成巧祸》说的也是这个故事,小说题目特别点出一个"巧"字。昆剧《双熊梦》《十五贯》、台湾地区作家朱西宁《破晓时分》演绎的都是同样的故事,《十五贯》《破晓时分》还拍成电影,使这一故事几乎家喻户晓。孙锦标《通俗常言疏证》中说:"今犹有'冤枉十五贯'之语。"①

俞樾《春在堂随笔》也记述了这个故事:

南宋临安有刘贵者,妻王氏,妾陈氏。一日,携其妻往祝妻父寿。妻父王翁,以其贫也,予钱十五贯,使营什一,留女而遣婿先归。途遇其友,因饮而醉。及归,妾见所负钱,问其故,刘贵醉后戏之曰:"吾因家贫,不能共活,已赁汝于人矣,此赁钱也,明日当送汝去。"言已,就枕,即入睡乡。妾思告诉其父母,乃之邻人朱三老家,告以故,且寄宿矣,黎明即行。而刘贵固熟睡未醒。有贼入其家,窃其钱。刘惊觉,起而追之。适地下有斧,贼即取斧研刘,杀之,尽负钱去。次日,邻人见其门久不启,入视得状,朱三老乃言夜间其妾借宿处,因共追寻。妾行路未半,力疲少憩。有崔宁者,自城中卖丝,亦得钱十五贯,与之同憩。追者至,并要之归。闻于官,谓崔与妾有奸,杀其夫,窃资偕亡也,竟尸于市。后其妻以夫死家

---

① 孙锦标著:《通俗常言疏证》,中华书局2000年版,326—327页。

贫,其父王翁使人迎之归。途遇大雨,避入林中,为盗所得,据为妻。偶言及数年前,曾为贼,入人家,杀其主人,得钱十五贯,妻乃知杀其夫者即此盗也。乘间出告临安府,事乃白。杀盗,没其家赀,以半给其妻。妻遂入尼庵以终。

俞樾所述,与话本《错斩崔宁》的情节相同。俞樾并谓:"按,此事不知出于何书,余于国初人作小说曰《今古奇闻》者见之。于今梨园所演《十五贯》事绝异,且事在南宋,非明时也。疑自宋相传,有十五贯冤狱,后人改易其本末,附会况太守事也。"

冯梦龙《醒世恒言》第三十三卷《十五贯戏言成巧祸》所述故事与《错斩崔宁》相同。昆剧《十五贯》与此有若干情节是不同的。昆剧《十五贯》由清初朱素臣的《双熊梦》改编而来。《双熊梦》描述淮安熊友兰、熊友蕙两兄弟都因十五贯的巧合遭逢冤狱,被问成死罪,后幸遇况钟明察秋毫予以昭雪。剧本含有这样的情节:熊友兰闻弟弟友蕙遭逢冤狱,痛不欲生,得商人陶复朱慷慨资助十五贯。熊友兰携钱前去救弟,路过皋桥,遇到苏戍娟同路,意外牵涉进无锡屠户尤葫芦被杀一案(案中失窃十五贯)。案件由无锡县报送常州府审理,审案的乃是山阳县过于执(此人后由山阳县升任常州府),刑求逼供,把苏戍娟和熊友兰问成死罪。此案与熊友蕙案一并送苏州巡抚周忱处朝审定案,经部批准,秋后问斩。苏州知府况钟监斩。况钟察觉两案有冤情,连夜去见都堂,得到缓斩准许后亲自调查,在山阳冯家的鼠穴内发现十五贯宝钞;况钟扮成测字先生去无锡暗访,在城隍庙偶然听到娄阿鼠对陶复朱谈到十五贯,于是用测字方式向娄阿鼠探听虚实,终于案情大白,熊氏兄弟和苏戍娟的冤情得雪。这剧情节比《错斩崔宁》更为曲折,结局也较后者来得光明。在明代,况钟与周忱皆实有其人,都是好官,《双熊梦》只是一部传奇,不必当作实有其事。①

十五贯的冤案,由巧合促成;以这一故事为基础的作品,都在"巧"字上做文章。这些作品,当然也都包含这样的环节:审案者不查,滥用刑讯,案件就错得不可收拾矣。中国式的冤案能少了这一环节?

四、当代因巧合而生的冤案

若说巧合造就冤案的事只是小说、传奇中才有,那就大错特错了;若说这种事情只在古代才有,那也大错特错了。在当代,在现实中,由巧合而成错案的例子,不难列举,已经为国人很熟悉的佘祥林案件,就是一起巧合案件。

---

① 王世德著:《〈十五贯〉研究》,上海文艺出版社1981年版,第22—40页。

佘祥林案件颇具戏剧性。佘祥林与妻子张在玉发生争吵,张在玉离家出走,从此下落不明。巧的是,1994年4月11日,当地京山县雁门口镇吕冲村水库发现一具腐败女尸。由于发现尸体恰在张在玉失踪之后,两件事就发生了想象的联系。

这简直就是《子不语》中"真龙图变假龙图"故事的当代翻版,把本是两件毫不相干的事,联系在一起。

不难想象认尸在什么气氛下进行的,由于尸体腐败难以辨识,再加上张在玉的亲属已在内心先存了尸身就是张在玉的想法,自然见了之后一口咬定那就是张在玉。

其实,事有凑巧只是错案形成的引子,后续的环节仍有可能避免错案的发生。

要知道1985年以后DNA个别识别技术就已经由英国逐渐推广、应用于刑事侦查和审判了。不过,要进行这类检测,需要鉴定人员真能客观公正进行检验,要是像有的案件那样,鉴定人员仅仅充当迎合者角色,为办案机关的预断背书,DNA鉴定也会成为错案的又一助推器。

1994年4月22日,京山县公安局以佘祥林涉嫌故意杀人将其刑事拘留,28日京山县人民检察院将其批准逮捕。佘祥林大呼冤枉,办案人员自然是不相信嫌疑人的"狡辩""抵赖",于是刑讯出笼。在非人折磨之下,佘承认杀妻,先后交代了四种不同的作案经过。证据充分之后,8月28日原荆州地区检察分院以故意杀人罪为案由对佘祥林提起公诉。原荆州地区中级人民法院于同年10月13日作出一审判决,认定佘祥林犯故意杀人罪,判处死刑并剥夺政治权利终身。

湖北省高级人民法院审理此案,认为原判决事实不清,证据不足,将该案提交审判委员会讨论。参加讨论的审判委员会委员一致认为此案疑点重重。主持讨论的副院长首先发表意见:"一审法院按被告人的第四种(口供)认定凭什么呀,没有证据。"其他审委会成员在各自发表的意见中详细列举了本案的矛盾及不能认定的理由,提出不排除"死者"自行出走或随他人出走的可能。审判委员会最后决定发还一审法院重审。在发还重审的指导函中,高级法院指出本案存在五大问题:其一,被告人佘祥林的交代前后矛盾,时供时翻,间接证据无法形成证据链。仅凭佘祥林有作案时间、有作案动机和法医鉴定,不足以定案。其二,被告人佘祥林杀妻的有罪供述多达四、五种,内容各不相同,仅择其一种认定没有依据。其三,该案的凶器没有找到,仅凭被告人佘祥林的口供认定凶器是石头,依据不足;被告人佘祥林供述将张在玉换下的衣物放在家中炉灶里烧毁,既无残片,又无证人证言佐证,衣物去向不明。其四，不能否定张在玉自行出走或跟随别人的可能性。其五，原审定罪量刑的重要依据是公安机关出具的"提取笔录"，该笔录记载"4月16日根据被告人佘祥林的交代在沉尸处提取蛇皮袋一个，内装四块石头"。省高级人民法院二审时从京山县公安局承办该案的侦查员了解到，公安机关的"提取笔录"与事实不符，不能作为证据使用。1995年1月10日作出(1995)鄂刑一终字第20号刑事裁定，撤销一审判决，将该案发回重审。

湖北省高级人民法院二审期间，死者的亲属上访，220名群众签名上书，他们要求从速处决佘祥林。

本来，省高级人民法院已经发现本案存在问题，但没有人敢于依疑罪从无原则直接作出无罪判决。佘祥林最终被判决有罪，只不过免于一死，可以有机会亲眼看到自己被平反昭雪的那一天，那已经是11年以后的事情了。

佘祥林的妻子回来了，佘祥林冤狱大白于天下。这一冤狱让佘祥林失去了长年自由，他没有被处决，算是不幸中的大幸。

五、像是同一个模子做出来的

将古今错案列在一起，会知道造成错案的某一特定因素发生着同样或者类似的作用。今日的错案与古时之冤狱，竟像是同一模子做出来的。

我国有一种类书，将类似的人物事件分类排列在一起，它们情况相同相似或者相反，因果相同或相异，供古今对比。清代方中德撰写《古事比》就是这样的类书，例如"折狱"一篇列有："两人争牛，安固守于仲文令人微伤牛，而一嗟惋，一自若。两人争绢，浚仪令范勰令各分一半，而一喜，一愠，遂得其情。两人争绢，太守薛宣断各与半，而一称恩，一称冤，拷问服罪"；"民诉盗割牛舌，令杀牛货之，而盗遂出者：张咏也，包拯也，穆衍也"。① 与《古事比》类似的书还有《渊海》《同书》《骈志》《事偶》《谈荟》《事文类聚》《焦氏类林》等。如今司法人物、类似案例与事件又何尝不可以专门编成一部类书呢？

今日不嫌絮烦，把这些古今人物案例事件胪列在面前，非为娱心悦目，只为避免重蹈覆辙，以便在现在和今后办案时学会更加审慎和富有智慧。

---

① 方中德撰：《古事比》，黄山书社1998年版，第502页。

第三章 错案的主观因素：人性弱点

第一节 诬　　告

烂线团总有个线头，错案的线头之一，是诬告。

《清代野记》中有一则"妻控夫强奸"，说的是：潘文勤执掌刑部时，有妇人告诉其夫强奸。潘文勤分析说："这一定有奸夫教她这样做，想要设法害死其丈夫。"因为清律规定，丈夫与妻子进行非法性交，两相情愿以和奸论，如果妻子不肯而丈夫强迫，依照强奸论处。不过，法律有此规定而无实际案例。因为闺闱之中，事属暧昧，谁会知道这样的事情，谁又会去告发呢！因此潘文勤一见即知必有唆使之人，严格鞫问，果然如此，于是连同唆使者一同治罪。

袁枚《小仓山房文集》中有一则"书麻城狱"云：湖北麻城有一人，叫涂如松，娶妻杨氏，这门婚事不和睦，杨氏回娘家省亲后总是迟迟不返。涂如松对此怨恨而没有发作。不久，涂如松的母亲生病，杨氏又要回娘家去，涂如松想要殴打她，杨氏逃跑不知去了哪里。两家在官府就这事打起官司。杨氏的弟弟杨五荣，怀疑涂如松杀了他姐姐，向九口塘赵当儿了解情况。赵当儿平时为人狡狯，随便回答："我的确听说有这回事！"其实他不过是同杨五荣开玩笑。杨五荣听了惊讶、害怕，当即拉着赵当儿到县衙作证，控告涂如松与其相好之人陈文等一起谋害了其妻子。知县汤应求审讯后认为无凭无据，不符合办案条件。赵当儿的父亲告发儿子故意无赖妄言，请求不要随他连坐。汤访问得知教唆杨五荣的人，是秀才杨同范，这人十分残暴，于是请求剥夺杨同范的秀才称号，缉拿杨氏。原来，杨氏是王祖儿养媳。祖儿死，与其侄冯大通奸。为逃避涂如松殴打，隐匿冯大家一个多月。冯大的母亲担心惹祸，想要告诉给官衙。冯大恐惧，就告诉杨五荣；杨五荣又告诉杨同范。杨同范贪其姿色，说："我是个秀才，把她藏起来，看谁敢把她抢了去。"于是将杨氏藏在夹壁墙中，照样控告涂如松。

到了第二年。乡民黄某埋葬其仆人，河滩浅，狗把尸体扒咬出来。地保请汤知县前来验尸，正赶上下雨，打雷闪电又刮风，半路上返回了。杨同范听到这个消息大为高兴，摸身上的衣领笑着说："你这生员的功名可以保住了！"与杨五荣策划，假认尸体为杨氏，贿赂仵作李荣使之报告为女尸，李荣不同意。过了二日,汤知县前往检验,尸体已经腐败不能辨认,入殓并竖了木桩作为标志。杨同范、杨五荣率领同伙数十人在场哄闹。听说这事之后,总督迈柱指派湖北广济县令高仁杰重新检验。高仁杰是试用县令,觊觎汤知县的官位;所用仵作薛某又接受了杨同范的钱财,竟然报告说是女尸,肋有重伤。杨五荣等就诬告涂如松杀害其妻,汤应求受贿,刑房书吏李献宗舞文,仵作李荣妄报。总督信以为真,弹劾汤应求,特意指派高仁杰审讯。高仁杰对涂如松等人进行刑讯,打得脚踝骨都露出来,仍然没有取得供词,于是烙铁索让他跪在上面,肉冒出烟,焦灼有声。他们逼迫涂如松写认罪书;涂如松混乱不清,就乱供一气。汤应求也不能免刑。因不堪忍受其残酷的刑讯,大家都违心承认自己犯罪。李荣死于杖下。不过,尸体本来就是男尸,没有留发,无脚趾骨折断缠足的迹象,没有血裙裤。起初掘开一座坟,只得到数十片朽木。再掘开一座,连棺木都没有,有的长髯巨靴,不知是何男子。最后得到一具尸体;足弓鞋,官吏大喜,再仔细看骷髅头上鬙鬙白发,又惊讶地赶紧扔掉。麻城无主坟墓,被掘开暴露于外者有一百多座,每当寻获不到,又炙烫涂如松。涂如松的母亲许氏,悲哀其子求死不得,就剪掉自己头发,摘去斑白的束成一束;李献宗妻割破胳臂,用血染一裤一裙,用斧子劈开其亡儿棺材,取来脚趾骨凑在一起,让各种特征都符合,自行将这些葬在河滩,并指引差役前往挖掘,果然挖到,刑狱就这样审结了。署黄州府蒋嘉年发觉这个案子是假的,不肯将其移转上报,叫来别的县的仵作再次检验,都说是男尸。高仁杰大为恐惧,诡称尸骨被人换掉,请求再次讯问。不久山洪暴发,连尸一起冲没,不再检验。总督迈柱竟以涂如松杀害其妻为罪名,官吏受赃,拟斩绞向上奏请,麻城民间都知其冤枉,但是最终找不到杨氏,事情没有办法弄清楚。

  过了没多久,杨同范邻居老妇人早起,看见李荣浑身血污,奔向杨同范家。正在惊疑之时,杨同范的婢女突然来到,说:"娘子没到产期就分娩,非你没有人能帮助其临盆!"老妇人挽起袖子前去。婴儿颈子绕着胞衣产不下来,必须多人掐腰才能产下。妻子窘迫,大喊:"三姑救我!"杨氏急忙从夹壁里跑出来,看见老妇人大为后悔,想躲避而已经露面,就跪在老妇人面前恳请不要将消息泄露。杨同范从外面进来,手拿十金放进老妇人袖子里,手摇不止。老妇人出来后告诉其儿子说:"天哪!还真有鬼神,我不能不雪此冤枉啊!"即嘱咐儿子拿着金子到县衙告发。

  县令陈鼎是浙江海宁县的孝廉,早就知道这个案子冤枉,苦于不得过问。听到这事,立即禀报巡抚吴应棻;吴应棻命令禀告总督。总督是迈柱,闻听此事后认为自己受到愚弄,脸色愤然,无所发怒,暂时下令拘捕杨氏。陈知县暗中考虑,如果拘捕杨氏稍为迟缓或者走漏消息,一定转而隐匿其他地方,甚至可能杀人灭口,案件仍然无法弄清。于是假装查访杨同范家畜娼,亲自率领身手敏捷的差役,径直进入,毁坏其夹壁,果然搜到杨氏。麻城数万人闻讯欢呼,随之到公堂,召来涂如松认妻。妻子想不到其丈夫样子焦烂至此,径直上前抱住涂如松的脖子,大哭说:"我连累你了!我连累你了!"堂下民众都哭泣起来。杨五荣、杨同范等叩头乞命,不说一句话。吴应以书状上奏,过了10日而原奏勾决之旨下,迈柱不得已,奏报该案另有别的缘故,请予缓决。杨同范揣知总督有意遮掩以前的错判,就诱使杨氏写状,称自己本来是娼妓,并不是涂如松妻子,并且自己承认犯有窝娼罪。迈柱据实情再次奏报朝廷。皇帝调吴应、迈柱两人到朝廷任职,特派户部尚书史贻直接任湖广总督,指令总督、巡抚两署官员会审,所得一切情况都和陈鼎拟议的相同,于是恢复汤应求的县令职位,处死杨同范、杨五荣等人。

袁枚就此评论说:"折狱之难也,三代而下,民之谲觚甚矣;居官者又气矜之隆,刑何由平?被枉滥者何辜焉!麻城一事与元人宋诚夫所书《工狱》相同。虽事久卒白,而辀辘变幻,危乎艰哉!虑天下之类是而竟无平反者正多也。然知其难而慎焉,其于折狱也庶矣。此吾所以书麻城狱之本意也夫。"①

有的案件,非因诬告,乃因错告。如李久明案件,被害人夫妻被犯罪人刺伤,在对被害人四次询问中,该夫妻对犯罪人的描述,从第一次不知道是谁,到第二次可能是李久明,第三次就是李久明,到第四次绝对是李久明。随着诉讼进程愈加肯定,其真相则愈加扑朔迷离了。

第二节 粗 疏

刑事案件,以实物证据为尊。现场勘验、物证检验之精粗与否,与防止错案关系重大。一些案件错误,有勘验粗疏的原因;纠正错案的机会,在于再次勘验的条件是否存在。

传奇《双熊梦》中,苏州知府况钟监斩冯家命案凶手,"道是他冤枉,竟要翻招",还要到事发两家踏看,被害人家冯玉吾得知此事,对总甲夏胡子抱怨:"不想官府,倒要来我家里踏勘起来,你道世上有这样可笑的事!人命重案,不比屋宅田地,有甚么踏勘?"及至况钟"到淮安冯家踏勘,他查了很多踪迹,问了许多题目,毫无线索。"不过,经过仔细勘察,"看墙尽处,隐隐有个窟窿",进一步观察,"那窟窿是个老鼠窝,隐隐有些光亮,像与间壁相通的"。这让况

---

① 袁枚著:《袁枚全集》,江苏古籍出版社1993年版,第164页。

钟惊醒:"前日梦见双熊,各衔一鼠,这有缘故在里头了。"把那墙壁撬开一看,"墙壁里边,取出面饼一枚,宝钞一束",那束宝钞正是十五贯,查破熊友蕙冤案。

昆剧《十五贯》中,也有现场勘验的情节:

况钟:尤葫芦家住哪里?

夏总甲:就在前面。

况钟:带路!

夏总甲:是!

[众行至尤葫芦门前。]

夏总甲:这里就是尤葫芦的房屋!

况钟:把门打开!

夏总甲:是!开封了。(开封条,打开门)

况钟:请进!

过于执:大人请进!

况钟:同进!(入门)

过于执:请大人查勘!

况钟:一同查勘!地方!

夏总甲:在!

况钟:尤葫芦死在哪里的?

夏总甲:(指地上)死在这里的。

况钟:凶器放在哪里的?

夏总甲:(指)放在这里的。

况钟:几时验尸掩埋?

夏总甲:死后三天。

况钟:凶器呢?

夏总甲:已经被差官带去存案了。

况钟(问过):贵县可曾亲自到此查勘?

过于执:真凶实犯俱已拿住,何必多此一举!

过于执是该案初审知县,在苏戍娟、熊友兰被众人途中拦截带到县衙之后,认定二人是杀害尤葫芦的真凶,竟不到现场实地勘验,终于铸成冤错案件。

况钟亲自勘查现场,有所发现:

况钟:请!咦,这地上有一枚铜钱。(拾起来看)

皂乙：这里也有一枚铜钱。（交给况钟）

过于执：这一二枚铜钱，难道也有什么道理在内不成？

况钟：（未回答）再寻！

　　〔众四处寻找〕

皂甲：太爷！床后面有铜钱半贯之多！

　　〔况钟急去看〕

况钟：这半贯多钱，好不令人奇怪！

过于执：大人！尤葫芦卖肉为业，误将铜钱抛落地上，也是有的，不足为奇。

况钟：传街坊上来！

过于执：（独白）众街坊都是此案见证，对本县审理此案，人人心悦诚服，问也如此，不问也是如此！

　　〔众街坊上。〕

邻众：参见大老爷！

况钟：起来！尤葫芦平日家境如何？

秦古心：尤葫芦停业多日，借当过活。

邻众：家无隔宿之粮！

况钟：啊！

　　　尤葫芦，家无余粮，
　　　哪有钱，抛落地上？

过于执：尤葫芦酒醉糊涂，定是停业之前遗忘在那里的。

况钟：三五枚，或可言讲，
　　　半贯钱，决难遗忘。

　　〔众街坊去看钱，互相议论。〕

过于执：依大人之见，这半贯钱是何而来的呢？

况钟：我也正在纳闷，这半贯钱，是从何而来的呢？

秦古心：依小人看来，这半贯钱，也许就是十五贯里面的。

邻甲：怎会掉下半贯呢？

邻乙：也许是凶手杀人之后，手忙脚乱，把钱散落了。

邻甲：可是凶手身上，十五贯钱，并没有分文短少啊！

邻丙丁：也许那捉到的凶手，并不是真的凶手！

"十五贯"冤案，与现场勘验的粗疏不无关系。案件得以平反，得益于况钟对现场的勘验，可见仔细勘验对于防止错案和平反错案之重要。

当代司法办案，勘验的实际情况值得关注。公安部就此要求改善勘验粗疏的状况。公安部指出，许多地方公安机关对于非正常死亡事件，只进行简单的现场访问和尸表检验，仅凭经验对死因作出判断，不去认真、细致进行现场勘查和对尸体进行检验，也不深入调查访问，对于应当提取、固定的证物不去提取、固定，应该保全的不进行保全，死因一旦受到质疑，因没有进行细致的现场搜查，就拿不出证据为自己最初的死因判断提供依据。

现场勘查是获取破案线索和收集、固定、保全证据的关键。公安机关要求在案发后"依法、及时、全面、客观、细致、科学"进行现场勘查，但实际上，许多案件压根儿就没有进行过现场勘查，据公安部2005年统计，全国案件现场勘查率只有30%；有的地方甚至只有10%。公安部刑侦局曾通报称：一些案件虽然进行了现场勘查，却粗糙草率，现场指挥缺位，如何勘查、提取和固定哪些证物等都没有恰当的部署和清晰的思路。有的只勘查中心现场，不勘查外围现场；有的案件虽有多个现场，却只勘查一个现场。

现场勘查粗糙的事例并不鲜见。且举一例：湖南一起杀人溶尸案，案发当日公安机关抓获犯罪嫌疑人吴某，嫌疑人拒不供认犯罪事实，公安机关进行现场勘查，没有发现嫌疑人随手丢在屋外水沟里的血衣，也没有发现屋内塑料桶中没有溶解完的尸块，也没有找到藏在卧室席梦思床下作案用的手枪。第一次搜查未果，进行第二次搜查，竟也一无所获。第三次搜查，终于找到血衣，经知情人辨认，确系吴某的衣服。此时，嫌疑人在物证面前无可抵赖，不得不供述了犯罪经过。根据其供述，公安人员才找到手枪和塑料桶里的尸块。

湖南一起强奸杀人案，十分离奇：两个十五六岁的姐妹被发现在屋内死亡，房屋是封闭的，门窗紧闭且完好无损，室内无翻动搏斗痕迹。警方就此断定，两名女孩是被室内人所杀。警方没有进行仔细的现场勘查，首次勘查居然没有发现床下两名女孩的继爷爷的尸体，还以为人失踪了。也没有发现排水管上的攀爬痕迹，没有判断出犯罪人是从屋后的排水管爬入死者家中的。由于受到室内人作案这一预断的影响，法医对尸体的勘验也十分粗糙，仅凭被害女孩处女膜新鲜破裂，会阴部和内裤比较干净，就武断认定被害女孩被人奸杀，其时提取的阴道分泌物尚未送检又未做过精斑预试验。发现老人尸体后，法医仅凭老人尸表症状、解剖的胃壁症状和屋后田边的空农药瓶，未经毒物分析，就很快下了服毒自杀的结论。在后来胃内容物两次送检均未检出毒物的情况下，仍然固执己见。进而得出结论：此案系继爷爷奸杀两孙女然后服毒自杀的案件。省公安厅对送检的阴道分泌物进行检验，检获精子，经过DNA鉴定排除了继爷爷作案，才最终认定了两名真正的犯罪人。

还有一起疏忽的案件，发生在安徽。这是一起投毒杀人案：法医在现场解剖尸体,在提取死者胃内容物时,发现忘记带专用盛装袋,便在路边随便捡了一张纸,用这张纸包着胃内容物拿回去进行试验。化验结果,胃内容物含有毒鼠强。但由于盛装胃内容物的不是专用盛装袋,而是路边随便捡拾的纸张,不能排除毒鼠强是纸张带来的。

这几起案件,因办案人员马虎草率,受到公安部刑侦局通报批评。

第三节 臆　　断

臆断者,无实据,想当然耳!

案件处断者若在刑事司法中刚愎自用,主观臆断,其误判便无足为怪。

人多有主观臆断的毛病,《十五贯》中过于执道:"看他艳若桃李,岂能无人勾引? 年正青春,怎能冷若冰霜? 她与奸夫情投意合,必生比翼双飞之意。其父阻拦,必将杀其父而夺其财,此亦人之常情。此案就是不问,也可知道十之八九了。"这一番自鸣得意的推断,就是典型的臆断。

想当初李久明案件,有犯罪人从四楼楼顶缘绳而下,潜入三楼被害人家阳台,脱鞋入室,将客厅里被害人的衣服拿到阳台翻找财物。被害人惊醒,与之厮打,犯罪人将被害人夫妻二人杀伤,然后逃走。显然,这是一起由夜盗转化为抢劫杀人的案件。警方了解到住在被害人楼下的李久明与被害人妹妹有私情,而且二人正因婚姻问题闹纠纷,专案组便认为这是一起"杀其姐,恐吓其妹"的案件。有这种猜测还不足为害,只要耐心搜证,揭示事实到底是否如此,也许有机会接近乃至发现事实真相。不料警方竟以为猜测的事实便是真相,既然李久明不认账,就祭出传统法宝,对李久明进行刑讯来获取口供,又依口供收集证明李久明有罪的证据,其结果是传统模式的错案悲剧重演,李久明被判处死刑缓期二年执行。直到另外一省抓获真凶,人们才恍然大悟,发现李久明是冤枉的。当初警方根据自己获得的资讯进行合理推断甚至大胆猜疑,实属正常,仔细分析,对李久明的怀疑也非毫不可取,但没有补足相关证据就信以为真,就是臆断之病发矣。

湖北佘祥林案件也是如此:在水中发现女尸之后,正是佘祥林妻子张在玉失踪之后,人们将尸体与张在玉进行联想,不值得大惊小怪。但是警方没有对发现的女尸通过血型、DNA等检验鉴定途径确认其正身,只靠死者亲属对无名尸体进行辨认得出肯定结论,铁口直断张在玉被害,就是想当然的结果了。警方因佘祥林与其妻失和,便认为其有杀人动机,而且实施杀人行为,杀人后还情绪反常,就像古代寓言中的"疑人偷斧"一样,觉得对方一举一动一颦一笑都像是偷斧子的人。在内心已经产生信念以后,相当肯定地认为佘祥林有重大犯罪嫌疑。在佘祥林前后矛盾、时供时翻的四种关于作案方法和过程的供述中,只顾采信对佘祥林最不利的第四种供述,其他一概视为狡辩。在侦查中,发现死者右枕部的创口有一定深度,显然不是钝器伤,为使结论与口供能够相互印证,竟认定死者系钝器(石头)打击致死。不是根据客观的证据来严格检视自己对于案件事实的判断,而是用现有证据来凑合原初的判断。

如此自以为是,终于造成判断错误。

第四节 陷 害

古时因陷害而成的冤案不少,隋朝文帝时虽然"每尚惨急,而奸回不止,京市百日,公行掣盗,人间强盗,亦往往而有。帝患之,问群臣断禁之法。杨素等未及言,帝曰:'朕知之矣。'诏有能纠告者,没贼家产业,以赏纠人。时月之间,内外宁息。其后无赖之徒,候富人子弟出路者,而故遗物于其前,偶拾取则擒以送官,而取其赏。大抵被陷者甚众,帝知之,乃命盗一钱以上皆弃市。行旅皆晏起早宿,天下懔懔焉。"①

如果一个人被坏人"设计"了,有生命危险。抓住最后一根稻草捡回一条命,算不算侥幸?

光绪初年,河南南阳府镇平县发生一起奇案,此案本属陷害良民的案件,一经查实,本来不难处理,没想到遭遇官场弊端,一波三折,险象环生,充满传奇性。幸好最终的结局不坏,没让人为无辜者赔上隔世的眼泪。即便如此,此案还是令人感叹不已:太阳底下竟然会有这等稀奇古怪的案子。

这个案件是清代著名案件,发生在杨乃武案之后。李岳瑞撰《春冰室野乘》对该案记之甚详。案件的起因是这样的:河南南阳府镇平县有一名刁滑的胥役名叫胡体安,这家伙其实是一个盗魁。既是胥役又为盗贼,这种双重身份就是一件奇事。不过,这也事出有因,因为河南盗贼太多,州县都设置了不少胥役,目的自然是为了捕盗,其中滑、杞等大的县邑,隶卒多至数千人,颇为可观。让人大跌眼镜的是,大盗也窟穴其中,成为"捕盗"的盗贼。平时盗贼徒党四出,劫人数百里外,衰其所得,抢来的财货都奉献给盗贼的头目。如果上级官府对于抓捕盗贼之事催得紧急,就贿买贫民来顶凶销案。有司颟顸,明知其故而不敢究诘,盗贼之风遂更加猖獗。胡体安为人凶猾,在这类人中堪称第一。有一天,胡体安指使其党徒抢劫某邑巨室,把所有的财物都席

---

① 高潮、马建石主编:《中国历代刑法志注译》,吉林人民出版社1994年版,第227页。

卷了去。被害者向官府报案,案件久拖未破,被抢劫的巨室本来知道这是胡体安所为,就点名道姓上控司院。巡抚涂宗瀛下令所辖官府直接点名抓捕,弄得胡体安大为窘迫。他私下与诸胥役商量,以其家童王树汶冒名顶替,代自己入狱。

让别人代自己入狱,也是惯性使然,不算异想天开。那些胥役果然依这个办法将王树汶抓去。起初,王树汶不肯承认自己是胡体安,诸胥役私下以酷刑逼迫他,并骗他说定案后决不会处以死刑,王树汶这才同意冒称自己是胡体安。不过,这番设计也有不完满的地方,那王树汶年甫十五,还是未成年人,长得尪羸弱小,一目了然,人人都知道他不可能是真正盗贼,骗得了谁?偏有昏官上这个当。当时初审此案的县令马翥,是从山东科举考中进士来河南任职的官员,一听说胡体安已经被抓获,抑制不住内心狂喜,哪有工夫去仔细审查真伪,忙不迭驰送信函禀告大府,草草定案。这案子的陷害设计另一不完满的地方出现了:胡体安案闹太大了,刑罚不轻,冒名胡体安的王树汶哪里能够免死,顺理成章被判处大辟。这个时候,真正的胡体安已经改名换姓,到别的县邑作总胥了,反正不放在心上,王树汶被蒙在鼓里,又哪里能够知道?快到刑罚执行之日,王树汶发现自己性命堪忧,如梦方醒。他获知将被绑赴闹市处决,立即大声喊冤:"我是邓州小民王树汶。哪里是什么胡体安?你们这些家伙答应保我不死,现在说话不算话要杀我吗?"监刑官听了这话,转告涂宗瀛,涂宗瀛大惊失色,赶忙命令停止执行,将案件发回重新审理,这个案件才算有了转机。

且慢高兴,这么简单清楚的案件,竟然审来审去始终不得要领。王树汶要自证身份,提出他的父亲名叫季福,住在邓州,在家务农。为了查明身份,上司发函给邓州牧朱光第,命他将季福找到送来验证,季福还没到的时候,涂宗瀛已经升任两湖总督,上任去了,这桩案子中途生变,让人为王树汶又捏一把汗。涂宗瀛离任后,河道总督李鹤年继任河南巡抚。陈任恺是甘肃人,以前任南阳太守,曾经审理过这个案件,他急忙写信到邓州,阻止朱公,嘱咐他不要抓季福,而且以不利后果恐吓他。朱公愤慨道:"民命生死所系,曲直自当别白,岂有相率炀蔽,陷无辜之民,以迎合上官的?"即便任恺派人譬说百端,朱公始终不为所动,最后还是将季福找到,审理案件时使季福与王树汶对质验证,证实王树汶确实是季福之子。

到了这个地步,任恺才沮丧起来,他知道这案子将会得到平反,自己要获重咎,不过,他不甘心接受这一命运,而是想方设法加以弥缝。河南人有做御史的,议论这个案子,对李鹤年多有冒犯。李鹤年起初本无意偏袒任恺,但他出生军旅,素来简贵,不屑亲吏事,又恼怒言官对此案过早议论,反而转变态度,一心要反着白宗瀛的意见办。不过,王树汶不是胡体安,已弄得通国皆知,无可掩饰,怎么颠黑倒白呢?捣鬼官员干脆变本加厉,附会律文,称王树汶虽然不是胡体安,但也是盗贼中的从犯。按照律文,只要是强盗,不分首从,都应立即斩首,原审判案件的官员无罪。

当时王树汶入狱已经5年,起初只是为胡体安执爨役,也有人认为他是胡体安的娈童,哪有什么从盗事?但审案的人必欲陷害他,以便适用把风接赃之律,于是王树汶被认定为此案正凶;官吏之误捕,胡体安之在逃,反而全都置之不问了。

言官大哗,弹劾李鹤年包庇任恺,于是上面下令让河督梅启照复审此案。梅启照年事已高,即将告老辞官,不愿意树敌,事情就糟糕了。按照过去惯例,派出的钦差大臣审理案件,都是命令其下属官员审理,大臣只不过得一成果而已。河工的那些僚佐,十有八九是李鹤年过去的下属官吏,秉承李鹤年的旨意。最后竟然还是以王树汶为盗从,当立斩,该案定谳,似乎可以划一句号了。

不料再次峰回路转,言官对此案更加用力,吴县潘文勤担任秋官,对案情真相有所了解,不愿糊里糊涂处理此案。他奏请将该案提刑部复讯,将马翥革职,逮捕押解来京。赵舒翘刚刚以郎中职务总办秋审,潘文勤专注于该案,研鞫数月,将案情查实,即将向皇帝具奏。与此同时,李鹤年也在折腾,他指使其下属某道员,到北京来游说。这个官员以前是潘文勤门下士,潘文勤接受他的游说,中途大逆转,多次将旧稿毁掉,仍依原谳上奏。赵舒翘力争公道,声称:"我赵舒翘一日不去秋审,此案一日不可动。"争执正酣之时,潘文勤忽然因丁外艰①去官,张文达继为大司寇。潘文勤此时也醒悟过来,给张文达致信,承认自己为门下士所误。奏疏上达皇帝后,圣旨下,释放王树汶,遣送马翥戍边,同时知府马承修极边,李鹤年、梅启照及臬司以下承审该案的,都分别情况加以降级或者革职。朱公已先因别的事受到拟议处分定罪,则任恺嗾使李鹤年为之。方三法司会稿时,丰润张学士佩纶署副宪,阅疏稿竟,拿起笔在文牍结尾增添了数语,道是:"长大吏草菅人命之风,其患犹浅,启疆臣藐视朝廷之渐,其患实深"云云。輂下士大夫,闻之莫不叹为名言。一时间都督巡抚,皆对其不敢直视。其实此语亦有其来源,当光绪丁丑刑部审理杨乃武案,给事中王昕疏劾浙抚杨昌浚,弹劾的奏折中大意,就是这样几句话。

案件发生之时,是光绪己卯年,到了癸未春此案才议结,反反复复,真是

---

① "丁"是遭逢、遇到的意思。丁忧,指父母或祖父母等直系尊长等死亡,需要居丧。居丧也称"丁艰",俗称"守孝",古时做法:父母死后,子女要守丧,3年内不得做官,也不得婚娶、赴宴、应考。其中儿子遇有父亲死亡或者承重孙遇有祖父死亡,称为丁外艰。

悲喜轮替,幸好最终将王树汶从危境拉回,总算有惊无险。离奇的是,胡体安始终安然无恙,他的一套顶包办法把各级官府折腾个够,最后那找人冒名顶替逃避刑罚的目的还是达到了,真令人咄咄称奇。

对于王树汶案,清代张祖翼撰《清代野记》比《春冰室野乘》要简略得多,一些细节也颇有出入。按照《清代野记》的说法:

> 光绪初年,河南镇平县盗犯王树汶临刑呼冤一事,邸抄所载不甚详。其时知镇平县者为方某,少年进士而初任也。其事则寻常盗劫耳。案出时,见刑幕东涂西抹,与所供多不合。怪而问之,幕曰:"我等皆老于申韩者,公读书初出茅庐,不知其中玄妙也。"方即不敢再问。狱上,决有日矣。是日缚树汶赴市曹,监斩官抚标中军参将并开封知府唐某也。树汶一出狱,即大声呼冤。槛车道出城隍庙街,不由人驭,直趋入庙中庭下而止,而树汶仍呼冤不已。庙距抚署甚近,其时六安涂宗瀛为巡抚,闻之亟遣询,乃命返狱中另鞫。始知王树汶为盗首,真者早远飏。捕者获其娈童,绐之曰:'官呼尔为王树汶,尔即应之。'更教以供词,且言树汶已代尔谋出狱事,慎毋泄。及将斩,始知为所欺,故呼冤不已。据唐太守云:'是日事诚有异,御槛车者二人,竟不能制一骡,骡直向庙中,亦不可解,岂冥冥中真有鬼神在耶!'是案亦经刑部提讯。知县方某,潘文勤门生也。文勤时掌刑部,询其故,方因举刑幕所言以对。文勤大怒,命逮刑幕,方革职,省中承审各员皆获咎有差。①

这一记述,让人惊异的是,知县方某发现刑幕在供词上涂抹,造成与实际所供大不相同,竟奈何不得,少年进士而初次担任官职,属于初出茅庐,还是个雏儿,不被幕僚放在眼里,也是奇人奇事,值得大书特书。另外,行刑之日,王树汶大声呼冤,惊了拉槛车的骡子,驾车的二人控制不住,竟直接闯进城隍庙,让迷信的人看了听了,当然附会到神灵头上,颇有戏剧张力。幸运的是,城隍庙边上就是巡抚衙门,巡抚涂宗瀛被惊动,过问此案,此案有了转机。

冒名顶替代人入狱的事,在清代不独河南有,其他省也非绝无此事。清代《庸闲斋笔记》记载:福建漳州、泉州二府,顶凶之案极多,富户杀人,花大价钱给穷人,代之抵死,虽有廉明之官,无不受其蒙蔽,被称为"宰白鸭"。曾有一斗杀案,正凶年龄16岁,检尸格则伤有十余处,不是一人所能为,而且其年龄稚弱,似亦非其力所能为。不过,审案官员对他提取复讯时,却流利地滔滔供述,与详文无丝毫差错。再令复述,一字不误。不过,这倒露了馅儿,显然

---

① 张祖翼撰:《清代野记》,中华书局2007年版,第116—117页。

对供词已经读熟背下了。审问者加以反驳诘问,他一口咬定,坚持不变。再三再四开导,这才垂泣称冤,这就是所谓"白鸭"了。案件审理至此,于是驳回县里重新审讯。不久,县又将案件上报,仍照前议。再提犯审问,则决然不肯翻供了。有别的官员鄙夷审理此案官员,认为他迂腐,就径行提讯,按照县详定案。比臬使过堂问被告人,仍坚持以前供述。讯问中,有这样一个疑问:"你年纪甚轻,怎能下此毒手?"被告人回答说:"恨极了他。"案件确定后,正遇审理案件为之辩冤的那位官员,问他:"你为何这样执拗地承认自己犯罪?"被告人流着泪说:"极为感激您为我解脱法网的恩情,道是案件发回之后,县官更加施以酷刑,求死不得;父母又来骂:'卖你的钱已用尽,你却翻供,你要害父母吗?如果你出狱,弄死你!'我考虑进退皆死,不如顺从父母而死算了。"该官员听了,不禁为之泪下,竟辞去了谳局工作。作者叹道:"噫!福建人命案,每年不下百数十起,如此类者良亦不少,为民做父母者如何忍此心也!"

取祸之道,不一定是平时之不良,太优秀了也可能招致祸端。张衡《论衡》中有《累害篇》,有一段论述:"修身正行,不能来福;战栗戒慎,不能避祸。祸福之至,幸不幸也。故曰:得非己力,故谓之福;来不由我,故谓之祸。"①何以祸来如此?

> 古贤美极,无以卫身。故循性行以俟累害者,果贤洁之人也!极累害之谤,而贤洁之实见焉。立贤洁之迹,毁谤之尘安得不生?弦者思折伯牙之指,御者愿摧王良之手。何则?欲专良善之名,恶彼之胜己也。是故魏女色艳,郑袖劓之;朝吴忠贞,无忌逐之。咸施弥妒,蘧除多佞。是故湿堂不洒尘,卑屋不蔽风;风冲之物不得育,水湍之岸不得峭。如是,牖里、陈蔡可得知,而沉江蹈河也。以轶才取容媚於俗,求全功名於将,不遭邓析之祸,取子胥之诛,幸矣。孟贲之尸,人不刃者,气绝也。死灰百斛,人不沃者,光灭也。动身章智,显光气於世;奋志敖党,立卓异於俗,固常通人所谗嫉也。以方心偶俗之累,求益反损,盖孔子所以忧心,孟轲所以惆怅也。②

张衡喟叹:"以玷污言之,清受尘而白取垢;以毁谤言之,贞良见妒,高奇见噪;以遇罪言之,忠言招患,高行招耻;以不纯言之,玉有瑕而珠有毁。"③

对于陷害,端赖明察,例如杜佑《通典》记载:

> 孙亮出西苑,食生梅,使黄门至中藏取蜜渍梅。蜜中有鼠矢,召问

---

① 张衡著:《论衡》累害篇第二。
② 同上。
③ 同上。

藏吏,藏吏叩头。亮问吏:"黄门从汝求蜜邪?"吏曰:"向求,实不敢与。"黄门不服。侍中刁玄、张邠启:"黄门、藏吏辞语不同,请付狱推尽。"亮曰:"此易知耳。令破鼠矢,矢里燥。"亮大笑谓玄、邠曰:"若矢先在蜜中,中外当俱湿,今外湿里燥,必是黄门所为!"黄门首服。左右莫不惊悚。

这种明察能力对于弄清楚事实真相显然非常重要。

进一步看,明察事实之后,能够尊重事实,主持和实现公道,更为重要。王树汶案让人动情之处在于,尽管官场腐败,毕竟还有一些颇为明察和勇于主持公道的官员,当年河南人谈起此案,都说:"要是没有朱公,王树汶就没活路了。"更令人浩叹的地方,就是大大小小的官员发现了事实真相之后,为了使自己仕途不致降级、保住乌纱或者保持同侪和气、奉承上司,肆无忌惮歪曲事实、曲法裁判——一个小民的生命,在官员的眼中,值得几何呢?

比王树汶案更有名的,是杨乃武案。杨乃武案为光绪初四大案之一,实则也是一起陷害案件。李孟符著《春冰室野乘》之七十六则记载此案,称"以蒙所见,则颇有与当时案牍异者"。异在何处?葛品连虽然未被谋害,但也不是好死的,葛毕氏实非良家妇女。毕秀姑①本是余杭土妓,人称"小白菜"(因其喜欢穿白色上衣、绿色裤子也)。杨乃武与县令刘锡彤之子与之相好。杨乃武以诸生武断乡曲,常依仗刘公子作护符,刘公子也以杨乃武为爪牙。因此二人相得甚欢,毕秀姑充当了媒介角色。杨乃武秋试告捷,家计一下子富裕起来,毕秀姑便考虑以身相许。谋划定了以后,被刘公子知道,刘公子大为愤恨,于是策划陷害杨乃武,正巧发生葛品连中毒身死一事。葛品连是毕秀姑之夫,愚笨而懦弱,毕秀姑平时把他当庸奴一般看待。葛品连忍受不了,吞服阿芙蓉膏(鸦片膏)死了。刘公子得知此事大喜,马上叫来葛品连的出母某氏者到跟前,用很多钱财引诱她,让她投状诉冤,称儿子被二人谋害而死。刘县令将杨乃武和葛毕氏抓来,以严刑相逼,五毒备施。二人不胜苦楚,都低头服罪。浙江的士大夫群起大愤,称杨乃武虽然不是规矩人,但葛品连确实不是他谋害,县令刘锡彤恨他把持公事,借这件事锄掉他罢了,于是一起上书向都察院控告。不过,葛品连服毒而死是确实的,杨乃武的冤情最终没有办法洗雪。因此,他坚称葛品连实际上是病死的,不是毒死的。后事下学使者重新审讯,以同原判决一样的结论呈上。浙江的京官更加气愤,再上疏争执这事。刑部提讯此案,旨下部檄到浙江,令刘锡彤亲自解送尸棺入首都。浙江乡绅闻之大为恐惧,连忙谋划乘夜打开葛品连棺材,用别的尸体换掉葛品连

---

① 一说"毕生姑",见陆永棣著:《1877 帝国司法的回光返照:晚清冤狱中的杨乃武案》,法律出版社 2006 年版,第 4 页。

尸体。刘锡彤素来贪鄙，署中吏役都恨之入骨，因此没有一人将这事泄露给他。刘锡彤出发时，还洋洋自得，对人说："葛品连服毒是确实的，杨乃武到底没有办法推卸罪责。我行骑款段出都门了。"一经抵达刑部，部臣奏请开棺蒸验。先照例询问刘锡彤那是否真苦主尸棺，刘县令回答没有差错，并且遵循惯例亲供甘结。棺材打开后，刘县令才大吃一惊说：'这好像不是葛品连的真身啊。'问官斥责他说：'你已经具结在先，现在为何还狡辩？'刘锡彤于是低下头不说一句话。案件审结以后，杨乃武和葛毕氏都得到释放，巡抚、学使、臬司及历次承审道、府、州、县都有不同程度革职降调。刘锡彤发配黑龙江，遇朝廷大赦时也不得赦免，当时年龄已经70岁了。

杨乃武此事甚奇，奇在对于此案的说法莫衷一是。清代一名官员彭刚直曾经居住杭州很长时间，在西湖边筑室而居，与俞曲园缔结姻亲，对杨乃武案知道得很详细。谈到杨乃武案，他认为葛毕氏实为下毒之人："葛毕氏人尽可夫，非专于杨乃武一人。葛品连任其所为，本来不会自取死道。但杨乃武虽然不杀葛品连，葛品连实因乃武而死，这是有原因的。原来，杨乃武与葛毕氏相好，往来十分频繁。余杭人大多住临街的楼房，有一天，杨乃武与葛毕氏坐在楼上，正赶上钱塘县夫人出行，舆从甚为气派，杨乃武跟葛毕氏开玩笑说：'这何足为奇。等我中了乡举，当上知县，你杀了丈夫，跟我去上任，你就是那坐轿子的人。'不久，杨乃武果然考试得中，放榜后填亲供，见师门，酬贺客，打抽丰，终日忙碌，还没来得及与情妇相见。葛毕氏记得他以前说过的话，十分高兴，竟然迫不及待而致品连于死地。余杭人认为葛品连死得奇怪，都知道葛毕氏与杨乃武通奸之事，认为杨乃武是主谋。想其当然，而不知其然与所以然，审问者以此定案。不幸葛品连中毒那天，正逢杨乃武会课之时，狱词稍有罅漏。一经部驳，无从掩饰，造成全案皆翻。"按照彭刚直的说法，杨乃武确实没有下毒，下毒的是葛毕氏，按照法律，杨乃武确属冤枉，但在道义上，杨乃武虽然不杀葛品连，葛品连因乃武而死，杨乃武不是无干系之人。

这些都是古事了，当代社会，受陷害而遭遇冤枉者也不少。例如1958年，吉林省柳河县破获"龙虎军"反革命集团案。1998年10月27日，事隔40年后，吉林省通化市中级人民法院下达再审刑事判决书，宣告"龙虎军"反革命集团案高长江、苏文林无罪，纠正了这起冤错案件。这起错案的起因是：圣水镇五大家村小学民办教师李文俭为了立功，编造材料，检举永兴村小学代课教师高长江"因对现实不满，预谋组织'龙虎军'反革命集团"。县委接到材料后，指示县公安局展开侦查，高长江等人随即被逮捕。除高长江外，民办教师王永春和另外11名所谓"龙虎军"反革命集团成员不过是村里老实巴交的农民。要证实真有所谓"龙虎军"反革命集团，警方在侦查时不惜炮制证据：

办案人员命这些所谓"龙虎军"反革命集团成员坐在公安局的土炕上,摆出各种发言的姿势,办案人员一一拍照,将这些照片作为指控高长江等人的证据。仅仅经过 7 天,12 月 10 日柳河县就作出判决,认定高长江等人有罪,高长江、苏文林作为反革命集团骨干分子分别判处有期徒刑 20 年和 10 年。

第五节 畏 惧

看戏剧、电影,虽搬演者为实事,大可不必认真,其中矫揉造作之处极多,不过求所谓耳目视听之乐,太过求真,无异于自寻烦恼。

李笠翁谈演剧之虚实,云:"传奇所用之事,或古或今,有虚有实,随人拈取。古者,书籍所载,古人现成之事也;今者,当时仅见之事也;实者,就事敷陈,不假造作,有根有据之谓也;虚者,空中楼阁,随意构成,无影无形之谓也。"以笠翁之见,对于今事,虚构反而容易;对于古事,虽去今已远,虚构反而困难:"凡阅传奇而必考其事从何来、人居何地者,皆说梦之痴人,可以不答者也。然作者秉笔,又不宜尽作是观。若纪目前之事,无所考究,则非特事迹可以幻生,并其人之姓名也可以捏造,是谓虚则虚到底也。若用往事为题,以一古人出名,则满场角色皆用古人,捏一姓名不得;其人所行之事,又必本于载籍,班班可考,创一实事不得。……予既谓传奇无实,大半寓言,何以又云姓名事实必须有本?要知古人填古事易,今人填古事难。古人填古事,犹之今人填今事,非其不虑人考,无可考也;传之于今,则其人其事观者烂熟于胸,欺之不得,罔之不能,所以必求可据,是谓实则实到底也。"①不过,我看一些事件的记述,事发不久已经其说不一,随后艺术家将其编写成剧,有所虚构,但既为实事,大体上应当不差;若有虚构,理应比实事更加精彩动人才是。

偶尔看影视剧,发现后人搬演实事,反不如实事动人心魄。

在晚清四桩轰动一时的奇案中,发生在同治九年(1870 年)的刺马案具有传奇性,最适合编写成剧,可以肯定地说,如实搬演就可以叫座儿,不必夸张。当时确实有眼快手勤的剧作家将其改编成剧,呈现于舞台。张祖翼撰《清代野记》记述:刺马案一出,上海戏园即编出《刺马传》全本上演,安徽巡抚英翰闻听此事,立即函请上海道涂宗瀛出示禁止,并为马新贻②请祠请谥,夸大马新贻功劳几乎与曾国藩、胡林翼相当。这是因为英翰曾与马新贻一同在安徽为官,有休戚相关之谊。后来乔勤恪有七律咏其事,末二句云:"群公章奏分明在,不及歌场独写真。"这里的歌场写真就是指《刺马传》戏剧。1907

---

① 李渔著:《李渔全集》(第三卷),浙江古籍出版社 1992 年版,第 15—16 页。
② 字谷山,山东菏泽人。

年王钟声①将刺马案京剧本改编成话剧《张文祥刺马》,在张园、春香茶园等处多次演出。1973年张彻将这个案件拍成电影《刺马》,由姜大卫主演,十分卖座;2007年陈可辛又将这一故事拍成电影《投名状》,由李连杰、刘德华等出演,也是轰动一时。除电影外,还有20集电视连续剧《刺马》,也是收视率很高的作品。此案尚有平江不肖生将其改编成小说,在《江湖奇侠传》中占有不小篇幅;作家"佚名"也写有小说《张文祥刺马》一书,都不离江湖大侠这样的话题。

我看刺马案,最有兴趣的,是张文祥如何刺马以及刺马后案件审理的情况。这个案件最精彩之处在于审判,因为刺杀过程虽然惊心动魄,尚不出乎意料,古今中外这类的刺杀故事并不少见,反而是审判过程很有悬念,也很不寻常,因而也就更具戏剧张力。办案官员审判中得知内情的反应,以及为掩盖真相的种种作为,值得仔细描述。

看若干野史记载,再回过头看根据刺马案改编的文艺作品,发现大多描摹过甚,小说《江湖奇侠传》《张文祥刺马》和电视剧《刺马》固无足论,基本是武侠作品的套路,故事编排有点离奇,感觉不那么可信,即使是电影《刺马》和《投名状》,也是夸张逾度:如《刺马》中张文祥从藏身处一跃而出,一刀刺马新贻,马新贻尚与之拳来脚往一对一打斗半晌,张文祥还与百余兵勇格斗;《投名状》中双方打斗更令人眼花缭乱,惊心动魄。尽管如此,这种刻意的情节,只将影片弄得武侠十足,却使这一案件本身具有的震撼人心的力量被消解,其悲剧性也被削弱,纵然有不同凡响的视觉效果,反不如野史记载的寥寥数语更打动人心。

张文祥刺马案,刺杀者为谁,刺杀过程和结果怎样,并无悬念,唯有刺杀动机才是悬念。张祖翼在《清代野记》中说,同治庚午年间,浙江和山东发生过两起刺杀官员的案件,一是浙江嵊县知县被官署中剃头匠所杀,其幼女及女之乳母也同时被杀。杀人者取出县印,在街市跳舞狂歌,看来是精神病发作,官府将其捉获,按律治罪,不知是否确认为发疯,大概也是含糊处死了事。二是山东青州知府被杀,不过,他遇害是被倒霉催的,本来杀人者要杀的人并不是他,而是参将。当时青州一名守城士兵武技勇气不错,有资格拨补马粮,却被别人以贿赂方法夺走机会,此人心中大怒,想报复参将,于是在朔日之夜,暗伏于武庙神座下等待,以为这一天参将一定会来上香。等到黎明,见有一个三品顶戴的官员跪拜神前,就突然冲出来将其刺死。仔细一看,却是知

---

① 王钟声(约1880—1911),原名希普,河南人,原籍浙江上虞,1898年留学德国学习法律,1906年回国,1907年在上海创办国内最早的新剧剧团"春阳社"。参见张庚、黄菊盛主编:《中国近代文学大系·戏剧集2》,上海书店1995年版,第664页。

府,并不是参将。不一会参将赶到,将其抓获正法。戕官案好似有传染性,就在这一年秋天,又发生了张文祥刺马案。①

按《清代野记》记载,刺马案是这样发生的:"时马新贻方督两江,督署尚未重建,借首府署驻节。署旁有箭道,每月课将弁于此。马被刺之日,正在阅课,甫下座,忽有一递呈呼冤者,文祥乘此突出刺之,入马左胁,刀未拔出,伤口亦无血。方喧嚷间,马回首见张曰:'是尔耶!'复回顾左右曰:'不要难为他。'遂倒地,昇回卧室遂死。"寻找刺杀机会不易,有了机会下手刺杀并不难,马新贻的死也还体面,不像有的文艺作品描写得那么猥琐。张文祥刺马后更展现了一种男子气概:"张既刺马,蠡立不少动。时众兵方执呼冤者拷讯,文祥大呼曰:'毋冤他人,刺马者我也。我愿已遂,我决不逃。'"当时慌乱之中,士兵以为呼冤告状者也是谋刺共犯,张文祥刺马后不逃走喝止那些士兵勿冤枉他人,仅此一点,已足可敬。

封疆大吏马新贻被杀,朝野震动,陈其元《庸闲斋笔记》记载:"事闻,中外惊骇,天子震怒悼惜,惕谥,并命入祀贤良祠。安徽、浙江等省经公所莅治者,感念恩德,咸为公建立专祠,奏奉谕旨。生荣死哀,近年督抚所未有也。"不过,可以入得贤良祠的高官被杀,究竟原因是什么,成为人们竞相打探的事。

张文祥已经被捕下狱,囚禁在上元县。刺杀动机为何,从他嘴里说出来最为直接,对他的审讯也就更为重要。对于审讯过程,《清代野记》叙之甚详:当时道府孙云锦、上元县令张开祁、江宁令萧某在上元县官署中一同审讯,张祖遗等人皆在屏风后偷听。张文祥上堂,将事情来龙去脉原原本本如数家珍和盘托出,然而"两令相对眙咢,莫敢录供通详"。审讯官员震惊的原因,是刺马案起因实在惊人:马新贻科举中进士,分发安徽即用知县。咸丰年间,皖北一带粤捻猖獗,马因失守革职,后被令戴罪立功,办理庐州各乡团练。一日与捻战而败,被张文祥所擒。张文祥本有反正意,对马新贻大为优待,并且引其同类曹二虎、石锦标与马新贻深相结纳,四人结为兄弟。三人与马新贻约定,将其放回,由马新贻请求大府招降其众。马被放回后向中丞进言,得到允准,张、曹、石三人都投诚。大府下令马新贻选降众设山字二营,令马新贻统帅,张、曹、石成为营哨官。至同治四年,马新贻升任安徽布政,驻省城,山字营遣散,张、曹、石皆随之藩司任,各得差委,甚相得。不久,曹二虎眷属来到,就居住藩置内。这时张文祥已隐约发现马新贻态度发生转变,对张、曹、石等人逐渐情薄,大有不屑同群之意,张文祥劝曹不要将家眷接来,曹不听。曹妻既居

---

① 张祖翼撰:《清代野记》,中华书局 2007 年版,第 185 页。

署中,不能不谒见马夫人。马见曹妻貌美,引诱她与之私通。后来又因曹在家,马新贻不能畅所欲为,就常常委派曹出短差。过了不久,已是丑声四播。因曹对马新贻的行为已有察觉,马新贻乃设计将曹害死,一日马命令曹赴寿春镇署请领军火,"文祥谓锦标曰:'曹某此去,途中恐有不测,我与若须送之。'盖防其中途被刺也。于是三人同行,至寿州,无他变。石笑之,谓张多疑,张亦爽然若失。及投文镇辕谒见,忽中军官持令箭下,喝绑通匪贼曹二虎。曹大惊,方欲致辩,徐总兵亦戎装出。曹大声呼冤,徐曰:'马大人委尔动身后,即有人告尔通捻,欲以军火接济捻匪,已有文来,令即以军法从事,无多言。'遂引至市曹斩之。"张文祥跌足大恸,对石锦标说:"此仇必报,我和你担当此任。"石锦标沉吟不语,张文祥又说:"你不够朋友,我一个人来干好了。"曹死后,张、石二人收其尸藁葬完毕,分道扬镳,各自不知何往。张文祥在案发后供述说:"自曹被杀后,我暗中随马数年,以精钢制匕首二,用毒药淬之,每夜人静,叠牛皮四五层以刃贯之,初不能入,二年,五层牛皮一刃而洞穿矣,盖防其冬日著重裘也。马为浙抚时,曾一遇于城隍山,护从甚众,不能下手,至今乃遂志耳。"其报仇之志坚如此。

　　如果张文祥的供述属实,可以得出结论,马新贻死有余辜,张文祥为友复仇,诚为义士。这正是审讯者获知杀人动机后面面相觑、惊骇不已的原因。《清代野记》记载:审讯得知刺马动机后,参与审讯的官员与梅启照商量,梅启照说:"不便直叙。"一定要令张文祥改供浙江海盗,挟仇报复。在接下来的审讯中,张文祥不肯改供,于是使用种种酷刑,目的在于逼令张文祥改供,此案并非如世人所传无供。梅启照以海盗罪名入告护督(即将军魁玉)。此案奏报朝廷后,朝廷命令郑敦谨为查办大臣。此前,朝廷命漕督张之万就近查办,张不敢过问此案,托故回任,才改命郑来办。相传张之万奉命后,自淮来宁,一日舟泊瓜州,欲登岸如厕,以小队二百持械围护,时人传为笑谈。郑至江宁,张之供仍如在上元时,一字不改。郑无如何,乃徇众官之请,以浙江海盗余孽前来复仇杀人定案。此案定谳后,有一位姓颜的司官弃官而去,郑也托病告退,大概是因为良心有愧,辞官以求内心稍稍平安。果真如此的话,也算有人为官还没有不仁到底。

　　处理刺马案的这几位官员为马新贻讳,不外乎几个原因:物伤其类,恐马新贻的丑事传扬出去,大家脸上都不好看,也连累到大清官场的形象;受恩于马,遇事为马新贻遮掩则个;出于报复心理,张文祥竟敢刺杀朝廷命官,此风决不可长,何况大家兔死狐悲,必须杀一儆百;不知上意为何①,揭出真相恐怕于自己仕途不利。总而言之,就是对真相心怀畏惧。

张文祥刺马后不逃,大概是想要将马新贻恶行暴露于世,至于后果,不知其思忖过没有。张文祥光天化日之下刺杀高官,本有机会以义免罪。即使不能免罪,此案也为一冤案,盖因张文祥刺马动机,不能说无可同情之处,罪不至死,量刑应当从宽。然而这一动机却被几位官员歪曲,处刑完全按照海盗挟仇处断,以至凌迟处死,实在冤枉。凌迟张文祥是在金陵之小营,马新贻之弟、浙江候补知县马四亲自监斩。定制本为一刀一钩,马四命刽子以钩钩肉而碎割之,自辰至未始割毕,剖腹挖心,然后致祭马新贻。整个过程,张文祥始终未一呼号。张文祥有一个儿子,也因此案受牵连被阉割发配黑龙江为奴。石锦标虽未参与此案,也被革职遣戍。

刺马案虽然结案,但该案的审判收到许多非议。《春冰室野乘》提到:"张文祥刺杀马新贻一案,当时问官含糊了事,以故,事后异论蜂起。大抵皆谓马新贻渔色负友,张文祥为友复仇,近人且以其事演成新剧,几于铁案不可移矣。"蔡云万《蛰存斋笔记》谓:马新贻"在两江总督任,因谋占小妾小荷花,用计杀友,卒为张文祥所杀。时江陵藩司梅启照暂护督篆,曾文正公由直隶督任调回两江,与钦差大臣郑敦谨会讯张文祥,未肯照原供转奏,竟坐张以凌迟罪,将案奏结。"②言词口吻中对张文祥颇表同情。更有人以试题对马新贻加以嘲讽,刺马案发生在同治九年庚午乡试之年,《清代野记》云:"马死之日在七月下旬,正上下江学使者录遗极忙时也。次日上江学使殷兆镛考贡监场,题为《若刺褐夫》,诸生哗然,相率请示如何领题,殷沉吟曰:'不用领题,不用领题。'又次日补考,题为《伤人乎》,盖皆谑而虐矣。"此外,马死后数日,署中一妾自缢,并未棺殓,密埋于后园中。死者正是曹妻。案件了结后,马四来到浙江,被众人指摘,上官也不礼遇他,终于郁郁而死。马新贻无子,其下葬后数年,菏泽一带河水决堤,他的坟墓被大水冲塌。张祖翼叹道:"天之报施固不爽耶!"③

---

① 蔡云万《蛰存斋笔记》云:刺马案发生后,"嗣文正入觐,陛见时,两宫垂询及'马新贻之事岂不甚奇?'对曰:'此事很奇。'又询:'马新贻办事很好?'对曰:'他办事精细和平。'可见马之为人久邀两宫眷注,在当时疆臣中可推为能人。"参见蔡云万著:《蛰存斋笔记》,上海书店出版社 1997 年版,第 20 页。

② 蔡云万著:《蛰存斋笔记》,上海书店出版社 1997 年版,第 20 页。

③ 张祖翼撰:《清代野记》,中华书局 2007 年版,第 186—189 页。

李岳瑞所撰《春冰室野乘》一书谈刺马案,说法与《清代野记》大为不同。① 不过,《春冰室野乘》所述刺马经过,却与《清代野记》近似,书中言道:

> 是日,马未晓已出阅操,归署时甫黎明,张潜伏箭道门侧以俟。会有一山东人,漂泊白下,求马资助者,舆甫入门,其人即拦舆递呈。马探半身出接呈。张狙出进刃,刃从肋下入,本向上,张又力绞之,使下向。迫刃抽出,已卷作螺旋形矣,其用力之猛如此。马既饮刃,即大呼谓左右曰:"扎着了。"南人不明北语,误扎为找,故疑二人本相识,因以有复仇之说也。

《春冰室野乘》谈到审讯时张文祥交待刺马动机,"问官闻此,咸大惶惑,不欲兴大狱,故矫为狱词,而亟磔张于市,实则终无确供也"。这里"咸大惶惑"与《春冰室野乘》中"相对眙咢",表情如一,但所叙供述内容并不一样。为佐证自己的信息来源可靠,李岳瑞赘言:"莫子偲先生之弟某,于时署江宁府,亲睹其事云。"不过,张祖翼为亲历审判,所述应当是真实的,李岳瑞乃据传闻,可信度恐怕不高。

同为清代人,陈其元对于刺马完全是另外一番说法,与流传至今的对张文祥正面评价不同。《庸闲斋笔记》记述张文祥案之审判,也称消息来源可靠:

> 贼张文祥,河南人,奸狡凶恶,各官严刑讯问,无一实供。上命刑部尚书郑公带同司员来江审办,仅据供系,他无一言,遂拟以凌迟完案。所奇者,伊自供出妻女所在,毫不隐讳。提到妻女严鞫,亦一无供词。余戚钱慎庵太守时署江宁府事,慎庵受公知甚深,极欲究出实情,为公雪恨,乃殚精极思,研讯两月之久,卒不得要领,发愤卧疾者累日。此案,慎庵为余详细言之,故知外间之谣传,均不足据。

---

① 《春冰室野乘》云:张初在发逆军中,为李侍贤裨将。金陵既下,侍贤南窜闽广,数为官军所败。汶祥知其必亡,阴怀反正之志。会有山东人徐姓者,仕为武职,被贼掠去。适与汶祥同营,二人遂深相结纳,谋同逃,誓富贵无相忘。未几,竟得脱,时马已官浙抚矣。徐与同乡,故相识,遂留其幕下为材官。而张则辗转至宁波,开小押当自给。一日张至杭访徐,徐留与饮,酒酣,徐忽慨然曰:"'窃钩者诛,窃国者侯。'古人信不吾欺。以堂堂节帅之尊,而竟甘心外向,曾无人发其覆者。而吾侪小人,不幸被掳,伺便自脱,官府犹以贼党疑之,或竟求生得死。天下不公之事,孰有甚于是者?"张异其言,固询之。徐乃言,旬月前抚帅得一无名书,发视之,新疆回部某叛王之伪诏也(马新贻,故回回种人)。伪诏略云:"现大兵已定新疆,不日入关东下,所有江浙一带征讨事宜,委卿便宜料理"云云。马得书,即为手疏以报,略言大兵果定中原,则东南数省,悉臣一人之责。张闻言大愤,拍案叫曰:"此等逆臣,吾必手刃之以泄愤。"已而,马下令禁私开押店,盘利害民,而张肆遂被封,益落魄无聊,杀马之志益决。未几,马已擢任江督,张适以事诣金陵,遂谋行刺。

陈其元说法的根据也是传闻,而且信息提供者是对马新贻感恩戴德的人,其陈述的真实性该大打折扣。

张文祥刺马案具有一切吸引人的要素,改编为小说、戏剧、电影必十分讨巧。不但案件的起因与"奸近杀"的古训相合,而且张文祥被捕后的审判反映了清代官场的隐秘情况,可惜我们的小说家、编剧导演对这个题材用力过猛,把它弄成了肤浅的武侠故事,使本应有深刻思想内涵的奇案变成了视觉上的饕餮,殊不知真正有力的刺杀,只有一刀。①

第六节 偏 见

偏见是日常性的,可以说无所不在。要祛除偏见,不像想象中那么容易。

罗素在《一个自由人的崇拜》一文中说:"直到1870年,德国人被视为戴眼镜的教授,内向的、不知道外界的。但是从1870年起,人们对他们的观念必须作剧烈的改变。大多数的美国人认为法国人老是从事于爱情上的阴谋,惠特曼谈到法国人的时候说:'狡猾的、中型沙发上的那对通奸的法国男女。'去法国居住的美国人因法国人严肃的家庭生活而惊奇,甚至也许感到失望。在俄国革命以前,人们相信俄国人有一个神秘的灵魂,那种灵魂使他们不能做成普通的明智的行为,但是给他们一种深沉的智慧,那种智慧是现实的民族所望尘莫及的。"②这种对于某一民族的刻板印象,就是偏见。

若论为什么会存在偏见,原因自然是,判断者获得的信息是片面的,既然不能窥见全豹,难免会产生偏颇的认识。有的时候,判断者获得的信息是全面和完整的,但他只愿意相信某一方面的信息,过滤掉的信息起不到帮助其形成正确判断的作用,对于执意只相信某一片面消息的家伙,上帝都帮不了他。还有不少偏见是在长期、反复的经验的基础上形成的,美国哈佛大学法学院教授德肖维茨在《最好的辩护》一书中列举了美国司法中的潜规则,其中之一就是有罪推定——"事实上,几乎所有的刑事被告都是有罪的"③。尽管无罪推定已经在刑事司法领域成为常识,但由于法官在审理案件过程中,接触的被告人多数都是有罪的,面对一名新的被告人,法官在证据调查前还是

---

① 描述世上真实发生的案件,虚构不难,写实才难。李笠翁曾言:"昔人云:'画鬼魅易,画狗马难。'以鬼魅无形,画之不似,难于稽考。狗马为人所习见,一笔稍乖,是人得以指摘。可见事涉荒唐,即文人藏拙之具也。而近日传奇,独工于为此。噫,活人见鬼,其兆不祥,矧有吉事之家,动出魑魑魍魉为寿乎?移风易俗,当自此始。"我想,真正打动人心、深刻入骨的作品根本不必太做夸大,可惜的是,张文祥刺马的故事到现在为止还仍然只是一个被糟蹋的题材。
② 〔英〕罗素著:《一个自由人的崇拜》,胡品清译,时代文艺出版社1988年版,第119页。
③ 〔美〕艾伦·德肖维茨著:《最好的辩护》,唐交东译,法律出版社2014年版,第8页。

会习惯性地认为这又是一个有罪的人。要祛除法官的偏见,空喊口号不能够解决问题。

那么,为什么要祛除偏见呢?偏见显而易见的不良作用,是使我们模糊了发现真相的眼睛,让我们对特定事物难以作出正确的判断,正如一叶障目,不见泰山。

当然,也有些偏见是无害的,我们实际生活和工作中的偏见既有正面的,也有负面的。前者诸如偏爱、偏袒之类,都含有正面的偏见在里面,对于被偏爱者、被偏袒者来说,这种偏见可以甘之若饴;后者如歧视,含有负面的偏见在其中,被这种偏见击中的人就倒了霉。许多偏见是个人化的,除了使一个人作出偏颇的判断、评估之外,不一定有什么实害;也有一些偏见,有可能伴随着危害行为或者引发祸端。尤其是,有些偏见是群体性的,一旦放纵,可能会导致损害后果。法国家喻户晓的冤错案件——德雷福斯案件之所以搞错,对犹太人的偏见是原因之一。如果一个国家或者社会,存在人数众多的偏见群体,就可能出现不问是非,只进行族群分类的简单化思维与反理性行为,正义和理性之神就可能没有栖身之处,要落荒而逃了。

司法的主要功能是判断,有人甚至称之为本质功能,在英文中,"法官"(Judge)的意思是判断,所谓"法官"就是"精于判断的人"。为了履行好法官之责,不能不扫除判断上的障碍,避免我们用于判断的心灵蒙尘。偏见就是这样的障碍,所以许多国家都会想办法降低法官的预断,防止法官的偏见。日本采行起诉状一本主义,想要切断侦查与司法的联系,就是为了达到这个目的。不过,其成效如何,就不那么容易做判断了。检察官作为控诉者,比法官更容易产生偏见,这是由其特定角色及其心理决定的。为了减少检察官的偏见,不少国家极力劝导检察官恪守客观义务,不能把自己降格为单纯的当事人。不过,既然角色决定心理,这种劝导是不容易彻底发生效果的。

这提醒我们,对于偏见必须经常保持警惕。戏剧家赖声川曾言:"当我们看事物的时候,有没有立即下判断?如果有,就很难看事物的原貌,因为判断遮蔽了视线,判断是在通过过滤器看事物。……我们其实大半辈子都是在用既有的方式看世界。这个方式是日积月累而成的,久而久之,事情的原貌渐渐离我们越来越远。最后,我们甚至可能不认识它了。对人也是一样,可能从认识一个人的第一秒开始,我们就用上了偏见过滤器。久了之后,他被我们的过滤器不断扭曲变形,直到面目全非的地步。真正的他消失在我们的过滤器之中。"①

这正是司法者要时刻保持警觉的。

第七节 含 糊

清末有外国公使对我国王公大臣言:"贵国断案,大抵如杨乃武案,含糊了结耳!"一句话,引得恭亲王坐立不安,杨乃武案方得昭雪。② 外国公使此话,不甚中听,却切中要害。

吾国之国民性,似无"认真"一说。不惟社会充斥差不多先生,便是司法领域也多含糊人士。究其民族性,梁漱溟先生曾谓"马虎笼统,不求精确,不讲数字"。在《中国文化要义》一书中,他转述内山完造对这一特性的观察,云:"中国人非有得多,不能说有;大部没有,即可说无;而非有一个便说有,一个都没有,乃说无。后者为模型的思考法,前者为实物的思考法。后者彻底,前者不求彻底。后者为理论的,文章的,前者为实际生活的。因此他称中国文化为生活文化,与文章文化相对待。"③梁漱溟先生更谈到中国文化有"暧昧而不明爽"之病:

> 以中国文化与其他文化(类如西洋文化)——相对照,令人特有"看不清楚""疑莫能明"之感。例如在宗教问题上,西洋有宗教,是很明白的,中国却像有,又像缺乏,又像很多。又如在自由问题上,西洋人古时没有自由就是没有,近世以来有自由就是有自由,明朗而确实。中国人于此,既像有,又像缺乏,又像自由太多。其他如:是国家,非国家?有阶级,无阶级?是封建,非封建?是宗法,非宗法?民主不民主?⋯⋯一切一切在西洋皆易得辨认,而在中国则任何一问题可累数十百万言而讨论不完。这一面是其内容至高与至低混杂而并存,一面是其历史时进又时退往复而不定。盖暧昧不明之病与其一成不变之局,原为一事而不可分。④

要举例验证含糊之病,那真是俯拾皆是。杜保祺《健庐随笔》中载"一字狱"一则云:

---

① 赖声川著:《赖声川的创意学》,中信出版社 2006 年版,第 115—116 页。
② 张国风著:《公案小说漫话》,三联书店 1989 年版,第 135 页。
③ 内山完造此言见之于其所著《一个日本人的中国观》,开明书店 1938 年出版。梁漱溟著:《梁漱溟全集》(第三卷),山东人民出版社,第 310 页。
④ 梁漱溟著:《梁漱溟全集》(第三卷),山东人民出版社 2005 年版,第 310 页。

秦桧以"莫须有"三字杀岳飞,千古冤之,谓为"三字狱"。昔年军阀当国时,有某帅出身行伍,不大识字。乡人某与帅为总角交,来谋事,帅下条:"抓在副官处。"副官长乃将其置狱,久而未决。一日,帅问副官长:"某人办事如何?"副官长始知"抓"字系"派"字之误,急将乡人释出。①

鲁迅小说《阿Q正传》中阿Q被审问一节,是司法含糊的典型一例。公堂上审理此案的,是个头发剃得精光的老头子,他对阿Q的态度倒很民国,既沉静又和气,只是一味劝诱阿Q招供,两侧的长衫人物也大声招呼"招吧"。问话是暧昧的,阿Q的回答更是糊涂,但听起来却符合逻辑。初次庭审就有了口供,第二次就省事得多。在第二天的庭审中,老头子只问了一句"你还有什么话说吗",阿Q回答"没有",一个长衫人物就让他拿着笔在口供上画押。整个庭审活动一点不拖沓,过程相当简陋。阿Q在审判过程中没有受到刑讯,那原因显然是他"招了",当然没有刑讯的必要。第三次在大堂问话,老头子还是很和气,只问一句:"你还有什么话吗?"阿Q还是回答"没有",于是被许多长衫和短衫人物给穿上写有黑字的洋布白背心,还反缚了双手,抬上一辆没有篷的车,游街示众。游街示众后,阿Q被送到法场处决,执行方法是枪决。随着阿Q"两眼发黑,耳朵里嗡的一声,觉得全身仿佛微尘似的迸散"而告结束。

阿Q经历的司法审判,用"含糊了事"或者"含糊了结"之类字样足以概括。莫说阿Q之事虚无缥缈,当时实事亦可验证。当年张文祥"刺马"之后,李岳瑞评价该案审理过程,指出:张文祥刺杀马新贻一案,当时问官含糊了事,以故,事后异论蜂起。② 在审问中,刺马案的审判,审问者极力掩盖真相,称其含糊草率竟不足以概括其司法的黑暗。阿Q案件虽在民国成立之后审理,阿Q仍然死在这样含糊草率的司法审判上(几乎是"审判无程序"),真令人浩叹。

---

① 杜保祺著:《健庐随笔》,山西古籍出版社1995年版,第208页。
② 李岳瑞著:《春冰室野乘·张文祥案异闻》,载辜鸿铭、孟森等著:《清代野记》,巴蜀书社1988年版,第1185—1196页。

第四章　错案的主观因素：迷信

古人偏多迷信。迷信有好的一面，也有坏的一面：好的一面是对行使刑罚者形成心理压力，避免其滥权不轨；坏的一面是造成鬼影憧憧、草木皆兵的胆寒局面，形成冤错案件以及加重刑罚。

第一节　古时司法多迷信

古时司法有许多迷信做法：初次当差的衙役要拜衙神；被抓捕关押的囚犯入狱时要拜狱神；最有意思的是，古时监斩官在执行死刑前用朱砂笔在死囚姓名处勾决，在纸上勾决后朱砂笔就不再使用，还要向身后掷去。勾决用的笔成为忌讳之物，原因是司法中存在迷信——将笔向身后丢掉，是为了避免晦气。

古代衙门，大堂之上常常挂有"明镜高悬"的匾额，至少在古装影视剧中司空见惯。其实，在许多官员的心目中，还挂着另一个无形的匾额，上面书写四个大字："刑官无后"。

"刑官无后"的意思是掌握、操持刑罚权的官员"断子绝孙"。听起来，很像一句恶毒的诅咒。其实，这是古人一个迷信，迷信头上三尺有神明，无时无刻不在目光睽睽盯着每个人的所作所为；迷信地下有小鬼拿着簿记，把每个人损阴骘的事都一笔笔记下来，这笔烂账记得多了，便有报应落在头上。对于办理刑事案件的官员来说，标准化的报应就是断绝子嗣。

人们相信"刑官无后"，是因为司法中许多因素会欺骗司法官，稍有不慎，就有可能铸成错案。再审慎认真的司法官也难免于此，更何况那些粗裁陋判、草菅人命的家伙？传说极公道、最清正不过的包青天也差点绝后，只因办的案件多了，每个案件都想要公道无玷，不是容易的事。

《安士全书》是一部有名的劝善书。书中记载这样一个故事：

> 明季时高邮州徐某，历官至郡守，清介执法，每差役违限一日，笞五板。有隶违六日，欲责三十，乞贷不可，竟死杖下。其子幼，闻之，惊悸死。其妻惨痛，亦自经。徐解任归。止一子，甚钟爱。忽病，语其父曰：

> "有人追我。"顷之,詈曰:"有何大罪,杀我三口。"言讫而死。徐竟无后。

这个故事是"刑官无后"的实例,郡守徐某是个清介执法的好官,只是对手下要求严苛了些,遇事不肯通融,造成手下差役被杖责死,死者幼子亦惊悸死,其妻在极度悲痛的情况下也上吊死了。这种三命归阴的惨事,有损阴德,徐某得到的报应是:自己儿子病亡。

这类故事是否真实,姑且不论,在古代,深具说服力。由于"刑官无后"的说法深入人心,人们很容易把徐某之子的死亡归结到这个因果的信念上。

《安士全书》还记载一个正面的事例,一个复核死刑案件的官员因为小心谨慎和无延宕行使权力,最终获得好报:

> 明盛吉为廷尉,决狱无冤滞。每至冬定囚,妻执烛。吉持丹书,相对垂泪。妻语吉曰:"君为天下执法,不可滥入人罪,殃及子孙。"视事十二年,天下称平恕。庭树忽有白鹊来巢,乳子,人以为祥,后生三子皆贵。

廷尉盛吉是个敬业的好官,更重要的是,他还有个好妻子,冬日里举烛为他照明不算,还一个劲儿提醒他"不可滥入人罪"。夫妻两个都相信弄得不好会"殃及子孙"。盛吉小心谨慎作了十二年廷尉,办案公道,得到好报,应验在三个儿子身上。

如今看来,所谓善有善报,有的有因果联系,如韩信感恩报漂母便是,然而与神明无关;有的未必有因果联系,公正司法与生子皆贵之间恐怕没什么必然联系,但迷信的人愿意相信有这样的联系。这让人想到,各种宗教要人信而不疑,把各种有因果联系和没有因果联系的事联系在一起,都归结为神明显灵,宗教才能得以兴旺。

宗教或者一般迷信有两个作用,一是劝人为善,二是导人愚昧。"刑官无后"这样的迷信对于刑事司法官员有精神约束作用,让他们在执法中心存敬畏,不敢为非,对于减少冤滥案件是有益处的。如果司法官员不信神,也不怕鬼,更有可能在行事时肆无忌惮,制造人间惨剧。

不过,迷信不能永远维持,最先摆脱迷信的,大概是宗教神职人员。西方中古以前盛行的神裁法,建立在神灵能够给裁判以启示的迷信基础上。随着民智渐开,神明裁判某些做法,先为牧师不当利用。英国作家查尔斯·麦凯著有《人类愚昧疯狂趣史》一书,记载牧师在进行十字架裁判时,"牧师事先经过严密的调查并了解一切情况后已断定上诉人是清白还是有罪,这样他们就相应地拿起标有十字架的或未标有十字架的棍子。尽管对于其他所有旁观者来说,这些裹在羊毛里的棍子看起来都是一模一样的,但对于那些要剥开羊毛的人来说,则可以毫不费劲地把它们区别开。"在举行火审时,"因为只有牧师是参与放置犁头的,所以他们经常可以预知到结果。为了证明一个人有罪,他们只需把铁犁放得间距不等,那么被告肯定会踩到其中一块铁犁"。还有这样一种做法:手拿炽热的铁块,手却丝毫无伤,"不仅是手皮厚的男子,连那些细皮嫩肉的女人也能皮毛不伤地这样做时,我们可以肯定事先已在手上涂抹了保护剂,或是那种表面上看炽热,实际上不过是块漆成红色的冰冷铁块"。① 这些捣鬼事奏效一时,预告了司法中某些迷信的破灭。

人类进入 21 世纪,虽然迷信并未完全破除,但依靠"刑官无后"之类精神信条来维持办案公道已经是缘木求鱼的想法了。如今,要实现司法公正,靠司法人员的精神塑造和司法人格塑造,没有公正司法的理念,没有公正不阿的独立司法人格,没有良心和自我道德约束,就可能没有良好的司法状况。更重要的,还是依靠严密而严格的制度安排。对于不相信天上地下有天堂、有地狱的人来说,真正有效的约束还是制度——没有严密的制度安排,破坏法制滥行不轨的事情就可能层出不穷。

第二节 西方司法史上的猎巫行动

猎巫行动就是搜捕巫婆、术士的迫害行动。这里的"巫"指的是巫婆、巫术。克里斯蒂纳·拉娜在《巫术与宗教:公众信仰的政治学》一书中解释道:"巫术是个人同魔鬼之间的私下商契,也是同魔鬼订立盟约之人用以反对上帝,反对人类社会的一个阴谋。"本来神鬼精灵都属虚无缥缈之流,巫术也无非江湖骗术之事,但在中世纪因此丧生者为数甚多。马修·黑尔爵士在 17 世纪的著作《国王的诉讼》一书这样写道:"在普通法上,和异端罪一样,通过镇压异端学说者令(De Haeretico Comburendo,即关于应被烧死的异端的法令),巫术罪要被判处死刑。"②可见刑罚严重,令人惶悚。

一、迷信的国王与惩治"巫术罪"的法律

英国国王詹姆士③一世是一个极迷信的人,他深信世上真有所谓"巫蛊"那样的东西。1591 年《苏格兰纪闻》一书记载:1589 年詹姆士六世到丹麦迎娶安妮公主,苏格兰舰只和丹麦船只向北海航行途中遇到大风暴和海上灾

---

① 〔英〕查尔斯·麦凯著:《人类愚昧疯狂趣史》,朱品凡等译,漓江出版社 1999 年版,第 294—295 页。
② 〔英〕马修·黑尔著:《国王的诉讼》,王雨田译注,中国人民公安大学出版社 2008 年版,第 6 页。
③ 又译为"哲姆斯"。

难,这被认为是受魔鬼鼓动的巫士起的作用,因为魔鬼对信仰新教的王子的神圣联盟满怀恶意。由此,两个国家开始搜捕犯罪的巫士。在被捕的人中有一老妪熬刑不过,屈承"曾会同妖婆二百余人乘筛如海……企图颠覆国王的船"等语,于是株连更多的人。审判之时,詹姆士亲临观审,并且特制刑具供拷打使用。审讯结束,全体被告被逼招供,皆处以绞刑,绞刑执行后又将其尸骸焚毁。①

这位迷信的国王在世之时,还制定法律惩治"巫术罪",将该罪分为两级:一级为巫术罪的重罪,包括四种类型:用符咒召唤邪灵或者祈求邪灵;商议、召集邪灵或者招待、雇佣、喂养或者付给其报酬,无论出于什么目的,也不管是否因此做出什么行为;占有死人或者他的一部分,加以雇佣或者将其用于巫术和魔力,即使没有实际使用或者雇佣;行使任何巫术、咒语、魔力或者魔法,造成任何人被杀、受损毁、被使用或者被附体于该人及其身体任何部分(要求实施了附体、使用等行为)。二级包括五种:以巫术、咒语、魔力或者魔法告诉他人宝藏的处所并控制他们,即使没有控制成功;以巫术、咒语、魔力或者魔法告诉人们哪里可以找到丢失或者被盗的货物;以巫术、咒语、魔力或者魔法意图使人陷入非法爱情当中;告诉他人物品或者不动产将遭受毁坏(要求存在实际的毁坏);告诉他人将会使用巫术伤害任何人。② 对于上述行为都予以惩罚。

1563 年以前,在基督教教会法和普通法中,巫术被规定为一种犯罪。在 1510 年,连魔术也被列为犯罪行为。在欧洲,可以这样给巫术迫害勾勒一个轮廓:直到 15 世纪,巫术诉讼看来微乎其微。在 15 世纪巫术诉讼逐渐增多,16 世纪和 17 世纪达到高潮。1563 年的巫术法案认定巫士就是这样一些人:他们曾经同魔鬼达成契约,乘夜间飞去举行魔鬼的秘密仪式。法案要求对那些犯有迷信罪或假装行巫"欺骗人民"的人,以及通过求助于那些犯有行骗者以维持这种迷信行为的人处以死刑。1590—1591 年对巫术叛逆罪进行了兴师动众的审判,"在这期间审判的进行过程中,有 300 多个巫士被指控分别在不同的时间里人数不等地聚拢在一起策划背叛国王的行动"。背叛的方式当然是使用某些巫术来谋害国王,如熔化他的蜡像来将他置于死地。"这些审判从 1590 年 11 月一直持续到 1591 年 5 月,100 多个嫌疑犯遭到审判,大量的但难以知其详细数字的人被处死。"在针对巫术展开的诉讼中,大多数巫士被指控从事肉体伤害和医病。就国王而论,这种审判还具有明显的政治意

---

① 梁实秋著:《梁实秋文集》(第 8 卷),鹭江出版社 2002 年版,第 476 页。
② 〔英〕马修·黑尔著:《国王的诉讼》,王雨田译注,中国人民公安大学出版社 2008 年版,第 6—7 页。

义,这些审判被看作是对叛逆的审判。人们相信巫士企图伤害国王的性命,这是对巫士进行审判的主要原因。1590—1591 年的巫术审判是苏格兰最后对叛逆罪的审判。以叛逆罪为由进行的巫术迫害完结后,巫术迫害又主要转向那些名声不好的人。1603 年詹姆士启程去英格兰,苏格兰的巫术迫害继续进行。在这个时期,每年有大约 20 个巫术案件,约有一半巫士被处以死刑。1662 年以后,巫术诉讼开始衰退。对巫术的最后一次死刑判决是在 1683 年。16 世纪和 17 世纪的欧洲,被处死的巫士数目无法进行统计,估计有数千人之多。

如今看这类法律规定与司法审判,感到人类荒唐至极。由于过去的人们普遍相信存在精灵和神明,才一本正经地惩罚利用邪祟为非作歹之人。罗素曾指出:"在大恐惧的影响之下,几乎每个人都变成迷信。把约拿从船上摔到水里的水手们,想象他的存在是招致可能使船沉没的暴风雨的原因。""集体恐惧会激起群众的本能,他们对不属于自己那一群的人施以暴行。在大恐惧的影响之下,个人、群众或国家都不能按照人性从事或神志清明地思索。基于这个原因,懦夫比勇者更易于做成暴行,更易于迷信。"①

二、巫术迫害的根源是人们普遍相信魔鬼的存在

有着宗教信仰的人,会发出过这样的疑问:为什么神明允许邪祟,而且让世间既有好人也有许多坏人?这一疑问可以被一种普遍接受的说法化解。菲利普·金巴多指出:"在全善全能的上帝之下,恶魔何以仍旧存在?其中一种解答是,上帝允许它们存在是为了让人们接受考验,屈服于淫威之下的就下地狱,能抵抗邪恶者便得以上天堂。然而,因为亚当和夏娃的堕落,上帝会限制恶魔对人类的直接影响。所以恶魔们以派遣巫师作为中介者为策略,执行恶魔对人类的召唤,导致人们沦丧良知。"②于是以下现象就不难理解了:"为了防止邪恶蔓延,处置散布各处的巫师,许多天主教国家以找出和消灭巫师为解决之道。从茫茫人海中找出恶魔的卧底,'识别'是首要工作,然后以各式各样的严厉酷刑逼供,让这些人承认自己的确为'异端'(heresy),接着便歼灭这些'异端'(也就是我们熟知的猎巫行动)。无法在这种考验下存活的就如此死去,简单且直接。"菲利普·金巴多评论说:"就算不提起许多精密规划的恐怖行动、酷刑和数以千计的未知灭族行动所造成的大量死伤数目,光是这种大幅简化复杂议题的概念,就足以教人燃起一把对于宗教审判的无名

---

① 〔英〕罗素著:《一个自由人的崇拜》,胡品清译,时代文艺出版社 1988 年版,第 124 页。
② 〔美〕菲利普·金巴多著:《路西法效应》,陈雅馨、孙佩妏译,商周出版公司 2008 年版,第 28—29 页。

火。形成'巫师'这样低鄙的类别框架,提供社会快速解决恶魔的方式,只要恶魔使者的身份一经确认,就是酷刑、下油锅、上火架。"①

巫术迫害的根源是人们普遍相信魔鬼的存在,公众相信世上确有魔鬼和巫术,相信巫术具有神秘力量,才会把巫术看作对于公众实实在在的威胁。在当局眼中,巫士就是将灵魂献于魔鬼而拒绝皈依基督教的人;巫士试图推翻现存社会秩序。猎巫行动就是要清除上帝、国家和人民的敌人。

巫术迫害针对的对象主要是妇女,菲利普·金巴多解释其原因,认为性别在社会职业中的布局影响了许多男人的命运:"在都是男性主导的教会及国家中,我们不难想见为何女性比男性更容易被冠上巫师之名。"②克里斯蒂纳·拉娜认为:"在欧洲基督教时期,巫士范畴只包括妇女。……如果你要寻找一个巫婆,那么你就是在找一个妇女,她可以是任何一个妇女。"③"无论是匿名的还是公开的证实,人们都认识到一名巫婆对既存秩序的威胁。"④

三、突破正常司法原则与制度的巫术审判

旧时不但有针对巫术罪的呈现一定体系的法律制度,而且对于巫术也存在学术式的分类。克里斯蒂纳·拉娜指出:"在原始社会,已证明有两类巫术:白巫术或称医病巫术,和黑巫术或称咒人巫术。""民法和罗马法把巫术区分为黑巫术和白巫术。黑巫术或咒人巫术是由通过施用法术召唤邪恶的力量而对他人造成故意的伤害所组成,这种邪恶的力量是由妖术操纵的咒语形成的。白巫术是对社会有益的行为,诸如通过妖术或咒语来治病、卜算以及找回失落的财富等等组成的。黑巫术面对死亡的惩罚,而白巫术则不然。"⑤

人们对于巫术的观点是理论化的,克里斯蒂纳·拉娜在《巫术与宗教:公众信仰的政治学》一书指出:"在欧洲,巫术理论的发展及其在巫术审判中的应用对诉讼率产生了巨大的影响。对巫术个人的打击从孤立的区域性蹂躏发展到普遍的讨伐,再到公认的迷狂和迫害。这一变化在15世纪后期十分意外地开始于意大利北部和德国的南部地区,而且在随后的一个世纪中已波及整个欧洲大陆。"巫术理论产生如此灾难性影响的原因,是因为"当局已认

---

① 〔美〕菲利普·金巴多著:《路西法效应》,陈雅馨、孙佩妏译,商周出版公司2008年版,第28—29页。
② 同上。
③ 〔英〕克里斯蒂纳·拉娜著:《巫术与宗教:公众信仰的政治学》,刘靖华、周晓慧译,今日中国出版社1992年版,第99页。
④ 同上。
⑤ 同上书,第1页。

识到巫士的力量是真实存在的、令人畏惧的";另外,这一理论宣扬"巫士的力量来自恶魔盟约,因此,无论它是否用来害人的,都是邪恶的、不吉祥的,这就意味着乡间行巫医病的人也同当地骂街泼妇一样,必须遭到法律的惩罚。"不过,"更为重要的原因是,倘一旦发生对巫士的指控,这种指控就立即四处蔓延。所以如此,其源于巫术应有其组织、巫术亦应集体行巫的思想。一名被指控巫士将会遭到严刑拷打,逼其招供同伙。其同伙的遭遇亦不免如此。"①

巫术迫害常常作为政治手段使用,巫术案件的早期审判具有明显的政治性质;这些审判甚至有一种倾向,将杰出人物卷入其中,成为受害者或嫌疑犯。早期巫术迫害的方式之一是把巫术指控作为政治武器而加以使用,这增加了对于巫术的担忧。例如,詹姆士三世的弟弟马尔伯爵被秘密谋杀(人们猜测是詹姆士下命令干的),他被指控同巫士协商来谋害国王,为了使这一说法可信,詹姆士三世下令处死几名巫士。②

对于巫术活动进行起诉,一般始于教区选民的指控书,指控的内容是某个有名有姓的人犯有咒人巫术的特殊罪行。巫士会被监禁,并被以恐吓方式诱骗出一份忏悔书。猎巫行动有两个方面的含义:一是搜捕拥有特定特征的,而不是曾做过某些事的一群人;二是某个组织通过造假的、杜撰的指控而无情地追捕一个人。③

指控书被送往基督教长老会执行理事会。巫士被监禁,并被以恐吓方式诱骗出一份忏悔书。由于依据正常的裁判原则,要证实某人曾拒绝接受洗礼、与魔鬼订约是困难的,忏悔书就成为十分重要的证据。"在审判中常常使用拷打和睡眠剥夺技术,当认为证据充足之时,便将材料送到爱丁堡,努力获得对这名巫士进行审判和处以死刑的委托书。经枢密院或者国会批准的委托书会送到每一个指定的人手中,这些人有的担任过部长职位,抑或主持过贵族法院。得到委托后,有两种方法可供选择:把巫士带到爱丁堡司法院或让她在巡回法庭上受到审判。如果得到了委托,无论对教区还是对自治区来说,都可以少付出许多代价,而且几乎只需举手之劳就可保证获得判决。不管怎么说,不仅要盘问巫士本人从事过的活动,而且要盘问有关被认为曾同她一起参加过巫士聚会的那些人的活动。这是主要的审问方法,采取这个方法可能会把另一个人扯进这场诉讼之中。这也恰是巫士集结在一起向恶魔

---

① 〔英〕克里斯蒂纳·拉娜著:《巫术与宗教:公众信仰的政治学》,刘靖华、周晓慧译,今日中国出版社1992年版,第52页。
② 同上书,第91页。
③ 同上书,第102页。

礼拜这一理论的一部分内容,因此,供出同谋犯才是忏悔书的重要内容。正是这种办法,致使在审判网中又加入了新的成员。"①"律师们在宣判巫士的有罪以前,要先从这个巫士的邻居那里得到咒人巫术的证据。在许多案件中,律师宣判忏悔的巫士无罪,因为,这些巫士在当地具有良好的声誉。当他们作忏悔时,他们心乱如麻。然而这样一种结果并不存在系统的或是必然的东西,在其他场合,在没有忏悔书,也没有其邻居作出补充的指控书的情况下,仅简单地依据另一名巫士的不实之词,被指控的巫婆就被宣判有罪。"②

巫术迫害是法律化的产物,"巫术犯罪被重新界定了,它变成为一种世俗的而非宗教的犯罪,对它的审判也只是在世俗的法庭上进行"③。

当巫术控制成为一种官方事情的时候,事情的所有的重心都发生了变化。巫术的受害者感兴趣的首先是保护自己或免受巫术的迷惑,其次是向巫士复仇。首先,作为国家的官方和基督教堂的官方主要是对那种反叛活动感兴趣,那就是巫士被认为制造这种活动以获得邪恶的力量。她被认为已同化为人形的魔鬼相见,她放弃洗礼并且许诺作魔鬼的仆人,魔鬼则许诺她可以为所欲为,这是一个十分廉价的许诺。为了强调它不是凭空想象的,魔鬼盟约由预表即肉体交媾得以完善,这是魔鬼对巫士的一种不留痕迹的赠与。对基督教来说,魔鬼盟约是一种背叛行为,但对国家来说,它则是带有政治意义的叛逆行动。因为巫士被认为不仅与魔鬼勾结起来,而且她们也相互勾结起来反对上帝的国家。由此,寻找巫士身上的标记就是寻找魔鬼盟约的证明。④

对巫术的审判与正在出现的很多刑事法律与实践的理性化背道而驰。当时,忏悔书成为十分重要的证据,供出同谋犯是忏悔书的重要内容。要取得一份自供状,不能不使用拷打和剥夺睡眠技术。克里斯蒂纳·拉娜介绍说:"在判处巫士死刑和剥夺其睡觉的权力上,逼迫其招供是一个重要因素,亦是取得标记的最好办法。接下来的审判和处死阶段通常伴之以专门的斋戒和布道,处死是一件必须公布于众的大事情。""虽然巫士们有时候会一再地受到指控,但是,大多数被判处有罪的巫士只是在巫术迫害期间,才会成批地受到审问。官方认为,巫术是一种阴谋,应该结合使用拷打去使那些嫌疑

---

① 〔英〕克里斯蒂纳·拉娜著:《巫术与宗教:公众信仰的政治学》,刘靖华、周晓慧译,今日中国出版社1992年版,第36—37页。
② 同上书,第38页。
③ 同上书,第144页。
④ 同上书,第152页。

分子供出其同伙,这使得受审人数大为增加。"例如,"在苏格兰,克伦威尔军政府在审判前对巫妇加以严刑拷打,从而造成了恐慌和恐怖局面"①。

在猎巫行动中普遍存在株连现象,"在巫术犯罪的概念中,这个秘密因素意味着如果一个因巫术受审之人供出一个同谋者,即使她未被巫术成员视作一名巫士,也会受到有力的起诉"②。"在大规模的巫士搜捕中,那些以从事白巫术而闻名的人也被卷了进去。黑巫术和白巫术两者的关系是,他们都借助于超自然的力量、超出教会以上的力量。"③"在对巫士的大规模搜捕中,更多的'清白无辜的'人卷入犯罪网中。"④"当诉讼高达社会性规模的水平时,清白无辜者正被卷入诉讼之中。当以前品德良好的人也被卷入审判之网时,所有的人都感到忧虑,因为那时已到了人人自危的地步。"⑤"一个被指控从事巫术活动之人在受审过程中遭到拷问,而坦白供认出她的同伙,这份名单便导致了以苏格兰和欧洲大陆为代表的大规模的巫术迫害。对恶魔理论的发挥,产生出一系列关于巫士聚会的令人惊异的故事。"⑥

在欧洲,可以这样给巫术迫害勾勒一个轮廓:"直到15世纪,巫术诉讼看来似乎仍微乎其微。在15世纪巫术诉讼逐渐增多,并在16世纪和17世纪的大屠杀中达到了高潮。在17世纪末期,它们则再次变得十分稀少。而除去波兰以外,18世纪的巫术诉讼仅是偶有发生的事情。考虑到对过去事情的定量记载,19世纪和20世纪初时的巫术迫害甚至比现在还多,即使提供不出因巫术而处死的人员的全部人数。"⑦克里斯蒂纳·拉娜指出:"我们永远无从知晓在那段时期那些遭指控、受审问、被宣判无罪或施以死刑的确切人数。但是,我们已经十分清楚地确定了巫术诉讼集中发生的地区。它们是:德国、苏格兰、法国和瑞士,大概就是这样的顺序。除此之外,一些严重闭塞的地区也有诉讼发生,如荷兰、瑞典、巴斯克乡村和美洲。"⑧

显然,"巫术是特殊形式的犯罪,因为要确立犯罪以及被控告之人背后的撒旦力量是困难的,这种困难性意味着正常取证原则和法庭程序无法实行"⑨。"即正常的取证原则不能用于巫术审判,所以,审问和法庭程序的正

---

① 〔英〕克里斯蒂纳·拉娜著:《巫术与宗教:公众信仰的政治学》,刘靖华、周晓慧译,今日中国出版社1992年版,第90页。
② 同上书,第42页。
③ 同上。
④ 同上书,第43页。
⑤ 同上书,第52页。
⑥ 同上书,第89页。
⑦ 同上书,第40页。
⑧ 同上书,第103页。
⑨ 同上书,第39页。

常标准不会适合这种情形。使用拷打去取得一份自供状是必要的,接受在法庭上不被允许正式提供证据的那些人,诸如妇女、儿童、利益集团和已经服罪的重罪犯的这次证词是必要的。……对巫术审判的管理明显地与正在出现的很多犯罪法律与实践的理性化和非个性化背道而驰。"①

最终,巫术迫害止于启蒙运动的理性主义。② 1662 年以后,巫术诉讼开始衰退。

不过,历史上的巫术迫害虽然结束,与巫术迫害类似的政治迫害却一直延续,在某些历史时刻还会突然爆发巨大而邪恶的力量。克里斯蒂纳·拉娜在《巫术与宗教:公众信仰的政治学》一书中指出:"把'巫术迫害'应用到更广大的场合中去——政府对各种类型的人的搜捕——仅仅反映出历史上的欧洲巫术迫害的某些方面,不过,它仍然是有启发意义的。当代巫术迫害的关键是政府选中了一个组织,认为某种性质和某种信仰是他们所有的。这些性质和信仰后来被说成使得那些拥有这些性质和信仰的人危害了国家的安全。当代的巫术迫害并不代表着一个简单的法律和秩序问题:潜在的背叛和颠覆也包括在其中。主要例子有:俄国的大清洗,德国根除吉卜赛人、犹太人和同性恋者以及北美的行动委员会。"③学者花费时间和精力研究人类愚昧史上这一页,剧作家阿瑟·米勒取材 17 世纪真实案件写成《萨勒姆的女巫》(影射麦卡锡时代的迫害),其意义当然是远远超过"白头宫女说天宝,古董山人话晚明"那一类怀古忆旧的闲聊的。

第三节 我国古代的巫蛊之狱

汉朝征和元年(公元前 92 年),皇帝居建章宫,看见一名男子带剑进入中华龙门,立即下令将其捕获,竟没有抓到人。皇帝大怒,将守门者(门侯)斩首,当时在长安城大肆搜捕,还是一无所获。

> 是时,方士及诸神巫多聚京师,率皆左道惑众,变幻无所不为。女巫往来宫中,教美人度厄,每屋辄埋木人祭祀之;因妒忌恚詈,更相告讦,以为祝诅上无道。上怒,所杀后宫延及大臣,死者数百人。上心既以为疑,尝昼寝,梦木人数千持杖欲击上,上惊寤,因是体不平,遂苦忽忽善忘。江充自以与太子及卫氏有隙,见上年老,恐晏驾后为太子所诛,因是

---

① 〔英〕克里斯蒂纳·拉娜著:《巫术与宗教:公众信仰的政治学》,刘靖华、周晓慧译,今日中国出版社 1992 年版,第 52 页。
② 同上书,第 50 页。
③ 同上书,第 106 页。

为奸,言上疾祟在巫蛊。于是上以充为使者,治巫蛊狱。充将胡巫掘地求偶人,捕蛊夜祠、视鬼,染污令有处,辄收捕验治,烧铁钳灼,强服之。民转相诬以巫蛊,吏辄劾以为大逆无道;自京师、三辅连及郡、国,坐而死者前后数万人。

当时皇后之弟、大将军卫青已经过世,皇后卫氏、皇太子刘据虽然是仁厚恭谨之人,却不被皇帝喜欢,奸臣趁机加以毁谤,皇后的姐夫丞相公孙贺、公孙贺的儿子太仆公孙敬声、皇后所生两个女儿诸邑、阳石两公主、皇后之弟的儿子长平侯卫伉,先后因谗言,被认定犯有巫蛊罪,被处决。皇帝宠信赵人江充,任命他为水衡都尉,江充竟凌侮太子,现在见皇上年老,担心皇帝晏驾后太子登基将自己诛杀,就向皇帝谎称皇上的病是由于巫蛊作祟所致,皇上就指派江充办理巫蛊案件,先后杀死三辅及郡国居民数万人,搜治后宫希幸夫人,次及皇后、太子。江充声言在太子宫发现的木人尤其多,将要向皇帝禀报,治太子之罪。太子窘迫无计,少傅石德为他出谋划策,太子听从少傅建议,将江充收斩。然后太子禀告皇后发兵自守,皇帝下诏令丞相刘屈牦将其击败,皇后、太子自杀,两名皇孙被害。后来,官吏平民以巫蛊告发的案件,经过查证发现大多不实。高寝郎(高帝陵寝官)田千秋上书给皇帝,陈述太子的冤枉,皇帝深感醒悟。于是族灭江充家,诛杀其同党与宦官苏文,建造思子宫,以及归来望思之台,用以凭吊太子,但木已成舟,毕竟于事无补了。①

隋文帝晚年颇为迷信,自己迷信也就罢了,皇帝言出法随,让法律也跟着维护起迷信来。《隋书·刑法志》记载:"帝以年龄晚暮,尤崇尚佛道,又素信鬼神。二十年,诏沙门道士坏佛像天尊,百姓坏岳渎神像,皆以恶逆论。"②隋朝皇帝猜忌且用法严苛,到炀帝时更有过之,很快将隋朝推向覆亡。

对于巫术的恐惧可能导致整个社会歇斯底里,有学者指出:"把重点放在罪犯的邪恶上,容易激起群众对罪犯的愤怒情绪,促进偏见的形成;它容易与迷信的恐惧相结合,从而提议实施残酷的刑罚并使这种刑罚合法化。"③

孔飞力在《叫魂》一书中细致描述和分析了清代发生的叫魂恐慌和由此引发的冤错案件。"叫魂"是一种妖术,"据称,术士们通过作法于受害者的名字、毛发或衣物,便可使他发病,甚至死去,并偷取他的灵魂精气,使之为己服

---

① 王桐龄著:《中国史》(上卷),江西人民出版社 2008 年版,第 233 页。
② 高潮、马建石主编:《中国历代刑法志注译》,吉林人民出版社 1994 年版,第 229 页。
③ 〔英〕J. W. 塞西尔·特纳著:《肯尼刑法原理》,王国庆、李启家等译,华夏出版社 1989 年版,第 31 页。

务"①。在清代,有传闻:"石匠们需要将活人的姓名写在纸片上,贴在木桩的顶部,这样会给大锤的撞击添加某种精神的力量,人们称之为'叫魂'。那些因此被窃去精气的人,不是生病,便是死去。"②这本来是虚妄的说法,荒诞不经的迷信,但由于人们相信叫魂确有实害,许多人因被怀疑"叫魂"而倒霉。如当时风传德清有叫魂之事,一个德清人计兆美来到杭州,在静慈寺前,有人因他的口音而起了疑心,当他讲说自己是德清人,更加剧了别人对他的怀疑。受到恐吓后,计兆美胡诌自己是来"叫魂"的,由此引出一场讼事。

  还有 1768 年 4 月 8 日发生一件事,在萧山,有两个和尚遇见一个 12 岁男孩,知那孩子识字,就与他聊了几句。随后两人上路,过了没有多久,男孩的父母怒气冲冲追赶上来,质问他们为何问男孩姓名,说他们一定是叫魂的。和尚否认,但无济于事,一大群情绪激昂的人将他们围住,喊叫着要烧死、淹死他们。他们被捆绑、搜身,然后被押送到官府。此事还牵连了另外两个和尚,他们同被拘捕并一起受到刑讯。其中一个和尚巨成的行李箱里携带的三把剪刀、一顶猪皮防雨披肩、一把锥子和一根用来扎辫子的袋子引起怀疑,知县的审问向有罪的方向发展,捕役提交的"证据"里还多了一把剪刀和两条辫子(后来在巡抚衙门查明,这些是捕役提供的伪证),巨成不承认剪人辫子,知县下令用夹棍进行逼供,巨成熬刑不过,只好自诬。此案从萧山县衙送到绍兴知府衙门,又到杭州巡抚衙门。巡抚衙门最终查明"公众的歇斯底里与卑劣的腐败现象结合在一起,几乎酿成了司法上的一桩大错"③。

  人们相信有叫魂这么回事,源于一种恐惧,"即使叫魂这样的事其实从来没有发生过,人们仍然普遍地相信,任何人只要有适当'技巧'便可通过窃取别人的灵魂而召唤出阴间的力量。这是一种既可怕又富有刺激的幻觉。与之相对应的则是真实的权力——人们可以通过指控某人为叫魂者,或以提出这一指控相威胁而得到这一权力"④。因此,民众借助叫魂恐慌来达到自己报私仇的目的,自发助长了冤案的蔓延:

    一旦官府认真发起对妖术的清剿,普通人就有了很好的机会来清算宿怨或谋取私利。这是扔在大街上的上了膛的武器,每个人——无论恶棍或善良——都可以取而用之。在这个权力对普通民众来说向来

---

① 〔美〕孔飞力著:《叫魂》,陈兼、刘昶译,上海三联书店 1999 年版,第 1 页。
② 同上书,第 6 页。
③ 同上书,第 10—20 页。
④ 同上书,第 301 页。

稀缺的社会里,以"叫魂"罪名来恶意中伤他人成了普通人的一种突然可得的权力。对任何受到横暴的族人或贪婪的债主逼迫的人来说,这一权力为他们提供了某种解脱;对害怕受到迫害的人,它提供了一块盾牌;对想得到好处的人,它提供了奖赏;对妒忌者,它是一种补偿;对恶棍,它是一种力量;对虐待狂,它则是一种乐趣。①

司法只会加剧事情向坏的方向发展,对于腐败而不负责任的司法制度,"没有一个平民百姓会指望从这一制度中得到公平的补偿"②。显而易见,"没有任何可靠的途径可以使清代君主受制于法律,也没有任何可靠的法律可以让一个君主必欲惩罚的人得到保护。在清代,甚至连一个知县都可以在自己的公堂上为所欲为,而几乎没有被绳之以法的危险"③。君主会利用这种恐惧,来达到自己控制国家权力系统和社会的目的。

叫魂恐慌继续蔓延的结果是,社会都陷入歇斯底里状态,官府也失去应有的理性,"1768 年 5 月 3 日,当地的捕役抓到了一个外貌'可疑'的老年乞丐。抓他的理由是他为叫魂而剪人发辫"④。类似的案例还有很多。社会上的迷信造成一些行业如僧侣道士巫医术士自称有"法术",当民众相信确实存在这些"法术"以及窃取灵魂之类奇事,而且官府乃至朝廷认为这种"法术"对于社会的秩序与安宁造成威胁的时候,官府认为"人民当然应当受到保护,以使他们免受'蛊毒厌魅'的妖术之害"⑤。对于被视为"妖党"的个人以致群体的迫害就开始了。有的时候(如清代弘历年间),整个国家如临大敌,形成妖术的大恐慌,其结果是特定地区的一些省进行大规模清剿,冤错案件也便由此产生。

第四节 对"科学证据"的迷信

"科学证据"在司法中最大的危险是被误以为是科学的、客观的证据而加以迷信,同时对于鉴定人员表现出盲从。这种迷信与盲从不但表现为裁判者不对"科学证据"抱有理性的怀疑,而且不能容忍他人对这些证据加以质疑和

---

① 〔美〕孔飞力著:《叫魂》,陈兼、刘昶译,上海三联书店 1999 年版,第 300 页。
② 同上。
③ 同上书,第 305—306 页。
④ 同上书,第 21 页。
⑤ 同上书,第 124 页。

挑战。裁判者如此,鉴定人也时常把自己的鉴定意见视为科学结论而失去专业人士应有的谦卑,让人们无法分辨其时常流露出的傲慢是自信还是缺乏自知。另外,控诉机关或者作为辩护一方的当事人来说也时常流露出这样的心态,笔者曾经亲眼看见在一次法庭审判中,一个年轻的女检察官对辩护律师就某一"鉴定结论"提出的质疑进行反驳,昂然说:"这是科学,你不能质疑科学。"这位检察官直把"科学证据"等同于科学。

司法裁判或者司法决定的错误就掩藏在对"科学证据"的迷信与盲从中。科学技术能够在相当程度上弥补我们认识能力的不足,在刑事司法中,应当重视最新科技成果给诉讼证明提供的新可能性,应当将新的科学技术成果及时应用于刑事司法领域。但是,必须警惕科学技术应用引发的对于"科学证据"的迷信与对于鉴定人员的盲从,设定对于鉴定意见进行检验和甄别的司法程序从而防止错案发生。

一、"科学证据"未如想象中的科学

鉴定通常需要借助于特定的科学仪器、专门的科学知识来实现,因鉴定形成的意见往往被看作是"科学证据"。但"科学证据"未必都会像人们想象得那么科学,一是因为鉴定所依据的技术手段本身未必如想象得那么准确、可靠,例如我国古代进行个人身份鉴定依靠的是滴血验子的老法子,这种方法并不是靠得住的方法,但在我国科技不发达的古代,却成为司法中进行人身识别的常用方法。纪昀云:"按陈业滴血,见《汝南先贤传》,则自汉已有此说。"①即使在古时,亦已认识到滴血之法不是可靠的办法。纪昀转述诸老吏的说法曰:"骨肉滴血必相合,论其常也。或冬月以器置冰雪上,冻使极冷;或夏月以盐醋拭器,使有酸咸之味;则所滴之血,入器即凝,虽至亲亦不合。故滴血不足为信谳。"②由于人身识别在许多案件中具有举足轻重作用,鉴定错了,案件的认定和处理就可能跟着一起错。二是鉴定中人的因素使准确、可

---

① 《阅微草堂笔记》记载:"晋人有以资产托其弟而行商于外者,客中纳妇,生一子。越十余年,妇病卒,乃携子归。弟恐其索还资产也,诬其子抱养异性,不得承业云。纠纷不决,竟鸣于官。官故愦愦,不牒其商所问真赝,而依古法滴血试;幸血相合,乃笞逐其弟。弟殊不信滴血事,自有一子,刺血验之,果不合。遂执以上诉,谓县令所断不足据。乡人恶其贪媚无人理,签曰:'其妇素与某私昵,子非其子,血宜不合。'众口明明,具有征验,卒证实奸状。拘妇所欢鞫之,亦俯首引伏。弟愧不自容,竟出妇逐之,窜身逃去,资产反尽归其兄。"纪昀叹道:"然此令不刺血,则商之弟不上诉,则其妇之野合生子亦无从而败。此殆若成使之,未可全咎此令之泥古矣。"参见纪昀著:《阅微草堂笔记》,吉林文史出版社1997年版,第271—272页。

② 纪昀著:《阅微草堂笔记》,吉林文史出版社1997年版,第271—272页。

靠的科学技术也会被扭曲为不科学的结论。一些鉴定意见被事后确认是错误的,有的已经铸成错案;有的在甄别证据的过程中被发现是错误的,使司法案件幸免于错误。例如当代个人识别依靠 DNA 检测,DNA 鉴定技术(又称 DNA 指纹术)是公认的较为精确的技术,在个人识别方面被认为无可争议。但是,在司法实践中已经发生多起 DNA 鉴定错误。很明显,DNA 技术本身并没有错,造成错误的是鉴定中人的因素。

DNA 是脱氧核糖核酸(DeoxyriboNucleic Acid)①的简称。在 20 世纪 40 年代,科学家发现 DNA 是构造生命的基本结构,这种物质在人身体的每一部分都可以找到。在 1953 年,克里克(Francis Crick)和沃森(James Watson)发现 DNA 双螺旋结构,科学家将组成 DNA 的四种化学物质(碱基)②分离出来。含有这四种碱基的脱氧核苷酸分别连接成两条长链,两条长链有规则地盘旋成双螺旋结构。对多形态的 DNA 的部分进行研究,可以确定某一特定的 DNA 片段是否来自某个特定个体。J. Watson 指出:DNA 是其分子的组织方式"直接揭示了两个最古老的生物之谜:遗传信息的储存与复制"③。

DNA 可以从生物检材中提取出来,而且同一个人的 DNA 在该人的任何细胞核中均相同,不同的人因 DNA 碱基组合不同而不同,除非属于同卵孪生子④,每个人碱基配列不同⑤,通过比较从不同样品中提取的 DNA 片段,就可以确定检材中 DNA 哪些相匹配,因而可作为进行个人识别的

---

① 脱氧核糖核酸是 1911 年由生物化学家菲奥布什·荣文在人体细胞里发现。人体细胞有一个包含核酸的细胞核。核酸有两种,一是核糖核酸(RNA),一是脱氧核糖核酸(DNA)。每个细胞核有成对的、由 DNA 组成的染色体,每一对染色体中有一条来自父亲的精子,另一条来自母亲的卵子。1984 年 9 月,亚历克·杰弗里斯爵士通过实验获得了第一张 DNA 应用图谱。
② 即腺嘌呤(A),鸟嘌呤(G),胞嘧啶(C),胸腺嘧啶(T)。
③ 同因这一贡献,克里克、沃森和莫里斯·威尔金斯(Maurice Wilkins)获得了 1962 年诺贝尔生理及医学奖。参见〔美〕亚瑟·汤普金斯:《法庭 DNA》,载北京华大方瑞司法物证鉴定中心、中国科学院北京基因组研究所:《DNA 和法医学基本知识和技术》,北京"国际法庭 DNA 证据研讨会"资料。
④ 2003 年,美国发生一起强奸案,一名男子闯进一个女孩的房间,使用暴力手段将女孩奸污,警方将嫌疑人达琳抓获,随后发现达琳有一个孪生兄弟叫达明,长相和身高一样。两人都否认强奸了这个女孩,警方将留在女孩衣物上的精斑进行 DNA 鉴定,结果发现达琳和达明 DNA 完全一样,通过 DNA 分不出谁是罪犯。被科学家推断相同概率为 500 亿分之一,偏偏发生在他们兄弟身上。警方想通过其他方式来确定谁是罪犯,可两个兄弟都有前科,都有强奸记录,同样无法加以甄别。参见贾安:《孪生兄弟强奸案之——失灵的犯罪终结者"DNA"》,载 http://blog.sina.com.cn/u/48f1bf4301000395,2006 年 4 月 6 日访问。
⑤ 蔡墩铭著:《刑事证据法论》,五南图书出版公司 1999 年版,第 12 页。

依据。① 在鉴定中,往往将血液作为检材,有时也用到其他生物检材,如头发、精液、唾液等。与传统指纹识别技术不同的是,指纹识别需要相当大的可识别面积,DNA 识别只需要几个人体细胞就可解决问题。②

　　DNA 技术在确认真正的罪犯和发现无辜者方面发挥了令人叹为观止的作用,许多成功的案例对人们运用这一技术起到了鼓舞作用。③ DNA 技术第一次被用于案件是在 1985 年的英国,当时一名移民儿童的身世受到怀疑,借助 DNA 技术确认了他的身份。④ 例如,在英格兰,由于 DNA 技术的应用使一个供认有罪的男子被发现是无辜的,并使真凶浮出水面:1983 年 12 月 22 日早晨七时二十分⑤,15 岁的琳达·曼宁的尸体被人在通往一家精神病院的路边草丛里发现。她腰部以下身体裸露,据了解是前天晚上去看朋友的路上被扼死的,死后还被人强暴过。从尸体里提取的精液表明凶手分泌遗传基因是 A 型带有高浓度磷酸葡萄糖变位酶(ICM)的 H 酶,这样的人在成人

---

① 为此,许多国家建立 DNA 数据库以便进行 DNA 检测。据 2003 年国际刑警组织调查,有 76 个国家拥有或者计划建立法医 DNA 数据库,其中 60 个国家已经有或者计划建立 DNA 数据库的相关法律法规。欧洲国际刑警组织的 46 名成员有 36 个国家使用法医 DNA 鉴定手段,24 个国家批准可以进行 DNS 信息的国际交流。哪些罪犯 DNA 信息应当录入,各国标准不尽相同:(1) 对于罪犯信息,英国对任何有犯罪记录者的 DNA 信息皆录入,比利时对犯有经法院判决的相应罪行者的 DNA 信息加以录入,法国对犯有指定罪行者的 DNA 信息进行录入,德国对经法院判决有危险性罪行者的 DNA 信息进行录入;(2) 对于犯罪嫌疑人信息,法国对犯有被地方法官或公诉人认定有罪的指定罪行者的 DNA 信息进行录入,德国对犯有可被判处有期徒刑 1 年以上并被认为有危险的指定罪行者的 DNA 信息进行录入,丹麦对犯有可被判处有期徒刑 1 年半以上并被认为有危险的指定罪行者的 DNA 信息进行录入,芬兰对犯有可被判处有期徒刑半年以上并被认为有危险的指定罪行者的 DNA 信息进行录入,匈牙利对犯有任何指定罪行者的 DNA 信息进行录入,瑞士对任何可疑人的 DNA 信息均进行录入,英国、奥地利和斯洛文尼亚对于因任何可记录罪行而被怀疑或者逮捕者的 DNA 信息均进行录入。一经录入,各国删除信息的标准也不完全相同:(1) 对于罪犯信息,英国、奥地利和北爱尔兰将予以永久保留,芬兰在被信息录入者死后 1 年予以删除,挪威在被信息录入者死后 2 年予以删除,德国、比利时、丹麦、匈牙利、荷兰、瑞典、瑞士等国在被信息录入者死后 5—20 年予以删除,斯洛文尼亚视罪行的严重性在被信息录入者死后 5—20 年予以删除。(2) 对于犯罪嫌疑人信息,英国予以永久保留,法国、德国、丹麦、奥地利、匈牙利、瑞士等国在宣告无罪或控诉人撤诉后予以删除。另外,对于保留原始样本还是检测后必须销毁原始样本,各国的做法也不都一致。由于国际互联共享 DNA 数据库,"边境已经不是刑事案件追踪的障碍"。例如,一名生活在法国的西班牙人曾经在德国犯罪并在法国杀死一名英国女孩,其身份在美国得到鉴别确认。本段资料皆引自〔美〕克里斯多佛:《有关 DNA 数据库的国际观点》,北京"国际法庭 DNA 证据研讨会"资料。
② 〔美〕布瑞恩·英尼斯著:《身体证据》,舒云亮译,辽宁教育出版社 2001 年版,第 147 页。
③ 例如,1988 年,美国有个叫斯宾塞的男子,被指控强奸和杀害了四名妇女。警方通过对 DNA 的检验,将犯罪现场提取的精液与被告人的血液进行 DNA 检测,两者间的相似程度,达到七亿五千万人对一,斯宾塞被判有罪。于 1994 年 4 月上电椅处决,成为美国司法史根据 DNA 技术而被处死的第一人。参见贾安:《孪生兄弟强奸案之——失灵的犯罪终结者 "DNA"》,载 http://blog.sina.com.cn/u/48f1bf4301000395,2006 年 4 月 3 日访问。
④ 〔美〕亚瑟·汤普金斯:《法庭 DNA》,载北京华大方瑞司法物证鉴定中心、中国科学院北京基因组研究所:《DNA 和法医学基本知识和技术》,北京"国际法庭 DNA 证据研讨会"资料。
⑤ 一说是 11 月 3 日。

男子中只占 10%。调查首先在附近一家精神病机构卡顿·海斯医院展开，但排查以失败告终，后来警察才发现他们实际上询问过那个凶手，但当时并没有意识到他就是凶手。1986 年 7 月 5 日下午，另一个受害者道恩·阿什沃思失踪了，她也是 15 岁，是恩德比学校的学生。两天之后①，在发现琳达·曼宁尸体的地方发现了阿什沃思的尸体，她被人撕成碎片，现场令人毛骨悚然。精液检验的结果表明，琳达·曼宁和道恩·阿什沃思死于同一人之手。道恩·阿什沃思遇害后，卡顿·海斯医院的一个厨房勤杂工理查德·巴克兰受到怀疑，他 17 岁，理查德·巴克兰头脑简单，身体早熟，样子有点呆傻，有时躲在黑暗处突然跳出来吓唬妇女和年轻姑娘，因此名声很坏，当时警察排除了对他的怀疑。1986 年夏天，警方将其带到警署，对他进行讯问。经过两天杂乱无章和自相矛盾的供述，最终他在供词上签了字，承认自己杀了道恩·阿什沃思。不过，经过血液检验，他不是属于携带磷酸葡萄糖变位酶 H 酶分泌基因为 A 型的人。1986 年 11 月 21 日，莱斯特机构的研究人员阿里·杰弗雷博士，从凶手的精液里提取 DNA，然后将它与那个厨房勤杂工的血液样品相比照。他得出结论：理查德·巴克兰是无辜的。沮丧的警方随后想到一个大海捞针的办法，打算对当地的男人进行一次大规模的测试。1987 年初，警察决定请该地区 16 岁到 34 岁的年轻男子献出血样和唾液，经过化验，属于 A/PGM1＋分泌者血型的样本则被送往内政部法庭技术室进行 DNA 检测。从 1981 年 1 月到 9 月，有 4583 名男子接受了检测，但警方没有获得成功。1987 年 8 月 1 日那天，四个面包店的工人聚集在莱斯特酒吧喝酒，其中一个人谈到一个名叫科林·皮奇福克（Colin Pitchfork）的雇员曾经威胁他去做血液测试，生性害羞、性格软弱的他用伪造的证件，以科林·皮奇福克的名义抽取了血液样品；另一个男子也提到，皮奇福克曾经答应给他 200 英镑（合 300 美元），如果他愿意做替身去接受测试，但他拒绝了。皮奇福克解释说，他因为曾被指控有不体面的暴露害怕去做测试，担心警方跟他过不去。有一个女人坐在一张桌子旁听到这个消息，后来到警方报案。1987 年 9 月 19 日，27 岁的科林·皮奇福克在小托伦被捕。警方的计算机资料显示皮奇福克有"露阴癖"，而且曾经去过那家精神病院看过门诊。警方拘捕皮奇福克后检测了他的血样，他的血样被送到杰弗雷的实验室，DNA 检测结果表明，他正是强奸并谋杀琳达·曼和道恩·阿什沃思的凶手。1988 年 1 月 22 日，科林·皮奇福克被裁决有罪并被判终身监禁。②

显然，在这一案件的侦查过程中，DNA 指纹技术的应用在案件的真实发

---

① 一说是 8 月 2 日。
② 〔美〕布瑞恩·英尼斯著：《身体证据》，舒云亮译，辽宁教育出版社 2001 年版，第 147 页。

现中发挥了决定性作用。DNA 技术洗刷了一个人的犯罪嫌疑,特别是当这个人的犯罪嫌疑由其有罪的供述而得到强化时,它的意义就更加显著了。一个被告人可能会因为各种各样的原因而违心承认自己的犯罪(如本案中的巴克兰,他明显是一个怯懦者),如果没有 DNA 技术帮了大忙,很有可能被错误定罪。

  不过,执法人员和司法人员在对于自己的认识能力抱有足够的警惕的同时,对于科学技术手段形成的鉴定意见也不能不加警惕地照单全收。即使是 DNA 检测技术也无法达到 100% 的准确程度,对此何家弘教授指出:"被冠以'证据之王'的 DNA 检验结论并不能直接告诉人们某犯罪现场发现的血痕精斑等生物检材是否某嫌疑人所留,而只能提供一个可供分析比对的图谱,然后由专家进行解析并计算匹配概率,再给出鉴定意见。专家得出的结论并非简单的'是'或'不是',而是以匹配概率为基础的肯定同一或否定同一的可能性。DNA 检验得出的匹配概率不可能达 100%,最佳条件下得出的也就是 99%。当然,依据血痕精斑的 DNA 图谱进行人身同一认定并不需要那么高的匹配概率。"[①]DNA 鉴定主要有三种方法:一是 Y-STR 分型,就是平时所称 DNA 检验,能够用于父系检测,不能识别个体;二是线粒体 DNA 测序,不能同一认定,可用于母系检测,不能识别个体;三是常染色体检测,可以进行个体识别。不了解 DNA 检测的基本知识,就有可能在采择证据时有所失误。更为致命的是,DNA 技术虽为较为精确的技术,但鉴定人员缺乏责任心,鉴定工作缺乏精确性,甚至迎合性地为委托方提供其期待的意见,再精确的技术也不能必然保证有精确的结论。引起社会广泛瞩目的河北李久明、山西岳兔元案件的 DNA 鉴定皆有失误。还有其他一些不如这些案件知名的案件,也已经发现存在 DNA 鉴定的错误。

  2003 年 6 月 4 日晚 11 时,一个男人蒙面持刀进入鄂州市鄂城区杨叶镇村民李某家,欲对李某强奸而未得逞;6 月 5 日晚,该人再次进入李某家,这次持刀对李某强奸得逞;6 月 6 日李某向杨叶派出所报案,警方对李某家布控准备抓捕。当晚罪犯果然前来,不料在现场四名警察布控下不仅再次持刀对李某强奸得逞,而且警察追赶不及,罪犯得以裸身逃脱,其衣裤、鞋子、刀等多件物品遗留在作案现场。6 月 7 日,罪犯留下的精斑等物被送往黄冈市公安局进行检验。1 个月后,经过 DNA 检测,和李某家相隔不过几百米的村民李端庆被认为是"强奸犯罪嫌疑人"遭到抓捕。经审讯,警方宣称李端庆对强奸李某犯罪事实供认不讳。李端庆的家人聘请一位律师为李端庆辩护,发现

---

① 何家弘著:《亡者归来——刑事司法十大误区》,北京大学出版社 2014 年版,第 70 页。

许多疑点。① 半年后,2004年大年三十那天,李端庆被释放回家。

另一起案件也是如此:2000年4月3日深夜,山西省大同市新荣区一中学女生宿舍发生强奸案,两名刚上初一的女学生被摸黑潜入宿舍的男子强暴。公安人员接到报案后对案发现场进行勘查。由于受害女孩在案发一周后才鼓起勇气报案,公安人员勘查现场发现几乎所有线索都已破坏,只有被单上尚留一小块精斑。公安人员从被害人的描述中得知犯罪嫌疑人的体貌特征是瘦,中等个,留着胡子,普通话不标准。公安人员研判嫌疑人熟悉学校环境,有可能是内部人作案。学生反映,案发前一天曾有个男老师在她们的宿舍门口放了一个泔水桶,还进宿舍里看了看,行为可疑。经过调查,这个人是学校生物老师李逢春。李逢春家在学校附近,其体貌特征与受害人描述的相似。公安人员询问李逢春。李逢春说,案发前一天的确在女生宿舍门前放过泔水桶,那是因为他家里生活困难,就养了一头猪,想让学生们把吃剩下的饭菜倒在桶里,他提回家喂猪。至于强奸案,李逢春说跟他一点关联都没有。公安人员将李逢春和其他两名嫌疑人的血样送到大同市公安局刑侦技术科进行鉴定,看是否与受害人褥面上遗留的精斑血型一致,结果是只有李逢春的血型和精斑上血型一样。公安人员又将李逢春的血样和受害人褥面上的精斑一起送到山西省公安厅做DNA鉴定。囿于当时的鉴定条件,省公安厅做了6个位点的鉴定,结论是"受害人褥面上精子DNA与李逢春血痕DNA谱带位置一致"。李逢春被刑事拘留。2000年8月18日,经新荣区人民检察院批准,新荣区公安分局以奸淫幼女罪将李逢春逮捕。经过进一步调查后,

---

① 李端庆向律师坚称自己确实没有犯罪,其口供是刑讯逼供所造成的,还向律师展示了身上的伤痕。律师到案发当地走访了解到,6月4日第一次案发当晚,邻居家一名中学生在李端庆家借宿,和李端庆睡在一起,李端庆一直未出去过;李端庆的妻子、父母、岳母均证实,6月5日及6日,李端庆从未出去过,不具备作案时间和条件。通过阅卷,律师发现被害人李某描绘的罪犯是一个身材高大、体格健壮的人,李端庆身材矮小,也不健壮。案卷显示,李端庆向警方"供认"其6月4日晚上与妻子吵嘴,想到李某的男人坐牢去了,便想去做那事,于是戴"狗钻洞"的帽子,从李某家正门进入,在李某持扁担驱赶之下逃离现场;李某陈述则不同,李某说罪犯是从楼顶平台进入现场的,当时用一只白布裤脚蒙头,李某也没有持过扁担,她拉开电灯罪犯就走了;不仅如此,李端庆当天并未与其妻吵架。关于第二次,也就是6月5日,李端庆"供认"其剪了李某的一只裤脚套在头上,而李某陈述其裤脚6月4日即已被人剪去。关于6月6日的事,李端庆"供认"其仅穿一条裤衩进入李某家,强奸得逞后用李某的裤衩包住头部逃跑,后面有多人追赶,但其顺利逃脱;但李端庆体质较弱,腿脚不灵便,奔跑速度远比正常人弱。此外,罪犯留在现场的球鞋是42码,而李端庆所穿的鞋只有39码;罪犯留下的T恤衫、裤子等物均是有一定经济条件的人才穿得起,李端庆买不起、也从没穿过那样的衣裤。还有,李某与李端庆同村居住十多年,案发时又每次都跟罪犯说过话,如果真是李端庆,李某应该能认得出来。另据一个村民证实,罪犯第三次作案时,现场布控的一名警察曾经拉住了罪犯的胳膊,但该罪犯身高力大又挣脱跑了,那名警察说过,假如再次见到,他还能认出强奸犯。参见《强奸案DNA鉴定出差错 讨清白"嫌疑人"维权苦无门》,原载《法制日报》2004年4月14日。

新荣区公安分局以"奸淫幼女罪"将李逢春移交到新荣区人民检察院,由检察院向法院提起公诉。2001年2月,新荣区人民法院依法开庭审理李逢春涉嫌奸淫幼女一案。在法庭审理中,李逢春及其辩护律师对山西省公安厅的DNA鉴定有异议,要求重新鉴定。合议庭讨论后决定重新鉴定,李逢春坚持要求重新鉴定的做法也引起了新荣区人民检察院的注意,检察院将李逢春的案子撤回起诉,发回新荣区公安分局,要求重新组织鉴定。在公安人员、检察人员和李逢春的辩护律师三方在场的情况下,通过看守所的狱医,当场提取李逢春的血样,当面封存,并由三方一起连夜将血样送到北京,由公安部鉴定。公安部做了9个位点的基因鉴定,结论是"所检白色褥面上的精斑不是犯罪嫌疑人李逢春所留"。为了确保准确性,公安部做了第二次鉴定,结果与5月14日的鉴定结论完全一致。2001年7月3日,新荣区公安分局对李逢春作出取保候审的决定,不久又撤销了取保候审,李逢春在看守所里度过341天后重获自由。在新荣区委的组织下,由新荣区人民检察院牵头成立"4.3强奸案"专案组,对案件进行全面复查侦破。专案组根据掌握的线索,对学校附近的15个自然村进行地毯式地排查,查到红石村时,一个叫李锁柱的人引起了他们的注意。这个人体貌特征和当时推断的嫌疑人基本一致,没有结过婚,大概三十六七岁。李锁柱曾因盗窃罪被新荣区人民检察院批准逮捕,一直逃窜在外。经过长时间的侦查和部署,专案组的办案人员将李锁柱抓获,李锁柱承认了自己的罪行。①

为什么会出现DNA检测的错误?2003年11月23日在北京召开的首届国际法庭DNA证据研讨会上,有专家坦言,一些地区的公安司法机关,在DNA鉴定方面存在诸多问题,使安全有效使用这项技术受到限制。DNA技术虽然具有高度精确性,但其本身并不能自动转化为客观证据,需要由鉴定人进行采样、实验、对比、分析及数据解释,然后才能得出结果。上述任何一个环节出错,都可能降低DNA证据的准确性,造成DNA证据不但无助于确认真相,反而会导致错案发生。②

二、对测谎鉴定中人的因素的忽视

与DNA鉴定一样,测谎鉴定的结论也容易被误会是科学证据、客观证据。正因为这样的误解,测谎鉴定形成的结论很少能够被接受为刑事诉讼

---

① 中央电视台《今日说法》报道:《DNA检验出错 山西一教师被冤枉强奸两学生》,载 http://law.anhuinews.com/system/2004/07/05/000685500_02.shtml,2004年7月5日访问。
② 李润文、刘冰:《DNA鉴定引发"借尸还魂"案 DNA有多大可信度》,载《中国青年报》,http://scitech.people.com.cn/GB/25893/3613156.html,2005年8月13日访问。

证据。

测谎仪（Polygraph，又称"心理测试仪"或者"多参量心理测试仪"）的设想，最初由刑法生物学派的龙勃罗梭提出，到现在已有一百余年。测谎器曾经是西方对于中国的禁运物资。1991年年初中国公安部正式立项研制测谎仪，同年5月PG-I型被研制出来，6月通过了公安部科技司主持的专家鉴定。不过，这项技术在我国当代司法活动中公开应用却还是近年来的事，首开先河的是云南省昆明市中级人民法院，该法院未必是最先应用测谎鉴定的司法机关，却是第一个由媒体报道运用测谎技术办案的司法机关。在当代司法过程中，当事实真相扑朔迷离，参与诉讼的人对案件的说法莫衷一是时，在如此精确的科学仪器面前，人们很快会一窝蜂地使用它们来毕其功于一役。

值得注意的是，我国的司法实践已经出现测谎结果造成冤案的例子。例如：在昆明市公安局办理的杜培武案件中，鉴于杜不承认自己杀过人，侦查人员遂将杜带到昆明市中级人民法院作心理测试即测谎。经两次心理测试，结论显示杜说不知道案情之说谎可能在90%以上（即杜已知道"二王"被杀害，但他在测谎时说自己不知道。在本案侦查中，专案组要求严格控制案情的扩散范围，严格保密，推测若杜没作案就不可能知道案情。事实上，杜是从办案民警审讯中知道了本案的一些情况），否认自己开枪的说谎可能有30%（按照测谎理论，这样的数字不能认定杜开了枪）。在这一案件中，对测谎器的使用和对测谎结论的评判都存在着问题，测谎器的操作者没有一定的主体资格，对测谎结论的评判不科学。从这些测谎结果能够推出，杜知道杀人现场，但是没有开枪。但办案人员据此结论推测，杜说了谎，杜是杀人凶手。在有测谎结果以及其他"客观证据"后，侦查人员加强了对杜的审讯，最终酿成了错案。测谎结论在造成本案错误中起到了推波助澜的作用。

还有更为粗糙的测谎：2006年3月22日下午，河北邯郸市涉县胡峪村村主任6岁的儿子在幼儿园突然浑身抽搐，送医院后死亡，胃液里检出毒鼠强成分。因刘志连与村主任曾有过节，她被列为重大嫌疑对象。公安机关对刘志连进行了测谎，只简单问了诸如"你是否叫刘志连""你真的叫刘志连"之类的简单问题就结束了。刘志连案件结束之后，《新京报》记者对她进行采访，其中有这样两句涉及测谎的对话：

《新京报》记者：为什么认定你是犯罪嫌疑人？

刘志连：2006年4月25日，他们对我进行心理测试。测试那一天，我儿子做扁桃体手术。他们就说我心情有很大波动。接着，他们对我进行骗供。①

当时,刘志连的儿子做手术,心神不宁,这被测谎人员当作犯罪后的情绪反应,却没有探明真正的原因。虽然刘志连案件证据不足,在被羁押 3 年后,邯郸中级人民法院还是判处刘志连死缓。在河北省高级人民法院发回重审后,案件在邯郸中级人民法院重审过程中,邯郸人民检察院撤回起诉,又指令涉县人民检察院向涉县人民法院起诉,涉县人民法院发现此案件被发回重审和撤回起诉的事实后作出不予受理的决定。于是案件在涉县人民法院和人民检察院间发生长时间扯皮。2011 年 8 月 7 日,邯郸市人民检察院在舆论压力之下宣布不起诉,刘志连当日获释。

这些案件都表明,测谎常被误解为科学和客观的证明方法或者查明事实的可靠鉴定方式,其实,人的主观因素在其中有着举足轻重的影响,却往往被忽视。因此,当某一事物变得乐于被采用而炙手可热时,需要听一听不同的声音。对于测谎仪的另一面,应当张大警觉的眼睛,因为即使准确率高达 98%,对于那不准确的不到 2% 的人来说,其后果也是灾难性的。

21 世纪前期,与司法有关的科学技术的发展,使刑事司法的面貌为之一新。科学技术在司法实践中的大量应用,证明手段准确化和精密化,可能引起新的程序变革②,促进司法公正的实现。其中,DNA 证据、微量物证等与科学技术密切相关的新型证据在 20 世纪后期为数不多的国家已得到实际应用,显示了法庭科学科技含量的进一步增长,刑事诉讼立法和司法实践可能因最新的科学技术发展成果及时和充分的应用而获得革命性的变革,刑事法学也面临这些发展前景的挑战而有着广阔的施展空间。不过,另一种危险也显露出来,就是对于"科学"的迷信和"科学证据"的盲从,使人们意识不到科学技术在司法应用中的人为因素,由于司法鉴定成果的最终使用者(往往是作为法官的裁判者,有的是检察机关或者公安机关)对于专业领域知识的缺乏,有些人倾向于简单化处理方式,依知识等级制采择证据,对此不加以警惕以及以相应制度加以遏制,司法公正就有可能在"科学"的口号下化为泡影。

---

① 周亦楣:《刘志连:人生两万多天,我里面近二千》,载《新京报》2011 年 8 月 10 日 A24 版。
② 例如计算机技术的应用,可以使公安司法机关利用电脑储存犯罪及犯罪嫌疑人资料、发布通缉令和进行司法协助,安排审判日程、公开诉讼活动和诉讼资料、检验证据,诉讼的效率、公开性将会得到大幅度提高,诉讼前后一般民众、新闻媒介可以通过电脑网络了解有关诉讼情况、查询案件资料。科学技术的应用还可能使审判前羁押的必要性受到削弱,取保制度将得到更广泛的应用。

第五章 政治因素：传统中国冤案的一般规律

政治冤案的政治条件，是民主制度没有建立或运转不灵。由中央权力发动的冤案以及可以归因于中央权力的冤案，背后存在着不受限制的绝对权力，由于这种权力的运作，冤案得以制造出来。

第一节 政治冤案源于专制权力

政治冤狱的一般规律，无非是权力的争夺、巩固和垄断。一触及这根线，就危机四伏，甚至有杀身之祸。识此规律而能避祸，便是大智慧之人，范蠡、张良皆此辈也。然而能够识破专制制度之害而知所进退，似乎不多，对专制权力抱有幻想而失去警惕，受到猜忌，陷入权力角逐的漩涡不能自拔，乃至被专制权力吞噬者，大有人在。历史上难得的例外，是宋太祖"杯酒释兵权"：960年正月初一，殿前都点检赵匡胤被派遣抵御契丹军队，兵至大梁（今河南开封）东北的陈桥驿安营扎寨，黎明时部下将士将黄龙袍披到赵匡胤身上，拥戴他做皇帝。赵匡胤改国号宋。宰相赵普提醒他几位握有兵权的亲信将领的危险性。961年，赵匡胤召集石首信等将领宴饮。赵匡胤告诉他们，做皇帝每天忧心忡忡，不能安枕，众人问起原因，赵匡胤直告：皇帝宝座谁不想坐，你们虽然不做此想，万一你们的部下拥戴你，再来一次黄袍加身，谁有力量拒绝？大家听了顿觉悚然，请求指示明路。赵匡胤劝他们辞去军职，多买良田，寻求欢乐，君臣之间互不猜忌。将领们果然在第二天上奏章请求解除军职。"这是中国历史上有名的'杯酒释兵权'故事，是一种最高的政治艺术的运用。一席酒宴解决了不断兵变和不断改朝换代的根。"[①]

中国古代政权更迭，除了极少的例外，通常依赖暴力。依暴力建立起一姓一家一人之统治，最高统治者日夜忧虑会有一股反对力量依同样方式推翻自己的统治，因此政治重心始终置于维护自身统治、压制任何反对力量之上。这种局面只有以民主方式更替政权的机制建立起来并得到良好运行的情况

[①] 柏杨著：《中国人史纲》，时代文艺出版社1987年版，第577—578页。

下,才能得到根本改变。

在古代中国,政治冤案与专制权力紧密结合。政治冤案的缘起,是为了夺取权力和巩固权力。

第二节 模式之一:骨肉相残式

纵观历史,古代源于宫廷权力之争的骨肉相残的史实非止一两件;如秦朝矫诏逼死扶苏、隋朝仁寿宫弑父、唐朝玄武门之变等都是著名的例子。观察古代中国政治冤案,那些发生在宫廷的骨肉相残史例,绝对令人触目惊心。

专制制度初创之秦朝,虽然是个短命皇朝,却是重大政治冤案接踵而来的皇朝。争夺政治权力的骨肉相残模式,在这里展现出来。

秦始皇建立帝国,期望长命百岁,到处求取长生不老之药,毕竟敌不过自然规律,到头来难免一死。秦始皇一死,政治出现真空,争夺权力的戏码立即隆重上演。《史记》记载:始皇死于出游途中,死前自知无力回天,令赵高为书赐公子扶苏曰:"以兵属蒙恬,与丧会咸阳而葬。"意思是,命扶苏会葬咸阳。书已封,未授使者,始皇崩殂。书及玺皆在宦者赵高那里,当时只有少子胡亥、丞相李斯、赵高及幸宦者五六人知始皇驾崩,其余群臣都不知情。赵高与蒙恬有仇隙,又受胡亥宠信,借机滞留秦始皇赐扶苏玺书,力劝公子胡亥争抢大位。赵高要达到目的,不可能绕过李斯,只能与之共谋,在赵高力陈利害之下,李斯经过权衡(当然围绕自己的权力、前程乃至身家性命),听从赵高安排,成为赵高共谋者,自此为自己埋下悲剧的伏笔。于是,诈为受始皇诏,立胡亥为太子,再以伪造的诏书赐长子扶苏,内容是:"朕巡天下,祷祠名山诸神以延寿命。今扶苏与将军蒙恬将师数十万以屯边,十有馀年矣,不能进而前,士卒多耗,无尺寸之功,乃反数上书直言诽谤我所为,以不得罢归为太子,日夜怨望。扶苏为人子不孝,其赐剑以自裁!将军恬与扶苏居外,不匡正,宜知其谋。为人臣不忠,其赐死,以兵属裨将王离。"诏书上加盖皇帝玺。扶苏接到诏书,想不到核实真假,哭泣不已,进入内舍,便要遵旨自杀。蒙恬闻讯制止扶苏,胡亥派出的使者不容扶苏细想,不耐烦地几次催促扶苏。扶苏为人仁厚,对蒙恬说:"父而赐子死,尚安复请!"随即便自杀了。这一死,将秦朝的万世太平之梦做了一个了断。蒙恬不肯自杀,使者即将他逮捕,交给办理刑事案件的官吏,关押于阳周。使者还报,胡亥、李斯、赵高诡计得逞,自然大喜。到咸阳后,终于发丧,将胡亥立为二世皇帝。以赵高为郎中令,常侍中用事。

扶苏自杀,树立了为争夺权力骨肉相残的政治冤案模式。胡亥达到继承皇位的目的,假借始皇之名,借力使力,轻易达到目的。权力使亲情成为粪土,可见权力蛊毒威力之大。扶苏之死尚未进入司法程序,冤案制造者也无意通过司法程序来解决权力争夺问题;蒙恬就不同了,"蒙恬不肯死,使者即以属吏,系於阳周",这是以司法程序入人于罪的制造政治冤狱的方法,后世如李斯冤案、岳飞冤案、于谦冤案都是如此炮制而成。

  李斯在这起政治谋杀中扮演了与赵高合作的角色。他充当暴君的打手,与政治小人同谋,在利益一致时,看上去鱼水交融,前景一片光明,但暴君之翻手为云、覆手为雨,政治小人之设计陷害、翻脸不认人,都是指日可待的事,李斯不察,医得眼前疮,剜却心头肉,落幕时十分悲惨,所谓"现世报"是也。当初李斯与赵高合作,非其所愿,是经过一番思想斗争的,他最终选择了合作,其动机本非高尚,合作结果是埋伏了更大灾难。厄运很快降临李斯本人头上,后世为之扼腕。

  为争夺权力,骨肉相残的史事轮番上演。且看南北朝时的南宋,其骨肉相残如同无师自通。柏杨先生评论道:

> 权力变更人性,无限的权力无限地变更人性。刘彧当了皇帝之后,不久就变成另外一种人。首先他把兄长刘骏的 28 个儿子,全部杀掉。接着再把同他一块在刘子业手中共患难的弟兄,也全部杀掉,包括自幼跟他感情最笃,而又屡次救他性命的弟弟刘休仁在内。刘彧把刘休仁唤入皇宫,逼他服毒之后,下了一道诏书宣布罪状说:"刘休仁交结禁军,图谋叛乱,我不忍当众杀他,只向他严厉诘责,他惭愧恐惧,自动服毒。"①

  隋朝仁寿宫弑父也是惊心动魄的骨肉相残惨剧:隋朝开国皇帝杨坚有五子,其中长子杨勇,次子杨广。杨广处心积虑夺嫡,600 年诬杨勇谋反。杨坚下令将杨勇贬为平民,囚禁在深宫,改立杨广为皇太子。602 年杨坚在长安西北一百四十公里外的仁寿宫避暑养病,杨广对其宠爱的陈夫人非礼,杨坚大怒,派两名亲信去长安召唤杨勇。杨广闻讯,急告宰相杨素将那两名亲信逮捕,将仁寿宫包围戒严,杨广部将张衡闯进杨坚住处,殴击其胸部,致杨坚吐血而死。杨广又派人驰赴长安,将杨勇杀掉。张衡在这个夺取皇位的过程中充当鹰犬、打手、急先锋角色,但介入太深的结果是后来也被杀灭口。

  唐朝也有骨肉相残悲剧:开国皇帝李渊的儿子太多,埋下权力争夺的隐患。儿子中的一位是皇太子,当其他儿子掌握足够的力量的时候,皇太子就岌岌可危了。如柏杨先生所言:"每逢亲王的声望和力量,跟皇太子相等,或

---

① 柏杨著:《中国人史纲》,时代文艺出版社 1987 年版,第 414 页。

超过皇太子时,定律地要发生流血惨剧,这是专制政体下无法解决的死结。"①626 年,李世民在玄武门设伏兵,将入朝的哥哥李建成、弟弟李元吉杀掉。当时李渊正在皇宫内湖泛舟,李世民军队冲上前声称护驾,李渊见自己对于情势已经无法控制,只好让出皇位给李世民,自己作太上皇。李渊的结局比杨坚好得多,内心真实想法如何,就不得而知了。

对于巩固权力,武则天深得此中三昧,对于亲骨肉一点也不手软。654 年,李治继任皇帝,册封武氏为皇后。此前武氏将自己刚生下来的女儿亲手扼死,嫁祸王皇后、萧惠妃,罪名是谋反,可谓心狠手辣。683 年李治驾崩,武氏所生三子、四子先后继位,690 年武氏废黜李旦,自己当了皇帝,改"唐"为"南周"。为了维护统治,武则天任用酷吏,大兴冤狱,"作大规模表面合法的屠杀。凡是反对她的人,或被认为反对她的人,以及酷吏所网罗的人,一律用法律判决他们谋反,连同家属和家族,一并处斩"②。一时间酷吏制造冤狱无数。710 年韦皇后将李显毒死,企图继续以皇太后身份主持国政,甚至仿效武氏做皇帝。但李显的侄儿李隆基亲自率兵冲入皇宫,韦皇后及其女儿安乐公主一同被杀,一场皇帝梦随之烟消云散。

明代夺取皇位骨肉残杀同样惨烈。朱元璋死后,其孙朱允炆继位,他听从大臣黄子澄、齐泰、方孝孺的建议,进行削藩。将分封在开封的周王朱橚逮捕,废为平民;第二年有人告发分封在武冈的岷王朱楩有不法行为,也废其为平民;不久,又有人告发分封在荆州的湘王朱柏有不法行为,朱柏闻讯全家自焚;接着有人告发分封在青州的齐王朱榑,朱允炆废其为平民;然后又有人告发分封在大同的代王朱桂,朱允炆下令将朱桂囚禁。分封在北平的燕王朱棣闻讯叛变,率军南下,声称皇帝被佞臣包围蒙蔽,不能以自己意志行使职权,必须肃清,这就是"靖难之役"。结果朱棣获胜,兵临应天城下,朱允炆纵火焚宫自杀。朱棣取得皇位,展开对黄子澄、齐泰、方孝孺、卓敬等大臣及其亲族的杀戮,用"瓜蔓抄"株连法杀死大约一万四千多人,一场巨大的劫难就此发生。

俗语"血浓于水",又云"打仗亲兄弟,上场父子兵",亲情之可贵,不必细说。然而什么样的动力竟会导致不顾亲情,大开杀戒,将一奶同胞杀戮后送到黄泉?

对于宫廷中常发生的骨肉相残事件,近代许指严在《南巡秘纪》一书中指明原因:"帝王家法重情轻、威尊命贱,往往多丧败彝伦、灭绝人道之事"。③

---

① 柏杨著:《中国人史纲》,时代文艺出版社 1987 年版,第 476 页。
② 同上书,第 502 页。
③ 许指严著:《南巡秘纪》,上海书店出版社 1997 年版,第 123 页。

史学家唐德刚在《晚清七十年》一书中谈到专制权力争夺中惨案发生的因由,指出:

> 天无二日,民无二主。皇帝只许有一个。谁当上皇帝,这财产就属于他一人。他的父子、叔伯、兄弟、姊妹全无份。雍正爷当了皇帝,他的亲兄弟阿其那、塞思黑等人,只能做做奴才,和奴才的奴才。这大宗房地产①中,他们半片瓦也分不到。分不到足够的皇产,但他们都无钱而有势,就都变成吸血吮髓的无所不为的亲贵恶鬼。至于和皇帝一起来的荣耀、权威和美女,那就不必多谈了。所以四海之内的华裔同胞谁不想"做皇帝"?为着做皇帝,英雄好汉们不惜弑父杀兄,不惜一切手段而达其目的。做上皇帝的人,最怕的则是别人也想做皇帝。谁再想做皇帝,那就是十恶之首,大逆不道,被抓到了就要"寸磔",就要凌迟处死。②

皇权在手,万民匍匐,连自己的亲人也要俯首称臣,这种掌握他人生死的人间上帝,其地位谁能漠视?历史学家吴晗曾经叹道:"皇帝执行片面的治权,他代表着家族的利益,并代表家族执行统治。换言之,这个治权,不但就被统治者说是片面强制的,即就统治者集团说,也是独占的、片面的。即使是皇后、皇太子、皇兄皇弟,甚至太上皇、太上皇后,就对皇帝的政治地位而论,都是臣民,对于如何统治是不许参加意见的;一句话,在家庭里,皇帝也是独裁者。"这样绝对、极端的权力,在没有民主可言的情况下,其世代嬗递伴随的常是杀戮,对于权力的争夺者来说,权力比亲情更为重要。正是由于"权力的占有欲超越了家庭的感情,造成了无量数骨肉相残的史例"。③

究其原因,古代政治冤案之骨肉相残模式导源于权力,是专制权力争夺造成的必然结果。历史上帝王家的骨肉相残没有什么法治可言,甚至连常人的理性和良心也不复存在,一切以权力为目的。柏杨云:"世界上有两种东西能摧毁人性和人伦,那就是权力和金钱。"④权力和金钱有巨大魔力,在权力和金钱面前,亲情不值得一提。

第三节 模式之二:斩草除根式

寻了本《史记》,翻开《赵世家第十三》。看到的尽是什么诛啊杀呀,可以

---

① 指皇宫等宫殿房舍。
② 唐德刚著:《晚清七十年》(第3册),远流出版公司1998年版,第49页。
③ 吴晗:《论皇权》,载吴晗、费孝通等著:《皇权与绅权》,上海观察社1948年版,第40—41页。
④ 柏杨著:《中国人史纲》,时代文艺出版社1987年版,第462页。

发现那个时代真是险恶。在赵氏孤儿的史迹中,大忠大义大勇足以动人,尤其是程婴养育赵孤(名曰"赵武")成人,一心助赵氏报仇,成功后却执意自杀,理由是当初下属都为赵氏而死,程婴也非不能,只是为赵氏有后而不可遽死,如今赵氏之后已经复位,可以下报赵宣孟与公孙杵臼。当时赵武啼泣顿首固请,说:"我愿苦其筋骨报答你到死,你忍心离我去死吗!"但程婴不听劝阻,到底还是自杀了,临死对赵武说:"不行,他以为我能够干成此事,先我而死;现在我不去报告,还以为我没有把事办成。"这里的"他",说的是公孙杵臼——另一个大忠大义之人。公孙杵臼假托赵氏孤儿而死,《史记》所述与戏剧、话剧、电影不同的是,那婴儿并非程婴之子,而是程婴与公孙杵臼二人"谋取他人婴儿",至于是谁家的婴儿,似无足轻重。这个婴儿被谋划代赵氏孤儿而死,连个姓名也没留下,让人扼腕。后来有人编写戏剧,把这个婴儿说成是程婴之子,成全了程婴的完美形象,其实是粉饰美化的假玩意儿。

赵氏孤儿的故事让我们看到大忠大义之外,也让我们看到在争夺权力中毫不留情的杀戮。历史上有许多史实,让人们见识到,凡对权力产生威胁的因素,一定要干净、彻底消除之,绝不能留下后患,这是争夺权力并占上风者的不二选择。

这种事例在国史中俯拾皆是,当年周世宗因"方面大耳作天子"之语,见诸将方面大耳者皆杀之。① 都说方面大耳的是福相,谁能想到这时就是倒霉相,反而是獐头鼠目的比较安全。

在南齐,萧道成抢得南宋的江山,为巩固政权便大开杀戒。为绝后患,萧道成将南宋包括刘准在内的刘裕子孙全部处决。494 年,萧鸾发动政变,取得帝位,柏杨在《中国人史纲》中介绍说:"为了根绝后患,他把萧道成和萧颐的子孙,屠杀罄尽。每逢他晚上焚香祷告,呜咽流涕时,左右的人就知道明天一定有大规模流血。最可注意的是发生在 498 年他死前的那一次,一口气杀掉 10 个亲王。杀掉之后,才命有关机关告发那 10 个亲王谋反,要求处死。"②

这种斩草除根式的屠戮,到了明代就成为可怕的"瓜蔓抄",也就是株连治罪、滥杀无辜。孟森先生曾言:

> 洪武中有大狱四:胡惟庸以宰相谋叛,诛之宜也,而连引至数万人;蓝玉恃功骄纵,已不当与谋反同论,死者又数万人,此犹曰贵臣牵连取

---

① 易白沙著:《帝王春秋》,上海书店 1924 年版,第 25 页。
② 柏杨著:《中国人史纲》,时代文艺出版社 1987 年版,第 417 页。

忌,别有用意。其余两案,一为郭桓案,以惩贪墨,死者亦数万人①,既而知审刑官希指牵引,又论审刑官极刑;又有空印案,迹近作弊,坐死者又极众。②

动辄杀人以数万计,都是"牵引"所致,所谓牵引之法,即瓜蔓抄也。其中空印案本来就是冤案,《刑法志》记载该案:

> 每岁,布政司、府、州、县吏诣户部核钱粮军需诸事,以道远,预持空印文书,遇部驳即改,以为常。及是,帝疑有奸,大怒,论诸长吏死,佐贰榜百戍边。宁海人郑士利上书讼其冤,复杖戍之。③

因空印案受到追究的主印长官员数百人,其辅助官吏(佐贰)几倍于这个数字,受杖戍边者有数千人。当时郑士利上书言:

> 省府去部,远者六七千里,近亦三四百里,册成而后用印,往返非期年不可,以故法印而后树 此权宜之计,何足深醉?且国家立法,必先明示天下,而后罪犯法者,以其故犯也。自立国至今,未尝有空印之律,有司相承,不知其罪,今一旦诛之,何以使受诛者无辞?朝廷求贤士置庶位,得之甚难,位至郡守,皆数十年所成就通达廉明之士,非如草菅然,可刈而复生也……。④

说得辞情恳切、头头是道,然而圣上旨意岂可妄议?这一上书,又引出一个政治冤案,"帝览书大怒,下丞相御史杂问,究主使者"。哪里有什么主使,当然是查不出,案件办结,郑士利被发遣戍边即"输作江浦"。⑤

又如前述,朱棣抢得大位后,对于力主削藩的黄子澄等人大开杀戒:黄子澄任太常卿,处斩,全族被杀;方孝孺做文学博士,屠杀十族,连朋友、学生都被杀,共计873人;礼部尚书陈迪,凌迟,6个儿子被杀,亲属180余人,廷杖后贬窜蛮荒;御史大夫景清,凌迟,亲属和朋友被捕,其故乡一连数个村庄的村民,全部被处决,房舍为之一空;左副教御史练子宁,凌迟,家族151人处决,数百人贬窜蛮荒;大理丞邹瑾自杀,家族448人处决;大理少卿胡闰绞死,家族217人处决。这一惨案大约杀死1.4万多人。柏杨曰:"在这次屠杀中,刑

---

① 《刑法志》记载:"郭桓者,户部侍郎也。帝疑北平二司官吏李彧、赵全德等与桓为奸利,自六部左右侍郎下皆死,赃七百万,词连直省诸官吏,系死者数万人,核赃所寄借,遍天下民,中人之家,大抵皆破。"转引自孟森著:《明史讲义》,上海古籍出版社2011年版,第60页。
② 孟森著:《明史讲义》,上海古籍出版社2011年版,第58页。
③ 同上书,第59—60页。
④ 同上。
⑤ 同上。

事诉讼法中的'瓜蔓抄',发挥强大的威力。那就是,逮捕行动像瓜藤须蔓一样,向四面八方伸展,凡是能攀得到的,就攀住不放,辗转牵引,除非当权人物主动停止,否则能把天下人都网罗俱尽。"①"'瓜蔓抄'和妻女发配,不起于朱棣,而起于朱元璋,但在朱棣手中建立成为一种血腥制度。朱元璋就是用'瓜蔓抄'的刑事诉讼法,把仅两个所谓的罪犯,牵引出五万余人的同党。"②

这种令人毛骨悚然的杀戮,凡沾上点关系的全杀,让我们在数千年中国史中领略文化辉煌一面的同时,见识了残忍的另一面。历史是多面而立体的,并不是扁平和单一的,由此可见一斑。

第四节 模式之三:兔死狗烹式

拼了命辅佐别人夺得江山,不要以为可以共享胜利果实。功劳越大,受到的猜忌越重,因为能力大了,新主政者就感觉自己的权位有可能被此人夺走,就上演"飞鸟尽,良弓藏;狡兔死,走狗烹"。

作家倪匡曾言:"'飞鸟尽,良弓藏;狡兔死,走狗烹'(史记)是历史的规律,古人早已知道,历朝历代,所有开国皇帝,在坐定了皇帝宝座之后,就拿功臣开刀,可谓毫无例外。"例外是有的,宋太祖杯酒释兵权就是罕见的例外。不过,纵观历史,兔死狗烹确属中国历史的一大规律。

兔死狗烹的惨案发源很早,本来可以给后世的聪明者提供前车之鉴,增长避祸的智慧。早在春秋时期,就发生了文种冤案。越王勾践灭吴,勾践亲送一把剑给谋士文种,迫其自杀。此前另一谋士范蠡助越灭吴后逃走,临行前致书文种,告诫他"飞鸟尽,良弓藏;狡兔死,走狗烹"的道理,文种不信,等来杀身之祸,悔之晚矣。

汉代张良聪明地意识到与新君不可共享成,于是全身而退。

韩信虽能将百万大军指挥如意,但缺乏范蠡、张良般的洞见,把自己的命送掉。淮阴人韩信,当初经萧何举荐,汉王刘邦择良日,斋戒,设坛场,具礼,拜为大将,那时一军皆惊,十分震撼。韩信善于将兵,屡建奇功。对于刘邦的知遇之恩,一直感恩戴德,项王曾经派人劝说韩信,点明要害:"当今二王之事,权在足下。足下右投则汉王胜,左投则项王胜。项王今日亡,则次取足下。足下与项王有故,何不反汉与楚连和,叁分天下王之?"韩信不以为然,屡次说:"汉王授我上将军印,予我数万众,解衣衣我,推食食我,言听计用,故吾得以至於此。夫人深亲信我,我倍之不祥,虽死不易。"齐人蒯通想要出奇招

---

① 柏杨著:《中国人史纲》,时代文艺出版社1987年版,第260页。
② 同上书,第261页。

使之醒悟,达到策反目的,以相人提醒韩信说:"立功成名而身死亡。野兽已尽而猎狗烹。"韩信仍然以汉王恩重而拒绝这一建议,说:"汉王遇我甚厚,载我以其车,衣我以其衣,食我以其食。吾闻之,乘人之车者载人之患,衣人之衣者怀人之忧,食人之食者死人之事,吾岂可以乡利倍义乎!"蒯通见其计不成,便亲自出面劝说,但韩信犹豫不忍背叛汉王,又自以为功多,可保无恙,让蒯通白忙一场。

情势的发展,不如韩信所愿。项王亡将钟离眜家在伊庐,平时与韩信友善。项王死后,钟离眜逃亡,跑到韩信那里隐藏起来。汉王对于钟离眜很仇恨,听说他藏在韩信那里,就下诏逮捕钟离眜。汉六年,有人上书告楚王韩信谋反。高帝用陈平计谋,假称天子巡狩会诸侯,南方有云梦,发使告诸侯会陈:"吾将游云梦。"实际上是想要奇袭韩信,韩信对此并不知情。高祖将到楚地,韩信想要发兵造反,自己忖度无罪,想要晋谒皇上,又恐怕被逮捕。有人给韩信出主意说:"杀了钟离眜,面谒皇上,皇上一定高兴,可保无患。"钟离眜知韩信之意,骂韩信曰:"公非长者!"然后自刎而死。韩信持钟离眜首级,在陈面谒高祖。刘邦命令武士将韩信捆绑,载于后车。韩信说:"果若人言,'狡兔死,良狗烹;高鸟尽,良弓藏;敌国破,谋臣亡'。天下已定,我固当烹!"刘邦说:"有人告发你谋反。"以刑具将韩信束缚。到了雒阳后,刘邦忽然赦免了韩信的罪,封他为淮阴侯。

这件事给韩信一个教训,他意识到汉王畏忌自己的才能,常常托病不参加朝见和侍行。在家里,他日夜怨恨,闷闷不乐。汉十年,陈豨反叛。刘邦亲自率领兵马平叛,韩信托病没有随从。暗中派人到陈豨所在地方,说:"弟举兵,我在这里帮助你。"韩信与家臣谋划,夜里假传诏书赦免各官府服役的罪犯和奴隶,想发动他们去袭击吕后和太子。部署已定,等待陈豨消息。其家臣得罪了韩信,韩信把他囚禁,想处死他。该家臣的弟上书告发吕后说韩信要反叛。吕后想要传召韩信,担心其不就范,就与萧相国谋划,诈称陈豨已被俘获处死,列侯群臣都来祝贺。萧相国给韩信设圈套说:"即使有病,也应强打精神进宫祝贺。"韩信中计,进宫,吕后命令武士把韩信捆起来,在长乐宫的钟室将其杀掉。韩信临斩时说:"我后悔没有采纳蒯通的计谋,以致被妇女小儿所骗,这难道不是天意吗?"

无论迁延多久,韩信还是没有逃离兔死狗烹的下场,其三族也都随之被杀。

兔死狗烹式政治冤案究竟谁当负责?倪匡先生曾言:"历史变成了故事或戏剧,却将这种'烹走狗'的行为,都归罪于'奸臣',逼害忠良的,永远是奸臣,被逼害的忠良(真怪,忠良为什么永远处于被逼害的地位?)就算钢刀加颈的时刻,往往还寄望'皇上圣明',能够分辨忠奸,就算不能及时救他一命,也寄望终有一日,情昭雪,得以平反,不枉了他一番忠君爱国之情。"然而事实真相往往不堪,"这批在历史规律下牺牲的忠良,做了鬼,只怕仍然不明白残害他们的不是什么'奸臣',而正是他们忠的对象'圣明太子'!奸臣是什么,是'圣明太子'的狗。"倪匡感叹:"真可怜,真相已经明明白白被说了出来,可是被咬的,还一直以为咬他们的只是那条狗,而不及其他。"显然,"这样的历史当然为最高权力所喜,因为始终算账算不到他们头上。而即使是这样的历史,竟也渐渐湮没了"①。

第五节 模式之四:猜忌诛杀式

我国古代因猜忌而受诛杀的例子很多,文字狱大都属于这一类惨祸。

文字狱打击的对象主要是知识分子,"知识分子,就是旧时代所谓读书人,也就是所谓士,在统治独夫的心目中是既可爱又可恶的一群。可爱的是这群人多少有点才能,可以帮助他们巩固自己的统治;但也正因为如此,这群家伙如果动起乱来,也就比较厉害,至少,他们可以在文字上诽谤几句,这对于统治者的统治也是不利的。所以历来统治者对于这些读书人总是采取两面政策,一方面用高官厚禄引诱羁绊他们,使他们为自己所用,另一方面便是用屠杀来镇压。这屠杀的借口除了一般常用的以外,对读书人还有一个特别的借口,那便是文字的禁忌"②。人们将后一种情况称为"文字狱"。

对于文字狱,柏杨解释说:

> 文字狱属于诏狱的一种,它的特征是:罪状由当权人物对文字的歪曲解释而起,证据也由当权人物对文字的歪曲解释而成。一个单字或一个句子,一旦被认为诽谤元首或讽刺政府,即构成刑责。文字的意义不在客观的解释,而在当权人物主观解释。文字狱的本身就是当权人物做贼心虚的一种反应,越是心虚,越是神魂不宁,听到别人说"亮了",他就肯定是讥讽自己的秃头,因而恼羞成怒。于是知识分子除了被"诬以谋反"外,又多出一种纯属于文字的灾难。③

下述几例都是因猜忌而遭诛杀的惨祸:

1. 忌讳和过度联想。朱元璋做过小偷,忌讳"贼"字,因江南方言"则"

---

① 倪匡著:《吾写又写》,明窗出版社 2008 年版,第 134—135 页。
② 丁易著:《明代特务政治》,中外出版社 1951 年版,第 439—440 页。
③ 柏杨著:《中国人史纲》,时代文艺出版社 1987 年版,第 707 页。

"贼"同音,因此浙江府学教授林元亮奏章上有"作则垂宪",触了忌讳,竟被处斩;桂林府学教授蒋质奏章上有"仪则天下",也是一样,处斩。因朱元璋作过和尚,忌讳与光头、落发有关的词语,因此尉氏县学教授许元奏章上有"体乾法坤,藻饰太平","法坤"硬被解释成"发髡"(剃光头),将许元处斩。杭州人徐一夔所撰贺表中有"光天之下,天生圣人,为世作则"的句子,朱元璋览之大怒,将徐一夔斩首。①

2. 过敏式诠释,印度高僧释来复告辞回国前写了一首谢恩诗,中有"殊域及自惭,无德颂陶唐",处斩。"殊"被解释成"歹朱",认为是对大明朱氏的讥讽,"无德"被解读为对朱元璋的攻击。②

3. 感时伤怀和描摹宫闱心事也会触犯忌讳。前者如陈养浩有诗云"城南有嫠妇,夜夜哭征夫",朱元璋知道后"以其伤时",将其投水处死;后者如御史张尚礼有宫怨诗云"庭院沈沈画漏清,闭门春草共愁生。梦中正得君王宠,却被黄鹂叫一声"。这首诗活灵活现描述了宫闱心事,触犯了明高帝忌讳,张尚礼"下蚕室死"③。

4. 连古人也不放过。死去几千年的孟子也触犯朱元璋忌讳,"上读孟子,怪其对君不逊,怒曰:'使此老在今日宁得免耶!'时将丁祭,遂命罢配享。"④丁易就此感叹:"'使此老在今日宁得免耶'一句话,杀心勃勃,活脱是一个暴戾独夫的口吻。无奈孟子已死,没有办法,只好将他的神位撤出孔庙来出气。要不是天上文星暗了,朱元璋疑神疑鬼地以为和孟子有关而又恢复了孟子神位,恐怕终朱元璋之世,孟子的孔庙冷猪肉是吃不成的了。"⑤

朱元璋之后,朱棣、朱祁镇、朱祁钰、朱见深、朱厚照、朱厚熜、朱栩钧、朱由校等为帝,皆有乃父、乃祖之风,文字狱仍然不断发生,情形与朱元璋时如出一辙。因此,"文字之祸,有明各朝,都不断地发生,读书人的言论思想在这种极端的严密的统制之下,大部分都俯首帖耳去做奴隶,稍稍放纵一点的也不敢多说话,只有纵情声色,放浪不羁,麻醉自己了。"⑥

到了清代,因猜忌而大兴文字狱,与明朝相比毫不逊色:

戴名世案和《字贯》案都是有名的文字狱。"新会梁任公辑《近世中国秘史》,于康雍乾三朝文字之狱,言之綦详,而不及桐城戴潜虚及吾乡《王氏字贯》两事。戴名名世,字潜虚,安徽桐城人,年五十始登康熙四十八年己丑科

---

① 丁易著:《明代特务政治》,中外出版社1951年版,第443页。
② 柏杨著:《中国人史纲》,时代文艺出版社1987年版,第707页。
③ 丁易著:《明代特务政治》,中外出版社1951年版,第440—441页。
④ 同上书,第444页。
⑤ 同上。
⑥ 同上书,第450页。

进士,以一甲二名授编修,一时文名籍甚。其诛也,为与弟子倪生一书也。书论修史之例,谓清当以康熙元年为定鼎之始,顺治虽入关十八年,其时三藩未平,明祀未绝,若循蜀汉之例,则顺治不得为正统也云云。为仇家所讦,遂罹惨祸。今《南山集》中不载此文,想其后人删去矣。集署名曰宋潜虚,以戴姓出于宋后,故讳戴为宋。盖《南山集》为前清禁书中一种也。至吾邑《王氏字贯》一书,亦全家被祸,著者斩,家属遣戍。其书因《康熙字典》之陋,乃增损而纠正之,坐是得罪。书尚未刻,闻其稿尚存。周文甫茂才道章云曾见钞本。"另外,"国初南浔庄氏私史之狱,罹祸者至数十家,其始末人皆知之。吴梅村《绥寇纪闻》一书,身后亦几成大狱"①。

  柏杨这样评论文字狱:"中国每一个王朝几乎都有文字狱,这是极权政治的特色之一,不过都是一些偶发事件。直到14世纪明王朝开国皇帝朱元璋,才把文字狱作为一种合法的谋杀手段,这手段到了清政府手中,更进一步地作为一种镇压汉人反抗的血腥工具。"说穿了,"产生文字狱的心理背景,十分简单。当权者内心有潜在的罪恶感和自卑感时,自顾形惭之余,对别人的一言一语,都会硬拉到自己头上,恼羞成怒,采取强烈的报复"②。大兴文字狱之时,对于触主政者忌讳的文字自然要扑杀,对于揭露某些事实真相的书更要查禁。柏杨指出:"专制政治的头目,都十分脆弱,这跟他表面的'英明'相反,所以对任何一种暴露真相的行动,都心怀恐惧。军队叛变,固不可外扬,免得引起连锁效应。纵是公主放一个屁,也不准外人知道,只因公主放了个屁,简直像一个村姑,有伤皇室的尊严,人民就会对皇室轻视,进而把皇室推翻。"③

  平时喜欢舞文弄墨的,稍有不慎就可能遭遇大祸,如许指严《南巡秘纪》言:"忌讳之朝,务戕贼人之言论自由,虽严正切直、无瑕可蹈者,尚不惜多方摧败之,况其为稗官野说,佚荡淫衍,本授人以排斥之柄哉!书生不知世路险巇,往往以无心文字抵触法网,至身族诛而不悟,须臾不忍,惨祸交萦,徒供读史者之嗟叹而已,何足道哉!有清得位以来,此事盖屡见不一见,当其祸发之骤,轻则荷戈万里,重则九族骈诛,从未有术可自解免者。"④生在这样的世道,真是有苦难言。

---

  ① 《吴梅村身后之文字狱》,载李岳瑞撰:《春冰室野乘》(卷下),陕西通志馆1937年印刷。
  ② 柏杨著:《中国人史纲》,时代文艺出版社1987年版,第414页。
  ③ 柏杨著:《酱缸震荡》,人民文学出版社2008年版,第5页。
  ④ 许指严著:《南巡秘纪》,上海书店出版社1997年版,第38页。

第六节　模式之五：自毁长城式

　　为一家一姓的专制政权卖命,谓之为"忠"。忠而见疑,并不是什么新鲜事。功高,也足以招来祸端。岳飞冤案就是抗金太过成功而罹难的例子,其中的原因,包含了骨肉相残因素——徽钦二帝不可以归国,归国则现任皇帝何以自处,退位是万万不可的;不退位,那徽钦二帝岂可以眼看"鸠占鹊巢",甘之若饴？岳飞军队势如破竹,要直捣黄龙府,就触动了当今皇上的隐忧。岳飞战事越顺利,皇位受到的威胁就越发紧逼,十二道金牌就像飞矢一样迅疾而至了。

　　岳飞是相州(今河南汤阴)人,岳家军之军纪严明,作战勇猛,令人赞叹。郾城一战(1140年),岳飞军队大败完颜兀术统帅的女真军队。岳飞率军追击女真军队到距开封二十公里的朱仙镇,兴奋之余,岳飞鼓励将士："直抵黄龙府,与诸君痛饮尔"。在岳家军迅猛攻击下,完颜兀术打算放弃黄河以南地区,退守燕京,他手下的谋士看出大宋政治形势,认为岳飞将有生命危险,当权人物在政府内部猜忌掣肘,大将在外建立功勋,是不可能的事。赵构登基之后,日夜忧虑两事,一是其兄赵恒在被女真人掳去后如果被释归国,不但自己皇位不保,反而有被控非法篡位的危险；二是岳飞这种民间崛起的将领及其率领的民间武力生变,夺取他的江山。秦桧对此心领神会,提出与金和解。赵构命岳飞退兵,一日之内连发十二道金牌催促退兵。岳飞军队只好奉旨撤回。回到首都临安,岳飞被解除军职,被任命为枢密副使。岳飞虽善于领兵打仗,毕竟智慧比范蠡、张良等人略逊一筹,不了解赵构隐情,反对与金和解。在金的挑唆下,赵构命秦桧诬陷岳飞谋反,将其逮捕下狱。韩世忠质问秦桧道岳飞是否真的谋反,秦桧回答："莫须有。"韩世忠叹息："莫须有三字何以服天下？"对于"莫须有"三字,古人有记载：

　　　　岳鄂王狱具,秦桧言："岳云与张宪书,其事必须有。"王争曰："'必须有'三字,何以使人甘心！"按此三字与《中兴纪事本末》同,今皆作"莫须有",恐不若《纪事》之得其实也。①

　　岳飞父子于1141年在临安风波亭被秘密处死。柏杨先生评论道："岳飞死时只39岁,这是中国历史上最悲痛的冤狱之一。专制政体下,人们不敢公开指责主凶赵构,只好把罪恶全部推给帮凶秦桧。"②文徵明《满江红》予以

---

① 丁传靖辑：《宋人轶事汇编》(下),中华书局2003年版,第800页。
② 柏杨著：《中国人史纲》,时代文艺出版社1987年版,第693页。

揭示：

> 拂拭残碑，敕飞字、依稀堪读。
> 慨当初、倚飞何重，后来何酷。
> 岂是功成身合死，可怜事去言难赎。
> 最无辜、堪恨又堪悲，风波狱。
>
> 岂不念，疆圻蹙；
> 岂不念，徽钦辱！
> 念徽钦既返，此身何属？
> 千载休谈南渡错，当时只怕中原复。
> 笑区区、一桧亦何能，逢其欲。

唐德刚评论说：传统皇帝之杀功臣，多半也是因为功臣功高震主，潜力深厚，怕他们迟早会造反，影响小皇帝接班，因此许多功臣纵使是老朋友、老同学，绝不会造反，但是皇上也会怕"功臣的功臣"，为着功名富贵，像宋太祖赵匡胤被部将强迫"黄袍加身"一样，不得已篡位做了皇帝。既做皇帝，赵匡胤也害怕他的"功臣的功臣"如法炮制，所以老赵要搞"杯酒释兵权"。同是宋代，处理这类臆想中的危险的办法，并不都是这种温情政策，岳飞冤案就是用传统的诬以谋反方法恣行杀害的一例。

专制之下王私、党私至上，国家与民族的利益一旦与王私、党私冲突，就会被牺牲掉，岳飞北伐之难以为继，乃至身陷冤狱最终惨死，就发生在这种政治逻辑之中，窥破这一逻辑，便洞见专制主义的本质。

专制政权以愚民和弱民两大国策治理天下，顾炎武《日知录》有"禁兵器"一则云："王莽始建国二年，禁民不得挟弩铠，徙西海。隋炀帝大业五年制：民间铁叉、搭钩、穳刀之类，皆禁绝之。寻而海内兵兴，殒身失国。元世祖至二十三年二月己亥，敕中外凡汉民持铁尺、手榴及杖之有刃者，悉输于官。六月戊申，括诸路马，凡色目人有马者之取其二，汉民悉入官。二十六年十二月辛巳，括天下马，一品、二品官许乘五匹。三品三匹，四品、五品两匹，六品以下皆一匹。顺帝至元三年四月（癸字下半）酉，禁汉人、南人、高丽人，不得执持军器，凡有马者拘入官。"①这里推行的，便是秦以来的弱民之策。

从弱民之策观察，可见如下政治现象：

《淮南子·道应训》云："昔武王伐纣，破之牧野，乃封比干之墓，表商容之间，柴箕子之门，朝成汤之庙，发巨桥之粟，散鹿台之钱，破鼓折枹，驰弓绝弦，

---

① 顾炎武著：《日知录》，周苏平、陈国庆点注，甘肃民族出版社1997年版，第576—577页。

去舍露宿以示平易,解剑带笏以示无仇。"

《史记》云:"夷郡县城,销其兵刃,示不复用。使秦无尺土之封,不立子弟为王,功臣为诸侯者,使后无战攻之患。"

《晋书·吾丘寿传》:"丞相公孙弘奏言:民之挟弓弩十,贼彍弩百;吏不敢前,盗贼不辄伏辜,免脱者众,害寡而利多。此盗贼所以蓄也。民不得挟弓弩,则盗贼执短兵,短兵援则众者胜,以众吏捕寡贼,其势必得盗贼,有害无利,则莫犯法,刑措之道也。"

《晋书·舆服制》:"汉制自天子至百官,无不佩剑。其后惟带剑。晋代始代之以木。贵者犹玉首,贱者亦用蚌金银玳瑁为雕饰。"

《石季志龙传》:"季龙志在穷兵,以其国内少马,乃禁畜马;匿者腰斩,收百姓马四万匹以入于官。"

《隋书·高帝纪》:"十五年春二月,收天下兵器,敢有私造者坐之。""十八年春正月辛丑,诏曰:'吴越之人,往承敝俗,所在之处,私造大船;因相结聚,致有侵害。其江南诸州人间,有船长三丈已上,悉括入官。'"

《隋书·炀帝纪》:"五年春二月乙丑,制民间铁叉、搭钩、攒刃之类皆禁绝之。"

《旧唐书·德宗本纪》云:"九年春三月甲辰,禁卖剑铜器,天下有铜山任人采取,其铜官买,除铸镜外,不得铸造。""十四年九月癸酉,谏议大夫田登奏言:兵部武举人,持弓挟矢数千人入皇城,恐非所宜。上闻之瞿然!乃命停武举。"田登算是切准了皇帝的脉搏。

《宋史·太宗本纪》:"淳化二年诏:内外诸君除木枪弓弩矢外,不得畜他兵器。""三年禁京城民畜兵器。""六年禁私市近界部落马。"

易白沙指出:古代弱民政策旨在"摧残人民武勇之风。"摧残人民武勇之风的结果从晋代即可见一斑,《晋书·山涛传》云:"平吴之后,帝诏天下罢军役,示海内大安。州郡悉去兵。大郡置武吏百人,小郡五十人,及永宁之后,屡有变难,寇贼蠭起,郡国皆以无备不能制,天下大乱。"①

第七节　模式之六:扼杀异见式

在历史进程中,凡有碍国策者,皆诛杀之。

自古以来,我国专制制度的两大国策,除弱民政策之外,还有愚民政策。贾谊《过秦论》谓:"焚百家之言,以愚黔首;隳名城,杀豪杰,收天下之兵,聚之

---

① 易白沙著:《帝王春秋》,上海书店 1924 年版,第 25 页。

咸阳，销锋镝，铸以为金人十二，以弱天下之民。"读此几句，可以窥见专制统治之奥秘。

对于愚民之术，老子《道德经》第六十五章云："古之善为道者，非以明民，将以愚之。民之难治，以其智多。故以智治国，国之贼；不以智治国，国之福。"

愚民反智之法是用官方认可的意识形态一统天下，不容天下怀疑和提出异议。怀疑者、提出异议者，轻则下狱，重则处死。我国儒家思想缺乏宽容异见的传统，明代徐祯稷曾言："儒者之待异端，甚于拒寇敌，唯恐其得以潜窥侧睨也。"①又云："圣人之待异端，如中国之抵夷狄、人之抵禽兽也。"②

周作人曾言："人类虽是从动物进化来的，但他也有禽兽不如的几种恶习，如买卖淫和思想文字狱等。"③周作人谓孔子杀少正卯是以思想杀人的较早的一例，杨恽之狱④是以文字杀人的较早一例。《荀子·宥坐》第二十八篇：

> 孔子为鲁摄相，朝七日而诛少正卯。门人进问曰："夫少正卯鲁之闻人也，夫子为政而始诛之，得无失乎？"孔子曰："居，吾语女其故。人有恶者五，而盗窃不与焉：一曰：心达而险；二曰：行辟而坚；三曰：言伪而辩；四曰：记丑而博；五曰：顺非而泽。此五者有一于人，则不得免于君子之诛，而少正卯兼有之。故居处足以聚徒成群，言谈足饰邪营众，强足以反是独立，此小人之桀雄也，不可不诛也。是以汤诛尹谐，文王诛潘止，周公诛管叔，太公诛华仕，管仲诛付里乙，子产诛邓析史付，此七子者，皆异世同心，不可不诛也。诗曰："忧心悄悄，愠于群小。"小人成群，斯足忧也。

司马迁《史记·孔子世家》："（鲁）定公十四年，孔子年五十六，由大司寇行摄相事……于是诛鲁大夫乱政者少正卯。"《尹文子》《说苑》《孔子家语》等书，皆引《荀子》之说，称孔子诛杀少正卯。南宋朱熹认为孔子并无杀卯事，但

---

① 徐祯稷等撰：《耻言》，吴敏霞注译，三秦出版社2006年版，第220页。
② 同上书，第221页。
③ 周作人著：《周作人绝妙小品文》（下），时代文艺出版社1997年版，第34页。
④ 杨恽（？—前54），字子幼，华阴（今属陕西）人，司马迁外孙。太仆戴长乐上书告发杨恽平日言论诽谤朝廷，无人臣之礼，恽被免为庶人。后逢日食，有人上书归咎于恽骄奢不悔过所致，他被捕入狱。廷尉按验时，在家中搜出他写给孙会宗的信，宣帝阅后大怒，以大逆不道罪，将其腰斩处死；妻儿被流放到酒泉郡。

难以一洗人们对孔子乃思想钳制之祖的猜疑。①

　　历史上对于异议的压制。典型一例是厉王止谤。《史记·周本纪》:"王行暴虐侈傲,国人谤王,召公谏曰:'民不堪命矣。'王怒,得卫巫,及监谤者,以告则杀之。"这种杀戮造成"国人莫敢言,道路以目"的大好和谐局面。《左传·定公九年》:"郑驷歂②杀邓析,而用其《竹刑》。"驷歂杀邓析的原因,据《荀子·非十二子篇》:"不法先王,不是礼义,而好治怪说,玩绮辞,甚查而不惠。辩而无用,多事而寡功,不可以为治纲纪,然而其持之有故,其言之成理,足以欺惑愚民,是惠施、邓析也。"《吕氏春秋·离谓》说邓析教人学讼:"以非为是,以是为非,是非无度,而可与不可日变。所欲胜,因胜;所欲罪,因罪。"《韩非子·和氏篇》云:"商君教秦孝公以连什伍,告坐之;燔诗书而明法令。"烧掉诗书,目的是统一思想,防止异见。《史记》云齐人淳于越进谏之后:

　　　　始皇下其议丞相。丞相谬其说,绌其辞,乃上书曰:"古者天下散乱,莫能相一,是以诸侯并作,语皆道古以害今,饰虚言以乱实,人善其所私学,以非上所建立。今陛下并有天下,别白黑而定一尊;而私乃相与非法教之制,闻令下,即各以其私学议之,入则心非,出则巷议,非主以为名,异趣以为高,率群下以造谤。如此不禁,则主势降乎上,党与成乎下。禁之便。臣请诸有文学诗书百家语者,蠲除去之。令到满三十日弗去,黥为城旦。所不去者,医药卜筮种树之书。若有欲学者,以吏为师。"始皇可其议,收去诗书百家之语以愚百姓,使天下无以古非今。③

---

① 柏杨著:《中国人史纲》,时代文艺出版社1987年版,第168页。参见《孔子家语·始诛第二》云:孔子为鲁司寇,摄行相事,有喜色.仲由问曰:"由闻君子祸至不惧,福至不喜,今夫子得位而喜,何也?"孔子曰:"然,有是言也.不曰乐以贵下人乎?"于是朝政,七日而诛乱政大夫少正卯,戮之于两观之下,尸于朝。三日,子贡进曰:"少正卯,鲁之闻人也,今夫子为政,而始诛之,或者为失乎?"孔子曰:"居,吾语汝以其故。天下有大恶者五,而窃盗不与焉.一曰心逆而险,二曰行僻而坚,三曰言伪而辩,四曰记丑而博,五曰顺非而泽,此五者有一于人,则不免君子之诛,而少正卯皆兼有之.其居处足以撮徒成党,其谈说足以饰褒荣众,其强御足以反是独立,此乃人之奸雄者也,不可以不除。夫殷汤诛尹谐、文王诛潘正、周公诛管蔡、太公诛华士、管仲诛付乙、子产诛史何,是此七子,皆异世而同诛者,以七子异世而同恶,故不可赦也。诗云:'忧心悄悄,愠于群小,小人成群,斯足忧矣."《史记·孔子世家》云:"定公十四年,孔子年五十六,由大司寇行摄相事,有喜色。门人曰:'闻君子祸至不惧,福至不喜。'孔子曰:'有是言也。不曰"乐其以贵下人"乎?'於是诛鲁大夫乱政者少正卯。"同时宣布少正卯五大罪状。柏杨就此评论说:"这种烟雾蒙蒙的抽象罪状,说明凡是有权的人,都有福了,他们可以随时把这顶奇异的帽子扣到任何一个人头上。""若干世纪后,儒家学派发现杀少正卯这件事不太光彩,所以曾努力证明根本没有少正卯这个人。"
② 系郑国执政。
③ 《史记·李斯列传》:始皇三十四年,置酒咸阳宫,博士仆射周青臣等颂始皇威德。齐人淳于越进谏曰:"臣闻之,殷周之王千馀岁,封子弟功臣自为支辅。今陛下有海内,而子弟为匹夫,卒有田常、六卿之患,臣无辅弼,何以相救哉?事不师古而能长久者,非所闻也。今青臣等又面谀以重陛下过,非忠臣也。"……明法度,定律令,皆以始皇起。同文书。治离宫别馆,周遍天下。明年,又巡狩,外攘四夷,斯皆有力焉。

《史记·六国年表》:"秦既得意,烧天下诗书,诸侯史记尤甚;为其有所刺讥也。"《宋儒列传》:"秦之季世,焚诗书,坑术士,六艺从此缺焉。"

后世罢黜百家,独尊儒术,也是为统一思想、实行愚民政策。易白沙在《帝王春秋》一书中谓:"孔子死后,至汉高祖始受大牢之祭,至武帝始罢黜百家,至王莽始封侯爵,至曹丕始有学宫,皆为独夫民贼利用孔子专制学术。"①

钳制思想、压制异见的典型案件,是司马迁冤案。李长之著《司马迁之人格与风格》一书,在谈到汉家之忌刻时说:"猜忌和刻薄,几乎成了刘汉家传的法宝。从汉高祖到汉武帝,中间经过文景,面目虽异,骨子却都太像了! 黄老之学,也不止文景为然,高祖是序幕,武帝是余波,通通有黄老精神在。说穿了,黄老精神也不过四个字,就是'外宽内深'而已,也就是表面马虎,与人无争,内心则十分计较,得机即施毒手而已。"②君不见,"汉高祖要废除秦之苛法,号称'大度',号称'长者',可是他本人乃是忌刻之极。他对于韩信,即随路收取其精兵,甚而有一次冒充汉使,趁韩信还没有起身,便在韩信卧房里把印符夺走了;他对于萧何,也深怕萧何得民心,迫得萧何故意用贱价买民田,才使他放心而且喜欢了"③。文景之治虽然创造了汉代的辉煌,但是,"文帝和景帝,则表面上是最和善,最仁慈的,但其实那真相却正相反。文帝,不用说,是对于黄老之术最精的人,他的谦让和宽厚都只是手段。那时的政治家如晁错,如贾谊,如张释之,也都是申商刑名之学的法家,这是他的周围。周勃出了狱以后,说:'吾尝将百万军,然安知狱吏之贵乎?'这时是文帝三年(公元前 177 年),可见那时的法也何尝宽?""文帝如此,景帝也差不多。他在位只有 16 年,比文帝还少 7 年,可是那种外宽内深的作风,酷肖其父。"④他杀了许多游侠,将晁错骗去斩了,还将周亚夫逼得绝食 5 日而死。

在家天下里,遇到这种忌刻的君王,只能揣摩上意讲话,说出真话有时会闯下大祸。汉武帝时,李陵率步兵五千,从居延(现宁夏北部)向北进攻匈奴,不久就遇上六倍于己的敌人,李陵之军被包围,虽然几次杀败匈奴,每次都杀死几千人,但匈奴追击围困,无法突围,李陵眼看狼狈战败,无颜见天子,便降了匈奴。武帝本来希望李陵不成功便成仁的,闻报李陵投降,立即大怒。群臣吓得无人敢为李陵说一句好话,争先诋毁李陵。问到司马迁时,司马迁为李陵辩护,指出李陵是"事亲孝,与士信,临财廉,取予义,分别有让,恭俭下人,常思奋不顾身,以徇国家之急"的奇士。司马迁平素对李陵十分赞赏,李

---

① 易白沙著:《帝王春秋》,上海书店 1924 年版,第 25 页。
② 李长之著:《司马迁之人格与风格》,生活·读书·新知三联书店 1984 年版,第 108 页。
③ 同上。
④ 同上。

陵此次冒险出兵,司马迁更是钦敬。司马迁坦诚:"现在许多人说李陵的坏话,只是因为他平日少与人应酬而已,假若有人吹嘘,他不减于古代任何名将,他现在虽然败了,一定是想将来得机会好立功而归的,况且无论如何,就他现在的功劳论,杀了匈奴那么多,也可以到什么地方都说得过去了。"①司马迁这番话,本意是对李陵败降给出一个公道的评价,进而解慰武帝的忧心,不料却惹得武帝更加恼怒。他认为司马迁只是给李陵说情,甚至疑心他在讥讽讨伐匈奴而功少的李广利,李广利是武帝钟爱的李夫人之兄贰师将军,便立即将司马迁下狱。② 本来第二年武帝有所醒悟,一面赏赐逃回来的李陵部下,一面又令公叔敖深入匈奴去迎接李陵,公叔敖并未成功,他从捕到的俘虏口中获得一个错误信息:李陵在匈奴练兵准备与汉军对立。实际上,教练匈奴军队的是李绪并非李陵。汉武帝得到这个消息,怒不可遏,立刻将李陵全家杀掉,同时使司马迁受腐刑。③

到了宋代,仍有秦汉遗风,《宋史·太宗本纪》:"太平兴国元年,命诸州大索知天文术数人送阙下,匿者论死。"为了统一思想,《哲宗本纪》载:"元祐二年诏举人程试,主司毋得于庄老列子书命题。"

明清也不例外。不过,骨子里虽然实行秦政制,手法却有所改进,变得巧妙和隐蔽。吴敬梓在《儒林外史》中提到王冕看到秦老进城后带来的邸抄,其中一条"便是礼部议定取士之法:三年一科,用《五经》《四书》八股文",王冕指与秦老看,道:"这个法却定得不好,将来读书人既有此一条荣身之路,把那文行出处都看得轻了。"④柏杨提到:"科举对知识分子的重要性,至为了然。它是知识分子唯一的出路,汉、唐王朝时还有学校一途,明王朝则学校不过培养参加考试的人才。汉、唐王朝时还有立功边疆一途,明王朝则没有任何其他机会。朱元璋更规定考试范围,以五经、四书为限。五经四书,又以道学领袖人物朱熹的注解为标准课本。"不仅如此,"依照规定,作八股文,不能发表自己的意见,也不是自己在说话,(八股文中没有'我'字),而是儒家圣人系统在说话,看起来四平八稳,面面俱到,实际上却什么都没有触及。这种文体,跟代数学上的方程式一样,用不着独立思考——事实上是严厉地禁止独立思考,只要能把圣人系统的言语恰当地代入八股的方程式中,便是一篇最好的文章。"⑤

清初廖燕《二十七松堂文集》卷一《明太祖论》云:"吾以为明太祖以制义

---

① 李长之著:《司马迁之人格与风格》,生活·读书·新知三联书店1984年版,第118页。
② 同上书,第119页。
③ 同上书,第118页。
④ 吴敬梓著:《儒林外史》,上海文艺出版社1996年版,第11页。
⑤ 柏杨著:《中国人史纲》,时代文艺出版社1987年版,第708页。

取士与秦焚书之术无异,特明巧而秦拙耳,其欲愚天下之心则一也。"何以如此?奥妙就在于:"明制,士惟习四子书,兼通一经,试以八股,号为制义,中式者录之。士以为爵禄所在,日夜竭精敝神以攻其业,自四书一经外咸束高阁,虽图史满前皆不暇目,以为妨吾之所为,于是天下之书不焚而自焚矣。非焚也,人不复读,与焚无异也。"①周作人云:"我们读了此文,深知道治天下愚黔首的法子是考八股第一,读经次之,焚书坑儒最下。盖考八股则必读经,此外之书皆不复读,即不焚而自焚,又人人皆做八股以求功名,思想自然统一醇正,尚安事杀之坑之哉。""秦始皇立志欲愚黔首,看见儒生如此热心于文章,正应欢喜奖励,使完成八股之制义,立万世之弘基,庶乎其可,今乃勃然大怒而坑杀之,不惟不仁之甚,抑亦不智之尤矣。中国臣民自古喜做八股,秦暴虐无道,焚书以绝八股的材料,坑儒以灭八股的作者,而斯文之运一厄,其后历代虽用文章取士,终不得其法,至明太祖应天顺人而立八股,至于今五百余年风靡天下,流泽孔长焉。破承起讲那一套的八股为新党所推翻,现在的确已经没有了,但形式可灭而精神不死,此亦中国本位文化之一,可以夸示于世界者欤。"②知堂先生所论,真是一段妙文。

虽有书而不读,与无书何异!牧惠叹道:"明火执仗地焚,众目睽睽地坑,即使焚的是十本八本,坑的是三、五、七人,也仍得留下骂名,所以说他'拙'。"而八股文取士呢,书未焚而无人看(看的是马二先生编的考试复习大纲和朱熹注解过的几本经典著作),儒未坑而心已死(死读书、读死书、读书死),所以说他'巧'。廖燕的分析,颇有见地,深得驭民愚民的精髓。"③

牧惠还评价说:"明以后的清,也搞文字狱,'坑';但更多的是继承明法,编辑《四库全书》,是此法的一大发展。他们以编书需要的堂正名义,限时限量地搜罗各种书籍,经过'消毒'而后行事。不焚之焚,似比明还棋高一招。"④这段话,可以说是廖燕观点的翻版。

第八节 模式之七:诬陷谋反式

汉代实施酷吏司法,景帝在位时期,历史上有名的酷吏开始出现,郅都专用严酷的刑罚对待列侯贵戚,外号"苍鹰";宁成是一个让宗师豪杰人人震恐的毒手,"这是因为宗师强暴,不用严法是不能慑服的,然而自此种下根子,就

---

① 转引自周作人著:《周作人绝妙小品文》(上),时代文艺出版社1997年版,第462—463页。
② 同上书,第463—464页。
③ 牧惠著:《书里书外》,学苑出版社1999年版,第190—191页。
④ 同上书,第191页。

成了一种相传的心法了"①。到了武帝时,任用的酷吏更多。元光五年(公元前一二〇),张汤为太中大夫,与赵禹一起改定律令,专主严刻,这是武帝时用法趋于峻烈的开始。此外还有义纵、王温舒以及其他酷吏无数。②

另一个酷吏猖獗时期是武则天主政时的唐朝。柏杨描述说:

> 法律的好坏,不在"法条"的本身,而在"诉讼法"的执行。不在如何处罚犯罪,而在如何确定犯罪。唐王朝的法律,是中国各王朝法律中最完善的一种,但因中国古政治思想缺乏人权观念,所以中国始终不能产生证据主义的诉讼法,唐律自不例外。于是酷吏的酷刑就代替诉讼法,法官在侦查被告时,不追求事实,只追求口供。一个人明知道一旦诬服谋反,即将全族被屠,而仍"坦承不讳""自动招认",这便是酷吏的功能。③

唐朝到武则天主政之下,大肆放纵酷吏去制造冤狱。柏杨云:"南周王朝政权是一个赤裸裸的特务政权,建立在酷吏主持的诏狱系统之上。名义上是武曌在统治,实际上是酷吏集团在统治。"④武则天时期最著名的酷吏有来俊臣、索元礼、侯思止、周兴等人。酷刑仅"枷"一项就有"定百脉""喘不得""突地吼""著即承""失魄胆""实同反""反是实""死猪愁""求即死""求破家"等名目。此外还有"凤凰展翅""驴驹拔橛""仙人献果""玉女登梯"等。⑤ 泰戈尔曾经说过,当人是野兽的时候,他就比野兽还坏。因为野兽没有人类的想象力。在残害同类方面,人类穷尽了想象之能事。那时周兴请君入瓮的故事,展现了人类相互迫害的想象力。

来俊臣著有《罗织经》一书,"是人类有史以来第一部制造冤狱的经典"⑥书上指示的制造冤狱的程序如下:

1. 先确定对象;
2. 使人从四面八方向有关机关或当权者发出告密信或检举信;
3. 等候上面将这些信交下调查;
4. 根据交下来的信件将确定好的对象逮捕审讯;
5. 施用酷刑取得预期的口供,或告以不供认的后果迫其认罪;若刑讯致

---

① 李长之著:《司马迁之人格与风格》,生活·读书·新知三联书店1984年版,第109—110页。
② 同上书,第110页。
③ 柏杨著:《中国人史纲》,时代文艺出版社1987年版,第502页。
④ 柏杨著:《中国人史纲》,星光出版社1996年版,第526页。
⑤ 同上书,第527页。
⑥ 同上。

人死亡,则诬其畏罪自杀。

6. 让被告人在口供中互相牵引,并向社会扩大牵引,人数多寡和范围大小,取决上意和酷吏的愿望。

7. 将口供整理成互相吻合、印证,使之毫无破绽,程序至此完成。①

皇帝对政治上的反对者和可能的、潜在乃至想象中的反对者,官员对于同僚,要进行打击、迫害,最方便的借口就是诬以谋反。

705年,宰相张柬之奉迎李显复位,派兵将武则天逐回皇太后应住的上阳宫,唐朝光复。皇帝李显无能,韦皇后临朝与李显一同听证,将张柬之等一批与武姓家族勾结的大臣逮捕入狱,交给酷吏全部处死,罪名毫无悬念,就是"谋反"。

往历史深处回眸,诬以谋反的史例数不胜数,这一恶毒策略十分奏效。

伍子胥冤案,就是以被诬陷谋反叛国为关键情节的。

孙膑冤案也是如此:庞涓与孙膑同为鬼谷子门徒。庞涓成为魏国大将,向魏国国君推荐孙膑,后因孙膑才干胜于自己,恐其受魏国国君赏识而夺取自己的位置,乃命人告发孙膑谋反,又假意求情,国君虽免孙膑一死,但砍断其双足以防其逃亡。孙膑用计逃回齐国后,对庞涓和魏国展开报复。

再看范雎冤案:范雎乃魏国低级官员,奉派作为出使齐国的须贾的随员。齐国田法章欣赏其才能,秘密邀请他出任齐国官职,范雎不愿背叛祖国。田法章虽然失望,仍然赠送他金十斤和一席酒菜,范雎留下酒菜,将黄金退回。须贾且怒且妒,一口咬定范雎向齐国出卖机密,否则齐国何以对他这么好。魏国宰相魏齐闻报不由分说,立即召集全体官员和宾客,将范雎绑来当众审讯。范雎自我辩解,魏齐认为他坚不吐实,下令严刑拷打,范雎肋骨被打断,牙齿打落,昏死过去,被拖至厕所。魏齐下令所有官员和宾客向"尸体"轮流撒尿,以示对范雎的羞辱、痛恨和对国君表明忠诚。

商鞅冤案也没有脱离诬以谋反的窠臼。秦孝公死,公子驷即位,为秦惠王。公子虔党羽诬告商鞅谋反,秦惠王与商鞅有仇隙,当年商鞅变法,公子驷犯法,商鞅判处其师傅公子虔杖刑、公孙贾黥刑,后公子虔又因犯罪被判处劓刑。秦惠王下令逮捕商鞅,商鞅逃到边关,竟连个肯收留他过夜的旅店也找不到。商鞅逃到魏国,魏国拒绝收留他,将其押回秦国,立即被秦兵捕杀。秦惠王在商鞅死后将其车裂示众。

---

① 柏杨著:《中国人史纲》,星光出版社1996年版,第527—528页。

李斯①冤案，也是以谋反为口实。李斯毒杀韩非，勾结赵高害死扶苏、蒙恬，助纣为虐，本非干净，但毕竟没有谋反之心，诬他谋反乃赵高铲除政敌的毒计。《史记》记载：

> 於是二世乃使高案丞相狱，治罪，责斯与子由谋反状，皆收捕宗族宾客。赵高治斯，榜掠千馀，不胜痛，自诬服。斯所以不死者，自负其辩，有功，实无反心，幸得上书自陈，幸二世之寤而赦之。李斯乃从狱中上书曰："臣为丞相治民，三十馀年矣。逮秦地之狭隘。先王之时秦地不过千里，兵数十万。臣尽薄材，谨奉法令，阴行谋臣，资之金玉，使游说诸侯，阴修甲兵，饰政教，官斗士，尊功臣，盛其爵禄，故终以胁韩弱魏，破燕、赵，夷齐、楚，卒兼六国，虏其王，立秦为天子。罪一矣。地非不广，又北逐胡、貉，南定百越，以见秦之强。罪二矣。尊大臣，盛其爵位，以固其亲。罪三矣。立社稷，修宗庙，以明主之贤。罪四矣。更克画，平斗斛度量文章，布之天下，以树秦之名。罪五矣。治驰道，兴游观，以见主之得意。罪六矣。缓刑罚，薄赋敛，以遂主得众之心，万民戴主，死而不忘。罪七矣。若斯之为臣者，罪足以死固久矣。上幸尽其能力，乃得至今，愿陛下察之！"书上，赵高使吏弃去不奏，曰："囚安得上书！"赵高使其客十馀辈诈为御史、谒者、侍中，更往覆讯斯。斯更以其实对，辄使人复榜之。后二世使人验斯，斯以为如前，终不敢更言，辞服。奏当上，二世喜曰："微赵君，几为丞相所卖。"及二世所使案三川之守至，则项梁已击杀之。使者来，会丞相下吏，赵高皆妄为反辞。

李斯的下场悲惨可怜：二世二年七月，具斯五刑，论腰斩咸阳市。斯出狱，与其中子俱执，顾谓其中子曰："吾欲与若复牵黄犬俱出上蔡东门逐狡兔，岂可得乎！"遂父子相哭，而夷三族。李斯已死，二世拜赵高为中丞相，事无大小辄决于高，这就断送了秦这一短命皇朝。司马迁对于李斯有中肯评价：

> 太史公曰：李斯以闾阎历诸侯，入事秦，因以瑕衅，以辅始皇，卒成帝业，斯为三公，可谓尊用矣。斯知六蓺之归，不务明政以补主上之缺，持爵禄之重，阿顺苟合，严威酷刑，听高邪说，废适立庶。诸侯已畔，斯乃欲

---

① 《史记》云："李斯者，楚上蔡人。从荀卿学帝王之术。学已成，度楚王不足事，而六国皆弱，无可为建功者，西入秦说秦王。秦王拜斯为长史，为客卿。会韩人郑国来间秦，秦王下逐客令，李斯议亦在逐中。斯乃上书谏逐客。秦王乃除逐客之令，复李斯官，卒用其计谋。官至廷尉。二十馀年，竟并天下，尊主为皇帝，以斯为丞相。斯建议焚百家之书，以愚天下之人。明法度，定律令，皆以始皇起。同文书。治离宫别馆，周遍天下。明年，又巡狩，外攘四夷，斯皆有力焉。"

谏争,不亦末乎!人皆以斯极忠而被五刑死,察其本,乃与俗议之异。不然,斯之功且与周、召列矣。

至于后世,诬以谋反的例子太多了,以明朝为例。1381年,朱元璋建立明朝。立国不久,朱元璋就展开杀戮,著名的冤狱有两个,一是胡惟庸冤狱,二是蓝玉冤狱。

胡惟庸为朱元璋的宰相,1380年,有人告发胡惟庸谋反,勾结日本企图在宴会上谋杀朱元璋。朱元璋将胡惟庸凌迟处死,屠灭三族。1390年,朱元璋宣称发现胡惟庸的新同党,连77岁的宰相李善长在内,处决二万余人。朱元璋还编辑一本《奸党录》,附录李善长供词,昭告全国。

1393年,有人告发大将蓝玉谋反,蓝玉被捕入狱。蓝玉在供词中承认准备发动兵变。蓝玉被凌迟处死,灭族。根据口供又牵连、处决二万余人。朱元璋再编一本《逆党录》昭告全国。

柏杨评价说:"朱元璋两次大屠杀的对象,都是他初起兵时亲如手足的患难朋友。他们为朱元璋效命,当他们以为可以分享富贵时,却遭到朱元璋的毒手。然而,这两次大屠杀不过是整批死亡。事实上朱元璋每天都在屠杀。"①皇太子的教师宋濂被贬窜而死、朱元璋的智囊刘基被下毒谋杀、大臣汪广明在被贬窜途中绞死、平定云南的大将傅有德父子被斩、平定广东的大将朱亮祖父子被鞭死、大臣李仕鲁因辞职被摔死阶下、患有疽疮的徐达被朱元璋强迫吃鹅肉导致毒发而死。

耐人寻味的是,朱元璋的智囊刘基被下毒谋杀后,朱元璋还嫁祸给胡惟庸,称被胡惟庸毒死。"朱元璋无止境地屠杀,史学家认为最主要的原因是皇太子懦弱而皇太孙年幼,后来皇太子又很早死去。为了保持政权,不得不如此。"②当然,"朱元璋所以如此,主要在于他的性格,一种绝对自私和愚昧的蛇蝎性格——他的后裔也具有这种性格,表现在行为上的是短见、冷血,喜欢看别人流血、看别人痛苦、看别人跪下来向他哀求,而他又拒绝宽恕。这是人类中最卑鄙最可怕的一种品质,具有这种品质的普通人,对他的朋友和他的社会,都能造出最大灾害"③。从个性看,"朱元璋跟刘邦,是中国历史上仅有的两位平民出身的帝王,但刘邦毕竟是一位英雄,他始终保持英雄们所有的豁达大度的气质,不脱平民社会的本色。朱元璋却深以他的平民身份为耻,深以他当过乞丐为耻,和当过和尚为耻。在他充满自卑的情意结中,异常羡

---

① 柏杨著:《中国人史纲》,时代文艺出版社1987年版,第697—700页。
② 同上。
③ 同上。

慕官员和士大夫所保持的优越地位,因而产生强烈压制别人的暴虐意念,以求自己心理平衡"①。

第九节 模式之八:报复迫害式

皇帝欲报复迫害某一臣属,没有什么力量能够抵御这种疯狂。明朝的于谦冤案就是皇帝疯狂报复的产物。

1449年皇帝朱祁镇亲征瓦拉,在土木堡兵败被俘。朱祁镇的弟弟朱祁钰继任皇帝,任命于谦为兵部尚书。于谦整顿军队和政治,在北京城下打败瓦拉可汗也先。1451年,瓦拉与中国和解,接受巨额赎金,将朱祁镇释放。朱祁镇在被释放前信誓旦旦保证归国后只求作一个平民,归国后却对朱祁钰没有将皇位归还给他大为不满。1457年,朱祁钰病危,朱祁镇趁机发动政变,夺取宫门,升殿复位。为了粉饰这一政变,朱祁镇指控于谦和大学士王文阴谋迎立外藩,将二人逮捕下狱。不料逮捕之后立即发现专门用来召唤亲王入京的金牌仍在皇太后宫中,证明迎立外藩之事子虚乌有。当时因土木之变后于谦独立支持危局,成为民族英雄,许多人为之申诉营救。徐有贞与于谦有私人恩怨,提醒朱祁镇不杀于谦则政变名不正、言不顺。三法司将迎立藩王罪名加上"意图"二字,判决于谦和王文处斩家产抄没。王文曾据理力辩,于谦却将此事一言道破:"这不是法律问题,也不是法庭问题,千言万语,又有何用。"②

明代皇帝对于臣属的报复,不止这一起事件。朱栩钧做皇帝后,对幼年时对他管教过严的宦官冯保和对他读书要求过严的张居正实施报复。当他亲政后,立即任命冯保的死敌张诚做司礼太监,将冯保放逐。当时张居正已故,朱栩钧宣布张居正罪状,下令抄没家产。地方官派兵将张居正家围住,待查抄大员张诚到达时,已饿死十余人。③

还有一起政治冤案,也可以归入这一类。1615年,皇宫里发生"梃击案"④,26年不上朝的皇帝朱栩钧走出寝宫,召开朝会对大臣解释此事。解释完毕后,大家噤若寒蝉。御史刘光复想打破僵局,刚开口启奏,没想到朱栩钧

---

① 柏杨著:《中国人史纲》,时代文艺出版社1987年版,第697—700页。
② 柏杨著:《中国人史纲》,星光出版社1996年版,第767页。
③ 同上书,第308页。
④ 万历四十三年(1615年),皇后无子嗣,王恭妃生子朱常洛,郑贵妃生子朱常洵。万历帝想立朱常洵为太子,引发朝中大臣和东林党反对,只好册立朱常洛为太子。有个叫张差的人手持木棒闯入太子居住的慈庆宫,打伤守门太监,人们猜测他受郑贵妃指使,意图谋杀太子。皇帝不愿深究,以疯癫为由将张差处死,又在宫中密杀了将其引入的太监庞保、刘成

大喝一声"拿下",几个宦官立即扑上去将刘光复抓住痛打,然后摔下台阶,锦衣卫将其下狱。① 明代帝王之昏庸残忍,在此案中得到淋漓酣畅呈现。

第十节 再谈专制权力与政治冤案的关系

一家一姓之专制,必然导致许多政治冤案的发生。黄宗羲《原君》云:后之为人君者"以为天下之利害之权皆出于我,我以天下之利尽归于己,以天下之害尽归于人,亦无不可。使天下之人不敢自私,不敢自利,以我之大私为天下之公;始而惭焉,久而安焉,视天下为莫大之产业,传之子孙,受享无穷"。然而"岂天地之大,于兆人万姓之中,独私其一人一姓乎?是故武王,圣人也;孟子之言,圣人之言也。后世之君,欲以如父如天之空名,禁人之窥伺者,皆不便于其言,至废孟子而不立"。为了维护皇权或者自己的权力垄断性,不惜骨肉相残、自毁长城,采取愚民、弱民等手段是国家积弱。殊不知"既以产业视之,人之欲得产业,谁不如我?摄缄縢,固扃鐍,一人之智力,不能胜天下欲得之者之众。远者数世,近者及身,其血肉之崩溃,在其子孙矣"。历史反复印证了这一规律,对于这一规律,独裁者真能幡然悔悟,改走另外一条不同于专制独裁之路吗?历史一再给出答案,连衰朽不堪的晚清政府也给出否定的回答。

魏特夫在《东方专制主义》一书中刻画了东方社会的专制主义的政治生态,这种政治生态正是政治冤案的原因。魏特夫指出,在东方专制社会里,统治者不相信任何人:"声名赫赫的统治者也最容易为人所妒忌。在接近他的人中间,总有一些人渴望取其位而代之。由于不可能进行宪法上的和平的转变,取而代之常常意味着一件事,而且也只意味着一件事:即从肉体上消灭统治者。因此聪明的统治者不相信任何人。"②例如,"他的住宅必须安全。必须采取措施预防有人毒害。必须监视和控制他的所有扈从。国王必须暗中监视他的宰相。他必须提防他的密友、妻子、兄弟,特别是他的继承人"③。这一心理原因可以解释历史上诸如刘姓汉家、朱姓明家等如家族遗传般的忌刻和猜疑。

相互猜忌和人人自危,是专制主义下官场的特征,在极权社会中是整个社会的状态。在专制社会,"官员的生活也得不到保障"。危险就来自自己侍

---

① 柏杨著:《中国人史纲》,星光出版社1996年版,第323页。
② 转引自〔美〕卡尔·A.魏特夫著:《东方专制主义》,徐式谷等译,中国社会科学出版社1989年版,第154页。
③ 同上书,第155页。

奉的国王或皇帝,"一个聪明的臣子必须首先而经常地考虑保护自己;因为为国王效劳的人的生活,正如生活在火焰之中一样;火固然能烧毁身体的一部分或者全身,而君主却有权力使整个家庭毁灭或兴旺"①。官员之间也相互提防,危险就潜伏在他们之间的关系中,"绝不仅仅是那些占据官僚机构金字塔顶端的人才有永远存戒心的必要。在传统中国,如同在其他治水文明中一样,'一方面,高级官员不得不提防他们手下的人,因为正是在他们中间有值得害怕的竞争对手。另一方面,低级官员也一样怀疑他们的上司,因为正是他们的上司可能在任何时候撤换他们'"②。

对于老百姓来说,不招灾、不惹祸是人生在世的主要愿望,不可不牢记在心。看专制社会,"平民面临着各种各样的问题。他们并不担心专制权力和官僚权力所固有的圈套,却担心这一权力对全体臣民的威胁。一个在征税、徭役和司法方面可以为所欲为的政权,能够不断地找平民的麻烦。谨慎告诫他们,尽量避免同政府发生不必要的接触"③。他们害怕受连累,彼此缺乏信任,不是偶然的,"民权不张之国,不能使官吏畏法,则豢养民膏,复以威福肆于民上,假国宠以殃民,即国家养千万虎狼以食人也。故非有真实民权,足以钤束官吏,不能怨英君谊辟之持法以慑其志也"④。在专制乃至极权制度下的专制霸主—残忍酷官—顺民的结构中,百姓要小心翼翼,须知"自愿参加公益在开放社会是受鼓励的,在极权力量条件下却是极端危险的事情。由于害怕同一个无法控制的和无法预料的政府打交道,谨慎的臣民便被限制在他自己的个人事情和业务的狭小圈子里。这种恐惧心理使他和他所处的广阔社会的其他成员隔绝开来。"⑤中国社会之一盘散沙状态,鲁迅谓之专制主义之"治绩",便是这一道理。

东方专制主义非常重视社会上占支配地位的思想,对于不同于官方意识形态的思想格外警惕,对于离经叛道的思想和思想家加以严厉扼杀。令人感慨的是,专制政治倘有社会公论尚存,受到政治迫害之士能够得到社会的尊重,算是一种心理安慰,"至明之廷杖虽酷,然正人被杖,天下以为至荣,终身被人倾慕,此犹太祖以来,与臣下争意气不与臣下争是非所养成之美俗"⑥。有此美俗,虽有专制制度之高压,中华民族的精神不至于死绝。

---

① 转引自〔美〕卡尔·A. 魏特夫著:《东方专制主义》,徐式谷等译,中国社会科学出版社 1989 年版,第 155 页。
② 同上。
③ 同上。
④ 孟森撰:《明史讲义:商传导读》,上海古籍出版社 2011 年版,第 75 页。
⑤ 转引自〔美〕卡尔·A. 魏特夫著:《东方专制主义》,徐式谷等译,中国社会科学出版社 1989 年版,第 156 页。
⑥ 孟森撰:《明史讲义:商传导读》,上海古籍出版社 2011 年版,第 82 页。

第六章　司法惯性：口供主义与刑讯

渥夫刚·索夫斯基曾言："刑求没有任何产能,只是把世界反转,让世界倒退。"①套用一句时尚之言：刑讯绝对是一种负能量。但是,在刑讯者眼中,刑讯是获得有罪供述、突破案情、迅速推进诉讼进程的捷径,依结果看,实属"正能量"无疑,可甘之若饴。

在侦查办案中,办案人员有了一定合理根据,怀疑嫌疑人犯了罪而他拒不承认,每每借助刑讯达到目的。刑事司法过分倚重口供,没有口供不敢定案,也难向下一诉讼阶段移送案件。口供成为处理案件和推进诉讼进程的关键,司法高度倚重供述证据,这一大特征,即所谓"口供主义"。

第一节　个案观察："不讲清楚就打死"

刑讯事例,不可胜数,俯拾即是。且看下面一例：

1998 年 4 月 2 日上午 8 时,贵州省黔南州龙里县公安局麻芝乡派出所民警、乡干部和联防队员对于前日晚抓到派出所、分别铐绑在派出所大院和室内的 6 名犯罪嫌疑人进行审讯。审讯中的情形是这样的：

> 民警税爽和一名联防队员负责讯问唐训木。至 10 时,唐一口咬定没犯罪,税心中十分恼火,便找了一根松枝条抽打唐的脚、腿,唐越发不服并大喊大叫。这时,副所长周显毅走进来见状说："不老实,就把他挂起来！"税立即把唐的双手拉起交叉铐吊在门楣上,使唐训木双脚离地,并继续边抽打边审讯。随后,又先后进来 8 名乡干部和联防队员,加入了审讯唐的行列。从上午 10 时到下午 2 时,税和乡干部、联防队员用电警棍、木棒、松枝条等断断续续地抽打唐,进行刑讯逼供。当唐被打得承受不住时,就顺从地交代偷了一只鸡,乡干部和税等人就用小圆凳垫起唐的脚,让唐"休息"一下。当唐一停止交代,就一脚踢开小圆凳,继续吊

---

① 〔德〕渥夫刚·索夫斯基著：《暴力十二章》,邱慈贞译,玉山社出版事业有限公司 2006 年版,第 108 页。

打。残酷地折磨,反反复复,直至唐奄奄一息,最后送医院抢救无效死亡。①

刑讯逼供致人死亡事件发生后,刑讯者受到的处罚普遍畸轻。本案周显毅(男,30 岁,大专文化,三级警司)犯刑讯逼供罪,判处有期徒刑 3 年,缓刑 4 年。税爽(男,26 岁,中专文化,二级警员)犯刑讯逼供罪,判处有期徒刑 2 年,缓刑 3 年。公安机关对于此案的检讨是:民警"自始至终都表现出法治观念淡漠、盲从和执法水平低的问题。……工作莽撞蛮干,缺乏公安民警应有的基本素质。"与之相比,乡干部与联防队员打人更加起劲。"麻芝乡党委副书记、政法委书记张长福酒后在审讯唐训木时大嚷:'我是麻芝乡主管政法、综治的书记,如果不讲清楚就打死你,打死你我负责。'并操起一根手腕子粗的木棒,残忍地朝唐训木乱打,随后一跤醉跌在地上。……这次拷打唐训木,打得最凶、最厉害的就是这些无执法权的乡干部和联防队员。"本案不仅存在刑讯问题,还存在其他问题,"麻芝乡派出所参与的行动,抓人关人没有办理有关手续,程序上不合法;讯问犯罪嫌疑人,手中没有可靠的证据就采取强制措施,严重侵犯公民的人身权。由于税爽等人法律意识淡漠,以管人者自居,手中又无可靠证据,面对讯问对象拒不交代时,别无他法,只能用简单的方法,即用肉刑企图从被讯问人的口中获取证据,达到破案的目的。在税等人的思想中,根本没有什么国家法律,我就是法,侦破案件不是从周密细致的调查取证上下功夫,而是用严刑拷打出'成果'"②。

这起案件并不是社会广泛关注的案件,它和许多类似案件一样淹没在司法的黑洞里。近年来,人们关注的案件通常是媒体披露的无辜者被错误定罪的案件,这些案件通常都少不了刑讯,如河南李姓青年冤案、昆明杜培武冤案、湖北佘祥林冤案等等,无不因刑讯逼供铸成大错。杜培武冤案的主角杜培武在接受记者采访时说,"想都没想过"一名警察也会遭受刑讯逼供。杜培武提到,他以前听说过刑讯逼供的事,"各地警方都有动手动脚现象,但这样残忍的行为","不敢想象"。③ 在胥敬祥疑案中,采访胥敬祥的记者问他为何承认入室抢劫,胥敬祥说那是刑讯逼供的结果。胥敬祥说:"我被抓的第二天晚上,公安局的几个人将我捆绑住,先用棍子把我的脚打烂,后来用穿着皮鞋的脚踩我的脚踝骨,我疼得昏死过去。他们折磨我三天三夜,还用烧化的塑料布往我的身上滴,滴到我的背上、屁股上,疼得钻心……"至今,胥敬祥右脚

---

① 中共公安部纪律检查委员会、监察部驻公安部监察局编:《警示——公安民警违法违纪案例选编》,中国人民公安大学出版社 2001 年版,第 7—8 页。
② 同上。
③ 《同遭警察刑讯逼供的警察杜培武的对话》,载《北京青年报》2001 年 7 月 3 日。

踝骨还是畸形。胥敬祥说,当时他只好按照刑警队办案人员的授意,承认自己未曾犯下的罪行。

刑讯逼供曾经在刑事侦查中大量、普遍存在,成为公开的秘密。一些刑讯的事实被曝光,是因为无辜者被刑求而造成误判。杜培武被刑讯的事实得以公开披露,是杜培武最终被证明清白之后;倘若杜培武冤情未雪,人人以为他是真凶,刑讯就不是一个"问题",谁会留意他是否曾被刑讯? 现在媒体公开披露的,都是无辜者被刑讯的事实;鲜有被判处有罪的人被刑讯的事例得到公开报道。刑讯逼供的巨大冰山,在水面以下。

在侦查之后的审查起诉和审判中,有时犯罪嫌疑人、被告人会揭露刑讯,可惜办案人员对于这些情况往往充耳不闻。且看下面的案件:

2005年9月2日凌晨5时许,巢湖市居巢区半汤镇57岁农民刘之华在市政府门前大池塘被人打得不省人事。9月7日,刘之华因颅脑损伤,经医院抢救无效死亡。

警方调查了解到,一位目击证人声称:看到过4名青年人对刘之华进行殴打。另有两名证人提到:9月2日早上在案发现场附近看到4个青年人。9月8日,居巢区农民李某向办案部门提供情况,提出该案可能是他的邻居张佑龙两个儿子张峰、张虎干的,因为就在刘之华遇害当天,李某的母亲悄悄告诉他,张佑龙家"世代都不是好东西"。李某还告诉警察,刘之华遇害之前那天晚上10时左右,张佑龙母亲到张佑龙家寻找焦裕等4人。这些情况引起警方警觉,他们认为张虎等人有犯罪重大嫌疑。9月9日晚上,居巢区公安分局刑警大队办案人员传唤焦裕,5个小时的"思想工作"之后,焦裕对警察说,听其父母议论,该案可能是其兄焦华和王浩、张峰及张虎4人所为。9月10日,居巢区警方将张虎等4人刑事拘留。这4人中年龄最大的刚满18岁,最小的才16岁。

随后4名学生遭遇警方办案人员实施的"车轮战"以及其他折磨:侦查人员轮番进行审讯,不允许他们休息;有的还被罚站、罚跪十几个小时,或是双手整天铐在墙上。五六天的煎熬足以让4人精神崩溃,他们被迫自诬有罪。对他们多次讯问形成的笔录没有起止时间、没有讯问地点、没有讯问人、没有记录人。4人的口供相互印证,内容一致:当晚一起吃饭,吃饭时约好夜里去打电子游戏,次日凌晨4时,一起到市政府门前水塘洗澡,在那里与刘之华发生纠纷,对其殴打,然后逃之夭夭。

2005年10月8日,居巢区公安分局提请检察机关对王浩等人批准逮捕。检察人员讯问时,4人均翻供并指称受到侦查人员的刑讯和威逼利诱。检察机关在审查批捕中发现王浩等4人在事发当晚都在家中,王浩还和父母睡在同一房间；现场被害人所骑的三轮车被公安机关从水塘里捞出，但王浩等4人并不知道三轮车如何落入水塘；王浩供述在路边采了一束粉红色的花，现场勘察照片上却是大红色和黄色的花；另外，王浩等人供述案发当日所穿衣服、各自实施的故意伤害行为、逃离现场路线与现场目击证人的陈述差异较大；现场目击证人不能指认他们就是现场的行凶者。对于检察机关列出这些问题，公安机关办案人员并没有认真核实。2005年10月17日，居巢区人民检察院作出不批准逮捕的决定。巢湖市公安局和居巢区公安分局提请政法委"协调"批准逮捕。在巢湖市委政法委的"协调"之下，2005年10月21日，居巢区人民检察院撤销不批捕决定，改为批准逮捕。从2005年10月21日到12月15日，公安机关对4名学生实施技术侦查、测谎等行为，最终因证据存在缺陷将他们解除羁押，改为取保候审。

随后警察进一步调查，确认2005年9月1日晚，王伟与房某、刘某等4人在出租房内饮酒至次日凌晨，然后出去跑步锻炼。早上6时左右，在市政府门前水塘与刘之华发生纠纷，双方发生殴打，刘之华被打伤。2006年1月19日至22日，警方相继在上海、合肥及宿州市的灵璧县将4名犯罪嫌疑人抓获。

至此，真相大白，4名学生的冤屈得到昭雪。受害学生每人获得国家赔偿6万元。居巢区公安分局的3名办案刑警，因刑讯逼供被检察机关立案侦查。①

第二节 刑讯手法：硬性与软性

这里提到的"刑讯"，指的是"加诸犯人或被告的拷问，以使他供出实情或交代其同犯"②。这个定义下的"刑讯"是以暴力为表现形式的逼供手法，可以称为硬性的刑讯方法。实际上，刑讯还有许多软性方法，如嫌疑人不供认就采取连续审讯的方法，迫使其交代"问题"。除此之外，常见的软性刑讯方法还有冻饿晒烤等。

我国历史典籍记载不少刑讯手法，硬性刑讯之外，时见软性刑讯。如《隋书·刑法志》记载：梁武帝时"凡系狱者，不及答款，应加测罚，不得以人士为隔。若人士犯罚，违扦不款，宜测罚者，先参议牒启，然后科行。断食三日，听家人进粥二升。女及老小，一百五十刻乃与粥，满千刻而止。囚有械、杻、斗

---

① 黄勇：《办案人员刑讯逼供 青少年维权岗被迫失守》，载《中国青年报》2006年9月10日。
② 〔法〕狄德罗：《丹尼·狄德罗的〈百科全书〉》（选译），〔美〕斯·坚吉尔英译，梁从诫中译，辽宁人民出版社1992年版，第358页。

械及钳,并立轻重大小之差,而为定制。其鞭有制鞭、法鞭、常鞭,凡三等之差。制鞭,生革廉成;法鞭,生革去廉;常鞭,熟靼不去廉。"① 这里讲到的测罚,是梁武帝发明的刑讯方法,以断绝饮食来测度罪囚,逼其招供,陈朝将其发展成"测立",即让囚犯戴械上埭,同时施以鞭杖,比梁朝更有过之,这种做法至隋而废止。② 测罚、测立和断绝饮食,就是软性刑讯,不过,测立还伴以硬性刑讯(施以鞭杖)。

值得警惕的是,随着刑事诉讼程序发展变化,隐性刑讯(软刑讯)最终会成为越来越频繁使用的手法。《京华时报》指出:

> 必须承认,采用"连续作战",几天几宿不让嫌疑人睡觉的审讯方式,是目前一些刑侦机关时常采用的审讯方式。典型例子如目前因涉嫌玩忽职守犯罪被追究法律责任的浙江省温岭市公安局民警谢某,就是因在对形迹可疑的人员进行盘问的过程中,将被盘问人用手铐、脚镣铐住,还在他头上戴上摩托车头盔,时间长达21小时,致使被盘问人肝脓肿引发急性心肺功能衰竭,经抢救无效死亡。

又如以下一例,也很典型:1998年江苏东台市广山乡张舍村发生一起强奸案(未遂),45岁的张忠泽受到怀疑,办案人员连续3天对其进行审讯,不准其睡觉,"启发"其按被害人陈述的内容交代所谓"犯罪事实"。案卷材料显示,张忠泽在侦查过程中有过12次审讯记录,前6次坚决否认犯罪,第7次至9次交代了所谓"犯罪事实",后来又翻供,拒绝承认犯罪。

这种不许睡觉,连续"熬鹰"的取供方法,在司法实践中,成为暴力取证方法的有力补充。

又如1998年河北邢台隆尧县徐东辰受到刑讯,警方办案人员连续6天6夜不许他睡觉,并对他进行殴打,迫使他自诬有罪,导致邢台市中级人民法院错误定罪,判处其死刑、剥夺政治权利终身。经过8年,此一冤案才在河北省高级人民法院发回重审与邢台市中级人民法院重新定罪量刑的反复拉锯中,由河北省高级人民法院最终裁决徐东辰无罪。

刑讯手法花样百出,硬性刑讯当然比软性刑讯残酷得多。隋高祖时,对于前代刑讯的弊端有所警惕,对刑讯强度加以限制,《隋书·刑法志》云:"自前代相承,有司讯考,皆以法外。或有用大棒束杖,车辐鞋底,压踝杖桄之属,楚毒备至,多所诬伏。虽文致于法,而每有枉滥,莫能自理。至是尽除苛惨之

---

① 意思是:对于被捕下狱而不即时招供的人,施以测罚之刑讯方法,有声望有地位的人也不例外。高潮、马建石主编:《中国历代刑法志注译》,吉林人民出版社1994年版,第196页。
② 同上书,第197页。

法,讯囚不得过二百,枷杖大小,咸为之程品,行杖者不得易人。"当时还对下级官吏罗织锻炼的恶行加以抑制,"帝又以律令初行,人未知禁,故犯法者众。又下吏承苛政之后,务锻炼以致人罪。乃诏申敕四方,敦理辞讼。有枉屈县不理者,令以次经郡及州,至省仍不理,乃诣阙申诉。有所未惬,听挝登闻鼓,有司录状奏之"①。这一寻求公道的做法演变至今,就是令各级政府官员头痛不已的上访。

唐律对刑讯加以规范,规定刑讯的前提是:诸察狱之官,先备五听,又验诸证信,事状疑似,犹不首实者,然后拷掠。唐律为刑讯制定了一整套规范,包括:

1. 每讯,相去二十日,若讯未毕,更移他司,仍须拷鞫者,因移他司者,连写本案俱移。则通计前讯,以充三度。即罪重害,及疑似处少,不必皆须满三者,囚因讯致死者,皆俱申牒当处长官,与纠弹官对验。

2. 诸拷囚不得过三度,数总不过二百。杖罪以下,不得过所犯之数。拷满不承,取保放之。若拷满三度,及杖外以他法拷掠者,杖一百。数过者,反坐所剩。以故致死者,徒二年。即有疮痛,不待差而拷者,亦杖一百。若决杖笞者,笞五十。以故致死者,徒一年半。若依法拷决,而邂逅致死者,勿论。仍令长官等勘验。违者,杖六十。拷决之失,立案,不立案等。

3. 诸拷囚,限满不首,反拷告人。其被杀、盗家人亲属告,不反拷。被水火损败者,亦同。拷满不首,取保并放。违者以故失论。

4. 戒具的规格和使用:诸枷长五尺以上、六尺以下,颊长二尺五寸以上、六寸以下,共阔尺四寸以上、六寸以下,径三寸以上、四寸以下。杻长六寸以上、二尺以下,阔三寸,厚一寸。钳重八两以上、一斤以下,长一尺以上、一尺五寸以下。镰长八尺以上、丈二尺以下。

5. 刑具的规格和使用:诸杖皆削去节目,长三尺五寸。讯囚杖,大头三分二厘,小头二分二厘。常行杖,大头二分七厘,小头一分七厘。笞杖,大头二分,小头一分半。其决笞者腿分受,决杖者背、腿、肩分受,须数等。考讯者亦同。笞以下,愿背、腿臀均受者,听。即殿廷决者,皆背受。②

民国时期虽然明令禁止刑讯,刑讯仍然存在。鲁迅曾言:"唐人说部中曾有记载,一县官拷问犯人,四周用火遥焙,口渴,就给他喝酱醋,这是比日本更进一步的办法。③ 现在官厅拷问嫌疑犯,有用辣椒煎汁灌入鼻孔去的,似乎就是唐朝遗下的方法,或者是古今英雄,所见略同。"又云:"现在之所谓文明

---

① 高潮、马建石主编:《中国历代刑法志注译》,吉林人民出版社 1994 年版,第 221 页。
② 杜佑著:《通典》。
③ 日本的办法是,牵到温泉旁边,用热汤浇身;后者四周生火,慢慢烤炙。

人所造的刑具,残酷又超出于此种方法万万。上海有电刑,一上,即遍身痛楚欲裂,遂昏去,少顷又醒,则又受刑。闻曾有连受七八次者,即幸而免死,亦从此牙齿皆摇动,神经亦变钝,不能复原。"①科技进步带来的刑讯手法,花样翻新,由此可见一斑。

沈醉曾经谈到侦讯中进行刑讯的情形:

"审讯时,只要三句话不对头,立刻就喊'吊起来'。这个队的一个警卫班除担任警卫外便是帮助用刑的。"他具体描述说:"审讯室里放着各种刑具,梁上挂着两根专吊人的麻绳。吊人时,最轻的是把两手反背捆起来,将两个大拇指捆上,一声喊'吊',只要将绳子一拉就将受刑者吊离地面。最初让脚尖刚可着地,便将绳子向固定的钩子上一挂,又继续审讯。几分钟后,受刑者力气再大也得满头大汗。如仍不招供,再喊一声'扯',这时受刑者便整个身体悬空,全部体重都落到两个大拇指上,一两分钟便是全身汗透,痛苦难当。审讯的特务往往轻松地坐在旁边抽烟,看着受刑者在痛苦中挣扎。受刑者如再不讲,身体弱一点的往往痛昏过去。这时,特务们便将绳子放了下来,朝着受刑者头上冲一盆冷水,让他慢慢醒过来。这一盆冷水夏天还不要紧,要是冬天,上身衣服全部淋湿之后,谁也不管冷不冷,既没有衣服可换,又没有火可烤,就得这样自己去干。过些时第二次又来一下,单就这一点点也就够难受了。"②

不仅如此,还有其他更残酷的刑罚:

吊既不灵,第二套便是"炒排骨"。"炒排骨"是先将受刑者吊起,让脚尖着地,有时还将脚固定下来用绳捆好。这是防止受刑者用脚踢施刑的特务。因为有次审讯一个年轻的共产党员时,一个主持审讯又兼施刑的特务在行刑时,被这个宁死不屈的党员猛踢了几脚。当然这个人后来被活活打死,而特务受到这一教训后也提高了警惕,随时防止反抗。所谓"炒排骨"这种酷刑,是先将受刑者背靠墙壁,衣服解开,使之不能退让,行刑的特务戴上粗厚的皮手套,将受刑者肋骨徐徐用力按下去,使内脏受到挤压,然后上下移动。按下去已够痛了,再上下摩擦起来更是痛不可当。但受刑者不会马上昏过去,所以对审讯很有方便,可是一经这样"炒"过之后,不仅当时痛苦,往往一两个月胸部都碰不得一下,有些摩擦得厉害的几年都疼痛。③

---

① 鲁迅著:《鲁迅杂文全集》(下),北京燕山出版社2011年版,第776—777页。
② 沈醉著:《军统内幕》,文史资料出版社1984年版,第74—76页。
③ 同上。

还有一些狠招是鼻孔灌水、"老虎凳"和踩杠子。如果吊与"炒排骨"不起作用,还有其他办法：

> 再下去便是向鼻孔灌冷水和采用"老虎凳""踩杠子"一类的刑法了。灌冷水是将自来水龙头打开,直射受刑者鼻孔和嘴巴。这比淹在水里更难受,时间稍久,不是鼻孔肺部呛出血水来,便是晕了过去。老虎凳和踩杠子则弄得受刑的人终身残疾也是常有的事。特务们为了强迫革命人士招供出新的线索,总是想尽方法来折磨革命人士的身体。经过这一套又一套的刑讯之后,不死也得重伤。有些虽招供了一些情况,甚至是实在再提不出新的东西,也往往在审讯的特务一时不高兴情况下随便来上一两套,这已习以为常。①

对于女性,还有一些特殊手法。

> 对一些女性革命人士的审讯,特务们的花样就更多了。他们一面审讯,一面借此来发泄兽欲。除了上述几种酷刑之外,还加上用小针插人奶头,竹签刺人指甲,藤条抽打阴户,以及剥光衣裤进行羞辱,等等,特务们则围观取乐。②

刑讯手法不胜枚举,可谓穷尽想象。渥夫刚·索夫斯基在《暴力十二章》中评价说："如果要条列现代刑求技术,可能会洋洋洒洒地写满好几页,因为人体的每一个部位,每一个态度、动作和行为,都可能用来作为折磨人的切入点,况且人类的发明精神是不受拘束的。如果刑求真的只是为了得到真相和把人犯弄死的话,那么这些繁杂的刑求手续就是多余的了,因为刑求不是昙花一现的短暂过程,而是发挥毁灭式想象力的实验室。"③所谓"科学办案",有时指以科技手段进行刑讯,令人哭笑不得。

第三节　刑讯成因：浅层与深层

刑讯成为常伴刑事司法的梦魇,有深层原因,也有浅层原因。缺乏对于侦查的外部制约(尤其是司法权对侦查权的制约)和内部严格自律是浅层原

---

① 沈醉著：《军统内幕》,文史资料出版社1984年版,第74—76页
② 同上。
③ 〔德〕渥夫刚·索夫斯基：《暴力十二章》,邱慈贞译,玉山社出版事业股份有限公司2006年版,第119页。

因。对侦查缺乏外部制约和内部管控①还有深层原因。刑讯发生在国家权力场域,不仅具有司法意义,也具有政治意义。仅具司法意义的刑讯已经不易遏制,承担政治功能的刑讯更不容易消除。

在极端时代和威权社会,刑讯在一些国家或地区难以消除,不仅在于案件真实发现是这些国家或地区压倒性的价值取向,更重要的是,国家(政府)试图用刑讯作为恫吓社会的手段,想通过它达到长治久安的目的。渥夫刚·索夫斯基指出:

> 刑求就成了统治者最有效的手段,不管是公开或者秘密场合,只要一个政权赢得正统的地位,那么也就离刑求的手段不远了。从人类历史一开始,刑求这件事就存在统治的逻辑中,因为统治是以服从和唯命是从为基础,从不拿时间长短做保证。因为服从和唯命是从可能随时终止,这也就是为什么主人永远不能完全对仆从放心的缘故;借由刑求手段可以让仆从不敢背叛主人,那是一种恐怖统治的心理政策,因为它不仅维持了一种因为害怕死亡而产生的顺从,还会创造另一种更可怕的恐惧:害怕无止境的死亡折磨!统治者至高无上的权力,它告诉下层阶级,统治者可以对他们做任何事,包括最恶劣的手段在内。②

显然,当掌权者的注意力不在法治和正当程序上,想以刑讯作为社会吓阻手段,刑讯也就如影随形。中国古代酷吏集中出现,成为一种盛行现象,如武则天主政时期,正是政治上需要高压对待反对力量的时期,基于政治需要的刑讯跟随专制政治和黑暗司法成为民众无法摆脱的梦魇。在专制政治下,"刑求室并不是侦讯和确认的场所,而是绝对暴力的展示中心"③显然,这种特殊的刑讯形态有着特定的政治功能,"刑求就是镇压,就是恐怖统治"④。

不过,将刑讯作为恐吓民众的展示橱窗,只在非常社会和特殊时期发生,一般社会和正常时期存在的刑讯,主要还是源于维护社会秩序的需要——为了高效率发现和证实犯罪,人们都有一种选择捷径(用刑讯获取口供就是司法捷径)的心理惯性。侦查人员相对于一般民众未必就有人格上的天然的恶,一般规律是,"鬻棺者欲岁之疫,非疾于人,利于棺售故耳"⑤。由于这一

---

① 我国各个公权力系统都有着内部管控制度,但是侦查机关对于非法取证行为的管控却尚未达到严格和严密的程度。
② 〔德〕渥夫刚·索夫斯基:《暴力十二章》,邱慈贞译,玉山社出版事业股份有限公司2006年版,第108页。
③ 同上书,第112页。
④ 同上。
⑤ 吴兢著:《贞观政要》(刑法第三十一)。

规律,当制度和制度运行处于办案人员可以无障碍行使权力的状态时,无论谁做司法人员,都会将刑讯存续下去、蔓延开来。

刑讯的主要目的是获得口供。为了达到这个目的,如何进行刑讯,必然经过侦查人员的粗略或者精密的计算,刑讯过程往往随着前一个手段无效而渐次升级,直到获得预期的口供为止。刑讯常常伴随着羞辱进行,在刑讯面前,男女平等、长幼咸宜。有些刑讯的受害人是女人和少年。

刑讯手法令人发指,不明就里的人常常善良地感叹:刑讯者如何下得去手?解读刑讯者的心理密码,可以知道,将受刑者客体化是刑讯的心理基础。客体化就是不承认对方有权利主体地位,他们只是被拷问的对象和口供的来源。客体化就是物化、动物化①或者低人一等,属于非人化。非人化"字面意义是'去掉作为人的特征'"②,包括物化和动物化两种情况。其心理特征是:

> 人们认为,亚人类是缺乏人的某种特殊事物的存在。因为这种缺乏,他们并不能要求我们这种真正的人类像彼此给予一样给他们应得的尊重。他们可以被奴役、被折磨,甚至被消灭——这些方式我们都不会允许自己拿来对待同类。这种现象被称为非人化(dehumanization)。③

作为刑事司法中暴力的对象,被刑讯的人不被看作人或者被看作低人一等(亚人类)的人,这样就消除或者减弱了施暴者在发动残忍的暴力行为的心理障碍和心理压力。当受刑者被残酷对待的时候,刑讯者因丧失人性也变得非人化了,肉食动物的特性就展现出来。

刑讯盛行的原因,还在于权力自有滥用的倾向,同时刑讯者掌握着"合法伤害权",当权力遭遇不到任何制度上的阻碍的时候,就必定会恣意滥行。行使权力者会掂量自己滥用权力的风险(诸如丢官罢爵甚至身陷囹圄),如果行使权力没有风险或者风险不大,就会放胆去做;感到风险大时,就会自我克制,遵守权力界限而不敢妄为。

在刑事司法中,过去硬性刑讯畅行不碍的局面已经打破,暴力越来越难施展了。在硬性刑讯大行其道的时候,软性的刑讯就作为补充而存在了;在硬性的刑讯受到越来越多牵绊之时,刑讯者更多借助于软性刑讯,冻饿晒烤和疲劳审问等非法取证方法的使用会越来越频繁。

---

① 大卫·利文斯顿·史密斯指出:"被非人化的人从来没被视作蝴蝶和小猫这样可爱的动物,因为非人化的主体常常加害之人等同于遭受暴力的动物。其逻辑如下:老鼠是害兽,当被除掉。"参见〔美〕大卫·利文斯顿·史密斯著:《非人:为何我们会贬低、奴役、伤害他人》,冯伟译,重庆出版社 2012 年版,第 191 页。
② 同上书,第 3 页。
③ 同上书,第 2 页。

事实表明,软性刑讯有独立获得口供的工具性价值,比硬性的刑讯更为隐秘,一旦暴露,社会的容忍度比硬性刑讯要高得多。

这给我们的启示是,一定要未雨绸缪。已经存在明显的迹象,在硬性刑讯存在越来越强的外在制约之后,侦查机关的内部管控也会加强,侦查人员会在软性刑讯方面寻找出口,未来软性刑讯会更为多见,更花样翻新,不早加预防,待错案一再发生再回过头来遏制软性刑讯,已经牺牲掉的自由、生命又怎样补偿呢?

一个道理简单明了:刑讯能不能得到有效遏制,取决于政府有没有决心去遏制它。

第四节　个案观察:赵作海案件[①]

赵作海,河南省商丘市柘城县老王集乡赵楼村人。1997 年 10 月 30 日夜里,同村村民赵振响在甘花家(化名)砍了赵作海,原因是"看不惯他跟有夫之妇瞎搞,而且赵作海还欠我 1800 元"。赵振响以为砍死了人,连忙逃往他乡,以讨饭和拾荒为生。赵振响失踪 4 个月,其侄子于 1998 年 2 月 15 日报案。当时警方将怀疑目光锁定在 1997 年和他有过节的赵作海身上。

1999 年,赵楼村的一口井里发现男子尸块,赵作海被怀疑杀了同村村民赵振响,并将他的头和膝盖割下,其余部分用编织袋包裹后抛尸井中,用三个石碌子压住。

警方带走赵作海,随后认定他杀害赵振响。

赵作海供述了作案经过:当天夜里,他在甘花家,两个小时后,赵振响出现,拿刀砍他。赵作海逃出甘花家,被赵振响追撵,赵作海夺过刀杀死赵振响。当时没有处理尸体,便回家了。回家后,妻子看到他有伤,帮他包扎,然后安顿他休息。在妻子到另外一个房间休息后,赵作海回到案发地点,肢解赵振响尸体。肢解经过是,先将膝盖以下部分肢解掉,然后将头和四肢肢解掉,再用他家里一个编织袋包裹,投入井中。为了防止尸体漂浮起来,他向井里投了一个石碌子。

赵作海被拘留,后来又被逮捕。

商丘市人民检察院以"证据上存在重大缺陷"为由,两次将案件退回到柘城县公安局补充侦查。据商丘市人民检察院公诉处处长宋国强介绍,井中无名男尸的身份尚无法确定,再加上赵作海本人全部翻供,多次坚称自己"被打

[①] 朝格图:《赵作海:命就像是一根草》,载《南方周末》2010 年 5 月 12 日。

了"。

2001年7月,全国展开刑事案件清理运动。针对这起案件的联席会议中,公检法共同认定该案"不具备审查起诉的条件"。柘城公安局提供了最后一份DNA鉴定。不过,送到公安部物证鉴定中心和沈阳刑警学院的死者DNA样本"无法比对"。

2002年7月,在清理超期羁押的活动中,商丘市委政法委集体研究决定"案件具备了起诉的条件"。其实,该案事实和证据与原来认定"不具备审查起诉的条件"之时没什么不同。

2002年10月22日,商丘市人民检察院决定起诉。

2002年商丘市中级人民法院以故意杀人罪判处赵作海死刑,缓期二年执行。判决书认定:赵振响与赵作海与甘花有"通奸关系","赵作海与甘花通奸时被赵振响撞见……赵振响持刀将赵作海头面部砍伤……追赶到赵作海家院内","赵作海持刀将赵振响杀死并将尸体肢解、隐藏"。判决书还认定"示证质证来源清楚,收集程序合法"。

尽管这是一起"存疑案件",法院还是秉承"疑罪从轻"的思路作出"留有余地"的判决,这是合议庭对审委会的"集体决定"。宣判后,赵作海提出上诉,二审时又撤回上诉。

2003年初,河南省高级人民法院作出终审裁定,认定赵作海"性质恶劣,手段残忍,影响极坏"。河南省高级人民法院复核认为,商丘市中级人民法院一审判决,事实成立,证据充分。

赵作海就此入监服刑。

2010年4月30日,赵振响回到村中,一时颇为轰动。

2010年5月11日,商丘市委政法委书记王建民和商丘市中级人民法院的两位院长前来向赵作海道歉。王建民并不讳言"这是商丘政法部门的耻辱",后者保证"今后不办一起假案"。

河南省高级人民法院承认这是一起错案,宣告赵作海无罪,连夜将其释放。从1999年5月9日被刑拘,到2010年5月9日被河南省高级人民法院宣告无罪,历时11年。[①]

5月12日,三名涉嫌刑讯逼供的民警郭守海、朱明晗和李德领,两个被刑拘,一个外逃。

本案致错的原因,值得检讨:

[①] 朝格图:《赵作海:命就像是一根草》,载《南方周末》2010年5月12日。

（一）合理的怀疑

1998 年警方在赵振晌失踪后曾怀疑赵作海，当时赵作海脸上和身上都有伤。警察问他时，他说是在邻居家盖房子造成的。后来调查发现没有这回事，这引起警方怀疑。另外，他身上的伤不是在附近医院看的，警方认为"不符合常理"。1 年之后，井里发现只有躯干的尸体，警察再次怀疑赵作海。

（二）刑讯逼供

在谈到自己的遭遇时，赵作海不止一次指着身前的荒草，"就像一根草，说是你拔的就是你拔的，不是你拔的也是你拔的"①。他头上留有一个拇指肚般的疤痕。赵作海回忆：当时大概有四五个人，其中一个 30 多岁的打得最凶。每天半块馒头，不让睡觉，持续了 6 天之久。刑讯时铐在板凳上，左边一脚，右边一脚。用擀面杖打他的脑袋。喝一种水，昏昏沉沉，然后在头上放鞭炮。还用枪口往头上砸，头上的疤痕就是这么留下的。赵作海提到警察还对他进行威胁，"他们说你要是不招，把你放在车上一脚踢下去，开枪打死，说是畏罪潜逃而死"。赵作海感到"生不如死"，为了摆脱皮肉之苦，赵作海只好违心承认自己犯罪，"怎么杀人，尸体去向，他们让我说什么，我就说什么，还要背下来。背不下来就打。都是被认定，不是承认。都是假的"②。赵作海甚至"供述"说自己将部分尸块藏在父母坟中。警方挖开坟墓，并无所获，据说取走了赵作海母亲的腿骨。赵作海作了九次有罪供述，也多次喊冤。

（三）对证人进行暴力、威胁取证

无名尸体被编织袋包裹，赵作海的妻子赵小齐和儿子赵西良提供证言，井中是她自家的编织袋，这个编织袋由 6 个化肥袋子缝制在一起，是赵小齐缝的。编织袋上的两个洞用蓝色布打着补丁。赵小齐说是她自己做的针线活，能够准确辨认。她的儿子也进行了辨认，确认是他家的编织袋。赵作海妻子后来称：井中出现无头尸后，她被关在一座酒厂里一个多月。当她说自己不知道丈夫杀人时，被惩罚跪在棱角分明的棍子上。同样，本案证人"甘花"声称：被警方关押 29 天，侦查人员用棍子打她的臀胯，逼她长时间屁股不能挨着脚跟跪着，警察一直逼问，"他杀人，你见了吗？"迫使她承认与赵作海和赵振晌"相好"并签字画押。

---

① 朝格图：《赵作海：命就像是一根草》，载《南方周末》2010 年 5 月 12 日。
② 同上。

(三) 尸源不明,政法委协调,检察院奉命起诉

赵振晌没有儿女,父母去世多年。柘城县公安局将赵振晌母亲的墓挖出来,用其腿骨与无头尸体进行 DNA 比对。用多年的腿骨来进行 DNA 比对,当时是公安部一个新课题,商丘公安机关曾三次送到公安部的物证鉴定科和辽宁的一个鉴定机构进行鉴定。2001 年 7 月,产生最终结果,却是没有结论的鉴定意见。一个检材没有出图谱,无法比对。赵作海起初对于残余尸块的解释是:他将头和膝盖以下部分用一个袋子包着扔到河里;后来又改口说:他把尸块扔到火坑里烧掉了。1999 年 6 月 18 日,柘城县人民检察院,对赵作海作出逮捕决定。8 月,该县公安机关以故意杀人罪将该案移交柘城县人民检察院起诉,案件后来又报送商丘市人民检察院起诉处审查。由于无名男尸没有确定身份,证据存在重大缺陷,被告人在检察机关翻供,检察院要求柘城县公安局补充侦查。补充侦查后,案件再次送到检察院。不过,尸体身份依然没有确定,检察院再次要求公安机关补充侦查,并称如果尸源问题解决不了,检察机关不再受理此案。1999 年 12 月 9 日,检察机关退回案卷,再未受理此案。2001 年,刑案清理超期羁押专项检查活动在全国展开,柘城县公安机关把赵作海案件的移送提上日程。当年 7 月,该案联席会议召开,政法委、公安机关、检察机关和法院经研究认定,该案尸源问题没有确定,仍不具备审查起诉条件。2002 年 8、9 月份,公安机关在清理超期羁押专项检查活动中,将该案提交商丘市委政法委研究。政法委组织专题研究会,会上专题汇报该案。经过会议集体研究,结论是案件已经具备起诉条件。2002 年 10 月 22 日,商丘市人民检察院受理此案。2002 年 11 月 11 日,商丘市人民检察院诉至商丘市中级人民法院,商丘市中级人民法院确定:赵作海杀害赵振晌。①

(四) 草率审判

商丘市中级人民法院发现案件存有重大缺陷,不过他们并未深究,对律师做出的无罪辩护意见亦未采纳。法官认为,口供内容与现场勘查一样,如果不是赵作海作案,不可能知道得这么清楚。庭审记录显示,赵作海当庭说遭到刑讯逼供,法官对此漠不关心。赵作海在审前的九次有罪供述,成为法院判决的主要依据。此外,作为物证的一个编织袋、一把刀(公安机关在赵作海的家里提取了两把匕首,赵作海确认其中一把是杀人工具)也发挥了关键证据的作用。

---

① 张寒:《检方承认赵作海冤案存逼供 政法委开会定凶手》,载《新京报》2010 年 5 月 11 日。

(五) 无效辩护

律师对赵作海做无罪辩护,法庭未予采纳。在一些事后得到确认的错案中,常能发现辩护律师当初在法庭辩护中提出过正确的无罪辩护意见。正确的辩护意见何以不被司法人员认真倾听,是一个耐人寻味的事实。法官对于辩护意见闭目塞听,还是缺乏对辩护意见的判断能力,这些都值得逐一追问。

第七章 司法形态:错案的温床

第一节 密闭侦查

卡夫卡的《城堡》中土地测量员 K 想要进入城堡,但城堡就在眼前,K 却无法进入。高度密闭的侦查领域,就像卡夫卡的城堡,不但辩护律师难以进入,检察官也往往被隔绝于外。①

高度密闭化的侦查领域是非法取供的温床,也是错案的养成场所。

一、密室办案,非比寻常

本来,侦查实行不公开原则,目的是保护侦查信息不致泄露,以免信息外泄,妨碍后续侦查顺利进行;同样重要的是,未经证实的信息公之于众,对于尚未确认是犯罪人的嫌疑人的生活、工作造成不便,因此应加以预防。不过,侦查不公开是针对一般民众来说的,检察机关和辩护律师在侦查中拥有获得相应信息的权利。如果侦查活动连辩护律师乃至检察官都无法介入,侦查场域如铁桶一般,所谓"卧榻之侧,岂容他人鼾睡",刑事侦查就成了高度密闭化的过程,会发生什么,给人极大的联想空间。事实表明,媒体披露的一些案件,侦查中曾经发生的令人发指的事情,仍然出乎想象之外。

下面是江西景德镇发生的一起案件:乐平市中店村村民程立和、黄志强、方春平和程发根(另有汪深兵在逃)被指控于 2002 年 5 月 24 日强奸杀人而被判刑,被害人蒋泽才、郝某被人杀害。据指控,上述 5 人在路上遇见蒋泽才、郝某,上前索要钱财,被害人不从,汪深兵一刀砍在蒋的头部,郝某见状逃走,汪深兵持刀追赶,其余 4 人各持凶器,朝蒋泽才头部、胸部乱砍,致使蒋当场死亡。法院在判决书中认定,5 人对郝某轮奸,程发根又找来绳子勒郝某颈部,其余 4 人按住郝,将其勒死。为灭迹,次日中午,5 人抽签确定顺序后,依次持刀将郝碎尸并将尸块装入塑料袋各自拎走四处抛撒。不过,汪深兵声称案发时身在福建,根本不可能出现在犯罪现场。另外,2003 年作出的判决书所称 5 人在树林中碎尸时间正是公安机关发现绿宝超市老板蒋泽才尸体

---

① 近些年检察机关与公安机关开始打破这种隔绝,各地纷纷在公安机关办案场所设立侦查监督与协作配合办公室。

的时间。警方在湿地打捞蒋泽才的死尸,该地已经封锁,离此只有几百米,却有人在碎尸,不可思议。不仅如此,分尸地点是一条小马路,通往乐平市,人经常来来往往,上面还有一个菩萨庙,中午12点分尸的说法显然不合情理。另外,除了狗叼出一个手前臂外,身体主要部分一直没有发现。警方在一份《说明》中承认本案没有提取到有价值的物证。根据几个人供述的抛尸地点,除了发现有老人骨头和动物骨头外,一无所获。江西省高级人民法院认为事实不清、证据不足,发回重审。2004年景德镇市中级人民法院另行组成合议庭重新审理此案,11月18日仍然判处4人死刑。2006年5月31日江西省高级人民法院作出终审判决,改判4人死刑,缓期二年执行。4人亲属都为此案奔走上访,他们因到北京上访都有过拘留经历。2011年,同村村民方林崽因强奸、猥亵、抢劫、杀人等犯罪被捕,他多个场合称自己就是5·24案件唯一真凶。不过,直到2014年此案经媒体报道之时,尚未启动案件的复查。

在警方的审讯室曾经发生什么,且看媒体的有关报道:

在一份书面材料中,有一名受刑人这样写道:"我多次被打翻在地,见我不承认又逼我跪在地上一直到当晚七八点钟,这时又来了一个刑警,三个刑警将我头罩上带到了另一间房,房内有另几个刑警,一到房间就将我打倒在地用脚踢,见我还不承认,一个刑警就端来一张凳子,就叫我站上去,又把我双手铐在门框上,再把凳子拿开,让我脚不沾地,悬空吊在门框上,两个刑警一里一外将我推来推去,并用拳头往我肚子上猛打,有时抓到我头发往脸上打,一直又打到夜里12点左右才走,当剩下2个刑警时,有一个刑警开始诱导我说,你不承认是不会放你下来的。"

律师提供的申诉书里提到,对4个人的审讯持续了3天4夜,在庭审期间,4人均称遭到警方的刑讯逼供,在终审判决之后,4个人与家人会见时,也对家人称遭到刑讯逼供。

方春平在自己的申诉书中写了自己被刑讯逼供的经过,他说在几天的审讯中,不让他们睡觉,不让喝水,只给过两碗面条,也不准他们大小解。方春平在狱中写的家信结尾有两个咬破手指蘸血写成的"冤枉"二字,信中说:"爸妈,我死了以后,你们千万要帮我申冤,一定要帮我讨一个公道,要还我一身清白,不要让我死的(得)不明不白,不要让我死不明(瞑)目。"他的父亲方桂水描述:"我儿子就5月31日抓去,一直吊到就是讲6月2日,6月2日提审时间不给他们饭吃,不给他们大小便,他用那个臭衣服堵住他的嘴,他提审的时间是怎么样的?悬挂着,挂着离地一尺多高,全把两只手吊起来,他的手,一放下来,他的手好比肿得跟那馍馍一样的,只看那个脓,戴着那个手铐,看不到手铐,只看到脓。"方桂水还提到:"就是用那个烟头烧他的那个毛,他因为那个提审通不过去,到了5月份温度也比较热了,提审通不过去,身上冒汗了,烫他的毛,再用刀划他的胸,这样划他的胸(比画动作)用刀子,再用拳头打他的脑袋,再用脚这样踢他的大腿,踢他的胸部。"

黄志强的父亲黄正全也对记者讲道:"罩着裤子蒙着脸,就把他带到那个发电厂这个仓库里面,就在这个里面,打得好残忍的那个时候,他讲晚上,人家白天做事晚上要睡觉,他讲吵人了,他就把我的儿子,穿的那个袜子,就是把我儿子那个袜子脱下来,就是堵他的嘴巴,他就吐出来了,吐出来他就把袜子打起结来,就这样绑起来(绕颈勒嘴的动作),绑起来不准我儿子叫了。就是那个整的砖头放在地面,这样放起来堆得这么高,叫我儿子站在上面,他就问我儿子,他讲绿宝超市(老板)是不是你杀的,我儿子讲我没有,我真心没做这个事情,他就把砖头那个踢倒,踢倒我儿子整个的身体就全部在这个手上,这个手铐一点都看不见了。"

在程发根的申诉书中,这样写道:"……劈头盖脸地一阵毒打并声称,他们几个都讲得好好的,现场已留下……痕迹,你不老实,你知道这是什么地方吗?刑侦是鬼门关,是专门整人的机关,你是过不了这一关的,还指了指站在我身边的几个打手,一个叫鬼见愁、一个叫阎王怕等几个人外号,一边威胁我一边假惺惺劝我说,给你一个投案自首的机会,我说我真的没有杀人,求他们不要打我,折磨我。他们拿出一份笔录说,你签了这份笔录就没有投案自首的机会了。我毫不迟疑地签了字,他们高兴地说,你死猪不怕开水烫等侮辱词,越骂越火,就把我按倒跪在地上(像屠夫杀猪一样)手和脚链在一起,使我前不能卧,后不能仰,前面的人使劲朝我脸上胸前击打,后面一人使劲用脚碾踩我的脚趾,痛的(得)我嗷嗷直叫,他们要我讲杀人经过,我没做过的事叫我怎么讲……"如此的审讯持续了三天。程发根父亲程文坤讲道:"不讲就用火烫,烫他的脸,烧他的胡子,再烧他的汗毛,就是这样用刑的。"

三天后四个人分别被带到杀人现场和碎尸现场进行指认。指认是这样进行的,黄志强的父亲黄正全介绍说:"就是扔那个矿泉水瓶,就是丢到哪里去,叫我儿子,他讲刚才是丢到哪里去了,我儿子讲我没有看清楚,他就扔第二个,扔过去他讲是丢在哪里,我儿子(指了一下)讲扔在这里,他就把摄像头摄了一下,就说我儿子指认了现场,现场在什么什么地方,是这样形成的。"案件发回重审再次作出判决后,4人不服提出上诉,警方转过来黄志强给家里写的一封信,要求不再请律师。黄正全请律师去了解这封信的由来,原来是警方授意他儿子写的,这封信写了又撕,撕了又写,直到警方满意为止。

11年后,汪深兵被抓获,他不承认杀人,并要求使用测谎仪,警方予以拒绝。

二、辩护律师在卡夫卡式"城堡"之外

立法机关以切香肠方式限缩国家专门机关的权力,每次切下一块。我国《刑事诉讼法》修正,对国家专门机关的权力有所限缩,这种限缩有两种形式:一是直接压缩特定机关的权限范围,对保留下来的职权加以程序限制,二是适度扩大国家专门机关的"对手"——辩护一方的权利。由于立场和利益正好相反,辩护一方权利的扩张意味着对控诉方的挑战有所加强。

错案为扩张辩护一方的权利和限制追诉一方的权力提供了正当理由,另外的理由是刑事司法必须朝着加强人权保障的进步方向前行。立法机关为遏制刑讯逼供,采取了一些措施,诸如将"任何人不得被强迫证实自己有罪"纳入《刑事诉讼法》、排除刑讯逼供等非法行为获得的犯罪嫌疑人和被告人的供述、排除暴力和威胁等非法手段获得的证人证言和被害人陈述、讯问过程实行全程录音录像(特定案件实行必要的录音录像制度)、羁押后的讯问限于看守所内进行等等。这些措施件件落实,可以在一定程度上遏制非法取证行为。不过,这些措施都具有"可控性"。

1. 反对强迫自证其罪是重要的人权标准,我国《刑事诉讼法》明确加以规定是司法人权的一大突破,值得赞赏。不过,仅仅在法律文本中规定反对强迫自证其罪的特权是不够的,该规定包含的丰富内涵需要通过进一步细化的规定加以呈现,尤其是反对强迫自证其罪包含的沉默权,若不明确加以承认并以权利告知方式加以落实,反对强迫自证其罪不过是一句空谈。

2. 排除非法证据对于侦查部门和侦查人员来说具有清晰的观念引导作用,但需要侦查后续程序中起主导作用的检察机关和审判机关下决心去发挥这种引导作用。立法机关谨慎而过于节制的排除范围的设定,使大量非法证据得以排除的可能性被压缩(如利诱、欺骗方式获得的非法证据以及冻馁、干渴、日晒、麻醉等方式等获得的非法证据,都没有明确加以排除),至于以"不符合法定程序"而且"可能严重影响司法公正的"非法方法获得的物证、书证尚且可以"补正"、可以"合理解释",不容易发生真正排除的结果。检察机关和审判机关在追究犯罪方面与公安机关有着共同努力的方向,检察机关本身就是侦查机关之一,能够下决心落实非法证据排除规则,需要司法观念的彻底转变。

3. 讯问过程录音录像,鉴于侦查过程中侦查人员不总是随身携带录音录像设备(实则智能手机具备录音甚至录像功能),因此我国《刑事诉讼法》对于一般案件并不要求强制性录音录像,只对于可能判处无期徒刑、死刑的案件或者其他重大犯罪案件才实行强制录音录像制度。录音录像制度需要严

密配套措施才能够发挥遏制侦查人员非法取供作用,谁来制定这些配套措施,决定了该制度实施的松紧宽严,侦查机关很难展现刮骨疗毒的决心。2012年《刑事诉讼法》修正前,检察机关在自侦案件中已经全面铺开讯问中的录音录像制度,之所以接受这一制度,主要考量的因素是有利于防止被告人在法庭上翻供,对于侦查人员的约束倒还在其次。重要的是,机器(录音录像设备)具有可控性,它们不会主动泄露侦查信息。

4. 看守所由公安机关自己管理,虽然负责刑事侦查和负责监管的警种不同,但领导者九九归一,不是没有协同的余地——在看守所外将嫌疑人打伤,伤重者看守所拒绝羁押(人若死在看守所,看守所负不起这个责任),体现了对刑事侦查部门的制约;若伤情不重,看守所体检后留下记录乃至照片(以备发生不测后追责时厘清责任),辩护一方若要检视或者申请在法庭上出示该记录和照片以证明存在刑讯逼供,看守所可能加以拒绝,其对于刑事侦查部门的制约遂化为无形,因此,看守所若不脱离公安机关,对于刑事侦查部门的制约就难以到位。

这些遏制侦查人员非法取供的措施,都不能改变侦查的密闭性。具有打破侦查密闭性的办法,是讯问中的律师在场权。讯问时律师在场,在遏制非法取证方面更具实效性,许多国家的侦查实践已经证明了这一点。不过,我国侦查机关很难接受这一制度安排,侦查人员担心律师在侦查阶段在场会干扰讯问活动的顺利开展,使得侦查信息被泄露,造成后续的侦查活动难以为继。其实律师是否愿意在讯问过程中在场,也存在疑问。另外,对于律师,立法机关也偏向于不放心,对于侦查人员却偏向于性善论,因此律师讯问在场权就难以出现在《刑事诉讼法》的条文之中了。非法取供乃至错案,就埋伏在现有的制度设计的罅隙里。

对于很容易发生侵犯人权的侦查领域,律师就像卡夫卡《城堡》中土地测量员K一样,当前还看不出能够进入"城堡"的迹象。

第二节 形 式 审 判

形式审判徒具审判形式而缺乏审判实质,这种"审判"属于表演性审判,亦可称之为"审判秀"(show trial)。形式审判不知源于何时,克鲁泡特金《法国大革命史》,叙及丹东之死,提到赫伯尔派及其他一些人被捕并押解到革命法庭:"在新7月4日(3月24日),经过一个三天的纯形式之审讯后,他们都被处死刑。"随后,在3月30日(新7月9日)丹东等人被捕,革命法庭对他们进行审判,"在法庭上的辩护是禁止的。因为恐怕丹东有力量的辩护要激起民众的骚乱,裁判官遂不许他及旁人开口,而宣布他们的死刑"①。历史事实表明,政治冤案多形式审判,这种审判方式,也会延至其他刑事案件并可能酿成冤错案件。除政治案件外,案件之成为错案,大抵是无意铸成。一个基本常识是,法庭应当对案件进行全面和实质性审理,只有这样才有可能甄别出无辜的人;如果法庭只是侦查的橡皮图章,错案就隐伏其中。

一、法庭审判只是一出戏

在表演式审判中,法庭上的对抗只是一出戏,诉讼中关涉一个人或者若干人的生命权、人身自由权和财产权的实质性问题反而成为不重要的事项,人们注重的只是法庭对抗的形式,只是表演。

表演性审判的基本功能是:审判完全是为了满足某种政治需要进行的,有的是为了对某一地域乃至全国电视公众现场直播或者录播时不表现糟糕而预先排演后的精心表演,或者只是敷衍了事,应对不得不进行的表演才开庭表演。表演性审判,呈现在法庭上的活动并不重要,裁判并不以法庭调查和辩论形成的心证为依据,判决甚至在开庭前已经作出了,辩护律师的作用只是配合将这场戏演下去,诉讼处于"你辩你的,我判我的"状态。这种审判,参与者的表演有时是很认真的,有人描述:法院"明明国徽高悬,法警林立,庄严肃穆,人群如潮,一切如礼如仪,俨然是在开庭审案,对全市、全地区、全省、全国、全亚洲和全世界也宣称是在开庭审案,可实际上却是在演戏……"②。

辩护律师参与表演往往是不得已的。一场审判,即使是一场表演秀,往往可以意会却不可言传,因为让谁看都"明明是在审判"。律师参与其中,要么不那么较真,还可以落个安宁;如果看在眼里,郁结于胸,除了将来自己做病,大概没有多少好处。不过,偶尔也有一些律师,被迫要自觉参与表演,如有的法院,对最初的审判活动的镜头表现不满意,要重新来过一遍,不但自己作秀,连检察官、辩护人、被告人等都要在导演的统一支配下"友情出演"。

迫使辩护律师自觉参与表演的"审判秀",损害的是辩护律师独立辩护的权利。有些审判,并不完全为了做样子,但辩护律师却被要求按照官方的意图进行辩护,也就是说,按照对抗双方中另一方的意愿进行辩护。这种情形发生在某些特殊案件开庭审判之前,一些律师得到告诫,不能进行无罪辩护,不能发表某些辩护观点,等等。这些纪律宣布完毕,律师在辩护中必须执行

---

① 〔俄〕克鲁泡特金著:《法国大革命史》,杨人楩译,华东师范大学出版社2006年版,第516、518页。
② 张扬著:《迟早有一天——我介入"南阳案"始末》,湖北少年儿童出版社/湖南科学技术出版社1993年版,第62页。

如仪，否则后果可能堪哀。有的案件，律师的辩护词还要在开庭前经由司法行政机关审查，审查者不满意，还要修改甚至推倒重来。这使一场审判，按照"导演"的意图进行，诉讼应有的对抗性被削弱，法庭审判成了大剧场或者小剧场搬演的"活剧"。

审判秀之所以能够进行，精神层面的原因是缺乏真正的法治观念，律师被要求顺从官方的意图，目的是使一场审判不至于"失控"；制度方面的原则是没有赋予律师独立辩护的权利，以及为使律师能够独立辩护设立相应的保障制度。

二、诉讼程序总体结构造成审判流于形式

我国司法审判常有流于形式之讥。除主导司法审判的某些外在原因之外，审判流于形式也有其诉讼程序总体结构的原因。在我国，刑事诉讼的实际重心在侦查阶段而非审判阶段。诉讼重心前置于侦查阶段的原因在于侦查终结和提起公诉的条件与定罪标准一样高：由于侦查终结标准与司法审判中的定罪标准一样高，案件必须查个"山高月小、水落石出"才能移交给下一个诉讼阶段，因此对于羁押的依赖很大，侦查羁押期限常有不敷使用之感，不但《刑事诉讼法》中侦查期限（包括多次延长）规定过长，发现另有重要罪行的还可以重新计算（与日本的"别件逮捕"制度颇为相似，该制度在日本广受抨击，被认为违反宪法、侵犯人权），而且侦查中违法羁押（如滥用37天拘留期）和超期羁押的现象屡见不鲜，这些现象与侦查终结标准偏高不无关系。

由于诉讼重心前置到侦查阶段，提交审判的案件业已经过侦查和审查起诉两番较为严格的筛选，再要通过法庭来调查案件事实，便有重复劳作之感。事实上，法庭审判就案件事实进行全面、实质性调查的余地已经变得很小，再加上审判中过分依赖侦查中形成的各种笔录，法庭审判流于形式就变得顺理成章了。我国1996年庭审方式改革，没有触及诉讼总体构造这一结构性症结，因此庭审方式改革使审判实质化的效果不彰，法庭审判流于形式的现象仍然严重。

若要从根本上解决审判流于形式的问题，需要把审判活动实质化，将诉讼重心从侦查阶段转移到审判阶段，使后者成为案件实质性、全面调查的场合。这意味着我国刑事诉讼制度应当做大的结构性调整，若不降低侦查终结、起诉条件，同时缩短侦查羁押期限，重新确定检察机关与警察机构的关系，建立传闻证据规则以及实行国民参与司法实质化，审判流于形式的局面是难以得到扭转的。

三、形式审判使诉讼结构功能弱化

刑事诉讼制度、程序和规则都应当贯穿同一精神,那就是抑强扶弱,以求获得国家专门机关与个人在诉讼中的平衡(地位平等,权利对等),并且通过抑制国家权力使之不至于膨胀,为个人的自由权利提供保障。此外,还要通过程序作用,发现案件事实真相,使有罪者得到公正的惩罚,使无辜者不被错误处罚。

诉讼结构三个基本主体要素是控诉方、辩护方与审判方,三者形成微型的"三权分立"关系。控辩审三方相互制约关系能够正常发挥功能,就能够为司法公正提供来自诉讼结构内的保障。毋庸置疑,这种三角形结构若能发挥作用,错案的可能性就会较少。

诉讼结构发挥作用的前提是,审判必须是一场真的审判,徒具形式的审判根本无法启动诉讼结构的功能,尤其是,来自辩护一方制约国家权力的作用不能发挥,审判就会成为控诉一方的橡皮图章,甚至法官扮演起警察和检察官的角色,失去其判断者的中立立场,被告人的诉讼权利成为被司法打压的对象,甚至辩护律师的防御功能也受到抑制,可以想象:诉讼结构就变成了一具白骨(形骸化),怎能依靠这种只具有形式意义而不具有实质意义的诉讼结构来实现司法公正?

司法错案的铸成,有不少与审判缺乏实质性有关。从错案的审判过程看,辩护一方的正确意见得不到尊重,司法成为被告人的必经仪式。倘若辩护律师的辩护意见和被告人的辩解得到耐心倾听和应有重视,错案向前滚动的车轮就有可能被阻止下来,如果辩护一方无法做到与控诉方平等诉讼,法官的偏袒就藏在法袍之下,甚至挂在脸上,这种审判背后的诉讼结构就遭受了破坏,司法审判沦为空洞化,审判案件的法院就成了一个祭坛,牺牲者选好,就像胜利者早就选定了一样。

司法审判不应该是一场乏味的游戏,人们对表演式审判的常见说法是"走过场",有时大家心照不宣,谁都知道这只是一场戏,没有悬念,也没有高潮。错案像夜晚由月亮映照下的树影,埋伏在流于形式的审判过程中。

第八章　社会压力：错案的外部环境

在犯罪形势严峻乃至恶化的情况下，基于政治或者司法需要，一个国家或者地区在对付犯罪时呈现反射性反应，严刑峻法成为剿灭犯罪、拉下高飙的犯罪率的简单、实用和有效之策，对于人权的关照和错案的警惕也就程度不同地被忽视了。

第一节　犯罪的严峻形势

唐代杜佑在《通典》中记述汉代尹赏办案，正是在犯罪率高飙形势下的应急反应，读来令人胆寒：

> 尹赏为长安令。长安中奸猾浸多，间里少年群辈杀吏，受赇报仇，相与探丸为弹，得赤丸者斫武吏，得黑者斫文吏，白者主治丧。城中薄暮尘起，剽劫行者，死伤横道，枹鼓不绝。赏以三辅高第选守长安令，得一切便宜从事。赏至，修治长安狱，穿地深方各数丈，致令辟为郭，以大石覆其口，名为"虎穴"。乃部户曹掾史，与乡吏、亭长、里正、父老、伍人，杂举长安中轻薄少年恶子，无市籍商贩作务，而鲜衣凶服被铠扞持刀兵者，悉籍记之，得数百人。赏一朝会长安吏，车数百辆，分行收捕，皆劾以为通行饮食群盗。赏亲阅，见十置一，其余尽以次内虎穴中，百人为辈，覆以大石。数日一发视，皆相枕藉死，便舆出，瘗寺门桓东，楬著其姓名，百日后，乃令死者家各发取其尸。①

大意是说：尹赏担任"长安市长"之前，长安治安极坏，胡同里的青少年结伙杀害官吏，以此获得报酬。尹赏到长安上任，被授予职权，可以根据实际需要便宜从事。尹赏一到长安，就采取了如下措施：

其一，整修长安监狱，但此种整修做法奇特，掘地挖一大坑，宽和深各有几丈，将其隔为几间，用大石板将其口封住，命名为"虎穴"。

其二，召集乡吏、亭长、里正、父老、伍人等一干人，让他们举报长安城里

---

① 〔唐〕杜佑撰：《通典》，中华书局 2016 年版，第 4407 页。

没有正当职业、整天穿着鲜丽的衣服或者看起来凶恶的衣服、披铠甲、手持兵器的人,都一一登记造册,共计几百人。

其三,集中统一行动,集合长安官吏,集中数百车辆,分头出去依据名册抓人,抓到的人都被指控"通行饮食群盗"。

其四,尹赏亲自对抓到的人进行审查,每十个人中放掉一个,其余的人都依次关入虎穴,每个隔间关入百人,用大石板盖住。过几天打开一看,都你压我、我压你,死在里面。

其五,将尸体抬出,草草埋葬,将死者姓名公之于众,一百天后,才命令死者家属将尸体挖出,抬回自己的家。

这可以看作汉代的"严打"了。与当代之"严打"一样,都是因为犯罪猖獗,社会秩序严重破坏,社会治安严重恶化,乃采取集中式、运动战的非常手段对重症下猛药。尹赏"严打"的流程也与现在一致:先摸底排队,确定搜捕对象,再集中统一行动,抓到人后施以严惩。只不过,与当代"严打"有所不同的是,汉代的严打毫无"规则",在"一切便宜行事"的原则下,完全不顾案件实体与程序的公正与否,冤抑之事也就不会少了。

"严打"之"严",与我国自古以来的"治乱世用重典"之说有关。对于重刑论,至今仍有尊奉者,其说时有耳闻。我国古代虽然以儒家思想为主导,讲求仁爱,但法家思想仍然影响巨大。唐代杜佑在《通典》中曾谈及我国古代治乱与刑罚轻重的关系,云:

> 原夫先王之制刑也,本于爱人求理,非徒害人作威。往古朴淳,事简刑省。唐、虞及于三代刑制,其略可知。令王则轻,虐后遂重。于善也,则云"罚不及嗣";其不善也,乃云"罪人以族"。斯则前贤臧否之辨欤?秦法苛峻,天下溃叛。汉祖蠲除,约定三章,大辟之罪犹诛三族。孝文虽罢肉刑,新垣亦罹斯酷。其后颜异陷反唇弃市,杨恽坐讥议腰斩。洎乎曹、马经纶之际,忤者三族皆夷。后魏有门房之诛。历代盖治时少,罕遇轻刑;乱时久,多遭刑重。国家子育万姓,轻简刑章,征之前代,未有其比。所以幽陵之盗西轶,犬戎之寇东侵,京师倾陷,皇舆巡狩,亿兆戮力,大憝旋歼。自海内兴戎,今以累纪,征缮未减,杼轴屡空,蒸庶无离怨心者,实由刑轻之故。或曰:"荀卿有言,代治则刑重,代乱则刑轻。所以治者,乃刑重。所以乱者,乃刑轻。欲求于治,必用重典。"斯乃一端偏见,谅非适时通论也。夫刑之轻重利害,已粗言之矣。夫"刑者,成也。一成而不可变,故君子尽心焉"。谓之"君子",则曰贤人;欲求贤人,固不易得。矧天下数百千郡县,岂得众多君子乎?佑以为条章严繁,虽决断必中,似不及条章轻简,而决断时漏。故老氏云:"其政闷闷,其人淳淳;

政教宽大闷昧,似若不明,则人淳淳然而质朴。其政察察,其人缺缺。政教苛察,人则应之缺缺然而凋散。"又语曰:"宁失不经。"仁恻之旨也。①

以杜预所见,刑罚世轻世重,虽有轻刑、中刑和重刑之分,实际上践行的多是重刑,这是因为"历代盖治时少,罕遇轻刑;乱时久,多遭刑重",一到犯罪形势严峻,斧钺就沉重落下,由此刑罚之残酷就伴随着中国司法的历史了。

国家轻简刑章,惩罚太轻,犯罪人被轻纵,有些犯罪就因此蔓延,需要以重刑来矫正,因此有人引用荀子的话说:"代治则刑重,代乱则刑轻。所以治者,乃刑重。所以乱者,乃刑轻。欲求于治,必用重典。"不过,刑罚一味求重而不顾及基本的正义,会产生负面效应。因此,杜佑认为"欲求于治,必用重典"的主张不过是一种偏见,不是适时通论。刑罚不那么严苛,民风淳朴,严刑峻法,会毒化社会风气,造成民众不重视他人的生命与自由。

从实用的角度看,尹赏的非常之举,是相当有效的,可谓立竿见影。不过,虽然严酷的法外之刑和迅猛的收网行动使社会震恐、犯罪率短期骤降、社会秩序一时重归安定,但正如司马谈论法家所谓刻薄寡恩,仁义不施,虽能收遏制犯罪一时之效,并不足以长治久安,时过境迁,犯罪率仍然会上升,直至高攀不下。针对犯罪主要原因解决好社会公平正义问题,才能消除犯罪的温床;提高犯罪案件的破案率,才能真正吓阻犯罪人,这就是古人所谓法不在必重而在必行的道理。

尹赏之辈生前死后被视为"酷吏",寻常百姓之家,父母借其名以吓阻小儿啼哭,此种社会,离"免于恐惧的自由"就太远了。

第二节 来自公众的压力

瑞士小说家迪伦马特的名作《诺言》里有一个情节:在丛林发现被剃刀杀害的小女孩的尸体后,愤怒的村民将怀疑的目光投射于报案的小贩。这位小贩游走于各个村庄兜售小商品,因而有机会发现小女孩的尸体,他兜售的小商品中的剃刀也令人心存疑虑。在无意中发现尸体后,他显然受惊了,样子相当狼狈和畏葸。村民得知警察在接到报案后电话里要求小贩不要离开案发的地方,加深了对他的怀疑。当警察要离开案发的地方,并将小贩一起带走调查时,沉默的村民将警察与小贩围起来,那种阴郁的沉默相当可怕,只要触发引爆点,小贩就有可能被村民围殴,成为私刑的受害者。警察虽然解了围,但恐惧的气氛却沉重压在小贩和警察的心上。警察也觉得小贩颇为可

---

① 〔唐〕杜预撰:《通典》,中华书局 2016 年版,第 4251 页。

疑,在对他的审问中,小贩承受不了压力进行了有罪供述,随后在警察放松的情况下自杀身亡。尽管当时警察相信小贩是畏罪自杀的,事后案件才明朗,小贩是全然无辜的。

这部小说通过对天气、案发环境的描述来渲染案件调查中的阴郁、压抑的气氛,带动了读者对于公众加于此案的定罪(包括侦查、起诉和审判)压力之近于真切的感受。笔者读了之后,深深被这种气氛感染。

值得注意的是,来自公众的定罪压力是一把双刃剑。在一些案件中,它可以督促办案机关对嫌疑人、被告人更加公正,也可能激发出公众的恐惧或者报复心理。这种压力可能因大众传媒的报道进一步扩大,公众的情感也很容易被那些预谋和故意去煽动的意见领袖、"公共知识分子"所操纵而进一步强化。

但是,社会压力大了,办案就容易急躁,古时称之为"峻急"。峻急办案,就容易铸成错案,宋代郑克曾经建议:"治狱贵缓,戒在峻急,峻急则负冤者诬服;受捕贵详,戒在苟简,苟简则犯法者幸免。惟缓于狱而详于捕者,既不失于有罪,亦不及无辜,斯可贵矣。明谨君子,当如是也。"①

从积极方面看,来自公众的压力能够成为驱动侦查和司法机关的责任心和使命感,同时,这种压力也是民众参与刑事司法过程的一种表达,民众参与对刑事司法制度更加契合社会需要,贴近社会价值和大众感情方面具有帮助。在防止刑事司法体制被不易察觉的贪污和渎职行为腐化或者保证有权有势的人照样获得应有的惩罚方面,民众参与扮演了重要的监督角色,因此,这束打在侦查和司法部门头顶上的聚光灯可以保证遵循正当的理由进行追诉。从消极方面看,这种压力的功效也具有相反的方向,社会压力可能要求无罪开释被追诉中的被告人;另外,还有可能适得其反,社会压力可能导致侦查和司法机关失去应有的谨慎,对于证据不足的被告人进行定罪甚至科以重刑,导致作出失当的有罪判决。

我国司法办案人员能够时时感受到来自公众的压力,如何应对这种压力,成为大伤脑筋的问题。在民意面前失去定力,被公众压力所裹挟,很容易导致对案件作出错误的处理,因此怎样使这种公众压力转为公正办案的动力而避免成为铸成冤错案件的驱动力,考验着司法办案人员的智慧与勇气。

第三节 民意左右的司法

司法应当独立于民意还是遵从民意,一直是需要厘清却没有厘清的

---

① 郑克著:《白话折狱龟鉴》,孙一冰、刘承珍译,警官教育出版社1994年版,第76页。

问题。

《新约》中耶稣之死为我们观察民意对于刑事司法的影响提供了典型一例:耶稣被控告煽动民众叛国、反对向恺撒缴税、自称是基督和君主,由罗马总督彼拉多进行审判。经过审问,彼拉多把祭司长、犹太领袖和民众召集在一起,当众宣布:"你们带这个人(耶稣)来,指控他煽动民众造反,但是我当着你们的面审讯过他,却查不出你们所控告的罪证。希律王也找不出他有什么罪状,所以把他解送回来。由此可见,这人根本没有犯什么死罪,所以我决定惩戒他一番,然后释放他。"这时群众却齐声高呼:"干掉他!"彼拉多很想释放耶稣,就再次陈述他的立场。无奈他们一直极力叫嚷:"把他钉十字架!钉死他!"彼拉多第三次又问:"为什么呢?他到底犯了什么罪?我实在找不出犯死罪的证据,因此我要惩戒他一番,然后释放他。"民众越发大声叫嚣,要彼拉多把耶稣钉死在十字架上。最后,彼拉多终于在他们的吼声下屈服,批准了他们的要求。

在没有证据的情况下,以民意作为裁判的根据,这就是彼拉多对耶稣案作出的裁判。在现代诉讼中,裁判必须建立在诉讼证据的基础之上,这已成为一项重要的诉讼原则,称"证据裁判原则"或者"证据裁判主义"。这一原则的内涵并不复杂,却是人类经过长期的磨难最终得以确立的,它排斥以神灵启示、主观臆断等反理性的因素作为确认案件事实的根据,使裁判建立在客观实在、理性讨论的基础之上。

证据裁判主义的对立面,是根据证据以外的因素认定案件事实、作出裁判,包括以神意、长官意志、民愤、直觉等为裁判的根据。这里的"民愤"就是一种"民意"。

有人提出,对待判不判死刑的问题,应有三个依据:"一是要以法律的规定为依据;二是要以治安总体状况为依据;三是要以社会和人民群众的感觉为依据。"至于"为什么还要把社会和人民群众的感觉作为依据",那是"因为只有这样,才能达到法律效果和社会效果的统一"。此语一出,立即受到广泛关注并引起热议。

以法律的规定为依据,是理所当然的事;以治安总体状况为依据,也暗合"刑新世用轻典,刑平世用中典,治乱世用重典"的古训;以社会和人民群众的感觉为依据,听起来是一个新的提法,充满新鲜感,其实司法实践中也早有过类似的提法,那就是死刑判决要将"民愤"当作依据之一,过去在死刑宣判中常可听到一句掷地有声的话:"不杀不足以平民愤。"

不过,仔细想来,"社会和人民群众的感觉"比"民愤"范围要宽,这种"感觉"包括对不判处死刑的不满足感(民愤太大,不杀不足以平息之),也包括对判处死刑的不满意感(民意倾向于不判处死刑)。另外,与"民意"相比,"社会和人民群众的感觉"更具感性,它除了包含明确的意愿、意见外,还包含某种朦胧的直觉、模糊的感受,后者就未免有点难以捉摸。

一个案件判处死刑或者不判处死刑,与人民群众的意愿相符合,判决的结果使民心大悦而不是民怨沸腾,当然是较为理想的司法状况。法官执槌司法,对社会关于什么才是正义的观念和一般民众对案件处理的意愿,在自由裁量权的范围内有所考虑,也是顺理成章的事。但是,严肃到以"社会和人民群众的感觉"作为判不判死刑的依据之一,却让人产生"杞人之忧"——这一要求恐怕难以在司法实践中贯彻落实,运用不当还可能产生负面效果。

将群众的感觉作为判不判死刑的依据之一,法官以何为依据来判断群众的感觉是必须合理解决的问题。以法官自己的感觉作为推断群众感觉的依据(法院主观说),恐怕难以服众;以社会一般人的感觉为依据(法院客观说),就需要收集和判定这种感觉,殊不知这是一个极为困难的事情。在办理死刑案件时,显然不能让控辩双方提出有关群众感觉的证据供法官量刑时作为依据(要真是这样,控辩双方可能弄个万人签名或者直接组织一些群众到法院请愿、表达民意),也显然不可能由法院自己发放调查问卷、搞网上投票或者委托民意调查机构收集有关群众感觉的资料。

更为重要的是,司法需要足够的理性,虽然群众时常有正确的意见和理性的选择,但群众的感觉并不总符合理性,有时甚至处于理性的反面。群众往往有两种特性:一是感情强烈,二是具有趋同现象。个人在独处时不易产生的情感和不易付诸实践的行为,在群众中往往被激发出来和付诸实践,在群众聚集的场合,人们更容易轻信,群众的情绪更容易被煽动,就像他们的欢乐容易被动员一样,这正是许多人认为群众的感觉并不总是靠得住的原因。在群众中存在责任分散的现象,因而容易形成不负责任和恃众无恐的群体心理;群众的感情容易流为简单化和极端化,民意的形成往往缺乏深思熟虑,群众容易受到煽动而变得群情鼎沸失去理性和耐心,他们一旦有了一定信仰和意见后往往固执己见。群众还常常展现出破坏的欲望,若以群众的感觉或者舆论作为是否判处死刑的依据,很容易造成司法错误。正是由于民意时常展现出盲目、冲动和反理性的特征,当今许多国家都认同"司法独立于民意"的原则。

孟子曾言:"左右皆曰可杀,勿听;诸大夫皆曰可杀,勿听;国人皆曰可杀,然后察之;见可杀焉,然后杀之。"也就是说,即使"国人皆曰可杀",仍然要"查之",不可遵从民意遽然杀之。在我国法治初创的今天,法院应当坚守这样一个原则:以自己的理性处理案件,严格遵行法律,不能盲目迎合"民意",成为群众感觉的"橡皮图章"。无疑,这才是现代法治得以确立并得以维系的必要条件。

第三编
防治:错案之药方

见兔而顾犬,未为晚也;亡羊而补牢,未为迟也。
——《战国策》

对于法律思维来说,没有被证实的东西,等于不存在。公正判决只存在于这样的法律思维在法庭上取得胜利的地方。
——亚历山大·雅科夫列夫:《公正审判与我们》

第一章　如何防止误判

第一节　错案的伤口随时绽破

2011年12月12日台湾地区《联合报》登了一幅照片，触及台湾地区社会的旧日伤痛。这张照片是该报推出的"典藏历史，记录时代——《联合报》一甲子"图片展（即六十周年摄影展）中的一幅照片，照片标题为"王迎先返家"。照片是一辆出租车前脸的画面，坐在出租车驾驶位置上的是王迎先，他停下车，转过头看车外一个人正试图打开画面左侧车门，那人身后还有一个拿着照相机的男子。出租车内立着"空车"的告示牌。图片的解说是：1982年5月7日，被警政署刑事警察局误为土地银行古亭分行抢劫案主嫌的63岁计程车司机经刑事局审讯后驾计程车返家。

王迎先是何许人，估计大陆民众没有几个人知道，但在台湾地区，他几乎是家喻户晓的人物，尤其是法律界人士，对发生在他身上的悲剧耳熟能详。王迎先是退伍老兵，祖籍湖南，他用退休金买了出租车维持生计。一起震惊台湾地区社会的银行抢劫案——土地银行古亭分行抢劫案发生后，王迎先成了警方怀疑对象。那时的台湾地区还处在威权时期，警察办案，刑求是家常便饭，王迎先在警方讯问过程中被殴伤，还被当作涉案主嫌押往台北秀朗桥寻找作案枪支，他趁警察不备突然跳下秀朗桥溺水身亡。

王迎先之死，因案件真相大白而成为悲剧性的指标事件。土地银行古亭分行抢劫案真正的罪犯李师科被抓获，交代了犯案经过，至此警察才惊讶地意识到搞错人，王迎先是冤枉的。"台北地方法院检察处"对此案进行侦查，将涉及王迎先命案的"刑事局"五名刑警分别依妨害自由致人于死及伤害等罪嫌提起公诉，引起社会震动。

人们意识到刑事侦查中嫌疑人权利保障上存在缺失，需要亡羊补牢，为避免这类悲剧再度发生，1982年8月4日，"立法院"对"刑事诉讼法"进行修正，就其中八个条文作出修改，同时增订两个条款，主要就有关辩护的条款做出修正。最主要的一项修正是在"刑事诉讼法"第27条规定"被告得随时选任辩护人。犯罪嫌疑人受司法员警官或司法警察调查者，亦同"。该条款被称为"王迎先条款"。对比修正前条文"被告于起诉后，得随时选任辩护人"，这一修改是一个不小的进步。辩护制度的修正,使王迎先案件成为台湾地区司法人权史的里程碑事件。

台湾地区后来进一步修改"刑事诉讼法",规定在侦讯时全程录音,必要时要全程录音录像。这一制度基于对检警调人员的不信任,在台湾地区已经实行十几年了,它使台湾地区的刑事诉讼制度一跃成为亚洲地区的先进制度,甚至吸引日本最高检察厅前来取经。现任司法官学院院长的蔡碧玉女士曾自豪地说:侦查中的录音录影制度让长期以来深受日本刑事司法影响、亦步亦趋追随日本脚步的台湾地区刑事司法有了让日本参考仿效的制度。

《联合报》上王迎先的照片,不由得让人想到:当初要是早有了侦查中随时选任辩护人制度和录音录影制度,王迎先何至于受到此番刑讯,也大可不必去跳秀朗桥了。

好在王迎先没有白死,他个人的悲剧引发对刑事司法制度的检讨和批判,进而推动相关制度变革,由一个人的死引发一项制度的变革,虽然对王迎先来说于事无补,但后来的"王迎先们"却可以不再经历他的噩梦,也算是对活着的人的一个安慰。因刑讯而死或者蒙受冤屈的人,何止王迎先一人,但是有几人能够引发一项制度的改良或者废止呢? 在大陆地区,只有孙志刚案件可以与之媲美,这种由个案推动法律变革的事例是不是过少?

《联合报》这幅照片,让人动容,王迎先"返家"的主题放大了整个事件的悲剧感。家是一个人受到伤害后最想要回去的地方,不过,5月7日这天,家——只是王迎先永远离开这个世界前的暂时慰藉。四十多年过去了,人们仍然需要追问,是谁——人还是制度——剥夺了一个人日常离家、回家的最低愿望。看这幅照片,不难想象在王迎先看似平静的外表下可能有的凄怆心情,惊觉40年前台湾地区社会的那个创伤还在淌血……

第二节 从误判的教训中获得智慧

不少错案的研究者提出建议,要求修补制度的篱笆来防止错案。美国的埃德文·波查德是早期对误判进行调查的专家,1932年他出版了《给无辜者定罪》(Convicting The Innocent) 一书。在书中,他指出美国错案的平反主要基于以下几个原因:声称"已遭谋杀"的人活着出现了;真正的罪犯后来被定罪;发现新的证据导致新的审判或者州长、总统予以赦免。[①] 为减少误判,他提出七项措施:

---

① Edwin M. Bochard, Convicting The Innocent. Garden City Publishing Company, Inc. 1932, p. vi.

1. 如果被告有犯罪前科,只能在量刑时才有意义,即只能在本案既判有罪之后才纳入考虑范围;若此前加以考虑,必须是此前的犯罪与本案指控的犯罪有直接关系,或者被告人自己提起关于其品格良好的争议;

2. 被告人的任何口供都不得作为证据,除非他做这些陈述时有法官和目击证人在场;

3. 专家证人应该采取公设方式,而不能为辩方或检方单方面作证,"很明显,有必要公共聘请那些无偏颇的专业人士,他们从案件获得的利益不应比法官更多"①;

4. 公设辩护人为贫穷的被告人提供法律服务,"在大多数案件中,被告人都是穷人,在许多案件中,他们的辩护因此而不充分。指定辩护人或者无法聘请有能力的律师往往使被告人要澄清自己的清白是不可能的。设立由国家或者各州支付报酬的公共辩护人将非常有助于发挥弥补正义之源的作用"②;

5. 对于既已发生的可能的误判案件,应该指派独立的调查机构(independent investigating committee)进行复核,这种独立的调查机构应当成为司法机制的组成部分;

6. 上诉法院应该获得更大权限,不仅法律审,也应有权审查事实,以及不利于被告人的证据,重罪案件,尤其是死刑案件应当这么做;

7. 不能仅根据间接证据对被告人宣判死刑,"这些(冤错)案件提供了确实基于情况证据定罪的案件中废除死刑的有说服力的论据"③。

几十年过去,除了第 4 条,没有一个法律机构把它们放在眼里,尤其是限制口供的使用范围和第 7 条不得根据间接证据宣判死刑。

日本法学者对于错案也有着深深痛楚,他们针对错案的病灶提出若干司法改革建议:

1. 废除代用监狱制度;

2. 禁止别件逮捕;

3. 建立值班律师制度;

4. 无法删改的特殊录音装置;

5. 建立中立的鉴定机构;

6. 建立陪审制或参审制;

---

① Edwin M. Bochard, Convicting The Innocent. Garden City Publishing Company, Inc. 1932, p. 373.
② Ibid., p. 374.
③ Ibid., p. 373.

7. 改变调查书审判的状况,强化公审中心主义和口头辩论主义,严格判断自白任意性和信用性,严格适用传闻法则。①

加拿大"联邦/省/地区检察部门负责人预防错误定罪委员会"在研究了加拿大错案生成的原因后提出预防错案的对策。这个委员会建议:

1. 在起诉政策上要强调检察官的准司法官地位,"提醒他们既要考虑有罪、罪重的证据,也要关注无罪、罪轻的证据,做到全面收集证据"。

2. 确保警察和检察官相互独立。

3. 加强检察机关的内部制约,"在一名检察官于开庭前完成审查起诉并建议起诉后,可以由另一位检察官负责出庭起诉并对是否起诉提出'第二意见'(second opinion)"。

4. 为防止指认错误,"由不负责相关案件的侦查工作、也不知道谁是犯罪嫌疑人的警官负责排队指认和相片指认,避免侦查人员在指认时向目击证人做出任何暗示。"指认过程应当全程录音录像而且检察官在决定是否起诉时要观看这些录像。

5. 如果只有一名目击证人,那么,检察官在起诉时要十分小心谨慎。

6. 警察讯问嫌疑人必须全程录像,对于可能受到质疑的证人也应当在询问时录音录像。

7. 警察和检察官需要接受培训,改进讯问技能,学会识别不实认罪。

8. 警方和检察机关应当认识到在押人员互相告密可能导致错案的危险性,应当制定政策,规定如何有限制使用告密信息。同时,"设立在押人员告密登记制度,甚至建立全国联网的登记系统,将每次告密的情况纳入这个系统进行分析"。

9. 在不侵犯人权的前提下,扩大DNA数据库,并争取设立全国的DNA数据库,使辩护方也可以对控诉方收集的证据材料进行DNA检测。

10. 培训检察官询问和盘诘专家证人的技能,建立全国联网的资料库,向检察官提供新技术和专业知识的信息,包括新的技术性证据的可靠性信息。

11. 控辩双方在决定传唤专家证人出庭前,必须依法通知对方并向对方提供专家证言的副本。

12. 制定专家证人行为准则,保证专家证据的质量。②

我国近年来的冤错案件,论其原因,亦多种多样。诸如:

1. 刑讯逼供,引供诱供;

---

① 龚刃韧著:《现代日本司法透视》,世界知识出版社1993年版,第130—132页。
② 杨诚:《加拿大错案研究:值得汲取的教训》,长春错案国际研讨会论文。

2. 现场勘查不细致(有的案件现场勘查工作基本未做),调查访问不深入,证据材料失实;

3. 警方先入为主,急功近利;

4. 办案人员素质偏低,责任心不强;

5. 迷信所谓科学证据(如采纳错误的 DNA 鉴定证据和测谎器测谎结果);

6. 采用证明力薄弱的证据(如指认现场的照片);

7. 偏听偏信,轻信被害人指控。

以上多种原因中,刑讯逼供是冤错案件形成的关键因素,几乎是中国式冤案的标志性特征。要预防错案,也需从以上几个方面入手,根除错案的各种病灶。

第三节 个案观察:日本恢复陪审制度应对错案

2009 年 8 月 3 日,日本东京地方法院举行了一次审判。经过 4 天法庭审理,8 月 6 日,被控涉嫌杀害邻居的 72 岁男性被告谋杀罪名成立,判处 15 年监禁。这个案件案情并不复杂:72 岁的被告藤井胜吉被控该年 5 月与一名 66 岁女邻居发生口角,持刀将对方刺死。在日本,谋杀罪最高可判死刑,但如果受害者仅一人,多数情况下法庭不会判处被告死刑,刑期一般在 10 年左右。对于此案,检方求刑 16 年,死者家属要求判处至少 20 年刑期。因此,15 年的判决不算离谱儿。

这样一起案情并不复杂的案件,为世人瞩目,轰动一时。据媒体报道,东京地方法院 3 日开放旁听的席次只有 58 席,却有 2382 人排队等候。这场审判还引来了不少抗议人士示威游行。

一、这次审判为何引起关注

这次审判之所以引人注目,是因为这是第二次世界大战以来首次由陪审员(即"裁判员")参与的审判。该案由 3 名法官和 6 名陪审员进行审理。陪审员进入法庭,意味着几十年日本司法既无陪审也无参审的时代结束了。

在日本,陪审制可谓一项久违了的制度。本来,日本曾经仿效英国,在 1923 年制定过《陪审法》,该法从 1928 年起实行,规定刑事案件实行陪审制,但在 1943 年日本废除了陪审制。2004 年,日本国会通过法律,恢复国民参与司法的做法,并从 2009 年 5 月起开始实行。2009 年 5 月 21 日,日本正式实施陪审员制度,不过,这一制度称为"裁判员"制度。正式在法庭审判中恢复国民参与司法的制度,距当年废除《陪审法》一转眼66年过去了。

世界上民众参与司法的制度,主要有两种形式:一是陪审制度,英美法系组成陪审团,与法官分享审判权,法官负责对法律问题作出裁决,陪审团负责就事实作出裁决;二是参审制度,法官与选出的一般民众共同审理和共同裁决,德国、法国都是如此。我国人民陪审员制度名义上是陪审,实际上是参审制度。

当今日本实行的裁判员制度,与陪审制度和参审制度存在差异——这种制度"不是'由国民主导司法',而是通过'国民与专家的共动'强化司法的国民基础。在这一点上,裁判员制度与陪审制度有着决定性的差异"①。现行的《日本裁判员法》规定,从选民中随机抽取6名裁判员与3名法官一起进行案件审理,对刑事案件作出有罪或无罪的裁定,若裁判有罪,还要进行量刑。为了制约裁判团的裁判,主持庭审的3位法官中应至少有1位同意裁判团作出的决定。这表明,日本人看到了陪审制度缺乏理性的一面而试图有所救济。预计日本平均约4千人中将产生一名裁判员。裁判员每天最多可获得1万日元的报酬。担任裁判员是一种公民义务,如果无故缺席,将被处以最高可达10万日元的罚款。裁判员还必须对其参与闭门讨论的内容终身保密,一旦泄密,将可能被处以最高可达6个月的徒刑或者最高可达50万日元的罚款。

国民参与司法对司法审判有着明显影响。美英诉讼规则和证据规则之所以周密、繁琐,是因为存在陪审制度这一块磁石。日本实行裁判员制度,也必然会带来司法审判的变化。2009年8月的这场裁判员参与的审理,给法庭活动带来变化已经初见端倪:庭审开始前,辩方律师表示,将尽量使用简单易懂的语言来表达,避免使用深奥的法律术语,以便裁判员了解案情。检察官也在庭上采用直观方式来举证,如放映影片,把案发现场的地图、照片等证据逐一说明等,试图以通俗易懂的方式说服裁判员。

变化当然不限于这些:裁判员制度适用于日本全国共60个地方法院。人们预计日本今后每年将有2000至3000起案件由裁判员参与审理,主要涉及谋杀、绑架、抢劫致人受伤、危险驾驶致人死亡等等严重罪行。

二、恢复国民裁判,社会议论纷纷

放诸四海,国民裁判制度不是没有争议的制度。支持者众,反对者也不少。

---

① 〔日〕田口守一著:《刑事诉讼的目的》(增补版),张凌、于秀峰译,中国政法大学出版社2011年版,第277页。

英国司法在世界范围内享有盛誉,这一方面得益于英国法官具有的高素质,另一方面得益于英国的审判方式,陪审制度无疑是英国司法获得广泛赞誉的重要原因。但橘逾淮为枳,并非所有国家引入英国式陪审制度都能取得与英国同样的效果,陪审团的引入必须考虑文化背景等因素,顾及社会能够提供的容纳力。虽然法国在9世纪就实行过粗放的陪审制度,但迟至1789年法国大革命后才仿效英国的司法制度设立大小陪审团。不幸的是,陪审团制度在法国的实践遭遇"滑铁卢",受到抨击——"是因为法国人的冷漠、无知、漫不经心和轻浮,应该受到谴责的不是制度,而是民族。但是,如果一个制度生性优良,虽然开始似乎难以适用于一个对它并不习惯的民族,但仍然可以证明它是适宜和有益的制度,因为那个民族将会通过制度本身获得它先前缺乏的能力"。法国思想家贡斯当认为,假如陪审员发现一项法律过于严厉,他们为了开脱被告而违背自己的良心宣布事实不清,恰恰证明"这种制度能够阻止执行有违人道、正义和道德的法律"。我国学者张金鉴指出:陪审官制度"对于法国的民族性是十分不相适合的,所以这是法国司法制度中最弱的一环"①。

像法国一样,日本经历过引入陪审制后本土适应不良的问题。陪审有广义和狭义之分,广义之陪审指作为非职业裁判官的参与审判事务的活动,狭义之陪审指英国式的陪审团制度。陪审的目的:一是将民众意见(民意)作为司法的基础;二是防止官僚裁判背离常识,形成反常识的判断;三是达到拥护人权的目的。基于这一认识,日本在大正八年研议实行陪审法并形成朝野法曹之共识,随即制定陪审法。到了1943年,由于日本法律从业者反对让非专业人士参与案件审理而废除陪审制度。龚刃韧教授在《现代日本司法透视》一书中介绍:日本在1928年到1943年实行陪审制度期间,审理了大约483起案件,无罪率达到16.8%。第一年达到147件,后来逐年减少,到了1937年只有17件,1940年又减少到6件。② 日本法学家利谷信义将陪审制度的废除归结为以下几个原因:陪审员选任的范围狭窄——对陪审员有严格的财产限制,使具有陪审员资格的人员在日本选民中比例很小(178万/1240万);陪审案件范围狭窄,有关违反选举法、治安维持法等刑事案件没有纳入陪审范围;对被告不利——对于审判长向陪审团作出的说明,被告方不能提出异议;被告还要承担陪审费用;陪审团评议,采用简单半数表决原则,损害无罪推定原则;陪审团裁决对审判长没有约束力;对陪审裁决不得提出上诉。

如今日本恢复国民裁判制度,尽管引起广泛关注,不过,民调显示,民众

---

① 张金鉴著:《欧洲各国政府》,三民书局1976年版,第218页。
② 龚刃韧著:《现代日本司法透视》,世界知识出版社1993年版,第40页。

对裁判员制度热情不高,许多民众不愿意成为裁判员。日本最高法院 2008 年 1 月份至 2 月份进行的有关公民参与热情的意识调查结果显示:"希望参与"和"也可以参与"者仅占 16%;"虽然不希望参与,但如果是义务则不得不参与"者占 45%;"即使是义务也不想参与"者占 38%。奇特的是,《中文导报》实施的网络调查,高达 87% 的在日华人赞成日本实施裁判员制度,62% 的在日华人希望担当陪审员。在日华人担任裁判员的热情远远高于日本社会平均值。

日本媒体报道,对国民裁判制度持有反对意见的律师、文化人士组成一个名为"不需要裁判员制度! 大运动"的团体。8 月 3 日开庭这一天,该团体的成员聚集东京地方法院前示威,高呼"大多数的国民并不赞同""这是个荒唐的制度"等口号,向路人散发传单。3 日下午,约 300 人齐声反复喊口号在东京地方法院附近举行游行,高调表达自己的反对意见。

国民裁判制度与一个国家的国民性有密切关系。日本媒体报道,一些法律从业者担心,缺乏专业知识的裁判员容易受到法官操纵,使得这一制度流于形式。从日本民族性看,一些民众不愿意抛头露面、不喜欢评头论足,也怯于挑战法官权威。日本一些所谓精英人士认为,普通日本人缺乏政治成熟度。这种观念和心理妨碍了公众参与刑事审理。对此,精通日本法制史的法律学者英格拉姆·韦伯在最新一期《东亚法律评论》刊物中给日本人打气,他说:陪审团制的激活,有助于刑事司法过程的"民主化",通过赋予普通人寻找案情真相和宣判的权利,新制度能"给司法裁决注入一种常识和公共价值观"。

日本恢复国民裁判制度,目的在加快日本刑事案件审理过程,同时赋予司法过程更多透明度。日本学者在阐述这一制度的意义时提出两种观点,一为"国民基础强化论",即"如果国民能够与司法官员一起广泛地参与司法运行,司法与国民的接触面将会扩大,国民对司法的理解将会加深,司法与裁判的过程对国民而言将是容易理解的。其结果是,司法的国民基础将会更加牢固"[①]。二为正当裁判实现论,即建立裁判员制度的目的是实现更好的裁判或者正当的裁判,"在刑事裁判中反映一般国民健全的社会常识,使裁判更加完善,才是采纳这一制度的宗旨"[②]。

但是,陪审制度并非完美制度。在第一个裁判团审判的案件里,裁判团感性而缺乏理性的一面得以显现。日本庆应大学法学教授安富洁评论说,检

---

① 摘自日本司法改革审议会意见书,转引自〔日〕田口守一著:《刑事诉讼的目的》(增补版),张凌、于秀峰译,中国政法大学出版社 2011 年版,第 277 页。
② 同上书,第 274—275 页。

方请被害人的家属当庭作证,这一招在博得陪审员的同情方面显然奏效。被告律师伊达俊二在判决下达后举行的新闻发布会上表达不满。他转述被告藤井胜吉的看法,裁判团成员中年轻人居多,假如有与被告年龄相当的陪审员,可能更容易理解这种邻里纠纷。

这表明,国民裁判制度并未得到所有人认可,在日本社会层面,对裁判员制度可谓毁誉参半。

三、国民裁判有助于防止误判?

由于刑事司法的过程和结果与个人的生命、健康、人身自由和财产利益的关系重大,又由于犯罪和反犯罪具有的激烈对抗性容易导致刑事司法权力的滥用,因此刑事司法领域的民主长期以来成为人们关心的问题。

不过,日本恢复国民裁判制度有自身的特定原因,考虑的不仅仅是民主与不民主的抽象概念。国民裁判制度的恢复,要从日本的误判说起。

日本战后出现了多起被判重刑后来再审改判无罪的案件,其中有4件原判处死刑后来改判无罪的案件,一经披露,朝野震动。这四桩案件分别是免田案、财田案、松山案和岛田案。在日本,一些案件的平反过程可谓旷日持久,森炎评论道:"冤罪者常常要经历法律学者或人权团体持续数十年的批判活动才得以平反;以战后冤罪被平反的杀人案为例,从被告被逮捕开始到再审获判无罪为止,平均年数是31.1年。我们必须要避免这种仿佛无止境的等待。换句话说,我们必须要把二十年后、三十年后才会被厘清的情况,转变为'现在式'。"①

这四起错案连同日本发生的其他一些平反冤案的再审案件,引起了为消除或减少误判而改革日本刑事司法制度的呼声,其中包括实行陪审或者参审制度的呼吁。

北京大学龚刃韧教授指出:在日本误判的病灶中,司法官僚制是引人注目的一项。长期以来,日本形成了一个以最高法院为首的封闭式的司法官僚化的体系。在司法官僚体制内,从司法修习生直接被任命为法官的人通常没有什么社会经验,与一般的国民特别是下层人民缺少密切的接触,而且由于长期生活在官僚化的司法系统内,还会逐渐养成为了个人的升迁而迎合上司、人权意识逐渐淡薄等思想倾向。另外,日本刑事程序的重心是在侦查阶段,法庭审判并不是实质性调查案件事实的适当场合,由日本检察官提起的公诉经法院审判确认无罪的百分比相当低,确认有罪的百分比相当高,形成

---

① 〔日〕森炎著:《冤罪论》,洪维德等译,商周出版公司2015年版,第16页。

日本刑事司法的特色,松尾浩也教授称之为"精密司法"。日本审判程序的另一特色是偏重书面调查,即大量使用侦查机关做成的各种书面证据,这使得侦查中不当行为的结果被法院继承而不是排除,这正是误判的原因之一。日本教授平野龙一指出,日本法院的公审往往是走形式,这种审判可以叫"调查书审判"。他认为,除非采用陪审制或参审制,日本的"刑事审判是相当绝望的"。引入陪审制度,直接由民众参与司法,这些民众来自草根阶层,可以将社会公平正义的观念引入司法,弥补官僚制法官的不足,消解不良的司法惯性,对日本司法来说,可谓对症下药。

这是出于这一原因,许多年来,日本一些法学家和法律实务人员呼吁建立陪审制或参审制。人们普遍认为,由外行人(layman)参与司法,可以使民众以普通判断力帮助专家,陪审员与法官相互影响,这种作用的交流被认为能够比法官单独工作获得更为可靠的结果,有助于弥补法官与日益复杂的社会脱节所造成的不足。日本森炎律师在《冤罪论》一书的前言中说:

> 裁判员制度最重要的一个面向是,公民的权利与自由是由同属公民的他人来守护。对于公民参与、司法民主化的理念的追求,不仅是由公民来对犯罪者科处刑罚,更重要的是由公民来捍卫同属公民者的自由与权利。公民必须自己捍卫"无罪的正义"。……从审判者的角度来看,冤罪现象代表由审判者自己制造出了绝对的不正义。若公民在审判中出错,就是在这个世界上制造出了绝对的不正义,也就是"绝对恶"。裁判员制度使得公民必须肩负"烈日的责任"。为了不要受到"绝对恶"的批判,公民无论如何都必须坚持"无罪的正义"。[①]

日本最高法院对建立陪审制或参审制颇感兴趣,派出法官去考察外国有关制度。经过长时间的酝酿和准备,日本推出了裁判员制度。

凡制度必有其价值,这些价值得到决策者的认可。裁判员制度对于改善日本刑事诉讼某些弊端起到一定作用,也为已有制度的落实提供了条件,对此田口守一教授指出:"对于刑事司法而言,裁判员制度可以说是第二次世界大战后相隔60年的改革,但是到底什么东西被'改革'了?在裁判员审判的情况下,裁判员通过连日开庭审理形成了心证,由此形成的审判中心主义、直接主义、当事人积极参与的交互询问等,都不是裁判员制度制定当时创设的,而只不过是现行刑事诉讼法规定的诉讼构造而已。可以说,《裁判员法》是为

---

① 〔日〕森炎著:《冤罪论》,洪维德等译,商周出版公司2015年版,第15—16页。

了实现现行刑事诉讼法所追求的当事人主义审判制度的强有力的组织法。"①

不过,国民裁判制度能否弥补日本司法的缺陷,特别是,能否防止误判?日本法学家团藤重光并不乐观,他曾经评论说:"社会上也有人认为采用陪审制度便可以防止事实误认,我想那是太乐观的想法了(假如要在日本采用陪审制度,大概只有可能采用法官与外行的陪审员一起做事实认定也做法律辩论的参审制度,不过那样也不可能完全防止误判的)。"他举美国影片《十二怒汉》为例:"电影的内容是,亨利·方达所扮演的一位陪审员,单独一个人以非常强劲的信念,彻底坚持正确的审判而坚持到底,如果没有他在,不知后果会如何。犹如该影片所象征的,陪审裁判也容易发生那样的事情。按照影片里的故事,在十二个陪审员之中幸好有一位富于正义感并且头脑明晰,善于展开具说服力的辩论的人存在,不然大抵的陪审员碰到那样的状况,又不是自己的事,恐怕都会放弃吧。"②

---

① 〔日〕田口守一著:《刑事诉讼的目的》(增补版),张凌、于秀峰译,中国政法大学出版社 2011 年版,第 279 页。
② 〔日〕团藤重光著:《死刑废止论》,林辰彦译,商鼎文化出版社 1997 年版,第 7 页。

第二章　实质真实发现主义与冤错案件

关汉卿在《窦娥冤》中借窦娥之口责问:"有日月朝暮悬,有鬼神掌着生死权。天地也!只合把、清浊分辨,可怎生糊涂了、盗跖颜渊……地也,你不分好歹何为地?天也,你错勘贤愚枉做天!"①这句话是这出名剧痛彻肺腑、振聋发聩的台词。分辨清浊,判明是非,代表中国社会自古以来对于刑事司法的普遍期待和诉求,在刑事法学和司法领域中本属天经地义,正如台湾地区警察大学黄朝义教授所言:"刑事诉讼程序应以追求、发现实体的真实(即客观的真实)确实地处罚犯罪为理想(实体的真实发现原则)。……其为证据法之指导理念,实毋庸置疑。"②

求真得真,是刑事诉讼理想状态。然而,在司法活动中求真不易,"审判上所待解决的争执,多是过去事实。事实一经过去,永不复返。虽不一定是春梦无痕,也往往如过眼云烟。吾人凭借各种推理的方法,把已经过去的事实,重新在审理事实的人心目中构成一幅图画。如非极端谨慎,这一幅构成的图画,便可能与当初的事实的真相发生重大的出入,或发生以偏概全之弊"③。正因为如此,有些学者对人的理性能力产生怀疑,认为发现事实真相并无可能,达马斯卡指出:"有关司法裁判活动的有效假定之一是:原则上,真实可以被发现;正确地认定事实(accuracy in fact-finding)是公正裁判的必要条件。然而,对于作为哲学原理之一的真理,强大的当代思潮却持一种怀疑态度;它们怀疑获得客观知识的可能性。由于这种怀疑主义具有令人不安的影响力,法律学人也开始变得迷茫:在司法裁判中,追求客观知识是否属于调查活动能够实现的目的。"④

依笔者之见,求真非不能也,但困难亦多,容易错误采证,错误判断。理性主义对此应有的态度是:高度谨慎,务求发现案件真相,不可马虎懈怠。实质真实发现主义之不可轻易舍弃,是顺理成章的当然结论。

---

① 关汉卿著:《窦娥冤》,载《中国历代戏曲名著汇粹》,长江文艺出版社1998年版,第19页。
② 黄朝义著:《刑事证据法研究》,元照出版公司2000年版,第16页。
③ 李学灯著:《证据法比较研究》,五南图书出版公司1990年版,第689页。
④ 〔美〕达马斯卡著:《比较法视野中的证据制度》,吴宏耀、魏晓娜等译,中国人民公安大学出版社2006年版,第45—46页。

第一节　务期发现案件之实质真实

我国以及欧陆国家刑事诉讼传统,素来注重案件真相。追求案件真实之发现,作为"对于事物或原理的基本主张"①,称为"实质真实发现主义"。

实质真实发现主义,又称为"实质上之发现真实主义"。诉讼的进行,需要发现案件的真实,但发现之方法有别。"法院关于事实及证据,不为当事人之意思所拘束,而务期发现实质上之真实之事实也。"②也就是,审判官不以原被告所陈述的事实、所提出的证据所拘束,而自行依职权收集种种资料,以期发现事实真相。刑事诉讼,"以确定国家刑罚权之存否及其范围为目的,事关公益,自不能认当事人有处分之权,且以形式上之真实为判决之基础,则裁判不得公平,罪刑难期允洽"③。故许多国家的刑事诉讼法实行实质真实发现主义,"不以当事人所陈述之事实,所提出之证据,为裁判唯一之基础。审判官得自行搜集种种之材料,用以发现实体上之真相"④。这里的"实质真实"不过是"真相"的别称,在这个意义上,实质真实与我国刑事诉讼中习用的"客观真实"具有相同的含义,也就是案件发生时那个原原本本的事实。⑤"在此种理念之要求下,无真实的发现自不可将无辜者论罪科处。盖因刑事诉讼程序最终之理想,除了不能违反正义之要求外,更不可有侵害人权的情事发生。是故,古来便有所谓的与其加诸无辜者之苦,毋宁令犯罪者脱逃之论调。"⑥不仅如此,"罪疑时为被告有利之考量原则或罪疑时不应处罚被告之原则等刑事裁判之大原则,亦可由前述之理念里求取根据"⑦。

值得一提的是,在实质真实发现问题上,怀疑论正在走红,动摇了刑事司法追求案件事实真相的传统。达马斯卡指出:

> 人类是否具有获取客观真理的能力已经受到怀疑。与此相关,对于正确地认定事实的重要性,人们也日益变得半信半疑。当然,证据法学理论传统也承认:正确地认定事实并非评价司法裁判中事实认定活动的唯一价值标准;公众普遍接受的社会需要和社会价值限制了对事实真

---

① 大辞典编纂委员会编:《大辞典》(上册),三民书局1985年版,第118页。
② 陈瑾昆著:《刑事诉讼法通义》,朝阳学院1930年版,第8页。
③ 江海飘编:《新刑事诉讼法精义》,中华书局1935年印行,第12页。
④ 同上。
⑤ 记住这一点是颇重要的,因为所谓"不能发现案件客观真实"的说法,等于说"不能发现案件真相"。
⑥ 黄朝义著:《刑事证据法研究》,元照出版公司2000年版,第18页。
⑦ 同上。

相的追求。①

事实真相与事实认定的方式被重新定位,"事实真相仅仅被看作是以合理方式建构的证据调查程序的理想目标;这些理论似乎主张,既然不能清楚地查明事实真相,我们至少应当以适当的方式作出关于事实认定的裁判"②。易言之,"'真正意义'的真实不必与裁判为真的事实相一致;事实认定也不必符合客观事实,尽管能够得出这一结果的证据调查方式被视为最理想的制度设计"③。

这不仅是外国刑事诉讼中的现象,在我国也是如此:"对于事实认定活动的认识论基础,一些人的信心已经动摇。"这就需要让他们重新振作起来,"与纯粹的自然物相比,关于人类自己创制的某些社会现象的各种知识,反而更容易被确证。我们能够准确地确定足球比赛的结果、汽车的行驶速度或其他类似的具体真实——这种类型的事实真相,也恰是诉讼活动通常关心的焦点"。达马斯卡提醒说:"随着各学科之间思想交流的不断增强,诸如信息处理、认知科学或实验心理学等领域的发展,无疑会要求当前的证据学说发生相当大的更新。但是,这并不意味着,即将来临的现代化将强令证据法学拒斥现实主义和真理符合论——这些理论构成了当前司法裁判中事实调查活动的基础。"④在刑事诉讼中,查明事实真相在图腾柱上具有较高的位置,对于事实真相及其发现可能性的忽视和贬低,会造成司法实践中的严重偏差,对此应有足够的认识才行。

对于实质真实是否就是绝对真实,论者见仁见智,其说不一。有学者认为实质真实就是客观现实的、绝对的真实:"兹所谓真实不能不认为客观现实之真实,亦即其所指者为绝对的真实,因此是否真实之认定有赖于现存之证据,无证据则不能用以认定事实,从而证据裁判主义犹与实质真实发现主义发生关联,互有目的与手段之结合关系,诚属不可忽略。"⑤也有学者认为,实质真实发现主义并非"绝对的客观的真实":

> 刑事诉讼之目的,固在发见实体的真实;但所谓实体的真实主义,固受制度之限制,人力之限度,欲达成绝对的客观的真实势所难能。盖所谓绝对的真实,系指在人类世界中虽经无限度追求,亦无法达成之极限概念。在诉讼制度上为符合迅速裁判之要求,并受审级之限制,未能

---

① 〔美〕达马斯卡著:《比较法视野中的证据制度》,吴宏耀、魏晓娜等译,中国人民公安大学出版社 2006 年版,第 46 页。
② 同上书,第 52 页。
③ 同上书,第 53 页。
④ 同上书,第 59 页。
⑤ 蔡墩铭著:《刑事诉讼法论》,五南图书公司 2002 年版,第 26 页。

以无限之时间,无穷之劳者,期求达此绝对真实之目的。因之,实体之真实主义,在此制度之下所寻求者,仅系近乎绝对之真实;且裁判一经确定,本法的安全性之要求,对该案件即不得再有所争执,乃有"确定即真实"之格言。①

这两种说法看似矛盾,其实不然:实质真实就是案件的本原事实,亦即案件真相。实质真实必然是客观现实的,并且绝非比较意义上的、相对的真实,在这个意义上,实质真实与客观真实、绝对真实乃是同一概念,只不过强调的侧重点各有不同而已。② 实质真实发现主义重在发现案件的真相,要求不受当事人意思表示的拘束,务必发现案件的真相,即以发现案件的真相为追求的目标。案件的真相的细枝末节并不需要一一查清楚,也难以都查清楚,如果所谓"绝对的真实",就是指与案件的本来事实的全貌丝毫不爽,连最细微之处也查证准确,天底下的诉讼断不需要这一极限意义上的"绝对的真实"。

无论如何,注重发现案件真相并不意味着对案件事无巨细都要查清楚。发现案件真相,需要查清楚的只是具有裁判意义的事实,包括具有法律意义(适用法律的意义,如某人窃取行为)和证明意义(用以证明的意义,如被害人的体貌特征)的事实,具有法律意义的事实在刑事诉讼中就是与定罪量刑有关、特别是为定罪量刑所必需的事实。某些细节模糊或者与本原事实相参差,不影响对有法律意义的事实的认定,也就不影响法律的适用,实质真实发现主义不要求将这些无关宏旨的细节也一一查清楚、弄明白。

发现案件真相就是通过收集和甄别证据,在真实证据的基础上作出符合经验法则和逻辑规则的事实判断,并在此基础上正确适用法律作出裁决。例如一个人被杀,要么自杀要么他杀③,对死亡征象、尸体解剖检验结果,现场情况、死者死前活动情况、有无遗书等进行综合判断,断定自杀还是他杀。实质真实发现主义,就是要求以真实证据确证该人的死为自杀还是他杀。自杀或者他杀是具有法律意义的事实,前者是消极事实,用以确认无犯罪事实发生、不需要追究刑事责任;后者是积极事实,用以有犯罪事实发生以及需要追究刑事责任。对于这一事实判断乃至尸体检验的重要性,宋慈曾云:"狱事莫重于大辟,大辟莫重于初情,初情莫重于检验。盖死生出入之权舆,幽枉屈伸之机栝,于是乎决。"④确认是他杀后还要确证系何人(who)所杀,不但要查获

---

① 陈朴生:《刑事诉讼制度于实体的真实主义之影响》,载中华学术与现代文化丛书(九)《法学论集》,中华学术院1983年版,第591页。
② 本文使用的"实质真实"与"客观真实"同义,指代的就是案件本原事实,即事实真相。
③ 如果抬杠,当然还可以有自杀中他杀、他杀中自杀之类混合杀。
④ 宋慈著、杨奉琨校译:《洗冤集录校译》,群众出版社1980年版,第4页。

杀人者,还要查证何时(when)、何地(where)、何因(why)、如何(how)等事实要素,这些事实要素皆须有能够相互印证的确实证据加以证明。在证据确实而充分的基础上,确认这些事实以及相应事实判断的真实性一般是有把握的(某些科学技术手段的发展和运用,以及自古以来人们为探明事实真相摸索出来的经验,为认定的事实符合事实真相提供了条件,如 DNA 技术在个人识别中的应用①),由于这个缘故,实质真实发现主义注重证据的确实性,此种确实自然是客观意义上的、实质意义上的确实。②

早在 20 世纪 40 年代,我国学者柴熙就曾对认识的真实与确实进行过阐述,重温他提出的看法对于我们理解理性主义和实质真实发现原则是有益的。他认为:"真实系指判断与事物之符合性。……详细地说来,真实乃是判断内容的特性,即内容与实在事物的相合。"③判断与事物之符合性有着程度上的差别,认为完全符合则是指判断与事物的各个方面都符合。确实的认识在主观方面表现为"排斥合理的疑惑";在客观方面,一个人之"所以坚决承认判断与事物相合的理由,自然要追溯到客观的对象上去"。客观的对象在人的意识中获得呈现,"使我不能不理会它,所以晓得我的判断之相符于客观的事态是的确无疑的"。换句话说,"只有事物自身,方能作为判断之所以获得确实性之论理的根据,否则承认的坚强性即失之玄虚,而架于空中。从此看来,凡缺少客观基础的判断,都不能算是确实的认识"④。人的理智对于一定事物可能有的三种态度是:

1. 合理的怀疑。当我们对于某一事物的存在有一定理由相信其有,又有一些理由相信其无,"这样,我的心神悬疑着,不肯定也不否定处于两可之间,陷于真正的怀疑状态。我们可以说,这是自然的,是客观对象所要求的合理的态度"。

2. 有根据的意见。"假若我了解一面的理由比较另一面的来得强烈,更有论理的价值,那么我凭着那些理由就很能以这种说法为真。"这种情形,多少包含着合理怀疑的"可能";"也就是说,它并不能排斥理论的怀疑。……理

---

① DNA 识别也会出现错误,出现错误的原因在于检材或者操作人员疏忽、造伪等。在符合鉴定条件、鉴定规范的前提下,DNA 识别有着极高的准确性是不争的事实。这里所谓"准确",其含义不是指与事实真相相符合吗?
② 在证据法学研究领域,风头正劲的法律真论者认为法律的真实乃是建立在证据基础上的真实,但证据是否应追求其确实呢?往往避而不谈。如果证据亦应求其确实,则这种确实是客观的还是主观的、实质的还是形式的呢?法律真实论的暧昧性都体现在这一点。如果证据亦应求其客观的、实质的确实,吾未见其与客观真实论有何区别。参见张建伟:《证明标准研究中的模糊的视阈》,载《政法论坛》2005 年第 6 期。
③ 柴熙著:《认识论》,商务印书馆 1949 年版,第 51—52 页。
④ 同上书,第 54—55 页。

智的这种态度,并不全然排斥错误的可能"。

3. 确实的认识。"即任何合理疑惑的可能性都不包含。……它断无疑义地与事实符合。"①

上述三种情形应用于诉讼,第一种情形"合理的怀疑"可以开启调查(侦查)之门或者促使、鼓励继续调查(侦查),在审判中将使被告人获得有利于自己的裁决;第二种情形和第二种情形可以得出肯定的结论,其中第二种情形适用于民事诉讼或者刑事诉讼中某些事项的认定,第三种情形是刑事诉讼认定有罪的证明标准。

第二节 实质真实发现主义促成冤错案件?

有论者将刑讯乃至错案的成因归结为实质真实发现主义,认为实质真实发现主义导致刑讯和错案。这一看法基于以下两点认识:

其一,相信案件真相是能够发现的。如果现在还没有发现,那是因为相应的手段还没有使用或者已经使用的手段强度不够,于是要"加大"侦查或者审讯的"力度"。②

其二,相信已经掌握的证据已经揭示了案件的真相,于是失去对于自己的行为可能铸成错案的敬畏感,遇有嫌疑人或者被告人"坚不吐实",就"大刑伺候",把他"修理"得人仰马翻。

由此得出结论,要祛除刑讯减少错案,必须抛弃实质真实发现主义,实行"法律真实"主义。

其实,实质真实发现主义与刑讯和错案没有必然的联系。作为刑事诉讼的基本主张,实质真实发现主义强调的是务必发现案件的真相,它要唤起的是人们寻求事实真相的内心驱动力,想要祛除的是在寻求事实真相中的懈怠情绪,避免案件"含糊了结"。也就是说,寻求真相是由法律原则、证据规则和诉讼程序加以限制的,它要求在程序法、证据法的限制下尽可能揭示案件真实,达到不枉不纵的理想诉讼状态。由此出发,实质真实发现主义本来具有防止发生冤错案件、实现实体正义的功能。

不过,人们有时会发现这种功能受到抑制而得不到施展,这种抑制来自对务必发现案件真相的不完整理解,亦即"务必"发现案件真相被理解为不择手段达到这个目的,而且发现案件真相被认为是刑事诉讼的唯一目的。当这种想法付诸实践时,冤错案件才容易发生。也就是说,实质真实发现主义只

---

① 柴熙著:《认识论》,商务印书馆1949年版,第55—56页。
② 加大侦查/审讯的力度,往往是刑讯含蓄、委婉的说法。

有在片面化、极端化理解和运用时才容易酿成刑讯和错案。

另外,尤须注意者,造成刑讯和错案的基本条件是没有严密的诉讼规则、证据规则和程序性处罚措施等对办案人员实施有效限制,导致非法取证行为不能得到有效遏制从而造成证据和事实认定失真。有了严密的诉讼规则、证据规则和程序性处罚措施等,这些规则和措施能够被严格执行,刑讯就有可能得到遏制,错案也会因之减少。倘若不具备这些规则和措施,造成刑讯和错案的因素得不到祛除,抛弃实质真实发现主义而尊奉"法律真实"也决不能遏制刑讯和减少错案,甚至相反还会变本加厉。盖因"法律真实"也是建立在"证据"基础上的"真实",同样需要"证据"加以支持,刑讯是获得一些"证据"的捷径。

无论实行实质真实发现主义的大陆法系国家还是不强调实质真实发现主义的英美法系国家,都存在冤错案件。在总结这些错案的成因时,未见这些国家将其归咎于实质真实发现主义者。事实上,在大陆法系国家和英美法系国家,错案的原因有许多共同之处,如检察官与警察存在不当行为和错误(如非法取证)、证人错误、鉴定有误、辩护不充分等。另外,错案的发生显然难以归咎为诉讼中实行实质真实发现主义。相反,值得注意的是,在日本曾经为人诟病的"法官在审理案件过分依赖检察官的侦查和调查结果",恰恰是职权主义和实质真实发现主义没有得到彻底贯彻的表现。

对职权主义的常见误解,是其含有某种野蛮、落后的成分,其文明程度难以望当事人主义之项背。实际上,当代职权主义诉讼是人们将公正、理性、人权等观念融入纠问式制度同时摈弃其野蛮、落后的诉讼因素并在此基础上加以改造的结果。如"德国法律坚持职权原则的事实并不意味着被告人像在19世纪法律改革前的旧制度下那样仅仅是诉讼程序的客体。正相反,德国法律力求尊重被告人的人身自由,赋予其有意义的辩护的权利,确保给予被告人公正的审判"[①]。另外,与传统纠问式有所不同的是,在职权主义诉讼中,国家的刑事追诉权分由两个各自独立的机关行使。职权主义体现了国家在处理刑事诉讼案件方面的主动干预原则[②],该原则一方面体现为法官有权主动调查证据,另一方面是检察制度的形成和与之同时出现的公诉职能的分

---

① 〔德〕托马斯·魏根特著:《德国刑事诉讼程序》,岳礼玲、温小杰译,中国政法大学出版社2004年版,第4页。
② 纯粹职权主义诉讼还采不变更原则,案件一旦起诉到法院,控诉方不能撤回起诉,诉讼的终止以法院的判决作为标志。在大陆法系国家,纯粹职权主义的诉讼模式已经打破,诉讼中一般均采行变更原则,允许控诉方撤回起诉。德国还吸收了当事人主义诉讼中的交叉询问制度,将两种调查制度同时规定在本国的刑事诉讼法中。《德国刑事诉讼法》第239条第1款规定:"依他们的一致申请,审判长应当让检察官、辩护人询问由检察院、被告人提名的证人、鉴定人。对由检察院提名的证人、鉴定人,检察官有权首先询问,对由被告人提名的证人、鉴定人,辩护人有权首先询问。"

立。职权主义诉讼中,控诉、辩护、审判职能分立,权力制衡,以保障实现诉讼过程的公正性和诉讼结果的公正性。在这种制度框架之内,实质真实发现主义因有程序正当性原则加以约束,不至于导致刑讯和错案的发生与泛滥。

第三节 实质真实发现主义:从积极到消极的转变

职权主义诉讼模式的优点是在发现案件真实方面占有优势。约翰·亨利·梅利曼曾言:"某个著名比较法学者的说法颇具启发性,他说:如果他是无罪的,他宁愿在大陆法系国家受审;如果他是有罪的,他则更希望在普通法法院受审。这就意味着:在大陆法系国家,罪与非罪,可谓泾渭分明。"①罪与非罪泾渭分明之功,当然非实质真实发现主义莫属。

不过,实质真实发现主义是对法官功能的一种特定要求,并不意味着每起案件都能够达到发现实质真实的诉讼效果,盖因"公正的审判是不容易的事情。许多外界因素会欺骗那些最认真、最审慎的法官。不确切的资料,可疑的证据,假证人,以及得出了错误结论的鉴定,都可能导致对无辜者判刑"②。人们为了在诉讼中求真,摸索出许多诉讼规律,形成了各种诉讼规则、证据规则、行为准则和办案指南及其他指导性意见,但各种主观、客观因素仍然会导致不少案件无法彻查真情。对此李学灯先生曾慨乎其言:

> 我深信有些优良的司法官,其才能与品德,不让古人。如果生在几百年前,出为州县,听讼折狱,便为青天。但是吾人如能看轻了此种不虞之誉,而抱有重新建树的热忱,应无"不生古人前,偏生古人后"之叹。正因为经验的积累,今胜于古。由于各种科学的分析,可以洞彻求真之困难,更足以使吾人有自知之明。便应格外地谨慎,才可以不致流于粗疏,囿于成见,愚而好自用,以至于自欺欺人。③

司法裁判错误既属屡见不鲜,裁判者先要心存敬畏,若无谨慎之心,容易造成冤屈,他人之自由乃至生命皆在我掌握之中,不可不怵惕警醒。"我们不信今人的能力,不如古人。便是我们仍然必须了解现代司法审判中求真的困难,承认法官的能力有限,谨防许多无意的错误。"④

刑事司法裁判错误的错误包括入罪与出罪两种错误。入罪就是将无罪

---

① 〔美〕约翰·亨利·梅利曼著:《大陆法系》(第 2 版),顾培东、禄正平译,法律出版社 2004 年版,第 138 页。
② 〔法〕勒内·弗洛里奥著:《错案》,赵淑美、张洪竹译,法律出版社 1984 年版,第 1—2 页。
③ 李学灯著:《证据法比较研究》,五南图书出版公司 1990 年版,第 698 页。
④ 同上。

的人错定为有罪,将罪轻的错定为罪重的也可以算作入罪。出罪就是将有罪的人错定为无罪,将罪重的错定为罪轻的也可以算作出罪。入罪与出罪都有故意与过失之分,古时都应承担相应的刑事责任和行政责任。入罪与出罪还应有属于无意之错误者,法官为当事人、证人或者错误的鉴定所蒙蔽,案件虽错,法官却很难说存在过错,追究法官的责任应当避开此种情形。

实质真实发现主义要求裁判者拨开云雾见青天,努力探知案件真相,期望达到无枉无纵的理想境界,"所谓实体真实发见主义,乃认为确实发见案件之事实真相,以达无枉无纵之境地,始能合乎刑事诉讼制度之原本目的,又能产生保障人权之目的。不过,于实际上,甚难达完全无枉无纵之境地"①。但在不能总是达到这种境界的司法领域,必须确定探知案件真相过程中的侧重点,究竟是重在不纵,还是重在无枉,这就涉及积极的实质真实发现主义和消极的实质真实发现主义的选择问题。

实质真实发现主义分为积极的实质真实发现主义和消极的实质真实发现主义两种。积极的实质真实发现主义和消极的实质真实发现主义的区分,乃是基于它们各自注重的价值观之不同:"积极性实体真实发见主义乃基于有罪必罚之所想,而认为既有犯罪发生,则必须发见罪犯加以应得之处罚,否则,有犯罪而无处罚,必导致社会轻视刑罚法规之风气,无以维持社会治安。基于此思想而再产生,即使误罚无辜,只要社会大众认为被处罚者为真罪犯,则能达维持社会治安之目的之观念。因此,'有罪必罚'之思想,乃与宁可误罚无辜,亦不可遗漏有罪者'之思想相贯通,而成为此主义之正当化理由。"②消极的实质真实发现主义与之不同的,是重在避免错罚无辜。"消极性实体真实发见主义乃基于'与其杀不辜,宁失不经'之思想,而认为绝对避免误罚无辜,始能使发现真实与保障人权的两立。"③

我国的司法传统重在发现案件实质真实,本有两方面考虑:罚有罪而保无辜。无论官府还是民间,都以发现案件真实为理想目标。张养浩的《为政忠告》、汪祖辉的《佐治药言》《学治臆说》,谆谆告诫为官为幕者查情审辞、狱诘其初、案成详谳、亲莅视尸、慎对初报、不可全信草供等等,无不在"真"字上做文章。窦娥冤死之前吁求的正是官府要明辨清浊,不能善恶不分。这种传统延续至今,现行《刑事诉讼法》仍然将自身的直接任务确定为"保证准确、及时地查明犯罪事实,正确应用法律,惩罚犯罪分子,保障无罪的人不受刑事追究,教育公民自觉遵守法律,积极同犯罪分子作斗争,维护社会主义法制,尊

---

① 黄东熊、吴景芳著:《刑事诉讼法论》,三民书局2002年版,第18页。
② 同上书,第18—19页。
③ 同上。

重和保障人权,保护公民的人身权利、财产权利、民主权利和其他权利,保障社会主义建设事业的顺利进行。"① 不过,这个旨在准确、及时查明案件事实的过程往往因法官的角色与警察、检察官的角色混同,而成为注重惩罚有罪的调查和认定过程。在我国历史上某些时期,因政治需要,"缓深故之罪②,急纵出之诛③",罚有罪的想法具有凌驾于保无辜之上的绝对优越地位。

在审判过程中,法院承担的角色是对已经诉至本院的案件进行调查核实,这种调查具有检验既有侦查成果的性质或者有展开实质调查的性质,更重要的是通过审判活动进行筛选,将不具备定罪条件的案件或者确认被告人无罪的事实,使被起诉的被告人中的无辜者以及可能的无辜者(证据不足以证明其有罪)被甄别出来,这才是审判活动的重心所在。法院发挥这个作用,就实际在政府权力与个人自由权利之间发挥了一种屏障作用。

我国刑事司法注重客观真实发现,长期的司法习惯是注重惩罚有罪,实行的是积极的实质真实发现主义。日本松尾浩也教授曾指实质真实发现主义存在的弊端:

> 诚然,准确地认定事实,包括准确地认定有罪和无罪以及准确地量刑,是整个刑事诉讼程序的基础和目标,所以认识和强调解明真相的重要性本身并没有错误。但是,如果在理念上过分向解明真相倾斜的话,在实际应用上就会出现下列不足:(1)侦查过于严酷,侵害相关人员的权利;(2)审判追随侦查的结果,或者法官过于积极作为反倒会产生误判的危险。④

我国刑事诉讼实行积极的实质真实发现主义,存在这样的弊端,尽管法官的作用趋于消极,但审判追随侦查的局面没有得到根本改观。近年来披露的一些冤错案件,暴露出法院对于侦查获取的存在瑕疵的证据或者指控事实的态度值得检讨,法院在一些证据表明被告人有重大犯罪嫌疑但又无被告人切实有罪之确信的情况下,仍然判决被告人有罪,只是在量刑时有所轻判,在死刑案件中谓之"留有余地",这种做法造成的误判多有发生。所谓"留有余地",是对于没有确实把握认定被告人有罪时的变通处理方式,是给法院自己"留有余地",既要防止放纵真正有罪的人,也要在一旦发现新的事实或者证据表明被告人确属冤枉时不至于因错杀而搞得不可收拾。这种做法实际上

---

① 《刑事诉讼法》第 2 条。
② 孟康注曰:"孝武《汉武帝》欲急刑,吏深害及故入人罪者,皆宽缓。"《汉书·刑法志》)
③ 颜师古注曰:"吏释罪人,疑以为纵出,则急诛之。"《汉书·刑法志》)
④ 〔日〕松尾浩也著:《日本刑事诉讼法》,丁相顺译。中国人民大学出版社 2005 年版,第 13 页。

是忌纵更大于忌枉的表现,违背了疑罪从无的法律规定,在存在罪疑(罪与非罪存在疑问)之时,实行的却是刑疑(轻刑与重刑存在疑问)才应实行的"刑疑惟轻"。如云南杜培武案件、湖北佘祥林案件等,都是这类"留有余地"的裁判被证明误判的例子。这些例子表明,我国刑事司法有必要在价值观方面纠偏,将积极的实质真实发现主义转变为消极的实质真实发现主义,这就要求法院:

1. 在审判过程中,应以甄别可能的无辜者为工作之重心;
2. 对于有利于被告人的事实和证据应当格外加以注意,并认真展开调查,甚至主动依职权展开调查,务求探知事实真相;
3. 对于发现的以暴力、胁迫、欺骗、利诱等方式获得的言词证据一概加以排除,对于严重侵害被告人等自由权利非法获得的实物证据亦应坚决予以排除;
4. 在事实或者证据存在疑问、不足以认定有罪时,有勇气依法作出无罪判决,抵制政治、公众和被害人一方压力,落实依法独立行使审判权原则和"疑罪从无"的法律规定。对于法官,弗洛里奥曾言:

> 如果他们为了查明真相而没有忽视任何事情,却仍无把握,那么他们的责任就应是宣告被告人无罪,哪怕这样做会使被告人逍遥法外。我们不应该把已了解的罪行放在天平这一端,而把可疑的材料放在太平那一端,然后只取其中较重的一个。①

原因就在于消极的实质真实发现主义的一个基本观念——"罪犯逃脱法网与官府的非法行为相比,罪孽要小得多。"②"毁损一个无辜者的名誉,或者监禁一个无罪的人,要比释放一个罪犯更使人百倍地不安!"③

实质真实发现主义虽为审判阶段的一项基本主张,但要使消极的实质真实发现主义发挥作用,审前阶段的活动与主导审前阶段的办案机关及其人员的态度、立场也至为重要。李学灯指出:"虽然近代各种应用科学已有长足的进步,有助于各种的调查,但是如果一直等到审判中才开始,则由于……各种困难的原因,所可借助的亦极为有限。"④许多冤错案件是侦查中植下的祸根,如刑讯获得的违心自白,勘查现场的马虎潦草、鉴定的疏忽大意甚至侦查中办案人员为使证据充分而对证据加以伪造,都会使案件真相的发现受到阻遏,办案机关及其人员隐瞒有利于被告人的证据而不提供给法庭,都会使消

---

① 〔法〕勒内·弗洛里奥著:《错案》,赵淑美、张洪竹译,法律出版社 1984 年版,第 289 页。
② 美国最高法院前大法官霍尔姆斯语。
③ 〔法〕勒内·弗洛里奥著:《错案》,赵淑美、张洪竹译,法律出版社 1984 年版,第 289 页。
④ 李学灯著:《证据法比较研究》,五南图书出版公司 1990 年版,第 695 页。

极的实质真实发现主义保障个人自由权利的功能被大打折扣甚至不能奏效,强化审前办案机关的客观义务和公平注意意识,绝非可有可无。

总之,"司法的职务,在适用法律时,必须寻求法律上的真理;在认定事实时,必须寻求事实上的真实"①。在考虑法院在寻求事实上的真实的过程中应以何者为重,以及刑事诉讼制度相应的安排与运作,这样一句话始终值得牢记,那就是:保持每一分警惕以防止给无辜者定罪的风险。

---

① 李学灯著:《证据法比较研究》,五南图书出版公司1990年版,第687页。

第三章　存在疑问时作有利于被告的处理

被追诉人的诉讼地位特殊。在现代诉讼中,被追诉人享有一系列重要诉讼权利,具有诉讼主体地位,并不是单纯的刑事追究对象。在古代纠问式诉讼中,被追诉人居于"诉讼客体"的地位,他们只是被追究和刑讯的对象,不但没有有效辩护权和无罪推定原则的保障,甚至也没有人格尊严。现代司法承认被追诉人为诉讼主体,实行无罪推定及其引申出来的疑罪从无原则,该原则对于防止误判有积极意义。

第一节　个案观察:没有证实,等于不存在

1997 年 11 月 20 日《法制日报》第 7 版"记者调查"栏登载了一篇王芳写的题为《强奸,真的发生了吗?》的报道,披露了发生在安徽凤阳的一桩讼案。全文如下:

> 安徽省凤阳县看守所里,林晨(18 岁)、赵二传(25 岁)、周恭贤(16 岁)、台德玉(18 岁)已经待了近两年,年龄最小的周恭贤头发白了一多半,林晨、台德玉黑发里面夹杂着白发。他们是因强奸犯罪嫌疑被关进看守所的。
>
> 1995 年 11 月 27 日下午,林晨、赵二传、周恭贤、台德玉、陈某(女,当时 14 岁)、张某某(女,当时 14 岁)以及刘书才、夏丽丽几人从凤阳县乘车到凤阳县的临淮关去玩。到了临淮关,天已经黑了,几人在一家饭馆吃过饭,林晨、赵二传、周恭贤、台德玉、陈某、张某某到林晨奶奶家,刘书才、夏丽丽一起返回了凤阳城家中。
>
> 这几日,林晨奶奶走亲戚去了,家里就剩下林晨一人。也就是说,当日夜里,在林晨奶奶家,只有林晨、赵二传、周恭贤、台德玉四个男孩和陈某、张某某两个女孩。
>
> 事隔三日,11 月 30 日下午,陈某的父亲到凤阳县公安局刑警队报案,称其女儿和女儿的同学张某某在 11 月 27 日下午被一伙人劫持,后在临淮被这伙人强奸。

刑警队接案后,两名刑侦人员来到张家,让陈父把陈某也带到张家,然后分别对两个女孩进行询问。结果,张某某说台德玉在赵二传协助下强奸了她;而陈某则说被林晨、周恭贤强奸。陈某还讲:周恭贤与她发生性关系后,他感到下身很潮,就从床上下来,把放在椅背上的一块脚布拿到床上擦下身,脚布上沾了精液和血。然而,林晨、赵二传、周恭贤、台德玉对两个女孩的指控均予以否认。

但不久情况发生了变化。周恭贤承认了与陈某发生了性关系,还说看见林晨强奸了陈某。但他的供述与陈某的陈述有很多不同之处。这是周恭贤唯一一次供认,案件移送到公安局预审科后,周恭贤又推翻了前供。以后,无论是在检察院还是在法庭上,周恭贤都没有再承认。而台德玉、赵二传和林晨从始至终都没有承认强奸。

12月2日,公安局的刑侦技术人员到林晨奶奶家勘查现场,提取了被单、擦脚毛巾等物,但提取了何物及化验结果都未入卷;现场勘查笔录上写着"没有发现与此案有关的痕迹物证"。

12月3日,刑侦人员把张某某、陈某叫到公安局,再次对他们进行了询问。这一次,两个女孩的陈述在情节上与前次有许多不同。

不久,林晨、赵二传、周恭贤、台德玉因涉嫌强奸被凤阳县人民检察院批准逮捕。

12月6日11时40分,陈某从家中给周恭贤的母亲张洪美打电话,早有准备的张洪美(之前陈某曾打来几次电话)录下了这次通话。张洪美放下电话,就去把陈某接了出来,安顿在张洪美的妹妹家。

第二天,张洪美和陈某又通了一次电话,张洪美问陈,11月27日那天,周恭贤、林晨是否和她发生过性关系。陈某说,他们根本就没有和我发生过性关系。我爸不相信我讲的是事实,我爸说我要不说,派出所也会讲,刑警队也不放过我。他现在面子也丢尽了,钱也花光了,如果我要维护他们的话,他也就完了,这个家也就不存在了。陈某还讲,张某某现在也被家里人看起来了,张说她对不起台德玉,她也想从家里跑出来。陈某在电话里多次提到要想办法把张某某从家里搞出来,然后她俩一起去公安局把事情讲清楚,把他们(指那四个男孩)放出来。这次通话张洪美也录了下来。

这天,陈某还给凤阳县公安局刑警队写了一封信。她在这封"给刑警队叔叔的一封信"中写道:那天晚上,我、周恭贤、林晨确实是睡在一张床上,但林晨根本没碰我,我和周恭贤之间也是没有的。我和周恭贤是在谈恋爱。我敢拿我的人头担保没那回事。

12月8日晚7时许,张洪美带陈某到凤阳县妇幼保健站做妇科检查。经医生检查,陈某外阴部没有任何强暴痕迹。

就在张洪美夫妇准备带陈某到司法机关讲明事实真相时,12月9日这天,陈某的家人发现了她的藏身之处,他们把张洪美妹妹的家包围了,最终把陈某带回家中。周恭贤父母随后向公安局和检察院提交了陈某的电话录音和亲笔信。

1996年3月5日,凤阳县人民检察院刑检科找陈某询问了电话录音和亲笔信的事。陈某说她不知道张洪美把她俩的通话录了音,她否认张曾问过她周恭贤和林晨是否和她发生了关系;并说那封写给刑警队的信是一个男的叫她写的。

检察院认为,录音的事情值得怀疑,即使其是真的,根据(当时适用的)《刑事诉讼法》的有关规定,录音也不能当作证据使用,据此,决定以强奸罪对林晨、赵二传、周恭贤、台德玉提起公诉。

1996年8月22日,凤阳县人民法院不公开审理了林晨、赵二传、周恭贤、台德玉强奸一案。

四名被告请了六位律师为他们进行辩护,这六位律师中有四位从事司法工作达40年以上。这六位律师全部对被告进行无罪辩护。

律师们认为,检察院起诉的主要根据是,(一)张某某和陈某的陈述。而张与陈的陈述却前后不一,矛盾重重,且有证据证明她俩从学校出来以后到林晨奶奶家的这段陈述有很多情节是虚构的。(二)周恭贤曾供认与林晨轮奸了陈某。但周恭贤在给家里写的信中说,那次承认是在刑侦人员对他拳打脚踢和用"马蹲"的酷刑进行逼供的情况下才承认的,此后他推翻了这次供述。(三)台德玉强奸张某某时手被抓破、舌头被咬伤,有关公安机关所摄台德玉损伤照片在卷证实。但据了解,台德玉舌头是在11月27日前,在与张某某闹着玩时被张咬伤的;而手是在事件发生的第二天,与张争抢他与另一女孩的合影时被张抓伤的。

1996年9月16日,凤阳县人民法院以强奸罪一审判处林晨有期徒刑6年,赵二传有期徒刑5年,周恭贤、台德玉有期徒刑4年。四被告均不服一审判决,上诉至滁州市中级人民法院。

在二审卷中,律师们发现一份过去没有看到过的材料,这份材料是8月7日一审法院对陈某的询问笔录。这次陈某对于电话录音的讲述与她在检察院的讲述不大相同。陈某在讲到她是如何从家里出来到张洪美妹妹家时说:那天中午,我下楼解手,张洪美在我家后门那儿,我一出去,她就把我拖走了,后把我拽上了一辆马自达(机动三轮车)。她还说:(在张洪美妹妹家时)有一天晚上,那个男的让我对着电话念一张纸条。第二天下午,周怀(周恭贤父亲)来了,他把我带到电话旁,(电话)旁边有许多纸条,(他)让我对着电话念纸条,旁边的那张桌子上还放着一把刀。

按照陈某的这种说法,张洪美、周怀夫妇构成非法拘禁罪,二审法院认为此事必须查清。1996年12月24日,二审法院作出裁定:一审认定的事实不清,发回重审。

1997年6月16日,一审法院再次开庭审理了此案。开庭以后审判委员会研究决定,退回检察院补充侦查。10月14日,检察院再次把案卷报送法院,非法拘禁一事查无实据。

法院认为,虽然没有证据证明张洪美、周怀夫妇是非法拘禁,但同样也没有证据证明陈某是自愿从家出走。没有证据证实"给刑警队叔叔的一封公开信"及电话录音内容是陈某的真实意思表示。妇科医生的检查并无结论且不合法,录音带的来源亦不合法。

1997年10月16日,一审法院再次认定被告人林晨、赵二传、周恭贤、台德玉犯有强奸罪,判处林晨、赵二传有期徒刑4年,周恭贤、台德玉有期徒刑3年。

四被告仍然不服判决,要求上诉。

至此,历时近两年的案件仍然没有一个最后的结果,林晨、赵二传、周恭贤、台德玉还要继续在看守所里待下去……①

这篇报道,让人内心五味杂陈。

在司法中,法官和陪审员,常常为罪犯有逍遥法外的可能而感到不安,曾经为无辜者被错判有罪的可能而心绪不安的要少得多。法官和陪审员担心罪犯被放纵的心情是可以理解的,弗洛里奥告诫说:"如果这些人为了查明真相,已经努力工作而没有忽视任何事情,但审判官仍然没有确认的把握,那么审判官的责任就应是宣告被告无罪,哪怕这样做会使罪犯逍遥法外。我们不应该把已了解的罪行放在天平这一端,而把可疑的材料放在天平那一端,然后只取其中较重的一个。"②太多的错案教训已经反复证明,认定一个人有罪须特别慎重,要避免错判有罪或者要减少错判有罪,唯一办法,是坚守这样的准则:"只有那确凿无疑的材料,才能作为判决的根据。"③

---

① 王芳:《强奸,真的发生了吗?》,载《法制日报》1997年11月20日第7版。
② 〔法〕勒内·弗洛里奥著:《错案》,赵淑美、张洪竹译,法律出版社2013年版,第225页。
③ 同上书,第226页。

法院认定一个人有罪，需要达到法定的证明标准。各国确立的定罪标准大致可以分为两大类：一是主观标准，包括积极的标准如"内心确信"，也包括消极的标准如"排除合理怀疑"；二是客观标准，我国采行的"犯罪事实清楚、证据确实、充分"就属于这一类标准。所谓"犯罪事实清楚"，就是要查清为定罪量刑必需的事实和情节；"证据确实、充分"就是要做到：据以定罪的单个证据必须查证属实，经查证属实的单个证据与待查证的犯罪事实之间必须存在客观联系，经过查证属实并具有关联性的证据在数量上必须达到足以定罪的要求，即认定的事实须有必要的证据加以证明，证据之间、证据与认定的事实之间没有矛盾或者虽有矛盾已经得到合理排除，得出的结论是唯一的，不具有其他可能性。

尽管这是从客观角度（曰事实如何，曰证据如何）来确定标准，其实也离不开法官的主观判断，清楚与否、确实与否、充分与否，都需要人来判断。正由于定罪标准需要法官把握，对于具体案件是否达到了定罪标准，有时意见多歧。但就林晨案件而言，似乎不应有歧义，这是一起典型的疑罪案件，达不到定罪标准。

我们不妨以法定的定罪标准来衡量一番。

在林晨案中控诉证据主要有被害人陈某、张某某的陈述、被告人周恭贤的供述、公安机关拍摄的被告人台德玉手被抓破以及舌头被咬伤的照片。这些证据都受到质疑：

1. 被害人陈某的陈述与张某某的陈述存在瑕疵。不仅陈某的陈述与被告人周恭贤的供述有很多不一致之处，陈某与张某某各自进行的两次陈述在情节上也有很多不同，而且陈某在打给周恭贤母亲的电话中和其写下的"给刑警队叔叔的一封信"中否定了原来的陈述。

2. 被告人林晨、赵二传、台德玉自始至终不承认对他们的强奸指控，被告人周恭贤最初也不承认犯罪，后来仅作了一次有罪供述，并在此后的辩解中推翻了这唯一一次供述。周恭贤在写给家里的信中指出，那次供述是在刑侦人员对他拳打脚踢和强迫"马蹲"进行逼供的情况下才承认的。了解我国侦查实际情况的人，对于周恭贤这种说法的真实可能性，不会遽然否定。

3. 辩护律师指出：台德玉的舌头是在 11 月 27 日前与张某某闹着玩时被张咬伤的；手是在被指控的犯罪发生后的第二天，与张争抢照片时被抓伤的。也就是说，这些伤与指控的犯罪无关。

再看本案的辩护证据。本案有如下对被告人有利的证据值得重视：写有"没有发现与此案有关的痕迹物证"的现场勘查笔录，陈某与周恭贤母亲的电话录音和陈某"给刑警队叔叔的一封信",林晨、赵二传、周恭贤、台德玉的无罪辩解等。此外,刑侦人员勘查现场时提取了被单、擦脚巾但提取了何物及化验结果均未入卷、陈某与张某某的陈述存在许多疑点、周恭贤述说受到刑讯逼供的家信以及台德玉舌头和手上的伤均与指控犯罪无关的事实等,均可作为有利于被告人的事实或者证据提出。

这些有利于被告人的证据与控诉证据存在矛盾,显然,不排除这些矛盾,就不能达到法定的定罪标准。我们看到的是,这些矛盾没有得到排除,检察院和法院在审查判断证据上,都存在耐人寻味的说法或者问题:

1. 混淆控诉与辩护在证明要求上的区别。在本案中,司法机关对陈某所说涉嫌非法拘禁罪的事实进行调查,起码有两个意义:一是确认非法拘禁犯罪是否存在;二是在此基础上确认电话录音和"给刑警队叔叔的一封信"的内容是否陈某自愿陈述。检察院补充侦查的结果表明非法拘禁一说查无实据,但法院却如此认定:虽然没有证据证明张洪美、周怀夫妇是非法拘禁,但同样也没有证据证明陈某是自愿从家出走;没有证据证实"给刑警队叔叔的一封公开信"及电话录音内容是陈某的真实意思表示,因此否定电话录音和"给刑警队叔叔的一封信"的证据能力。① 实际上,电话录音和"给刑警队叔叔的一封信"的真实性并没有得到排除,一审法院混淆了控诉与辩护在证明要求上的差别。从证明原理看,犯罪事实清楚、证据确实充分乃是证明有罪要达到的标准,辩护方要证明无罪无须达到这样的标准,"只需要对被告人的罪行提出合理的怀疑就可以了"②。由本案观之,电话录音和"给刑警队叔叔的一封信"构成对指控犯罪的"合理的怀疑"则辩方就可以赢得胜诉。故而在本案中,一审法院要作出有罪判决,不是认定其真实性而是要排除其真实性的问题。

2. 对辩护证据合法性的偏颇理解。无论检察院还是一审法院,均以辩护证据不合法作为排除这些证据的理由。如检察院认为,即使录音是真的,根据《刑事诉讼法》(1979 年《刑事诉讼法》)有关规定,录音也不能当作证据使用。此言差矣!实际上,视听资料虽然是我国 1996 年修改《刑事诉讼法》时新增的证据种类,但绝非刑事诉讼中的新证据,在此之前,视听资料在我国刑事诉讼中多次使用,最著名的是在审判林彪、江青反革命案件时使用江青

---

① 按照这一逻辑,同样可以作出如下推论:虽然没有证据证明周恭贤的有罪供述是在刑侦人员对他拳打脚踢和用"马蹲"的酷刑进行逼供的情况下才承认的,但同样也没有证据证明周恭贤的供述是自愿作出的、是其最初的意思表示,所以对周恭贤的供述也不能采纳。但事实却并非如此,而是恰恰采纳这一有罪供述。如此采纳双重标准,真令人无话可说。

② 〔英〕J. W. 塞西尔·特纳著:《肯尼刑法原理》,王国庆、李启家等译,华夏出版社 1989 年版,第 547 页。

进行煽动性演说的录音讲话作为证据,只不过那时是把视听资料作为物证或者书证使用的。至于一审法院以来源不合法为由否认电话录音的证据能力,更于法无据,莫名其妙——这类证据一定要由公安司法机关获取和提供乎?事实上,无论我国《刑事诉讼法》还是相关司法解释,对于证据的合法性问题都没有采取简单化的处理方式,除以暴力等非法方法取得言词证据的一概加以排除在外,对于物证、书证、视听资料等实物形式的证据,即使不合法,亦须实事求是加以甄别,以判断应否予以采纳,并非一股脑拒之法院门外。

3. 对被害人陈述缺乏警惕。本案被害人陈述有许多值得警惕之处:其一,不能与被告人供述印证一致,双方陈述多有不同;其二,被害人各自两次陈述也存在矛盾,不能排除矛盾;其三,有证据证明两名被害人从学校出来以后到林晨奶奶家的这段陈述有很多情节是虚构的,足以产生对其可信性的怀疑;其四,陈某的电话录音和"给刑警队叔叔的一封信"否定了以前的说法,足以产生对陈某陈述可信性的怀疑;其五,陈某指控非法拘禁的一些说法似乎夸张逾度,得不到证实。显然,这些有明显瑕疵的证据不应用来给被告人定罪。

纵观林晨案,显而易见,控诉方缺乏强有力的证据证明性行为确已发生,对犯罪的指控建立在反复无常、相互矛盾的被害人陈述之上,案件处于既不能证实(证明被告人有罪)也不能证伪(排除被告人有罪)的悬疑状态,需要按照无罪推定精神和"存在疑问时作有利于被告的处理"的观念对案件作出处理。

第二节 无罪推定与疑罪从无

古时传闻:成汤"出郊,见人张网四面而祝之曰:'从天坠者,从地出者,从四方来者。皆罹吾网',汤解其三面,止置一面,更祝曰:'欲左者左,欲右者右,欲高者高,欲下者下;不用命者乃入吾网!'汉南闻之曰:'汤德至矣!'归之者四十余国"[①]。

在刑事诉讼诸原则、规则中,为被怀疑、指控犯了罪的人网开一面者,为无罪推定,该推定旨在避免法网过密而造成无辜者受到错误的追究和定罪,与古之恕道相合。

一、疑罪案件的种类

实体正义以认定事实符合案件真实情况为前提,在当代刑事诉讼中,查

---

① 许仲琳著:《封神演义》,三诚堂出版社 2001 年版,第 2 页。

明案件事实真相是检察院对案件作出处理和法院作出判决的基础。但是,不是所有的案件都能够查明案件事实真相,各种因素导致案件真相如堕五里雾中,无法清晰辨识。在无法查清案件真实的情况下,检察院和法院不能不对案件高高悬挂,不作处理和进行判决。那么,对于无法查明案件真相的案件,该如何处理?

在刑事司法中,无法查明案件真相有两种情形,一是没有证据证明指控的犯罪事实,或者已有的证据被证明是虚假的;二是有一定的证据表明犯罪嫌疑人、被告人有犯罪的嫌疑,但已经掌握的证据尚不足以证明犯罪嫌疑人、被告人确实构成犯罪,即现有的证据达不到法定的证明标准。后一种情形意味着在犯罪嫌疑人、被告人是否构成犯罪或者其罪行轻重问题上存在既不能证实也不能证伪的悬疑状态,这类案件就是"疑罪"案件。

对于"疑罪"案件,考察其成因,可以将其分为两大类:

(一)主观之疑罪。主观的疑罪案件是处理或者裁决案件的主体在主观上认为的难以判明真伪的案件,如处理或者裁决案件的人员缺乏足够的法律素养、法庭经验以及社会经验而无法很好地判断案件,由此形成"疑罪"案件。对于这类情形的"疑罪"案件,处理的一般原则是将案件移送给有能力处理或者裁决的机关或者人员,由后者去处理或者裁决。

(二)客观之疑罪。客观的疑罪是由于法律规定不明确、证据不足等客观因素形成的难以判明案件真伪的案件。包括:

1. 由于法律原因造成的疑罪案件。如因法律规定本身不清晰,造成难以判明真伪和做出处理的案件。

2. 由于证据原因造成的疑罪案件。这种案件是由于诉讼证明未能达到法定证明标准而形成的。

我们通常所说的"疑罪"案件,通常是指由于证据原因造成的疑罪案件。

换一个角度,依疑罪的内容不同,可以将疑罪案件区分为:

1. 罪疑案件,对于犯罪嫌疑人、被告人是否构成犯罪存在疑问,亦即犯罪嫌疑人、被告人是否有罪处于不能证实也不能证伪的状态。

2. 刑疑案件,犯罪嫌疑人、被告人构成犯罪不存在疑问,存在疑问的是犯罪嫌疑人、被告人构成轻罪还是重罪。

二、处理疑罪案件的原则

对于疑罪案件,我国古代已经确立了解决原则。《尚书·大禹谟》中提出:"罪疑惟轻,功疑惟重,与其杀不辜,宁失不经。"《吕刑》曾云:"五刑之疑有赦,五罚之疑有赦。"《礼记·王制》中也说:"疑狱,氾与众共之。众疑,赦之。"

《书经集传》中提到:"罪已定矣,而于法之中,有疑其可重可轻者,则从轻以罚之。"

依现代刑事诉讼中的证明责任制度,证明犯罪嫌疑人、被告人有罪的责任由控诉方承担,辩护方不承担证明自己无罪的责任,如果控诉方不能证明犯罪嫌疑人、被告人有罪,他们不应当被起诉或者应当被宣告无罪,此即"疑罪从无"原则。不过,对于罪疑案件实行的是"疑罪①从无"原则,对于刑疑案件,实行的则是"刑疑惟轻"原则。

(一)疑罪从无。我国《刑事诉讼法》已经规定了"疑罪从无"的处理原则,体现为:对于补充侦查的案件,人民检察院仍然认为证据不足,不符合起诉条件的,可以决定不起诉;对于证据不足,不能认定被告人有罪的,应当作出证据不足、指控的犯罪不能成立的无罪判决。这里"决定不起诉"和"作出证据不足,指控的犯罪不能成立的无罪判决",都适用于犯罪嫌疑人、被告人是否构成犯罪尚存疑问的案件。这类案件中的"证据不足",是指具有下列情形之一:

1. 据以定罪的证据存在疑问,无法查证属实;
2. 犯罪构成要件事实缺乏必要的证据予以证明;
3. 据以定罪的证据存在矛盾,该矛盾不能得到合理排除;
4. 根据已有证据得出的结论不是唯一的,具有其他可能性。

(二)刑疑惟轻。《书经集传》云:"于法之中,有疑其可重可轻者,则从轻以罚之。"②在刑疑案件中,疑惑源于确认犯罪嫌疑人、被告人构成重罪的证据不足,即犯罪嫌疑人、被告人构成重罪的诉讼主张处于不能证实也不能证伪的状态,但犯罪嫌疑人、被告人至少构成轻罪是没有争议的。也就是说,被告人的过去行为构成犯罪没有疑问,只是罪轻罪重存在疑问。

如果仅是刑罚轻重存在疑问,犯罪嫌疑人、被告人构成犯罪确定无疑,则不能径行作出不起诉的决定或者无罪判决。"刑疑惟轻"为解决这类疑惑提供答案。对刑疑案件的被告人处以轻罪,可以避免轻罪重判,防止犯罪嫌疑人、被告人的合法权利受到损害。

这种做法,体现了力求不冤枉无辜的原则,是无罪推定在实体法方面运用的具体表现。李学灯先生曾经叹道:我国先秦之际,"在世界上尚无所谓人权之争。正如世界人权宣言里所用野蛮(barbarous)一词,世界上其他各地,多尚属于未开化的区域。唯有中国在这一方面独辟曙光。本于仁爱忠厚之

---

① 这里的"疑罪"指的是罪之有无存在疑问。
② 李学灯:《世界最早的人权思想与实践》,载中华学术与现代文化丛书:《法学论集》,中华学术院1983年版,第115页。

心,至公至平之意,重视人之所以为人在近代所谓的人权,而宁愿自受失刑之责而不辞。这是何等伟大,何等文明!何等的先知先觉!就其长远的影响所可能发生的效果,自有助于道德教育、法律秩序的建立。所谓'好生之德,洽于民心,效用不犯于有司'。由于这种思想和实践,递嬗演变而为近代的法律政策,构成人权保障的基础。"①

不过,无罪推定原则虽然成为现代刑事司法常识,但是司法实践状况未必臻于理想,由于司法审判中多数被告人是有罪的,司法人员容易将站在他们面前的每一个被告人都预断为有罪。Marshall Houts 指出:"我曾经对许多法官的态度感到震惊,这些法官长期从事审判工作养成一副铁石心肠,由此形成的态度是,公诉人提告的任何一个刑事被告人必然是有罪的。"②德肖维茨在《最好的辩护》一书的序言中,将"有罪推定"列为美国刑事司法中的潜规则之一。这种有罪推定的"司法经验"与无罪推定的诉讼原则形成鲜明对照,自然,也是冤错案件的原因之一。

---

① 李学灯:《世界最早的人权思想与实践》,载中华学术与现代文化丛书:《法学论集》,中华学术院1983年版,第114页。
② Marshall Houts,From Evidence to Proof,Charles C Thomas Publisher,1956,p. 56.

第四章　口供依赖之消减

充分保障刑事被追诉者的诉讼权利,冤错案件有可能得到遏制。要提升被追诉者的诉讼权利保障,需要对症下药。在我国,冤错案件的一大病灶是口供主义。在司法制度和办案心理方面解除对口供的病态依赖,是降低冤错案件发生率的有效途径。

第一节　个案观察:呼格吉勒图案件

刑讯逼供之害,人多知之;诱供之害,人多不察。

与刑讯逼供不同的是,诱供看起来慈眉善目多了。诱供是以一定利益为诱饵,就像在驴眼前挂一胡萝卜,引诱它朝着操纵者期望的方向走,到达操纵者的目的地。看起来,审讯者并未动粗,望之有慈善家气象,被利诱者不能在诱惑面前自持,交代了罪行,与刑讯之害真有天渊之别,国人不以为非,也是顺理成章的事。

然而,诱供之害乃绵里藏针之举,是用温和诱人的手段来套取嫌疑人口供,讯问者口蜜腹剑是不消说的,国人很少想到的是,诱供也是造成冤错案件的一大原因。谓予不信,不妨看看司法活动中的实例。

在我国,以引诱方式获取证据的情形是常见的,甚至以暴力方法取证的情形也并非鲜见。被媒体披露的呼格吉勒图案件,其中的违法取证行为就值得注意:

2005年10月23日,内蒙古自治区呼和浩特市赛罕区公安分局刑警大队将犯罪嫌疑人赵志红擒获。赵志红交代了二十七起案件,其中第一起强奸杀人案,使警方感到震惊,因为他交代的这起发生在1996年的命案,在案发当月,警方就宣布破案。一个名叫呼格吉勒图的蒙古族年轻人被当作罪犯,已于1996年6月10日执行死刑。

这个案件披露后,起初并没有像佘祥林、赵作海、聂树斌那样广为人知,当初办理此案的公安司法机关并不认可呼格吉勒图案件是冤错案件,一度以没有物证相佐证为由拒绝接受赵志红对该案的认罪。没有物证相佐证,责任恰在公安司法机关,当初应当收集并保管下来的物证或因未认真收集而不存在或因未妥善保管而灭失,这与美国多起案件随着 DNA 技术在刑事司法中的应用可以利用多年保存的物证进行 DNA 检测从而发现冤错案件恰成对比。

人们当然要追问:呼格吉勒图是否被冤杀的;如果是被冤杀的,呼格吉勒图当初在侦查中的有罪供述是怎么形成的。有媒体报道,有警察认为,呼格吉勒图案极有可能是个冤案。他说:"你没见过呼格吉勒图的口供吧,其中一段很有趣。在那个黑灯瞎火的公厕实施强奸的呼格吉勒图,居然知道被害人穿的是牛仔裤,系的皮带是向左插的,皮带上还有两个金属扣子!有些同志跟我说,怎么越看越像是诱供啊?"①凤凰卫视《社会能见度》栏目曾经披露呼格吉勒图案件审问细节:呼格吉勒图在被枪决前一个月,接受呼和浩特市检察官的讯问,坚称自己无辜。笔录中有这样一段话:"我今天讲的都是真的,在公安局一开始讲的也是真的,后来他们认为有很多疑点我讲不通,他们告诉我那女的没死,而且我当时尿急,他们说我讲完就可上厕所,可以回去,所以我就那样讲了,讲的都是假的。"

从媒体披露的呼格吉勒图案件取证情况看,呼格吉勒图在侦查阶段的有罪供述是在其人身完全失去自由的情况下提供的,警方采用了多种为《刑事诉讼法》明令禁止的方法进行了逼供和诱供。值得注意的是,警方隐瞒了被害人已经死亡的事实,谎称被害人没死,以这种欺骗行为来减轻呼格吉勒图对于有罪供述可能招致的未来刑罚(死刑预测)的心理恐惧,另外,利用呼格吉勒图尿急的内在生理压力,将其转为警方对嫌疑人施加的身体压力(不准上厕所)。警方以释放这一压力为诱饵,诱使呼格吉勒图提供有罪供述。这一引诱还包括更加动人的许诺:讲完就可以回去。在这一番承诺下,呼格吉勒图做了自蹈死地的有罪供述。

从呼格吉勒图案件中,可以看到,诱供与其他非法取证行为结合在一起而最终发挥效力。嫌疑人在被完全剥夺人身自由后,接受长时间的审讯,审讯中受到威逼甚至刑讯,孤独无助,受到惊吓,有强烈的无助感,心理压力过大,精神高度紧张,身体倍感疲劳甚至受到伤害,内心渴望自己的辩解被接受,但审讯的情形使他们的辩解不被倾听和接受,他们陷于绝望的边缘。在这种情况下,诱供往往发挥效果,使嫌疑人重新燃起希望,无辜的人为了摆脱眼前的困境,容易作出迎合审问者需求的自诬之供。呼格吉勒图案件中嫌疑人在侦查中的有罪供述就是这样提供的,这导致呼格吉勒图被起诉、审判和处决。

---

① 星岛环球网:《奸杀 11 人凶徒归案 供词揭破内蒙古十年前诱供冤案》,载 www.singtaonet.com,2019 年 5 月 11 日访问。

法国律师弗洛里奥在《错案》一书中谈到诱供,曾说:

> 即使不用暴力,也能以许诺很快释放的办法,从某些嫌疑犯那里获得口供。道理很简单:警察说:"如果你承认这并不严重的事实,我们就让你走;反过来,你不承认的话,我们就要进行核实。那么,为了避免你干扰对质,我们就不得不把你拘留,直到把事情弄明白。"采取这种办法的警察,一般都相信他可以让罪犯认罪,而无辜者会坚决否认。可是,经验证明,情况恰恰相反。当警察用假释来引诱那些人时,他们为了避免遭到监禁和继之而来的公众议论与耻辱,不是许多人不论什么情况都准备承认吗?他们坚信,不久之后他还能发表意见为自己辩白,而且可以接受别人的辩护来证明自己无罪。他们眼前的目的就是避免被捕。①

对于某些被拘禁的人来说,释放的许诺值得用虚假的认罪来兑换,"一个无辜的人这时是会招供的。因为他想马上离开这个对他来说如同地狱一样的拘留所。一个人突然被逮捕入狱,把他和那些惯犯、流氓关在一起,这对他来说是最大的精神痛苦,这种痛苦是人们难以想象的。可能,只有辩护人由于他与委托人的直接接触,才能真正理解这种苦恼"②。

呼格吉勒图案件是否存在诱供,当初只有呼格吉勒图本人向检察人员的陈述,该陈述涉及非法取证的这一内容,并没有引起检察人员的重视,遑论进行调查了。进一步思考,由于侦查活动具有高度密闭性,侦查人员在有关取证合法性问题上会撒谎,即使检察机关想查清此事也无能为力,何况那时最高人民法院和最高人民检察院关于以利诱方式取得的言词证据不能作为起诉根据和定案根据的司法解释尚未出台,即使查明警察果有引诱取供的情况,也不能导致呼格吉勒图的供述被排除的法律后果。因此,这起案件中可能存在的诱供,当时并没有引起有关部门的重视。

无独有偶,2006年8月25日《上海青年报》报道:福建省武夷市发生盗窃案,远在重庆綦江而从未到过福建的青年罗玉明被怀疑为主犯受到网上通缉,原因是真正的盗窃犯自称是綦江"罗玉明"。罗玉明被綦江警方"抓获"并押解到武夷,对盗窃犯罪事实"供认不讳"。后来查明,当时在綦江审问时,一位民警告诉他,老实交代,承认了就没事,如果抓到福建去,连父母都看不到他了。在武夷山市人民检察院,办案人员又对他说:"不承认就不能出去。"在这种情况下,罗玉明"一路承认下来",甚至在案件宣判后也没有上诉。罗玉明被警方逮捕后,武夷法院判其有期徒刑一年半。2007年6月30日,在羁押

---

① 〔法〕勒内·弗洛里奥著:《错案》,赵淑美、张洪竹译,法律出版社1984年版,第80—81页。
② 同上书,第81页。

了265天后,罗玉明被无罪释放并获得3万元补偿金。①

刘志连案件,也有诱供为害其中。2006年同村村支部书记的儿子陈锦鹏因服食毒鼠强死亡,刘志连被邯郸市涉县公安局怀疑为犯罪嫌疑人。② 在回答《新京报》记者采访时,刘志连讲述了自己供认有罪的原因。刘志连称:2006年4月25日,警方对她进行心理测试。测试那一天,她儿子做扁桃体手术。他们就说她心情有很大波动。接着,警方对她进行骗供。他们拿着她丈夫的"拘留证",在她面前晃了一眼,就一秒钟的时间。她看见了她丈夫的名字。事后回忆,那张拘留证没盖红戳。警察对她说,你丈夫都承认是你干的了,你赶紧招吧。做心理测试时,刘志连在涉县旅游宾馆里,见不到丈夫。第二天,又被转到涉县日升酒店继续盘问。她听到隔壁房间的人大声惨叫。一个胖刑警对她说,你要不招,也和他一样。警察对刘志连连续审问,三男一女人看着她,不让其睡觉。刘志连想,认了吧,别让自己遭罪了。4月28日凌晨两点,刘志连承认毒死小孩。刘志连说:"我是个农村人,想法很天真。我就想,我没干过的事儿,我说害了,就害了吗?"事后证明,这个想法的确实过于天真了。③

但愿呼格吉勒图案件等冤错案件,能够唤起人们对诱供之害的认识。司法机关需要扪心自问:如果面对实际发生的冤错案件的多种成因有所警觉,如果真要下决心防止出现冤错案件,那么,对于是否以排除证据来遏制欺骗、引诱之类非法取证行为,态度还应该再模糊下去吗?

第二节 不被强迫自证其罪的特权规则

在我国刑事司法领域,人们对不被强迫自证其罪的权利并不陌生,随着长短文章、大小著作和各种研讨会、课堂上的反复言说,许多人对该权利已经耳熟能详。由于这一权利浸透了对犯罪嫌疑人、被告人保护的思想,对于警察获取口供设置了障碍,至今有不少人对它充满疑虑。我们当下思考这项

---

① 海川:《罗玉明冤案根源在于"诱供"》,载《上海青年报》2006年08月25日。
② 邯郸市中级人民法院在刘志连被超期羁押3年后判其死缓。一审判决后,被告人上诉至河北省高级人民法院,河北省高级人民法院对本案审理后以事实不清、证据不足发回邯郸市人民法院重新审理。邯郸市人民检察院撤回起诉。随后邯郸市人民检察院指令下级检察院——涉县人民检察院向涉县人民法院以同一罪名重新起诉。2010年2月25日,在严重违背法律程序的情况下,涉县人民法院对本案进行了开庭审理。2011年8月6日,涉县人民检察院对该案撤回起诉,并于当日移送邯郸市人民检察院。8月7日,邯郸市人民检察院召开检委会,经研究决定对刘志连作存疑不起诉处理;当日,邯郸市人民检察院对刘志连宣布不起诉决定,并将其当场释放。
③ 周亦楣:《河北女子被错判死缓羁押5年 获释后被送进医院》,载《新京报》2011年8月10日。

权利，需要把它与防止冤错案件联系起来，注重其在减少错案发生方面可能发挥的功能，除了立法对该权利明确加以认同外，进一步思忖如何在司法实践中落实这一权利。

正如人们已经了解的，自证其罪（self-incrimination），又称"自我归罪""自陷于罪"，不被强迫自证其罪特权中所谓"自证其罪"是指"在审判中承认犯罪的证言或者在审前程序中一个人表明自己构成犯罪的行为和声明"①。在德国，也存在与"反对强迫自证其罪"相近的权利，其法律术语是陈述自由（aussagefreiheit）权，包含陈述和不陈述两项权利。德国人是从正面——"陈述自由"——来界定该项权利的。

"不被强迫自证其罪"通常被视为一项权利（right）或者特权（privilege）。该权利的起源可以追溯到古罗马司法制度之中，卜思天·M.儒攀基奇指出：这一特权古已有之，"罗马法之格言'Nemo contra se edere'（即没有人自我控告）便蕴涵该特权之精义——当然，不限于刑事诉讼中"。有学者认为，古罗马的这句格言"来源于人们对法律争端本质的直观理解与感悟"②。按照这一格言，如果一个人回答政府机构的提问将会暴露于自证其罪所造成的"真实的和可估计到的危险"之中，他有权拒绝提供证据。

我们可以进一步借助美国"不被强迫自证其罪的特权"来观察该项权利的内涵，这一权利"要求政府③在没有被告人作为反对自己的证人的情况下证明其犯罪，尽管该特权仅仅保护言词证据而不是诸如笔迹和指纹等物证。任何违背其意愿被传唤到证人席的证人都可以求助于这一权利，无论是在审判程序、大陪审团听证程序中，还是在调查前的程序中，但当证人自愿作证时该特权则被放弃"④。此外，"自证其罪条款也保护人们不因持有私人书籍和文件⑤而被传审"⑥。不过，在美国，自证其罪条款并不妨碍州要求肇事司机停车并报告汽车所有人和应对财产损害承担赔偿责任的人的姓名和住址，因

---

① 《布莱克法律大辞典》（第5版），邓焕青编译，西方出版公司1979年版，第1220页。
② 同上。
③ 在美国，这里的"政府"泛指一切政府机构，"此项特权现在保护人们不得被强迫回答任何政府机构，比如联邦贸易委员会，提出的证罪问题。进一步说，本条款保护人们不受某些法律，特别是税收法的限制，比如，如果回答其提问的话，将会把一个人暴露于自证其罪所造成的'真实的和可估计到的危险'之中，因为它将提供不法行为的证据。例如，不得强迫职业赌徒缴纳有关职业赌博的特别消费税，因为那样无疑提供了他们不法行为的证据。"参见〔美〕卡尔威因、帕尔德森著：《美国宪法释义》，徐卫东、吴新平译，华夏出版社1989年版，第225页。
④ 《布莱克法律大辞典》（第5版），邓焕青编译，西方出版公司1979年版，第1078页。
⑤ 这里涉及的是私人材料而且是个人收藏，放在自己会计师手中的账单不受保护。参见〔美〕卡尔威因、帕尔德森著：《美国宪法释义》，徐卫东、吴新平译，华夏出版社1989年版，第225页。
⑥ 同上。

为这并不针对所暴露的不法行为;另外,值得注意的是,自证其罪条款也不保护将来的违法行为。

毋庸置疑,不被强迫自证其罪的特权必然含有沉默权(the right to remain silent),既然一个人要不要讲话取决于其个人意志,不讲话当然是得到保障的权利,在司法中,沉默权几乎是"不被强迫自证其罪"的特权的通俗表达。有学者指出,有权保持沉默被认为是"统御整个刑事司法制度并占据核心的地位的一项原则"。这一权利是人们经常讨论的对象,对它的看法有褒有贬,见仁见智。① 即使在英美法系国家,对"沉默权"也存在质疑的声音,如萨尔哈尼(Salhany)在《加拿大刑事证据研究》(Studies in Canadian Criminal Evidence)中提到,海恩斯法官(Justice Haines)认为沉默权"对于盎格鲁——美利坚司法中有效率的刑事司法活动来说是最大的障碍……它是奢侈的社会无法再承受的。犯罪的高成功率可以'归功'于它。它使警察受挫,使犯罪人受益并起到对法律不尊重的作用。并且,带着对法律职业的尊崇,废除沉默权,以便将高贵的职业从其自身不名誉中挽救回来,已经是必要的了"②。

针对不被自证其罪权利的这一类批评,虽然时有所闻,但没有成为法律界的主流意见,因而也没有导致沉默权在刑事司法中的废止。对于沉默权,赞扬者甚众,如哈佛法学院院长、后来成为美国副检察长的格力斯沃德(Griswold)称沉默权为"在人类为其自身文明而奋斗中的伟大里程碑之一。……该特权的确立历史性地与刑讯的废除相联系……我们业已经过历史进程发展了相当重要的个人的尊严感和个人在本质上的重要性。……该权利是我们在政府和个人之间关系取得进展的基本尊严之一的表达"③。

沉默权涉及两个基本原则:"第一是政府承担依其自身努力去提出证据指控来处罚一个人的义务,正如詹姆斯·斯蒂芬几乎在一百年前提出的那样:'被羁押者不得被讯问的事实,激发去搜寻独立的证据。'经常(如今也是如此),警官将依赖某些坦白,无论口头的还是书面的,来支撑其办理案件,比出门跑腿做找证据的基础工作要强。第二个基本原则是该人的沉默权得到切实保障,除非他选择讲话。这种选择必须自愿而警察不得以任何方式影响其选择。"④

对于不那么重视人权保障而一味追求案件真相发现的社会,认同并在法律以及司法实践中确立并落实沉默权,是相当困难甚至不可思议的事情。发

---

① Roger E. Salhany, The Police Manual of Arrest, Seizure and Interrogation, Fransal Pubishing Inc. 1984, p. 92.
② Ibid., p. 93.
③ Ibid.
④ Ibid., p. 94.

现案件真相并正确运用法律去惩罚有罪的人,是无论哪一个社会都珍视的价值。问题在于,并非所有的国家和社会都认同为了达到这个目的可以不择手段。这种观念首先在英美国家发生转变,体现为法律的正当程序理念。

第三节 自白以任意性为采纳条件

我国刑事证据法之研究,主张将任意性作为自白得以采纳为定案根据的条件之呼声并不高,司法实践对于口供倚赖的强大惯性,使得实务部门对自白任意性规则鲜有顾及,学术界的"务实"精神使得学者对于不易为实务部门接受的制度,很少投入较多精力加以研究并推动其实现,况且不少人并不能透彻地理解自白何以须以任意性为采纳的条件。自白任意性规则就处于这种被冷落的状态,口供主义深刻影响着刑事司法的局面使然。

一、任意性应为自白可采性的必要条件

自白具有与其他证据相互印证的作用,也有引导出为执法人员、司法机关尚不掌握的其他证据或者事实之作用,尤其是后者,为查隐案、破积案、查串案提供了便利条件。正是由于自白在诉讼中常能发挥直接揭示案件事实的证明作用,因此侦查者、控诉者和审判者都重视自白的获取和运用,以便迅速推进诉讼进程和确认案件事实。只不过,获取自白的方法、手段却因各自的行为背景和制度环境而存在差异。在一些国家和地区,历史上以各种方法迫取口供的遗风仍然盛行;另外一些国家或者地区建立起严格的制度和措施遏制非法取供行为,两者恰成对比。在各种证据规则当中,自白任意性规则就是为了遏制不正当的取供行为而设定的。

自白应以自由和自愿提供为可以采纳的标准,是自白任意性规则的一般原则。自白任意性规则,承认自白可以作为案件的证据,但该自白必须出自自愿,且不得将其作为给被告人定罪的唯一证据。该规则源于18世纪后半期的英国。在英国,该规则可以简单概括为:"如果自白是非任意的,它就是不可采纳的。如果自白是任意的,原则上是可以采纳的,但是,如果法官认为采纳它对于被告人来说是不公平的,也可能不予采纳。"[1]也就是说,即使自白具有任意性,法官仍然拥有自由裁量权决定是否予以采纳。

在英语国家,自白用两个常用词来表达,一是 confession(供述),另一是 admisson(承认)。两者只有轻微差别,主要区别是,confession 通常指完整和

---

[1] D. W. Elliott, *Phipson and Elliott*, *Manual of the Law of Evidence*, Sweet & Maxwell, 1980, p. 183.

详细的陈述，admisson 则不然。① 通常，自白可以以书面或者口头做出，在有限情况下，被告人可以靠动作或沉默做出自白。在某些情况下，经过被告人准许，可以由被告人的代理人代为陈述。② 在我国，被告人在认罪中陈述案情，谓之"供"。供的本意是"供给""给予"，后引申为"自认"。供述、草供、亲供、供认之类的词语都以"供"构成，表达认罪而陈述之意，不认罪而陈述谓之辩解。"自白"一词也很常见，白有率直之意，自白、坦白与供述的意思一样。认罪则是对指控的犯罪予以承认，认罪未必对承认的犯罪做出具体、详细的陈述。

自白具有任意性，意味着自白是自由和自愿提供的。其中"自由"是指自白者的自由意志（free will）没有被剥夺，他可以自主决定是否承认犯罪以及是否就指控的犯罪作出坦白，也可以拒绝这样做。这里的"自愿"，有着严格的法律含义，是没有外在压力或者不正当的诱骗下自己决定认罪或者就指控的犯罪作出供述。

许多国家的证据法学研究和相关立法例，涉及自白可采性时，除了关联性便是自白的任意性。例如，被告人在 1914 年易卜拉欣（Ibrahim）案件中，萨默爵士（Lord Summer）指出："很久以前英国的刑事法就建立起一项明确的规则，被告人的陈述不可采纳为指控他的证据，除非检控方表明该陈述是自愿作出的。这里所谓'自愿'，含义是该陈述之取得既非出于政府人员实施或者提出的加以损害的恐吓，也不是获得某种好处的希望。该原则与黑尔爵士（Lord Hale）规则③一样古老。"④这一基本原则意味着向政府人员进行的陈述只有在自由和自愿的条件下才能作为证据被法庭采纳。⑤ 很长时间以来，自白任意性都是自白可采性的必要条件，直到现在也不例外。在美国，"自愿性规则已经成为一个自动撤销原判的规则。如果提出和接受的供述是受到强迫的，那么该有罪判决就必须撤销。即使没有表明被告人实际上由于该供述的采纳而受到不公正的判决"⑥。

在英国，自白任意性规则适用的范围近年来有收缩趋势。理查德·梅介

---

① Andrew Bruce, Gerard McCoy, *Criminal Evidence in Hong Kong*, Butterworths, 1987.
② Ibid.
③ It is a legal doctrine, since overruled in the United States, that holds that a husband cannot be guilty of rape upon his wife because, by their mutual consent and contract, the wife has assented to become the property of her husband. 见于 http://wiki.answers.com/Q/What_is_the_Lord_Hale_Rule, 2011-07-08。
④ Roger E. Salhany, *The Police Manual of Arrest, Seizure and Interrogation*, Fransal Pubishing Inc. 1984, p. 99.
⑤ Ibid.
⑥ 〔美〕乔恩·R. 华尔兹著：《刑事证据大全》（第二版），何家弘等译，中国人民公安大学 2004 年版，第 332 页。

绍说:"刑法修订委员会认为,法律关于这一问题的规定过于严格,因而应当放宽。建议只有在因强迫或是威胁或诱导可能产生不可信供述时才将其排除。皇家刑事诉讼委员会同样认为自愿性标准应被取代。建议只有在供述是通过使用暴力、以暴力相威胁或者刑讯、非人道或者有损人格尊严的对待而获得时,才应被排除。"这种意见和建议发生的直接影响是,1984年《警察与刑事证据法》"遵循了刑法修订委员会的整体思路,要求法院排除通过强迫手段获取或者是通过任何可能导致供述不可信的言辞或者行为而做出的供述"。该法还表明,对于证据的可采性,"法院有权自由裁量,在采纳证据会对诉讼公正性造成不利影响时将该证据予以排除"①。

自白任意性规则就是自白的可采性规则,即自白在出于自愿的情况下才具有可采性。这一规则涉及一个重要问题,自白的自愿性应当由谁证明,证明到什么程度。对此,有学者指出:"将被告人的陈述作为指控他的证据提出于法庭,需要考虑的一个重要问题是检控机关要为此承担的证明责任。被告一方无须承担该陈述不具有自愿性的证明责任。法庭也不必聆听双方的意见才得出哪一方所言更可能是真实的结论。这项规则清晰而毫不含糊。在一项陈述被当作控诉证据向法庭提交之前,检察机关应当证明到排除合理怀疑的程度,使审判案件的法官相信该陈述是自由和自愿作出的。"②需要指出的是,"警官不能仅凭否认他对被告人进行了威胁或者利诱就卸去证明被告人陈述自愿性的责任。他会被要求去解释促使被告人作出自白的所有事情的细节。简单地说,他承担的责任是使法庭相信被告人不是在被强迫的情况下作出自白的,自白出于被告人的自由意志,没有政府人员的任何影响"③。

如今,确认自白可采性的标准除了自白任意性外,从20世纪40年代开始,自白不可采的范围有所扩大,美国联邦最高法院提供了新的标准来遏制侵犯自白自愿性不那么明显但却同属于不正当的执法行为。美国法院确立一项适用于联邦法院的规则,如果嫌疑人被捕后不能被"无必要延宕"地及时送交法庭讯问,在被捕后到送交法庭前获得的嫌疑人口供不被法庭承认有可采性,按照1944年埃斯克莱福诉田纳西州案件的裁决,对嫌疑人进行连续36小时的审讯本身就意味着一种强迫,嫌疑人在这种情况下作出的有罪供述正是这种强迫的结果。不过,这一判决的要害在于,只要存在"不必要的延宕",不管嫌疑人的口供是不是自由和自愿提供的,该口供都不具有可采性,因为

---

① 〔英〕理查德·梅著:《刑事证据》,王丽、李贵方等译,法律出版社2007年版,第260页。
② Roger E. Salhany, The Police Manual of Arrest, Seizure and Interrogation, Fransal Pubishing Inc. 1984, p. 105.
③ Ibid., p. 109.

"不必要延宕"本身就说明了问题。① 1966 年,通过米兰达诉亚利桑那州案件的裁决,最高法院进一步将排除自白的范围扩大到没有告知嫌疑人有沉默权和请律师到场的权利。米兰达案件已经为我国刑事诉讼法学界所熟悉,不少司法人员对该案也已经不感陌生。

二、违背自白任意性的取证行为

任意性(voluntary)又称自愿性,在理智清醒和意志自由(free will)的前提下自主作出选择的,就具有任意性。这里的"意志自由"是指"在行为的时候,一个人的意志可以有正确的选择,无论采取这个或那个,都能够随他的便的"②。自由意志中的"自由"意味着多种可能性的存在:可以这样,也可以那样。选择权由自己掌握,别人不加以干预。

对于如何验证某一陈述的"自愿性"? 汤森诉赛因(Townsend v. Sain)案件的裁决是这样说的:"如果一个人的'意志受到压制'或者他的自白不是'理性的智力和自由意志的产物',他的自白就因强制而不具有可采性。这些标准适用于自白是借助身体上的恐吓和心理上的压力获得的……任何警察讯问只要事实上获取的口供不是自由的智力提供的产物,则该自白就是不可采纳的。"③在美国,以宪法第五或者第十四修正案为依据来确认某一认罪或者自白是否自愿,可以概括为以下两点:

其一,如果不存在警察的强迫行为,那么任何供述都将被认为是自愿的,不管嫌疑人的精神或身体状况如何;

其二,如果存在警察的强迫行为,供述的自愿性将会在考虑围绕供述的所有情况的基础上来加以认定。除非警察对肉体施加暴力,没有哪一个单一事实或者情况会是唯一决定性的。

实际上,对于任意性自白并不容易正面作出清晰解释,各国法律一般都从反面,即什么行为属于违反自白任意性的取证行为来加以诠解。违反自白任意性的取证行为主要包括暴力、胁迫、利诱、欺骗、违法羁押以及其他不正当方法,诸如以麻醉、冻馁、日晒、干渴、强光照射、困倦疲劳等方法取供,均属不正当方法。主要包括:

暴力,又称刑讯、刑求。对肉体施加作用力使其产生痛楚的行为,即暴力行为。《世界人权宣言》和联合国文件中的"酷刑"包含了施加于肉体的暴力

---

① 〔美〕诺曼·M.嘉兰、吉尔伯特·B.斯达克著:《执法人员刑事证据教程》,但彦铮、马克等译,中国检察出版社 2007 年版,第 226 页。
② 〔美〕坎宁亨著:《哲学大纲》,庆泽彭译,世界书局 1933 年版,第 296—297 页。
③ Roger E. Salhany, The Police Manual of Arrest, Seizure and Interrogation, Fransal Pubishing Inc. 1984, p.465.

行为,但不限于此,还包括在精神上造成剧烈痛苦的有目的之行为。对肉体施加暴力的方式多种多样,人们即使未能目睹,也耳熟能详。

胁迫,又称威胁,是施加于精神上的"暴力",方式是以一定的不利益相威胁,使对方产生恐惧感。导致一项自白不具有可采性的"威胁"不必是公然实现的行为,例如提出被告人不坦白就对其殴打,殴打就不一定真要实施。事实上,只要导致被告人相信如果他不坦白将遭受暴力的任何形式的语言或者行为,都会构成威胁。有学者指出:一个隐晦地导致被告人相信他必须作出陈述否则受到惩罚的说法,就足以构成"威胁"。例如:"你不告诉我们被盗物品在哪里,就逮捕你。"这类话①已经被法庭裁决为"威胁"。通常,使用的措辞如"这对你来说更好"或者"是必要的",常常被理解为含有强制或者义务的意味在里面。不过,诸如"要确定讲出真相","做个好姑娘,把真相告诉我们"已经由法院裁决并非"威胁"。要判断讯问中某些语句是否构成"威胁",需要将这些语句放在说这些话的具体情况中加以衡量,被告人询问如果他不讲那么会怎么样,随后的回答就可能被解释为一个"威胁"(即使并非有意要这样做),这就可能使自白受到污染导致其被排除。当一项自白被认为是在威胁情况下获得的,自白就要被排除,"即使是措辞最温和的威胁也足以导致自白被排除"②。

利诱(promise),又称许诺或者允诺,包括两种情况,一是以法律不允许的利益相许诺,二是以法律允许的利益相许诺,目的是换取被讯问者以自白来交换。利诱对于被讯问人的影响是,"一个许诺或者引诱可能是引起被告人怀有与对他的指控或者预料中的指控或者其他一些事项有关的希望或者期望的任何事。这里提到的'其他一些事项可能是针对被告人提供的其他指控、针对被告人想要帮助的其他人——诸如他的妻子或朋友——提出的指控'"③。对于利诱导致的法律后果,理查德·梅指出:"无论当局人员作出如何微小的诱导行为,所得到的供述都要被排除。例如在 Northam 案中,受审时嫌疑人问警察是否能将他的另一项罪行一同考虑。警察说警方不反对。该嫌疑人于是进行了供述。上诉法院认定该行为构成诱导并撤销了定罪判决。"④另一个类似的例子是,"在《自白与供述》一书中,威廉·J.斯卡佛提到一名警官前来向他咨询的故事。该警官逮捕了一个人,在坦白之前,被捕者

---

① 还包括类似的,如"你告诉我们发生了什么,对你来说才比较好"。"你不告诉我们被盗物品在哪里,就逮捕你。""你有必要作出解释。"
② Roger E. Salhany, The Police Manual of Arrest, Seizure and Interrogation, Fransal Pubishing Inc. 1984, pp. 106-107.
③ Ibid., p.108.
④ 〔英〕理查德·梅著:《刑事证据》,王丽、李贵方等译,法律出版社2007年版,第260页。

向警官询问自己可能被判处的刑罚。警官告诉他可能得到的刑罚,并且指出他有可能获得缓刑。警官对他很了解,知道他以前从未被捕过,告诉他说会向法官求情,尽一切努力争取使他获得缓刑。被告人显然松了口气,随后进行了彻底供述,该供述后来被排除,因为它是在许诺下获得的。考虑到他真的想要帮助向法官求情,警官无法理解为什么该自白是非自愿的"。很明显,"这个故事揭示了警官面临的窘境。他可能的确希望去帮助被告人,无论如何,他的善意最终损害了他案件的成功"①。这种情况下要不要排除自白,确有商榷空间。在目前我国的法庭上,排除这样获得的自白犹如天方夜谭。值得注意的是,"许诺或者引诱可能不仅是警官的话语产生的效果,也可能警官与被告人的对话产生的结果。例如,如果被告人问警官:'如果我说了,能释放我吗?'警官回答说:'是的。'这就构成了利诱"②。

不过,许诺给予宽大处理,在有些国家或者地区不会导致自白被排除。"如果嫌疑人与执法人员合作,他被许诺给予宽大,如果仅因这个理由,那么他的自白不是非自愿的。"③这样做的目的在于鼓励合作。法庭会认为,鼓励嫌疑人讲出真相和建议说他的团伙可能已经离弃了他、让他"背黑锅"(holding the bag),作为法律事项,并不会压垮自白者的意志……对于法庭来说,被告人出于与警方合作而作出的供述,其在引诱下提供的自证其罪的供述,不足以构成非自愿自白……如实告诉被告人,他面对的可能的刑罚,不会压倒其自由意志,由此获得的自白不被认为是非自愿的。被拘禁的人作出陈述的机会的重要性因此而上升了。无论如何,如果陈述来源于对于自身陷入的风险进行的明智而有见识的评估而不是强迫的氛围,那么由此获得的自白就会被认定是自愿作出的。④ 许诺给予心理治疗,由此获得的自白也被法庭认定是自愿的。

压迫(oppression),也会导致自白失去任意性。"在压抑状态下,侦查中的嫌疑人可能感到是被强迫自白的。压迫状态具有一种倾向性,那就是消除构成自白任意性必要要素的自由意志。尽管没有易卜拉辛(Ibrahim)案那种意义上的威胁或者利诱",法庭仍有可能认为这种情况下取得的自白因没

---

① Roger E. Salhany, The Police Manual of Arrest, Seizure and Interrogation, Fransal Pubishing Inc. 1984, p.108.
② 其他被认为是利诱的话语的例子,如:"我会做些事帮助你出去。""如果你坦白,你会得到从轻判决。"Roger E. Salhany, The Police Manual of Arrest, Seizure and Interrogation, Fransal Pubishing Inc. 1984, p.108.
③ United States v. Guarno,1978.
④ United States v. Ballard,1978.

有任意性而应当被排除。① 当然,每个人情况不同,"由于每个人独特的心理构成,是否某一情况或者一系列情况是压迫性的,导致一个人被迫作出自白,取决于每一个体"②。正如法官萨克斯所言:"它们包括对一个人讯问的时间长短,两次讯问的时间间隔长短,被告人是否有适当的休息时间,以及陈述者的个性特性。对于儿童、残疾人或者老年人或者其他不谙世事的人是压抑的,对于性格刚强和熟谙世事的人来说,就不是压抑的。"③ 在1981年的一起案件中,被告人声称受到长时间讯问,不允许休息,也不允许上厕所,法庭排除了警方在询问中获得的自白。法官认为,警察应当不待被告人请求主动为被告人提供休息时间并允许其使用卫生间。④ 法庭对于下列警察行为,认为违反法律的正当程序:将嫌疑人拘禁在狭小空间直到其供述为止⑤;在医院加护病房(intensive care unit)对受伤和抑郁的嫌疑人进行持续不断的讯问⑥;延长隔离单独讯问期间⑦。

欺骗,是以虚构事实或者隐瞒真相的方式套取被讯问者的自白。欺骗与警察使用侦查谋略容易混淆,需要小心分辨。判断时可以遵循以下标准,一是良心标准,法官接受由这种方法获得的自白是否感到良心上过意不去,换句话说,良心是否感到不安或受到冲击,这是从伦理道德方面设定的标准;二是依靠这种方法取得口供,是否足以导致自白失去自愿性,法庭并没有宽厚看待一个精心编造的谎言或者捏造一种情况促使被告人去坦白的做法。"无论如何,使用了诡计或者欺诈方法会自动导致口供不可采的推断是不正确的。"关键是采用了欺骗方法是否试图发生影响或者实际上已经发生影响,导致自白是非自愿的,这意味着以引诱来形成陈述。三是依靠这种方法取得口供,是否足以使无辜的人承认自己有罪⑧,这是从证据真实性方面设定的标准。一些法庭接受如下观点:"通常,依欺骗或者诡计取得的自白并不会受到

---

① Roger E. Salhany, The Police Manual of Arrest, Seizure and Interrogation, Fransal Pubishing Inc. 1984, p. 108.
② Ibid., p. 109.
③ Ibid.
④ Ibid., pp. 109-110.
⑤ 1977, United States v. Koch.
⑥ 1978年, Mincey v. Arizona.
⑦ 1944年, Ashcraft v. Tennessee;1966年, Davis v. North Carolina.
⑧ 例如在1954年的一起案件中,法庭认定警察告诉被告人他们在血中发现了被告人的指纹,但实际上不是在那里发现的(事实上根本就不是在谋杀现场找到的),这一事实并不导致其陈述不可采纳。在这里,警察并没有撒谎,只不过没有告诉他所有的事。警察的说法并不足以造成无辜者违心承认自己没有犯过的罪,倒是会使真正有罪的人感到困惑,从而做出供述。

污染,只要使用这些手段不是为了获取不真实的口供。"①

对于使用欺骗手法,"许多警官感到使用欺骗手法从被告人那里获得自白并没有错。换句话说,为了抓贼,警官必须扮演一个贼。支持这种观点的人会高兴地知道,许多法官都同意这种观点。如预料的那样,司法人员在这个问题上分裂成对立的两派"②。有人质疑:"告诉被告人说他的共同被告人已经招认并且牵涉他,实则其口供是虚假的,或者甚至是真实的时候,这有什么不对吗?警察把自己人安插在警察局的监室内,以便同被告人交朋友,借此从对方套取情报,这是不适当的吗?告诉被告人说他袭击或者强奸的被害人正躺在医院里处于病危状态,实际上并非如此,这是不适当的吗?"这些问题都涉及解决犯罪的需要与保障个人人格尊严的愿望的矛盾,法庭面临的就是这样的难题。针对警察把自己人安插在警察局的监室内以便从被告人那里套取情报的做法,加拿大最高法院多数法官认为这一做法并没有错,因为被告人并不知道该警官是政府人员,这样检控方没有义务去证明该陈述是自愿的。③ 还有一种情况,即误导(misrepresentation)。在 1991 年埃文斯诉多德(Evans v. Dowd)案件的裁决中,一项自白被认定是自愿的,尽管警官说错了侦查目的并谎称他有目击证人。总而言之,使用欺骗方法或谎言不会必然导致陈述不可采纳,法庭会仔细审查作出陈述的情况。④

违法羁押,即以违反《刑事诉讼法》有关羁押的规定进行羁押,并在此种羁押中获取被讯问者的自白。在逮捕与出庭之间进行不必要的拖延,在此期间取得的陈述。⑤

此外,还有其他不正当的方法被认为违反自白任意性,包括以麻醉、冻馁、日晒、干渴、强光照射、不让吃饭和不准睡觉⑥等,均属不正当的方法。

那么,警官能否向被告人出示其共同被告人作出的陈述?很清楚,向被告人出示虚假的陈述是不适当的,但出示真实的陈述并没有错。⑦

法庭在确定供述或自白的自愿性时,会审查被告人个性特点。某些个性

---

① Roger E. Salhany, The Police Manual of Arrest, Seizure and Interrogation, Fransal Pubishing Inc. 1984, p. 139.
② Ibid., p. 138.
③ Ibid., p. 140.
④ Ibid.
⑤ 1943,Mcnabb v. United States;1957,Mallory v. United States. 由这两个判例建立的规则只适用于联邦法院并指出:在逮捕和第一次在治安法院出庭之间的不合理拖延期间获得的承认或自白不具有可采性。但若干州也实行相似的规定。Roger E. Salhany, The Police Manual of Arrest, Seizure and Interrogation, Fransal Pubishing Inc. 1984, p. 465.
⑥ Greenwald v. Wisconsin.
⑦ Roger E. Salhany, The Police Manual of Arrest, Seizure and Interrogation, Fransal Pubishing Inc. 1984, p. 140.

特点被认为是重要的,诸如年龄;精神能力;教育程度;因疾病引起的生理和心理损害、损伤或者麻醉;以及与警察打交道的经验。

需要说明的是,不是所有的胁迫和利诱取得的证据都必然要被排除,当局这样取证才会导致取得的证据被排除。①

三、自白任意性在我国没有得到重视

我国刑事诉讼法以及最高人民法院和最高人民检察院与此有关的司法解释,都没有以自白任意性作为供述证据可采性的标准。直到现在,违背自白任意性的取证行为没有引起我国立法、公安司法机关足够的重视。

本来,我国《刑事诉讼法》第 52 条明确规定"严禁刑讯逼供和以威胁、引诱、欺骗以及其他非法方法收集证据,不得强迫任何人证实自己有罪"。这一规定将威胁、引诱、欺骗三种不正当的取证行为与刑讯逼供排列在一起,是 1979 年立法者对于此前刑事司法中发生的逼、供、信等非法取证行为深感戒惧的结果,他们对由此造成冤滥遍地的情况印象深刻,在"文化大革命"结束之后痛定思痛,试图通过《刑事诉讼法》的制定加以遏制。1996 年《刑事诉讼法》修改后,最高人民法院和最高人民检察院各自就修改后的《刑事诉讼法》作出司法解释,建立起排除非任意性自白的规则。最高人民法院 1996 年颁布的《关于执行〈中华人民共和国刑事诉讼法〉若干问题的解释》第 61 条规定:凡经查证确实属于采用刑讯逼供或者威胁、利诱、欺骗等非法的方法取得的证人证言、被害人陈述、被告人供述,不能作为定案的根据。同样,最高人民检察院 1996 年颁布的《人民检察院刑事诉讼规则》第 265 条第 1 款规定:以刑讯逼供或者威胁、引诱、欺骗等非法的方法收集的犯罪嫌疑人供述、被害人陈述、证人证言,不得作为指控犯罪的根据。不过,尽管司法解释有如此规定,非法取得的证据在司法实践中却几乎没有排除过。2010 年两高三部《关于办理死刑案件审查判断证据若干问题的规定》和《关于办理刑事案件排除非法证据若干问题的规定》以及 2012 年和 2018 年两次修改《刑事诉讼法》,对于以引诱、欺骗方法获得的言词证据,都没有作出排除规定。

自白应当出自嫌疑人的自愿才能具有可采性,这一规则在法治成熟社会早已是常识,但我国公安司法人员对此颇为陌生。刑讯并非罕见,日常性的胁迫、利诱和欺骗更是所在多是,不足为奇。要确立和落实自白任意性规则,对于我国现有的司法土壤来说,不是没有困难的,要扭转侦查活动的积习,心悦诚服接受自白任意性包含的观念,前景依然黯淡。

---

① D. W. Elliott, *Phipson and Elliott*, *Manual of the Law of Evidence*, Sweet & Maxwell, 1980, p. 183.

自白为什么要出自自愿才能采纳为定案的依据？对于我国的警察和司法者来说，只有将它与自白的真实性联系起来才容易理解和接受。不幸的是，非出于自愿的自白不一定就是虚假的，只要将该自白与其他证据相互印证，就往往可以判断自白的真伪，进而揭露并证实犯罪，在这一充满诱惑的成功面前，强迫取证的行为很容易受到宽容。自白任意性的主要根基，是法律的正当程序观念，但对于这一观念，司法人员即使有所了解甚至有所认同，也不能达到沦肌浃髓的认知程度，更难以形成中国司法文化的组成部分，欺骗、利诱甚至威胁，都被认为是侦查行为中的小恶，不值得为此将自白当作垃圾倒掉。

作为自白任意性规则有力支撑的理由，在司法人员的心目中却是相当脆弱的。这些理由，在司法人员听来，没有一个有着足够的说服力。为了一些显得抽象、空洞的概念，如"正当程序""自由选择"，放弃对案件真相的发现和证实，难以得到广泛认同。

回过头看刑讯以外强迫取供方法的危害性，会发现，对于这些取供方法及其危害性的揭露是罕见的，也几乎没有引起社会的任何关注。我国近年来披露的每一起刑事错案，都是由刑讯逼供促成的。从这些案件看，刑讯目的是瓦解嫌疑人或者被告人的自由意志，迫使其作出有罪供述，在"加大审讯（审查）力度"之类含蓄的指示下，全武行隆重上演，获得的口供如果是真实的，就会一路绿灯，被后续的审查起诉和审判活动所采纳。由于若干引起社会广泛关注的案件被披露，刑讯丑闻也随之曝光，导致公安司法机关承受不小的压力。赵作海案件成为一个推手，促使两高三部推出《关于办理死刑案件审查判断证据若干问题的规定》和《关于办理刑事案件排除非法证据若干问题的规定》。遗憾的是，这两个证据规定，虽然规定排除非法证据，却将"非法言词证据"窄化，模糊掉"威胁"（针对嫌疑人、被告人供述）、利诱和欺骗的非法取证手段，最高人民法院、最高人民检察院此前在各自就刑事诉讼法作出的司法解释中实际确立的自白任意性规则没有得到沿用。

在最高人民法院刑事审判第三庭编著的《刑事证据规则理解与适用》这本书里，在谈到"非法证据"和排除非法证据的规定时，多处提到自白任意性规则，但"非法证据"范围的界定和排除非法证据的规定并没有以自白任意性作为依据，文中提及司法解释作出相关规定时的考虑："非法取证的手段很多，很难列举清楚，因此我们只列举了刑讯逼供等手段，但是必须明确，'等'是指与刑讯逼供相当的手段。在实践中，对'等'的具体理解可参照《最高人民检察院关于渎职侵权犯罪案件立案标准的规定》关于刑讯逼供立案标准的规定中对非法手段进行的列举。"该规定列举的刑讯逼供等非法取证的情形，包括以殴打、捆绑、违法使用戒具等恶劣手段逼取口供的,较长时间冻、饿、晒、烤等手段逼取口供,严重损害犯罪嫌疑人、被告人身体健康的……显然,利诱、欺骗等手段均不在此列。

对于自白任意性规则中威胁、引诱、欺骗等的含义、情形以及与侦查谋略的区别,域外法律界有着丰富的研究成果和法律、解释、判例的规定,值得我国立法、司法加以借鉴、吸收。建立适用我国刑事诉讼中的判断威胁、引诱、欺骗等非法手段的判断标准、依据,并没有那么困难。

四、自白任意性规则背后的价值

美国学者乔恩·R. 华尔兹提到,在自愿性规则的背后有一整套"综合价值观"。① 这些价值同样值得我国立法和司法部门在进行相关立法和司法解释中加以重视和维护。要不要明确而完整地建立自白任意性规则,取决于对于这些价值是否认同。

我国立法与司法部门对各种证据规则的认识,集中于它们对于证据真实性的作用,较少顾及更为抽象的程序正义观念。自白任意性规则的法理基础在于:"无任意性之自白,不仅其取得不难,且其真实性大有可疑。"② 也就是说,排除非任意性的自白的根据之一,是为了保障案件的真实发现,由于非任意性自白被认为有较大的虚假可能性,因此予以排除有利于发现案件实质真实,避免受不实的证据误导。理查德·梅指出:"如果检控方无法证明供述是自愿作出的(即并非出于强迫、威胁或者诱导)就不能被采纳。形成这一规则的理由是非自愿的供述不可信。"③乔恩·R. 华尔兹曾说过:"长期以来,法律一直强烈地怀疑强迫性口供的可靠性,因为被讯问人为避免受到体罚或得到某种许诺的好处而给出的供述,而不是出于有罪意识而给出的供述,很可能是不值得信任的。"④作为案件证据的自白必须出诸自愿,自白获取方法与其真实性存在一定关系,这是自白任意性规则存在的理由之一。

一个看似矛盾的现实是,我国立法与司法如此重视案件真实情况的发现,对于口供及其真实性十分倚重,却又对可能造成自白缺乏真实性的威胁、利诱、欺骗等非法取证方式不够重视。当若干口供经由非法手段获得,其中

---

① 美国联邦最高法院在 1960 年布莱克伯恩诉亚拉巴马州一案的裁决中指出了这一点。〔美〕乔恩·R. 华尔兹著:《刑事证据大全》(第二版),何家弘等译,中国人民公安大学 2004 年版,第 332 页。
② 蔡墩铭、朱石炎著:《刑事诉讼法》,五南图书出版公司 1980 年版,第 112 页。
③ 〔英〕理查德·梅著:《刑事证据》,王丽、李贵方等译,法律出版社 2007 年版,第 259 页。
④ 〔美〕乔恩·R. 华尔兹著:《刑事证据大全》(第二版),何家弘等译,中国人民公安大学 2004 年版,第 333 页。

半数以上是真实的,非法手段就会得到宽纵,它在获得真实证据方面就被认为是有效和有利的。

自白任意性规则为案件真相发现设定了限制,要求正当地发现案件真相,威胁、利诱、欺骗等取证方式即使获得的供述是真实的,这些行为的非道德性也不能被容忍和接受,这涉及的就不仅仅是真实与否的问题,而是司法文明与人权保障这一类更为根本的问题。

显然,保障实质真实发现并非自白任意性规则的唯一目的,更重要的,是为诉讼当事人提供有效的人权保障。违背被讯问人自由意志强行获取自白的行为,是对人权的粗暴侵犯,基于保障人权的考虑,应当通过排除非任意性自白来遏止非法取证的行为。

在当代法律文化的背景下,自白任意性在一些国家或者地区已经成为理所当然之事。在英美国家,自白任意性与法律的正当程序观念紧密关联。在英国,"在林志明诉国王(Lam Chi-Ming v. R.)案件中,近年来的英国判例形成了一项规则,即不采纳此类供述还取决于一个人不能被强迫自证其罪的原则,和与文明社会相联系的警察对那些受其关押人员采取恰当行为的重要性"①。在美国,任意性要求是由1936年布朗诉密西西比州案件确立起来的。按照美国联邦最高法院就此案作出的裁决,警察以野蛮手段从被告人那里强迫取得自白,违背了法律的正当程序。该案判决之后,"在此后的案件中,最高法院进一步裁定接受一个强迫性供述为证据将导致推翻该有罪判决,尽管在该案中有其他证据足以支持该有罪裁定。换言之,上诉法院不得把一个被迫作出的供述裁定为'无害过失'"②。后来的判例,是针对警察强迫行为的其他形式而建立起来的,包括以更为狡猾的心理压力获得口供并因此违背了正当程序。③ 美国联邦最高法院曾言:

> 我们根据宪法第十四修正案作出的裁决,表明判决建立在采纳非自愿性自白证据的基础上,例如对于身体或者心理施加的强迫手段获取的自白,是不能成立的。这样做不是因为这种自白不可能是真实的,而是因为这种获取口供的方法违反了我们的刑事法律实行的原则:我们实行的是弹劾的而不是纠问的制度——在这一制度下,由国家必须以独立和自由获得而不是强迫手段获得的证据证明被告人有罪,不能依靠来

---

① 〔英〕理查德·梅著:《刑事证据》,王丽、李贵方等译,法律出版社2007年版,第259页。
② 〔美〕乔恩·R.华尔兹著:《刑事证据大全》(第二版),何家弘等译,中国人民公安大学2004年版,第331页。
③ Roger E. Salhany, *The Police Manual of Arrest, Seizure and Interrogation*, Fransal Pubishing Inc. 1984, p.465.

自被告人的口供来证明自己的指控。①

美国学者约翰·N.佛迪也曾指出:

> 1964年以前,对于被告人认罪或者坦白的可采性的唯一审查,是看它的自愿性。非出于自愿的自白被裁决不具有可采性,是因为它违反了美国宪法第五和第十四修正案的正当程序条款。认为不自愿的自白违反正当程序条款的理由有四个:首先,非自愿的自白被认为本来就是不可信或者靠不住的,判决建立在靠不住的证据之上就违背了正当程序;其次,警察的强迫行为违反了"基本公正",后者是正当程序的本质要素,因此被警察强迫取得的自白违反了正当程序,即使该自白是可信的,也是如此;再次,自由选择是正当程序的带有本质性的一个方面,非任意性自白不是一个人自由和理性选择的结果;最后,我们的司法制度是弹劾式的而不是纠问式的。②

我国法律界在讨论自白任意性规则的时候,往往顾虑该规则的广泛实施可能导致犯罪嫌疑人、被告人的有罪供述被排除而造成案件实质真实之失落,最终使公安司法机关维护社会秩序的功能难以发挥。这种顾虑建立在当前非法取证行为普遍而多样存在的基础之上,大面积的违法可能导致大面积的证据排除进而导致大面积的案件追诉的大失败。这种顾虑显然还建立在法院能够秉公排除这些证据的假设基础上,实际上这种假设要转为现实尚有很长一段路要走。人们容易忽视的是,自白任意性规则具有一种重要的导向作用,那就是鼓励侦查和司法人员采取正当手段去获取可以被法庭采纳的证据,从而有效遏制非法取供行为。在个案中排除非法取证行为取得的成果,可以有力地促进整个司法行为文明程度的提升,后者是无法用标语口号和耳提面命而轻易实现的目标。

拒绝非任意性自白与否,涉及司法机关的社会公信力和社会认同度。罗格·E.萨哈尼(Roger E. Salhany)就此评论说:"如果自白不能满足自愿性的这些条件,这些自白就会因不可靠(unreliability)而被拒绝采纳。一个人作出的陈述如果是由威胁或者许诺而得到的,那么很可能是虚假的自白。法庭拒绝采纳这种在很不正当的情况下取得的自白还有一个理由,采纳在这种情况

---

① Roger E. Salhany, *The Police Manual of Arrest, Seizure and Interrogation*, Fransal Pubishing Inc. 1984, p. 464.
② John N Ferdico, Criminal Procedure for the Criminal Justice Professional, Wadsworth Group. 2002, p. 464.

下取得的自白，公众会相信这种不正当行为是法庭共同参与实施的，这将导致刑事司法制度失去社会的支持与信赖。"①

在我国，司法公信力和社会认同度存在匮乏现象，司法公信力和社会认同度匮乏的原因当然不止一个，不能发挥法院在国家权力和个人权利之间的屏障作用，不能通过行使司法权遏制侦查权的滥用，也是原因之一。我国司法在政府与个人之间发挥平衡轮作用的空间还相当大，确立并落实自白任意性规则具有约束侦查权防止其滥用的功能，不但对人权有保障作用，有助于防止冤错案件的发生，而且也有利于提升法院的司法公信力和社会认同度。

五、确立和落实自白任意性规则

行文至此，结论已经很明显，在我国刑事司法中有必要确立和落实自白任意性规则②，改变自白任意性受冷落的现象。在我国，对于自白任意性，应当遵循两项标准加以排除：一是真实性标准，对于可能导致自白失去真实性的取证手段，排除该手段获得的自白；二是正当性标准，又可称为人权标准或权利标准，对于侵犯个人自由权利的行为，以违反程序正当性为由排除该行为获得的自白，例如对于暴力取供，即使取得的口供是真实的，其真实性可以得到其他证据的验证，但是基于侵犯人权的理由应当毫不犹豫加以排除。在对于自白可采性的审查中，法庭应当依据这两个标准进行判断并进而决定是否对自白加以排除。除刑讯等严重侵犯人权的取证行为以外，将是否排除自白的自由裁量权赋予法官，法官在行使自由裁量权的时候应当本着良心和理性，遵循法制和现代法治原则，拒绝偏袒手中握有公权力的机关及其人员，作出符合公道的裁决。

需要指出的是，这是一个困难选择。人们需要认识到：两高三部出台的《关于办理死刑案件审查判断证据若干问题的规定》和《关于办理刑事案件排除非法证据若干问题的规定》都是在 2007 年死刑核准权上收最高人民法院并在一系列冤错案件的刺激下，为了防止发生错案出台的，尽管司法解释的

---

① Roger E. Salhany，The Police Manual of Arrest，Seizure and Interrogation，Fransal Pubishing Inc. 1984，p. 99.
② 在自白任意性规则的内容上，笔者认为应当借鉴美国以及大陆法系一些国家的自白任意性规则来设定。如果想适当窄化，也不妨借鉴英国自白任意性规则的立法例，规定：除刑讯和以暴力相威胁外，对于利诱、欺骗等其他非法方法获得的口供，根据其是否可能导致不真实的自白为判断标准，决定是否加以排除。为此应当赋予法官以自由裁量权，法官应当本着理性和良知履行好自己的职责，并且应当记住：对于是否可能导致不真实的自白，关键在于对"可能"一词应有正确的理解。只要存在"可能"就应当鼓足勇气对非法取得的自白说"不"。

目标明确而重大,但实施的效果不容高估。我们还应认识到,一个简单事实是:假如司法机关未能充分认识到威胁、利诱、欺骗等非法方法具有导致错案的可能性,未能充分认识到这些非法方法对于一个国家或者社会司法文明形象的实质损害性,就不会有排除威胁、利诱、欺骗等手段获得口供的动力和行动,由此导致错案的危险就会始终存在,刑事司法始终会在司法文明的最低水平线下徘徊。

第五章 侦查权之司法控制

我国刑事立法注重秩序的维护,着力保障国家专门机关追究和惩罚犯罪的能力,由此形成的刑事诉讼法侧重于授权而不是限权。该法经1996年、2012年和2018年三次修改,对于公安司法机关的权力有所限制,但是权力行使型的基本构造没有大的改变,突出表现为对于侦查权缺乏有效的司法控制。对于侦查权缺乏有效的司法控制,是冤错案件得以发生的原因之一。为防止错案,需要对刑事程序的基本构造进行调整,使其由权力行使型向权力抑制型转变,以期通过正当程序达到社会控制的最佳效果。

第一节 权力行使型构造

从我国侦查程序安排看,注重调查事实的职权,较少约束和限缩侦查机关的权力,是我国刑事诉讼一大特征。我国《刑事诉讼法》并非完全不重视对权力的制约。事实上,在我国刑事程序设置的许多环节都体现了权力之间的相互制约。不但在总则中规定了公安机关、人民检察院和人民法院互相制约的原则,而且在立案、拘留、逮捕、起诉、审判乃至执行的许多程序中都具体规定了制约措施。① 但总体上看,我国《刑事诉讼法》是以强者的视角来制定,其基本构造特别是侦查程序的制度设计,明显属于权力行使型构造(甚至权力放纵型权力构造),而非权力抑制型构造。②

在授权重于限权的立法思路之下,一部刑事诉讼法,对国家专门机关行

---

① 我国《刑事诉讼法》专门就公、检、法三机关的相互关系作出了三者"分工负责,互相配合,互相制约"的规定,其中"互相配合"一词令人疑虑,实际上只要《刑事诉讼法》规定得周密、环环相扣,只要公、检、法三机关严格执行该法律,无须强调"配合",刑事诉讼的顺利进行通常可以得到保障。强调这种配合关系,很容易削弱裁判的中立性,并置辩护方于不利地位,特别是对于某些重大、疑难案件,由政法委主持,公、检、法三家共同参加对案件处理进行协调的和而不分的办案方式(制约功能被压缩),其弊端更为明显。

② 在刑事诉讼中,确保国家专门机关充分行使国家权力并发挥其维护秩序的基本功能,将赋予国家专门机关权力看得比限制权力更加重要,力图使国家刑罚权及由其引申出来的侦查权、检察权和审判权得以畅达地行使,由此形成的刑事程序构造为权力行使型构造。与之对应,从保障个人的自由权利方面着眼,注重限制国家专门机关的权力,督责这些机关承担起保障或者不妨害个人自由权利的责任,由此形成的刑事程序构造为权力抑制型构造。

使权力限制不够,特别是在授权侦查机关权力方面表现得过分慷慨,导致警察权过大,如在强制措施和侦查羁押期限方面,赋予侦查机关太多、太大的权力,拘留本属"紧急情况下的逮捕",竟可长达1个月之久;羁押期限定得过长且可以反复延长,几乎失去了以明确期限保障个人自由的作用。无罪推定原则、沉默权、自白任意性规则、传闻法则等都没有在法律上得到确立,律师在侦查阶段介入诉讼的权利没有得到切实保障,无法形成对侦查机关的制衡。

在权力行使型构造中,对于侦查权缺乏有力的司法控制,侦查权过大,侦查活动成为几乎封闭的系统。除对于构成犯罪的可以行使侦查权外,检察机关没有有力的措施对侦查活动加以控制;法院则根本没有以司法手段控制侦查的职责。由于缺乏对行政权的有力制约,不能在根本上遏制侦查权被滥用和刑讯逼供等非法取证行为。例如,《刑事诉讼法》虽然规定了"严禁刑讯逼供",但这一规定只停留在标语口号层面,《刑事诉讼法》第52条虽然规定了"不得强迫任何人证实自己有罪",迄今为止仍处于闲置状态,没有得到落实。显而易见,没有程序违法的相应制裁措施,这些程序规定就不可能得到切实遵守。

人民检察院对整个诉讼活动实行监督,监督的重要对象是公安机关和人民法院的刑事执法和司法。在监督关系中,检察机关在名义上被赋予了"上位者"的优势地位。在司法实践中,这种监督实际上因监督手段的缺失,始终处于被弱化的状态。

我国《刑事诉讼法》不是以对抗的观念进行建构的,侦查过程中更谈不上对抗,侦查人员对于源于英美国家的对抗理论往往陌生。对抗作为一种诉讼观念,其本质特征就是在诉讼中实行法律规范下的公平的攻击与防御。这种对抗在英美国家的诉讼中受到鼓励,被许多人认为是保障个人自由不受国家权力的恣意侵犯的一项重要手段,也是"发现真相"的有效方法。对抗的精髓在于平等地位的主体间的竞争,这种竞争体现为国家(政府)与个人的对抗,亦即:辩护方对拥有国家强大追诉权并天然地有着滥用倾向的权力机构的抗衡,它表现了公民权利对国家权力的抵制作用。不过,在我国刑事侦查过程中,当事人的权利始终处于受压抑状态,侦查效率依靠贬抑对方的诉讼权利来保障的,因此至今侦查机关拒绝接受律师讯问在场权和嫌疑人的沉默权,认为这两项权利会干扰和阻碍侦查活动的顺利进行。

侦查人员很难接受对抗的观念。刑事诉讼中的对抗观念是在人们对自由与权威之间的对立关系的认识中产生的。尽管权威有时成为自由的保障机制,但权威更多有可能对自由产生威胁。自由与权威之间的斗争,在诉讼中就表现为个人与国家的对抗。在现代国家,民众严防自己的自由权利受到来自政府侵害的国度，将政府置于被监督的地位上，将其看作外在于个人的具有危险性的力量，在刑事诉讼中对这一力量的有效制约是通过政府与个人间的对抗并由不听命于政府的独立的法庭的秉公裁决来实现的。

在我国，立法者和司法者将刑事诉讼看作是国家行使刑罚权的过程，刑事诉讼立法和司法都以顺利达到落实国家对具体案件的刑罚权为目的，在保障国家追诉能力的前提下力求满足程序正义的要求，但当程序正义与这一前提产生或者可能产生冲突时，立法者往往很难接受有关的程序设计，如沉默权、辩护律师讯问在场权等所遇到的，就是这样的问题；侦查者甚至司法者则往往通过规避有关的程序规定，确保刑罚权的落实而通常不是程序正义的实现。

即使是对权力加以制约，也主要体现在督促公安司法机关切实履行其侦查、起诉和审判职责，增强控制社会的能力和权力行使的有效性；保障个人自由权利方面虽有规定，但还不足以让个人以这些规定与国家专门机关进行和平的对抗。显然，《刑事诉讼法》对国家专门机关权力的抑制还不足以使诉讼呈现充分的对抗性，刑事侦查阶段尤甚。来自被告人一方对国家专门机关的权力的抗衡仍然是软弱的，权大于法的诉讼内外现象更加剧了这一状况。

权力行使型的制度设计若失去控制，就成为权力放纵型司法，侦查机关就可能成为失去有效制约的"利维坦"。

第二节 侦查中心主义

在我国，实行的是侦查中心主义而不是审判中心主义。刑事诉讼的实际重心在侦查阶段。在我国刑事诉讼中，对于处在发现案件真实情况的关键时期的侦查阶段，给予较大权力、较长期限、不受外在"干预"的权力运作环境，注重的是不束缚侦查的手脚，有利于突破案件的侦查壁垒，彻底查清案件情况，甚至扩大"战果"——查隐案；检察机关的审查起诉和法院的审判活动构成了两大过滤机制，起到的是侦查终结的案件的"质量检验"作用，在质量检验环节，较为重视对相关机关权力运作的限制，其中特别突出地表现在对检察机关不起诉权力的抑制上，其目的是准确认定案件事实，对案件作出正确处理。此种结构的缺点很明显，主要是：立法的基本视角为强者视角，未能扶弱抑强，个人自由权利的保护显然尚有许多不足。

我国刑事案件的实质调查和全面调查都在侦查阶段完成，不仅侦查羁押期限之长其他国家罕有可比，而且侦查终结的证明要求也与很多国家不同，一般国家的侦查终结与审查起诉并无明确界限，提起诉讼的证明要求通常是有"合理的根据"（probable cause）即可，亦即定罪的可能性在50%以上便可以终止侦查并提起诉讼，我国的侦查终结的法定证明要求则是犯罪事实清楚，证据确实充分，这一证明要求与提起公诉和作出有罪判决的证明要求完全相同，审查起诉是对侦查的结果的检验，法庭审判则是对审查起诉的结果加以检验、对侦查的结果加以第二次检验，这与很多国家将法庭作为实质调查的适当场所、对案件的全面调查通过法庭审判来完成，显有不同。① 在这样的总体诉讼结构的框架内，经过两次严格筛选后提交法庭的案件留给辩护方交叉询问的余地很小。这是造成我国法庭审理流于形式的根本原因，但前后三度《刑事诉讼法》修改都没有触及这个问题。

第三节　公权力之抑制

A.J.M.米尔恩指出："'社会责任'原则赋予共同体以一种团体性的强力权，使之有权在维护和促进共同体利益所必需的范围内，通过其代表来组织和管理其成员的活动。这些代表就是它的政府机关。如果共同体内部有个机构被正式授权行使它的团体强力权，这也就是说，这个共同体有了自己的政府。""与共同体的团体强力权相联系，它的成员有责任使自己的活动服从组织和管理。""这样，人们就有义务服从政府。""作为共同体内部利益和外部利益的监护人，政府必须拥有在共同体内组织和管理成员活动的最高权力。但仅仅权力本身还是不够的，要维持国内和平与秩序以及国家安全，政府还必须垄断共同体的强制力量。"但政府并非不受外在约束，"每一个政府，无论是否承认这一点，都得服从普遍道德的要求。这些要求不仅使政府必须尽其所能地保护每一个在其管辖下的人的人权"。"由于政治权力②必须由宪法赋予，那么，严格意义上的政府也必须是根据宪法建立的。所以，一个革命政府严格说来不能算作政府。它通过革命行动废除或取消了宪法，因此也就不能享有任何法律上的权力。要想合法化并取得法律上的权力，革命政府就必须制定宪法并遵守宪法程序。""如要使'法律规则'得以坚持，宪法就必须确保任何人都不能凌驾于法律之上。拥有政治权力的人必须管辖的那些人一样服从法律程序。这一点对于从法律上保护包括人权在内的各种权利来讲，其重要性十分明显。""如果'法律规则'得到坚持，那么，国家中掌握政治权力

---

① 我国检察机关对起诉标准掌握很严，对于经过长时间侦查的案件又经过自己较长时间的审查，在确信有十足的定罪把握的前提下才提起诉讼，因此我国法庭判决的无罪率也同日本一样不到1%，而美国、加拿大等国陪审团审判的无罪率都高达30%，从判决结果看，我国和日本一样，司法都呈现精密化的特征。

② 立法权、司法权和行政权之合称。

的所有官员都必须服从法律。如果做不到这一点……所有人都岌岌可危。凌驾于法律之上的人可以侵犯这些权利,而他们的受害者却无法借助法律的手段有效地加以矫治。"①

进行刑事诉讼制度的设置有两个思路:一是从确保国家专门机关充分行使国家权力并发挥其在维护秩序的基本功能方面着眼,赋予其权力更甚于限制其权力,使国家刑罚权及由其引申出来的侦查权、检察权和审判权得以畅达地行使。二是从保障个人的自由权利方面着眼,注重限制国家专门机关的权力,督责这些机关承担起保障或者不妨害个人自由权利的责任。

我国《刑事诉讼法》素来注重的是对秩序的维护,即使到现在,该法仍然保留着原有的基本诉讼构造——不为权力设许多限制,保证国家权力得以淋漓酣畅地行使。

在我国刑事诉讼法律制度的改革中,需要通过制度调整抑制国家权力,防止这些权力不受制约地行使,侵害个人自由权利。这种思路基于这样一个显而易见的事实,那就是:掌握和行使权力的人不是天使,事实上,国家权力的存在就意味着人自身的不完善性质。一旦掌握权力,而这种权力又不加以制约,人们往往就会表现出滥用这一权力的天然倾向。要防止执掌权力的人运用权力为恶,就必须对这种滥用权力的天然倾向加以抑制。退一步说,即使执掌权力者行使权力皆出于善意,在行使权力的过程中他也可能会犯错误,一旦铸成大错,其危害可能会达到难以收拾的程度。对权力的抑制,不但意味着防止坏人在掌握权力后为恶,同时也意味着防止好人在行使权力时犯错,造成不应有的损失。

国家权力是有限的而不是无限的,不但权力的范围是有限的,而且行使权力也要受到严格的制约。这种观念在西方政治文明中不但历史悠久而且根深蒂固。人们在需要政府有能力管理被统治者并管理其自身的同时,也需要由人民对政府加以控制,为控制政府需要建立辅助性的预防措施。人们认为,这样做的意义是显而易见的,"自由社会同警察国家之间的基本区别之一是,在自由社会里,对政府官员,特别是执法官员履行其职责的方式有着有效的约束"②。

刑事诉讼中的权力,主要体现为侦查权、检察权和审判权。这些权力基于国家刑罚权而产生,如果国家没有刑罚权,则上述权力就失去了存在的根基。像刑罚权一样,侦查权、检察权和审判权的行使直接关系到个人的各项

---

① 〔英〕A. J. M. 米尔恩著:《人权哲学》,王先恒等译,东方出版社1991年版,第290~308页。
② 〔美〕詹姆斯·M. 伯恩斯等著:《民治政府》,陆震纶等译,中国社会科学出版社1996年版,第232页。

自由权利的保持、恢复、限制或者剥夺,涉及人的财产、自由乃至生命的予夺。侦查权、检察权和审判权的正当行使,足以惩恶扬善,使秩序得以维护;其不正当行使,则害莫大焉。作为规范刑事诉讼活动包括行使权力的活动的刑事诉讼法,应当通过加强对侦查权、检察权和审判权的制约,抑制滥用这些权利的倾向,使个人自由与权利得到切实的保障。

抑制国家在刑事司法中的权力,是否意味着同时抑制了国家追究犯罪的能力？在某种程度上,对国家刑事司法中的权力的抑制,的确限制了国家追究犯罪的能力,或者使国家专门机关要达到与不受抑制的同样效果时付出高昂的代价。例如,沉默权之类的权利配置实际上起到了抑制国家权力的作用,没有这类权力配置,可能有助于增强法的社会控制功能,警察也会在侦查活动中感到游刃有余,正因为如此,美国的许多警察对最高法院关于沉默权的米兰达规则表示谴责,"因为它限制了警察进行审问的能力,他们认为这种审问是侦破犯罪的最基本的能力"①。在加拿大,海恩斯法官批评说:沉默权是"在益格鲁——美利坚司法中有效率的刑事执法的最大障碍……它是一个奢侈的,社会无法继续承受的。犯罪的高成功率应当归咎于它,它使警察挫败,使罪犯逍遥法外,并鼓励人们不尊重法律。怀着对法律职业的尊崇,有必要废止沉默权以便将法律职业从声名狼藉中拯救出来"②。类似的观点都反映出抑制国家在刑事司法中的权力,有时是使国家专门机关戴着镣铐奔跑,显然不能直截了当地达到目的。

不过,抑制国家权力并不是试图取消国家权力,而是保障国家权力在应有的、必要的范围内正当行使,对于国家某一具体权力加以何种限制,是根据这种限制的实际必要性来加以考量的。抑制过甚,社会将会付出沉重代价,但不加以抑制,社会同样要付出沉重的代价。因此,对国家权力的抑制要把握这样做的必要性,以及在堵死权力运作的某一"捷径"时还有没有理性的其他可替代方法,如果没有,还要考虑由此造成的丧失是否属于必要的丧失。

毕竟,对于被追诉人的诉讼权利乃至个人所有自由权利来说,抑制国家权力能够为其提供有效的保障;而放纵国家权力的行使,所具有的效果则恰恰相反。在刑事诉讼活动中,不重视对国家刑事司法权力的抑制,其结果往往造成这些权力被滥用,导致被追诉人的诉讼权利和实体权利遭受损害。

我国《刑事诉讼法》并非不重视对权力的制约。事实上,在我国刑事程序

---

① 〔美〕卡尔威因、帕尔德森著:《美国宪法释义》,徐卫东、吴新平译,华夏出版社1989年版,第229页。

② Roger E. Salhany, *The police Manual of Arrest, Seize, and Interrogation*, Fransal Pubishing Inc. 1984, p.93.

设置的许多环节都体现了权力之间的相互制约。不但在总则中规定了公安机关、人民检察院和人民法院互相制约的原则,而且在立案、拘留、逮捕、起诉、审判乃至执行的许多程序中都具体规定了制约措施。以不起诉为例,侦查机关与审查起诉机关在审查起诉环节存在着制约关系,对于不起诉决定,被害人、被不起诉人和公安机关都分别有权通过申诉、直接向法院起诉和提出复议、复核,制约之严密,几乎无以复加。但总体上看,我国《刑事诉讼法》乃是以强者的视角来制定,属于注重保障国家权力畅行无碍的权力行使型构造,而非权力抑制型构造。

我国《刑事诉讼法》不是以对抗的观念进行建构的。对抗作为一种诉讼观念,其本质特征就是在诉讼中实行法律规范下的公平的攻击与防御。这种对抗在英美国家的诉讼中受到鼓励,被许多人认为是保障个人自由不受国家权力的恣意侵犯的一项重要手段,也是"发现真理"的颇为有效的方法。就其本质而言,对抗的精髓在于平等地位的主体间的竞争。在刑事诉讼中,由于采行国家干预原则(体现为检察机关代表国家主动进行犯罪的侦查和起诉工作),这种竞争体现为国家(政府)与个人的对抗,亦即:辩护方对拥有国家强大追诉权并天然地有着滥用倾向的权力机构的抗衡,它表现了公民权利对国家权力的抵制作用。

这种观念体现了严防自己的自由权利受到来自政府侵害的国度,将政府置于被监督的地位上,这种重自由的精神和做法,是将政府放在了对立的位置上,后者被看作是外在于个人的具有危险性的力量,在刑事诉讼中对这一力量的有效制约是通过政府与个人间的对抗并由不听命于政府的独立的法庭的秉公裁决来实现的。

在我国,立法者和司法者将刑事诉讼看作是国家行使刑罚权的过程,刑事诉讼立法和司法都以顺利达到落实国家对具体案件的刑罚权为目的,在保障国家追诉能力的前提下力求满足程序正义的要求,但当程序正义与这一前提产生或者可能产生冲突时,立法者往往很难接受有关的程序设计,如沉默权等诉讼权利所遇到的,就是这样的问题;司法者则往往通过规避有关的程序规定,确保刑罚权的落实而通常不是程序正义的实现,对诉讼权利也缺乏必要的敬重。

我国刑事诉讼法对权力的制约,主要体现在保障公安司法机关切实履行其侦查、起诉和审判职责方面,增强控制社会的能力和权力行使的有效性成为立法主要关注的对象,与之相比,在保障个人自由权利方面虽有规定,但这些规定还不足以让个人以之与国家专门机关进行和平的对抗。从当事人特别是被告人的角度看,《刑事诉讼法》对国家专门机关权力的抑制还不足以使诉讼呈现充分的对抗性。来自被告人一方对国家专门机关的权力的抗衡仍然是软弱的，而权大于法的诉讼内外现象更加剧了这一状况。

当然，我国《刑事诉讼法》的这种制度安排不是完全没有优点，它的优点在于，对于处在发现案件真实情况的关键时期的侦查阶段，给予较大权力、较长期限、不受外在"干预"的权力运作环境，注重的是不束缚侦查的手脚，有利于突破案件的侦查壁垒，彻底查清案件情况，甚至扩大"战果"——查隐案；检察机关的审查起诉和法院的审判活动构成了两大过滤机制，起到的是侦查终结的案件的"质量检验"作用，在质量检验环节，较为重视对相关机关权力运作的限制，其中特别突出地表现在对检察机关不起诉权力的抑制上，其目的是准确认定案件事实，对案件作出正确处理。不过，此种结构的缺点也很明显，那就是对个人自由权利的保护显然尚有许多不足。在当今世界，一部具有良好品质的《刑事诉讼法》乃是较好地处理了个人自由权利与国家权力的关系的法典，人们注重的是抑制国家权力以保障个人自由权利，从而在个人自由权利与国家权力之间达成一种平衡，这显然也是我国刑事诉讼制度改革所应达到的目标，这一目标所展示的，是一个国家的道德品质。

第四节　权力抑制型的诉讼构造

在刑事诉讼中，嫌疑人、被告人是权利最容易受到损害的群体，加强对他们的保护，就会在整体上提升刑事诉讼的人权保障水平。这种保护，其措施之一是加强其防御力量。被告人一方的防御是针对控诉方的攻击而言的，攻击与防御不仅体现在法庭审判中，在审判前的侦查和审查起诉中，也需要进行充分的防御准备甚至攻防双方的交锋。在审判前就赋予嫌疑人以有力的防御"武器"，是"平等武装"原则的体现，也是以防御力量抑制国家专门机关的权力使之不被滥用的基本策略。

通过令状制度扩大对侦查权的司法控制，是法治国家规范侦查权的基本思路。司法令状是由法官根据行政机关及其人员的申请签发的一种命令，"它要求命令的接受者按命令的要求行事"[1]，根据这一命令，该行政机关及其人员在办理该刑事案件中被授予某一权力（如进行有证逮捕、有证搜查）或者进行某一行为（如根据人身保护令释放被拘禁的人）。司法令状制度体现了司法权对于行政权的监督，对于保障公民自由权利则是一个优良的制度。

---

① 〔美〕彼得·G.伦斯特洛姆编：《美国法律辞典》，贺卫方等译，中国政法大学出版社1998年版，第291页。

在刑事诉讼中,司法令状主要包括逮捕令、搜查令、扣押令、收监令、证人令和人身保护令等。

排除非法获得的证据以制约非法取证行为,实现程序制裁的效果,也是一种有效办法。无论在哪个国家的刑事诉讼中,在非法证据排除问题上,人们都面临着在实质真实与正当程序的矛盾冲突问题。实质真实发现是实现刑事诉讼目的的必要条件,刑事诉讼的目的在于确认犯罪事实的发生和犯罪人并在此基础上适用刑罚权,从伦理学的角度表述,则为实现实体正义。实质真实发现之所以重要,主要原因在于社会秩序在法律价值体系中具有重要性,美国学者彼得·斯坦等人指出,"法律规则的首要目的,便是使社会中各个成员的人身和财产得到保障,使他们的精力不必因操心自我保护而消耗殆尽"。显而易见,适用国家刑罚权解决犯罪这一特殊社会冲突、维护社会秩序,是刑事诉讼赖以存在的基础。然而,维护社会秩序并非刑事诉讼的唯一价值。在刑事诉讼领域,正当程序的理念产生了前所未有的影响力,手段的正当性得到极大尊重。诉讼手段的公正性及其表现——形成系统的现代诉讼制度和诉讼规则——建立在假定法院最后确定其有罪之前所有被刑事追诉者是无辜的、假定每个人都可能成为犯罪嫌疑人或者被告人的基础之上。从而制度的设计是以最有利于诉讼中可能的无辜者为基本考虑的,这也被看作是对社会上的所有的人提供的保障。在刑事诉讼中,多数案件能够通过正当程序达到实质真实发现的目的,从而实现正当程序与实质真实发现的统一,使刑事诉讼本身接近理想状态;但也有不少案件,正当程序与实质真实发现之间存在矛盾,形成鱼与熊掌不可得兼的局面,这就需要在两者间进行权衡和作出选择。

我国确立了非法证据排除规则,也有了一定的实践成效,但是对于侦查权的司法控制作用还有进一步发挥的空间,非法证据排除规则"决定性的问题不是应否,而是在何种程度上将排除规则引进中国刑事司法制度。更重要的问题是排除规则将在中国法律中起何作用"①。

排除规则是在正当程序与实质真实出现矛盾的时候,将正当程序置于实质真实发现之上的选择模式的产物。这种舍实质真实取正当程序的做法,试图通过消除违法取证行为的利益性达到遏制该行为的目的。司法实践表明,不彻底消除违法行为的利益性,就难以解决违法行为的泛滥问题,就难以实

---

① 赫尔曼:《中国刑事审判改革的模式——从德国角度的比较观察》,1994 北京刑事诉讼法学国际研讨会论文。

现正当程序与实质真实的和谐状态。也就是说,对于个别案件,取正当程序舍实质真实的选择,会导致实质真实失落;但对于整个司法活动而言,这一选择对于发现案件的实质真实和对犯罪的惩罚的损害只是局部的,而且可以通过提高侦查能力等理性的替代方法在一定程度上弥补这一缺陷。相反的选择,容易造成正当程序与实质真实双双失落的境况。①

---

① 在我国诉讼中确立一系列证据规则,比较稳妥的办法是将言词证据与实物证据分别作出规定:1. 绝对排除。以暴力、胁迫、利诱、欺骗以及其他非法方法(诸如施以药物、催眠等)取得的言词证据,应当予以排除;2. 相对排除(又可称"裁量排除"),包括:(1)对于以非法搜查、扣押等方法取得的实物证据而言,是否予以排除,由法院自由裁量。但应当设立若干基准,如:非法取证行为强度较大,影响较坏,侵犯公民合法权利较为严重,应当予以排除。(2)非法取得的证据直接引导出的其他证据(即所谓"毒树之果"),可以采纳为定案的依据,但非法行为的强度较大,影响较坏,侵犯公民合法权利较为严重的,基于祛除违法行为的利益性考虑,应当予以排除。

第六章　实质而公平的审判

可以将刑事诉讼看作一场体育竞技。然而,由于它涉及个人之人身权利、财产权利等重大利益,却又不可像体育竞技那样被人轻看为一场"游戏"(game)。这种"双方争斗"有攻击、有防御,辩护权就是被追诉人的防御权。辩护权具有制约国家权力、优化诉讼结构、满足兼听功能、维护程序公正之作用,它由阅卷权、会见通信权、接受诉讼文书送达权、调查取证权、举证辩论权等一系列权利构成,落实这些权利,为实现和维护司法公正之所必需。

第一节　审判之实质性

审判,必须是一场真的审判,这里所谓"真",不是指形式上确是一场审判,而是指这场审判必须是"实质性审判"。

对于审判"真"要求,何其简单明了。这一要求符合自然正义的内涵,如果连审判的真实性都做不到,司法连基本的公正都谈不上。审判活动流于形式,或称为"形骸化",是指审判不具有实质性。在现代司法中,审判过程的实质价值必须得到彰显,法官不能成为侦查和控诉的橡皮图章,必须自己从法庭调查的证据中建立对事实的认知;法官裁判应当以法庭审判中形成的心证为基础,其心证应当得之于法庭调查过的证据以及充分的法庭辩论;辩护律师能够完整表达自己的辩护意见,被告人应有充分辩解的权利与机会,其辩解行为不应被冠以"认罪态度不好"遭到不利于他的量刑,被告人及其辩护人的人身自由应当得到诉讼中与诉讼后的安全保障。

对于审判,需要纠正一种错误观念,即将审判仅仅看作被告人受刑事追诉不得不承担的不利程序性负担,而应同时看作是他寻求公道的一项重要权利。审判的权利观,有助于重新认识这一调查案件事实和针对法律适用进行的证明与辩论活动。审判流于形式,是对被告人诉讼权利的极大侵犯。

在实质审判中,诉讼结构的完整性与正常化十分重要。公认的完善的诉讼结构是审判方居中裁判,控辩双方地位平等和权利对等的结构。在这一结构中,诉讼三方处于相互制约的机制当中,任何一方权利被抑制和打压,都会造成诉讼结构的破坏,无法通过诉讼主体间的相互制约达到保障司法公正的目的,错案就可能孕育其中。

从案件表面看,法庭审判表现为在法官的主持下,由检察官与被告人及其辩护人进行角力,对抗的两端是法庭活动中控辩两种角色,但透过现象可以知道,刑事诉讼的实质是个人与国家的对抗,这种对抗是法秩序下和平的对抗,即控辩双方的对抗是在严密的法律规则约束下和平进行的。不过,即使如此,诉讼对抗两端中的一端是国家机关,代表国家进行控诉,与同样代表国家行使审判权的法院具有天然的亲和性,两者很容易明里暗里联起手来对付辩护方,其策略之一,就是审判的空洞化,让辩护方的辩护如敝屣一样被弃之不顾,让被告人失去得到公正裁决和诉诸旁听观众认同的机会。

国家与国家机关既有可能为个人自由权利提供保障,也完全有可能对个人自由权利进行侵害,这取决于国家权力是否受到民主机制的有效制约。对于权力能够机制化制约的社会,国家与国家机关更有可能扮演个人自由权利保护者的角色;反之,权力不受制约的社会,势必形成威权状况,甚至形成最为恶劣的极权状况,这种状态下的司法审判,容易流于形式。对于某些缺乏民主的国家来说,这正是可悲的现实。

第二节 审判之公平性与公开性

公平审判权是获得公平审判的权利的简称。有的国家宪法明确规定获得公平审判乃是一项权利,如《日本国宪法》第 32 条规定:"任何人在法院接受审判的权利不得剥夺。"①宫泽俊义等人指出:"任何人认为自己的权利或利益受到不法侵犯时,法院判断其主张是否妥当,有要求对其损害的救济采取必要措施的权利——即法院请求权或诉权——的意思。"②该权利可以划分为两项内容,一是获得审判的权利,二是审判是公平的。对于要从法庭寻求公道的人来说,得到审判是一项无可置疑的权利。获得审判要成为权利,该审判不能不是公道的,若审判不公道,没有人会把它当作一项权利看待,除非可以从这种不公道的审判中获得好处。所以,获得审判的权利与审判是公平的这两项内容是密切相关的。

获得公平审判是被追诉者的重要权利,该权利由来已久。曼弗雷德·诺瓦齐指出:"得到法庭审判的个人权利和刑事诉讼法中被告人的详细的最低保障的规定是以盎格鲁—撒克逊普通法中的'法律的正当程序'这一传统为

---

① 〔日〕宫泽俊义著、〔日〕芦部信喜补订:《日本国宪法精解》,董璠舆译,中国民主法制出版社 1990 年版,第 261 页。
② 同上。

基础的,这一传统可以追溯至 1215 年的自由大宪章。"①一些国家宪法将若干刑事诉讼权利纳入其中,强调这些权利的重要性,国际社会将这些权利列为刑事司法的国际人权标准。所谓公平审判,主要体现为以下权利获得实现:

1. 平等权利。所有的人在法院和法庭前一律平等。
2. 获得公正审判的权利。
3. 审判的公开(诉讼过程的公开,判决的公开宣布)。
4. 刑事审判中对被告的最低限度的保障:(1) 无罪推定;(2) 被告知被指控的权利;(3) 为辩护进行充分准备;(4) 不被无故拖延地受审的权利;(5) 辩护的权利;(6) 传唤和询问证人;(7) 获得译员免费援助的权利;(8) 禁止自我归罪;(9) 对少年的特殊保障;(10) 上诉的权利;(11) 因为误审而获得赔偿的权利;(12) 一罪不二罚。

公平审判权得到国际人权文件的确认。《世界人权宣言》第 10 条和第 11 条规定了公平审判的权利。联合国《公民权利和政治权利公约》第 14 条规定得更为周详,包括:所有的人在法庭和裁判所前一律平等。在判定对任何人提出的任何刑事指控或确定他在一件诉讼案中的权利和义务时,人人有资格由一个依法设立合格的、独立的和无偏倚的法庭进行公正的和公开的审讯。受到刑事指控的人均完全有资格享受刑事审判的最低限度保障,其中包括:迅速被告知指控的性质和原因(甲目);受审时间不被无故拖延(丙目);在法庭上有权在同等条件下讯问对他不利和有利的证人(戊目);免费获得译员的援助(己目);凡被判定有罪者,应有权由一个较高级法庭对其定罪及刑罚依法进行复审(第五项)。这些权利构成了程序公正的国际标准。

审判的公平性的保障措施之一是审判的公开性。英国学者 W·Ivor·詹宁斯指出:"公开审判仅意味着公众中的一些人可以旁听,如果报界认为案件很有趣,可以报道其中的某一部分。"②

公开审判是一项权利要求,因为"这一简单事实往往就足以阻止法院以非正统的方式作出判决"③。更深一层的原因是,"自由的人民往往不信任政府的秘密活动。如果审判不是公开进行,便有可能使法院被用作起诉的工具或包庇犯罪行为。当法院的审判活动是在观众的监视下进行时,则更有可能

---

① 〔美〕曼弗雷德·诺瓦克著:《民权公约评注》,毕小青等译,夏勇审校,三联书店 2003 年版,第 233 页。
② 〔英〕W·Ivor·詹宁斯著:《法与宪法》,龚祥瑞、侯健译,生活·读书·新知三联书店 1997 年版,第 171 页。
③ 同上。

使审判程序对于被告人和对于公众利益两方面都显得公正"①。这正是正义不但要实现而且应以看得见的方式来实现的程序正义的基本要求。曼弗雷德·诺瓦齐指出:"在所有民事诉讼和刑事案件中……获得法庭的公正和公开审讯的权利是'法律正当程序'的核心。"②他还指出:"公开性的要求——其目的在于使司法行政公开透明——是公正审判权利的一个要素,在民主社会中尤其如此。在联合国大会第三委员会起草第14条期间,法国代表博坎(Bouquin)将这一原则的宗旨(对应于过去普遍的秘密审判)总结为含义极为丰富的短语'正义不能是秘密'。"③

审判公开作为一项原则,在诉讼中的表现是具体的。该权利意味着法院承担相应的权利,"国家不得采取有害于这一权利的措施,相反,应采取使之有效实现的措施"④,例如,"作为保障被告人作为公开审判的权利的一部分,法官通常尽量接纳旁听者。但是,若因可供使用的座位有限时,法官也将尽力为被告人的亲属和朋友指定一个合适的位置"⑤。

公开审判既包括诉讼过程的公开,也包括诉讼结果的公开(裁判的公开)。刘得宽就此指出:"对审和判决,均须在公开的法庭上行使,乃民主主义社会之裁判的常规。……裁判公开的原则,乃鉴于昔日专制政治时代的秘密裁判或黑暗裁判,迫使人民不安之悲痛教训而产生。在另一方面言,主权在民的民主国家里,裁判在主权者国民的面前行使亦为理所当然。"⑥裁判之公开,包括两项要求:一是裁判应有理由,法官应说明自己心证是如何形成的;二是在公开的法庭公布裁决的结果,即使诉讼过程依法未公开进行,裁判结果的宣布亦应公开。

享有公开审判的权利有时与其他价值存在冲突,如隐私权、国家秘密、商业秘密、社会公序良俗、未成年人身心健康等,为保证更大利益,某些案件不公开审理,如涉及隐私、国家秘密、商业秘密、社会善良风俗、未成年人等的案件,不公开或者一般不公开审理。可见,享有公开审判的权利并非所有案件中的绝对权利,只能说是绝大多数案件的权利而已。

---

① 〔美〕小查尔斯·F.亨普希尔著:《美国刑事诉讼》,中国政法大学出版社教务处1984年印制,第32页。
② 〔美〕曼弗雷德·诺瓦克著:《民权公约评注》,毕小青等译,夏勇审校,三联书店2003年版,第238页。
③ 同上书,第244页。
④ 〔日〕宫泽俊义著、〔日〕芦部信喜补订:《日本国宪法精解》,董璠舆译,中国民主法制出版社1990年版,第275—276页。
⑤ 〔美〕小查尔斯·F.亨普希尔著:《美国刑事诉讼》,中国政法大学出版社教务处1984年印制,第33页。
⑥ 刘得宽著:《法学入门》,中国政法大学出版社2006年版,第66页。

第三节　真实审判与对质诘问权

在诉讼中,原则上"所有证据必须在法庭上公开提出"①。这些证据事关被追诉人的涉讼命运,与被追诉人利害相关,因此应当赋予被追诉人"检查"(examine)这些证据、提出异议或者其他意见的权利与机会,对于提供不利于己的证言的证人,被追诉人应有与之当面质证的权利。

案件一旦发生,往往在案发现场留下各种痕迹物品,并且为人所感知。感知了案件事实的人除了犯罪人、被害人等当事人以外,还有当事人以外的第三人。第三人作为知情人,一旦被要求向公安司法机关提供证言,就成为证人。向知情人了解他们感知的案件情况,是查明案件事实、适用法律实现实体正义的重要途径。在许多案件中,证人证言是不可或缺的,没有知情人提供证言,案件的真相就会被湮灭,正义就不能得到实现。就一桩具体案件而言,当事人以外的第三人向公安司法机关提供自己所了解的案件情况并不是为了维护自身的利益;从全社会而言,每个知情人都能够如实提供自己感知的案件情况,社会秩序才能得以维护,公道得以维系,正义得以实现。

不过,心理学家韦蒲尔(Whipple)曾言:无错误的陈述乃属例外。许多因素会影响证人证言的可靠性。由于有各种不同的证人和因案而异的许多影响证人如实作证的因素,要保证证言的完整、准确、谨慎,并不是容易做到的。

正是由于这个缘故,对于证人证言应特别留意,避免因证人提供的不确切的证言而造成一方当事人的损害。考虑到"如果证人面对着被告人进行宣誓的话,则不说实话的可能性就会小一些"②,为保障证言的可靠性,法庭上采取允许受该证言不利影响的一方对该证言的提供者进行质证。这项权利既是宪法上的权利也是诉讼法上的权利,联合国《公民权利和政治权利国际公约》第 14 条第 3 款(e)项规定:任何人有权询问或者业已询问提供于其不利的证言的证人。一些国家的宪法规定了这一权利,如美国宪法第六修正案规定被告人有"可以与反对他的证人对质"的权利。《日本国宪法》第 37 条第 2 款规定:"对刑事被告人予以发问所有证人的充分机会。"日本学者指出:这里的"所有证人"是指其证言作为证据的所有证人,不限于固有意义的证人,而且也广泛包括鉴定人、口头翻译和笔译人在内。这里的"予以发问所有证

---

① 〔美〕卡尔威因、帕尔德森著:《美国宪法释义》,徐卫东、吴新平译,华夏出版社 1989 年版,第 249~250 页。
② 〔美〕小查尔斯·F. 亨普希尔著:《美国刑事诉讼》,中国政法大学出版社教务处 1984 年印制,第 38 页。

人的充分机会"是指被告人对那些证言作为证据的证人,有予以直接发问机会的权利,否则该证人证言不得作为证据使用,也就是说,其宗旨是"不在被告人或辩护人面前所做的证人的供述,不得取为证据"①。

与证人当庭对质权的实现需要以证人到庭为条件,证人不到庭,这一权利只能落空。因此,可以说该项权利含有排除传闻证据的内涵。②

在我国,无论《宪法》还是《刑事诉讼法》都没有明确与证人当庭对质权为被追诉人的一项诉讼权利,对该权利的重要性显然认识不足。不过,我国《刑事诉讼法》第 61 条规定:证人证言必须在法庭上经过公诉人、被害人和被告人、辩护人双方质证并且查实以后,才能作为定案的根据。从这条规定可以推知被追诉人有与证人当庭对质的权利。不过,即便被追诉人有这项权利,如果证人出庭率过低,该权利也难免名存实亡。

证人不出庭作证是长期困扰我国刑事诉讼的问题,原因很多,也不是没有针对这些原因的解决之道。要解决证人出庭作证问题,首先应当确立传闻证据规则,规定证人在庭审过程以外进行的陈述,除法律另有规定的以外,不得在法庭提出和作为定案的根据。证人对事实的了解来源于他人时,应当传唤最初提供有关案件情况的人作证。这一规则的确立,为证人出庭作证建立一个基本前提。对法庭审判中使用证人在审判前进行陈述的笔录应当加以限定,规定在法庭审判中,证人表示不能回忆起某项事实时,需要帮助其回忆的;或者,证人提供的证言与其在审判前进行的陈述有矛盾,不能以其他方法确定的,可以宣读证人在审判前进行陈述的笔录;其中,对于后一种情形,有证据表明证人在审判前进行的陈述真实可信的,可以采纳该项笔录作为定案的证据。

与证人当庭对质权并非毫无例外。例如在美国,例外之一是"州法院不允许被告向作为少年罪犯而处以缓刑的对方证人提出盘问并企图侮辱他们的名誉"。另外,"由于被告具有干扰法庭的破坏性行为,使审判在他们在场时无法继续进行,被告就会因此失去与对方证人对质的权利"。当然,如果被告人放弃了诉讼程序,意味着在进行的审判中也放弃了对质的权利。③ 在日本,如果控辩双方均无异议,证人亦可不出庭而代之以宣读证言笔录。我国《刑事诉讼法》没有此类规定,因此有必要明确规定证人可以不出庭作证的情形。考虑到一些具体情形,证人出庭没有可能、确有困难或者没有必要的,可

---

① 〔日〕宫泽俊义著、〔日〕芦部信喜补订:《日本国宪法精解》,董璠舆译,中国民主法制出版社 1990 年版,第 276 页。
② 同上。
③ 〔美〕卡尔威因、帕尔德森著:《美国宪法释义》,徐卫东、吴新平译,华夏出版社 1989 年版,第 249—250 页。

以允许证人不出庭作证,包括:证人已经死亡的;证人患有严重身体疾病或者精神病,无法出庭作证的;证人下落不明的;证人不在中国境内,无法出庭作证的;证人路途遥远、交通不便的;经开庭前证据展示,检察官、辩护人和被告人均表示对证人证言笔录没有争议的。在法庭审理过程中,对于证人路途遥远、交通不便的,以及经检察官、辩护人和被告人均表示对证人证言笔录没有争议的关键性证言发生争议,需要传唤证人出庭作证的,由法院决定是否通知该证人出庭作证。在英国,"由于被告人服罪或由于证人的证据只具有形式证据的性质,这些证据有可能是审判所不需要的,则证人可以在一定条件下被要求出庭,否则不必出庭。如果没有通知证人出庭,他们的证言应当当庭宣读"①。

与证人当庭对质权并不要求在调查证言时必须采用交叉询问的制度。事实上,在刑事庭审活动中,证人证言的法庭调查方式有两种:控辩双方交叉询问制度和法官径直询问的方法,这两种方法都是检验证言的可靠方法。不过,考虑到交叉询问制度在检验证言方面能够为辩护方提供更大空间,在完善诉讼制度时不妨考虑建立该制度。

交叉询问制度是当事人主义诉讼模式的重要构成要素。它的性质属于控辩双方的一项重要诉讼权利,即控辩双方为了充分履行攻击或防御职能,有权利对相对方的证人及其证言提出质疑,防止虚伪不实的证言被采纳为判决依据。这种带有强烈对抗色彩的制度体现了证据调查活动中的竞争机制,它有着与法官径行询问制度不同的功能选择:控辩双方的对抗被认为是发现案件真实的理想方式。作为高度技巧性的诉讼行为,交叉询问受一系列证据规则和操作方法的规制,这种规制一直延伸到庭审前的活动中。鉴于交叉询问是检验证言可靠性并揭示案件客观真实的有效方法,将这一制度引入我国刑事诉讼之中,对于丰富我国证据调查方法是有裨益的,但应正确估计在我国实行彻底的当事人主义诉讼的难度,切实采取措施防止交叉询问制度可能产生的负面效应,扬长避短,为此需要进一步明确我国法律的有关规定,并在法律和司法解释中科学设定相应的证据规则。

需要指出的是,当庭对质权应当含有进行诱导性询问的权利。诱导性询问又称"暗示询问",是指询问者为了获得某一回答而在所提问题中添加有暗示被询问者如何回答的内容,或者将需要被询问人作证的有争议的事实假定为业已存在的事实而进行的提问。诱导性询问分四种情况:一是虚伪诱导,即暗示证人使其故意作违背其记忆的陈述;二是错误诱导,暗示证人使之产

---

① 〔英〕J. W. 塞西尔·特纳著:《肯尼刑法原理》,王国庆、李启家等译,华夏出版社 1987 年版,第 619 页。

生错觉,而进行违背其记忆的陈述;三是记忆诱导,通过暗示使证人恢复对某些事实的回忆①;四是诘难诱导,通过提出带有诱导性的问题达到对证人已经提出的相关陈述进行诘难的目的。这四种诱导方式对案件客观真实发现的作用不可一概而论,例如记忆诱导的作用通常是积极的,因此对于诱导性询问不宜一概加以禁绝。

　　对于何种情形禁止诱导性询问、何种情形允许诱导性询问,在一些国家里有明确的证据规则可供遵循。一般而言,大陆法系国家采行职权主义诉讼模式,由于在证据调查活动中采法官主导模式,证据由职业法官来调查,法官必须审理一切:他们富于经验,铁面无情,足以"自由地判断证据"和去伪存真,故而大陆法系国家很少用证据规则,诱导性询问规则便是明显的例子。也就是说,采职权主义诉讼模式的大陆法系国家,询问证人属于法院或检察官的职权,就一般情形而言,没有以暗示方式导致证人进行虚假陈述的危险,因此没有禁止诱导性询问规则存在的必要。英美法系国家诉讼中的证据调查采当事人主导模式,法官只负责在调查行为发生争议的时候行使对程序争议的仲裁权力,为了规范控辩双方的诉讼行为以减少逾矩行为、使控辩双方能够发挥互相牵制作用、防止误导陪审团并为法官的程序裁决提供预定的标准,防止诉讼的盲目性、裁决的随意性而导致的不公正,有必要确立一系列规则使诉讼双方的争讼得以顺利进行并最终实现发现案件真实情况的实体目的。

　　许多国家的法庭都允许被追诉人与证人当庭对质中进行诱导性询问。交叉询问是由提出某一证人的一方的相对方在庭审活动中对该证人所作的询问。交叉询问的目的,一般是诱使证人说出有利于本方的情况,或者是使人们对不利于本方的证据的信用性产生怀疑,或者使人们对证人的可信性产生怀疑,主要是以向证人提问题的方法,揭示证人在主询问中所作的证言显得不确切、不真实,或者前后矛盾、不合情理,甚至是胡言乱语、伪造虚构,这样,便可以抵消或减少证言的作证价值;甚至以提问题的方法攻击证人的信用或人格,使法庭对他的证言之可靠性发生信心动摇或怀疑。在交叉询问中,诱导性询问是对证人进行盘诘的重要的常规方法,为了通过控辩各方进行质证和对证人的可信性进行弹劾达到发现案件客观真实的目的,法律允许进行交叉询问的一方在询问中提出诱导性问题。

　　在诘问中允许进行诱导性询问,基于对诉讼规律的准确把握。由于证人被划分为"控方证人"和"辩方证人",这些证人对来自本方的提问一般都热心

---

① 蔡墩铭著:《刑事证据法》,三民书局1979年版,第397~398页。

配合，如果允许在主询问中进行诱导性询问，证人容易接受暗示而提供虚伪陈述。交叉询问则不然，台湾地区学者陈朴生指出："盖在正对询问，请问者之当事人与陈述者之证人、鉴定人，受诘问者之暗示而为迎合诱导讯问之回答。其在反对诘问，则无此种顾虑，因陈述之证人或鉴定人，不易为诘问者之诱导讯问所乘。"①美国证据法学家 E. M. 摩根也认为："反对诱导之法则，其理论之根据，在于通常之人易受暗示之影响，尤其对于略为接近正确之主张，即随声附和，且证人每多对于申请传唤其作证之当事人有偏爱之倾向。因此，如有事实表现，证人的举证人有所敌视，该法则即毋庸适用。"②

我国刑事庭审活动本采职权主义诉讼模式，法律没有确立与当事人主义诉讼模式相适应的若干证据规则，1996 年《刑事诉讼法》修改中在保留职权主义诉讼因素的前提下吸收了当事人主义诉讼因素，但并没有在法律中确立相应的询问证人的证据规则。为弥补我国法律缺乏周密证据规则的缺陷，使诉讼双方的竞赛不致失序以及法官对出现程序争议的裁断有所凭依，最高人民法院《关于适用〈中华人民共和国刑事诉讼法〉若干问题的解释》试图确立证人证言法庭调查方式所要求的证据规则，其第 261 条第（二）项规定"不得以诱导方式提问"。可惜，这一禁止诱导性询问的规定有绝对化的毛病，如前所述，即使在当事人主义诉讼制度中，也并非不加分析地一概禁止诱导询问，绝对禁止诱导询问的简单化做法，表面上十分公正，其实并不科学，也很难行得通。强行这样做，将会使被追诉人的当庭对质权受到损害。

第四节 司法救济权之保障

获得司法救济的权利是国际社会公认的一项人权标准。联合国《公民权利和政治权利国际公约》第 2 条第 3 款要求第一缔约国承担下列义务：（1）保证任何一个公约所承认的权利或自由被侵犯的人，能得到有效的补救；（2）保证由合格的司法、行政或立法当局或由国家法律制度规定的任何其他合格当局断定其在这方面的权利，并发展司法补救的可能性；（3）保证这种补救确能付诸实施。

被追诉人拥有的一系列救济性诉讼权利中，不服法院的裁决而提出上诉和申诉权是十分重要的权利。

对于未生效的法院裁决，被告人有权以上诉获得救济，被告人有几次上

---

① 陈朴生著：《刑事诉讼法实务》，海天印刷厂有限公司 1981 年版，第 214 页。
② 〔美〕E. M. 摩根著：《证据法之基本问题》，李学灯译，世界书局 1982 年版，第 79 页。

诉机会,涉及审级制度的设置和被追诉人权利保障丰满程度的问题。

在刑事审判中,一个案件可以经过数个不同级别的法院的审理方产生生效判决,这种制度被称为"复级审理制度",又称"上诉制度"。一个案件经过一个法院的审理就产生生效判决而没有寻求上级法院审理机会的审判制度,称为"单级审理制度"。

在现代刑事诉讼中,由于单级审理制度不能形成来自上级法院的权力制约,控辩双方也没有获得上级法院对已经作出判决的案件进行复查的机会,诉讼权利的制度保障是不充分的,因而普遍实行复级审理制度。一般只有最高级的司法机构作为第一审法院时才因没有更高级别的法院供当事人上诉而实行单级审理制度。

复级审理制度,实际上是由上级法院对下级法院作出的未生效判决进行审查的制度,对下级法院的判决提出异议的控方、辩方或者控辩双方有机会通过这一制度达到撤销或者变更该判决的目的。案件要经过几级审理判决才能生效,涉及的实质问题是控辩双方特别是辩护方有多少次机会获得上级法院对自己存有异议的判决加以审查、撤销和变更的救济。从这一角度考虑,这样的机会越多,说明保障的制度越周密。然而,刑事诉讼的价值取向不仅限于权利,也包含效率,如果因审级过于繁复而使效率低下,司法机关和当事人长期陷入讼累,不但造成司法资源浪费,对于当事人来说,权利义务关系不能尽早确定,也有害而无益。

在世界范围内,对于一个案件可以经过几级法院审理,并没有统一的制度。从各国审级设置看,通常有以下数种:(1) 三级两审制;(2) 四级两审制;(3) 三级三审制;(4) 四级三审制。亦即法院系统纵向上分为三级或者四级;一个案件经过两级或者三级法院审理便获得终审判决。在我国近代以来的诉讼发展史中,审级制度历经四级三审、三级三审、四级二审等审级设置。[①]一般地说,在实行三审终审制的大陆法系国家,对于事实和法律的争议,在第二审法院加以复审,复审完毕,则事实部分经过两次审理,通常是非已明;在实行陪审团制度的英美法系国家,由于事实由陪审团加以判断,所以事实审仅限于第一审。实行三审终审制的国家,第三审一般只限于以统一法律解释为目的进行法律审。法律审的意义在于:因抽象的法律应用于具体案件,需要适用者正确理解和应用,以求获得良好的法律效果。法律审可以避免可能出现的法官在主观上对法律的理解存在分歧而造成适用法律的偏颇。提起法律审只能以原审法院违背法律为理由,包括违背实体法(如无罪判有罪,有

---

① 陈光中主编、朱育璜等编著:《外国刑事诉讼程序比较研究》,法律出版社 1988 年版,第 41—42 页。

罪判无罪、罪名适用不当或者刑罚适用不当),也包括违反程序法(如管辖错误、审判组织的组成不合法、违反回避制度、审判程序应当更新而没有更新、应当予以调查的证据没有调查等)。第三审采用书面审理方式,即使听取辩论也仅听取辩护人和公诉人辩论,被告人不出席第三审法庭审理。

我国《刑事诉讼法》第 10 条规定:"人民法院审判案件,实行两审终审制。"其例外是,最高人民法院审理的案件为一审终审,该法院是我国的最高审判机关,经它审判的一切案件,一经宣判,判决立即生效,检察机关不能通过抗诉启动上诉审程序,当事人等也不能提出上诉。这表明,除最高人民法院受理第一审刑事案件实行单级审理制度外,我国实行的是两审终审的复级审理制度。这表明,在最高人民法院以外法院审理的第一审刑事案件,被告人有一次获得上诉法院给予司法救济的机会。

针对被告人只有一次获得上诉法院给予司法救济的机会,笔者认为,有必要对我国现行的审级制度重新加以评价,确立三审终审制。理由是:其一,刑事司法改革的侧重点是加强对被告人的权利保障,三审终审制与刑事司法体制改革的侧重点相吻合,它为当事人提供了又一次纠正错误判决的机会;其二,实行三审终审制,能够加强对下级法院审判权力的制约,有利于强化司法公正;其三,实行三审终审制,有利于正确适用法律——新制定的法律越来越多,法律的正确解释和适用问题已经变得十分突出,增设法律审级,是正确适用法律维护刑事司法公正的需要;其四,实行三审终审制有利于提高我国刑事司法的公信力。这些年来由于司法腐败和司法不公现象的存在和蔓延,刑事司法的公信力受到很大损害。显而易见,要修复刑事司法的威信和尊严,除了大力遏制司法腐败以外,还应该建立相应的保障制度,三审制是其中之一。

第七章 辩护力量的增长

罗科信曾言:"辩护人是被告在法治国家对无罪推定原则的保证人,其尤其在所有重大犯罪案件中有不得放弃之重要性。"①之所以如此,是因为"如果原告(即检察机关)及法院犯了错误的话,则身为不懂法律的被告只能借助一位辩护人才能维护其诉讼上之权利"②。因此,要防止错案,辩护力量的增长以及辩护的实效化不可轻忽。

第一节 没有辩护,审判归于无效

瑞士学者萨拉·J. 萨默斯在《公正审判》一书中曾言:"为了有效开展辩护,被告人获得聘请律师权利是至关重要的。"③

被告人有权获得辩护是我国一项宪法原则,也是刑事诉讼法重申的原则。为了保障这一原则的落实,我国建立了指定辩护制度以及相应的法律援助制度。不过,我国刑事辩护制度未臻完善,刑事诉讼中辩护率偏低的事实虽有明显改观,谈不上可止于至善。实际上,它还有进一步改革、完善的较大空间,其中特别重要的一项,就是扩展强制辩护制度。

根据他人辩护是否为审判合法性的必要条件,可以将辩护制度分为任意辩护和强制辩护两种。强制辩护,又称"必要(的)辩护",是被告人必须有辩护人为其进行辩护,法庭审判活动方为合法有效的制度,克劳思·罗科信将其定义为"在特定的诉讼阶段必须要有辩护人之共同参与(且不论其为法院所指定或由被告自行选任)"④。罗科信进一步解释说:"在整个审判程序中及判决之宣判过程中均需有一辩护人在场。至于是否整个程序中均由一及同一个辩护人担任辩护,则非所问。如果由数个辩护人参与辩护,其亦得轮

---

① 〔德〕克劳思·罗科信:《刑事诉讼法》(第 24 版),吴丽琪译,法律出版社 2003 年版,第 148 页。
② 同上。
③ 〔瑞士〕萨拉·J. 萨默斯著:《公正审判——欧洲刑事诉讼传统与欧洲人权法院》,朱奎彬、谢进杰译,中国政法大学出版社 2012 年版,第 97 页。
④ 〔德〕克劳思·罗科信:《刑事诉讼法》(第 24 版),吴丽琪译,法律出版社 2003 年版,第 152 页。

流到庭。"①林钰雄教授指出:"强制辩护之判定基准在于:无辩护人到庭,法院不得审判强制辩护之案件。"②在一些国家,凡可能判处一定刑期(如三年)以上或者被以"可诉罪"正式起诉的案件,如果被告人没有委托律师的,法官都应为其指定律师以保障其防御权的行使。需要特别指出的是,强制辩护是就他人辩护而言的,"如果被告本身即是律师,其亦不得为自己强制辩护之律师"③,也就是说,即使被告人身为律师,其自我辩护也是不能庖代强制辩护的。

对于强制辩护的适用范围和意义,可以选择部分国家强制辩护制度的法律规定及其学理上的诠释一窥究竟。

德国法律创立了强制辩护制度。现行《德国刑事诉讼法典》第 140 条专门规定了强制辩护制度,按照其第 1 款规定,具有下述情况时必须有辩护人参加诉讼:州高级法院或者州法院第一审审判;被指控人被指控犯有重罪;程序可能禁止执业;根据法官的命令或者在法官的许可下,被指控人在监狱里已经至少度过了 3 个月并且至少是在审判开始的两周前不会被释放;进行保安处分程序,等等。其第 2 款还规定,在其他情况下,如果案情重大或者因为事实、法律情况复杂,认为有辩护人参加之必要,或者发现被指控人无力自行为自己辩护,尤其是根据刑事诉讼法的有关规定为被害人指派了律师时,审判长应当依申请或者依职权指定一名辩护人。对聋、哑被指控人的申请要予以满足。显然,德国法律规定的强制辩护的覆盖面很广。在诉讼过程中,处于准备程序时,如果检察机关已经意识到在接下来的诉讼程序中将需要强制辩护,就需提出指定辩护人的声请;如果被告人在部分审判过程中已由一名辩护人为之辩护,该辩护人中途退出辩护,法院为该被告人另行指定一名新辩护人进行辩护时,无须更新审判程序,但可以中止诉讼程序,以便辩护人有足够时间准备其辩护,主要是那些在事实和法律方面存在很大困难且涉及范围很广的案件;当数名被告人共同受到审判,其中一名被告人的必要辩护人不在场时,如果此时的诉讼程序只涉及其他被告人的犯罪行为,则可以将该辩护人在场视为不必要,这属于辩护人在场的例外情形。

日本从其借鉴的英美法当事人主义和弹劾主义审判程序的角度出发,为保障刑事被告人的权利,确立强制辩护原则。《日本刑事诉讼法》第 289 条第 1 款规定:"于审判适用死刑或无期或最高刑期超过 3 年惩役监禁的案件中,

---

① 〔德〕克劳思·罗科信著:《刑事诉讼法》(第 24 版),吴丽琪译,法律出版社 2003 年版,第 155 页。
② 林钰雄著:《刑事法理论与实践》,学林文化事业有限公司 2001 年版,第 247 页。
③ 〔德〕克劳思·罗科信著:《刑事诉讼法》(第 24 版),吴丽琪译,法律出版社 2003 年版,第 156 页。

如无辩护人,不得开庭。"该条第 2 款还规定:"于无辩护人不得开庭的情形,辩护人不到场时,审判长依职权提出辩护人。"按照《日本国宪法》第 37 条第 3 款规定:"刑事被告人在任何场合都可委托有资格的辩护人。被告人本人不能自行委托时,辩护人由国家提供。"这里所谓"不能自行委托时"是指由于贫困及其他原因自己不能委托辩护人。"贫困的情况是主要的,但由于其他条件的性质——例如极其荒淫无耻或不得人心的案件,谁都不想接受作为辩护人等,属于这种情况。"对于这种情况,国家应选任有资格的辩护人为其辩护,国家提供的辩护人称为"国选辩护人"①。田口守一指出:"必要的辩护制度②这种诉讼法上的制度是为了查明事实真相,即使是违反被告人的意志也可以指定辩护人。"③日本司法研修所在其编著的《刑事辩护实务》中也称强制辩护的法律规定"是由于重大犯罪,为保证审判的公正而制定的规定";该书一并指出:"重要的辩护案件,没有辩护人不得开庭审理,但与案件内容无关的程序,例如判决的宣告,认定讯问(在法庭上讯问是否被告本人,或者询问是否证人、鉴定人本人),辩论再开的决定,公审期日的变更等除外。"④以下两种情形仍然不符合强制辩护的要求:被告人辞退了选任的辩护人而没有新的辩护人的;共同被告人的辩护人为没有辩护人的被告人进行了有利的辩护。存在以上两种情形,仍然视为违背强制辩护的规定,由这一违法程序产生的判决要被撤销。⑤ 在不需要实行强制辩护的场合,根据本人的请求提供辩护人;如果没有申请,没有辩护人进行的审判也不违法。⑥

俄罗斯刑事诉讼法中也有强制辩护的规定。在俄罗斯,"如果确有原因妨碍刑事被告人亲自进行辩护,而他可能被判处重刑,或者为了保障辩方和控方法律可能性的实际平等,以及出于某些其他考虑",辩护人必须参加刑事案件诉讼,这一规定适用于如下情形:犯罪嫌疑人、刑事被告人未按照《俄罗斯刑事诉讼法典》第 52 条规定的程序拒绝辩护人;犯罪嫌疑人、刑事被告人是未成年人;犯罪嫌疑人、刑事被告人由于身体或心理缺陷而不能独立行使自己的辩护权;犯罪嫌疑人、刑事被告人不通晓案件诉讼所使用的语言;被指控实施的犯罪可能判处 15 年以上的剥夺自由、终身剥夺自由或者死刑;刑事

---

① 〔日〕宫泽俊义著、〔日〕芦部信喜补订:《日本国宪法精解》,董璠舆译,中国民主法制出版社 1990 年版,第 278—279 页。
② 即"强制辩护制度"。
③ 〔日〕田口守一著:《刑事诉讼法》,刘迪等译,法律出版社 2000 年版,第 155 页。
④ 〔日〕日本司法研修所编:《刑事辩护实务》,王铁城、秀义译,中国政法大学出版社 1992 年版,第 59 页。
⑤ 同上。
⑥ 〔日〕宫泽俊义著、〔日〕芦部信喜补订:《日本国宪法精解》,董璠舆译,中国民主法制出版社 1990 年版,第 278—279 页。

案件应该由陪审法庭审理；刑事被告人提出依照《俄罗斯刑事诉讼法典》第四十章规定的程序审理案件。另外，在适用医疗性强制措施时，辩护人也必须参加刑事案件。俄罗斯学者指出："如果在上述辩护人必须参加案件的情况下刑事被告人本人、他的法定代理人或其他人（根据他的委托或经他同意）没有聘请辩护人，则调查人员、侦查员、检察长或法院有责任保证辩护人参加案件。如果刑事被告人、犯罪嫌疑人申请辩护人参加案件，他们也应该保证辩护人参加。"①可以看出，在俄罗刑事诉讼中，多种情形下也是采行强制辩护制度的。

英美国家实行对抗制诉讼，这种诉讼具有竞争主义的特征，诉讼对抗性强，其名义为"当事人主义"，实质是"律师主义"，在强调司法竞技和判例浩如烟海的情况下，没有律师参与诉讼，被告人在法庭上缺乏躲闪腾挪、施展身手的能力。因此，在英美国家的法庭上，被告人——即使其原为律师、法官——也需要有律师代行辩护职责，否则诉讼难以为继。由于这个原因，如果被告人没有聘请律师，法官必须为他指定一名律师。在对抗制诉讼中，即使不明言强制辩护，强制辩护自在其中。

在谈到强制辩护的法律意义时，德国学者托马斯·魏根特指出："强制辩护与被告人的经济状况无关，而完全是为了实现程序正义需要有辩护人在场。因此，在强制辩护的情况下，德国法律不承认被告人有自行辩护的权利。"②对此不应当理解为在这个环节德国对被告人辩护权的保障竟不如我国（不承认被告人有自行辩护的权利），而是不承认自我辩护可以取代强制辩护，也就是说不允许以被告人可以自我辩护为理由拒绝强制辩护制度的落实，因为这根本关乎程序正义的保障与实现的问题。

第二节 为什么辩护常常是无效的

错案是司法路上的断桥。法官驾着案件的车驶上这座桥时，有支撑这座桥的控诉力量，也有不断提醒说桥要断了的辩护声音。桥断了以后，人们回过头来，满怀遗憾地发现，有人曾经中肯指出桥要坍塌的事实，但没有人听他的——辩护人的警告像春风吹马耳，裁判者没有给予重视。

辩护不仅仅是一种存在，重要的是，应当是一种有效的存在。有学者

---

① 〔俄〕K.Ф.古岑科主编：《俄罗斯刑事诉讼教程》，黄道秀等译，中国人民公安大学出版社2007年版，第167—168页。

② 〔德〕托马斯·魏根特著：《德国刑事诉讼程序》，岳礼玲、温小洁译，中国政法大学出版社2004年版，第58—59页。

指出:

> 如果被告的律师未能提供有效的辩护,那么便与没有律师无异。是故,有意义的受律师辩护权,也应该同时涵盖了该辩护为实质上有效的辩护。换言之,为被告辩护的律师不该只是聊备一格,可有可无的一只花瓶。是故,受律师辩护权也应包含了受律师有效辩护权。①

反观司法实践,辩护无效的现象并不鲜见。究其缘由,有律师自身的原因,也有司法机关的原因。

辩护律师不尽心、不尽责,造成辩护质量不高。这种不尽心、不尽责的表现之一,是受委托辩护的律师不阅卷或者不完整阅卷。有些大牌律师,手下"雇佣"一个小的团队,接受委托之后,由团队中资浅的律师阅卷,诉讼材料也由他们进行准备,开庭的时候,由资格较浅的律师在辩护中唱主角,资深律师只发表一些辩护意见就算交差。对于律师未阅卷或者未认真阅卷,开庭中司法人员和律师同行有时能够感觉到,但是这一问题并未引起律师界重视。

辩护无效的另一原因,是律师缺乏专业水准。辩护律师不够专业,也会造成辩护质量不高。选对了辩护律师,对于自己的案件自然大有好处。各行各业都有不称职的现象,律师行业也不例外。

冤错案件一旦得到确定,人们回溯案件经过的侦查、起诉和审判诸环节,都会留意辩护情况。固然有的案件,辩护人不专业,他们的辩护苍白无力,言不及义;有的案件,辩护人粗率、无能、缺乏责任心;然而有些案件,辩护意见是中肯的,可惜这些切中肯綮的辩护意见,就像风拂过水面,虽然形成涟漪,却没有在裁判者心证过程中留下痕迹,这就是人们常说的"你辩你的,我判我的"。在错案成因中,辩护人的辩护意见得不到公安司法机关的重视,是辩护无效的一个主要原因。就此而言,即使形式上解决了刑事辩护"全覆盖"需求,也无法达到辩护发挥实效的标准。

那么,辩护为何得不到重视?

刑事庭审模式乃至国家司法组织、程序的主要特征存在的差异,是导致辩护的重要性存在差异的因素之一。达玛什卡将司法权组织区别为科层式理想型和协作式理想型,这两种模式分别对应着科层型和协作型官僚制下的法律程序;他还将司法程序划分为纠纷解决型程序和政策实施型程序,前者又称为回应型司法,后者又称为能动型司法,不同模式中的律师作用是有区别的。达玛什卡指出:"在达致正确结果的主要义务被赋予政府官员的能动

---

① 李荣耕著:《搜索、扣押及受律师协助权》,元照出版公司2020年版,第226页。

型法律程序中,让私人律师的才干发挥重要作用并不被认为是可欲的。因此,与回应型国家的司法管理相反,这里没有多少空间供律师发挥自己的技能和创造力。"①达玛什卡指出:

> 律师仅限于搜集那些每个人都可以很容易取得的信息。由私人律师进行的深入早期调查,很可能会在负责发现事实的官员对相关信息进行利用之前对信息源造成干扰。正像我曾经指出的那样,律师可能会被排除在诉讼程序的某些阶段,特别是刑事检控的初始阶段之外。这种排除的成本不是没有被注意到(律师的早期介入可以加速无根据指控的结束),但人们害怕嫌疑人与律师的早期接触,会帮助真正的罪犯编造出听似有理、实际上却纯属虚构的故事。②

更为严重的是,"一位强烈质疑对其当事人不利的材料的律师很容易被看成是在试图阻碍国家政策的实现——在能动型政府中很严重,这是一项非常严重的指控"③。

德国学者魏根特对于审问式司法制度的观察,也得出司法模式不同则律师作用不同的结论:"在审问式制度下,检察官和法官被要求客观查明事实真相,因此在一般案件中,辩护人被认为是可有可无的。"④不过,达玛什卡并不认为律师在政策实施型程序中的"贡献是可有可无、可忽略不计的",他认为:

> 即使在律师无力改变结果(实际情况往往如此)的情况下,他们的活动仍然发挥着一定的作用。从最低限度上说,他们可以为当事人提供心理上的支持,缓解他们的焦虑不安。哪怕律师的辩护往往不得不转化为苦苦哀求,这也是一种涉案当事人十分倚重的贡献。律师的在场本身还有阻止政府官员将程序规则视同儿戏的重要作用。说律师在政策实施程序中仅仅充当着装点门面的作用,无疑是一种不可原谅的夸张:在得到官方认可的观点范围内,律师可以找出案件中对当事人有利且从国家的角度来看也可以接受的因素,因此他的努力可以实质性地影响诉讼

---

① 〔美〕米尔伊安·R.达玛什卡著:《司法和国家权力的多种面孔》,郑戈译,中国政法大学出版社 2015 年版,第 230 页。
② 同上书,第 230 页。
③ 同上书,第 230—231 页。
④ 〔德〕魏根特著:《德国刑事诉讼程序》,岳礼玲、温小洁译,中国政法大学出版社 2004 年版,第 55 页。

的结果。①

对我国司法的缜密观察者对于达玛什卡的见解无疑会有同感。我国刑事司法带有社会主义法系的特征,这种诉讼模式与欧陆国家的审问式诉讼在不少特征上近似,诸如诉讼中重视国家专门机关的职权调查作用,主要依靠司法人员在调查案件事实和审查判断证据中的主动性、积极性来达到发现事实真相的目的,而不是依赖控辩双方有力的诉讼对抗形式来揭示案件的真实情况,属于达玛什卡所谓政策实施型、能动型国家的司法,司法组织方面的科层制特征也十分明显。

在某些办案人员的心目中,辩护人无异于"麻烦制造者",辩护律师拿人钱财与人消灾,横竖挑剔,无事生非;许多辩护意见未必值得重视,毕竟案件经过了长达几个月的侦查,早已"山高月小,水落石出",经过一个月到一个半月的审查起诉,筛了又筛,到了审判阶段生米早就煮成熟饭,虽然可能存在一些瑕疵,但这些瑕疵与被告人的罪行比起来算得了什么,因此审判者和控诉者常怀提防心理,时刻警惕不能让辩护人的捣乱给毁了。

这种观念与现代诉讼结构的理念相去甚远。事实上,要维持司法公正的大桥使之不轰然倒塌,辩护人——特别是辩护律师——本着自己对事实和证据的了解和对法律的理解进行辩护,他们的辩护应当得到尊重。为此裁判者必须全面了解案件情况,听取不同意见,对案件作出正确的判断和处理,做到兼听则明。在司法审判中,法院接到控诉一方的起诉,展开诉讼活动,既要接受控诉方的举证、听取其意见,也要接受辩护一方的反证、了解其辩解和意见,才能为公正裁判提供一个厚实的基础。

为此,对于审判人员的约束,应当体现为对于裁判文书说理论证的要求上。审判人员书写判决书,应当全面、准确、清晰归纳辩护意见,对于采纳和不采纳的意见,要作出清楚说明,尤其是拒绝采纳辩护人的意见,必须作出具体论证,不能含糊其词,不能"短斤少两"。对于辩护一方提供的证据,如果不予采纳,裁判文书中也应作出理由说明,不能用"与本案没有关联性故不予采信"这类概括、含糊的说法,否则可以构成被告人上诉和上级法院发回重审的理由。

总之,司法要避免驶上断桥,裁判者的目光应当在诉辩间往返,耐心而且细致。

---

① 〔美〕米尔伊安·R.达玛什卡著:《司法和国家权力的多种面孔》,郑戈译,中国政法大学出版社 2015 年版,第 231 页。

第三节 辩护人可以对权力干预说不

萨拉·J.萨默斯指出:"辩护权的各种内容必然与'公正'联系在一起,并且更多地与个人的责任或者自主性相联系。"① 台湾大学林钰雄教授谓辩护人在刑事司法体系中担负"自主性功能"②,易言之,"辩护人可谓整个刑事司法体系中自主的司法单元"③ 这种自主性功能为独立辩护制度提供了理由。罗科信对于律师的独立性曾这样说:

> 即使在一非当事人进行主义的诉讼程序中,虽然其亦以侦查原则为基础,但是如果对辩护之进行不授予深广且独立的权利,则不免有损法治国家的理想。④

这里所说的"独立的权利""独立辩护",是指辩护人进行辩护不受国家、社会组织和个人的干涉。律师独立辩护有两方面内容,一是独立于当事人,一是独立于政府。独立于当事人,体现在辩护人并非嫌疑人、辩护人的传声筒、肉喇叭,他可以本着自己对于案件的独立判断选择对嫌疑人、被告人有利的辩护策略,"辩护人在不违反其保密义务的前提下,有可能乃至于有必要为被告利益但反于被告之意思而进行辩护"⑤。在诉讼过程中,辩护人是以自己的名义,根据对事实和证据的了解和对法律的理解,独立进行辩护,不受犯罪嫌疑人、被告人意思表示的约束。如罗科信所言:

> 辩护人在诉讼程序中的独立地位显现在当其在维护被告之利益时,并不像一代理人一样,处处受被告意愿控制。因此,其亦得违背被告之意愿,为被告之有利而自行声请询问证人,虽然被告可能不愿该证人曝光;同样地,其亦得声请对被告进行心理调查,虽然被告自己觉得很正常,也根本不想进入精神病院被观察;而虽然被告自己已经承认有罪(不管其因何理由为此承认),辩护人仍得为促请无罪判决之辩护。⑥

---

① 〔瑞士〕萨拉·J.萨默斯著:《公正审判——欧洲刑事诉讼传统与欧洲人权法院》,朱奎彬、谢进杰译,中国政法大学出版社 2012 年版,第 75 页。
② 林钰雄著:《刑事诉讼法》(上册总论编),元照出版公司 2007 年版,第 203 页。
③ 同上。
④ 〔德〕克劳思·罗科信著:《刑事诉讼法》(第 24 版),吴丽琪译,法律出版社 2003 年版,第 148 页。
⑤ 林钰雄著:《刑事诉讼法》(上册总论编),元照出版公司 2007 年版,第 203 页。
⑥ 〔德〕克劳思·罗科信著:《刑事诉讼法》(第 24 版),吴丽琪译,法律出版社 2003 年版,第 150 页。

当然，辩护人进行独立辩护，应以不损害犯罪嫌疑人、被告人的利益为限度，如果对犯罪嫌疑人、被告人的辩护造成损害，就违背了设立辩护人制度的法律本意。

独立辩护，更重要的是独立于政府，即辩护人——特别是辩护律师——本着自己对事实和证据的了解和对法律的理解进行辩护，国家机关、社会组织均不应对辩护人的辩护活动预先加以干预，以免使辩护工作受到干扰。辩护人有后顾之忧，在法庭上就不能畅所欲言，辩护人的存在就成了不具有实质意义的摆设。

对律师的约束，应由法律规定、律师执业纪律和律师行业习惯加以实现。这些规定、纪律和习惯不是随心所欲制定的，它们必须具有正当性、合理性，必须有利于增进司法公正，遏制国家权力滥用的倾向，促成诉讼中对抗局面的真正实现。哈佛大学法学院教授德肖维茨说得明白："认真负责、积极热心的辩护律师是自由的最后堡垒——是抵抗气势汹汹的政府欺负它的子民的最后一道防线。辩护律师的任务正是对政府的行为进行监督和挑战，要这些权势在握的尊者对无权无势的小民百姓做出格行动前三思而后行，想想可能引起的法律后果；去呼吁，去保护那些孤立无援无权无势的民众的正当权利。（甚至连有钱有势的人与政府相比，他可能动员的力量，他的经济力量也相形见绌，虽说他们与穷人相比有天壤之别。）"他还强调："一个国家是否有真正的自由，试金石之一是它对那些为有罪之人、为世人不齿之徒辩护的人的态度。在大部分专制国家里，独立自主的辩护律师队伍是不存在的。"①

辩护独立的道理在于"辩护律师对其当事人不负真正的责任，而是对法律制度、对法庭负责任，他的任务是在正直和法律的范围内，积极热情地代表被告人的利益。"②律师辩护与检察机关的控诉类似，具有公共利益性质，"就整个刑事司法体系的结构设计而言，辩护人虽为被告利益，但同时带有公共利益的色彩，而且担当一定的公法机能。辩护制度也是达成刑事诉讼目的不可或缺的基石，虽然表面上看来，辩护人仅从被告利益的片面观点行事，但是，正是因为法律专业的辩护人之介入，使得国家与被告的实力差距得以适度调节，一方面促成交互辩证的真实发现，另一方面确保国家司法程序的法治国性，尤其是被告诉讼主体地位、无罪推定原则以及公平审判原则之贯彻"③。涉讼人假设，为辩护的公益性质奠定了基础，每个社会上的人，无论

---

① 〔美〕德肖维茨著：《最好的辩护》，唐交东译，法律出版社 1994 年版，第 482 页。
② 〔美〕小查尔斯·F. 亨普希尔著：《美国刑事诉讼——司法审判》，中国政法大学出版社教务处 1984 年印制，第 128 页。
③ 林钰雄著：《刑事诉讼法》（上册总论编），元照出版公司 2007 年版，第 203 页。

智愚贤不肖,都有可能牵涉进刑事司法成为错案的受害者,"借由保障被告利益,辩护人也同时保障了具有公益内涵的法治程序,更何况任何人都是潜在的被告,都有可能因为各种因素(包括偶然)而涉入刑事案件,因此,维护所有的被告依法享有的程序权利并且保障无辜的被告被无罪开释,本来就是刑事诉讼以及辩护制度的目的,这种辩护人的自主地位及公益色彩,已经不是单纯的民法契约所能解释"①。此外,赋予律师独立辩护的权利,与国家权力的两面性有当然的联系。国家及其权力具有两重性,它能够满足人民对联合的力量的要求,但同时也会给人民的自由带来巨大的威胁。认识到国家权力的两面性,才能有意识地去限制国家权力并防止国家机关恣意妄为,律师独立辩护制度正是发挥这种限制作用的重要诉讼机制之一。

那么,如何实现独立辩护?独立辩护权,体现在辩护人可以到法庭上去讲政府不爱听的话的权利,这就需要赋予律师言论豁免权,不能因为律师言语"出格"而恣意追究其言责,造成寒蝉效应,使辩护制度空洞化。我国《律师法》第 37 条第 2 款规定:"律师在法庭上发表的代理、辩护意见不受法律追究。但是,发表危害国家安全、恶意诽谤他人、严重扰乱法庭秩序的言论除外。"这一法律规定赋予律师有条件的言论豁免权,好的一面是划定了律师言论保护的界限,使律师有所依循,不足的一面是对律师言论的限制的必要性、正当性、合理性仍然有进一步斟酌、讨论的空间。

辩护的自主性保障不足,是我国辩护制度需要改良的一项主要内容,其重要性不言而喻。此外,扩大强制辩护范围,解决无效辩护问题,对于保障司法公正和防止错案来说,其积极作用也是不言而喻的。不过,我们仍然有必要反复思考辩护权对于防止冤错案件的重要性,恰如美国法官乔治·萨瑟兰(Goerge Sutherland)所言:

> 即使那些聪明的和受过教育的外行也对法律科学知之甚少甚至根本不懂,如果没有辩护律师的帮助,他可能在不恰当的指控下被送上审判席,甚至根据与此无关的或者其他不被承认的对他不利的不足证据被判有罪。没有辩护律师,即使他可能是无罪的,他也面临被定罪的危险,因为他不知道该如何证实自己的清白。②

这道理,浅显易懂,迨无疑义。

---

① 林钰雄著:《刑事诉讼法》(上册总论编),元照出版公司 2007 年版,第 203 页。
② 〔美〕罗纳尔多·V. 戴尔卡门著:《美国刑事诉讼——法律和实践》,张鸿巍等译,武汉大学出版社 2006 年版,第 511 页。

第四节　个案分析:李建功案件

　　2007年,新疆库尔勒某水泥厂一名退休女工曹菊英(75岁)被人发现溺毙在厕所内,在附近居住的新疆生产建设兵团农二师银纺公司员工李建功被认定有作案重大嫌疑。2008年7月,新疆生产建设兵团农二师法院一审以故意杀人罪判处李建功死刑,缓期二年执行。李建功提出上诉。11月7日,新疆维吾尔自治区高级人民法院裁定:驳回上诉,维持原判。判决定谳后,李建功及其亲属不断申诉。2018年12月6日,新疆维吾尔自治区高级人民法院决定再审,随后以李建功故意杀人罪"主要事实不清,证据不足"为由将该案发回新疆生产建设兵团第二师中级人民法院再审。

　　回溯李建功案件,可以看到,警察初步的侦查工作,如寻找证物、鉴定死因、确定死亡时间以及采用老一套侦查方法——摸底排队,还是尽职的。因李建功在接受讯问时忘记葵花杆的情况,对李建功产生怀疑,也不能说有何不妥。但是,随后的侦查工作就向错案的道路上发展了。李建功受到刑讯逼供,留下被迫提供的有罪供述和永久性伤痕;李建功的13岁女儿也被带走隔离询问,理应在询问中在场的教师,只是"应卯"一下,随后就消失不见,忙自己的事情去了。这些情况,当然无法从案卷中看到。如果此后的起诉与审判,不将这些事实"寻找"出来,仅看案卷材料,本案证据之间人为制造的印证,将颜渊认定为盗跖,无足为奇。

　　本应由司法机关进行的真相寻找工作,却由著名律师王誓华及其团队在9年后完成。王律师介入此案,是由为张氏叔侄冤案奔走洗冤而名声大噪的检察官张飚介绍的。张飚对于可能的冤错案件有着敏锐的感知力,对冤错案件的受害人怀着深切的同情心,对于为当事人洗冤,他充满激情与韧性。还有一位介入案件的,是记者李蒙,这是一位关切冤错案件并用自己有温度的文字推动司法进步和个案正义的记者。将案件介绍给王誓华律师,是了解他不仅是一个经验丰富而且有情怀的律师,而且对案件事实有着准确的判断力,对司法现象及其背后的深层结构,也有着超凡洞察力。这一案件,到了王誓华律师的手上,沉重的平冤之门终于打开了。

　　这起案件,对于李建功不利的证据主要是他本人的有罪供述和他女儿提供的证言。王誓华律师意识到,主要建立在这两部分言词证据基础上的这起案件,没有客观证据能够将李建功与曹菊英之死连接在一起。最高人民法院再审聂树斌案件,判决书中确立了一项规则:给被告人定罪必须有将其与案件犯罪事实连接起来的客观证据。如果本案指控李建功的言词证据被否定,李建功获得无罪判决就是自然的事情了。要推翻有罪供述和不利于李建功的证人证言，并不需要高超技能，只需要把这些言词证据生成过程中的隐秘事实找出来就可以了。

侦查中存在的非法取证行为，在王誓华律师及其团队的努力下变得清晰起来：通过走访案件中的关键证人，向他们了解案件中取证情况，并经过谨慎核实，确定了李建功本人及其女儿是在刑讯逼供、威胁以及存在其他违法行为的情况下供述和作证的。李建功身上的多处伤痕，都是无声的证言，清晰而有力。按照2012年修正的《刑事诉讼法》，理应排除这些言词证据。本案还有其他疑点，王誓华律师也予以一一澄清，如对于曹菊英死亡时间的认定，存在一定疑问，王誓华律师邀请了专业人员重新作出判断，将由此形成的专家论证意见送交给检察机关。他们还借助警犬探测死者曹菊英的第一现场，虽然这一努力没有达到预期效果，但彰显了王誓华律师及其团队认真负责的态度，以及善于运用相关领域知识服务于洗冤工作的思想力和行动力。

这样一起案件，经过王誓华律师及其团队的查证，确认公安机关在侦查中存在非法取证行为。2019年11月24日，新疆生产建设兵团第二师中级人民法院开庭再审。王誓华律师提出侦查阶段讯问李建功的17份讯问笔录、审查起诉阶段的2份讯问笔录，以及询问证人李娟的5份询问笔录，均属非法证据，应当排除。对此检辩双方意见一致，合议庭当庭认定上述证据为非法证据，予以排除。

正义，迟到了，仍不失为正义；但是，打了折扣的正义，却是不完整的正义，对于当事人来说，从时间意义上言之，仍然存在着某种不公。

第八章 死刑的限缩

美国著名律师丹诺发出这样的质问:"当一个无辜的人被一连串的错误导致死刑后,我们的法律如何弥补这样可怕的而且无法挽回的结局呢?"① 答案清清楚楚:对于被误杀的人来说,没有什么方法可以起死回生。在没有废除死刑的国家,杀人案是很有可能判处死刑的案件。鉴于死刑错误的不可补救性,应当限缩死刑②,防止司法上最可怕的错误——将无辜者处决。

死刑之废止论与限缩论,与刑事审判程序的固有缺陷有关。对于误判与死刑的问题,需要展开深层思考,如果死刑制度的变革只停留在改良程序的表层,那意味着我们错过全面检讨死刑的机会。

第一节 司法实践观察:误杀与枉杀

历史上被误杀、枉杀之人不知凡几。有些屠戮被记载下来为后人所知,例如"13 世纪在法国别兹埃市基督教徒在同异教徒(自然教徒)的斗争之中,杀死了 10 万人"。屠杀者不分青红皂白,以致一时玉石俱焚,"他们把所有的异教徒全部杀死,有异教徒、天主教徒,一切为了证实其自身:'否则如何把他们和自己区分开来呢?'——主教对人们的答复就是如此的牵强附会:'杀掉他们,上帝会区分谁才是自己人'"③。对于十万冤魂一时俱消,这位主教表现得麻木不仁,一切都在宗教的理由下得到圣化。

俄罗斯作家 А. П. 拉夫林在《面对死亡》一书中列举了不少无辜滥杀的例子,如罗宾斯·皮埃尔被起诉,罪名是滥用天才化学家拉乌阿兹埃的成果(其实毫无根据),法官就判处死刑。在法庭的主席台上面醒目地写着:"La

---

① 〔美〕克莱伦斯·丹诺著:《丹诺自传》,林正译,世界知识出版社 2003 年版,第 290 页。
② 死刑,又称"极刑"。我国学术界关于死刑有废除说和限缩说存焉,如今有关此一问题的讨论几乎皆为表态性学术,观点早已有了,阐述者不过是纷纷表态支持既已存在的两种观点之一,或者挖掘新的资料、寻找新的角度支持之。以笔者观之,废除说虽为时尚之论,却非务实之论,限缩死刑是当前可选择的方案。
③ 〔俄〕А. П. 拉夫林著:《面对死亡》,成都科技翻译研究会译,内蒙古人民出版社 1997 年版,第 258 页。

patrie apasbesoin da savants"(祖国不需要科学家)。① А.П.拉夫林感叹:

在我们当今时代,法律经过全面研究拟定出很多准则,这些准则足有几百卷之多,但是仍然避免不了误杀犯人之事的发生。譬如,在20世纪的美国(自1900年至1985年)因法院误判处死刑的人不少于23人。②

历史非常时期,误杀、枉杀的例子更不胜枚举,"很多误杀总是在专制制度下发生(这里的误杀是指真正的错误性杀害而非因预谋杀害敌对分子的报复性误杀)"③。希特勒下令处决的名单上有慕尼黑市的医生留德维克·施密特,他是1933年以前盖世太保第二号人物、"黑色防线"的组织者,在缉捕医生的过程中,抓捕者遇到了一名与之姓氏近似的音乐评论家维里格里亚·留德维克·施密德,他住在另一个地方,姓名也不相同(施密德与施密特不同),但抓捕者还是把他逮捕后送往塔哈尔集中营并杀害。④ 这是令人震惊的事实,"独裁和残暴是一对孪生兄弟。类似的事件在俄罗斯因姓名相同而误杀者时有发生。将姓名相同的枪决——有时是纯粹的误杀,但是都正是为了防止漏杀。譬如,一件很震惊的例子,在敖德萨枪决了一名奥泽洛夫。后来发现是错杀,于是又把真正应该枪毙的奥泽洛夫给处决了"⑤。还有如下例子,更令人震惊:"有人报告一位叫阿罗·胡西德的人从事反革命活动,但此人的住址不详。在当天就根据地址名册登记的同姓人名册逮捕了11名姓胡西德的人,在对他们两个星期的审问和拷打之后,虽然已确定清楚了其中一人,但还是处决了两位同姓胡西德的人。因为在这两个人之中无法确定到底谁才是真正的反革命分子。"⑥在斯大林主政的极端时期,枉死者所在多有,"在1930—1950年的大清洗时代,误杀的事件更是只增不减,因为使用过(现今也正在使用)威胁和人身摧残,因此经常是无罪都被迫认罪,接着便把他们判处死刑"⑦。

А.П.拉夫林特别指出:

大量事实表明,世界上有许多被处决的均是误杀,因为不存在可以

---

① 〔俄〕А.П.拉夫林著:《面对死亡》,成都科技翻译研究会译,内蒙古人民出版社1997年版,第260页。
② 同上。
③ 同上。
④ 同上。
⑤ 同上书,第260—261页。
⑥ 同上。
⑦ 同上书,第261页。

证明人所犯罪行的绝对完整准确的系统。证人可以收买或恐吓,犯人也可以用欺骗手段诱使招认,或使用酷刑拷打,化验结果可以伪造等等,政治原因、证人因缺乏良心感召而不将实情道出,犯人在半休克状态下或心理不太健全时招认了自己的罪行。

只有一种可避免在执行死刑时误杀之过的办法,那就是取消死刑。①

那么,现代科学是否有可能为死刑适用的准确性创造条件呢?马萨诸塞州长(Mitt Romney)试图运用科学成果为司法服务,他说:"我真的期待能够获得确定性标准,这就是为什么我要求专家小组判定是否可以制定法律和鉴定标准,来保证只有真正的罪犯才被处以死刑。我相信可以做到。"他认为大多数公众会支持对恶性杀人案件适用死刑,只要确保死刑不会不公正实施或者发生错误。② 但是反对者不认为这是可行的,指出 DNA 检测结果只能证明嫌疑人曾经在犯罪现场出现,却无法揭示动机、有其他嫌疑人出现以及自卫的可能性等与死刑适用有关的重要情况,即使法庭科学实验室完全独立于警方和其他政府部门,仍然无法消除检验过程中发生人为错误的可能性。毕竟,"科学是由科学家来实施,科学家是人,他们不是万无一失的。科学不容否定,但是科学家却可能犯错误。"③

即使现代科学可以提供精确的认定事实的技术,但是鉴定人员未必精确地运用这些技术,因而发生死刑错误的可能性还是无法避免。在这种情况下,以错误无法避免为理由的死刑废止论就会一直存在下去,乃至占有上风。

第二节 死刑及刑事审判程序的固有缺陷

生命权是人的最重要、最基本的权利,在当今世界,没有比不尊重人的生命价值更有损于一个国家的国际形象的了。彼得·斯坦和约翰·香德在《西方社会的法律价值》一书中指出:

"如果有人问道,西方法律最为重视的个人权利是什么?大部分法学家都会回答:'生命。'"他们转述布莱克斯通的话说,生命权是"不朽的自然法"赋予个人的绝对权利之一。他们还认为:"就法律本身而言,只

---

① 〔俄〕А. П. 拉夫林著:《面对死亡》,成都科技翻译研究会译,内蒙古人民出版社 1997 年版,第 262 页。
② Tina Kafka, DNA on Trial, Thomson Corporation, 2005, p. 51.
③ Ibid., pp. 51—52.

要是世俗的法律,毫无疑问,它必须会用类似的用语将生命价值放在第一位。"①

在我国,自古就有"人命关天"的说法,对人命表达了一种敬重观念。南宋宋慈也谓"狱事莫重于大辟",指出死刑案件之重大不可轻忽。然而,古代在思想和制度层面"儒法互补""明儒暗法""外儒内法",遵奉商鞅、韩非的法家重刑思想之掌权者从来不少。司法素重"治乱世用重典",重刑为治理国家的基本方略。虽然也有刑罚世轻世重的说法,认为刑罚轻重依乱世、平世而变化,然而"历代盖治世少,罕遇轻刑;乱时久,多遭重典。"②唐代杜预曾言:"或曰:'荀卿有言,代治则刑重,代乱则刑轻。欲求于治,必用重典。'斯乃一端偏见,谅非四时通论也。"③但无论过往还是当下,赞同"一端偏见"者不可胜数,如有当代学者认为"法家的重刑有明显的合理性,是一份值得珍视的法学遗产","这一思想的核心观点,在今天的立法和执法中仍有借鉴意义。"④

国人倚靠重刑在法律和司法上的表现,便是刑法中死刑罪名过多,司法中判处死刑过滥,造成死刑复核负担过重,最高人民法院一院难支。显然,解决死刑核准权的根本之道在于减少死刑的适用,不从这个环节入手,主张大量增加最高人民法院复核死刑的法官人数,或主张最高人民法院在各地设立巡回法庭,或主张在全国划定几大司法区域并设立最高人民法院分院,这些方策虽能缓解最高人民法院复核死刑案件的压力,但皆舍本逐末之论,盖因各地判处死刑若继续增多,上述办法也有难以应付的一天。

我们必须认识到,当今世界刑事司法的一大趋势是减少乃至废除死刑。丹诺曾言:"人们只要谈到犯罪与处罚,一定会讨论有关死刑的问题。赞成或反对的人都有许多充分或不充分的理由,但大多数人认为,法律不应该让人因他的行为而面临死亡的恐惧。"⑤在英美、欧陆国家,尽管在一些令人发指的残忍罪案发生后,主张恢复死刑的呼声十分响亮,但持有废除死刑观点的人绝非少数。为何人们对死刑存废持有截然相反的观点?丹诺解释其原因:一个人赞成还是反对死刑,有其隐秘原因。他以自己为例:

> 一个人是敏感、富有感情和想象力,还是迟钝、冷酷和以自我为中心,这些取决于他的遗传、环境和经历,并深刻地影响他对死刑的态度。

---

① 〔美〕彼得·斯坦、约翰·香德著:《西方社会的法律价值》,王献平译,中国人民公安大学出版社1990年版,第199页。
② 杜预著:《通典》(卷一百六十五)。
③ 同上。
④ 艾永明:《法家的重刑思想值得重视》,载《法学》1996年第11期。
⑤ 〔美〕克莱伦斯·丹诺著:《丹诺自传》,林正译,世界知识出版社2003年版,第281页。

我对死刑的印象来自父亲的影响,当时我只有七八岁。父亲告诉我,他年轻的时候,邻镇发生了一件凶杀案,凶手在光天化日之下被公开处以绞刑。镇上每个人都看到了这一切,连细节都很清楚,他也想尽办法挤到最前面争看那死亡的一幕。但当看到凶手脖子被套上绞绳、头上被蒙上黑布时,他赶紧转过头去。父亲一生都为人类竟用杀死同类这种残忍的惩罚方式感到羞耻。①

不过,会有人认为,杀人偿命,符合天理,对于杀人等暴行还之以死刑,没有什么不对,就像战争中用死亡还击带来死亡的敌人一样。

无论如何,从刑事司法的国际标准和各国司法的情况看,限制死刑的适用甚至废除死刑的观念和做法得到了许多国家的认同(尽管一些已经废除了死刑的国家和地区,有时也有很强的呼声要求恢复死刑②),并已成为国际社会十分关切的问题。联合国《公民权利和政治权利国际公约》第6条宣告:人人有固有的生命权,生命权受法律保护,不得任意剥夺任何人的生命。按照刑事司法的国际标准,在未废除死刑的国家,判处死刑只能作为对最严重的罪行的惩罚。

杀人不难,伏尔泰曾言:

> 一个人从其在母亲子宫里的幼苗状态,到孩童时期的纯生物状态,直至其理性趋于成熟,需要二十年时间。掌握有关一个人的身体结构的若干知识,用去了人类三千年时间。要了解人的精神世界,需要永久持续时间。杀死他,却只需要一瞬间。③

消灭一个人生命的方法越是简便易行,这种刑罚就越加可怖:杀死一个人轻而易举,但要使得一个被杀死的人复活却完全不可能,一旦错杀,便如离弦之箭,是无法回头的。

废除死刑的一大强有力理由,是死刑的不可补救性。我国汉代路温舒曾云:"死者不可复生,绝者不可复属。"④孔多塞也曾经大声警告说:"死刑是唯一一种使不公正绝对无法挽回的刑罚;从这一点可以推定,死刑的存在暗含着使人们暴露于犯一种无法挽回的不公正的错误;从这一点可以推定,死刑的设立是不公正的。"⑤人绝非全知全能的完美动物,执掌司法权柄者似乎无

---

① 〔美〕克莱伦斯·丹诺著:《丹诺自传》,林正译,世界知识出版社2003年版,第282—283页。
② 近日英国两名女童遇害,要求恢复死刑的呼声又起。
③ 〔法〕伏尔泰著:《哲学辞典》英文版,"人"的词条。
④ 路温舒:《尚德缓刑书》。
⑤ 〔加〕伊恩·哈金著:《驯服偶然》,刘钢译,中央编译出版社2000年版,第157页。

法避免误判,日本法学家团藤重光认为:"以法律或裁判本质立场来说,死刑制度是绝对不可留存的一种制度。"①在其所著《死刑废止论》一书中,他针对日本司法状况指出:"目前再审之道已有某种程度的放宽,一、二审也比从前慎重多了,所以误判也比以前大为减少是可预见的。但是,谁又能断言今后就绝无误判?固然在事实认定上,法官是受过训练,且积有经验,但只要是人就不可能断言他绝不会犯错。再说依据再审的救济也是有其限度的,不能说它是绝对性的。"②他特别指出:"您试着想象,一个犯人一边声嘶喊叫'不是我做的',一边上绞首台结束了他的一生。很久以前,我也真的听说过这种情况。根据因主张死刑废止论者而出名的精神医学家小木真孝博士的说法,死刑犯常有无罪妄想的症状,当然也并不会全部都如此。假如说该死刑犯真的是无实之罪,那么世上还有比这更'不正义'的吗?也许有人会说,今天的社会不可能发生那种事。但人非神明,又有谁能够真正保证它不会发生呢?"③

在我国,对于死刑存废,有赞成废除者,有主张保留者。20世纪20年代就有论者认为在我国死刑不可废的理由有三:

一是法理。刑罚各有其功能,死刑亦有其不可取代之作用。"盖刑罚如药石,罪犯如疾病,医之用药,非审知药质与药力,则药无效而病不得瘳。故溃烂之痈疽非寻常药力所能奏效则割去之。死刑之加于罪犯,亦犹乎刀割之加于痈疽。定其适用之标准,厥有二端:曰大恶,曰不治。使对此大恶不治之犯,不加以绝对淘汰之刑,岂国家刑期无刑之意哉!"

二是历史。我国施行死刑之历史悠久,遽然废之必有不适反应。"国家当改革之秋,沿历史之旧固不可,不审其所当存者亦不可。我国自有史以来,伦纪之重未尝或变,使一日废止死刑,则对于干犯伦纪者,裁判必多窒碍也。"

三是社会心理。"我国用死刑相沿已久,使一日废之,其影响必及于社会心理。凶恶之徒必玩其刑轻而肆无忌惮,良民必骇其不情愈滋权利侵害之惧矣。"④刑罚之存废,不可不问社会心理之认同与否及承受能力。

主张死刑不可废者,往往回避死刑一旦错误适用便无法挽回的致命弊端,或者认为死刑错误适用是得到死刑效用的值得付出的代价,这是死刑拥护论的明显短板。不过,平心而论,主张死刑不可废的三种理由不是没有一点道理。应该说,废除死刑的观念与社会文明发展阶段有关,中国现在就废除死刑不见得是一个明智选择。至于将来是否应当废除死刑,答案是肯定

---

① 〔日〕团藤重光著:《死刑废止论》,林辰彦译,商鼎文化出版社1997年版,第11页。
② 同上书,第7页。
③ 同上书,第10页。
④ 司法部鼎定:《中华民国新刑律理由笺释》,上海锦章图书局1923年版,第19页。

的。若问什么时候废除死刑,就要根据社会发展条件作出回答了。可以肯定的是,假如有废除死刑的一天,那将是我国继废除肉刑、废除刑讯①后又一刑事司法的革命性变化。

在死刑尚未废止的条件下,死刑的适用应当以减少错误为圭臬,要减少死刑的误用,最有效的办法就是减少死刑的适用,要做到这一点,需要从四个方面着手:通过立法作用减少死刑的罪名;通过司法解释提高死刑适用的门槛;通过程序运作严格筛选案件,即司法审判从严掌握死刑案件之证明标准,死刑复核以避免错误为基本点,甚至将恩赦精神融入死刑复核程序;增设死刑案件之赦免制度。

死刑存废或者限缩,根本问题是一个旧的选择题:是要"宁可错杀一千,不可放走一个"还是"宁可放过一千,不可错杀一个"?

第三节 限缩死刑适用:立法、司法解释与程序安排

早在死刑核准权上收最高人民法院之前,就有论者指出:"收回死刑复核权,说难也难,说不难也不难。""思想问题不解决,收回就难一点。"②

其实,收回死刑复核权并不等于思想问题就解决了,也不等于思想问题就不需要再解决了,最高人民法院为应对即将到来的死刑案件潮,紧急进行人员扩编,但这只是扬汤止沸,如果死刑案件总量不减反增,最高人民法院将始终面临疲于应付的困局,并承担着十分严峻的道义责任,人手增加到何等膨胀的状态才足够?因此,要缓解由此带来的压力,避免使最高人民法院沦为以死刑复核为第一职能的命运,应当考虑对不断扩张的死刑适用加以限缩,这才是釜底抽薪之道。

刑罚的严酷性并不能真正发挥维护长治久安的作用。事实上,死刑并非遏制犯罪的良策。秦以后的统治者大多深知,一味实行重典,并不能达到长治久安的目的,故而往往以仁厚自我约束,并以政简刑宽进行救济,用以挽救民心。历代史官,多以本朝政简刑省相夸耀。唐代杜预曾针对时论中"欲求于治,必用重典"的观点批驳说:"斯乃一端偏见,谅非四时通论也。"③我国当代实践也表明,我国刑事法律中死刑罪名不少,司法过程中适用死刑也决不手软,但犯罪并未因有死刑的存在而势头稍缓,某些领域的犯罪(如贿赂)反愈形猖獗,这表明死刑的威吓力是有限的。司马谈曾指出:首倡重刑主义的

---

① 刑事政策中废除了,司法实践中仍然盛行不衰。
② 郭光东:《收回死刑复核权难在哪里》,载《南方周末》2005年3月31日A5版。
③ 杜预著:《通典》。

法家思想"可以行一时之效而不可长用也"①。

有鉴于此,在死刑尚未废止的条件下,应当限缩死刑适用。限缩死刑包括以下几个途径。

一、立法减少死刑罪名

我国刑法立法,明显受到重刑主义之支配,一旦某一犯罪领域犯罪形势严峻,没有死刑罪名的,首先想到的是增加死刑罪名痛加遏制,许多以修正案形式为刑法打的补丁都是在这一想法的推动下进行的;有死刑罪名的,有时就以"严打"思维适用这些罪名。

重刑也许能够收到一时之效。不过,重刑主义缺乏正义性,我国学者郭元觉曾指出:

> 一般预防主义既以镇压犯罪以外之人为目的,自当采取镇压政策,欲达镇压政策之目的,势非从事威吓不可。威吓主义即系采取镇压政策而来,亦即以镇压为预防之策也,但依威吓主义之结果,严刑峻法于以产生,每致罚过于罪,犹不及报应主义之纯以犯罪事实为标准也。②

重刑遏制犯罪的效果难以长久,而且负面效应虽然不明显,却是社会的严重内伤,要想疗治更需耗费时日。重刑(特别是死刑)在发挥威吓功效的同时,对民众心理产生负面影响。意大利法学家贝卡利亚指出:"人的心灵就像液体一样,总是顺应着它周围的事物,随着刑场变得日益残酷,这些心灵也变得麻木不仁了。生机勃勃的欲望力量使得轮刑经历了百年残酷之后,其威慑力量只相当于从前的监禁。"③我国晚清法学家沈家本曾言:"谓将以警戒世人,而习见习闻,转感召其残忍之性。"民国时期学者王觐也指出:"籍刑罚威吓一般民众,亦未见有若何卓效。"④重刑造成的轻贱人命和贬低人的健康、自由和尊严的社会风气,与重刑论者所期待的向善之风,大为矛盾。贝卡里亚曾指出遏制犯罪最有效的方法是"刑罚的即时性"而不是刑罚的严酷性,贝氏云:

> 我说刑罚的及时性是比较有益的,是因为:犯罪与刑罚之间的时间隔得越短,在人们心中,犯罪与刑罚这两个概念的联系就越突出、越持

---

① 司马谈:《论六家要旨》。
② 郭元觉:《刑事政策学》,上海法学编译社 1934 年版,第 21 页。
③ 〔意〕切萨雷·贝卡利亚:《论犯罪与刑罚》,黄风译,中国大百科全书出版社 1993 年版,第 43 页。
④ 王觐:《中国刑法论》,朝阳学院 1943 年版,第 1145 页。

续,因而,人们就很自然地把犯罪看作起因,把刑罚看作不可缺少的必然结果。……只有使犯罪和刑罚衔接紧凑,才能指望相连的刑罚概念使那些粗俗的头脑从诱惑他们的、有利可图的犯罪图景中立即猛醒过来。①

对于这一办法,古人早有洞见,我国汉魏思想家徐干曾指出:"夫赏罚者不在乎必重,而在于必行。必行则虽不重而民肃,不行则虽重而民怠,故先王务赏罚之必行。"②宋恕就此评论说:"诚哉是言也!昔唐虞别衣为刑,其轻至矣,而民乃鲜犯者,非必行之效欤!"③显然,对死刑的实际功效进行重新审视是有必要的。在我国刑事司法改革中,应当严格限制死刑的适用,而在严格限制死刑适用的同时,还应注重提高侦查部门的破案率和破案的效率,使犯罪行为一旦发生,处罚随之而至。实践已经证明,如果破案率和破案的效率不高,只在刑罚上加大力度,其收效将是难以令人满意的。

在我国,应当对二十多年来实行重刑政策的效果进行一次认真的审视,对于刑法有过多死刑罪名的现象进行一次深刻的反思,顺应国际上刑事法律轻刑化的趋势,在刑法中减少死刑,除杀人、重伤害等特别严重侵犯人身权利的犯罪以外,一般犯罪,尤其是财产型犯罪应当取消死刑。我国刑法学界对减少死刑罪名本来早有共识,刑法多次修改也清晰展现了这一思路。

二、司法解释提高死刑适用的门槛

减少死刑的适用,除在刑法中减少一些死刑罪名一途外,还有司法解释一途。

《刑法》规定的罪名要得到适用,需要由最高人民法院以司法解释等方式确定标准。我国《刑法》规定的死刑,通常适用于犯罪情节特别严重、犯罪数额特别巨大的犯罪,但对于何谓特别严重、特别巨大,《刑法》并没有标明,需要由司法解释作出规定。最高人民法院的司法解释,既可以通过降低适用标准扩大死刑的适用,也可以提高适用标准来减少死刑的适用,确定什么样的标准,取决于要扩大死刑适用还是减少死刑适用的刑事政策考量。

犯罪情节特别严重,比较容易取得共识,司法解释的伸缩空间并不大(也非没有伸缩空间);但对于犯罪数额特别巨大的解释,伸缩空间很大。前些年,有因受贿数百万元而被判处死刑而命赴黄泉者,近年来却有受贿数亿元

---

① 〔意〕贝卡里亚著:《论犯罪与刑罚》,黄风译,中国大百科全书出版社1993年版,第56—57页。
② 徐干著:《中论》。
③ 宋恕:《六字课斋卑议》。

而未被判决死刑者,两相对照,难免有罪刑不平衡之社会观感。

财产型犯罪究竟涉案数额多大应当判处死刑,并没有一个确定的标准。从自然正义的观点上看,天平的一边放上人的生命,另一边放上钱财(赃款),无论钱财如何加多,两者永远不可能平衡。也就是说,财产型犯罪者,不论其涉案财产多少,与其生命来作对比都是无法等价的。财产型犯罪之刑罚规定有死刑,实际上是在天平的一边,放上了刑法威吓主义、一般预防的政策考量,才使其达成"平衡"。说得明白一点,是为了警诫别人使之不从事某一犯罪而将一些已经犯有该罪的罪犯处以死刑。这种"以刑止刑"的立法意图,并没有达到预期的效果,表明现有的刑事政策应当进行调整。这种调整可以通过司法解释提高适用死刑的数额标准来实现。

三、司法程序减少死刑的适用并防止误判

杀人不难,戒之在慎。在刑事诉讼中,有关死刑的程序涉及人的生命的予夺,死刑程序设计之优劣,其重要性毋庸赘述。我国古代以儒家思想为刑事司法制度的思想基础。在儒家思想的影响下,中国古代刑罚虽然严酷,但不少时期的刑事司法仍然具有慎刑狱的司法精神。《舜典》中说:"钦哉钦哉,刑之恤哉。"据说,舜制定了刑罚之后,要求天下百官慎重行使。据载,夏禹时,就已经制定了一条重要的刑事政策——"与其杀不辜,宁失不经",意思是宁肯不依常规办案也不要错杀无罪的人。① 《礼记·王制》记载:在殷代,重大案件从立案到庭讯要由下至上经过多次审理,如果属于"疑狱,泛与众共之,众疑赦之,必察大小之比以成之"②。即:如果案情疑似,难以处断,就广泛征求意见,众人都认为确属疑似,就予以宽大处理,但仍须作出恰当的判决。有论者指出:"可能是因为受到儒家学说的影响,中国法律一直强调每一个死刑案件都必须报经最高审级进行慎重的审查,包括皇帝亲自批准。"③ 后世各个朝代,为了保证案件得到公平、正确处理,防止误判错杀,并平反冤案,确立了一系列的制度,主要包括法官责任、会审制度、直诉制度、死刑复核覆奏制度、录囚制度、秋审与朝审制度等。在唐代,太宗曾对侍臣曰:"死者不可复生,用法务在宽简。"④ 二年将死刑三覆奏改为五覆奏⑤,这一举措素为后人所赞赏。太宗借鉴"古者断狱,必讯于三槐、九棘之官"的做法,对于大辟罪皆

---

① 《尚书·大禹谟》。
② 《礼记·王制》。
③ 〔美〕D. 布迪、C. 莫里斯著:《中华帝国的法律》,朱勇译,江苏人民出版社1998年版,第128页。
④ 吴兢著:《贞观政要》,上海古籍出版社1978年版,第239页。
⑤ 参见同上书,第240页。

令中书、门下四品以上及尚书九卿审议,以避免冤滥。从贞观元年到贞观四年,全国被判处死刑的,不过 29 人,史家所谓"几致刑措"。① 至今仍被许多当代学者传为美谈。实际上,这些制度和思想,不仅在当时历史条件下发挥了有益的作用,至今仍然有着借鉴的意义。

在当代中国,一些误判案件连续引起社会关注,在 2007 年死刑核准权上收最高人民法院后,案件误判引起的阴影对死刑案件的审判和核准都发挥着无形的压力作用。如何慎重行使死刑案件的裁判权,已经成为一审法院、二审法院乃至复核法院不能不严肃对待的问题。

案件误判是常有的事情,一般案件出现误判尚可补救,所谓"留得青山在,不怕没柴烧",但死刑案件的误判后果十分严重,覆水难收,不可不怵惕警醒。死刑案件的侦查以发现真正的罪犯、建立起证明嫌疑人有罪的证据证明体系为重心,侦查终结后到了审查起诉和审判阶段,诉讼进入"质检"阶段,应当以纠错为重心。

要减少死刑的误判,需要把握好下述环节:

1. 刑事案件的准则:怀疑应对被告有利

俄罗斯学者亚历山大·雅科夫列夫曾指出:对于法律思维来说,没有被证实的东西,等于不存在。公正判决只存在于这样的法律思维在法庭上取得胜利的地方。②

司法审判应当贯彻这样一个原则,那就是"怀疑应对被告有利"。要做到这一点,需要克服心理上的障碍,遇到重大、凶残的案件尤其如此。法国著名律师弗洛里奥指出:

> 法官和陪审员们一想到会释放一个杀人犯,或者让一个罪犯逍遥法外,便会感到不安。一切正直的人们都会理解并且赞扬他们这种一丝不苟的精神。人们只能热烈地称赞这一些或那一些努力调查案件实情的人们。但是,如果他们为了查明真相而没有忽视任何事情,却仍无把握,那么,他们的责任就应是宣告被告无罪,哪怕这样做会使罪犯逍遥法外。我们不应该把已了解的"罪行"放在太平这一端,而把可疑的材料放在太平那一端,然后只取其中较重的一个。③

对有罪的指控存在怀疑,就应该宣告无罪,因此,"长时间的合议和思考

---

① 吴兢著:《贞观政要》,上海古籍出版社 1978 年版,第 239 页。
② 〔俄〕亚历山大·雅科夫列夫:《公正审判与我们——30 年代的教训》,载陈启能主编:《苏联大清洗内幕》,社会科学文献出版社 1988 年版,第 492 页。
③ 〔法〕勒内·弗洛里奥著:《错案》,赵淑美、张洪竹译,法律出版社 1984 年版,第 289 页。

之后,如果还不能确定被告有罪,他们就有责任宣布被告无罪。如果他对被告的罪行存有一些疑问,只是因为怕被可能是机灵的被告欺骗,就宣布对他处以刑罚,哪怕是很轻的刑罚,那么,他们自己就成为罪人了。"避免司法错误或者至少可以减少司法错误的唯一办法就是牢记这一点:"只有那确凿无疑的材料,才能作为判决的根据。"① 处理案件的人员应当记住的是:"如果案卷中的材料使您心绪不宁,使您不放心。而且影响您形成完全可靠的判断,总之,它如果使您存在怀疑、哪怕是较轻的怀疑,那就毫不犹豫地宣告被告无罪吧!让一个罪犯获释总比惩罚了一个无辜者要强百倍。"②

2. 司法审判的侧重点

我国司法审判,素重发现案件的实质真实,不过,我国之重视发现实质真实,存在一定缺陷,那就是侧重于发现和惩罚犯罪,容易忽略对无辜者的保护。在死刑案件的办理中,不可不对这一侧重点有所调整。

发现案件真实的侧重点不同,陈朴生先生曾指出:"刑事诉讼,固以实体的真实主义为其指导理念……因其重点之不同,尚得分为积极的实体真实主义与消极的实体真实主义二种。前者目的在判明一切犯罪,借以避免误有罪为无罪,重在无纵;后者,其目的在减少犯罪之误认,借以避免误无罪为有罪,重在无枉。"③ 我国司法审判,应当由积极的实体真实主义向消极的实体真实主义转变。

消极的实质真实发现主义要求在发现实质真实中以避免错罚无辜为侧重,制度安排和司法运作都应依此进行。毋庸赘言,避免错罚无辜的最佳途径是发现案件实质真实,实质真实之发现,既可以惩罚有罪,又可以避免错罚无辜。但无限制地追求发现真相,可能导致为达到目的而不择手段的局面形成,而此种局面一旦形成,冤滥遍地的现象必然娩出,无辜者被当作罪犯逮捕、起诉、审判、定罪乃至处决的事件就会时有发生,因此制度安排就是要对侦查、起诉和审判机关及其人员进行适当控制以便使其在正当程序的约束下寻求和确认事实真相,防止误罚无辜。制度安排应在发现真实与保障人权之间寻求恰当的平衡,须知绝对的防止误罚无辜的途径唯有放弃对任何犯罪的查证和追诉,但这样的结果,"无限制地'宁失不经',则不仅恐难维持社会治安,且使实体真实发现主义从其根本而瓦解"④。

---

① 〔法〕勒内·弗洛里奥著:《错案》,赵淑美、张洪竹译,法律出版社 1984 年版,第 289—291 页。
② 同上书,第 291 页。
③ 陈朴生:《刑事诉讼制度于实体的真实主义之影响》,载中华学术与现代文化丛书《法学论集》,中华学术院 1983 版,第 591 页。
④ 黄东熊、吴景芳著:《刑事诉讼法论》,三民书局 2002 年版,第 19 页。

为减少死刑的适用,法院还应将恩赦精神纳入死刑复核程序。死刑复核以"不核准"为要,盖因该程序的设计旨在防错纠错,发现裁判错误乃是死刑复核程序的着眼点,离开这个着眼点,死刑复核就容易沦为第一审、第二审乃至侦查、起诉的橡皮图章。不过,仅以不错杀为死刑复核的目标,并不足以减少死刑的适用,减少死刑的适用,还需要体现一种恩赦的意图,即从事实、证据、法律三方面进行评价,判处被告人死刑虽然无错,但判处死刑已经表达了法律的评价,不一定都付诸执行。我国晚清沈家本曾向皇帝上书云,死刑经皇帝勾决者仅占上报死刑案件的 1/10,9/10 未勾决者即为皇帝所赦免。我国死刑复核程序的未来设计,不妨将恩赦纳入其中,真正贯彻少杀原则。

关于死刑复核程序的审限,多有议论者。一些学者主张对死刑复核程序的审限作出限制,笔者期期以为不可。我国《刑事诉讼法》对侦查、起诉、审判(一审、二审和再审)等程序,均明确规定了诉讼期限,但对死刑复核程序未规定期限。有学者主张对死刑复核规定审限,认为"复核要有效率,不应当是一个漫长的过程,否则关押成本过高"。另有学者反对,认为"杀人宜缓不宜急,死刑案件不宜规定时间,否则会对案件的公正产生影响,国外很多国家也不规定期限,例如美国的死刑案件从起诉到执行平均耗时 12 年半"①。兵贵神速,刑事诉讼却并不以神速为贵,为保障办案质量,自以不规定复核程序的审限为宜。

四、赦免或减刑制度减少死刑的施行

按照《公民权利和政治权利国际公约》第 6 条规定:未经合格法庭最后判决,不得执行死刑刑罚;任何被判处死刑的人应有权要求赦免或减刑,对一切判处死刑的案件均得给予大赦、特赦或减刑。反观我国现行法律制度,可以看到与联合国的刑事司法标准相比,我国法律尚有距离:虽然我国《宪法》第 67 条规定全国人民代表大会常务委员会的职权之一是"决定特赦",但该规定的适用极为严格而特定,并不是为一般死刑设置的常规救济渠道。另外,我国法律制度中只有特赦而无大赦,与联合国的刑事司法标准也不相契合。因此,可以说,我国法律体系没有给予被判处死刑的人要求赦免或减刑②的权力,这一特点是与联合国制定的刑事司法国际准则不相一致的。

值得注意的是,我国古代刑事司法中,对于死刑案件长期存在着赦免制度。对于"法合死而情可宥者",要求"宜录状奏"向皇帝禀告,由皇帝裁决是否赦免死刑。在古代中国,普天之下,莫非王土;率土之滨,莫非王臣。国家

---

① 郭光东:《收回死刑复核权难在哪里》,载《南方周末》2005 年 3 月 31 日 A5 版。
② 这里指死刑立即执行的案件,不包括死刑缓期二年执行的案件。

被视为君主一家之天下，百官均为君主一人之臣属。君主拥有无限权力，这些权力被宣扬为神授和至高无上，皇帝（先秦时期为"王"）掌握着生杀予夺的大权，可以权宜行事。君主言出法随，可以运用自己掌握的生杀大权，将罪不该死的人逮捕治罪甚至处死，体现了专制制度的专横性、残酷性，但也可以任意宽免罪犯、平反冤狱。除对于谋反、叛逆案件往往就地拷讯、就地处死而无需获得上级的批准外，一般死刑案件需要通过正常的程序报经刑部及皇帝批准。在清朝，死刑分立决和监候两种，经三法司的会小法、会大法会审及皇帝批准，确定"立决"者不能再更改判决；确定监候者还要进入更为复杂的死刑复审程序——秋审和朝审。经过秋审和朝审，各类监候死刑案件被分别情况作出以下四项处理：缓决（如误杀案件等）、可矜（主要涉及年幼、老人及具有其他减轻情节的案件）、留养承祀（罪犯为独生子，其父母年老或病弱）、情实。秋审和朝审后，对监候死刑的案件的各种处理意见汇总到皇帝那里，由皇帝进行审查处理。最后的处理是以勾到为形式的。届时举行勾到仪式，皇帝以朱笔画勾，意味着该案的死刑判决生效，再无改判的可能。显然，这个程序虽为判处死刑的刑事司法组成部分，但死刑核准特别是由皇帝予勾的活动，审查的内容往往是应否赦免死刑的过程，而且赦免的比例很大，沈家本于1907年10月3日向皇帝所上奏折谈到对监候死刑案犯的处理，称："每年被勾决执行的死刑犯，不足死刑总数的1/10。"①研究中华帝国之法律的美国学者D.布迪和C.莫里斯对此评论说：

> 从现代西方人的观点来看，中国古代司法制度中有很多内容是值得商榷的。例如，法律体制中权力一元化，不实行分权制；没有私人法律职业；保留两千年以前的古代制度；古代法家所创立的拷讯制度；受儒家思想的影响，在法律中明确规定人与人之间在个人身份和社会地位上的不平等。然而，上诉制度，尤其是有关死刑案件的上诉制度，可以说是人类智慧的杰出成果。……中国古代司法制度毕竟创建了一种"正当程序"（这种正当程序与西方的正当程序不是一回事），而这种"正当程序"是值得中国人引认为骄傲和自豪的。②

我国古代刑事司法中的死刑复审、赦免程序繁琐，但其精神颇与现代国际社会慎杀之道相吻合，做法也有不少可取之处。这一"人类智慧的杰出成果"应当在现代中国的刑事诉讼法中得到继承。这里的"继承"当然不是重新

---

① 〔美〕D.布迪、C.莫里斯著：《中华帝国的法律》，朱勇译，江苏人民出版社1998年版，第128页。
② 同上。

搬演古代的制度,而是纳入其精神,借鉴其做法,完成古代死刑司法程序的现代转型。例如,其中死刑复核由最高司法机关进行、最高权力者可以对已经判处死刑的罪犯赦免死刑就应体现在现行的刑事司法制度中;另外,对于可矜、留养承祀(在曾经实行独生子女政策的中国似乎犹有必要)两项,就可以在赦免死刑的法定情形中加以规定。

在现代国家中,废除了死刑的,主要是西方发达国家;没有废除死刑的国家中,不少国家设立了针对死刑案件进行大赦、特赦和减刑的制度。例如,《美国联邦宪法》第2条第2款规定:"总统有权批准关于背叛合众国的罪犯的缓刑和赦免,唯弹劾案不在此限。"其中"缓刑"是推迟执行刑罚。赦免可以称为"大赦",是恢复一个人享有的公民权利并从各方面改变其法律地位,它可以用于赦免个人,也可以用于赦免集体。在美国,"总统有权在一个人交付审判以前对其发布赦免令。在审判期间或者判决以后同样可以赦免。但赦免权仅以因触犯联邦法律所构成的犯罪为限。"另外,总统的赦免权可以扩大到被联邦法官判定为藐视法庭的犯罪人。总统还有权减刑和施加法律没有规定的条件,"但是总统施加的条件不得违反联邦宪法,不得施加更严厉的惩罚"①。美国的州政府也有赦免的权力,其中,"州长对于死刑可以签发缓刑令以便允许进一步的上诉"②。德国也设立了赦免制度,《德国刑事诉讼法典》第452条规定:"对于行使联邦审判权第一审裁判的案件,联邦政府有赦免权。对于其他案件,州政府有赦免权。"

迄今为止,除全国人大常委会"特赦"外,我国现行刑事司法制度中没有类似上述死刑赦免的制度。在刑事司法改革中,我国应当按照联合国刑事司法国际准则的规定,设立死刑案件请求大赦、特赦和减刑制度。大赦、特赦和减刑的结果和理由应当公布。另外,应当允许新闻媒体对大赦、特赦和减刑进行报道,发挥媒体监督的作用。

崛田宗路在《还你清白》一书中指出:"大多数冤案都是杀人案。因此,被判处的刑罚也都是最重的。例如像免田事件(1948年)就是因抢劫杀人罪而判处死刑;财田川事件(1950年)也是因抢劫杀人罪而被判处死刑;岛田事件(1954年)还是因强奸致伤、杀人罪而被判了极刑的。因此,这些蒙受了不白之冤的人为了平反昭雪而进行的活动以及他们的声援者也都不能不孤注一掷。"③冤案救援如此,其有效与否,取决于死刑制度及其司法运作的状况。

---

① 〔美〕卡尔威因、帕尔德森著:《美国宪法释义》,徐卫东、吴新平译,华夏出版社1989年版,第129页。
② 〔美〕彼得·G.伦斯特洛姆编:《美国法律辞典》,贺卫方等译,中国政法大学出版社1998年版,第186—187页。
③ 〔日〕崛田宗路:《还你清白》,张爱平、冯峰译,法律出版社1997年版,第16页。

死刑干系重大,非可儿戏,不但司法程序应加以限制,以防止错杀,更为根本的,是要通过多种途径减少死刑的适用。《唐·刑法志》云:人命至重,一死不可再生。郑克亦云:"古之听狱者,求所以生之,不得其所以生之者,乃刑杀焉。"[1]在有关死刑之立法与司法中,立法与司法者不可不重念此言,将死刑限制在较小范围内。此不但可减少社会敌对面,改善民众对于生命的态度,亦可转变国际观感,善莫大焉。

---

[1] 郑克著:《白话折狱龟鉴》,孙一冰、刘承珍译,警官教育出版社1994年版,155页。

第九章 平反：错案之纠正

纠正冤假错案，谓之平反。其中"轻重适中为平，推翻旧案为反"①。与平反近似的词是"平活"，指平反冤案，使含冤者得以存活。② 我国古代之所谓"洗冤""平冤"，皆含有"平反"之意。

第一节 司法官的精察

对于案件的裁断者来说，"如龟决疑，如鉴烛物"是应有的本领。古人之所谓"惟良折狱"，这里的"良"，除了优良的品格外，也含有良好判断能力的要求。③

古人积累了许多断案经验。郑克曾言："士之察狱，苟疑其冤，虽囚无冤词，亦不可遽决。"④又说："凡察狱者，或以气貌，或以情理，或以事迹，此三者皆足以知其冤否。"⑤就经验来说，"夫事迹有时偶合，不可专用，当兼察其情理、气貌"⑥，这样才好作出判断。又称："尝云推事有两：一察情，一据证，固当兼用也。然证有难凭者，则不若察情，可以中其肺腑之隐；情有难见者，则不若据证，可以屈其口舌之争。两者迭用，各适所宜也。"⑦审查判断证据的方法，所谓"鞫情之术，有证之以其迹者"，"有核之以其辞者"⑧，"凡据证折狱者，不唯责问知见辞款，又当勘验其事，推验其物以为证也"⑨。易言之，精敏鞫狱，尽心研究，对于嫌疑人之讯问和被害人、证人之询问，以盘诘使之词穷，进而有望发现真相。

古时有不少良吏平反冤狱的案例。例如薛福成著《庸盦笔记》记载：湖北东湖有民妇某氏，对婆婆很孝顺。每天早晨起来，洒扫庭除之后做早饭，然后

---

① 高潮、马建石主编：《中国古代法学辞典》，南开大学出版社1989年版，第238页。
② 同上。
③ 郑克著：《白话折狱龟鉴》，孙一冰、刘承珍译，警官教育出版社1994年版，第514页。
④ 同上书，第69页。
⑤ 同上书，第76页。
⑥ 同上。
⑦ 同上书，第360页。
⑧ 同上书，第155页。
⑨ 同上书，第354页。

到婆婆寝处问安,将一盆盥洗水和两枚鸡蛋放在桌子上,习以为常。有一天,清晨推门进入,见婆婆床下有男人的鞋,十分吃惊,马上低声下气,掩门而出。婆婆已经察觉,羞见其儿媳,自缢而死。乡保以媳妇逼死婆婆为由向官府告发。媳妇担心婆婆"丑事"传扬,不予置辩,马上认罪,官府按律定谳,案件似无疑义。当时的东湖县令张某过堂,见这个媳妇神气静雅,举止大方,认为一定不是逼死其婆婆的人,怀疑她有冤情,再三询问,她坚持认罪而不改口。张县令告诉她:"你如果有冤情,我能为你实现公道。这时候不讲出实情,就活不成了。"那女人回答:"担负不孝大罪,有何面目活在人世,愿速就死。"县令始终对此有所怀疑,沉思了好几天。该县有差役某甲,其妻十分凶悍,人们都知道她的情况。县令忽然召见某甲,对他说:"有公事必须去某县走一趟,马上回家收拾一下行装,快些回来领票。"过了一阵,某甲回到官署,县令忽然大怒说:"你在家逗留,耽误我公事,一定是被你妻子绊住了。"立即发出签来拘捕其妻,用鞭子抽了五百下,血流浃背,收押进狱中,与那个被定罪的媳妇关押在一起。某甲的妻子整夜咒骂,说县令如此昏暴,何以服人。那个媳妇听她絮聒不休,忽然对她说:"天下何事不冤? 即使像我这样担此死罪,尚且隐忍不言,背部受到鞭打这种小事,何不安静一点?"县令派人在门外偷听,听到这句话赶紧来告诉县令,县令听了大喜。第二天一早,将那媳妇提出,与某甲的妻子一同来到公堂上,用昨晚听到的话来诘问她,那媳妇不能隐瞒,说出实情。县令细心鞫问,全部了解了案件真相,就将这个冤狱平反。某甲的妻子也得到犒劳,县令安慰她后将其释放。整个湖北省听到这个消息都十分惊讶,将张某奉为神明,可惜这个县令姓名没有能够传下来。① 此案展现了东湖县令张某的精察,事实真相的发现也还算巧妙,不过,从某甲的妻子的角度看,却是十分冤枉,白白被鞭打一番不算,还被关押了好长时间,原由是被官府利用,怎能心平?

福建莆田也有一起冤案,由于官员的精察而得到纠正。这个故事很离奇,带有神话色彩,冤狱的平反也有神明之助。莆田有一王监生,平日里十分豪横,见田邻张老太有五亩田,想要据为己有,就伪造地契,贿赂县令。该县令经过审理,将这五亩田断为王监生所有。张老太无可奈何,将田交付给他,但是心中愤然,每天到门前大骂。王监生不能忍受,就花钱收买邻居,将老太

---

① 该则笔记提到:"胡文忠公抚鄂时,尝明保东湖县令张建基之治行,洊擢府道,至湖北布政使。以贪黩著闻,大府勒令告病归田,世颇讶胡公之滥保。其后,乃知胡公之保建基,以其平反东湖冤狱,而实则理是狱者,建基之前任张君也。……及胡公抚鄂,访知东湖张令之事,胡公误以为平反此狱者也,遂登之荐牍。而前任之张令已卒,竟至湮没不彰,其籍贯名字至今已不可考矣。惜哉!"薛福成著:《庸盦笔记》,江苏人民出版社1983年版,第80—81页。

婆殴打致死,然后把他的儿子召来看情况;来了之后,马上把他捆起来,诬告他杀了自己的母亲,抓起来送到官府。众证确凿,那儿子不能忍受毒刑,屈打成招。这个案件即将向皇帝禀报,准备施以凌迟了。总督苏昌听说了这个案件,颇有怀疑,认为儿子纵然不孝,殴打母亲也应当在其家里,不应该在田野间众目睽睽之处做这样的事。何况死者遍体鳞伤,儿子殴打母亲,何至于此。就召集福、泉二知府,在省城中城隍庙会审这个案件。两知府各有成见,仍旧按照以前拟定的罪刑作出判决。那个儿子被捆绑起来将要押出庙门,大声呼喊:"城隍!城隍!我一家奇冤极枉,可是神明全无灵响,何以享人间血食啊?"说完,城隍庙的西厢突然倒塌。在场者以为庙柱本来朽烂,没有太介意。刚将人牵出城隍庙,两个泥塑的皂隶忽然前移,用两梃夹叉之,人们不能通过。于是观众大噪,两府亦悚然重新审理此案,这才使那人的冤情得到昭雪,然后将王监生置之于法。从那以后,城隍庙的香火也比以往更加兴盛了。①这里城隍庙的奇异事,当然荒诞不经,但此事能够举行会审,全出于总督苏昌的精察,要是没有他的怀疑,案件也不会有后来的传奇,将审理案件的地点设定在城隍庙,也属精细的心思安排。

当代办案也有精察的范例。如河南胥敬祥案之所以得到纠正,原因在于办案民警李传贵在预审时认为该案件有重大疑问,因此提出应予纠正,不幸的是,这位民警竟被科以徇私舞弊罪而遭定罪量刑。1997年11月河南省人民检察院在审查李传贵案件时,一并审查胥敬祥案件,发现所有指控证据均不能成立,才发现冤案中更套有冤案,于是下决心加以纠正。又如浙江张辉、张高平冤案得以平反,原因是被告人及其亲属不断申诉和上访,律师锲而不舍相助,值得一提的是,检察官张飚在巡视监狱时得知张辉、张高平似有冤情,于是进行调查;在确认两人确实冤枉之后,张飚不断代其反映冤情,退休之后仍然如此。后来法院复查发现该案遗漏重要物证,经DNA检测,被害人身上提取的混合DNA与张氏叔侄不符合,于是张辉、张高平冤情得雪。

精察,是一种能力。司法官的精察,是一些冤案获得平反的关键因素。司法官秉承公正立场或者客观义务,才能发挥平反冤狱的作用,故有论者指出:"检察官有客观性义务,不限于侦查、审理,即使于案件确定后仍负有客观性义务,可以发现无辜,救济冤案。"②检察官如此,其他司法官员也应如此。

官员的精察,可以防止冤案或者洗刷冤情。但是,最初认定被告人是否

---

① 袁枚著:《子不语》。
② 社团法人台湾地区冤狱平反协会编:《一方有冤 八方来援》,社团法人台湾地区冤狱平反协会2017年印制,第25页。

有罪时,不可流为苛察,一旦流为苛察,也会制造冤情。张祖翼撰《清代野记》记载一案:道光中叶,桐城方宝庆执掌刑部秋审处,有人控告处女与其表弟通奸,检验那女子,发现她仍然是处女,不过形迹确实可疑,堂上就要将他们释放了,方宝庆命令承审官说:"可以检验其后庭(肛门)。"一检验,果然有肛交痕迹,于是以非法行淫定奸夫罪,判处那女子折赎罚锾,合署上下都称赞其断案有如神明。女子回到家,自缢而死,那男子听到这消息也在狱中自尽。原来这个女子极爱其表弟,但自幼已经许配给人,其表弟也已经订婚,两个人不可能结婚,于是在不可能联姻的情况下而相爱,又不肯以破甑让丈夫蒙羞,才出此下策,这也可以说是发乎情止乎礼了。张祖翼感叹:"如果我做刑官,就会明明知道而故意装作不清楚就可以了,何必逞此精明而伤人性命呢!"方宝庆后来官授福建漳州知府,因贪腐被治罪,三个儿子都流落而死,没有后人,其妻在咸丰季年也饿死了,人们都认为这是做官太过苛刻的报应。①

第二节 DNA 与错案之平反

存在犯罪生物物证的案件,可以通过 DNA 技术获得重新检验的机会,这种检验的结果通常信实可靠,使许多被定罪的无辜者获得拯救。例如 1987 年感恩节后,美国弗吉尼亚阿灵顿镇,一位独自在家的妇女苏珊·塔克被闯入的歹徒强奸杀害,警方凶杀组警探乔·霍格斯在调查中发现凶手行事谨慎,手法老练,没有留下指纹,也没有进入房间的痕迹。霍格斯根据现场情况研判此案与 3 年前 34 岁的女法官卡罗琳·哈姆遇害的情形高度相似:凶手从地下室窗户进入,从软百叶窗帘拆下绳子,用同样的结扣将被害人捆绑和勒死。令人惊讶的是,卡罗琳·哈姆案件已经破案,一名叫大卫·瓦斯奎兹的人承认犯案并被判处监禁 35 年。霍格斯警探到狱中与大卫见面交谈,却发现大卫对卡罗琳遇害的案件并不知情。此时,一百英里以外的弗吉尼亚州首府里士满,警察在调查第三起相似案件。霍格斯认为,这三起案件很可能是同一人所为。警察在苏珊的睡衣和床上发现了罪犯留下的精液痕迹,并在现场找到可疑毛发,经过分析,确认毛发来自黑人。根据专业人员的犯罪分析,联邦调查局人员告诉霍格斯,凶手首次作案地点往往在自己家附近。霍格斯想起他过去经手的一起案件,黑人青年蒂莫西·斯宾塞的住处距离里士满凶杀案的地点很近。警方又了解到,感恩节时斯宾塞去看望住在阿灵顿的母亲,那个时候,苏珊·塔克不幸遇害。根据收集来的斯宾塞的血样和衣

---

① 张祖翼撰:《清代野记》,中华书局 2007 年版,第 190—191 页。

物,发现衣物上有一些碎玻璃碴,根据玻璃折射分析,与苏珊·塔克家的碎玻璃具有同一性。DNA 检测表明,斯宾塞的 DNA 图谱与苏珊·塔克案件和里士满凶杀案的精液样本一致。1988 年 7 月 11 日,斯宾塞被押上法庭接受审判,最终被判处死刑。斯宾塞被确定是三起案件的真凶,大卫·瓦斯奎兹的冤情得以昭雪。在服刑 5 年后的 1989 年 1 月 4 日,大卫·瓦斯奎兹被改判无罪得以释放。① 美国检察官柏恩敬谈到此案的影响时说:"1989 年,第一个利用 DNA 证据脱罪的案件发生后,人们开始从一个不同的视角来看美国的刑事司法体系。"② 在此以前,"在美国,法律界曾经对其刑事司法制度高度自信,他们相信,系统的程序保护和权利保护能让无辜的人免受冤狱,这些保护包括:陪审团审判;不得自证其罪的权利;高度证明责任(排除合理怀疑);陪审团一致通过的判决;法官监督;上诉审及正当程序"③。

　　DNA 技术持续改变着刑事司法制度的面貌,人们运用它去确定犯罪人,同时也依赖它去甄别无辜的人,从而为防止和纠正误判打开了一扇窗户,为实现无辜者不被错误定罪的司法理想创造了条件。④ 影响是明显的,"自从 DNA 技术出现在刑事司法领域,辩护律师获得了一个新的工具"。正在狱中为自己没有犯过的罪服刑的人们重新燃起了摆脱刑罚的希望。⑤ 自从 1985 年 DNA 技术应用于刑事司法以来,一些无辜者得以洗脱自己的犯罪污名。布莱恩·福斯特指出:"为数众多的死刑案件中的被告人后来都被法院无罪释放,并且大多数情况下都是基于 DNA 证据。"⑥ 例如 1981 年,美国达拉斯县一名 37 岁的女子遭到强奸。被害人对警方描述,一名歹徒闯入她的公寓房间,威胁她说,如果胆敢反抗,就把她杀了,歹徒对她实施了强奸。警方根据她的描述,给她看两大本照片集,每本照片集中都有一个叫福勒的人。福勒时年 32 岁,曾参加越战并获得勋章,被捕时职业是司机兼仓库保管员,当时他正学习艺术,有志从事艺术工作。被害人在第二本照片集中指认了福勒,不过,照片中福勒留着胡子,实施强奸的罪犯却没有留胡子。在审判中,陪审团认定福勒有罪,随后法官判处福勒 50 年徒刑。在狱中服刑 18 年后,福勒于 1999 年获得假释。6 年后因违反假释规定,再次回到监狱。福勒一直坚称自己无辜,他提出进行 DNA 测试。2006 年,福勒如愿以偿,达拉斯检

---

① 北京大陆桥文化传媒编译:《罪证现场:连环杀人案件破疑》,上海科学技术文献出版社 2006 年版,第 22—36 页。
② 〔美〕柏恩敬:《美国冤错案件的预防与纠正》,载《人民检察》2017 年第 2 期。
③ 同上。
④ Tina Kafka, DNA on Trial, Thomson Corporation, 2005, p. 52.
⑤ Ibid., p. 40.
⑥ 〔美〕布莱恩·福斯特著:《司法错误论——性质、来源和救济》,刘静坤译,中国人民公安大学出版社 2007 年版,第 2007 页。

察官同意他的请求。DNA测试结果出来了:福勒根本不是强奸那位妇女的罪犯。得克萨斯州地区法院在2006年10月31日宣布福勒无罪。① 类似的例子还很多,例如1982年7月,安德森(Mavin Lamont Andeson)因涉嫌强奸犯罪而被捕,被害人在报案时向警察说,袭击她的黑人夸口说自己有个白人女朋友,安德森恰是警方知道的唯一有白人女友的黑人。随后的照片辨认中,被害人指认了安德森(不过,当时只有他的照片是彩色的,明显有暗示作用);列队辨认,被害人还是指认他;到法庭审判时,被害人仍然指称安德森是袭击她的家伙。按照我国司法的习惯说法,这叫被害人的陈述很稳定。在所有的控罪被判定有罪之后,安德森被处以200年刑期。5年后,一个叫林肯的人在法庭上承认安德森被指控的犯罪是他干的,但法庭认为他在撒谎而拒绝接受其认罪。安德森坚称自己无辜,要求对现场采集的物证进行DNA检测,他联系了洗冤者组织"清白计划"(Innocence Poject,又译"无辜者拯救计划"),当后者接受他的请求为其提供帮助的时候,安德森获得假释。由于一名警方技术人员没有按照规定销毁犯罪案件现场的血样,安德森获得了难得的DNA检测的机会,2001年12月检测结果表明他是无辜的,真正的罪犯正是林肯。安德森所在的弗吉尼亚州的州长赦免了他,他获得了真正的自由。②

美国无辜者拯救计划创始人舍克和诺伊费尔德起初对DNA技术提出过严厉批评,后来他们发现"他们反对的这门技术其实是伸张正义的强大工具。事实上,它在证明无辜上的功用比定罪还大。要证明一个人的无辜,只要在被告的DNA指纹和犯案现场采到的DNA指纹中,找到一个不符合的地方即可。反过来,若要证明一个人是有罪的话,就得在统计上证明被告以外的其他人,拥有相同指纹的概率微乎其微"③。无怪乎舍克和诺伊费尔德在《确实无辜》(Actual Innocence)一书中赞叹:"DNA检验之于司法,就像望远镜之于星星;它不是一堂生物化学课程,也不是要呈现放大镜下的奇观,而是一种看清事实真相的方法。"④美国北得克萨斯大学健康科学中心DNA实验室的主任阿瑟·艾森伯格(Arthur Eisenberg)曾经这样评价运用DNA技术为无辜者洗刷嫌疑的重要性:"运用DNA排除无辜的嫌疑人和服刑人员与给罪犯定罪同等重要。"事实很清楚,"DNA是打开监狱大门的一把新钥

---

① 康东:《无辜蹲班房25年 DNA还越战老兵清白》,载《检察日报》2006年11月4日。
② 〔美〕詹姆斯·沃森、安德鲁·贝瑞著:《DNA:生命的秘密》,陈雅云译,世纪出版集团/上海人民出版社2011年版,第203页。
③ 同上书,第222页。
④ 同上书,第225页。

匙"①。如今美国更加普遍地借助DNA技术展开错案的纠正：

> 人们对冤错案件的认识更新，以及相关机构、人员的多年努力，使得立法和政策均有所回应，40个州的立法部门已经通过法律，帮助狱犯取得生物学证据，以便进行生效有罪判决后的DNA检测。许多州甚至已经开始实施法律，对造成错案的源头进行梳理。2004年，美国国会通过无辜者保护法案，为各州提供资金进行定罪后的DNA检测，同时对从联邦监狱脱罪出来的人增加了年度赔偿金。②

不仅美国，其他国家也认识到这一点。通过DNA检测证实清白的例子越来越多，日本足利案件就是这样一起著名案件。

在我国，运用DNA破案和甄别无辜的工作已经行之有年，既有成功的经验，也有失败的教训。例如有一起案件败也DNA、成也DNA，造成无辜者蒙冤的前因是DNA检测结果，洗刷其嫌疑的也是DNA检测结果，令人拍案惊奇：

2003年6月4日晚上，湖北省鄂州市鄂城区杨叶镇的杨女士正在睡觉，忽然惊觉一个蒙面人趴在她身上，她惊叫挣扎，歹徒欲行不轨，此时也受惊，赶忙仓皇逃走。孰料第二天夜晚，歹徒再次出现，这次持刀，胁迫杨女士就范，进行了强奸。次日一大早，杨女士赶到镇派出所报案，派出所领导根据杨女士的叙述，判断歹徒第三天夜里可能还会前来，遂决定设伏。派出所所长仔细叮嘱杨女士："我们会埋伏在你家里，如果歹徒再来，你先不要出声，等他完事之后，你咳嗽一声当暗号，到时候我们会一拥而上将他抓获。"为了抓获歹徒，杨女士不得不忍辱接受这一方案。果然不出所料，午夜过后，歹徒蒙面，再次携刀前来，进屋后先摘下灯泡，又操刀靠近床边。这个时候，四名警察已经在客厅沙发处设伏，杨女士依派出所所长指示对歹徒未做反抗。四名警察在隐伏中也静悄悄，毫无反应。歹徒行奸之后，杨女士依约咳嗽一声，四个警察才有所行动。万万没想到，歹徒一见有人扑来，立即裸身从后门狂奔而去，警察去追赶，竟踪迹全无。四名警察一起行动，歹徒光溜溜逃走，霎时就隐没在夜色中，场面滑稽得令人喷饭。事后派出所所长解释："歹徒进来时一点动静都没有，当我们听到声响时他已经完事了。其实我们都希望抓到他，但是那天天气闷热，蚊子又多，精力不容易集中，所以出现这种结果，我们也十分遗憾。"

破案仍有机会，但希望接二连三地破灭。现场勘查中发现歹徒遗留的刀

---

① Tina Kafka, DNA on Trial, Thomson Corporation, 2005. p. 40.
② 〔美〕柏恩敬：《美国冤错案件的预防与纠正》，载《人民检察》2017年第2期。

子,遗憾的是,技术鉴定部门没有采集到指纹。派出所所长解释说,可能是因为刀子上灰尘太重,遮盖了罪犯的指纹。另外,歹徒摘下灯泡,灯泡上有可能留下歹徒的指纹,可是很糟糕,虽然这个灯泡已经被勘查人员提取,却不知去向,派出所说不知现在哪里保管,下落不明,可以肯定,连灯泡也找不见,当然也就没有办法在上面采集到指纹。

随后老一套摸底排队的方式又派上用场,这次还融入了科学技术手段。派出所开始在一些可能的人员中抽取血样,然后将被害人身上提取的精液残迹一并送黄冈市公安局进行鉴定:1个月后鉴定结果出来,一个叫李端庆的血液与精液的 DNA 一致。随后李端庆被捕,案件终于告破。

但是,当地的村民不干了,这李端庆与罪犯的体貌特征的差异太大了:

(1) 李端庆有家族遗传病史,打小就体弱而且跛行。腿脚不利落,怎么可能健步如飞,让四个警察追赶不及?

(2) 李端庆生性腼腆,大概有点自卑,一见女性,连说话都脸红,怎么可能胆大妄为实施强奸?

(3) 现场遗留的鞋是 42 码,李端庆的鞋是 39 码。

(4) 受害人杨女士明明指出罪犯身材高大,李端庆身高只有 1.65 米。

(5) 李端庆与被害人十年为邻,音容笑貌十分熟悉,作案时识别不出来他的声音似无可能。

更值得怀疑的是,采血很不规范。采血由村里医生进行,采血后并未严格封存,随便堆放在一起,仅一个医生就采集了几十份血样,不能排除搞混与调包的可能性。

2003 年 11 月,该案在鄂州中级人民法院开庭审判。李端庆否认犯罪,当庭提出重新鉴定。随后法院将案件交付重新鉴定,法医重新抽取李端庆血样,湖北省高级人民法院的鉴定结果表明可疑斑痕并非李端庆所留。湖北省公安厅鉴定结果表明现场精液的 DNA 图谱与李端庆的不同。公安部物证技术中心的鉴定也排除了李端庆作案的可能。

2004 年 1 月,李端庆被释放。他因 DNA 检测结果而受委屈,最终还是借助 DNA 检测洗清了嫌疑。①

---

① 《湖北众民警导演强奸案续:拿到 DNA 证据也抓错人》,载 http://news.sina.com.cn/s/2004-07-30/10293247848s.shtml。2020 年 9 月 3 日访问。

第三节　当事人及其亲属的申诉

孙万刚与孙志刚相差一个字,倒霉的程度也相参差,孙万刚蹲了好长时间的牢房,孙志刚直接送了命。

1996年1月2日女大学生陈兴会遇害,次日,巧家县公安机关将其同学孙万刚确定为犯罪嫌疑人。由于案发当晚两人曾经在一起,侦查人员讯问孙万刚时,孙万刚无法说清案发之时自己的活动情况,他的陈述自相矛盾且行为反常。公安机关列出三点理由判定孙万刚有杀人重大嫌疑:首先,孙万刚具备作案时间和空间条件;其二,孙万刚血型是B型,但是孙万刚的衣裤和床单、被子上却检出与被害人一致的AB型人血,孙万刚无法说清AB型人血的来源;第三,孙万刚提供的四次有罪供述与现场勘查和尸检等侦查结果基本吻合,现场指认也表明孙万刚嫌疑重大。

不过,孙万刚的辩解与公安机关的认定有所不同:"那天晚上8点多,我和陈兴会离开我姐姐家,送她回水泥厂,途中她说要休息一下。我们俩躺在草地上,后来我被人在额头上打了一下,就昏过去了。我醒来以后发现陈兴会和一个穿黑衣的男子在不远处说话,我走过去,他说我们是卖淫嫖娼,他拿出好像是刀的东西,让我赶快走开,我就到同学曹先亮家去了,后来我因为有伤就睡了,几个同学去找陈兴会,没有找到。第二天我们又去找她,仍然不见人影。"孙万刚这一辩解没有被侦查人员接受。

辩护律师王祥云指出:"孙万刚的4次有罪供述中疑点很多。在案件侦查阶段,律师现场收集证据、会见当事人都很难,并且公安机关有非法取证的可能,检察人员审查起诉阶段也未提讯过孙万刚。"

1996年4月30日,巧家县人民检察院批准逮捕孙万刚。8月5日,云南省人民检察院昭通分院以故意杀人罪、强奸罪向昭通地区中级人民法院提起公诉。1996年9月20日,昭通地区中级人民法院判决孙万刚有罪,处以死刑、剥夺政治权利终身。孙万刚不服,提出上诉。云南省高级人民法院裁定发回重审。1998年5月9日,昭通地区中级人民法院重审此案,仍然判决孙万刚死刑。1998年11月12日,云南省高级人民法院作出终审判决,以故意杀人罪判处孙万刚死刑,改判缓期二年执行。

孙万刚的父亲在随后的8年一直申诉,为孙万刚鸣冤叫屈。

2003年6月,最高人民检察院刑事申诉检察厅接到孙万刚申诉材料,经审查认为原审判决疑点较多,决定将此案作为服刑人员申诉清理工作的重点案件,交云南省人民检察院办理。

云南省人民检察院对孙万刚申诉案件立案复查,进行如下工作:申诉检察处的案件承办人员审阅案卷;到监狱提审孙万刚;赶赴案件发生地询问证人,调取物证、书证,并向原办理案件的执法部门和承办人了解情况,他们提出该案存在如下疑点:

1. "孙万刚当晚所穿的T恤衫、外衣、外裤都用洗衣粉泡在一个盆里,案发后一起送检,都检出了AB型人血,但浸泡过衣服的血水却只检出B型人血,这是自相矛盾的。"

2. "凶手作案用的刀来源不实,去向不清;被害人身体被切割下来的分离物抛弃地点,在孙万刚4次有罪供述中各不相同,而且至今都没有找到。"

另外,孙万刚的有罪供述与现场勘查笔录、现场复勘笔录、尸体检验报告等证据不相吻合;孙万刚的有罪供述相互矛盾,内容前后不一,其形式和取证程序都存在瑕疵,不排除非法取证的可能性。

不仅如此,检察机关还收集了对于孙万刚有利的多项无罪证据。

巧家县公安局刑警大队的说明材料表明从案发现场提取了两枚纽扣和一个皮带扣。经与陈兴会、孙万刚当天所穿衣物对比,确认其中一枚纽扣属于陈兴会衣物上的纽扣,另一枚既非陈兴会衣服脱落的,也不是孙万刚衣物上脱落的,因此,存在其他人作案时留下的可能。

云南省人民检察院经复查认为,原判认定申诉人孙万刚犯故意杀人罪的事实不清,证据不足。2003年9月18日,云南省人民检察院向云南省高级人民法院发出检察建议书,建议法院对孙万刚案再审。

2003年9月28日,云南省高级人民法院决定再审。

2004年1月15日,云南省高级人民法院经再审,撤销原判,宣告孙万刚无罪。[1]

申诉之路,对于许多人来说,并不能像孙万刚那样幸运地到达目的地;相反,大多数申诉的道路上充满荆棘。在申诉过程中,被判刑人及其亲属遭遇最多的是冷漠。有的司法人员认为被判刑人及其亲属自己存在误解或者偏执,在做无用功;有的认为自己无能为力或者与我无关,谁愿意花费精力去调查那些没影儿的事(谁知道被判刑人是不是真冤枉)。因此,冷漠成为申诉最普遍的敌人,没有多少人把被判刑人及其亲属自己述说的冤屈当回事,这是申诉令人绝望和缺乏成效的主要原因。

---

[1] 疑罪从无,8年后他由死刑改判无罪.闻名法律网,载 http://www.wenminglawyer.com/show.aspx?id=4143&cid=69,2005年8月29日访问。

表 3-9-1　孟存明案等基本情况

案件名称	案件性质	处理结果	纠错原因
河北孟存明案	强奸案	2005年9月14日再审裁判无罪定谳	被告人及其亲属申诉
山东陈世江案	故意杀人案	2006年4月18日再审裁判无罪定谳	被告人及其亲属申诉,村民联合请愿,省人大建议省高院再审,发现被害人没有作案时间
黑龙江张金波案	强奸案	2006年12月18日,再审裁判无罪定谳	被告人家属不断上访,最高人民法院复查
河北徐计斌案	强奸案	2006年7月28日,重审一审裁判无罪定谳	被告人申诉,重新鉴定发现其血型与案发现场遗留物血型不一致
河南张保银案	强奸未遂案	2009年8月24日,重审一审裁判无罪定谳	被告人申诉,1995年发现其血型与现场血衣血型不一致
山西刘翠珍案	故意杀人案	2009年12月10日检察机关以不起诉终结案件	被告人及其亲属不断上访,引起省人大代表关注
甘肃裴树唐案	强奸案	2011年1月26日重审一审裁判无罪定谳	2000年被害人忏悔,改变陈述,被告人及其亲属申诉引起最高人民法院重视
浙江张辉、张高平案	强奸杀人案	2013年3月26日省高级法院再审宣告无罪定谳	被告人及其亲属不断申诉上访,检察官张飚反映其冤情,法院复查发现该案遗漏重要物证,经DNA检测,被害人身上提取的混合DNA与张氏叔侄不符合
福建吴昌龙等五人案	爆炸案	2013年重审二审无罪裁判定谳	被告人及其亲属不断申诉上访,引起全国人大和最高人民法院重视,2010年被害人家属提供新的破案线索

　　尽管当事人及其亲属的申诉是平反冤错案件的重要途径,但是"再审是一扇很难开启的门",获得申诉成功并不容易。有些案件的当事人及其亲属经过反复申诉甚至借助其他力量如媒体的报道评论才获得成功。在申诉人群中,有些似乎永远没有成功的机会,还有些并非真的有冤情,他们的申诉不免有浪费司法资源之嫌。

　　长期无休无止的申诉寄托了当事人及其亲属的期望,却也带来司法机关的困扰。本来应当案结事了,但是申诉造成案件了犹未了。司法机关试图用一些技术方法限制申诉,如法院要求申诉者必须提供原审判决书,否则概不受理。这一设计,背后意图是:当事人及其亲属手上有原审判决书的话,一般只有一份,不会有多份判决书,一次申诉不成功后,这就无法再申诉了。至今,司法机关还在尝试采取其他方法限制申诉的次数与期间。这种努力似乎不会成功。因为当前申诉与信访混合在一起,即所谓"诉访不分"。限制申诉,申诉减下来,会转向上访——这就是"诉访能量守恒"定律。

无论如何,当事人及其亲属的申诉是一些案件获得平反的缘由,这条路上走来的人,确实有一些是冤错案件的受害人及其亲属,对于路上行人的限制政策会压缩他们获得司法救济的空间,一旦冤错案件成为下到深海而无法拽起的锚,冤沉就不得昭雪。

第四节 真凶浮现和亡者归来

从我国冤错案件的平反看,涉及杀人且在刑罚上判处死刑的案件,得以翻案的重要原因是真凶浮现和亡者归来。亡者归来,是绝对能够确认存在冤错案件的情形;"真凶"浮现则是在确定真凶的情况下,才能确定原来定罪之人为蒙受冤枉之人。

一、真凶浮现

杨天勇犯罪团伙折戟沉沙,使杜培武案件的冤情得到昭雪。这个过程富有戏剧性:

2000年4月23日,王春所与一辆汽车同时失踪。

2000年6月14日,一个名叫柴国利的青年人到五华星星典当行去典当一部手机,这是个东北人。他想不到的是,这个典当行是公安机关设置的"特情点"。因怀疑手机来路不明,公安人员将柴国利及其女友张卫华抓获。公安人员对柴国利进行讯问,柴国利答非所问,避重就轻,态度还相当恶劣,扬言要在云南省公安厅厅长接待日控告昆明市公安局。柴国利过分夸张的表现反而让审讯人员进一步起了疑心,他们认为,若只是一部手机问题,没有必要这样。公安人员一方面加紧采取搜查、走访被害人家属等措施,另一方面加紧审讯与柴国利一起被抓的张卫华(柴的女友)。审讯人员抓住柴国利的心理,适时抛漏通过其他途径获得的证据,虚实结合,迷惑对方,经过近三天的审讯,柴国利终于吐实,全面供述了杨天勇团伙杀人劫车团伙的犯罪事实,并了解到,该团伙持有手枪、手榴弹、军用电雷管、TNT炸药等武器弹药,还喂养了若干只狼狗,他们深知自己一旦被捕,必死无疑,一定会殊死反抗。

6月17日17时5分,通过技术侦查定位,在昆明某茶室以抓赌为名将团伙成员左曙光、腾典东抓获;

18时20分,以买狼犬为名将肖林引出养狗场(因为背靠大山,地理位置复杂),加以秘密抓捕;

18日11时,抓捕组化装成猪贩子以收猪为名将已经潜回云南楚雄老家的杨明才抓获;

19日上午,首犯杨天勇外出游玩回来进昆明最后一道卡点被截获;

20日凌晨1时,在昆明开往北京的列车上,乘警得到通报,将察觉到警方行动后临时逃跑的肖力抓获;

20日14时,通过手机定位,将主要销赃人员周亭酉抓获。

至此,昆明公安机关破获杨天勇等抢劫杀人团伙案,还缴获王俊波被抢七七式手枪(枪号1605 825)一把。

杨天勇系列杀人劫车、盗车案是1949年以来昆明市发生的性质最恶劣、手段最残忍、社会危害性最大的一起刑事案件。1997年4月至2000年5月,该犯罪团伙在长达3年的时间里疯狂作案25起,其中杀人劫车9起,盗窃机动车1起,共杀死19人(包括民警3人、现役军人1人、保卫干部1人、联防队员2人①、女性2人),杀伤1人。获得机动车21辆②,其中V6三菱车6辆、奔驰S320轿车1辆、尼桑公爵王轿车1辆、桑塔纳2000轿车1辆、微型面包车7辆、北京吉普车5辆。在被害的三名警察中有王俊波和王晓湘。

公安机关总结杨天勇案件特点如下:

(1) 犯罪成员间存在亲缘、地缘关系,组织严密;共同犯罪使他们生死与共,利害攸关。

杨天勇团伙参与杀人劫车、盗窃机动车的犯罪嫌疑人共有7人,杨天勇与杨明才是远房叔侄,左曙光与腾典东是表兄弟,四人都当过兵,是"战友"。肖林与肖力是亲兄弟,柴国利与肖林是老乡,他们从小就是玩伴。刚结伙时,杨天勇要求所有团伙成员各自提供自己家庭成员详细情况,声言如若"反水"、出卖团伙,将杀灭全家。杨更称:即使被公安机关捉住,也不能坦白交代,供出其他犯罪团伙,他将会以警察身份打通各个环节,不惜代价将其救出。1998年,左曙光、腾典东有意退出,杨天勇、肖林流露杀机,商量要干掉他们并对其家庭进行报复。

(2) 欺骗性和反侦查能力强,作案手段极其残忍。

杨天勇是昆明铁路公安处东站派出所民警,平时注意学习公安业务知识,在对越自卫反击战中他和杨明才一起上过老山前线,曾经是机枪手。左曙光和腾典东也有过当兵经历,具有高智商和较好的身体素质。在劫车杀人中,他们身着警服或军装,带着拦车标志,用伪造的警察或军人证件(杨天勇持真警察证件),假借查毒、清理卖淫嫖娟、拦截走私车、纠正违反交通规则等

---

① 一说3人。
② 一说20辆。

执行警务的名义堵截车辆,然后人车分离、杀人灭口。为了不出纰漏,杨天勇为其他团伙成员进行了警察拦车要领的讲解,并预先进行演练,尤其注意练习遇到警车、查堵车辆遭到怀疑时的应变能力。一般情况下,被害人对于他们没有什么怀疑和防备,罪犯后来作案使用的两支手枪,就是从被害警察和保卫干部手中获得的。

杨天勇反侦查意识很强,他知道,每次作案时间越长,被发现的可能性越大,所以查堵车辆要快、人车分离要快、赃车离开昆明要快、毁尸灭迹要快。杨天勇了解,昆明市公安局在市区各个出口都有检查站,为延缓被害人家属报案,使被劫车辆安全离开昆明,他们将被害人带回他们租住的房屋,假装进行调查,做笔录以拖延时间,有时还让被害人给家属或单位打电话说被警察扣了要请假。当被劫车辆安全离开昆明后即动手杀人。

杨天勇知道,没有被害人尸体,公安机关一般不会立案;即使立案,也不会重视侦查。所以,该团伙作案后不留活口,毁尸灭迹,将11名被害人掐死或打死,待尸体冷却后肢解(这样出血少,容易清洗,现场遗留痕迹少),将肉煮熟喂狗(一次喂不完就放在专用冰柜里),人骨烧焦砸碎喂鱼。

为避免给公安机关提供任何线索,杨天勇要求作案中获得的手机、呼机等有可能成为证据的物品,一律上交他本人,由他亲自处理。一般他都是将这些物品砸碎或烧掉,从不留下。

(3)选择作案对象,从没有明确目标到专搞高档车或根据客户需要专门抢盗特定车辆。

该团伙成立初期,选择作案目标具有随意性,他们开车在大街小巷转悠,遇有合适下手的车辆就将车偷走,他们用这种方法共窃得机动车12辆。1998年以来,他们将目标确定为可以获得更多钱财的三菱、丰田和奔驰等高档车。1999年6月7日,肖林、左曙光和肖力踩点后,探明金马镇牛街张康有一辆V6三菱吉普车,便对张康进行跟踪,趁其外出,三人以警察身份,借调查名义,将张康挟持到他们租住的中国人民解放军39530部队农场一分场养鸡场,逼其交出车钥匙并说出车停放的位置,将车开回后把张康杀死。

2000年杨天勇听说贵州省公安厅警卫局想购买一台奔驰车,5月31日早7时,他们假冒警察在昆明安石公路上设点堵卡,将一辆牌号为辰L70039的S320奔驰车拦截后,以调查车的来历为由将人车分离。腾典东、左曙光直接将奔驰车开往贵阳,驾驶员王元福及车上昆明五华分局北门派出所民警朱昆由杨天勇、杨明才带至他们租住的昆明铁路局煤气供应站。为避免公安机关的注意并拖延时间,他们首先让朱昆打电话向派出所请假,然后对两名被害人进行"讯问"。当认为车子已经安全驶离昆明,便用绳子将司机勒死,用手将朱昆掐死,再将尸肉用高压锅煮烂喂狗,尸骨浇上汽油烧焦砸碎。

(4) 预谋已久,逐步向黑社会犯罪组织演变。

杨天勇参军退伍离开部队时偷走部队10枚手榴弹。组建团伙时,他们想建立的并非一般流氓地痞组织,而是要干大事,建立强悍组织,所以,对每一成员的入伙,他们从身体条件到心理素质都进行考察,对五官不正、吊儿郎当者拒绝入伙。除进行警察言谈举止训练外,对几名未当过兵的成员还进行射击、投掷手榴弹等训练,开始犯罪之前,让几名胆小者去杀三陪小姐来练胆。

该团伙拥有手枪2支,弹匣5个,子弹800余发,TNT炸药、导火索、军用电雷管、手榴弹等军火。被抓前,他们正策划盗抢昆明军区总医院弹药库。他们近期目标是能够轻而易举地绑架一名省级干部;若成员被捕,可以从看守所将其武装劫走。

该团伙在长达3年时间里作案25起,一直未能侦破,原因在于:面对已经发生变化的犯罪形势,侦查工作仍然沿用过去的套路,三板斧下来没有线索,就完全搁置起来。侦查工作流于表面,办案人员深入不下去,对案件盯得不牢。

1997年7月10日,禄丰县农机厂保卫干部周国祥下班回家途中被该团伙杀害,随身携带的"五四"手枪被抢,11月14日,他们就是拿着这支枪将小板派出所四名联防队员打死三人,打伤一人,事后还到医院试图将受伤的联防队员干掉以杀人灭口。1999年4月18日、2000年3月31日,该团伙在每次杀人劫车后到银行提取了被害人的存款,有的是在作案3天后才到银行提款,但公安机关未能抓住这一大好的破案时机。1999年6月7日,张康人车失踪后,昆明市公安局官渡分局侦查到左曙光的居住地,抓捕时左曙光闻风逃匿,公安人员在其住处搜出自制火药枪七支,这一斩获并没有引起官渡分局足够重视,他们没有将这一情况向市局汇报,在1999年追逃专项斗争中也未将本案可疑人员列入上网名单。

1999年7月,被害人张康人车失踪后,其父印制了报案说明信,到昆明市公安局、各分局、派出所报案,此举没有引起公安机关的重视,有关部门甚至违反《公安机关办理刑事案件程序规定》以案件不归自己管辖为由进行推诿。在后来的调研中,公安部要求昆明市公安机关提供发案时立案及开展侦查工作的情况,但有关人员以时间长久和人员变动为由,拖拉推诿,提交的材料明显不全。

自1997年以来长达3年时间里,杨天勇经常在上班地点及周围召集同伙密谋作案,甚至把杀人劫来的枪支带来上班,在院内给劫来的汽车换牌照等,从来没有人怀疑。

1998年,腾典东在外逃香港时被深圳警方抓获,没有审查出犯罪事实。左曙光在没有边境证情况下滞留深圳达半年之久,从来没有被警方检查过。肖林自1994年诈骗160万从佳木斯负案在逃,一直逍遥法外,1999年被网上通缉,杨天勇在派出所从网上看到肖林被列为在逃人员的信息,将这一信息告知肖林,但肖林没有刻意躲藏,一直生活在警方眼皮底下。

这类因真凶浮现而确认无辜者蒙冤的案例还有很多,例如下面这起案件:2002年8月28日,丘北县锦屏镇安乐旅社房间内发生杀人案,卖淫女朱某在与人发生性关系之后,被他人勒颈导致窒息死亡。丘北县公安局办案民警根据知情者的描述绘制了犯罪嫌疑人面部模拟图,随后在县城内展开搜捕。2002年9月4日上午,王树红自家里去县城买食用油,刚走到县城中心的三鑫花园旁边,便有警察上来将其带走,到公安局后,有警察问他是不是犯过事,还拿来模拟图,问王树红那画上的人是不是他。王树红不承认犯罪,办案人员将王树红带到死者朱某的"姐妹"杨某、李某处,让杨某和李某"辨认"。杨某和李某听公安人员说已抓住凶手,随口说"可能就是他"。2002年9月7日,丘北县公安局宣布"安乐旅社凶杀案"告破。丘北县公安局认定:2002年8月28日10时左右,王树红到"安乐旅社"嫖娼,因王树红不付嫖资,卖淫女朱某拒绝与其发生性关系,王树红就实施强奸,为掩盖罪行将朱某勒死。

王树红后来披露:2002年9月4日,警察将其带回公安局,日夜不间断审讯;6日晚上,由于他拒不认罪,办案人员用木棒击打其腰部,脚踢其身体,还用绳子勒他的脖子,把他的手指放在老式手摇电话机上进行电击。在这种情况下,王树红被迫作出有罪供述。

2002年10月5日,丘北县公安局向检察院提请批准逮捕王树红。10月11日,丘北县人民检察院作出批准逮捕决定。侦查终结后,文山州人民检察院审查起诉。检察机关发现公安局随案移送的证据只有现场勘查笔录、嫌疑人指认照片、杨某和李某的辨认笔录、死因鉴定书和王树红的有罪供述,没有将从死者身体提取的遗留物和王树红的血液对比鉴定,王树红"勒死"受害人的"作案工具"也未予说明,于是以证据不足为由,先后两次退回丘北县公安局补充侦查。王树红所在的锦屏镇马头山村民委员会磨依村里的村民联名证实,案发当日,王树红在家放牛,并曾帮助其他村民推车,不可能同时出现在10余公里以外的县城作案,丘北县公安局对此置若罔闻,未予核实。不过,补充侦查的结果是:2003年4月,丘北县公安局委托云南省公安厅做DNA鉴定,得出死者身体提取的遗留物和王树红的血液"两者不是同一人"的结论。公安局认为勒死受害人的女用提包带,当初勘验现场时因法医提出异议未被提取。在两次补充侦查后,案件再次进入文山州人民检察院进行审查起诉。

2003年6月24日,丘北县双龙旅社发生一起抢劫杀害卖淫女未遂案件,犯罪嫌疑人王林标被当场抓获。在审讯中,王林标供述曾于2002年8月份在安乐旅社抢劫并杀死过一名卖淫女的事实。经核实,王林标所述属实。2003年7月1日,王树红被无罪释放。①

唐山发生的李久明案件也属类似情况:李久明是河北省冀东监狱二支队政治部主任、二级警督。2002年7月12日夜里,冀东监狱一支队干警郭忠孝家中遭遇重大抢劫伤人案,郭忠孝和妻子被蒙面歹徒刺成重伤。凌晨2点多,李久明接到女友唐小萍打来电话,告诉他姐夫郭忠孝和姐姐被人刺伤,要他赶紧找辆车,送他们去医院。李久明误认为她要骗自己去约会,立即予以拒绝并挂断电话。办案部门发现了李久明与唐小萍的暧昧关系以及两人发生矛盾的情况,将李久明认定为抢劫杀人嫌疑人。

7月13日上午,李久明被南堡分局几名刑警带走,办案人员当夜从他家中搜出一把钢珠手枪。事后查明,李久明的职责是管理枪支。一次看望监狱一位老领导,这位老领导托他上交一把钢珠枪,李久明随手将枪放在家里。2002年7月16日,李久明被唐山市公安局南堡分局以涉嫌非法持有、私藏枪支为由刑事拘留。

2002年7月21日至24日,李久明供认了杀人事实,随后被正式逮捕。2003年6月,唐山市人民检察院以故意杀人罪、非法持有枪支罪对李久明提起公诉。2003年11月26日,唐山市中级人民法院作出一审判决,判处李久明死刑,缓期二年执行,附带民事赔偿102976元。李久明不服,提出上诉。

李久明提到:"在市公安局刑警支队一大队一间办公室里,我自认没有犯罪,当天一直到晚上10点我都没有承认。但是,王建军和杨策以及卢卫东、黄国鹏等十多人,把我按坐在地上,用四把椅子把我挤在中间,手指、脚趾系上电话线,用老式摇把电话连续电击我。当时,我疼得嗷嗷直叫,办案人员张连海就拿一个墩布堵住我的嘴。"

经受十几个小时的刑讯后,李久明只好招供说人是他杀的。2002年7月22日凌晨4点,在办案人员的威胁下,李久明在反复修改过的口供上签字。7月23日下午,办案人员再次提审他,李久明回忆那次审讯的情况:"到下午三点,那个黑色的电话被摇坏了,他们又找来一个绿色老式电话,可能是线没接好,摇时没有电,我就假装非常痛苦。但不到半小时就被他们发现了。

---

① 载http://www.legaldaily.com.cn/bm/2004-09/01/content_129441.htm,2019年9月20日访问。

电话修复后,这些人更是变本加厉地折磨我。四天三夜中,我被电击了三十多个小时。"

李久明说,2002年8月26日,分局刑警第三次提审他,这次前后审讯达七天八夜,"在玉田县公安局刑警大队一间审讯室里,王建军等人多次酒后刑讯逼供。有一次灌了我十几瓶矿泉水,灌得耳朵都往外冒水。他们还买来芥末油和辣椒面,用芥末油和辣椒面兑上水灌我;还把芥末油抹在我的眼睛、鼻子里……"据事后有人说,李久明脸、大腿和脚面浮肿,手指上有糊痂,有的手指还往外渗着鲜血,脚趾头缝流着脓,有的脚趾头缝甚至露出白骨。

2004年6月初,曾多次抢劫、强奸和杀人的唐山市乐亭县人蔡明新在温州某看守所监仓看电视警匪片时夸耀:"太笨啦,我过去收拾一个男人的时候,几拳就把他打趴下了,从四楼光着脚丫子跳下来。"看守所干警闻听此言,对他进行审讯,将他在冀东监狱家属区犯下的重案问了出来。2004年6月8日,温州警方将《协查通报》发到唐山,请求协助核查。唐山警方闻讯于6月10日赶到温州,对蔡明新进行提审,然后未做声张,悄悄回到唐山。唐山市公检法三方组成调查组再次不声张地赶赴温州,并分头到温州公检法机关查阅蔡明新的案卷。由于蔡明新是在最后时刻才供出这一新罪,温州市中级人民法院的案卷并没有其在冀东监狱家属区作案的任何记录,于是唐山办案人员试图将此事隐瞒下来。

但是,李久明的朋友和律师得知此事,立即飞往温州了解情况并写出情况反映,传真到浙江省高级人民法院,要求重新调查。他们通过北京法学专家夏家骏使此案获得中央有关领导的关注。

9月17日,河北省人民检察院专案组分别前往温州和唐山调查。11月26日下午1时,河北省省委政法委负责人宣布,李久明蒙冤,应当予以纠正。11月27日,南堡公安分局局长王建军、副局长杨策和刑警大队长卢卫东等三人被宣布停职审查。12月7日,由河北省、沧州市、河间市三级检察机关组建的专案组进驻唐山,开始调查制造冤假错案的有关人员。12月15日,王建军、杨策和卢卫东等12人被专案组刑事拘留。

2005年7月12日,法院对原唐山市公安局南堡开发区分局局长王建军等人的罪行作出宣判,认定原南堡开发区分局局长王建军、副局长杨策因犯有刑讯逼供罪,分别判处有期徒刑2年;市刑警支队一大队原大队长聂晓东、原副大队长张连海、原侦查员宋金全,南堡开发区公安分局刑警大队原大队长卢卫东、原教导员黄国鹏等另外五名涉案民警被判犯刑讯逼供罪,免予刑事处罚。[1]

---

[1] 载 http://www.legaldaily.com.cn/misc/2005-07/14/content_167920.htm,2019年9月20日访问。

李化伟案件也属于这种真凶浮现、冤情得雪情况：1986年10月29日下午4点多，辽宁省营口县（现大石桥市）水泥厂职工李化伟发现其妻子在家被杀，慌张跑到厂里报告。他妻子邢伟那一年21岁，是县食品公司的售货员，与李化伟结婚仅7个月，死时已经怀孕6个月。李化伟说自己下午4点回到家时，叫门无人答应，推开房门后发现妻子满身是血，斜躺在炕沿的地板上。下午5时，公安人员到达案发现场，发现邢伟头部、面部、肩部、颈部有多处挫伤、掐伤以及钝器打击伤等痕迹，颈部、腹部被砍数刀，其中颈部刀伤深达颈椎。法医现场勘查结果表明，邢伟的尸温为12度，地上流出的血尚未凝固，由此判断邢伟被杀时间为下午3时左右。尸检结果证实，邢伟未被强奸，可以排除强奸杀人的可能性。公安部门采取惯用的拉网式排查，但没有找到可疑的人，李化伟成了公安机关的重点怀疑对象。专案组以李化伟身上那件留有血迹的衬衣作为"突破口"，将其送往权威部门检验，结果表明正是死者邢伟的血。1986年12月19日，在案发52天后，李化伟被带到县公安局。

李化伟被抓不久就"供认了杀害妻子邢伟的经过"。专案组还拿出李化伟母亲杨素芝的证言，内容是她儿子到家里跟她说了杀妻的事。1987年4月14日，营口市人民检察院以"故意杀人罪"对李化伟提起公诉。起诉书指控李化伟"婚后怀疑邢婚前与他人发生过两性关系，一直嫉恨在心"，"1986年10月29日12时许，被告人李化伟和邢伟因给被告人家里钱一事发生口角，在争吵中被告人用拳打邢的面部、肩部多下，随后用手用力掐压颈部，造成窒息状态。接着，被告人又去厨房拿一把菜刀，用刀背砍邢的头部两下，被告人唯恐邢不死，拿邢的红呢子上衣遮挡身体（怕溅上血迹），又用菜刀反复切割邢的颈部两刀，深达颈椎，将气管、食管及左颈外动脉切断，邢当即死亡。后又持刀往邢的腹部反复切割两刀（邢已怀孕），被告人为伪造现场……致使现场被破坏……"营口市市委政法委为此召集公检法"三长"会议，共同定下判决结果。

1989年12月4日，营口市中级人民法院作出一审判决，以"故意杀人罪"判处李化伟死刑，缓期二年执行，剥夺政治权利终身。李化伟当庭大声喊冤，提出上诉。1990年1月12日，辽宁省高级人民法院下达终审判决："驳回上诉，维持原判。"

李化伟的父亲李明齐卖掉了儿子那套住房，开始为儿子申冤上访。他赴北京、沈阳进行申诉，申诉信大部分石沉大海，没有起任何作用。

2000年7月，一个名叫江海的犯罪嫌疑人被大石桥市公安局逮捕。在审讯中，江海交代自己才是14年前杀害邢伟的真凶。

1986年杀害邢伟时，江海年仅17岁，是大石桥市职业高中二年级的学生,住李化伟家斜对门。对李化伟冤案,江海当时在看守所里曾说:"听说李化伟被抓了,当时就是害怕。现在说对不起也没用了。那天中午我喝了点儿酒,看了黄色录像,就到了邢伟家。当时邢伟反抗了,然后我到她家厨房拿了把菜刀。是先掐后杀的,应该是下午杀的,当时人们都上班了,怕别人听到,我把李化伟家的录音机声音放大了。"令人惊讶的是,办案人员在侦查过程中曾经找过江海。据江海回忆,当办案人员问 15 时他在哪里时,他回答在同学王某家,可卷宗当中却没有办案人员进一步找王某核实的材料。办案人员当时提取了很多嫌疑人的指纹,偏偏没有提取江海的,因为"他太小,没想到他能杀人而且手段这么残忍,只是问了他当天下午干什么去了,具体没落实"。

2002 年 6 月 25 日,营口市中级人民法院正式下达了李化伟的无罪判决书,负责李化伟平反工作的正是当年支持对他作出有罪判决的法院领导。该领导表示,我们国家那时的法制还没有现在健全,按照现在实施的"疑罪从无"原则,很可能不会出现这起冤案。

2001 年 4 月 18 日,李化伟从沈阳大北监狱出狱,取保候审。2002 年 6 月 25 日,营口市中级人民法院宣判李化伟无罪。2002 年 8 月 5 日,李化伟向法院提出国家赔偿申请,后获得 36 万元赔偿金。①

表 3-9-2 杜培武案件等基本情况

案件名称	案情	致错原因	纠错原因	案件处理
杜培武案	1998 年 4 月 20 日,昆明市公安局通信处民警王晓湘与昆明市路南县原公安局长王俊波双双在昌河面包车中被枪杀	1. 刑讯逼供且刑讯证据被法院拒绝采纳 2. 测谎得出说谎可能性在 90% 以上的错误判断 3. 技术鉴定离合器、油门踏板上泥土微量元素测定与杜培武鞋上泥土化学成分一致 4. 袖口拉曼光谱测试,测出火药残留 5. 警犬气味鉴别,错误认定泥土沾染杜培武气味 6. 辩护意见不被采纳	杨天勇团伙劫车杀人系列案件被破获	2000 年 7 月 6 日,云南省高级人民法院公开宣告杜培武无罪

---

① 载 http://judge.gofree8.net/zixun/ShowArticle.asp? ArticleID=1149,2019 年 9 月 20 日访问。

(续表)

案件名称	案情	致错原因	纠错原因	案件处理
李久明案	2002年7月12日夜里,冀东监狱一支队干警郭忠孝家中发生重大抢劫伤人案	刑讯逼供和疲劳讯问	真凶蔡明新在温州落网后供出此罪	李久明无罪释放。2005年7月12日,原唐山市公安局南堡开发区分局局长王建军等人因刑讯逼供罪被追究刑事责任
陈建阳等案	浙江萧山1995年抢劫杀人案,陈建阳等5名青年因此案被分别判处死刑、缓期二年执行以及无期徒刑	刑讯逼供	真凶项生源落网	2013年7月2日,陈建阳等5青年被浙江省高级人民法院再审宣判无罪
李化伟案	1986年10月29日下午4点多,辽宁省营口县(现大石桥市)水泥厂职工李化伟发现其妻子邢伟在家被杀,警方接到报案,摸底排队无果,将李化伟列为嫌疑人,此案后经法院判决,李化伟被认定有罪,判处死刑,缓期二年执行	1. 疲劳审讯,连续几天提审 2. 提审期间折磨、威胁、恐吓	2000年7月,一个名叫江海的犯罪嫌疑人被大石桥市公安局逮捕。在审讯中,交代自己才是14年前杀害邢伟的真凶	2002年6月25日,营口市中级人民法院宣判李化伟无罪
王树红案	2002年9月4日,王树红被云南省文山州丘北县公安局以涉嫌"嫖娼杀人"拘捕	1. 指认错误 2. 刑讯逼供 3. 不在犯罪现场的证据被忽视 4. 疲劳审讯	2003年6月24日,丘北县双龙旅社发生一起抢劫杀害卖淫女未遂案件,王林标被当场抓获	2003年7月1王树红被无罪释放。2004年8月20日,云南省文山州丘北县公安局的3名警察因涉嫌刑讯逼供罪被丘北县人民检察院刑事拘留

(续表)

案件名称	案情	致错原因	纠错原因	案件处理
魏清安案	1983年1月25日下午,河南巩义市回郭镇干沟村村民刘某被强奸。1984年5月3日魏清安因此案被判处死刑并执行	1. 辨认错误 2. 疲劳审讯 3. 刑讯逼供 4. 以欺骗、引诱方式获取口供	魏被执行死刑,6个月后真凶田玉修落网,交代了强奸刘某的犯罪事实	1987年,河南省人民检察院复查,最高人民法院、最高人民检察院作出批复,确定此案为冤杀。河南省人民检察院提出抗诉,河南省高级人民法院再审改判无罪
王俊超案	1999年6月15日,河南禹州市花石乡蜂王湾村6岁儿童王某被强奸,王俊超被判决有罪	刑讯逼供	2005年5月5日真正的罪犯王雪山自首	2005年8月30日审判监督程序裁判无罪
郝金安案	1998年到山西临汾某煤矿打工的郝金安被认定杀害其工友刘茵和而被判死刑,缓期二年执行	刑讯逼供,造成脾脏破裂切除,并切除肾脏	2006年4月11日真凶牛金贺自首	2008年1月25日,再审裁判无罪

二、亡者归来

山西省柳林县发生的岳兔元案件因被害者现身而被发现是一场乌龙。

2004年初春,小成村岳马成家二儿子、16岁的"豹子"失踪。几天后,同村的岳兔元从太原打来电话,表达关切。岳兔元曾因抢劫犯罪被判刑,坐牢8年后于2004年1月刑满释放。岳马成家希望岳兔元找回"豹子",并答应事成之后给他1万5千元作为奖赏。不知从何时起,岳马成家起了疑心,认为岳兔元知道"豹子"的下落,没准人就在他手上。

岳马成家向公安局报案,告诉公安机关"豹子"的失踪可能与岳兔元有关。2004年4月2日,柳林县公安局抓捕岳兔元。柳林县公安局对岳兔元进行审讯,岳兔元拒绝承认犯罪,办案人员对他进行刑讯,打他个鬼哭狼嚎。在这种情况下,岳兔元被迫"承认"杀人,还说在军渡黄河大桥上将"豹子"掐死并将尸体推进黄河。事有凑巧,不久后的4月28日,在柳林县三交镇黄河滩边发现了一具腐烂男尸,虽然面目难以辨认,但体貌特征和年龄与"豹子"

相似。岳马成家认定这就是他家"豹子"的尸体,为其举行了葬礼。

本案的案卷,确实令人啧啧称奇:"杀人凶手"岳兔元本人提供有罪供述,"被害人尸体"被找到,DNA 鉴定结果表明死者身份,公安部 2004 年 6 月 23 日物证检验报告中的检验结论是:"无名尸与岳豹子母亲赵模心的 mtDNAHVI 区序列相同。"证据相互印证,有罪认定看上去无懈可击。根据现有的证据,认定岳兔元犯有"故意杀人罪"并无问题,但是,被认定已经被杀的人在失踪 1 年后又活着回来了,"岳兔元杀人案"成了板上钉钉的错案。

不过,在 2005 年 2 月,公安机关办案人员多次提审岳兔元,并不试图获取口供,而是诱导他翻供——推翻以前提供的杀死"豹子"的供词。岳兔元有所不知,当时豹子已经活着回来了。到了 3 月,柳林县公安局不得不撤销了有关故意杀人案的记录。

当初,基层公安人员错将"序列相同"当作同一认定的结论,至此也拨云见日。①

佘祥林案件也是如此:

1994 年 4 月 11 日中午 11 时,湖北省京山县雁门口乡吕冲村九组窑凹堰水面上发现一具女尸。下午 2 时 30 分,京山县公安局技侦人员赶到现场。法医初步认定,无名女尸系颅脑挫伤致昏迷后溺水死亡,属于他杀。《尸检报告》记载,当时现场遭到严重破坏,尸体辨认存在困难。雁门口乡台岭村八组村民张年生要求辨认尸体。其妹张在玉在 1994 年 1 月 20 日晚上离家出走,至今下落不明。张年生向公安人员反映,张在玉的丈夫佘祥林有外遇,张在玉与佘祥林经常吵架。张年生辨认尸体,认为那具无名女尸就是张在玉。专案组发现死尸与张在玉的特征有 11 处相同。下午 5 时,即在无名女尸发现 6 个小时后,京山县公安局法医李甫泽、张少鹰会同县检察院法医李少辉出具了一份《法医鉴定书》,认定无名女尸就是张在玉,死因是:张在玉被他人用钝器打击头部,昏迷后抛入水中溺水死亡。

时年 28 岁的佘祥林是京山县公安局原马店派出所治安巡逻员。4 月 12 日下午,佘祥林被警方带走,从警察那里得知张在玉死亡消息,他要求辨认尸

---

① 杀人罪不成立,公安机关为了找台阶下,又以涉嫌诈骗其表弟的摩托车为由再次抓捕岳兔元。实际上,该摩托车曾经两次价格鉴定,柳林县发展计划局价格认证中心鉴定第一次鉴定其价格为 1949 元,第二次鉴定为 2397 元。两次鉴定价格不一样,原因是 2005 年 4 月 20 日左右柳林县公安局局长打来电话,嘱咐发展计划局局长把岳兔元诈骗案中的摩托车重新鉴定一下,并告诉他原来的作价偏低。经再次鉴定,摩托车的价格鉴定为 2397 元,超过了 2000 元。如果作价在 2000 元以下,就不构成诈骗罪。2005 年 4 月 7 日,柳林县法院开庭审判岳兔元被指控"诈骗罪"一案,判处岳兔元有期徒刑一年半。岳兔元不服,提起上诉。5 月 17 日吕梁市中级人民法院以"部分事实不清"撤销了柳林县人民法院的判决,将案件发还重审判。重审前一天,柳林县人民检察院以证据发生变化为由撤回起诉。

体,这一请求遭到拒绝。

专案组认为佘祥林有重大犯罪嫌疑,这是因为佘祥林具备作案时间、存在作案的思想基础、张在玉失踪后有反常表现。4月13日,一个叫徐瑜的人向警方提供证言称,一次和佘祥林闲聊,谈到张在玉失踪一事。佘祥林说,他老婆一般不会走,要走了死都不死在附近……。证言笔录中"死都不死在附近"几个字被办案人员用红线标出,当作至关重要的线索,与发现无名女尸的地点距离佘家路途遥远的事实吻合。

警方对佘祥林进行了数日连番审讯。4月14日,佘祥林因重伤被送到330疗养院治疗。4月15日,警方取得佘祥林的有罪供述。佘祥林供认"张在玉是我弄死的"。不过,佘祥林交代的作案过程并不为警方认可,他说1994年1月20日晚11点多带着张在玉到雁门口红旗碎石厂的山坡,用木杠将张打死埋在山沟里。这个说法与无名女尸的情况显然不能吻合。

4月17日,在抽干发现尸体的水塘里的水之后,警方找到新的物证:沉尸的蛇皮袋子,袋子里还有4块石头。4月22日,在公安人员的押解下,佘祥林指认了杀人路线并讲述沉尸手法。警方认为:佘祥林交代的情况与现场情况和调查访问的情况一致。

4月22日,京山县公安局对佘祥林采取拘留措施。4月25日,京山县公安局认定佘祥林的行为已构成故意杀人罪,提请检察院对其批准逮捕。4月28日,京山县人民检察院对佘祥林批准逮捕。

1994年5月,京山县人民检察院将佘祥林故意杀人一案移送至湖北省人民检察院荆州分院起诉。检察机关将案件退回补充侦查,要求警方补充如下证据:(1)杀人现场和杀人工具的有关资料;(2)查清被告人佘祥林所捡蛇皮袋及衣物的来源;(3)被告人佘祥林作案时所穿衣服里能否检出死者的血迹;(4)被告人藏衣服的瓜棚和烧毁衣服的材料。

京山县公安局感受到办案压力,这起命案已经成为全县关注的焦点,张在玉亲属三天两头闹,要求严惩凶手。社会上出现谣言,称公检法已经被买通,要做有利于佘祥林的处理。

1994年8月2日,京山县公安局出具了补充材料:作案时间距发案时有3月之久,杀人凶器无法寻找;佘祥林拾的蛇皮袋和衣物无法查清;对佘祥林作案时所穿衣服检验未见血迹;对佘祥林烧毁衣服的灰土进行了查找,灰土已清除过,无法取证。

1994年9月22日,案子回到荆州市人民检察院。荆州市人民检察院在警方没有提供新的证据的情况下,以故意杀人罪将佘祥林起诉至荆州市中级人民法院。起诉书指控:被告人佘祥林因与女青年陈某关系暧昧而与妻子张在玉不和,以致引起其妻精神失常。佘祥林见其妻患精神病,遂起杀妻另娶之念,于 1994 年 1 月 21 日凌晨 2 时许,将其妻带到雁门口乡吕冲村九组窑凹堤堰边,用石头将张在玉砸昏后沉入水中溺死。

在法庭上,被告人佘祥林辩解说没有杀张在玉,是她自己失足摔下山坡的。京山县律师事务所律师何大林为佘祥林作了罪轻辩护,辩称:第一,被告人与另一女青年关系暧昧与"杀妻另娶"之间无因果关系;第二,没有直接证据,本案证据不足。

在审理过程中,张在玉的家属强烈要求速审速决,大约有 200 名村民到京山县县委门前呼吁政府尽快严惩凶手。

1994 年 10 月 13 日,荆州市中级人民法院对佘祥林杀妻一案作出一审判决:被告人佘祥林犯故意杀人罪,判处死刑,剥夺政治权利终身。

佘祥林案件含有一个案中冤案,令人震惊:佘祥林的母亲相信自己的儿子没有杀人,对于那个无名女尸是她儿媳妇张在玉的说法深表怀疑,她边帮人做法事边走访周围的村子,试图探听到张在玉还活着的消息。1995 年元旦前后,在离家几十公里远的天门市石河镇姚岭村,村支部副书记倪乐平告诉她,前段时间见过一个长得像张在玉的人,当时吃住都在他家里。倪乐平为佘祥林的母亲开具一份证明,书面说明此事。1995 年年初,佘祥林的母亲带着倪乐平书写的证明来到湖北省高级人民法院申诉。湖北省高级人民法院对这份证明颇为重视,认定该案事实不清,证据不足,裁定发回重审。后来,佘祥林的母亲因持这份证明进行申诉,被京山县公安局羁押,警方认定她为佘祥林开脱罪责,已经构成包庇罪。经过 9 个月的羁押,佘祥林的母亲身体急剧恶化,变得又聋又瞎,不能行走,在被释放 3 个月后,她含冤去世。对于佘祥林案件,人们通常只注意到佘祥林自己的冤情,她母亲冤情的悲怆感反而被淡化了。

同年 5 月 15 日,该案再一次退回到京山县公安局补充侦查。不久,专案组只出具了一份《关于佘祥林故意杀人一案的补充侦查报告》,并没有提出新的证据。难题再一次摆在检察机关面前,起诉还是不起诉,显然是一个回避不了的问题。

1996 年 12 月 29 日,由于行政区划的变更,原荆州市人民检察院将该案卷宗材料邮寄到中共京山县委政法委员会。1997 年 5 月 14 日,中共京山县县委政法委将此案报请中共荆门市委政法委希望后者出面协调。同年 10 月 8 日,荆门市市委政法委在京山县人民检察院召开案件协调会。政法委员会以协调案件的方式介入具体案件的处理多有发生,赵作海案件的起诉也是这种协调的结果。从法律角度看,会议决定:被告人佘祥林故意杀人一案由京山县人民检察院向京山县人民法院提起公诉,因省高院《退查函》提到的8个问题中有3个无法查清,决定对该案降格处理,对佘祥林判处有期徒刑。

1998年3月31日,按照政法委协调会的指示,京山县人民检察院对佘祥林提起公诉,指控其构成故意杀人罪。1998年6月15日,京山县人民法院判决被告人佘祥林故意杀人罪成立,判处有期徒刑15年,附加剥夺政治权利5年。令人惊异的是,原公安局专案组组长韩友华已被调至京山县人民法院担任副院长。

佘祥林仍然不服,提出上诉。9月22日,湖北省荆门市中级人民法院驳回上诉,维持原判。

2005年3月28日,张在玉回到吕冲村,在当地引起震动。

3月29日,荆门市中级人民法院紧急下发《再审决定书》,承认此前的裁定在认定事实和适用法律上确有错误,并决定另行组成合议庭进行再审。3月30日,荆门市中级人民法院作出《刑事裁定书》,称原审裁定认定佘祥林犯故意杀人罪的事实不清,证据不足,适用法律错误,裁定撤销本院(1998)荆刑终字第82号刑事裁定和京山县人民法院(1998)京刑初字第046号刑事判决,发回京山县人民法院重新审判。4月13日上午,湖北省京山县人民法院对此案再审,改判佘祥林无罪。①

表 3-9-3　佘祥林案件等基本情况

案件名称	案件性质	致错原因	纠错原因	处理结果
湖北佘祥林案	故意杀人罪	1. 尸体辨认错误 2. 刑讯逼供 3. 对于辩护证据不加理会 4. 政法委组织协调	11年后"死者"张在玉活着回来	2005年4月13日,湖北省京山县人民法院对此案再审,改判佘祥林无罪
湖南滕兴善案	故意杀人案	1. 尸体误认 2. 刑讯逼供 3. 对于辩护证据不加理会	被告人被处决,1992年"被害人"活着回来	2006年1月18日再审裁判无罪定谳
河南赵作海案	故意杀人案	1. 尸体误认 2. 刑讯逼供 3. 对证人刑讯 4. 对于辩护证据不加理会 5. 政法委组织协调	2010年"被害人"活着回来	2010年5月8日河南高级人民法院再审裁判无罪定谳

---

① 载 http://www.law-star.com/cac/2098.htm,2019年9月20日访问。

第五节　平反冤案的社会支援力量

柏杨先生曾云:"法国作家,才是真正作家。他们努力的目标是真正的真善美,而不是津贴或做官。左拉先生以他的荣誉和'前途'作孤注,去为一个漠不相关的卖国贼打抱不平,在中国社会,是谓之'傻',是谓之'蠢',是谓之'不识时务'。"①柏杨先生提到的,是左拉在德雷福斯案件平反中的作为。

德雷福斯案件与作家左拉原本没有关系,但他后来深深卷入其中,并使案件再起波澜,算是一段机缘巧合。按照左拉自己的说法,德雷福斯案件公之于世的时候,他正在罗马,在那里很少读到法国报纸,这是他起初并不了解这一案件并长时间没有作出反应的原因。②

一、左拉介入德雷福斯案件

左拉最初闻知德雷福斯案件,并没有想到自己的名字会和这个案件的平反过程紧紧联结在一起。他为这个军官贬级事件所吸引,原本打算把这个情节写进自己的小说。这种事情在法国文学中并不鲜见,《红与黑》就是作家司汤达闻听一起案件后激发了写作冲动而写成的。不久,左拉将德雷福斯案件的情节写进自己的小说的念头搁下了,因为他要把注意力完全投入《三城市》的写作中。

当时的左拉已经是法国著名作家。他出生在 1840 年,此时正值 55 岁。此前已经出版了中短篇小说集《给妮侬的故事》(1864)、长篇小说《克洛德的忏悔》(1865)、《马赛的秘密》(1867)、《小酒店》(1877)、《萌芽》(1885)、《金钱》(1891)等作品,作家生涯如日中天。

1895 年,《费加罗报》邀请左拉对时事和人物自由发表评论,在报上开辟专栏点评时事。这一年的 1 月 5 日,左拉在阿尔方斯·都德家吃晚饭,刚参加完贬黜德雷福斯仪式的都德之子雷翁回来,雷翁兴致勃勃地谈起德雷福斯案件。他描述说:"当龙骑兵副官布辛把他的军帽、衣袖上的金色的军衔纹饰和上衣的金色纽扣撕下来的时候,当砸碎他的军刀的时候,德雷福斯睁大着双眼,把两只手紧贴在裤缝线上,站在那里一动也不动。真叫邪门! 他重复着:'士兵们,人们在贬黜一个无辜者! 我是无罪的……法兰西万岁! 军队万岁! 我以身家性命担保,我是无罪的!'"③1896 年 5 月 16 日,左拉在一篇评

---

① 柏杨著:《柏杨全集》(贰),人民文学出版社 2010 年版,第 119 页。
② 〔法〕阿尔芒·拉努著:《左拉》,马中林译,黄河文艺出版社 1985 年版,第 393 页。
③ 同上书,第 393—394 页。

论中表示相信德雷福斯是有罪的。这并不奇怪,当初杨乃武案审理的时候,上海的《申报》起初也把它看作当代的西门庆、潘金莲案件,随着追踪报道,掌握的情况越来越多,大家才意识到这是一起冤案。

看了这篇文章受到刺激,持相反看法的布纳拉撒尔拜访左拉,向左拉提供一些案件的详情。此前不久,布纳拉撒尔写了一本书,坚称德雷福斯无罪并要求再审此案。听了布纳拉撒尔一番话,左拉感到震惊,但他并不轻信,没有立即接受德雷福斯无罪的说法。不久以后,他开始相信德雷福斯是无辜的。1897年10月的一天,左拉对他的朋友、音乐家阿尔弗雷德·布鲁诺说:"您还记得那个被判处终身流放的步兵上尉、犹太人德雷福斯吗?唉!德雷福斯是无罪的。"① 11月20日,左拉写信给参议院的凯斯纳先生,表明自己对德雷福斯案件的看法,凯斯纳先生曾宣称德雷福斯无罪。左拉和他站到了同一战线。

对案件看法的转变,激起左拉要把德雷福斯案件写成一部小说或者剧本的想法。他最终没有把这一案件文学化,他干脆把文学创作的冲动转化为实际行动。对于德雷福斯来说,无疑是雪中送炭。阿尔芒·拉努曾言:

> 左拉一直恪守着不介入政治的格言,直到他的公民责任心占了上风,才有了改变。但是,他的责任心战胜他,并不是在政治方面,而完全是为了道义。他必须在目的与手段这样一个永恒的难题中作出抉择。他将全力以赴去打击那些主张"只要目的正确,可以不择手段的人"。维护自由的朋友们总是站在左拉的一边,而维护秩序的人们却总是与他作对。这就是他将来的极为困难的处境。②

《费加罗报》(Le Figaro)是法国国内发行量最大的综合性日报,创立于1853年,有趣的是,该报取名自法国剧作家博马舍的名剧《费加罗的婚礼》。该报宗旨"倘若批评不自由,则赞美亦无意义(Sans la liberté de blâ mer, il n'est point d'éloge flatteur)"也来自博马舍的这一剧作。11月30日《费加罗报》发表了几篇有关德雷福斯案件的文章并公布了艾斯特拉齐的信,明眼人从中发现德雷福斯确有冤情。当时有谣言产生,说是存在一个国际性犹太组织想要将德雷福斯解救出魔鬼岛。左拉发表文章,否认有这样的组织,他说假如有类似组织,那么天下所有崇尚自由的人都属于这样的组织。他还痛批法国的反犹太教主义。但是,《费加罗报》的读者并不都认同左拉的立场,许多人纷纷退订这份报纸。面对《费加罗报》订户退报风波,左拉说:

---

① 〔法〕阿尔芒·拉努著:《左拉》,马中林译,黄河文艺出版社1985年版,第404页。
② 同上书,第393页。

"我什么都敢说,因为我的生命中有一股热情,那就是'真理'必须表彰。"这句话道出了左拉介入这一案件并坚守自己立场的精神支柱。

左拉面临的压力还不止这些,除了他的文章,《费加罗报》一些订户退报,还因他在与朋友聚餐时谈到德雷福斯案件并与其他人意见相左,他在某些场合,与一些人的关系出现紧张,这损害了他的社交形象,人们开始因左拉对德雷福斯案件所持立场而疏远他;他的小说《巴黎》出版后,读者加以抵制,人们拒看、也拒绝提起他这部小说,这恐怕最使他难以忍受。在这个时候,都德去世。2月20日举行的都德的葬礼上,人们看到参加葬礼的左拉,注意到他神情黯然,有人怜悯地认为他正把自己的健康、理智和生命浪掷在这个没有意义的案件上,也许就要坚持不下去,偃旗息鼓了。无独有偶,1月13日,与他同命运的凯斯纳也意识到自己因支持德雷福斯而遭到厄运,他再也甭想选上参议院副主席的职位了。

二、"我挽救了这个国家的荣誉"

艾斯特拉齐上校在军事法庭被裁决无罪。若不是左拉再度撰文,也许德雷福斯案件就此在公众的视野中销声匿迹了。1898年1月13日,《奥罗报》发表了左拉写给共和国总统费里克斯·佛尔的公开信,这封信出现在头版头条,标题醒目而刺激:"我控诉"。这个题目是克莱蒙梭所加。在这封信中,他将德雷福斯案件理出头绪,分析了案件铸成大错的原因,指出陆军最高领导以及总参谋部的主要军官应为这桩冤案负责,提出为了掩盖德雷福斯案件的错误,军事当局陆军总部明知艾斯特拉齐上校有罪却无罪开释他。这封信点名道姓地指责麦贺西耶将军、毕隆将军、布瓦代夫将军和拉瓦利少校以及笔迹鉴定专家拜劳姆、瓦利纳尔和古阿尔。这封信在法国历史上影响如何,从下面这件事上可见一斑:1998年1月,法国总统希拉克发表公开信,题目为《谈及〈我控诉〉一百周年的信》,号召民众纪念这封"已成为历史一部分"的左拉的《我控诉》。

一石激起千层浪,《奥罗报》一口气卖了30万份,达到报社印数能力的极限。文章发表后立即引起连锁反响:一万四千封信表达支持意见并道贺的信,雪花般寄给左拉;下议院召开一系列激烈的讨论会;文章引起中产阶级的注意,一般贫民和在校学生也被挑动。每天,都有要求再审德雷福斯案件的人的名单列在报纸上。他们认为经过4年沉寂,到了该让德雷福斯案件真相大白的时候了。这些支持者——包括法朗士等不少作家、艺术家和学者——被不怀好意地称为"德雷福斯帮",并且被嘲弄为"知识分子""一群愚蠢的人"。

对于《我控诉》的不同看法,使人们迅速分裂为两派,甚至家庭成员也成为对立双方,一些老朋友反目成仇,互不见面。有人将抢购来的成捆的报纸焚烧,还有人向克莱蒙梭办公室投掷石块,砸碎窗玻璃。左拉小时候居住过的一个城市的市长公开反对左拉,许多向政府献媚的人随后跟进。有人给左拉寄来秽物包裹,有农夫向他窗户投掷石块。巴黎甚至出现反对左拉的示威游行,示威者的口号是"绞死左拉,犹太人该死!"还有些人认为左拉使法国军队蒙羞,应当遭受审判。人们贴出印制好的标语:"真正的法国人对意大利人左拉的唯一回答是:他妈的!"①法国大革命期间民意反理性的一面又得以重演。

被公开信点名道姓的人向法庭起诉左拉诽谤。不过,指控只针对《我控告》一文中的15行提出,也就是说,纠缠于艾斯特拉齐上校被开释这一段,避开整个问题的来龙去脉。1898年,在仇恨的气氛下,左拉案件开庭审理。左拉要求将是否构成诽谤的前提——德雷福斯案件一并拉来审理,被法庭拒绝。2月21日,左拉在法庭上说:"他们在这里攻击我,可是有一天法国人会感激我,因为我挽救了这个国家的荣誉。"

整个社会氛围颇为紧张,对左拉不利。第一天审理,抗议左拉的庞大人群就气势汹汹、火爆激烈地拉开了架势,有人咒骂,有人吐痰,左拉的人身安全受到威胁,有人威胁要暗杀他,据说有些人还从阿尔及利亚雇来了杀手,逼得警察署长不得不亲自为左拉开道护航。此后开庭,每次都需要警察驱赶聚集在一起的愤怒人群。有支持左拉的朋友警觉地在左拉身边保护他的安全。为了自身安全,每次从法院开庭回来,左拉不得不先到朋友家,待到很晚才在别人陪同下回家,以避免遭人暗算。

在这种气氛下,法庭要是判决左拉无罪,可想而知,有可能激起众怒。2月23日,法庭裁决:左拉有罪,罚款3000法郎,监禁一年。

5月23日,案件二审开庭,审判受到政府某些人的干扰。7月18日,案件再次开庭,左拉、《奥罗报》经理以及他们的顾问中途退出法庭以抗议审判不公,这使案件成为缺席审判,法庭陷入极度纷扰。与一审时一样,法庭外面危机四伏,愤怒的群众打算用私刑惩罚左拉,警察局不得不用半小时组织保护左拉一行人的队伍。当左拉一行人坐上四轮马车快速离开时,警察奋力控制住骚动的人群,骑脚踏车的警察跟随左拉等人的马车后面驱赶人群。这一场景,好像左拉要是不被撕成碎片不足以平民愤。

在朋友的劝说和安排下,左拉选择与苏格拉底不同的策略,他最终同意

---

① 〔法〕阿尔芒·拉努著:《左拉》,马中林译,黄河文艺出版社1985年版,第432页。

立即离开法国,以免被捕入狱。左拉及其支持者考虑的是,离开法国,可以对政府形成威胁,将来想要回来或者进行报复,也还可以回来。有人为左拉买了张去伦敦的头等票。他先乘火车再坐船,7月19日晚上大约8点,到达英国首都伦敦。

事情不因左拉出逃而告终结。法国政府很快将左拉逃亡的消息照会全世界。左拉来到温布顿住下来,在伦敦,他太容易被人认出了,这对他来说可不算福音。8月13日,巴黎对他的审判升级,《我控诉》一文指名道姓抨击过的三个人联名控告左拉伤害,还扣留了左拉的家具以保证自己拿得到赔偿。

三、"您的伟大和光辉自会名留千古"

在法国,德雷福斯案件越烧越旺。在公众舆论的影响下,陆军部下令对此案进行进一步审理和核实。受命重新核实此案的一名军官很快发现了亨利伪造的痕迹。亨利无法抵赖,被迫承认,当场被捕,第二天就自杀身亡。艾斯特拉齐闻讯畏罪潜逃,到英国避难去了。

形势急转直下,陆军部长辞职。1899年6月3日,法国法庭撤销1894年对德雷福斯的判决,决定重新审判。

隔一天,左拉离开英国的维多利亚车站,6月5日,左拉回到巴黎。回到巴黎当天,他在报纸上发表文章,称"我是唯一决定自我放逐以平息众怒的好国民"。如今那些加给他的罪状已经不复存在,也不会有人再要逮捕他入狱。

6月9日,德雷福斯离开"魔鬼岛"回到法国,参与对他案件的再审。7月4日,在兰尼斯军事监狱,他第一次读到有关左拉被审判以及法庭调查和辩论的情况。知道为了他的案件,不是一个人在战斗。

德雷福斯案件的重审在8月8日开始,不过,法庭仍认定德雷福斯有罪,只是改判为10年苦役。在群情激愤之下,新任总理提出一个折衷解决办法,在维持判决的原则下,以总统名义宣布特赦德雷福斯。9月19日,德雷福斯被开释。他虽然被释放,却不等于无罪,冤情还没有得到彻底昭雪。直到1906年6月,激进派领袖克列孟梭出任总理,德雷福斯案件才获得最终解决。这年7月12日最高法院宣布德雷福斯无罪,蒙冤受屈达12年之久的德雷福斯终于恢复了名誉。他的军籍也得以恢复,在军事院校的操场上,他被授予荣誉勋章。

多年以后,武官施瓦茨·考本的记事手册于1930年公布于世,敌国当事者印证了德雷福斯的清白。同年6月,施瓦茨·考本的妻子将这本记事手册寄给德雷福斯,并附上她丈夫临死之前用法文写的"德雷福斯无罪"字样。德雷福斯活着见到了印证自己无辜的这一重要佐证。

1899年9月19日德雷福斯被开释的那天,左拉在《奥罗报》上发表了另一封公开信,信中称:"这位两次受审的人,已为这个国家做了太多,比一百年来的哲学理论更有用、更实际。"

1899年9月30日,左拉收到重获自由的德雷福斯亲笔写来的信,信上说:"我相信当人类愚蠢的激情过后,当历史重新定谳之后,您的伟大和光辉自会名留千古……"很明显,这一评论毫不过分。

早在左拉被告上法庭并被定罪之时,他捍卫正义的勇气和正义的行为就赢得了外国许多人士的尊重。托尔斯泰昭示左拉行为的实质:"在他(左拉)的行动中,蕴含着崇高而美好的理想,即反对沙文主义,与反犹太主义进行斗争。"马克·吐温犀利写道:

> 一些教会和军事法庭多由懦夫、伪君子和趋炎附势之徒所组成;这样的人一年之中就可以造出一百万个,而造就出一个贞德或者一个左拉,却需要五百年![1]

可惜,左拉没有活着等到德雷福斯被宣告无罪那一天——1902年9月29日,左拉死于一氧化碳中毒。

至今阴谋论者对左拉之死抱有怀疑,但没有证据表明左拉死于谋杀。左拉之死留给一些人想象的空间,但这远没有左拉在压力之下挺身为德雷福斯伸张正义重要,他的这番话值得人们反复玩味:

> 我的生命中有一股热情,那就是"真理"必须表彰。

第六节 舆论漩涡中的错案

许多案件得以确认为错案,案件之所以获得平反,原因多种多样。有一种情况,是媒体介入。由于案件通过大众传播媒介得以曝光,案件的处理出现转机。

一、个案观察:乔治·H案件

26岁的前光头帮青年、来自德国布吕克(位于勃兰登堡—米特马克中心的城市)的乔治·H因被指控杀人未遂和纵火罪而被判决有罪,在监禁4年多后,他被宣判无罪。法兰克福[2]地方法院第一刑事庭撤销了2004年11月

---

[1] 〔法〕阿尔芒·拉努著:《左拉》,马中林译,黄河文艺出版社1985年版,第470页。
[2] 奥德河畔。

23日波茨坦地方法院少年刑事庭的"错误"判决。

　　再审查明：乔治·H没有参与2004年2月6日对土耳其人卡伊汗·库特鲁的土耳其烤肉小吃店实施的纵火行为。两名案犯，即H当时的朋友，在再审法庭审理中供述了真实的犯罪过程，所有参与审判的人相信，纵火行为是由他们二人实施的。他们声称作案动机是对外国人的仇视。两名案犯和乔治·H几年前成为布吕克及其周边地区极右势力活动的坚实核心。据三人供述，现在他们已经放弃了极右主义思想。

　　根据由斯台芬·格曼法官担任主持的法兰克福刑事庭的说法，无罪的乔治·H自身在波茨坦地方法院一审中的行为也是导致他被宣判有罪的原因之一。因为在4年前全面取证的过程中，三名被告侥幸地以为纵火行为无法得到证实。两名案犯的沉默使得乔治·H也无法开脱罪名。有人向法庭呈上一名女性目击者的证言，称在案发地附近见过三名男子。现在人们才知道，这名女报纸投递员于2月的一天晚上目击的三名男子并非三名被告。然而当时波茨坦法院并不这么认为，反而对乔治·H的母亲为儿子所作的不在场证明不予信任。

　　2004年11月的判决之后，两名案犯及乔治·H提出上诉，却于2005年被联邦法院驳回。H解释说，此后他被监禁，将在监狱里的时间视为一种赎罪，而不曾有过报复的念头。此外，他还坚信自己案件获得改判是万不可能的，何况他的经济条件也不允许再次上诉。

　　本案之所以获得改判，得益于《上黑森报》在2007年对此案的调查，根据调查结果，检察院和乔治·H在波茨坦的律师卡尔斯滕·贝克曼提出上诉。这一再审无罪判决是勃兰登堡州史上首次上诉获得成功的案例。在此之前有2200起上诉均被驳回。

　　无罪宣判后，乔治·H因在调查和判决执行阶段被限制人身自由而获得一笔补偿金。2008年11月根据法兰克福法庭一项临时决议乔治·H获得释放。

二、个案观察：河南李怀亮案件

　　有些案件，虽经司法审判，貌似定谳，实则了犹未了。

　　河南发生的李怀亮案件，是许多这类案件中的一件。

　　此案因"死刑保证书"而名噪一时。法院在几番周折作出无罪判决前，曾作出过三个判决——有期徒刑15年、死刑立即执行、死刑缓期执行。此案因证据不足而"三落三起"，折腾11年后法院才宣布李怀亮无罪。李怀亮强奸杀人案得以平反，得益于家属的上访申诉；2012年被害人与法院签订的"死刑保证书"经媒体曝光导致舆论哗然,也是强有力的推动力量。

案件像探案小说一样开了头:河南叶县北边湾里村是一个不足百户人家的小村庄,村子邻近沙河。2001年8月2日黑黢黢的夜晚,杜玉花带着13岁的女儿郭晓萌来到河堤捡拾"爬叉"(蝉蛹——可以换钱的一种药材)。河涨了水,两人分头去捡拾"爬叉"。等到杜玉花想要和女儿会合时,却发现女儿不见了,郭晓萌提着矿灯找,一夜都没能找到。起初以为是不慎落水而死,没想到报警两天后在河的下游庄头村发现了郭晓萌的尸体,尸检结果显示,郭晓萌先被人掐死后弃尸河里,生前还被性侵。警察带来另一个消息:郭家的邻居李怀亮就是凶手。

既然李怀亮是凶手,那就应该一命抵一命——实现自古以来国人心目中的"自然正义"。可是这命一时还抵不得,2003年叶县人民法院开庭审理此案,李怀亮当庭认罪并向郭家表示忏悔,说"我不学法,不懂法,我杀了人,对不起郭松章一家,等来世再报答",李怀亮的姐姐当场阻止:"你没有杀人,你犯啥法啊!"李怀亮的亲属就此案质疑:现场留下的血迹是O型,被害人是A型,李怀亮是AB型,血型无法吻合;精液精斑也与李怀亮的对不上。另外,李怀亮卖了几十个"爬叉"给村支书的儿子,要是李怀亮当晚作案,不可能边强奸杀人边手攥装"爬叉"的蛇皮袋子,只要松了手,"爬叉"就会跑得精光,怎么可能捉得几十只卖钱?叶县人民法院第二次开庭时,李怀亮翻供,称以前的有罪供述是警察刑讯造成的。叶县人民法院没有采纳李怀亮的辩解,以"基本事实清楚"为由判处李怀亮有期徒刑15年。此案选择在叶县人民法院起诉本身就几乎注定了这一判决结果。要是证据确实、充分,早就向中级人民法院起诉了,等在李怀亮面前的差不多就是死刑了。

在杀人案件中,要想使被害人亲属和被告人亲属都不满意,就作出"留有余地"的判决,这种判决的实质是"疑罪从轻",目的是留下活口,为以后可能发生的"翻案"预留机会。这让双方都不满意:被害人亲属的心理,既然认定被告人杀人,怎么不让他偿命?被告人亲属的心理,既然证据不足,怎么还认定其亲人有罪,反过来,要是真有罪,怎不抵命?自然是,双方都不会服判。有的时候,双方亲属不服判决的结果,是双双上访。

告状乃至上访,出了名的是河北的杨三姐告状,大概发生在民国七年(1918年)、八年(1919年),杨三姐告状作风之强韧、泼辣,因评剧《杨三姐告状》活灵活现的描摹而广为人知。当代告状者的代表形象是文艺作品中虚拟出来的人物秋菊,这个因村长踹了她丈夫的下体而不停要讨个说法的农村妇女,执着、执拗地上访告状,让警察有朝一日终将村长捉到官里去——当然,秋菊志不在此,她只不过想要个说法,如此而已;不过,村长被警察带走,谁都不能否认与秋菊不停上访有因果关系。不同时代的两个故事,树立了告状、上访的正面形象,也释放出"有志者事竟成"的信号,成为告状、上访者的励志故事。

如今的上访(多表现为向上级机关表达冤屈、要求改正)本来是政府实行亲民政策的结果,政府以此体现自身的人民性。人民群众有意见、有建议、有冤屈,可以循着信访途径进行陈情、予以反映、寻求处理,实现下情上达。上级政府可以借信访制度了解下级政府的执法和贯彻政策的情况,掌握下属的公务信息,做到耳聪目明,以利对下属施加有力控制,纠正下属工作中的各种错误,让民众成为监督者和信息提供者。因此,对于上级政府来说,这么多年来虽然对上访事件颇感头疼(涌来太多的上访者破坏了表面的和谐),但不可能取消这一制度。

北方各省,因赴京上访在交通方面的便利,再加上传统意识的促发,近些年上访乃至"京控"一直都很活跃。

上诉的历史可以追溯到先秦时期的立肺石、邀车驾之类故事,古代直诉制度就是为了让国王或者皇帝能够获得下面的官员的资讯和纠正错误的目的而建立起来的。不过,直诉是一项正式的诉讼制度,国王或者皇帝是最高的司法当局,这一点又与现在的信访制度大有参差。信访,即使是涉讼信访也不是一项诉讼制度,如果一起案件经过了司法裁决,当事人及其亲属穷尽了司法救济的渠道,开启信访的大门等于在"法治"之外别寻"人治"的渠道。

杜玉华和李怀亮的姐姐李爱梅都奋力走上上访的路途。

中原地区是很传统的地方,表现为遇有官府为自己申冤,便敲锣打鼓送锦旗来表达感激之情;遇有冤抑事就上访告状,希望更高的官阶上坐着"青天"。河南及其周边诸省都差不多,虽然时代变了,百姓的感情反应,与多年前帝制时代几乎一模一样。

在上访的人群中,不乏有着正当道理的上访者。

杜玉华和李爱梅都有足够的道理来上访。法院本来就应该根据案件证据和事实作出适当的判决,和稀泥式的判决不但不能使双方满意,还使自己无法自圆其说。《刑事诉讼法》早在 1996 年已经纳入疑罪从无原则,要求法院在证据不足情况下作出"证据不足、指控不能成立"的无罪判决,但法律规定是一回事,司法实践是另一回事。对于杀人案件,法院担心的,一是错判无辜者有罪,好在这还有公安机关和检察机关"陪绑";二是判决无罪而被害人亲属不满,造成苦主闹事难以收拾。杜玉华的上访,让法院一脚踩进泥沼,"死刑保证书"就这样进入了司法案卷。

"死刑保证书"是被害人亲属向法院作出的保证,按其内容,存在着被害人与法院的"幕后交易"——将李怀亮判处死刑,作为交换条件,被害人亲属表示不再上访缠讼。对于这一保证,法院的解释苍白无力,声称那是被害人亲属的单方面诉求,并非与法院达成的协议。不过,凡事就怕联系起来观察,保证书签署的时间是2004年5月,这一年的年初,平顶山市中级人民法院撤销了叶县人民法院的判决,改由平顶山市人民检察院重新向平顶山市中级人民法院起诉。2005年6月平顶山市中级人民法院判决李怀亮死刑、剥夺政治权利终身。正是在被害人亲属写下死刑保证书之后,这一判决怎能不给人想象空间,认为法院与被害人家属有着不可告人的"交易"?死刑判决正是安抚被害人亲属使之不再上访的甘饵——就像给灶王爷上天述职之前的"糖瓜祭灶"。

平顶山市中级人民法院撤销叶县人民法院的判决在诉讼程序上不无可议之处:平顶山市中级人民法院撤销原判、发回重审是否在二审程序中,若是二审程序又怎可能在一审判决1年以后?改由平顶山市人民检察院重新向平顶山市中级人民法院起诉;若是叶县人民检察院撤回起诉,没有新的事实、新的证据,即便是平顶山市人民检察院也不能再起诉;若不是在审判监督程序中,由叶县人民法院以案情重大为由请求移送平顶山市中级人民法院进行第一审即可,何劳平顶山市人民检察院重新起诉?若是在审判监督程序中,那么,原有一个生效判决,怎能通过上级法院未经正式审判先予撤销,再由下级检察院撤回起诉抹个干净,从头再来?要知道,《刑事诉讼法》并未规定在再审过程中撤销原判,只可中止执行。

对于李怀亮作出死刑、剥夺政治权利判决之后,杜玉花认为冤屈得伸,不再上访。不过,2005年11月,河南省高级人民法院又根据2003年的一份检验报告(内容是被害人的血型是A型、李怀亮的血型也是A型,但现场发现的血型却是O型),撤销平顶山市中级人民法院的判决,在2006年4月又"留有余地"改判李怀亮死刑、缓期二年执行。

李怀亮被改判死刑、缓期二年执行之后,杜玉花又开始上访,她的上访变成"非法上访",一切又都重新开始,既然上访变成"非法",那遭遇又换了一番境界。

到了2013年,这一案件又变戏法似地转到平顶山市中级人民法院,平顶山市中级人民法院作出无罪判决。可是在此之前是河南省高级人民法院作出的死刑缓期二年执行的判决,若要改判,也应由河南省高级人民法院以审判监督程序且依第二审程序改判。本案不但实体裁判令人大开眼界,诉讼程序也让人如堕五里雾中。

平顶山市人民检察院没有就李怀亮案件的无罪判决提起抗诉,据说是参考河南省人民检察院的指导意见作出的决定。不过,被害人亲属的上访戏码也许接上线头,还会继续演下去。此前法院作出四个不同的判决,三次开棺验尸,双方家属进行了长达 11 年的上访,当地政府为应付上访花费了几百万元人民币,发现事实真相的机会早已错过,变得像 2001 年被害人手里的矿灯一样,撒手了,熄灭了。

三、大众传媒、舆论的作用与司法的公正性

舆论,又称"公意"。"舆"的意思是"多",舆论乃众人之议。我们常说的"民意"与"舆论"或"公意"一词接近。

司法活动是在多人社会中进行的,人们根据自己的直接或者间接经验,对于司法人员、司法机关和司法活动形成一定的认识,产生相应的意见。当具体案件成为社会瞩目的焦点的时候,许多人的意见表达就会形成舆论。对一些案件引发的舆论,人民法院给予高度重视,当舆论表达的意见是正确的时候,法院会吸取正确的意见,及时改进司法工作,对案件作出公正处理。

在许多社会,舆论扮演着质疑、批判不良司法和难以服众的司法判决的角色,这种角色作用让我们看到了民众的普遍判断力(common sense)具有的价值,可以弥补司法人员"专业判断"的不足。舆论对于司法的积极作用在于,可以产生监督效应,促进司法公正,有利于司法机关发现司法活动存在的问题,改进司法工作,防止司法腐败与司法专横。

司法透明化为形成公允的舆论提供了便利。法院为方便一般民众了解司法活动的过程,增加司法活动的透明度,使民众可以了解到更多的司法资讯。在审判公开原则下,不少民众到庭旁听审判,大众传播媒介有更便利条件报道司法活动,对于法院工作的改良有促进作用,也有助于提高审判的质量和公正性,防止司法不公的倾向。我国晚清杨乃武案得益于《申报》追踪报道,同治十二年(即 1873 年)上海的《申报》在 11 月 18 日这一天刊登了一篇报道,题目为《记禹航某生因奸谋命细情》,这篇报道距案发一个月零七天,当时仅仅当作当代版的西门庆潘金莲案件做猎奇式报道。随着诉讼进程,《申报》就此案进行了长达 3 年的追踪报道,直到 1877 年 5 月 7 日最后一篇关于此案的报道《余杭案犯尸棺解回》,共发表相关报道与评论七十余篇,其立场与最初相比发生了很大变化:

> 其间自京控陈词见报后,《申报》的立场更是逐渐发生转变,同情杨乃武,揭露司法中的黑幕,以至于直接抨击刑讯逼供等残酷的审讯制度。综观《申报》的报道和评论,近代媒体对于一个案件报道的态度和方式可谓演绎得活色生香。可以说,《申报》的报道与评论吸引了公众的兴趣与

参与,并制造了"物议沸腾"的效果,而公众的态度又进一步推动了《申报》对杨乃武案的持久的热情和深入的介入,媒体与公众做到了真正的互动,并推动案情的发展。①

正如有人指出的那样,"杨乃武案得以广泛传播并被证实为冤案,在很大程度上要感谢《申报》充满活力的记者们"②。

司法透明度的增强,对于强化民众对法官的信任大有助益,对于提高法院的威信以及法律的威信也有积极作用,正如贝卡里亚所言:"审判应当公开,犯罪的证据应当公开,以便使或许是社会唯一制约手段的舆论能够约束强力和欲望;这样人们就会说:我们不是奴隶,我们受到保护。"

不过,舆论具有两面性。许多人担心舆论会发生左右司法的作用,有时对司法公正产生负面影响。毕竟,民众不是具体承办案件的法官,他们对于案件事实、证据了解有限,判断上可能因自身的局限性而存在困难和偏差;而且舆论不一定尽与理性相符合。在缺乏必要的资讯保障的情况下形成的舆论有可能是偏颇的,照单全收甚至盲从这样的舆论,会对司法公正产生损害,因此,自我克持不受不当舆论的影响是对法官的一项基本要求。孟子曾言:"左右皆曰可杀,勿听;诸大夫皆曰可杀,勿听;国人皆曰可杀,然后察之;见可杀焉,然后杀之。"也就是说,人人都说这人该杀,裁判者还要"察之"而后再决定杀否,而不是盲从舆论不问情由遽然杀之。司法机关处理案件要遵从司法理性的指引,不能不顾自己的判断而成为舆论的"橡皮图章",这是法治得以维系的条件。

实际上,舆论自身并不能真的左右司法。只要司法机关在舆论面前不左右自己,不迎合失当的舆论,舆论的负面效应就无从产生。司法机关要做到这一点,避免舆论发生"左右司法"的奇效,就要解决好自身的公正问题。只要法院严格遵守法律,对于自己的司法活动充满信心,就能够摆脱舆论漩涡,实现司法机关不随民意摇摆的独立性。

这种建立在司法公正基础上的独立性之所以重要,是因为舆论是民意的载体,民意有时表现出盲目、冲动和反理性的特征,这是由群众心理的特性所决定的。群众行为往往具有两种表现形态,一是感情强烈,二是具有趋同现象。具体表现为:个人在独处时不易产生的情感和不易付诸实践的行为,在

---

① 陆永棣著:《1877 帝国司法的回光返照:晚清冤狱中的杨乃武案》,法律出版社 2006 年版,第 222 页。
② 〔美〕欧中坦:《千方百计上京城:清朝的京控》,载高道蕴等主编:《美国学者论中国法律传统》,中国政法大学出版社 2004 年版,第 534 页。转引自陆永棣著:《1877 帝国司法的回光返照:晚清冤狱中的杨乃武案》,法律出版社 2006 年版,第 215 页。

群众中往往被激发出来和付诸实践；不仅如此，在群众中还存在责任分散的现象，容易形成不负责任和恃众无恐的群体心理；群众的感情也容易流为简单化和极端化，民意的形成有时缺乏深思熟虑，群众容易受到极端主义者的煽动而变得群情鼎沸，失去理性和耐心，群众一旦有了信仰和意见，往往固执己见。对于犯罪，舆论容易趋向严厉甚至过分严厉。还有一个负面特性，就是多数人的意见容易受到重视，少数人的意见容易被漠视，因而弱势群体的利益容易被牺牲。因此，对于舆论（民意）对司法的影响，很多国家表现出慎重和警惕的态度。

司法建立与大众传媒的良性关系，最重要的是恪守法制和实现司法公正。司法机关做到这一点，就能够不被汹涌的舆论所裹挟，也能够在大众传媒中始终保持良好的、健康的司法形象，得到社会的广泛尊崇和积极正面的评价。

正义不仅是政治的伦理基础，也是司法的伦理基础。社会关于什么是正义的意识，与社会伦理道德相一致。正义观念形成于社会、具有广泛社会基础，是社会对一切事务进行道德评价的依据。一般地说，法律和司法都应当符合社会普遍持有的正义观念。司法与这样的伦理道德保持一致性，才能维护和实现社会公平正义的理想并取得民众的信赖。

第七节　谁来调查可能的错案

一个叫王书金的人承认10前杀害石家庄康姓女子的事实并讲出一些"非作案人所不能提供的作案细节"，然而该案发生不久就已经有人（聂树斌）被指控杀害了这个女子并被判决有罪，这起案件因王书金的出现重新引起媒体乃至民众的广泛关注。

许多媒体报道这个案件，认为聂树斌可能是冤枉的。

河北省政法部门立即组织人力对该案进行核查，2005年4月得出结论，王书金的供述虚伪不实，聂树斌案件没错。不过，这一结论并没有对外公开。

无论聂树斌案件是否冤案，这起案件已经陷入舆论漩涡。

虽然官方得出结论，称聂树斌案件并非错案，但舆论明显倒向聂树斌一边；即使有关部门放出风来说聂树斌案件没错，媒体和民众仍然抱有怀疑。早在河北省有关部门组成调查组对案件进行调查之时，就有舆论认为应当由河北省以外的机关组成调查组，不少人对河北省政法部门组成调查组抱有明显的疑虑。

聂树斌被怀疑犯罪基于若干不利于他的推测：案发后几天没有上班，还有人看见他到抛尸的井边观望。人们对他的怀疑有一定的"合理性"。在这种情况下,办案人员如何取得口供,外人难以了解内情。聂树斌的母亲张焕枝曾说:1994年10月律师张景和曾问聂树斌:"你第一次为什么没有承认,后来才承认(强奸杀人)?"聂树斌的回答简单明了:"被打了。"当时一名办案民警焦辉广在《石家庄日报》发表有关本案的报道《青纱帐迷案》,文中写道:"他(聂树斌)只承认调戏过妇女,拒不交代其他问题。干警们巧妙运用攻心战术和证据,经过一个星期的突审,这个凶残的犯罪分子终于在9月29日供述了拦路强奸杀人的罪行。"这清楚说明聂树斌本来不认罪,是在"干警们巧妙运用攻心战术"和"突审"之下被迫承认犯罪的。所谓"干警们巧妙运用攻心战术""突审"究竟何指,语焉不详。许多情况下,那都是"刑讯"的委婉说法。到如今记者追问警方的突审究竟用了什么攻心战术,焦辉广以"虽然知道很多细节,但不能接受采访"相搪塞,其中隐情,更加令人生疑。据媒体报道,在山东省高级人民法院就此案复查期间,张景和提供证言:他的观察是,聂树斌智力正常,未见身上有伤,聂树斌也未向他提及受到刑讯逼供情况。不过,有两名自称当年与聂树斌关押在一起的男子称聂树斌向他们提到曾受刑讯逼供,但是法院复查认定这两个人未曾与聂树斌关押在同一监室,所言未必可靠。无论如何,近年来报章披露的不少冤错案件,无不借助刑讯逼供而铸就。那些错案都是因为发现了真正的罪犯才被发现,聂树斌案件被许多人认为也是如此。

另外,最高人民法院曾将部分案件的死刑核准权下放,使第二审与死刑核准程序合二为一,成为几乎所有高级人民法院的习惯做法,这使作为防错机制的死刑核准制度无法发挥作用,人们对由此得出的死刑裁决的正确抱有怀疑,不能说是没有合理性的。

复查此案的,是河北省委政法委组织的调查组,这个调查组的中立性不能不受到质疑。8年后,最高人民法院指定山东省高级人民法院进行复查。山东省高级人民法院复查中举行听证会,分别听取聂树斌申诉代理律师陈光武对聂树斌案件提出的质疑和河北政法机关作出的解释,听证会后聂树斌案件的复查结论仍然难以娩出。复查一年半以后,山东省高级人民法院经过四次向最高人民法院申请延期,终于得出复查结论:原审判决缺少能锁定聂树斌作案的客观证据,在作案时间、作案工具、被害人死因等方面存在重大疑问,不能排除他人作案的可能性。最高人民法院作出决定:原审判决据以定罪量刑的证据不确实、不充分,依照审判监督程序重新审判,并决定提审此案。

长达8年,聂树斌案件像是石碑压着的巅顶一样,纹丝不动,直到最高人民法院指定异地法院复查此案,才获得了柳暗花明的机会。异地审核的效果明显,山东省高级人民法院得出不同于河北省高级人民法院的复查结论,审判监督程序得到启动的机会。

美国学者埃德文·波查德早在1932年就曾提出建议,对于既已发生的可能的误判案件,应该指派独立的调查机构进行复核。聂树斌案件最终由最高人民法院第二巡回法庭以证据不足为由再审改判无罪,给司法带来的启示是:对于可能的错案,应当异地复查。

这应该成为对有争议且可能存在误判的案件进行复查的一般规则。

第八节 案件的时间黑洞

在2005年,王书金讲出的"故事"令公众震惊,更让办案人员不安——那起让聂树斌付出生命代价的强奸杀害康某的案件,要真是王书金做的,聂树斌就死得太冤枉了。要不是王书金做的,他"态度坚决"地将这个罪行揽到自己头上,动机令人生疑。难道真的是出于一种奸狡?倘若真的如此,很显然,他已经成功达到让自己在这个世上苟活几年的预定目标。

以公众对这起案件粗浅的了解,不容易搞清楚状况,难以判断聂树斌是否真的冤枉。

但是,既然王书金揽罪到自己头上,康某被强奸杀害的案件便有了一次被司法机关乃至社会严格检视的机会。

自从王书金承认聂树斌被定罪的那起案件是他所为,震动了河北政法系统,河北政法委宣布展开复查,并允诺在1个月内给社会一个交代。后来证明,这1个月成为司法史上最长的1个月——几年过去了,复查结果一直没有正式公布。法院更将王书金案件不明不白地冷藏起来,这个案件仿佛进入时间的黑洞,真相一度被吞噬,成了没有时间刻度的谜团。

要启动审判监督程序,需要以法院或者检察院确认案件生效裁判"确有错误"为前提。法院和检察院若不能得出案件生效裁判"确有错误"的结论,再审就是一扇无法打开的门。

从我国行之有年的刑事司法证明标准看,要确定一个人有罪,应当以查证属实的证据排除其他可能性,特别是别人作案的可能性。聂树斌案件定谳,当初经手此案的公安司法机关显然认为达到了"犯罪事实清楚,证据确实充分"的证明标准,现在这个结论遭受挑战,王书金的认罪"凭空"产生了聂树斌强奸杀人以外的另一种可能性。于是,聂树斌案件的既有结论遭遇危机,它如何才能屹立不倒?

是不是只有确定了王书金所供是实,才能还聂树斌一个无罪判决?

如果是这样,只要王书金的认罪不能被肯定或否定,聂树斌案件就没有翻盘的机会。但是,这样一种认识并不符合定罪标准的真谛。

王书金的认罪使得聂树斌案件达到了定罪标准的结论已经产生了罅隙,弥补这一罅隙就必须排除王书金认罪的真实性,也就是说,必须经过查证确定王书金的有罪供述是虚假的,才能维持聂树斌案件的定罪判决。如果王书金的有罪供述处于不能证实、也不能证伪的悬疑状态,虽然不能给王书金定罪,却昭示了聂树斌案件达到了定罪标准的结论不能成立,聂树斌案件也就成了既不能证实、也不能证伪的悬疑案件,按照疑罪从无原则,聂树斌案件就应当改判无罪。

否定王书金所供是实,重要性就在于此。

人们还可以换一个角度进行思考:如果聂树斌案件定罪证据确实而充分,排除别人作案的可能性,否定王书金的有罪供述还会难吗?王书金的认罪在石家庄司法系统投下震撼弹,多年还不能否定这一认罪的真实可能性,难道不反映出聂树斌案件定罪证据不够确实而充分?

遇到王书金这一类挑战,原有的证明聂树斌有罪的证据体系发生动摇,并不奇怪。问题往往出在原有口供的真实性具有不确定性上。我国《刑事诉讼法》虽然规定严禁暴力、威胁、引诱和欺骗等非法方法取供(2012年《刑事诉讼法》再修改过程中曾经一度试图删除"威胁""引诱"和"欺骗"),并没有将任意性作为自白可采性的标准,非出于自由意志的自白,甚至是暴力获得的口供都曾经具有证据能力,使得非法取供行为长期盛行,一旦回过头来检视原有的证据,会发现由于口供缺乏任意性,其虚假可能性不能排除;与其他证据相互印证,又不能排除认为那只是刻意炮制的表面印证,对于这个证据体系的信心也就动摇了。聂树斌案件就存在这样一种困局。

事实情况是,王书金有罪供述虽然没有被确定是真实的,但其真实的可能性并没有得到否定。实际上,要改判聂树斌无罪,根本不需要确证王书金有罪,只要存在聂树斌、王书金都有强奸杀害康某的可能性,但不能确证究竟是他们二人哪一个真的杀害了康某,就不能给两人中的任何一个定罪。原来定了罪的,也应当纠正过来。审视本案,对于不能排除王书金有罪供述真实性的状况,应当将利益归于聂树斌。

人们意识到,王书金的有罪供述具有相当的合理性。有媒体报道,广平县公安局有关人士曾披露,王书金的有罪供述的细节与案件实际情况高度一致,尤其是,王书金供述里包含有作案人、办案人员以外的第三人不可能知道的案件细节。如果这一说法属实,要做出一个明确的判断就不那么难了。因为要否定王书金是真凶,就必须查清他何以了解案件鲜为人知的细节——这种对于细节的掌握,若非真凶莫属,王书金不是真凶也必有从真凶那里获得信息的渠道和机会。

当然,王书金将他人的死罪揽到自己头上,不是绝无可能。从动机上说,自知必死无疑的罪犯,给自己多添几样罪行,可以让公安司法机关手忙脚乱地查证一番,无论查得清与查不清,都可延长自己在阳间的寿数。不过,王书金是否真的有此狡智,需要有一定的依据才能作出判断。王书金自己陈述的动机似乎更加可信,他期望主动坦白这个案子来换取宽大处理。他说:"我是一个罪孽深重的人,不在乎是否多一起案子或者少一起案子,而是不愿意看到因为我的原因而使他人替我承担严酷的刑罚……我希望上级法院对(我坦白)这个案子能够按照重大立功认定,更希望给我一次重新做人的机会。"在他的心目中,主动坦白这起案件,可以帮助纠正一起错案,若能认定是"立功",就可以得到"重新做人的机会";想必他也自知,如果他的"主动坦白"是虚假的,他当然得不到这样的机会,如此看来,他的有罪供述是不是更有可能是真的?

行文至此,笔者忍不住要说,仅凭媒体披露的一些薄弱的信息,笔者并非夏洛克·福尔摩斯,自然不能肯定王书金所供是实,聂树斌一定是冤枉的。但是,案件搞到这个地步,可以看出起码认定聂树斌有罪的证据体系并不坚牢。

王书金案件因牵涉聂树斌一案而拖了下来,严重超过了法律规定的审理期限。王书金的辩护人朱爱民律师多次与主审法官联系,法官没有任何解释,"只是含蓄地表示,此案不是合议庭能够决定判决结果的"。辩护人要与在押的王书金会见反复受阻,仿佛卡夫卡的小说《城堡》的情节。

令人疑惑的是:聂树斌的亲属向河北省高级人民法院提起再审申诉,居然因其不能提供当年聂树斌的原审判决书而被驳回,法院驳回申诉的理由简单而武断。河北省高级人民法院自己就有原审判决书,还向申诉人要啥?当聂树斌的亲属及其支持者向河北省高级人民法院讨要判决书,该院一位副院长粗暴回答:"研究决定,判决书现在不给!"申诉必须要原审判决书,本来就是法院自我授权的、用以限制申诉的卡脖子规定,毫无程序正当性可言。

对于司法案件,保持一种理性的怀疑是必要的。法官、检察官和警察明白这个道理,在行使法律授予的权力时保持一份谦卑,也是必要的。对于他们来说,面对可能发生了错误的案件,拂去时间的尘埃,让事实真相的脸露出来;如果做不到使案件真实的面孔浮现,那么将有助于廓清社会疑虑的信息公开,不但是一种公正意识,而且是不可推卸的司法责任。

但是，为什么看不到有权之士勇于尽到自己的职责，看不到对于社会质疑的负责任的回应？为什么聂树斌案件以及连带的王书金案件仿佛进入时间的黑洞？

聂树斌案件是否冤案，处于五里雾中，人们望穿秋水，法院无法认定王书金是真凶，也无法确定聂树斌是无辜的。直到2014年12月12日，最高人民法院指令山东省高级人民法院复查聂树斌案，该案才真正有了转机。2016年12月2日，最高人民法院第二巡回法庭对原审被告人聂树斌再审案公开宣判，宣告撤销原审判决，改判聂树斌无罪。等到这样一个结果，时间就像兰州拉面，抻得实在够长。

第十章　错案与一事不再理

追求案件实质真实,并不意味着将事实真相作为唯一的价值目标。事实上,无论刑事程序法还是证据法都有着多元的价值追求。对于无辜者被错判有罪或者轻罪重判的冤错案件来说,获得再审改判的渠道应当始终畅通,如蔡墩铭先生所言:"对于已经确定判决之案件,本不应再予以动摇,乃基于法律安定性之要求。唯遇已确定之判决,在法律上或事实上具有明显之瑕疵,倘仍固执其确定力,不加以改变,必违反正义。"①至于其他案件,需要考虑判决的稳定性,是否都要加以纠正,不可一概而论。

第一节　一事不再理与禁止双重危险

保持判决的稳定性,是法律多元价值追求的一种表现,体现为一事不再理(ne bis in idem)原则或者禁止双重危险(double jeopardy)原则之上。

判决生效后产生既判力,即一事不再理(ne bis in idem)的效力,它要求:对于同一罪行,法院不得多次作出处罚;控诉方也不得对同一案件(无论作出有罪判决还是无罪判决)再次起诉,即使提出起诉,法院也不得受理。另外,一事不再理的既判力原则还禁止对同一行为按几种不同的条款起诉。这就要求对于诉讼程序的自治性保持足够的尊重,防止在纠正已生效判决方面产生随意性。使审判者始终处于被审判的状态,任何机关的决定都可能受到来自上级机关的追究或来自下级机关的反追究。这种追究和反追究可能带来严重的后果。因此,法院作出的判决产生"作茧自缚"的效应,这是稳定业已发生紊乱的社会关系所必需的。

在刑事诉讼中,生效判决的既判力根据保障被告人权利的需要而得到强化,它从保障被判决人权利的角度称为"禁止双重危险"原则②,即:任何人已受一次审判后,不得就同一罪名再予审判或者惩罚;亦即:"被告人已经承受了一次危险和负担,因此不能再次承受危险和负担,此即双重危险说。这里

---

① 蔡墩铭著:《刑事诉讼法论》,五南图书公司2002年版,第607页。
② 大陆法国家实行一事不再理原则,英美法实行禁止双重危险原则,二者都来源于罗马法。参见〔日〕田口守一著:《刑事诉讼法》,刘迪等译,法律出版社2000年版,第303页。

所说的'危险',是遭受有罪判决的危险;'负担'是指接受审判的负担。这是从被告人的角度理解一事不再理效力。"① 该原则得到联合国《公民权利和政治权利国际公约》的确认,第 14 条规定:任何人已依一国的法律及刑事程序被最后定罪或宣告无罪者,不得就同一罪名再予审判或惩罚。这一原则旨在维护判决的权威性和法律的严肃性,也有利于稳定业已引起纷争的社会关系,有利于避免使当事人和法院陷入讼累和司法资源的浪费,其根本意义还在于通过使法院对生效判决保持克制,保障被刑事追诉人的权利,审判制度毕竟应当尊重自己本身的法庭判决,不管罪行性质而使一个人受到无休止的追诉是不合适的。

绝对禁止再审不是明智的做法,因为它会造成被判决有罪或者重刑的受冤枉者失去司法救济的渠道。因此,对于审判已经确定是无罪的行为禁止重新处罚,同时为了被告人的利益可以提起再审,再审可以改判无罪或者较轻的罪名或者较轻的刑罚。实际上,为了纠正对被告人不利的判决而提起再审,只要不加重被告人的罪名或者刑罚,即使最终维持原判,也应认为与禁止双重危险原则包含的保障被判决者的权利是一致而不相冲突的。做有利于被判决人的再审,是一项总的要求,引起再审的具体情形应当包括:(1) 原判决所依据的实物证据是伪造或者变造的;(2) 原判决所依据的言词证据是虚假的;(3) 发现被判决人无罪或者罪轻的新证据;(5) 程序违法导致诉讼行为或者证据无效的(这里需要进一步研究的,是程序严重违法本身是否足以构成再审理由而不问是否可能导致被判决人改判无罪或者罪重);(6) 参与侦查、起诉或者审判的警察、检察官或者法官在办案中有违法犯罪行为可能导致冤错案件的。需警惕者,强调"一事不再理"原则重在禁止"双重危险",不可以保持判决稳定为借口拒绝对可能发生误判的案件进行审查和纠正。如果在一事不再理的口号下,法律对再审的条件不明确规定或者司法人员上下其手,再审的路障设置过多,路窄路况差,冤错案件的老牛破车就不能顺顺当当走上改判的路径,这是令人担忧的景象。

一事不再理或者"禁止双重危险"与纠正冤错案件的制度安排一样,是对被判决人的利益性规定。美国学者指出:任何人不得因为同一犯罪而两次受到生命或身体上的危险,"这种担保包括三个宪法保障:'它保证对同一罪行宣告无罪后不得再次起诉;保证对同一罪行在判罪以后不得再次起诉;保证

---

① 〔日〕田口守一著:《刑事诉讼法》,刘迪等译,法律出版社 2000 年版,第 303 页。

对同一罪行不得多次处罚。'①"②另外,对于允许控诉方对第一审未生效判决上诉的做法,应基于将"一次危险"视为同一案件由第一审到上诉审直到作出生效判决的全过程而肯定其与禁止双重危险的和谐性。日本最高法院曾经就检察官不服下级审法院的无罪判决或者有罪判决向上级法院要求判处有罪或者较重的刑罚的案件作出判决,认为这一行为并不违反"禁止双重危险"原则,"禁止双重危险"中的"危险是指在同一案件中,从诉讼程序的开始直到终了把它看作一个继续过程为适当。如果这样第一审的程序、上诉审的程序或上告审的程序,在同一案件中,只不过是作为继续的一个危险的各部分",因此,上诉审法院在检察官的请求下进行裁判"不是使被告人遭受两次危险,因而也不违反本条重复追究刑事上的责任"③。在美国,如果以有罪裁决终审,可以对被告人进行再审,在再审中,法官不得再施加比初审更重的处罚。"在任何案件中,对于已作出的判决的任何部分,都必须给被告人以信任。"④如果一个起诉因证据不足而被驳回(相当于宣告无罪),是不能再审的。⑤ 如果陪审团对裁决的意见不一致而成为"悬案陪审团",或者因无法确定被告人是否有罪请求陪审团终止审判程序的情况下,包括法官为了避免破坏"公正裁决的结果"而宣布判决无效,可以对被告人重新审判。⑥

当一个行为同时违反几项法律规定时,禁止对同一行为按几种不同的条款起诉,但在起诉次要罪行后该罪行被排除了,还可以对重要罪行起诉,反之亦然。不过,对一个人所犯罪行和对其预谋的犯罪行为进行审判并不违反禁止双重危险原则。此外,该原则也允许对同一罪行既进行民事诉讼也进行刑事诉讼。在美国,禁止双重危险的宪法条款只是禁止同一级政府对同一罪行再度处理,不禁止联邦政府和州政府同时处理同一违法行为,即使被告人被初审法院宣判无罪,也是如此;但在多数情况下,联邦政府禁止对同一行为多次起诉。⑦

---

① 原注:"布理得诉琼斯"(1975 年),载《美国判例汇编》(第 421 卷),第 519 页。
② 〔美〕卡尔威因、帕尔德森著:《美国宪法释义》,徐卫东、吴新平译,华夏出版社 1989 年版,第 221 页。
③ 最判昭和二五、九、二七刑集第 4 卷 9 号 1805 页。转引自〔日〕宫泽俊义著:《日本国宪法精义》,董璠舆译,中国民主法制出版社 1990 年版,第 287 页。
④ 〔美〕卡尔威因、帕尔德森著:《美国宪法释义》,徐卫东、吴新平译,华夏出版社 1989 年版,第 221 页。
⑤ "伯克斯诉合众国"(1978 年),《美国判例汇编》(律师版第二套第 421 卷),第 1 页。
⑥ 〔美〕卡尔威因、帕尔德森著:《美国宪法释义》,徐卫东、吴新平译,华夏出版社 1989 年版,第 222 页。
⑦ 同上书,第 224 页。

第二节　我国刑事司法中的"有错必纠"

分辨清浊,判明是非,是中国社会自古以来对于刑事司法的普遍期待,在我国刑事法学和司法领域中本属天经地义,然则追求实质真实(客观真实)和公正裁判方面是否应当有所节制,却不能不细加考量。

我国刑事诉讼奉行"实事求是,有错必纠"方针,并在《刑事诉讼法》规定了对已生效裁判重新审判的条件,即"在认定事实和适用法律上确有错误"。按照这一规定,审判监督程序不仅可以基于有利于被判决人也可以基于不利于被判决人而提起,后者将使被判决人面临"双重危险"。我国《刑事诉讼法》没有确立禁止双重危险的原则,法院对生效判决保持着能动性,没有强调克制。有学者指出:"现行审判制度规定了两审终审,颇有一事不再理的意味。但是审判监督程序的规定表明,我国的判决仍然缺乏既判力和自缚性,审判权之间的相克关系仍然很薄弱。"① 这种做法既损害法律和判决的严肃性,也不利于为被告人(被定罪、判刑人)提供切实的权利保障。不仅如此,在实践中还存在滥用这一条款的现象,包括:将已经判处长期徒刑、交付执行并在监狱改造中已有悔改表现的犯罪人,因形势需要重新审判改判死刑;对于只有辩护方上诉的案件,上级法院欲加重被告人的罪名或者刑罚,但因囿于"上诉不加刑"原则而无法实现,遂维持原判,待判决生效后依据审判监督程序加以改判重罪或重刑,从而规避"上诉不加刑"原则。

我国当前实行的法律监督程序,需要合理节制。所谓"合理节制"表现为对于确有错误的生效裁判要加以纠正的意愿应当与联合国确立的禁止"双重危险"(double jeopardy)②的刑事司法标准统一起来,改革目标应当是在《刑事诉讼法》中确立禁止不利再审的原则,只允许对判决生效后发现有利于被判有罪之人的事实、证据或者发现原判决存在误认事实、证据和错用法律而需要改判无罪、轻罪或者轻刑的依再审程序进行审判(但通过再审发现原判事实清楚、证据确实、充分而且定罪、量刑适当的,可以维持原判)。禁止不利再审的原则,为禁止不利益变更原则(Verbot der refnrmatio in pejus)下的具体原则。禁止不利益变更原则指上诉审法院或者再审法院在审理只有辩护方一方上诉的上诉或者再审案件中,不得判处比原审法院判处的刑罚更重的

---

① 季卫东:《程序的意义》,载季卫东著:《法治秩序的建构》,中国政法大学出版社1999版,第61—62页。
② 《公民权利和政治权利国际公约》第14条第7项规定:任何人已依一国的法律及刑事程序被最后定罪或宣告无罪者,不得就同一罪名再予审判或惩罚。我国现行的审判监督程序的设定与之相悖。

刑罚的原则,该原则对于上诉审和再审程序均适用。这一原则的目的在于保护被告人的权益。日本学者认为,禁止双重危险原则要求的不得重复追究刑事上的责任,是对同一行为禁止再次处罚的意思,因此,在再审中将有罪判决改为无罪判决,不属于重复追究刑事上的责任;改变有罪判决处以较轻的刑罚,"可以被认为是部分无罪",同样不违反不得重复追究刑事上的责任的要求。①

我国《刑事诉讼法》应当依照联合国刑事司法准则作出规定,确立禁止不利再审规则,原则上不能对已判处一定刑罚或者判决无罪的被告人再次审判加重其刑罚或者改判有罪。对于判决生效后发现有利于被判决人的事实或证据需要改判轻刑或者宣告无罪的,才允许提起审判监督程序加以改判。对于判决生效后发现不利于被判决人的事实或证据需要改判重刑或者宣告有罪的,除非原判决是因被判决人的贿赂法官、威胁或者贿买证人等行为造成的以及特别严重的犯罪被判决无罪(此种情形可参考英国2003年《刑事审判法》第75条之新规定加以借鉴)以外,不允许以审判监督程序加以改判。

如此,冤错案件仍得以再审渠道获得改正;其他案件,保持判决的适度稳定性的价值可得保全,可谓两全之策。

---

① 〔日〕宫泽俊义著:《日本国宪法精义》,董璠舆译,中国民主法制出版社1990年版,第287页。

第十一章 错案责任

一旦发现冤错案件,便须查找原因。原因非止一端,涉及人,有时便须追责。冤错案件的责任既有个人责任,也有国家责任。如果应该承担责任的人不承担责任,冤案过后一切云淡风轻,无关痛痒,则被害者个人蒙受损失,或者社会大众为冤案买单,对于司法者便无所警诫,亦无法唤醒其责任心,冤错案件的隐患便无法消除。

不过,错案责任追究制度需要科学设置,不能虚化责任,也不能泛化责任。当前错案责任追究存在四个方面的障碍,需要认真检讨并加以克服。

第一节 错案责任的泛化及其弊端

冤错案件有因司法者的因素而起者,一旦确认其因果联系,便须究问其责。然则如何追责,不能不有所考究。但凡存在错案,不分青红皂白,一概穷治不休,未必有益。因此,何种情形应当追责,何种情形不可轻言追责,皆应有缜密设计,不可不顾投鼠忌器的道理。

从错案责任的分布看,错案责任存在泛化现象。责任的泛化,是错案责任的第一大"魔咒",指的是后续的程序确认错案或者作出停止追诉的处理以后,回溯性追究前一程序承办案件人员的责任,不论其是否在办理该案时有故意违法行为或者是否存在过错,例如只要犯罪嫌疑人经批准逮捕后检察机关作出不起诉决定,就要追究批捕案件承办人的责任。再有,案件经人民检察院起诉后法院判决无罪,人民检察院就要追究起诉案件承办人员的责任;同样,一审法院判决有罪而二审法院改判无罪,就要追究一审案件承办人的责任。这种回溯性责任追究,存在责任的泛化,即不分青红皂白,只要案件错了或者后一程序撤案、不起诉、判决无罪就反过来追究前面程序中办案人员的责任。殊不知案件搞错了,司法人员是否有责任,要不要追责,不能一概而论。若非故意为之或有明显疏失,仅属于认识上的问题,便不应向司法人员追责,否则容易造成司法人员人人自危的局面,不利于司法独立人格的养成。

一、追究个人错案责任的两个前提

对司法责任规定过于繁密和严厉,目的是保障法律公正实施,但不能不注意者,司法人员枉法之心受到抑制的同时,独立公正办理案件的勇气也会受挫。对司法者办案责任的追究应当注重适当性,应根据其行为的性质和危害程度在确有必要的范围内加以规定,不能一遇错案便急于向相关司法者归责,有无责任,应当视具体情况加以判断。

追究司法者责任,应当限于故意为之和显有疏失两种情况,例如法官应当尽到注意责任而没有尽到注意责任(如控方或者辩方提出对某一证据进行调查而拒不调查等)或者刚愎自用造成错误裁判并造成实际损害的,在一些国家可要求其承担民事责任,必要时还可以追究其行政责任。不过,属于认识领域的问题,不可因判断有异而加以惩罚,其道理在于,对于认识、判断上的问题加以追责,是对人类理性固有缺陷追责,对于司法人员来说显然不公平。人的理性存在天然缺陷,认识、判断上的错误在所难免。在司法活动中,即使最审慎、最认真的司法人员也可能由于主客观因素而出现认识、判断错误,要想使司法人员绝对不出现错误,只好由上帝、天使来充任司法人员。

我国古代已经认识到要追究司法官的责任不可泛化,因而追究裁判者的责任,主要限于显有疏失和故意不法的情形。

陈顾远先生指出:

> 李悝《法经》与汉《九章》,皆于《囚法》中规定听讼与断囚之事;曹魏于《囚法》外,创立断狱之目,后世未改;惟北齐合于《捕律》,元则杂列于职制中而已!其中关于听讼之方法,断狱之程序皆有详密记载;其不属于律而为敕格条例所及者更多有之。然其主旨所在,不外用以明法官之责任,而达慎重刑狱之目的。①

陈顾远先生特别指出我国古代诉讼法上一大特色,是追究法官的过失责任,法官断狱,失出入者皆负相当之责,此实中国诉讼史上一大特色,其他应负之责亦极繁多,俾执法者仍有法之须遵守也。② 他还指出:"失出入以外之责,最著者莫若诉讼之时期一事,历代各有规定,俾无罪者免久系不决之苦。"③

台湾地区学者林咏荣先生曾言:"书曰:'与其杀不辜,宁失不经',足见往

---

① 陈顾远著:《中国法制史》,中国书店1988年版,第245页。
② 同上。
③ 同上。

古关于出入人罪已寄予充分之注意。"①《尚书·吕刑》规定了五种需要惩罚的弄法行为,称"五过之疵"②。徐朝阳先生指出:"秦汉而后,对于法官责任,规定綦严,探讨论列,累幅不能尽。"③按照古代法典的规定,需要由刑罚加以惩罚的行为主要有:受理匿名投告;受理被囚禁者举告他事;受理对于赦前事的控告;受理没有明注年月、指称实事的控告;告状不受理;应回避而不回避;接受贿赂;淹禁不决;拷讯过度;拷讯幼;拷决孕妇;决罚不如法;断罪应具引律令而不具引;怀挟私仇,故勘平人;状外别求他罪;审理完毕后不放回原告;应该移交管辖而不移交或者不接受移交;应当言上、待报而不言上、待报;出入人罪;断罪不当;死刑案件不待覆奏回报而予以处决。

古代追究司法官的错案责任,分故意与过失两种情况,无主观故意亦无过失者,不应追究责任;加上错案又分出罪与入罪,于是追究司法者的责任分为故出人罪、故入人罪、失出人罪、失入人罪四种应当追究责任的情形。观察一些朝代,常见裁判者对于故意或者过失行为承担责任之情况:

秦时追究法官包庇隐匿罪犯的责任、阿法④的责任、失刑⑤的责任。对于处理案件不公正的处罚是遣送去修长城。⑥ 由于修长城这种苦役死者甚众,秦对于治狱不直者的处罚不可谓为不重。汉时追究法官拒绝执行逮捕的责任、故纵人犯的责任、"故不直"的责任、贪赃枉法的责任。⑦ 在汉朝,以出罪为"故纵"(故意放纵罪犯),入罪为故不直(故意制造不公),触犯这两个罪名者,往往免官,不过,更多的是弃市,"其鞫狱不实者,罪亦至死"⑧。到了两晋,"失赎罪囚,罚金四两,是晋律亦有失出失入之条。是魏亦然"⑨。隋朝要求法官依律令断罪,要求法官断狱必须"具写律文""定其罪名",追究"不依律令"断罪者的责任;另外,对故出人罪者处以重刑,并严禁收受贿赂。⑩

---

① 林咏荣著:《中国法制史》,作者1976年自著并发行,第209—210页。
② 按照《吕刑》的规定:"五过之疵,惟官惟反惟内惟货惟来,其罪惟均。"其中的"官"为"曾同官位","反"为"诈反囚辞","内"为"内亲用事","货"为"行货枉法","来"为"旧相往来"。如果因存在上述关系而作出枉法裁判,则应处以与犯罪者同样的刑罚。
③ 徐朝阳著:《中国诉讼法溯源》,商务印书馆1933年版,第84页。
④ 曲法、枉法也,包括"不直"和"纵囚"。参见巩富文著:《中国古代法官责任制度研究》,西北大学出版社2002年版,第4页。
⑤ 量刑不当。参见巩富文著:《中国古代法官责任制度研究》,西北大学出版社2002年版,第4页。
⑥ 陈顾远谓:"见《史记·始皇本纪》,是《秦律》有治狱不直之条。"陈顾远著:《中国法制史》,中国书店1988年版,第246页。
⑦ 巩富文著:《中国古代法官责任制度研究》,西北大学出版社2002年版,第4—5页。
⑧ 陈顾远谓:"详见《汉书》各志。"参见陈顾远著:《中国法制史》,中国书店1988年版,第246页。
⑨ 同上。
⑩ 巩富文著:《中国古代法官责任制度研究》,西北大学出版社2002年版,第5—6页。

对于司法责任,若论律文中加以规定从而为后世所能详知者,首推《唐律》。① 《唐律》规定:凡断狱皆须具引律令格式②,违者笞三十;若数事共条时,止引所犯之罪者听;若律无正条,则按罪情之轻重,用举重明轻举轻明重之例,以为应出罪应入罪之标准。此其一。故意出入人罪者,若出入全罪时,则以全罪论,由轻入重时则以所剩论;……过失出入人罪者,失于入各减三等,失于出各减五等。若未决放,及放而还获,若因自死,各听减一等;代理审判误断者,推事通状失情,各又减二等。此其二。诸鞫狱者,皆须依所告状鞫之,若于本状之外,别求他罪者,以故入人罪论。此其三。诸断罪应决配之而听收赎,各依本罪减故失一等;应绞而斩,应斩而绞,徒一年,自尽亦如之,失者减二等。此其四。诸狱结竟,徒以上各囚及其家属,其告以罪名,仍取囚之服辩,若不服者,听其自理,更为审详;违者笞五十,死罪杖一百。此其五。③

及至宋朝,法律具体列举各种违法检验的情形,要求法官必须亲自审理案件、法官违法刑讯将被处刑、出入人罪须加以处罚。④ 宋时法尚宽仁,对于失入人罪的责任较为重视,对于失出人罪的责任就没那么严重了。大宋对于裁判者的司法责任,"不一其例,终宋之世,法官因入人之罪,或除名或罚金,或坐此不许迁官,尚无定制。"宋朝"太祖时,金州防御使仇超等坐故入死罪,除名,流海岛;太宗时,诏凡断狱失入,死刑者不得以官减赎,检法官判官皆削一任,但检法官仍得赎铜十斤,长吏停任;仁宗时,凡集断急按,法官与议者并书姓名,议刑有失,则皆坐之;且对于尝失入人罪者,不得迁官,有举之者罚以金;哲宗时,更罢法官失出入之罪;皆其例也"⑤。

按明清律,失出入之责任与唐律规定大同小异,所谓"清承明律,而明律则多仍唐旧"。例如明孝宗时,更令审录错误者,以失出失入论;其受贿及任己见者,以故出入人罪论。此外,明清律所增法官之责任,而与失出入,故出入有关者仍不少:有关于辨明冤枉之责任者,凡监察御史、按察司、辩明冤枉,须要开具所枉事迹封奏闻,委官追问;得实被诬之人,依律改正,坐原告、原问官吏。有属于故禁故勘之责任者,凡官吏怀挟私仇,故禁平人者杖八十,因而致死者绞;故勘平人者,杖八十,折伤以上,依凡斗伤论,因而致死者斩。有属于典吏代写招草之责任者,凡诸衙门鞫问刑名等项,若吏典人等为人改写及代写招草增减情节,致罪有出入者,以故出入人罪论等等皆是。林咏荣先生

---

① 陈顾远著:《中国法制史》,中国书店1988年版,第246页。
② 《唐律》规定:处罚以正文规定为准据;审判以原状所告为限(盖恐节外生枝,徒滋纷扰也);量刑以轻重得宜为依归;重罪以取得服辩为必要;凡断狱皆须具引律令格式等。
③ 同上。
④ 巩富文著:《中国古代法官责任制度研究》,西北大学出版社2002年版,第4—5页。
⑤ 陈顾远著:《中国法制史》,中国书店1988年版,第247页。

指出:"就此数端观之,明清律大抵皆就唐律及疏议之文意,加以增益与润泽,较之唐律可谓更为周密。"①

二、司法责任泛化不利于司法独立人格的养成

对于故意违法裁判的行为,应当追究法官的责任;对于过失造成误判的行为,应当根据具体情况区别对待。法官误认事实、错误采证或错误排除证据以及错误适用法律,一般情况下应当赋予法官以司法豁免权,如果法官确系根据自己的判断并确信这种判断为正确时作出裁判,即使案件在上诉审、再审改判或者发回重审,也不应追究法官责任。

另外,对于法官在法律允许的范围内行使自由裁量权的行为,不应追究其责任。审判活动是法律规范的活动,严格依照法律规范进行有关诉讼行为,是法制原则的基本要求。法律对法官行为加以严格约束的同时往往赋予法官一定的自由裁量权,目的是为其自主决定、自主行为预留一定的空间。允许由执行某一权力的个人根据自己认为什么是好的进行相应的作为或者不作为。法制并不能排除一切人的因素,因此,法律必然给实施法律的人留有一种有限的自主空间。②

自由裁量权意味着把法官的决定置于不可追究的地位。只要法官的自由裁量是"在法律允许的范围内"进行的,这种裁量就获得了不受追究的权利。这里强调"法律允许的范围内",原因在于自由裁量并不是天马行空式的任意裁量,而是由法律对裁量权的适用范围加以限制,如果自由裁量逾越了法律的限制,即在法律授权以外进行裁量,就是滥用裁量权,不但达不到法律确立自由裁量权的预期目的,反而会破坏法制和损害个人合法权益,这就要承担一定的责任。

司法责任泛化会造成司法上独立人格受到损害,加剧责任感,造成担当意识的削弱。因此,设定追究案件处理者的责任制度,一方面要实现惩前毖后的功能,另一方面,也要考虑切实避免将办案责任制变成伤及司法人格独立的手段——道理很简单:如果裁判者在办理案件时跋前疐后、动辄得咎,遇有应当根据法律和事实有所担当的场合就会畏葸不前。

国际社会确立了一系列标准,原则上要求司法人员履行法定职责的行为不受法律追究,要因其所作判决而追究法官责任必须根据法律明确规定的理由和程序。《关于司法机关独立的基本原则》《司法独立世界宣言》等国际社

---

① 林咏荣著:《中国法制史》,作者 1976 年自著并发行,第 210 页。
② 〔美〕密尔顿·弗里德曼:《弗里德曼文萃》,高榕、范恒山译,北京经济学院出版社 1991 年版,第 558 页。

会制定公布的原则、宣言对于法官的豁免权、惩戒的理由和程序作出了具体规定,旨在维护司法的独立性,包括司法人员的独立人格不被人为泛化的责任制度所戕害。

对法官的纪律处分、停职和撤职,应当遵循特定的原则和程序。根据《关于司法机关独立的基本原则》和《司法独立世界宣言》确定的标准:对法官提出的指控或控诉应按照适当的程序迅速而公平处理。法官应有权利获得申诉机会。在最初阶段进行的调查应当保密,除非法官要求不予保密。一切纪律处分、停职或撤职程序均应根据业已确立的司法人员行为标准予以实行。除非法官因不称职或行为不端使其不适于继续任职,否则不得予以停职或撤职。关于司法免职或惩戒的诉讼,应被提交到法院或主要由司法部门的成员组成的委员会;免职权可以根据回避的需要被移交给立法部门或联合行使,但最好根据这种法院或委员会所提出的建议。针对法官的惩戒程序,无论是秘密还是公开举行的,其结果应公布于众。有关纪律处分、停职或撤职程序的决定须接受独立审查。①

要避免法官责任制对司法独立人格产生损害,必须规定:对法官进行的惩戒权力不应掌握在行政机关手中,而应交付给法院或者专门成立的委员会。一般的做法是:(1)由普通法院执掌对法官的惩戒权,例如在日本,对法官的失职或者渎职行为由高等法院或者最高法院给予惩戒处分。(2)由专门法院执掌对法官的惩戒权,例如在德国,联邦和各州均设有法官职务法院,就法官纪律、惩戒等事项进行裁判。(3)由特别设立的委员会执掌对法官的惩戒权,例如在美国,一些州(哥伦比亚特区、肯塔基、内华达、纽约州)由法官行为委员会对法官进行惩戒,但要经过州最高法院复查。② 又如在比利时,由上诉法院院长为首组成纪律委员会执掌对上诉法院以下法院的法官的惩戒权;最高法院、仲裁法院和行政法院分别组成以院长为首的纪律委员会执掌对本院法官的惩戒权;开除处分由最高法院决定;法官犯罪一律由上诉法院审理。③

我国在制定错案责任制度时,应当充分研究了解和借鉴这些规定。

第二节 错案责任追究中的扭曲

在错案责任追究中,存在一些障碍性因素,如依目的正当性标准而不是手段正当性标准来衡量错案责任者是否应当被追责以及在多大程度上承担

---

① 此项原则不适用于最高法院的裁决和那些有关弹劾或类似程序法律的决定。
② 其他州的法官行为委员会只有建议权,专门法院或者州最高法院执掌对法官的惩戒权。
③ 周道鸾主编:《法官法讲义》,人民法院出版社 1995 年版,第 196—198 页。

责任;集体作业模式分散掉错案责任,造成责任难以落实到个人;地方主义和部门主义妨碍错案责任的落实等等,都需要一一剖析,在此基础上寻求改善之道。

一、错案责任追究中的目的论取向

警务人员动用侦查权,检察人员行使追诉权,审判人员行使裁决权,都有相应责任制度。古时没有警察和检察人员,所谓办案责任,就是指法官责任。徐朝阳在谈到法官办案责任制的起因的时候说:"迨季世浇漓,法官滥用职权,敢为非法,妨害司法权之威信,侵害人民之法益,是有规定法官责任之必要。"①古代司法因无审前程序,一旦成讼就登堂入室进入审判程序,案件一旦搞错,是法官难辞其咎。现代诉讼,除法官外,其他行使侦查、起诉权力的国家官员也不可逍遥责任之外。

追究责任,应当根据被追责者在铸成错案中的实际行为,有关人员承担的责任应当与其行为大体对称,符合比例原则。

不过,尽管存在责任追究制度,实际上真正受到追究的少之又少,例如不少构成刑讯逼供罪的严重违法行为,办案人员得不到刑事追究,即使追究了也会得到从宽发落,往往是缓刑或免予刑事处罚。多年冤案平反后的刑讯逼供罪的刑事责任追究还会因追诉时效超过而落空。

2014年12月15日,内蒙古自治区高级人民法院通过审判监督程序宣判呼格吉勒图无罪。内蒙古公安司法机关各自成立调查组对当年所有参加办案的人员进行调查,以期确定其有无责任。一年多时间的调查之后,最终公布了追责结果。在官方公布的27人追责名单中,涉及公安系统的有12人,被追责中职务最高的是时任呼和浩特市公安局局长王○。涉及检察系统的有7人,包括时任呼和浩特市人民检察院检察长文○、副检察长郭○平;涉及法院系统的有8人。除了时任呼和浩特市公安局新城区公安分局副局长的冯○明因涉嫌职务犯罪另案处理外,其余人的处理结果都是党内严重警告、党内警告、行政记大过以及行政记过。

表 3-11-1　呼格吉勒图案件追责情况

被追责人	时任职务	党纪处分	政纪处分
任○林	呼和浩特市公安局新城区公安分局刑警队副队长	党内严重警告	行政记大过
韩○平	呼和浩特市公安局五处预审科民警	党内严重警告	行政记大过
刘○	呼和浩特市公安局新城区公安分局刑警队队长	党内严重警告	行政记大过

---

① 徐朝阳著:《中国诉讼法溯源》,商务印书馆1933年版,第83页。

(续表)

被追责人	时任职务	党纪处分	政纪处分
赵○星	呼和浩特市公安局新城区公安分局刑警队副队长		行政记大过
任○镇	呼和浩特市公安局新城区公安分局刑警队技术员		行政记大过
孙○林	呼和浩特市公安局新城区公安分局刑警队侦查员		行政记过
马○红	呼和浩特市公安局五处预审科民警	党内严重警告	
孙○荣	呼和浩特市公安局五处预审科科长	党内严重警告	
王○东	呼和浩特市公安局五处副处长	党内严重警告	
郑○民	呼和浩特市公安局新城区公安分局局长	党内警告	
王○	呼和浩特市公安局局长	党内警告	
胡○	呼和浩特市人民检察院批捕处处长	党内严重警告	行政记大过
彭○	呼和浩特市人民检察院批捕处副处长	党内严重警告	
刘○庭	呼和浩特市人民检察院检察员	党内严重警告	
陈○	呼和浩特市人民检察院公诉处处长	党内严重警告	行政记大过
韩○平	呼和浩特市人民检察院助理检察员		行政记大过
郭○平	呼和浩特市人民检察院副检察长	党内严重警告	
文○	呼和浩特市人民检察院检察长	党内警告	
梁○裕	内蒙古自治区高级人民法院刑一庭庭长	党内严重警告	
杨○树	内蒙古自治区高级人民法院刑一庭庭长助理	党内严重警告	行政记大过
闫○旺	内蒙古自治区高级人民法院刑一庭书记员	党内严重警告	行政记大过
白○林	内蒙古自治区高级人民法院刑一庭助理审判员		行政记过
李○	内蒙古自治区高级人民法院刑一庭助理审判员		行政记过
张○仪	呼和浩特市中级人民法院院长	党内警告	
宫○	呼和浩特市中级人民法院刑事审判庭助理审判员		行政记过
呼○查	呼和浩特市中级人民法院刑事审判庭助理审判员		行政记过

此案追责结果一公布,舆论大哗,呼格吉勒图近亲属对媒体明确表示不

满意。① 这里列举的被追责人,究竟在铸成大错的过程中发挥过什么作用,应当对哪一问题负责,并无具体情况说明。审判人员和检察人员仅因案件被确认为错案就要承担责任,还是确有应当承担责任的具体情形,不得而知;令人费解的是,连书记员也被追责,遭受党内严重警告、行政记大过,不知缘何如此。② 至于处分内容中的党内严重警告、警告以及行政记大过、记过处分,受到社会普遍质疑为过轻,与呼格吉勒图被冤枉致死这一极为严重的后果并不相称。

与之相比,当年杨乃武案,清廷所下谕旨,对于错案责任追究,要严厉得多:

> 此案已革余杭县知县刘锡彤,因诬认尸毒,刑逼葛毕氏、杨乃武妄供因奸谋毙葛品连,枉坐重罪,荒谬已极。着照所拟从重发往黑龙江效力赎罪,不准收赎;前杭州知府陈鲁,于所属知县相验错误,毫无察觉,并不纠明确情,率行具详,实属玩视人命;宁波府知府边葆诚、嘉兴县知县罗子森、候补知县顾恒德、龚心潼承审此案,未能详细讯究,草率定案;候补知县郑锡滜经巡抚派令密查案情,含混禀复,均着所拟革职。巡抚杨昌浚据详具题,既不能查出冤情,迫京控交审,又不能据实平反,且于奉旨交胡瑞澜提讯,复以问官并无严刑逼供等词哓哓自辩,意存回护,尤属非是;侍郎胡瑞澜于特旨交审要案,所讯情节既与原题不符,未能究诘根由,详加复验,率行奏结,殊属大负委任。杨昌浚、胡瑞澜均着即行革职,余者照所拟完结……

这里"所拟"指刑部在查清此案后就相关责任人员拟定的处理意见。从追责的事由、责任看,都是清清楚楚的,绝无宽贷之嫌。

表 3-11-2　杨乃武案追责情况

被追责人	时任职务	事由	处分
刘锡彤	余杭县知县	诬认尸毒,刑逼葛毕氏、杨乃武妄供因奸谋毙葛品连,枉坐重罪,荒谬已极	从重发往黑龙江效力赎罪,不准收赎
陈鲁	杭州知府	于所属知县相验错误,毫无察觉,并不纠明确情,率行具详,实属玩视人命	革职

---

① 呼格吉勒图的哥哥昭力格图表示"失望,太失望","我们不满意,也不接受"。"呼格案的办案人员这是渎职,怎么可以行政记过就过去了? 如果这样的话,那中国还会出现很多的像呼格吉勒图的冤假错案。""只有给他们严厉的惩罚,他们才会记住教训,在今后的办案中才会谨慎。"王辉:《呼格吉勒图家人拒绝接受呼格案追责结果》,载 http://news.sina.com.cn/c/zg/2016-02-01/doc-ifxnzanm3938674.shtml,2016 年 3 月 24 日访问。

② 呼格吉勒图亲属表示:并非要让 27 个人全部被问责,只是说其中的"个别几个"应当被追究刑事责任。

（续表）

被追责人	时任职务	事由	处分
边葆诚	宁波府知府	承审此案,未能详细讯究,草率定案	革职
罗子森	嘉兴县知县	承审此案,未能详细讯究,草率定案	革职
顾恒德	候补知县	承审此案,未能详细讯究,草率定案	革职
龚心潼	候补知县	承审此案,未能详细讯究,草率定案	革职
郑锡滜	候补知县	经巡抚派令密查案情,含混禀复	革职
杨昌浚	巡抚	据详具题,既不能查出冤情,迨京控交审,又不能据实平反,且于奉旨交胡瑞澜提讯,复以问官并无严刑逼供等词哓哓自辩,意存回护,尤属非是	革职
胡瑞澜	侍郎	于特旨交审要案,所讯情节既与原题不符,未能究诘根由,详加复验,率行奏结,殊属大负委任	革职
沈彩泉	刘锡彤门丁	在尸场与仵作争论,坚执砒毒,实属任意妄为	杖一百,流三千里

此等追责,应无物议腾起。今之追责,可否一效古人呢?

错案责任追究,容易形成"雷声大、雨点小"的怪诞局面。之所以如此,其原因在于司法人员追究司法人员的责任,难免物伤其类的感觉,同情心会起到柔化责任追究的作用;另外,就是目的论取向在作怪。按照美国学者里奇拉克的观点,"目的论(teleology)一词源于希腊词'telos',意指目的、目标,或从更广义上说,指产生行为的根本理由。如果我们不是能够影响这些理由的目的性的生物,那么我们就肯定没必要为我们的行为的'为什么'而烦恼。"① 错案责任是办理案件当中形成的,一些错案的成因是刑讯逼供、威胁、引诱、欺骗等非法取证行为,当错案得到纠正,需要追究刑事责任时,目的论立即发挥效力——认为刑讯逼供者进行非法取供,动机是纯良的,都是为了把案件侦破,使罪犯得到应有的惩罚——这一目的被用来为恶劣甚至罪恶的手段辩护,手段的正当性没有被列在严格考量的范围。

二、集体作业模式下的司法责任分散现象

呼格吉勒图案件的追责结果,可检讨之处颇多,其中之一,是追究错案责任应当要避免错案责任的另一种泛化,即将具体要承担什么责任混沌化,在

---

① 〔美〕里奇拉克著:《发现自由意志与个人责任》,许泽民、罗选民译,贵州人民出版社1994年版,第5页。

这一追责结果中,看不到具体个人为错案的形成该承担什么责任,然而责任之有无和大小,显然与每个人在办理案件中实际作为或者不作为有关,应当根据被追责者铸成错案的实际行为来确定,有关人员承担的责任应当与其行为大体对称。这一案件的追责结果引出一个值得思考的问题:在集体作业模式之下,每个参与案件处理的公安司法人员的责任是否容易厘清?

毫无疑问,责任应当与自由、权力密切相关。通常,行为时没有意志自由,就不必对行为承担责任;同样,没有权力在手,也不必为权力的运作后果承担责任。因此,司法权究竟应当集体行使还是个人行使,与责任制度有着不可分割的关系。有责无权与有权无责都是不合理的制度安排,都无益于司法权的良性运作。

在司法改革中,人民法院提出"让审理者裁判,让裁判者负责"的口号,意味着谁办理案件就应由谁对该案负责,责任归属一目了然。这一口号符合司法规律,应当成为司法体制改革的方向和重要内容;但是,旧有司法惯性使有的基层法院的院长意识到:我国司法机关是高度行政化的机构,法院院长对本院素有领导责任。一旦下属法官出了问题,法院院长难辞领导之责,这些问题可能影响其政绩和未来仕途。因此,下属法官若办错案,还要由院长承担领导责任,其结果势必使上对下的管控更强化,集体作业模式无法打破。

当今的检察体制改革中,也提出"让办案者决定,让决定者负责",检察机关意识到检察体制改革应有的方向是把权力下放给检察官。不过,长期行政化体制下的惯性造成有些地方并没有将办案的决定性权力下放,当前之所谓"下放",只是将一些事务性工作安排的权力下放,如办案人员去看守所提审犯罪嫌疑人等事务性工作由检察官决定,实质性、终局性的决定权仍然揽在上位者手中,后者如是否立案、批准或者不批准逮捕、是否提起公诉,都牢牢由检察长和检察委员会掌控——这固然是通过修改《刑事诉讼法》相关司法解释才能解决的问题,但是在内部权力委任方面,也可以做到权力下移。就检察权来说,批准逮捕以及决定起诉的权力应该优先下放给检察官,同时发挥刑事诉讼制度内的制约机制作用——《刑事诉讼法》已经对这些权力的正当运作确立了制约机制,如对于不批准逮捕决定的复议复核以及对于不起诉决定的复议复核和申诉,发挥这些制约机制,无须将权力过分集中于上级长官之手,可以保障权力正当行使。

司法体制中的集体司法模式是造成错案追究制度难以落实的原因之一,集体司法模式是司法责任另一含义的泛化:人人有责任,变成人人都没有责任。司法人员处于集体司法模式之中,对于案件没有处理或者裁决的最后决定权,有最后决定权的又不具体办理案件,办案与决策产生断裂,决策者只承担较为模糊的领导责任,决策又往往是在民主集中制之下的多人会议模式中作出,一旦案件错了,集体决策意味着决策的集体有责任、参与决策的每个人都负有责任,但是落实到个人责任就变成一道除法题了,责任由大家分担就变得很难追究参与决策的个人责任。我国司法长期以来都是集体作业模式,凡案件集体(领导)决定、集体负责,这种人人有责的办案模式造成的是人人无责的实际结果。一旦出现错案,实际上要追究的对象不止一两个,"法不责众"的故态就显现了。

显而易见,司法逐渐由集体作业模式向个体作业模式转化,才能实现"让审理者裁判,让裁判者负责"和"让办案者决定,让决定者负责"。

三、责任追究中的部门主义和地方主义

有些案件,明明办案过程中存在严重刑讯等违法行为且证据确凿,当地官员要维护本地方或者本部门的司法机关形象,可能一句话吩咐下来,不让追查就无法追查。这背后存在着部门主义和地方主义,相关利益思考造成一些应该追究责任的案件得不到追究。

我国权力运行系统中存在着官僚主义习气。官僚主义的一大特征是利益驱动,各级官员对自身利益有着不懈的追求,往往表现为政绩方面。对于自己的政绩有加分作用的,就会努力推动;没有加分作用的,就不热心推动;有减分作用的,还会出面阻止或者暗中杯葛。利益(政绩)考量形成官僚行为的动力,进而形成行为的一般规律与趋势。每一个官员都被置于一个向上晋升的台阶之上,政绩就是向更高位晋升的助力,也就是官员的利益所在,政绩思考主宰某些决策。

对待错案责任追究,也存在诸多政绩思考。这种政绩因素结合非民主化的领导体制,使部门利益和地方利益凌驾于正义之上。公权力部门追求自身的局部利益,这种局部利益又往往成为小团体利益或领导个人利益,从而偏离乃至损害公共利益,这就是部门利益主导下的现象。地方利益不过是将部门利益追求转化为一定地区局部利益的追求,公权力系统在一定地区内进行立法、司法或行政活动,注重维护、增强本地区的职权和资源,往往置国家和社会的整体利益于不顾。因此,由于追查错案责任并揭露错案形成过程中办案人员的恶劣作为对本地区或者系统的公安司法机关及其人员群体的形象不好,影响到党政司法部门领导的治绩,因而下令阻挠的情况就会发生。

现有的领导体制为这种阻挠提供了条件,"在纲领和规则的字里行间,都明确规定了领导者仅仅是服从一般成员意志与决策的执行者,他受下级的约束与批评,只不过是一个随时都可以被罢免的聘任者。然而在实际中,一旦

确立了组织,来自下属的一般成员对领导者的监督与制约就将名存实亡,领导者可恣意地从事规则上所禁止的活动,制订部属意料不到的方针策略"①,这种缺乏制约与监督的权力一旦介入错案追责领域并与部门主义或者地方主义结合,就成为错案责任追究中的强大障碍性因素。

第三节 刑事赔偿:全民为错案买单

一个案件办砸了,当事人被错关很多年,等到出狱时,可能早已妻离子散,家破人亡。对此我们需要思考:谁该为错案买单?国家要依法赔偿,但国家赔偿用的是全体纳税人的钱,等于全民为办案人员的违法行为买单。按照《国家赔偿法》规定,国家相关部门依法向当事人赔偿后,应向相关责任人追偿。然而究竟有没有追偿?

我国少有对官员以前的过误行为追究个人责任的习惯,时过境迁,往往大事化小,小事化无。冤狱受害者获得国家赔偿,理所当然,不过,冤狱赔偿岂能全由纳税人买单?按照《国家赔偿法》规定:赔偿义务机关赔偿后对于实施了刑讯逼供的工作人员追偿部分或者全部赔偿费用。许多刑事错案都由刑讯促成,让全体纳税人为实施刑讯逼供的国家工作人员买单,不但情理难通,也不能使刑讯者得到深刻教训,何况刑讯者未必毫无赔偿能力。办案机关对于实施了刑讯逼供的工作人员进行追偿的情况,该向纳税人作个交代,不能含糊过去,让全体纳税人做了冤大头。

一、何以国家承担赔偿责任

在我国,行使侦查、检察、审判、监狱管理职权的机关及其工作人员,在履行职务过程中,违法侵犯个人、法人和其他组织合法权益并造成损害时,国家为此承担责任而予以赔偿。从性质上看,刑事赔偿属于国家对于刑事诉讼中专门机关及其工作人员的过误行为承担赔偿责任,是对受到国家权力运作引致的对个人、法人和其他组织损害的救济手段。

刑事赔偿制度是当今许多国家都实行的国家赔偿制度。例如俄罗斯刑事诉讼法确认错案的被害人有平反权,按照《俄罗斯联邦刑事诉讼法典》第133条规定:"平反权包括赔偿财产损失、消除精神损害后果和恢复劳动权、领取赡养金的权利、住房权和其他权利。因刑事追究而对公民造成的损害,

---

① 吴春波编译:《官僚制统治》,民族出版社1988年版,第6页。

国家应全额赔偿,而不论调查机关、调查人员、侦查员、检察长和法院是否有过错。"该法第 134 条还规定:"1. 法院在刑事判决、裁定和裁决中,检察长、侦查员、调查人员在决定中应认定被宣告无罪而终止刑事追究的人享有平反权,同时向被平反的人送达通知,说明赔偿刑事追究所造成损害的程序。2. 如果被平反人死亡,而又没有关于其继承人、近亲属、亲属或被供养人住所地的材料,则自上述人向调查人员、侦查机关或法院提出请求之日起 5 日以内将通知发给他们。"这些规定确认国家对于"因刑事追究而对公民造成的损害"负有赔偿责任。①

　　国家为什么应为行使侦查、检察、审判、监狱管理职权的机关及其工作人员的过误行为承担赔偿责任？国家权力来自人民,但全体人民不可能共同行使国家权力,需要国家来行使,但国家是抽象的,"唯因国家为一抽象之整体,如欲表现其意旨,需由各种机关代为运用其权力"②。国家权力需要由国家机关代为行使,最终国家权力是委托给国家机关的人员去具体行使的,国家机关行使权力和国家机关工作人员行使权力,都具有"代理"性质,是代理国家行使来自人民的权力。"若国家将此种权力付之个人,则个人一切之行为,变成国家之行为。""官吏代表国家之行为,其责任由国家负之。"③当国家机关工作人员的"代理"行为出现失误,造成个人、法人和其他组织合法权益的损害的时候,应由被代理的国家承担赔偿责任,因此称此种赔偿为"国家赔偿"。

　　对于国家责任的认识,并非素来如此。台湾地区学者廖与人曾指出:

　　　　国家赔偿责任问题,在近代学说及立法例上均有重大之变迁。在 20 世纪以前,基于"绝对主权"及"过失责任主义"之思想,认为国家与人民之间,为权力与服从的关系,且公务员执行职务违法侵害他人之权利为公务员个人之行为,而非国家之行为,故国家不负损害赔偿责任。迄 20 世纪初,则认国家应否负赔偿责任,当视国家之行政作用为权力作用抑非权力作用而定。公务员代表国家执行基于统治权之职务,系公法上之行为,国家不负损害赔偿责任;若公务员代表国家执行非权力作用之职务,因而发生损害,则其本质与私人之私法上行为并无不同,国家自应负其责任。第二次世界大战之后,因为绝对主权思想之动摇,及社会保险思想之兴起,多数学者,一方面认为国家与人民之关系为权利义务关

---

① 以上资料引自《俄罗斯联邦刑事诉讼法典》,黄道秀译,中国人民公安大学出版社 2006 年版,第 120—122 页。
② Clyde Eagleton:《国家责任论》,姚竹修译,商务印书馆 1934 年版,第 36 页。
③ 同上。

系,而非权力服从关系,一方面以"结果责任主义"取代"过失责任主义",故认为公务员执行职务违法侵害人民之权利时,国家应负赔偿责任。德、日、英、美各国相继根据此种肯定国家责任之思想,制定有关法律施行。①

国家权力的运作应当尽力避免发生错误,但刑事诉讼中的错误是难免的。一旦发生错误,受损害的主要是个人,不但其经济方面遭受损失,精神方面往往也深受折磨,而且人身自由受到剥夺,甚至有人失去生命。这些人成为国家权力不当行使的受害人,他们有权利得到国家赔偿。国际社会将这项权利列为刑事司法的一项准则。联合国《公民权利和政治权利国际公约》第9条强调"人人有权享有人身自由和安全。任何人不得加以任意逮捕或拘禁。除非依照法律所确定的根据和程序,任何人不得被剥夺自由"。该公约还规定:"任何遭受非法逮捕或拘禁的被害者,有得到赔偿的权利。"被错误逮捕或拘禁的,也应有权利得到赔偿。

二、国家怎样承担赔偿责任

不少国家确立了刑事赔偿制度,如俄罗斯刑事诉讼法将刑事赔偿分为财产赔偿和精神损害赔偿两种情况:

1. 财产赔偿,范围包括:由于刑事追究而失去的工资、赡养金、补助金和其他资金;根据法院的刑事判决或处理财产的裁判没收或收归国家所有的财产;作为执行刑事判决对他科处的罚金和追缴的诉讼费用;由他支付的法律帮助的费用;其他开支。《俄罗斯联邦刑事诉讼法典》第135条规定:"自收到赔偿财产损害的要求之日起的1个月内,法官、检察长、侦查员或调查人员应确定赔偿的数额并作出赔付决定。赔偿还应考虑通货膨胀的水平。"②

2. 精神损害,方式包括:检察长以国家的名义对被平反人造成的损害向被平反人表示正式道歉;关于以金钱赔偿精神损害的诉讼,按民事诉讼程序提出;"如果关于被平反人拘捕、羁押、停职、适用医疗性强制措施的材料曾在报刊公布,在广播、电视或其他信息媒体传播,则根据被平反人的要求,而被平反人死亡时根据其近亲属或亲属的要求,或者根据法院、检察长、侦查员、调查人员的书面指示,相应信息媒体必须在30日之内进行关于平反的报道。"此外,"根据被平反人的要求,而在他死亡时根据其近亲属或亲属的要

---

① 廖与人著:《中华民国现行司法制度》(下),黎明文化事业股份有限公司1982年版,第739—740页。
② 以上资料引自《俄罗斯联邦刑事诉讼法典》,黄道秀译,中国人民公安大学出版社2006年版,第120—122页。

求,法院、检察长、侦查员、调查人员必须最迟在 14 日内将宣告公民无罪的决定书面通知其工作、学习单位或住所地。"①

此外还规定了其他权利的恢复,这些权利包括领导权、领取赡养金权、住房权等。根据法院裁判剥夺的专门称号、军衔、荣誉称号和职衔以及国家奖励,亦应予以恢复。②

长期以来,我国存在对冤错案件中被错误逮捕、监禁的人给予经济补偿的做法,包括补发工资、安排工作和离、退休以及安排子女就业等,但在 20 世纪 80 年代以前,这种补偿不是依据法律而是依据政策进行的,人们习惯称之为"落实政策"。1982 年《宪法》和 1986 年《民法通则》的有关规定,含有国家赔偿的内容,如 1982 年《宪法》第 41 条第 3 款明确规定:"由于国家机关和国家工作人员侵犯公民权利而受到损失的人,有依照法律规定取得赔偿的权利。"1986 年《民法通则》第 121 条也规定:"国家机关或者国家工作人员在执行职务中,侵犯公民、法人的合法权益造成损害的,应承担民事责任。"我国刑事赔偿制度的正式建立是以 1994 年 5 月 12 日第八届全国人民代表大会常务委员会第七次会议正式通过的《中华人民共和国国家赔偿法》作为标志的。该法专章(第三章)规定了刑事赔偿,包括刑事赔偿的范围、赔偿请求人和赔偿义务机关、赔偿的程序等。第四章中还规定了赔偿方式和计算标准。刑事赔偿获得了明确的法律依据,赔偿程序和方式、数额也得以规范化。最高人民法院 2014 年出台《关于人民法院赔偿委员会审理国家赔偿案件适用精神损害赔偿若干问题的意见》,对精神损害赔偿作出规定,最高赔偿额原则上不超过侵犯人身自由赔偿金、生命健康赔偿金总额的 35%;最低不少于 1000 元。如今有些案例,超出这一标准。

三、到底应该赔多少:冤狱赔偿中的"生命价格"

生命本无价。给生命定价,是对生命的侮辱。

话虽如此,实则生命"有价"。在两种情况下,可以看出生命的价格:一是拐卖人口,买卖双方议的是活人价格,拐卖的"卖"字已经将人口商品化,既然人被当作商品,自然是有价的;二是死亡赔偿金,谈判双方议的是死者价格,人死不可复生,大家商量一下赔多少钱,就像打碎了宋代瓷瓶,受损失的一方应当得到赔偿和抚慰。

不过,有人也许不以为然,虽然是以活人或者死者议价,议的可不是人的

---

① 以上资料引自《俄罗斯联邦刑事诉讼法典》,黄道秀译,中国人民公安大学出版社 2006 年版,第 120—122 页。
② 同上。

价格,前一个类似佣金或者介绍费,后一个是对死者家属的赔偿金或者抚恤金,并不是拿生命作价格衡量。这话听着很安慰,但仔细掂量,却还觉得仿佛在给生命定价,而且时常见到讨价还价。

既然生命近乎"有价",人们会追问:冤错案件的死亡赔偿金究竟应该多少,究竟赔偿数额有没有准谱儿。另外,人死于司法错误,究竟应该赔偿多少钱,有没有不必浪费心力、口舌的合理赔偿标准?

20世纪80年代上海附近发生一起火车对撞事故,日本来华旅游的不少中学生在事故中丧生,随后的索赔中,日方提出应依现在中学生的年龄计算到65岁,依每年日本人的人均收入来进行赔偿。当时的中国改革开放起步不久,政府阮囊羞涩,听了这个赔偿计算方法,自然大感错愕。那时国人死于事故,赔偿金额很低,要同命不同价,给日本这些遇难者那么多赔偿,当然有难度。谈判的结果是没有满足日方要求,但也比国人赔偿的赔偿数额高出不少。

多少年过去了,回过头来想,当时日本方面提出的这种赔偿金计算方法也有相当理由。在我国已经号称"世界第二大经济体"且国内外皆公认"不差钱儿"的时代,死亡赔偿金是否也应考虑引入这种计算方法?

这种计算方法的好处是将死亡赔偿金额大幅度提高。我国现在的赔偿特别不合理的地方,是对死亡的赔偿还不如对许多非死亡(如伤害)案件的赔偿的数额高。如果一个人伤残,可以得到比死亡多得多的赔偿。针对这种情况,值得追问:为什么死亡赔偿金反而比伤害赔偿金来得少?这是根据"常识"就能意识到的一种不合理。

四、是否由全体纳税人买单

作为刑事赔偿制度的实践结果,错案赔偿的案例已不鲜见:2016年9月,吉林省高级人民法院立案受理刘吉强申请国家赔偿一案。刘吉强自1998年2月16日至2016年4月29日失去人身自由,前后长达18年之久(6647天),最终改判无罪。1998年2月14日情人节夜晚,27岁女子郭某家中遇害,她的朋友刘吉强被认定为凶手。1999年12月,吉林市中级人民法院经过审判认定刘吉强犯有故意杀人罪,处以死刑、缓期二年执行。刘吉强不服,提出上诉,2000年3月吉林省高级人民法院认为此案事实不清、证据不足,撤销原判发回重审。2002年11月,吉林市中级人民法院在吉林市人民检察院再次起诉后认定刘吉强犯有故意杀人罪,再次处以死刑、缓期二年执行。刘吉强仍然不服再次提出上诉,2003年3月吉林省高级人民法院驳回上诉,维持原判。经过本人及其亲属申诉,2015年吉林省人民检察院向吉林省高级人民法院提出再审建议。2015年吉林省高级人民法院决定再审。经过再审,吉林省高级人民法院认为除供述外没有其他证据证实刘吉强到案发现场杀人,依法改判其无罪。无罪判决后,刘吉强要求赔偿人身自由赔偿金、精神损害抚慰金、社会保障金、健康赔偿金、一次性安置费等共计1937万元。这个求偿数字特别巨大,难以得到支持。此前蒙冤受屈的李化伟仅得到法院赔付近36万元国家赔偿金,这笔赔偿金来自辽宁省高级人民法院赔付的25.9万元和营口市中级人民法院赔付的10万元。① 另一位蒙冤入狱20年的贵州男子杨明获得了203万赔偿金和精神抚慰金,这是2015年12月25日贵州高级人民法院作出的决定。还有陈满案件——经过23年狱中生活(8437天),陈满获得国家赔偿275万元。这些赔偿决定,都是按照《国家赔偿法》作出的。

这些错案都是全体纳税人买单,向相关责任人追偿的事例并不多见。国家赔偿的过去做法是,赔偿金统一由国库支付,每年由各级政府财政部门将该年国家赔偿费用列入本年度政府财政预算,但在支付给被害者时先由赔偿义务机关从本单位预算经费和留归本单位使用的资金中支付,再向同级财政申请核拨。需要指出的是,这种做法不但手续繁琐,而且容易产生国家赔偿就是侵权机关赔偿的错觉,引发侵权机关抵触心理,一些机关为了逃避或者掩盖责任,设置重重障碍,拒绝赔偿,为受害人获得赔偿增设障碍。另外,一些县、市由于财政困难,多年来一直没有国家赔偿费用预算,用于国家赔偿的费用难以保障。近年来推进财政预算体制改革和细化部门预算,一些地方国家机关已经没有先行垫付的资金,失去了先行垫付的条件。有的赔偿义务机关为了遮掩侵权事实,甚至采用"私了"的办法支付赔偿金,不到财政部门申请核销。有的地方要求赔偿义务机关必须先处理责任人并追偿以后,才能向财政申请核拨,财政部门仅核拨追偿后的差额部分。为了避免将国家赔偿与侵权机关赔偿混淆,更为了使被害者获得国家赔偿的权利顺利实现,《国家赔偿法》第37条规定:赔偿费用列入各级财政预算。赔偿请求人凭生效的判决书、复议决定书、赔偿决定书或者调解书,向赔偿义务机关申请支付赔偿金。赔偿义务机关应当自收到支付赔偿金申请之日起7日内,依照预算管理权限向有关的财政部门提出支付申请。财政部门应当自收到支付申请之日起15日内支付赔偿金。按照这一规定,刑事赔偿金由当地财政部门直接支付。这一规定,将各家侵权机关先行赔付的做法改为由当地财政部门统一、直接赔付,使国家赔偿制度更有利于被害者权利的实现。但是,被害者获得赔偿的

---

① 载http://judge.gofree8.net/zixun/ShowArticle.asp?ArticleID=1149,2019年11月29日访问。

权利得到实现的同时,对冤错案件应当承担责任的人却被轻轻放过,《国家赔偿法》关于向责任人追偿的规定成为冷冻条款,没有得到落实。

五、要不要设定民事责任

我国现行《刑法》规定,司法裁判者以下情形构成犯罪,可能需要承担刑事责任:徇私枉法,对明知是无罪的人而使他受追究,对明知是犯罪的人故意包庇而使他不受追究,或者刑事审判活动中故意违背事实和法律作枉法裁判,构成徇私枉法罪。这些罪名,都是与错案有关的刑事责任设定。

我国法律,在刑事责任之外也设置了错案追究中的行政责任。《法官法》对于法官以下行为规定处分措施:贪污受贿;徇私枉法;刑讯逼供;隐瞒证据或者伪造证据;泄露国家秘密或者审判工作秘密;滥用职权,侵犯公民、法人或者其他组织的合法权益;玩忽职守,造成错案或者给当事人造成严重损失等。处分的种类包括:警告、记过、记大过、降级、撤职、开除。受撤职处分的,同时降低工资和等级。上述对裁判者的违法失职行为施以一定的惩戒,明白昭示裁判者需要承担行政责任。

在我国,对于需要追责的公安司法人员,还存在党纪处分这一党内处罚制度,例如呼格吉勒图案经内蒙古自治区高级人民法院改判无罪后,有关机关和部门启动追责程序,对呼格吉勒图错案负有责任的 27 人进行了追责,其中包括党纪和政纪处分两个方面,但无一人因呼格勒图被冤杀而承担刑事责任。

我国法律并未设定错案责任者的民事责任。不少国家确定了这一责任承担形式,美国学者切斯特·J.安提奥等人曾指出:"按照罗马法规定:只要法官存在过错,不管是腐化还是过失,都会被判处向受其行为侵害的人承担民事责任。"[1]这一原则为许多国家所认同,不少国家规定了法官对于错误裁判要承担一定的民事责任,例如"不论是在英国还是在英联邦,治安法院的法官和初审法院的法官按照惯例都要对其侵权行为承担责任"[2]。我国现行法律虽然没有规定司法人员就特定诉讼行为承担民事赔偿责任,但《国家赔偿法》规定,赔偿义务机关依法赔偿损失后应当向负有责任的工作人员追偿。被追偿人承担的,不外乎侵权赔偿责任。

---

[1] 〔美〕切斯特·J.安提奥、迈洛·R.梅彻姆著:《公务员的豁免权与侵权责任》,芣宏亮译,中国社会科学出版社 1997 年版,第 198 页。

[2] 不过,丹宁勋爵于 1974 年指出:"在我们的登记簿上从来没有这样的案件:高级法院的法官在损害赔偿诉讼中被判处承担民事责任。"〔美〕切斯特·J.安提奥、迈洛·R.梅彻姆著:《公务员的豁免权与侵权责任》,芣宏亮译,中国社会科学出版社 1997 年版,第 198 页。

如果《国家赔偿法》关于向责任人追偿的制度得不到落实,何妨设定民事责任,允许错案的受害人及其近亲属、法定代理人向责任人直接提起民事诉讼加以追偿?

不过,要建立这一责任承担形式,不能不重新设定错案责任人员的民事责任与国家赔偿责任的关系,划定两者界限,这是该制度设计需要解决的一个难题。

结　　语

　　草根人士成为"名人"的"捷径"之一,就是成为刑事冤案的受害人。
　　这一过程不可能轻松愉快,往往要经受非凡的精神和肉体痛苦,有时甚至付出生命的代价。
　　在本书写作过程中,浙江张氏叔侄案、张志超案等又一批新的冤错案件得到平反昭雪,与其他案件一起留在人们的记忆中:福建念斌被改判无罪,贵州杨明以无罪之身走出监狱高墙,海南陈满案得到再审改判机会,呼格吉勒图案件最终等来了久违的公正……
　　在这期间,呼格吉勒图,一个在他被处决后多年不被公众知晓的名字变得几乎家喻户晓,当内蒙古自治区高级人民法院启动再审程序时,这个名字一夜间成为一种公共知识;当预期的无罪改判公开后,连对这个名字都念不顺口的人也都来议论纷纷了。
　　听到的议论最多的是有关责任人员必须追责;有人追问:冤案如何铸成的,如何防止类似冤案再度发生？许多人义愤填膺,言语里满是愤慨。
　　不过,也有人为呼格吉勒图感到庆幸,毕竟他沉冤得雪,司法最终还给他一个公道。
　　有人注意到,司法公信力在此案得到改判无罪后得到一定修补,司法机关终于鼓起勇气纠正错案,让人赞赏。这种指标性案件让人们想到,正义虽然迟到,但没有缺席,这足以令人感到宽慰。
　　我一点喜悦之情都感受不到,因为案件后续要做的工作还很多,最重要的,是追究相关责任人员的责任,给死者的亲人、给社会大众一个清楚的交代。
　　这起案件,即使得到昭雪,人们还是会体会到一种巨大的悲剧感。
　　呼格吉勒图在18年前已经喋血刑场,随着枪口袅袅升起的蓝烟,他的世界已经完全毁掉。一纸无罪判决对于生者是有意义的,可是对于死者,实际上并无实质的意义——呼格吉勒图无法听到法官宣读无罪判决的声音,已经无法挣扎起身,去呼吸一下自由空气,无法用微笑去填充法庭上那张空空荡荡的被告席。这个无罪判决,在呼格吉勒图活着的时候,即使行刑的枪声响起前一秒钟,都是有意义的。但是到了现在,他已经没有办法接受任何人的道歉,没有办法接受任何人的慰问金,他死后的污名得到洗刷,法院还给他一个清白,但是,他意识得到吗?

对于死刑,有一基本共识——这是唯一不能真正得到修复的刑罚,因为死者含冤而去,他死后的一纸改判无法恢复他曾经拥有的世界,他的世界中的人情冷暖、阳光和水,都随他而去。

对于生者来说,这个改判无罪的判决才是有意义的。不但有意义,而且意义重大。这个意义在于,纠正一起错案,检讨刑事司法制度和司法运作存在的问题并加以改革,所谓"亡羊补牢,未为晚也"。检讨刑事司法制度和司法运作中存在的问题,可以寻求解决之道,防止类似的悲剧再度发生。因此,纠正错案之后的痛定思痛,深刻检讨,不仅对死者的亲人有意义,对于一般民众来说更有意义,冤案发生本身固然令人痛心,冤案平反之后将司法错误产生的病灶完整保留而不去触动,更令人痛心。纠正错案无论如何都是令人欣慰的,但将错案纠正的意义仅仅局限于错案本身而不放大到改革司法上去,悲剧的根源就可能得不到触动,我们会惊悚地想:谁会是下一个冤案的受害人,哪一个是再次发生的冤案?

呼格吉勒图案件可以检讨的空间很大:且不说一个杀人案件的报案人,转而成为最大的凶嫌,这是怎样一种侦查思路?以后遇到有人被谋害,谁还敢去报案?这起案件更值得深思的是,刑事诉讼制度中的各种防错纠错机制为何失灵,一起案件那么多人把关,为何仍然酿成悲剧?

人类认识能力的确是有限的,没有哪个国家或者地区可以完全消除错案,也没有哪个诉讼模式可以宣称其绝对不会制造任何冤屈。理性能力的局限性导致刑事审判本来就是不完善的程序正义,即使确立了较为完善的刑事司法程序并且该程序得到恰当的遵守,仍然有可能发生错案。人类在一定时空内的认识能力是有限的,司法错案的悲剧就埋伏其中。

因此,如果只是判断上的错误,连上帝都会原谅。

但是,呼格吉勒图案件并非仅是判断上的错误,侦查办案中的不当取证行为很有可能存在,至于有无刑讯逼供尚有待进一步调查,起码取证中存在诱供、骗供的情形。后续程序中的办案人员存在重大疏失,对于可能存在冤错案件的因素不去认真核实。凤凰卫视《社会能见度》栏目曾经披露呼格吉勒图案件审问细节:呼格吉勒图在被枪决前1个月,接受呼和浩特市检察官的讯问,坚称自己无辜。笔录中有这样一段话:"我今天讲的都是真的,在公安局一开始讲的也是真的,后来他们认为有很多疑点我讲不通,他们告诉我那女的没死,而且我当时尿急,他们说我讲完就可以上厕所,可以回去,所以我就那样讲了,讲的都是假的。"欺骗、利诱以及不让人解手的连续审问,与刑讯一样，可能导致自白不真实，呼格吉勒图已经向办案人员揭示这一点，可是《刑事诉讼法》虽然禁止引诱、欺骗取供，却到现在都没有明文规定排除这类非法证据，办案人员也不能从真实原则出发排除这些内容可能不真实的证据，呼格吉勒图获得拯救的机会就这样白白流失了。

获得拯救的机会何止这一个？赵志红被抓获后供出 27 起大案，其中第一起就是呼格吉勒图被定罪的那起强奸杀人案件。据媒体报道，有警察认为，呼格吉勒图案极有可能是个冤案。他说："你没见过呼格吉勒图的口供吧，其中一段很有趣。在那个黑灯瞎火的公厕实施强奸的呼格吉勒图，居然知道被害人穿的是牛仔裤，系的皮带是向左插的，皮带上还有两个金属扣子！有些同志跟我说，怎么越看越像是诱供啊？"这种合理的怀疑，当初审查案件的衮衮诸公为何就没有注意到？

司法错误的悲剧，是许多因素造成的，非法取证以及审查判断证据中重大疏失明显存在，相关办案人员怎能将自身责任推诿给当初"严打"的大形势？那时《刑事诉讼法》刚刚修正，尽管还没有正式实施，疑罪从无原则何以在此案中毫无影响力？

我们无法再用目的论来为办案人员的非法取证手段开脱，也无法用不可避免论来为办案单位的重大疏失掩饰。

需要严肃追问的是，这起案件为何延宕 9 年才得以平反昭雪，这个漫长行程究竟是什么原因造成的？案件办错了，相关责任人员要被追责；平反过程过分延宕，相关责任人员也应追责。如果曾经有人文饰掩盖，想要干扰、阻挠冤案的平反，更应当追责。很长时间，当初办理此案的公安司法机关并不认可呼格吉勒图案件是冤错案件的猜测，以没有物证相佐证为由拒绝接受赵志红对该案的认罪，然而没有物证相佐证，责任恰在办理案件的公安司法机关。人们要追问：当初是否认真收集了相应物证，收集之后是否进行了妥善保管？谁造成证据的丢失甚至湮灭？这些都不应该被轻易放过。放纵造成错案和阻挠平反的责任人员，就是对死者、对社会大众的不负责任。

轻轻放过一切，悲剧的病灶就留下了，冤案就有可能再度发生。